Machine Learning
Statistics, Mathematics

R로 알아가는 머신러닝과 통계, 수학

정주희 지음

KYOWOO

머리말

후세의 사람들에게 21세기는 어떠한 시대로 기억될 것인가? 인류가 지적 작업을 기계에게 맞기기 시작한, 즉 인공지능이 개화한 시대로 인식될 것이라고 본다.

인공지능은 호모 사피엔스, 즉 생각하는 인간이라면 누구나 관심을 가지는 주제이다. 컴퓨터가 발명된 이래 기계가 인간을 지적 대결에서 이길 수 있다는 것을 보여준 주요 사건으로 체스에서의 딥 블루(1997), 퀴즈 쇼 제퍼디에서의 IBM 왓슨(2011) 등을 들 수 있다. 이 두 예는 결코 작지 않은 성취임을 부인할 수 없지만, 이러한 진보들이 누적되어 인공지능의 시대가 머지않아 열리게 될 것이라는 이른바 전문가와 석학들의 말을, 당시 나는 약간의 과장과 호들갑으로 받아들이고 있었다.

2016년 3월 알파고의 등장은 나의 이러한 시각이 급선회하게 된 계기가 되었다. 바둑은 체스와 달리 현재 국면의 유불리를 수치화하여 평가하기가 극히 어렵고, 또한 수읽기 경우의 수가 너무 많기 때문에 바둑에서 기계가 사람을 이긴다는 것은, 적어도 현시대에는 불가능하다고 여겼는데 도대체 알파고는 어떻게 개발된 것일까?

인간이 컴퓨터에게 바둑 두는 법을 가르치려면 이러한 상황에서는 이렇게 하고 저런 상황에서는 어떻게 하고, 이런 식으로 수없이 많은 경우들을 체계적으로 분류하여 일일이 답을 알려주어야 할 터인데, 이런 방식으로는 도저히 기계가 사람을 이기는 수준까지 이르도록 할 수 없을 것이다. 이 문제의 돌파구는 기계에게 학습을 시키는 것이라고 한다. 아니, 기계가 학습을 한다고?

저자가 공과대학과 대학원을 나왔지만 수학으로 전공을 바꾼 것은 괴델의 불완전성 정리가 너무나 궁금했기 때문이다. 인간이 증명할 수 없는 명제가 있다는 사실을 수학적으로 증명했다니 대관절 이게 무슨 말인지조차 이해하기 힘들었다. 수리논리학으로 박사학위를 받는 과정에서 이 지적 갈증은 해소되었다.

수리논리학은 자연언어의 모호성과 복잡성을 피하여 인위적으로 만든, 수학적으로 엄격하게 정의된 형식언어를 연구 도구와 대상으로 삼는다. 이 언어는 컴퓨터에 입력하여 다룰 수 있는데 저자는 수학 명제가 비교적 간단한 경우에는 이 명제의 형식언어에 의한 증명이 주어졌을 때 컴퓨터가 이 증명의 옳고 그름을 판단할 수 있는 시스템인 Proofmood를 개발하였다. 그러나 이 시스템은 증명을 찾아내지는 못한다. 증명을 찾는 것은 바둑 등의 지적 게임에서 이기는 수를 찾는 것과 분명 비슷한 부분이 있다. 그렇다면 증명을 찾는 것도 머신러닝으로 해결할 수 있지 않을까?

이제 어떻게 기계가 학습할 수 있는지가 못 견디게 궁금해졌다. 늦은 나이에 새로운 분야를 공부하기가 망설여지기도 했지만, 머신러닝의 기반인 통계학, 수학, 프로그래밍에 대한 지식이라는 자산을 믿고 호기롭게 뛰어들어 지난 수년간 공부하고 강의하면서 얻은 결과물이 이 책이다.

이 책은 그러나 알파고를 이해하기에는 많이 부족하다. 높은 산을 정복하기 위한 베이스캠프 정도의 수준이라고 보면 될 것이다. 이 책은 머신러닝의 입문서로서 수학적 원리의 이해와 컴퓨팅 알고리듬의 실제 구현에 충실한 것을 목표로 하였다.

알고리듬의 구현에 사용하는 도구는 R이다. 데이터 과학에서 가장 널리 사용되는 언어로 R과 파이썬을 들 수 있겠는데 전자가 코딩 경험이 적은 사람에게는 더 편하게 접근할 수 있기 때문에 이것을 선택하였다. 흔히 통계 계산에 사용되는 도구로 SAS, SPSS, 엑셀 등을 떠올리는데, 이런 정형화된 소프트웨어로는 머신러닝이 요구하는 알고리듬을 구현할 수 없음은 물론이고, 분석 결과를 그림으로 나타내는 작업 등에서는 R이 더 강력할 뿐만 아니라 쉽기까지 하다.

이 책에 나오는 모든 코드뿐만 아니라 지면 관계로 생략한 코드는 이 책의 동반 사이트 https://jhjeong.mindconnect.cc/mlearn에 올려두었다. 또한 지면 관계로 다루지 못한 많은 수학 및 통계학 이론과 연습문제 일부의 해답 또는 힌트도 있으니 공부에 활용할 수 있다.

저자 정주희

차 례

People worry that computers will get too smart and take over the world, but the real problem is that they're too stupid and they've already taken over the world.

Pedro Domingos

1 인공지능과 머신러닝

1.1 들어가기

인공지능Artificial Intelligence은 인류의 오랜 꿈이었으나 현대 이전에는 철학과 문학의 좋은 소재에 머무르고 있었다. 20세기 중반에 등장한 컴퓨터는 인공지능을 현실의 무대에 올려 놓았다. 이후 많은 연구자들의 노력에 의하여 엄청나게 많은 AI 관련 논문들이 쏟아져 나왔으며 이들 중 일부는 훌륭한 이론적 결과를 얻었으나, 실제 응용면에서는 결코 성공적이라고 볼 수 없었고 이에 따라 소위 인공지능 겨울AI Winter이라고 불리는 위축된 기간을 보내게 되었다. (1차 1974–1980, 2차 1987–1993)

무관심과 어려움 속에서도 꾸준히 이어지던 AI 연구는 2010년대에 이르러서는 영상인식에서 인간을 넘어서는 성능을 보이는 등의 성공을 거두며 산업계에서 급속하게 널리 쓰이게 되었고 2016년에 있었던 알파고-이세돌 대결 이후에는 AI가 모든 사람의 관심분야로 자리잡게 되었다.

인공지능에는 여러 분야가 있으며 이들의 분류, 또는 포함관계를 나타내는 2개의 그림을 다음 쪽 [그림 1.1]에 보였다. 이 두 그림은 얼개가 많이 다르다. 첫번째 그림은 AI의 응용 범위에 따른 분류이고 두번째 그림은 AI 과제에 접근하는 방법에 따른 분류이므로, 즉 분류의 기준이 다르기 때문이라고 생각하면 될 것이다.

두번째 그림에 나타나 있는 여러 노드들 중에서 2023년 현재 산업계에서 가장 성공적인 것은 딥러닝Deep Learning이다. 그리고 이 그림의 노드들 중에 우리가 이 책에서 공부할 내용은 순방향 신경망Feed Forward Neural Network, 회귀Regression 및 의사결정 나무Decision Trees이다. 이들은 모두 첫 번째 그림의 첫 노드에 위치한 지도학습Supervised Learning에 속한다.

이들 외에도 그림에는 나타나 있지 않은 K-최측근KNN, 단순 베이즈Naive-Bayes, 로지스틱 회귀Logistic Regression, 판별 분석Discriminant Analysis 등의 기법들을 공부할 것이며, 여기에 더하여 머신러닝의 이론적 기반인 통계학과 수학도 이 책에서 배우게 된다.

통계학에서는 확률분포의 연산과 조건부 확률분포 및 베이즈 추정(MLE, MAP 등)이 핵심이며, 수학에서는 선형대수와 다변수 함수의 미분•적분이 가장 많이 쓰인다. 특히 딥러닝 신경망에 대한 로스함수loss function의 미분, 즉 그래디언트를 구하기 위한 연쇄법칙chain rule이 중요하다.

그림 1.1: 인공지능의 여러 분야

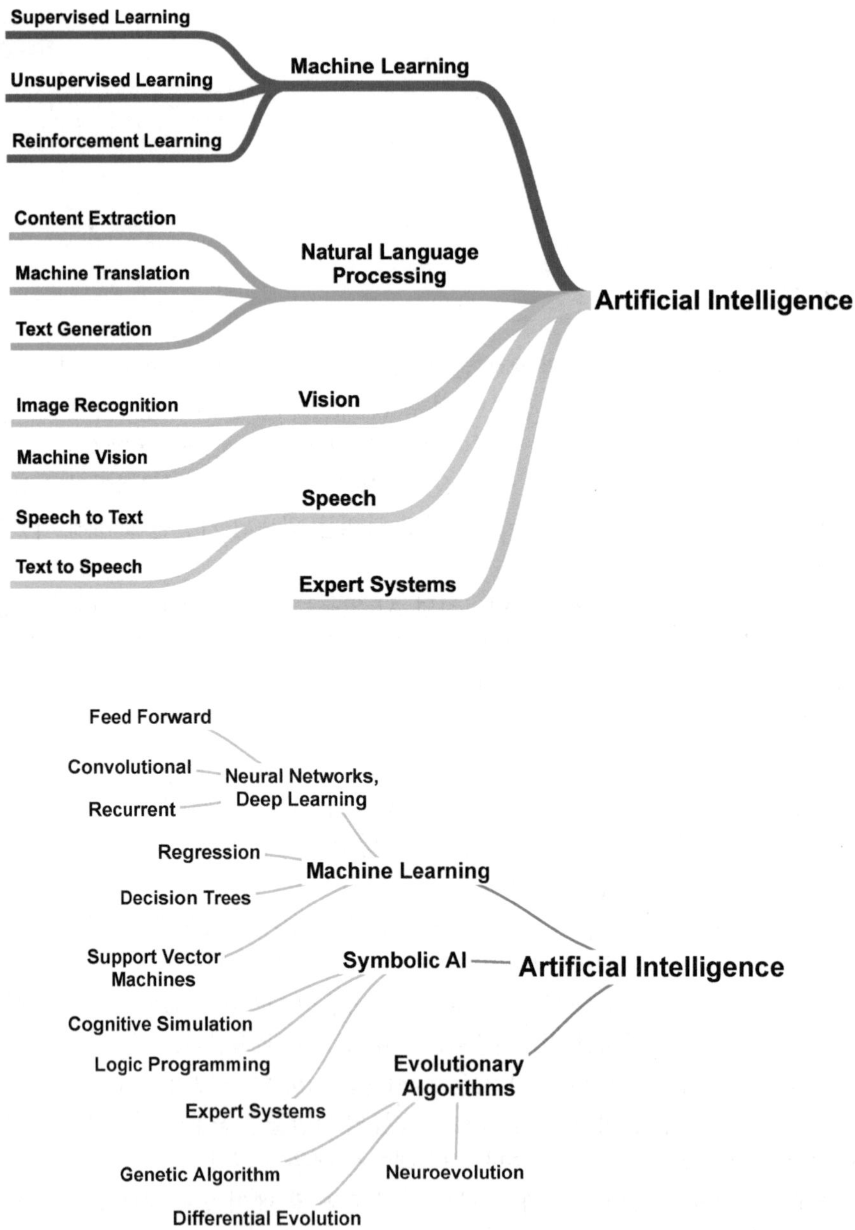

머신러닝의 알고리듬은† 컴퓨팅 문제들에 대한 기존의 해법과 근본적으로 다른 패러다임을 따른다 — 이를 [그림 1.2]에 나타내었다. 다만 머신러닝으로 알아낸 규칙Rule들은 인간이 이해하기 힘든 경우가 많다는 것을 알고 있어야 할 것이다.

그림 1.2: 전통적 계산과 머신러닝 계산의 비교

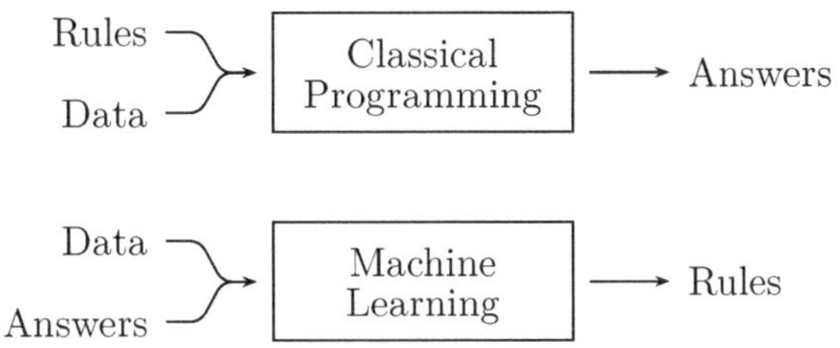

머신러닝은 아주 단순하게 말하자면 데이터를 통계적 방법으로 처리하여 정보를 추출하는 것이다. 또한 머신러닝에 의하여 얻은 해가 얼마나 신뢰할 만한지를 판단하는 것은 결국 확률 문제이므로, 머신러닝 기법의 유용성과 효율성은 통계적 방법으로 검증받게 된다.

따라서 머신러닝을 공부하기 위하여는 어느 정도의 통계학 지식은 필수이다. 통계학에는 수학이 쓰인다. 또한 머신러닝에 쓰이는 여러 알고리듬을 제대로 이해하려면 역시 수학이 필요하다. 그러므로 원칙적으로는 머신러닝을 확실하게 이해하려면 상당한 수준의 수학과 통계학 지식이 요구되며, 실제 머신러닝의 대가들은 모두 수학과 통계학에 능통하다.

머신러닝에는 많은 계산이 필요하므로 컴퓨터 언어를 다루는 능력도 필요하다. 머신러닝 분야에서 가장 널리 쓰이는 언어 둘을 꼽으라면 Python과 R인데, 이 책에서는 두 언어 중에 배우기가 더 쉬운 후자만 사용할 것이다.

이 책은 머신러닝과 컴퓨팅에 대한 경험이 거의 없는 학생을 대상으로 한다. 그리고 수학과 통계학의 지식은 고등학교 과정을 충분히 소화하고 있는 정도의 수준을 요구한다. 학습의 목표는 머신러닝과 이에 필요한 컴퓨팅, 통계학, 수학을 모두 공부하되 넓고 얕게, 그러나 수박 겉핥기는 되지 않도록 이해하는 것이다.

학생의 기본 지식에 따라 다르겠지만, 이 책의 내용은 한 학기에 소화하기에는 상당히 많다고 볼 수 있다. 생략해도 전체적 흐름의 파악에 지장이 없는 섹션은 제목에 *를 윗첨자superscript로 붙여 나타내었으며, 난이도가 높고 생략해도 지장이 없는 것에 대해서는 **로 표시하였다. 섹션뿐만 아니라 연습문제, 예제 등에 대해서도 같은 기준에 의하여 윗첨자 *, ** 등을 사용하였다.

이 책에서 다루어야 할 내용이지만 분량의 제한으로 인하여 담지 못한 것들 — 통계학의 이론, 수학의 증명, 알고리듬의 코드, 그림과 그래프, 소프트웨어 설치 및 사용법 동영상 등을 다음의 동반 웹사이트companion website에 넣어 두었다.

`https://jhjeong.mindconnect.cc/mlearn`

또한 책에서 사용한 R-스크립트script들은 대단히 하찮은trivial 것을 제외하고는 모두 이 웹사이트에 올려 놓았다. 이 웹사이트에는 연습문제에 대한 풀이와 힌트, 오타 정정 페이지 등도 포함되어 있다.

† Algorithm = 알고리듬, Algorism = 알고리즘. 출처: 국립국어원 표준국어대사전

1.2 공부 길잡이

이 책은 머신러닝을 이용한 실제 문제real world problem의 해결보다는 기본 원리의 이해를 주 목적으로 쓴 것이다. 책의 구성은 이론을 먼저 공부하고 이론을 이해하기 위한 계산의 예를 보는 식으로 진행된다. 2장은 R 프로그래밍, 3장은 수학, 4장과 5장은 통계학이며 6장과 7장은 통계학과 머신러닝의 공통부분이라고 볼 수 있다. 그리고 8장과 9장은 본격적인 머신러닝을 다룬다.

저자의 지난 수년간의 강의 경험에 의하면 처음에 열의를 가지고 시작한 학생도 추상적이고 수학적인 이론을 공부하는 도중에 흥미를 잃게 되는 경우가 상당히 있었다. 따라서 일단 실제의 숫자와 도표를 가지고 문제를 제시하고 그 문제의 답을 구하는 코드를 공부한 후에 이 알고리듬의 타당성을 보장하는 이론을 배우는 순서로 진행하는 것이 더 나아 보인다. 실제로 저자는 근래에 이런 방향으로 수업의 형식을 전환하는 시도를 하여 소기의 효과를 거두었다고 생각한다. 다만 이러한 수업 진행은 수업 진행자에게 더 많은 준비를 요구한다.

머신러닝의 교재로 이 책을 사용하는 경우에는 2장의 R 프로그래밍을 공부한 뒤에 바로 7장으로 가는 것도 하나의 방법이다. 7장 이후에는 계산을 많이 하는 한 편 이론도 적지 않게 포함하고 있으므로 강사는 어느 부분에서 수식의 디테일은 생략하고 직관을 통한 설명으로 넘어가야 할지를 잘 판단해야 할 것이다. 그리고 앞서 말했듯이 알고리듬의 타당성을 입증해야 하는 부분, 예를 들어 교차 엔트로피, 그래디언트 하강 등의 토픽을 만나게 되면 책의 관련 장·절로 가서 적절한 수준에서 소화하고 진행하도록 한다.

가장 실제 문제에 근접한 예는 8장 7절에서 많이 볼 수 있다. 학생들은 여기서 실제 데이터를 분석하여 실용적인 답을 얻는 과정에서 많은 흥미를 느낄 수 있을 것이다.

8장까지의 머신러닝은 통계적 학습Statistical Learning이라고 부를 수 있는 내용이다. 가장 머신러닝다운 부분은 제9장, 신경망과 딥러닝이다. 다른 머신러닝 교재들에 비하여 알고리듬을 상세하게 설명하였고, 개념 이해를 위한 여러 문제들을 그림을 곁들여 제공하였으며, 계산과정을 눈으로 확인하기 위한 장치들을 마련하였으므로 이 장을 공부하는 것은 학생들에게 좋은 경험이 되리라 생각한다. 다만 딥러닝의 실제적 응용 문제까지는 이 책에서 다루지 못하는 것이 아쉽다.

Science is what we understand well enough to explain to a computer. Art is everything else we do.

Donald Knuth

2 R 프로그래밍

2.1 소개

R은 1992년 뉴질랜드 Auckland 대학의 통계학과 교수였던 Ross Ihaka와 Robert Gentleman에 의하여 개발이 시작된 프로그래밍 언어이며 2000년에 이르러서는 일반에게 널리 쓰이기 시작하였다. R은 통계학을 위하여 개발된 언어로서 프로그래밍 지식과 경험이 많지 않아도 통계 계산과 그래프 그리기를 쉽게 할 수 있다는 것이 장점이다.

R의 사용에 쓰이는 대표적인 작업환경으로 다음의 4가지를 들 수 있다.

(1) *R* 콘솔(*R Console*): 콘솔console 창에서 R 명령command을 입력·실행하고 출력을 볼 수 있다. 이렇게 대화형 모드interactive mode로 활용할 수도 있으며 `source()` 함수를 이용하여 소스 코드source code를 읽어 들여 실행하는 일괄 모드batch mode로 활용할 수도 있다. 소스 편집기source editor 창과 그래픽 창을 띄울 수도 있다. 가장 기본적인 작업환경이다.

(2) *R* 스튜디오(*RStudio*): 화면이 다음과 같은 4개의 영역(패널panel)으로 구성되어 콘솔창만 사용하는 것보다 편하다. ① 콘솔, ② 소스 편집기(여러 개의 탭을 가질 수 있으며 편집기의 탭 하나가 소스 파일 하나에 대응하므로 여러 개의 소스 파일을 동시에 편집할 수 있다.), ③ 환경environment 탭에서는 현재의 작업공간workspace에 존재하는 객체들을 볼 수 있고 히스토리 탭에서는 명령 히스토리를 볼 수 있다. ④ 4번째 패널에는 4개의 탭이 있어 각각 파일 목록, 그래픽 출력, 패키지 목록, 도움말을 볼 수 있다.

(3) 쥬피터 노트북(*Jupyter Notebook*): Jupyter는 Julia, Python, R, 이 세 프로그래밍 언어의 이름들을 조합하여 만든 단어이다. (로마신화의 Jupiter와 철자가 다름에 주의.) 파이썬Python 개발자 커뮤니티에서 대단히 활발하게 사용되며 근래에는 R 커뮤니티에서도 점차 사용자가 늘고 있다. 노트북은 여러 개의 셀cell로 구성되어 각자 독립적으로 편집·실행될 수 있어 코드 작성에 편리하다. 그리고 마크다운(*markdown*)셀을 코드 셀과 더불어 사용할 수 있으므로 수식이나 표, 또는 그림을 쉽게 노트북 문서에 넣을 수 있다는 장점이 있다.

(4) 구글 코랩(*Google Colaboratory*): 이것은 쥬피터 노트북을 웹에서 사용할 수 있도록 구글에서 제공하는 서비스이다. `https://colab.research.google.com`에 접속하면 무료로 사용할

수 있다. 초기에는 파이썬만 지원했으나 이제 다음의 웹주소를 사용하면 R을 사용할 수 있게 되었다. https://colab.research.google.com/#create=true&language=r

이 환경은 나의 PC에 아무런 소프트웨어도 설치하지 않고 그냥 임의의 웹브라우저에서 사용할 수 있어서 편리하다. 또한 내가 작성한 파일을 구글 드라이브를 통하여 타인과 쉽게 공유할 수 있다는 것이 큰 장점이다. 애초에 colaboratory라는 이름은 collaboration + laboratory, 즉 협업 + 실험실을 뜻하는 것이었다.

구글 코랩은 자신의 PC에 설치된 쥬피터 노트북보다 반응이 다소 굼뜨다는 단점이 있지만 앞서 언급한 장점들을 고려하면 이 환경을 사용하는 것도 좋은 선택이 될 수 있을 것이다.

이 책은 위의 환경들 중에 쥬피터 노트북을 사용하는 것을 가정하고 서술되었다. 쥬피터 노트북 사용환경에는 다시 아나콘다 파워셸(*Anaconda Powershell*)에서 웹브라우저(크롬 등)를 불러 사용하는 것과 Visual Studio Code에서 사용하는 것 두 가지가 있는데 둘 중에 더 간단하게 설치되는 전자를 사용하는 것을 가정하였다.

2.2 설치

윈도즈 PC와 맥(iMac, MacBook 등)의 두 시스템에 대해서 각각 설명하겠다. 윈도즈 PC에 대한 설치 동영상을 이 책의 동반 웹사이트인 https://jhjeong.mindconnect.cc/mlearn에서 볼 수 있으며 시간이 충분하지 않은 독자는 아래의 설명을 읽지 않아도 큰 문제는 없을 것이다.

1. 윈도즈 PC. https://docs.conda.io/en/latest/miniconda.html를 방문하여 아나콘다의 작은 버전인 미니콘다(*Miniconda*)를 설치하고, 이것의 파워셸에서 다음의 명령을 실행하면 된다. 이렇게 하면 R 뿐만 아니라 파이썬도 쥬피터 노트북에서 사용할 수 있다.

```
conda install -c r r-essentials
```

2. 맥. 동영상이 준비되어 있지 않고 설치 과정도 조금 더 복잡하다. 설치를 하려면 터미널(*Terminal*) 혹은 *iTerm* 등의 명령어 인터페이스(*CLI, Command Line Interface*) 사용법에 대한 기본지식이 필요하다.

만일 R이 설치되어 있지 않다면 먼저 R의 공식 홈페이지인 https://cran.r-project.org를 방문하여 설치파일을 다운 받아 설치한다. 이때 CPU chip의 종류, 즉 Intel chip이나 Apple Silion(M1, arm64 architecture) chip이냐에 따라 다운받아야 할 파일이 다르니 주의해야 한다. 또한 기존에 R이 설치되었다 해도 버전이 오래된 것이라면 쥬피터 노트북이 작동하지 않을 수 있으므로 삭제 후 최신 버전을 설치하도록 한다.

다음과 같은 3단계를 거쳐야 한다.

① 미니콘다 설치, ② 쥬피터 노트북 설치, ③ R과 쥬피터 노트북 연결

① https://docs.conda.io/en/latest/miniconda.html를 방문하여 자신의 칩에 맞는 설치 파일을 다운받아 설치한다.† 각 칩에 대하여 bash와 pkg 두 종류 설치파일이 있는데 셸

†실리콘 칩에 대해서는 미니콘다가 아니라 miniforge를 설치했어야 했는데 2022년 5월부터는 미니콘다가 실리콘 칩도 지원하게 되었다.

명령shell command에 대하여 익숙하지 않은 사람에게는 후자가 더 편할 것이다. 설치한 후에는 터미널 창이 아나콘다 파워셸의 기능을 갖추게 된다.

② 터미널에서 다음의 명령을 실행하여 쥬피터 노트북을 설치한다.

```
conda install -c conda-forge notebook
```

이제 터미널 창에서 `jupyter notebook` 명령을 내리면 Python을 쥬피터 노트북에서 사용할 수 있다.

③ 하지만 R을 사용하기 위하여는 'R과 쥬피터 노트북 연결'을 위하여 다음의 작업을 더 해야 한다.

터미널에서 다음의 명령을 실행한다.

```
sudo r
```

터미널의 프롬프트가 >로 바뀔 것이다. 이 상태에서 3개의 명령을 차례로 실행해야 하며 첫 명령은 다음과 같다.

```
install.packages(c('repr', 'IRdisplay', 'evaluate', 'crayon',
        'pbdZMQ', 'devtools', 'uuid', 'digest', 'git2r'),
        dependencies = TRUE)
```

클라우드 서버를 선택하라는 메시지가 뜨면 1을 엔터한다. 그 다음에 또 뭘 물어오면 yes를 엔터한다. 시간이 몇 분 걸릴 것이다.

그리고 '명령어 라인(개발자) 도구'를 설치하겠느냐고 물어올 수 있는데 이때 설치를 해야 한다. 설치에 수십 시간이 걸리는 것으로 메시지가 나오지만 실제로는 그렇게까지 오래 걸리지는 않고 10분 정도면 설치가 완료될 것이니 이 부분은 염려하지 않아도 된다.

약간의 경고 메시지가 뜰 수 있는데 별 문제가 되지 않을 것이다. 물론 오류 메시지가 떴다면 그건 문제가 된다.

그 다음에 (`sudo r` 상태에서) 다음의 두 명령을 실행한다. 둘 다 1분 이내로 실행이 완료될 것이다.

```
devtools::install_github('IRkernel/IRkernel')
IRkernel::installspec(user = FALSE)
```

설치가 잘 되지 않는다면 필경 어떤 단계를 빼 먹었거나 명령에 오타가 있었을 것이다.

윈도즈 PC나 맥에서 설치가 완료되면 파워셸, 혹은 터미널에서 다음의 명령을 넣고 엔터하여 쥬피터 노트북을 실행할 수 있다.

```
jupyter notebook
```

그러면 디폴트로 설정된 웹브라우저, 예를 들어 크롬이 실행되거나, 혹은 기존에 실행되고 있던 웹브라우저에 새로운 탭이 생성되며 쥬피터 노트북 화면이 보일 것이다.

쥬피터 노트북 사용법을 책에서 설명하자면 대단히 많은 화면들을 캡처하여 책에 넣어야 할 것이다. 이것은 비효율적이다. 일반적으로 컴퓨터 사용법의 설명은 책보다 동영상이 훨씬 더 낫다. 이 책의 동반 웹사이트에 있는 3번, 4번, 5번 동영상을 보면 기본적인 쥬피터 노트북의 사용법을 익힐 수 있으리라고 본다.

`https://jhjeong.mindconnect.cc/mlearn` (2.1)

이 동영상들은 윈도즈 PC 사용자 위주로 만든 것이지만 맥 사용자에게도 도움이 될 것이다. 다만 명령어 앨리어스alias를 만드는 방법은 윈도즈와 맥이 전혀 다르다는 것은 알고 있어야 할 것이다.

컴퓨터 관련 산업은 빠르게 발전하고 변화하므로 지금까지 설명한 내용은 머지않아 구식outdated이 될 것이고 작동하지 않을 수도 있다. 이런 경우에는 변경된 최신 것들을 반영하도록 유지/관리하고 있는 (2.1)의 웹페이지를 방문하길 바란다.

———— ∘ ————

위에서 설명한 방법을 따라 설치해 놓은 컴퓨터에서는 이제 쥬피터 노트북을 사용할 수 있지만, 혹시 앞서 설명한 3개의 작업환경 중에 첫 번째인 R-콘솔을 사용하기를 원한다면 다음과 같이 한다.

- 윈도즈 PC: 아타콘다 파워셸에서 `rgui`를 엔터한다. (이 파워셸 창은 콘솔창을 닫을 때까지는 사용할 수 없다.)
- 맥 : Launchpad, 혹은 Dock에서 R의 아이콘을 클릭한다.

2.3 R 언어의 기본

이 책은 R 언어를 체계적으로 기술하지 않는다. 이 책에서 R에 대한 지식의 습득은, 가장 많이 사용되고 기초적인 것들을 실습laboratory session을 통해서 익히는 방식으로 진행된다. 조금 더 체계적으로 R을 공부하고 싶은 독자라면 [4]를 읽을 것을 추천한다. 이 책은 난이도가 높지 않으면서도 보통의 R 사용자가 필요로 할 수준에서 폭넓은 지식을 잘 설명한다.

2.3.1 첫 걸음

쥬피터 노트북을 실행하면 나타나는 화면을 쥬피터 노트북 홈 화면이라고 부르기로 한다. 여기서 화면 오른쪽 윗 부분에 있는 [New]를 클릭하고 이어서 R을 선택한다. 그러면 새로운 탭이 열릴 것인데 이 화면을 R-스크립트 화면이라고 부르기로 한다. 이 새로운 화면의 맨 위에 보이는 'Untitiled'를 클릭하여 원하는 파일이름을 준다. 여기서 잠시 원래의 탭을 클릭하여 방금 만든 R-스크립트 파일이 존재함을 확인하고 다시 새 탭을 클릭하여 돌아온다.

R-스크립트 화면에서 [그림 2.1]과 같이 노트북의 첫 셀과 둘째 셀에 각각 코드를 넣고 `Shift-Enter`(또는 `Control-Enter`)를 쳐서 실행(*execute*)하여 나온 결과이다.†

R은 계산기로 사용할 수 있다. [그림 2.1]에서 $3 + 5 = 8$과 $2 - 3 \times 2 = -4$의 계산을 보였다. `2-3`은 붙여 쓰고 `3 * 2`는 띄어 썼지만 수학의 계산 규칙대로 곱하기를 먼저 계산하는

† 셀을 실행하는 또 하나의 단축키로 `Alt-Enter`가 있다. 셀들의 다양한 실행 방법과 출력물을 지우는 방법 등을 알려면 메뉴바의 [Cell]을 클릭해 보라.

그림 2.1: 수의 계산, 변수에 값을 배정하기

```
In [1]: 3 + 5
        2-3 * 2 # space doesn't matter
        x = 3+2; y <- 2 - 3*2 # assignment operator '=' and '<-'

        8

        -4

In [2]: x;y
        x + y^2; (x + 2*y)^(-1) # () around -1 may be omitted

        5

        -4

        21

        -0.333333333333333
```

것을 볼 수 있다. 띄어쓰기는 중요하지 않다는 사실은 그 옆의 코멘트(*comment*) `# space doesn't matter`에서도 말하고 있다.

> #는 코멘트 글자로서 그 글자부터 라인의 끝까지의 내용은 무시된다.

첫 셀에는 3개의 라인line이 있는데 이들 중 첫 두 개는 각각의 라인이 하나의 명령에 대응된다. 이 명령들은 각각의 계산결과를 출력한다. 세 번째 라인에는 ;로 구분된 두 개의 명령이 들어 있다. ;는 하나의 라인에 여러 개의 명령을 넣을 때 분리 글자separator로 사용된다. 세 번째 라인은 출력이 없다. 그 이유는 이 라인에 있는 두 개의 명령은 모두 배정문(*assignment statement*)으로서 = 기호 오른쪽의 표현(*expression*)에서 계산한 결과가 왼쪽에 있는 변수(*variable*)에 배정(*assign*) 되었기 때문이다.

R에는 배정연산자(*assignment operator*)로 =과 <-의 두 개가 존재한다. 대부분의 경우 어떤 것을 써도 상관이 없으므로 일단 이 두 기호들의 의미에 차이가 없다고 가정하고 아무거나 편한 것을 골라 사용하기로 한다. 나중에 이 둘을 구분할 필요가 있는 예를 만나게 될 것이며 그때 다시 설명하겠다.† 배정연산자에는 이 둘 외에도 <<-, ->, ->> 등이 있지만 이 책에서는 사용하지 않는다. =과 <-의 차이에 대한 상세한 설명은 `https://colinfay.me/r-assignment/`에 나와 있다.

이제 두 번째 셀을 보자. 첫 라인에는 2개의 변수가 ;로 분리되어 있으며 이렇게 변수 자체가 하나의 명령을 이루는 경우에는 단순히 그 변수의 값(*value*)을 출력하게 되어 있다. x의 값 5와 y의 값 −4가 출력되었음을 볼 수 있다.

두 번째 라인에도 역시 2개의 명령이 있다. 각 명령에는 거듭제곱 기호 ^가 사용되었다. 역수는 −1을 지수로 하는 거듭제곱이다. 이때 (-1)은 괄호를 생략하고 -1로 써도 된다.

출력된 결과들을 모두 지우려면 메뉴바에서 `[Cell - All Output - Clear]`를 하면 된다. 하나의 셀의 출력만 지우는 법을 찾아 보라.

실습 2.1 다음의 명령들을 실행하고 출력을 관찰해 보자.

†p16과 [연습문제 2.31]에 예가 있다.

```
pi
sin(pi/2)
log(100)
log(100,10)
exp(2)
exp(2, 10) # Error! Use 10^2 instead.
```
⊣

2.3.2 객체와 타입

[그림 2.1]의 세션을 이어서 작업할 것이므로 만일 종료했다면 다시 열고 [Cell - Run All] 하여 모든 셀들을 실행한다.

이 예를 보면 첫 셀에서 값이 배정된 변수 x와 y의 값을 그 뒤에 나오는 두 번째 셀에서 사용할 수 있음을 알 수 있다. 메뉴바에서 [Kernel - Restart] 하여 변수들을 모두 삭제한다. 그리고 두 번째 셀을 (첫 번째 셀을 실행하지 않고) 실행하면, 변수들이 삭제되어 더 이상 존재하지 않기 때문에 에러가 나오게 된다. 커늘(*kernel*)이 무엇인지는 [Kernel - Change kernel]을 실행해 보면 알 수 있을 것이다. R 커늘 외에 Python 커늘이 1개 이상 존재하고 있음을 확인하여 보라.

변수들을 사라지게 하는 데는 여러 방법이 있다. 방금 한 것과 같이 커늘을 재시동하는 것은 상당히 과격한 방법이다. 현재 어떤 변수들이 존재하는지 알아보려면 다음의 명령을 실행한다.

```
ls()
```

변수들의 이름(값이 아니고 이름)들이 나타날 것이다. 만일 아무것도 나타나지 않는다면 그것은 현재 아무 변수도 존재하지 않기 때문이다. 첫 번째 셀을 다시 실행하고 이어서 ls()를 실행하면 x와 y가 나타날 것이다. 두 변수들을 모두 지우려면

```
rm('x', 'y')
# or
rm(list=ls()) # This deletes all variables(i.e., objects).
```

를 실행하면 된다.

R에서 변수들에[†] 저장된 모든 값들은 객체(*object*)이다. 객체는 타입(*type*)과 값(*value*)의 두 속성으로 규정된다. 앞서 보았던 x와 y는 숫자 타입(*numeric type*)이다. R에서 우리가 주로 사용하는 기본 타입(*basic type*)에는 numeric 외에 부울값(*logical*)과 문자열(*character*)이 있다.[‡]이 외에도 *integer*, *complex*, *raw* 등의 타입이 있으나 이 책에서는 이들을 사용하지 않을 것이다.

실습 2.2 다음의 명령들을 실행하고 출력을 관찰하시오.

```
class(2)
class(3.14)
class("3.14")
class(TRUE)
class("TRUE")
a = as.numeric("3.14")
class(a); a
```

[†]참고로 R은 const 선언이 없다. R의 상수는 모두 3.14, "Kim" 같은 *literal* 뿐이다.

[‡]'기본 타입' 대신 '기본 데이터 타입basic data type'이라는 용어를 쓰기도 한다.

```
b = as.character(1.42857); b
c = as.logical("TRUE")
class(c); c
d = as.numeric(TRUE); e = as.numeric(FALSE)
d; e
```

class()는 객체의 타입을 보여주는 함수이다. as.character(), as.logical()과 as.numeric()은 객체의 타입을 바꿔주는 데 쓰이는 함수이다. ⊣

다음 명령들을 실행하면 부울값들이 출력된다.

```
sqrt(2) == 2^.5
pi^2 >= 10; pi^2 >= 9
```

부울값에는 TRUE와 FALSE의 두 종류가 있으며 이들은 각각 "참"과 "거짓"을 뜻한다. 이 둘은 반드시 대문자를 써서 나타내어야 하며 True, true, False, false 등으로 쓸 수 없다. TRUE와 FALSE는 각각 줄여서 T와 F로 쓸 수 있다.

부울값이 얻는 주된 방법은 두 개의 표현을 관계연산자(*relational operator*)로 연결하여 얻은 관계문(*relational statement*)을 실행하는 것이다. 위의 코드에서 사용된 ==와 >=가 흔히 쓰이는 관계연산자이다. 관계연산자에는 이 둘 외에 <=, >, <, != 등이 있다.

부울값을 얻는 또 하나의 방법은 부울값들을 논리연산자(*logical operator*)로 연결하는 것이다. &&와 ||는 각각 AND와 OR를 뜻하는 2항연산자(*binary operator*)이고 !는 NOT을 뜻하는 1항연산자(*unary operator*)이다. 이들 3개의 논리연산자 외에도 2개의 논리연산자 &와 |가 있는데 이에 대해서는 앞으로 벡터의 교집합과 합집합을 다루게 될 때, p24에서 다시 언급하겠다.

실습 2.3 다음의 명령들을 실행하고 출력을 관찰하시오.

```
TRUE == T
!TRUE == F
T && T; T && F; F && T; F && F
T || T; T || F; F || T; F || F
```

⊣

문자열은 통상 컴퓨터 언어에서 *string*이라고 부르기도 하는데 R에서는 이를 *character*라고 한다. R은 문자열에 대한 연산자를 제공하지 않으며 대신 paste() 함수를 제공한다.

실습 2.4 다음의 명령들을 실행하고 출력을 관찰하시오. 인수 sep의 의미는 무엇인가?

```
paste("Hong", "Gildong")
paste("Hong", "Gildong", sep="")
paste("A","B","C", sep = "+")
paste(1, 2, T, sep=" and ")
```

위의 4 라인에 나타난 paste들을 모두 cat로 바꾸고 실행해 보라. 무슨 차이가 있는가?

(해설). paste()는 문자열 타입 인수들을 모두 이어 붙인 문자열을 리턴(*return*)한다. 이때 각 인수들 사이에는 sep의 값이 넣어진다. paste()를 호출할 때 sep의 값을 지정하지 않으면 디폴트 값인 빈칸space character이 사용된다.

paste()의 인수에 숫자나 부울값을 사용하면 이들은 자동으로 문자열로 변환된 후 사용된다. cat()에 대해서는 다음 섹션에서 설명하였다. ⊣

2.3.3 출력

cat()는 concatenate의 준말로서 사전적 의미는 paste와 유사하다. R에서 cat()를 실행하면 ① paste()를 먼저 실행하고, ② 그 결과로 얻은, 즉 리턴 받은 문자열을 출력한다.

지금까지 R에서의 출력은 모두 어떤 표현expression을 값계산(*evaluate*)하여 얻었다. cat()에 의한 출력은 값계산과는 성격이 다르다. cat()는 출력값을 출력기기output device로 보내는 함수이며 값계산은 하지 않는다. 따라서 아무것도 리턴하지 않는다. 출력기기는 특별히 따로 지정하지 않으면 웹브라우저 화면이다.

아래에 cat()의 사용 예를 보였다. 출력의 결과는 청색으로 나타내었다.

[Code]

```
x = cat("first line\n", "second line\n")
x
```

[Output]

```
first line
 second line
NULL
```

앞으로는 코드 앞의 [Code]와 출력 앞의 [Output]는 생략할 것이다. 그러므로 코드 뒤에 청색으로 나타낸 부분은 출력으로 이해하면 되겠다.

위의 코드에서 \n은 *next line*을 의미한다. 이것을 빼내고 새로운 코드를 얻어 실행시켜 보면 first line과 second line이 한 줄에 나타남을 관찰할 수 있을 것이다. second line의 앞에 빈칸이 있는 것은 sep = " "가 디폴트로 사용되었기 때문이다.

cat()의 리턴값 x는 NULL로 나타났다. 이것은 '아무 것도 없음'을 의미하는 기호라고 쉽게 생각하면 될 것이다.

R에서 출력에 사용되는 함수로 대표적인 것을 들면 cat()와 print()인데 후자는 출력의 형식을 세밀하게 지정할 수는 없으나 디버그debug할 때 간편하게 사용할 수 있다는 장점을 가진다. 그 이유는 print()는 입력된 인수의 타입(벡터, 행렬, 리스트, 데이터프레임 등)에 따라 적당한 형식을 선택하여 출력해 주기 때문이다.

print()는 cat()와는 달리 \n을 인수에 넣을 필요가 없다. 이것은 편리한 점이라고 볼 수 있을 것이다. 그러나 print()는 불편한 점이 있으니 그것은 인수를 1개만 받을 수 있다는 것이다. 예를 들어 print(1,2)를 실행하면 첫 인수인 1만 출력된다. print()는 앞서 말했듯이 행렬이나 데이터 프레임 등의 타입을 가지는 자료를 출력할 때 유용하며 숫자, 문자열 등의 기본 타입 자료를 출력할 때는 사용할 이유가 별로 없다. 이 책에서 print()를 사용하는 첫 예는 행렬에 대한 [예제 2.29]이다.

cat()는 sprintf() 함수와 결합하여 사용하면 대단히 유용하다. 흔히 다른 언어에서 많이 사용되는 함수 printf()를 R은 제공하지 않는다. R에서는 printf() 대신 cat(sprintf(...))를 사용한다고 생각하면 된다. 이것의 사용법은 다음 예를 보면 알 수 있다.

예제 2.5

```
x = 3 + sqrt(144) / 2
y = x / 2
cat(sprintf("x=%d, y=%.2f, x plus y is %.2f\n", x, y, x + y))
```

```
x=9, y=4.50, x plus y is 13.50 = 1.35e+01
```

(해설). sqrt()는 양의 제곱근을 계산하는 함수이다. sprintf()는 string print formatted를 뜻한다. 이 함수는 위의 예에서는 4개의 인수argument를 사용하였는데 이들 중에 첫 번째 인수는 서식 문자열(*format string*)이다. 서식 문자열에는 %로 시작하는 서식 지정자(*format specifier*)가 포함되어 있다. 서식 문자열 중에 서식 지정자가 아닌 부분은 그대로 출력되므로 어려울 것이 없다.

서식 문자열 내에 %를 포함시키려면 두 개를 연이어 이렇게 %% 사용하면 된다. ⊣

서식 지정자는 R뿐만 아니라 다른 많은 컴퓨터 언어에서 공통으로 사용하므로 시간을 들여 공부해 둘 가치가 있다. 인터넷에서 "printf format string"을 검색해 보라. 내용의 분량이 좀 되므로 우리는 여기서 가장 중요하고 기본적인 것만 알아보기로 한다.

서식 지정자 %d는 정수를 출력하는 데 사용된다. %f는 소숫점을 포함하는 실수를 출력하는 데 사용된다. 소숫점 이하 n자리까지 출력하려면 %.*n*f를 사용하면 된다. %.*n*e는 소숫점 이하 n 자리까지 출력한다는 점에서 %.*n*f와 같으나 정수 부분은 출력할 수의 크기에 상관 없이 항상 1 자리만 나타낸다는 점이 다르다. 이를 위하여 적당한 10^k을 곱해주어야 하는데 그 형식은 $\times 10^k$ 대신 ($k = 0, \ldots, 9$일 때는) e+0*k*을 취한다. $k < 0$, 혹은 $k \geq 10$인 경우에는 어떻게 나타나는지 실험을 통해서 확인해 보기를 바란다.

sprintf()의 두 번째 및 그 이후의 인수들은 '표현'이다. 이 표현들의 값이 그것에 대응하는 서식 지정자 위치에 들어가게 된다. 즉 라인3에서 표현 x는 %d 자리에, y는 첫 번째 %.2f 자리에, x+y는 두 번째 %.2f 자리와 %.2e 자리에 들어간다.

위의 예에서는 사용되지 않은 또 하나의 중요한 서식 지정자는 %s이다. 이것은 문자열을 출력하는 데 사용된다. 포맷 문자열을 이해하기 위한 예를 하나 더 아래에 보였다. ⊣

예제 2.6

```
s1 = "First, some integers:"
s2 = "Now, some floating-point numbers:"
fstr = "%s\n%3d\n%3d\n%3d\n%s\n%5.2f\n%5.2f"
cat(sprintf(fstr, s1, 32, 7, 154, s2, 1.1, 27.34))

First, some integers:
 32
  7
154
Now, some floating-point numbers:
 1.10
27.34
```

(해설). 숫자들을 출력할 때는 자리를 맞추어 오른쪽 정렬을 해야 할 때가 있다. 이때 유용한 것이 *width field*이다. 예를 들어 %3d는 정수를 길이 3이 되도록 맞추어 출력하며 이때 3은 width field의 값이다. 또 하나의 예로 %5.2f는 길이가 5가 되도록 맞추어 출력하라는 뜻인데 이때의 길이 5는 정수부분의 길이 2, 소숫점의 길이 1, 소숫점 이하의 길이 2를 모두 합한 값이다. %s에도 width field를 사용할 수 있음을 말해 둔다. ⊣

실수 x의 소숫점 이하의 자릿수를 n으로 지정할 때 round(x, digits=n)를 사용할 수도 있다. 하지만 이 반올림 함수 round()는 마지막 자리가 0일때 제대로 작동하지 않는다. 또 하나 주의할 것은 마지막 자릿수가 5인 수에 round()를 적용하면 그 앞자리의 수가 홀수일 때는 올림, 짝수일 때는 올림과 내림을 취한다는 사실이다.

반올림 대신 소숫점 이하를 무조건 잘라버리고 정수를 취할 때는 floor() 함수를 쓰면 된다. 이 함수는 우리나라에서 흔히 '가우스기호'로 불린다. 이 함수는 round()와는 달리 digits 인수를 받지 않는다.

실습 2.7

```
x = 10 / 7
y = 1.23
cat("x=", round(x, digits=3), ", y=", round(y, digits=3), "\n", sep="")
cat(sprintf("x=%.3f, y=%.3f\n", x, y))
cat(round(0.5), round(1.5), round(2.5), round(3.5), "\n")
```

```
x=1.429, y=1.23
x=1.429, y=1.230
0 2 2 4
```

2.3.4 벡터

벡터(*vector*)는 고정된 기본 타입을 가진 원소들의 유한열(*finite sequence*)이며 R에서 대단히 중요한 역할을 한다. 벡터를 만드는 가장 기본적인 방법은 c() 함수를 사용하는 것이다. 함수 이름 c는 *combine*을 의미한다.

아래에 벡터의 사용 예를 보였다.

예제 2.8

```
numvec = c(1, 2, 4, 8) # numeric
charvec = c("Kim", "Lee", "Park") # character
boolvec = c(T, F, T) # logical
numvec; charvec; boolvec
cat(numvec, charvec, boolvec, "\n")
```

```
1 2 4 8
'Kim' 'Lee' 'Park'
TRUE FALSE TRUE
1 2 4 8 Kim Lee Park TRUE FALSE TRUE
```

벡터의 원소는 인덱스(*index*)를 대괄호 안에 넣어 접근access할 수 있다. 벡터의 길이는 length() 함수를 써서 얻을 수 있다. 인덱스는 1부터 시작한다.

```
numvec = c(1, 2, 4, 8)
numvec[1]; numvec[4]
length(numvec)
```

```
1
8
4
```

벡터는 기본 타입이 아닌 객체를 원소로 가질 수 없다. 예를 들어 벡터는 다른 벡터를 원소로 가질 수 없다.

예제 2.9

```
myvec = c(c(1,2),c(3,4))
cat(myvec, "\n)
length(myvec) # length(myvec) is the number of elements of myvec
```

```
1 2 3 4
4
```

벡터들을 원소로 가지는 수열은 리스트(*list*)라고 하며 이에 대해서는 [섹션 2.7]에서 공부하게 될 것이다.

연습문제 2.10 벡터의 원소들의 타입은 고정되어 있어야 한다는 말의 의미를 이해하기 위하여 다음의 코드를 실행해 보라.

```
vec1 = c(1, "A")
vec2 = c("A", T)
vec3 = c(1, T, F)
vec4 = c(1, "A", F)
vec1; vec2; vec3; vec4
```

벡터를 편리하게 얻는 방법으로 `a:b` 구문과 `seq()` 함수가 있다.

```
1:5
4:-2 # decreasing
seq(1, 14, by=3) # increment = 3
```

```
1 2 3 4 5
4  3  2  1  0 -1 -2
1  4  7 10 13
```

`seq()` 함수는 등차수열을 리턴한다. 이 함수가 받아들이는 인수(*argument*)에는 `from`, `to`, `by`, `length`의 4 종류가 있다.이들 중 3개만 지정하면 등차수열이 결정되므로 `seq()`를 호출(*call*)할 때는 3개의 인수만 적절히 선택하여 지정하도록 한다.

`seq()`를 호출할 때 인수의 이름을 생략하고 값만 주면 인수의 위치에 따라 `from`(초항), `to`(말항), `by`(공차)의 차례로 값이 주어진다. 이를 두고 위치인수(*positional argument*)를 사용했다고 한다. 인수의 이름을 주면, 즉 이름인수(*named argument*)를 사용하면 인수의 위치는 상관없다.

```
seq(5, 20, 5)
seq(5, 20, length=5)
seq(to=5, from=1, length=5)
seq(from=-1, by=2, length=5)
seq(length=5, by=2, from=-1) # same as above
```

```
5 10 15 20
5.00  8.75 12.50 16.25 20.00
1 2 3 4 5
-1  1  3  5  7
-1  1  3  5  7
```

위의 코드에서 라인5에 사용된 배정연산자 =는 <-로 바꾸어 사용할 수 없다.

동일한 원소 여러 개로 이루어진 벡터는 `rep()` 함수를 써서 생성한다.

```
rep(5, 3) # 5 repeated 3 times
rep("foo", 3)
rep(T, 3)
```

```
5 5 5
"foo" "foo" "foo"
TRUE TRUE TRUE
```

Combine 함수 `c()`는 벡터에 원소를 추가하거나 벡터들을 합쳐서 더 긴 벡터를 얻는 데 사용할 수 있다.

```
c(1:3, 9)
c(1:3, c(-4,-1), 9)
```

```
1 2 3 9
1 2 3 -4 -1 9
```

'벡터의 원소', 즉 기본 타입의 객체에 적용할 수 있는 연산을 '벡터'에 적용하면 그 연산은 대응되는 원소 각각에 적용되어 벡터를 리턴한다. 기본 타입 객체와 벡터의 연산도 같은 방식으로 처리된다. 이를 두고 벡터화(*vectorization*)라고 한다.

예제 2.11

```
x = c(1,2,3)
y = c(1,2,5)
cat("x + y =", x + y, "\n")
cat("x * y =", x * y, "\n")
cat("x^2 =", x^2, "\n")
cat("1/y =", 1/y, "\n")
cat("x + 10 =", x + 10, "\n")
```

```
x + y = 2 4 8
x * y = 1 4 15
x^2 = 1 4 9
1/y = 1 0.5 0.2
x + 10 = 11 12 13
```

길이가 서로 다른 2개의 벡터를 연산하면, 둘 중 하나의 벡터의 길이가 다른 벡터의 길이가 배수일 때는 짧은 벡터가 반복되어 적용된다. 길이가 같지 않고 배수 관계에 있지도 않을 때는 경고메시지가 뜨지만 아무튼 연산은 된다.

```
1:2 + 1:4 # same as c(1,2,1,2) + 1:4
1:2 + 1:5 # same as c(1,2,1,2,1) + 1:5
```

```
2 4 4 6
2 4 4 6 6
Warning message:
In 1:2 + 1:5 :
  longer object length is not a multiple of shorter object length
```

벡터의 원소가 아니라 벡터 자체에 적용할 수 있는 함수로는 `sum()`, `mean()`, `var()`, `sd()` 등이 자주 쓰인다. 이들과 성격이 다르지만 유용한 함수 `rev()`가 있다.

예제 2.12

```
xvec = 1:4
cat("xvec =", xvec, "\n")
cat(sprintf("sum = %d\n", sum(xvec)))
cat(sprintf("mean = %.2f\n", mean(xvec)))
len = length(xvec)
cat(sprintf("length = %d\n", len))
m = sum(xvec)/len
var(xvec) == sum((xvec - m)^2)/(len-1)
sd(xvec) == sqrt(var(xvec))
```

```
xvec = 1 2 3 4
sum = 10
mean = 2.50
length = 4
TRUE
TRUE
reversed = 4 3 2 1
```

벡터 원소의 인덱싱(*indexing*)에는 위치기반(*positional*), 이름기반(*named*) 및 부울기반(*logical*)의 세 가지가 있다.

```
1 # positional indexing
2 x = 1:6
3 x[length(x) - 1] # 2nd to last element
4 x[c(1,3)]
5 x[-5] # 5-th element deleted
6 x[c(-1,-3)] # 1st and 3rd elements deleted
7 x # x remains intact
```

```
5
1 3
1 2 3 4 6
2 4 5 6
1 2 3 4 5 6
```

코드라인4에 사용된 `c(1,3)`을 인덱스 벡터(*index vector*)라고 한다. 벡터의 원소 혹은 원소들을 제외한 벡터는 음수를 인덱스로 사용하여 얻을 수 있다.

```
# named indexing
named_ages = c("kim"=21, "lee"=33, "park"=24)
named_ages
named_ages["kim"]
named_ages[2] # positional indexing is allowed
```

```
kim:21 lee:33 park:24
kim: 21
lee: 33
```

```
# logical indexing
x = 1:3
bvec = c(T,F,T) # boolean vector
x[bvec]
named_ages[bvec] # logical indexing is allowed
```

```
1 3
kim:21 park:24
```

여기서 bvec은 부울리언 인덱스 벡터(*boolean index vector*)라고 한다.

부울리언 인덱싱logical indexing의 아주 간단한 응용 예로서 250 미만의 자연수들 중에 제곱수인 것들을 나열해 보자.

```
x = (1:30)^2 # prepare sufficiently long sequence of square numbers
x[x < 250]
```

```
1   4   9  16  25  36  49  64  81 100 121 144 169 196 225
```

벡터의 정렬(*sorting*)에는 sort() 함수를 사용한다. sort()를 name으로 인덱싱한 벡터에 적용하면 name에 따라 정렬되는 것이 아니라 값에 따라 정렬된다.

예제 2.13

```
ages = c(21, 33, 24, 99, 12)
sort(ages) # increasing order by default
sort(ages, decreasing=TRUE) # decreasing order
named_ages = c("kim"=21, "lee"=33, "park"=24, "jeong"=99, "ahn"=12)
sort(named_ages) # order by values, not by names
sort(named_ages, decreasing=TRUE)
```

```
12 21 24 33 99
99 33 24 21 12
ahn:12 kim:21 park:24 lee:33 jeong:99
jeong:99 lee:33 park:24 kim:21 ahn:12
```

⊣

여기서 벡터를 정렬한다는 것은 정렬된 벡터를 생성하여 리턴한다는 의미이며 원래의 벡터 ages, named_ages 등의 값은 변하지 않는다.

이름 순서로 정렬하려면 먼저 이름들만으로 이루어진 벡터 surnames를 얻는다. 이때 names() 함수를 사용한다. 그리고 order(surnames)를 실행하여 이름순으로 정렬된 위치기반 인덱스 벡터를 얻어 이것을 named_ages의 인덱스로 사용한다.

예제 2.14

```
surnames = names(named_ages); surnames
index_vec = order(surnames); index_vec
named_ages[index_vec]
```

```
'kim' 'lee' 'park' 'jeong' 'ahn'
5 4 1 2 3
ahn:12 jeong:99 kim:21 lee:33 park:24
```

⊣

다음과 같은 형식의 데이터를 다루는 경우가 많다. 남학생 5명의 키와 몸무게가 다음과 같이 주어졌다고 하자.

```
names = c("john", "peter", "andy", "henry", "robin")
heights = c(175, 168, 172, 181, 177)
weights = c(72, 66, 64, 71, 68)
```

이들을 키가 큰 순서대로 정렬하려면 다음과 같이 한다.[†]

```
ind_vec = rev(order(heights))
names[ind_vec]
weights[ind_vec]
```

```
"henry" "robin" "john"  "andy"  "peter"
71 68 72 64 66
```

연습문제 2.15 위의 데이터를 가지고 몸무게의 내림차순으로 정렬하고 이어서 이름의 오름차순으로 정렬해 보아라. ⊣

사람들의 이름, 키, 몸무게를 위와 같이 3개의 벡터에 각각 따로 넣어 관리하는 것은 불편하다. p39에서 공부하게 될 데이터프레임이라는 것을 사용하면 이러한 불편을 해소할 수 있다.

숫자들의 벡터 `xvec`을 출력할 때, 예를 들어 소숫점 이하 5자리까지 출력하려면 `cat(round(xvec, 5))`를 사용하면 간편하다. 다음의 코드에서 사용된 함수 `set.seed()`와 `rnorm()`에 대해서는 나중에 설명할 것이다.

```
set.seed(3)
xvec = rnorm(6, 10, 3)
cat(round(xvec, 3), "\n")
```

```
7.114 9.122 10.776 6.544 10.587 10.09
```

그러나 다음과 같은 형식의 출력이 더 바람직할 수 있다.

```
cat(sprint_vec(xvec, digits=5), "\n")
cat(sprint_vec(xvec, 0), "\n")
cat(sprint_vec(xvec), "\n") # default value for digits is 3
```

```
(7.11420, 9.12242, 10.77636, 6.54360, 10.58735, 10.09037)
(7, 9, 11, 7, 11, 10)
(7.114, 9.122, 10.776, 6.544, 10.587, 10.090)
```

이때 사용한 `sprint_vec()` 함수의 코드는 다음과 같다. 여기서 조건문과 루프가 사용되었는데 이에 대한 설명은 바로 뒤의 [섹션 2.4]에 있다.

```
sprint_vec = function(vec, digits=3) {
  if(digits > 0) {
    fmtStr = sprintf("%%.%df", digits)
  } else {
    fmtStr = "%d"
```

[†]이런 행렬 형태의 데이터를 정렬할 때 다른 컴퓨터 언어에서는 통상 `compare()` 함수를 정의하여 `sort()` 함수의 callback 인수로 사용한다. 이에 반해 R은 좀 특이하다고 볼 수 있다.

```
6       vec = round(vec)
7     }
8     str_list = list()
9     for(i in 1:length(vec)) {
10       str_list[[i]] = sprintf(fmtStr, vec[i])
11    }
12    str0 = paste(str_list, collapse=', ')
13    paste("(", str0, ")", sep='')
14  }
```

라인10의 서식 문자열 fmtStr을 라인3에서 sprintf()를 써서 얻었는데 이러한 기법을 알아두면 좋다.

라인12에서 보듯이 paste()의 인수로 collapse에 적당한 문자열 값을 주면 첫 번째 인수로 문자열의 리스트를 사용할 수 있어 편리하다.

2.4 조건문과 루프

프로그램은 명령문(*statement*)들을 나열한 것으로 볼 수 있다. 통상 명령문은 위에서부터 아래로 차례로 '흘러가며' 실행된다. 우리는 특정 키워드(*keyword*)를 사용하여 이러한 명령문의 흐름flow를 제어control하여 우리가 원하는 다른 순서로 실행되도록 할 수 있다.

if-문(if-*statement*)의 사용 예를 아래에 보였다.

```
x = 5
if( x < 10 ) {
    cat(sprintf("%d is less than 10.\n", x))
}
cat("If statement ended.\n")
```

```
5 is less than 10.
If statement ended.
```

x < 10이라는 조건(*condition*)이 만족되었으므로 if-블럭(*block*), 즉 중괄호 사이의 코드가 실행된다. 만일 위의 코드에서 x = 5를 x = 15로 바꾸어 실행한다면 조건이 만족되지 않으므로 if-블럭이 실행되지 않고 출력은 'If statement ended.' 단 한 줄이 될 것이다.

if-문 바로 뒤에 *else*-문을 두면 *if-else*-문이 된다. else-문은 else 키워드 바로 뒤에 else-블럭을 둔 것이며 단독으로 존재할 수 없고 반드시 if-문 뒤에 연이어 나와야 한다.

```
x = 5 # try x = 12, x = 20 etc.
if( x < 10 ) {
    cat(sprintf("%d is less than 10.\n", x))
} else {
    cat(sprintf("%d is not less than 10.\n", x))
}
cat("If statement ended.\n")
```

위의 코드를 실행하면 이전의 코드와 똑같은 출력을 얻게 된다. 조건이 참이므로 else-블럭은 실행되지 않는다. 만일 x = 5를 x = 15로 바꾸어 실행한다면 이번에는 조건이 거짓이므로 if-블럭은 실행되지 않고 else-블럭만 실행되어 다음과 같은 출력을 얻게 될 것이다.

```
15 is not less than 10.
If statement ended.
```

블럭에서 중괄호 내부에 들여쓰기(*indentation*)를 하는 것은 R의 문법에 규정된 것이 아니므로 이를 따르지 않아도 코드는 오류나 경고 없이 실행이 된다. 그러나 들여쓰기를 하지 않으면 코드를 읽기가 힘들어지므로 여러분들은 반드시 이 관례를 지켜주기 바란다. (파이썬 같은 언어에서는 들여쓰기가 문법에 강제되어 있어 들여쓰기를 하지 않으면 오류가 나도록 되어 있다.)

블럭의 '여는 중괄호' 뒤에 줄바꿈을 하고 '닫는 중괄호' 전에 줄바꿈을 하는 것도 문법에 강제된 것이 아니고 관례이다. 블럭이 단 1개의 명령문으로 이루어져 있을 때는 중괄호를 생략해도 된다. 예를 들어 다음과 같은 코드는 모두 합법적이다.

```
if(condition) { x=1; y= 2 }
if(condition) x=1
```

위와 같이 코드는 읽기에는 좋지 않으나 라인을 절약할 수 있기 때문에 이따끔 쓰인다.

else-블럭이 다시 if-문이나 if-else-문이 되는 경우는 흔하다. 아래에 이러한 하나의 예를 보였다.

```
if( x < 10 ) {
    cat("x < 10\n")
} else {
    if (x < 15) {
        cat("10 <= x < 15\n")
    } else {
        cat("15 <= x\n")
    }
}
```

위의 코드는 다음과 같이 쓸 수 있고, 실제로 이렇게 쓰는 것이 가독성이 좋다.

```
if( x < 10 ) {
    cat("x < 10\n")
} else if (x < 15) {
    cat("10 <= x < 15\n")
} else {
    cat("15 <= x\n")
}
\end{ • }
```

else if 가 여러 번 이어지는 경우도 흔하다.

if-문의 조건이 부등식이 아니라 등식인 경우에는 이를 `switch()` 함수를 써서 간단히 처리할 수 있다. 예를 들어 다음과 같은 if-else-문은

```
size = "L"
if(size == 'XL') {
    price = 200
} else if(size == 'L') {
    price = 180
} else if(size == 'M') {
```

```
    price = 150
} else if(size == 'S') {
    price = 120
} else {
    price = 0 # this means Error
}
cat(sprintf("size=%s, price=%d\n",size, price))
```

```
size=L, price=180
```

아래와 같이 간단히 줄여 쓸 수 있다.

```
size = "L"
price = switch(EXPR=size, XL=200, L=180, M=150, S=120, 0)
cat(sprintf("size=%s, price=%d\n",size, price))
```

```
size=L, price=180
```

`swtich()`의 인수에서 `EXPR=size`는 간단히 `size`로 써도 된다.

R은 *if-then-else*를 제공한다. 그런데 이 장치는 다른 언어들과는 달리 연산이 아니라 함수로 구현되어 있다.

```
ifelse(condition, A, B)
```

위에 보인 표현의 값은 `condition`이 참이면 `A`이고 거짓이면 `B`이다. `ifelse()`는 간단한 if-else 문에 사용하면 코드를 절약할 수 있다. `ifelse()`의 실용적 사용의 예는 [실습 2.17]의 라인7에서 볼 수 있다.

수학에서는 함수를 독립변수가 속하는 영역에 따라 다른 식으로 정의하는 경우가 많다.

$$|x| = \begin{cases} x & \text{if } x \geq 0, \\ -x & \text{otherwise} \end{cases}$$

가 대표적인 예이다. 이러한 표기법은 공간을 많이 잡아먹기 때문에 이를 피하기 위하여 "$|x| = x$ if $x \geq 0$ and $-x$ otherwise"와 같이 쓰기도 하는데 이건 가독성이 조금 떨어지는 느낌이다. 이 책에서는 이따끔 다음과 같은 표기법을 사용할 것이다.

$$|x| = \texttt{ifelse}(x \geq 0,\ x,\ -x)$$

지금까지 조건문(*conditional statement*)에 대하여 공부하였다. 이제 하나의 명령문을 여러 번 반복하여 실행하는 루프(*loop*)를 알아보자.

R은 명령문의 반복 실행을 위한 장치로 *for-loop*과 *while-loop*을 제공한다.

주어진 numeric 벡터의 원소들의 제곱의 합을 계산하는 방법을 생각해 보자. 이 문제를 해결하기 위하여 for-루프를 이용하는 2가지 방법이 있다.

첫 번째 방법은 인덱스 벡터에 대하여 for-loop을 돌리는 것이다.

```
vec = c(1, 2, 5)
len = length(vec)
sum = 0
for(i in 1:len) {
    sum = sum + vec[i]^2
}
cat(sprintf("sum=%d\n", sum))
```

```
sum=30
```

연습문제 2.16 위의 코드에서 라인5 바로 뒤에 다음의 라인을 넣고 실행시켜 보라.

```
cat(sprintf("i=%d, vec[i]=%d, sum=%d\n",i,vec[i], sum))
```

⊣

두 번째 방법은 대상 벡터에 대하여 직접 for-loop을 돌리는 것이다.

```
vec = c(1, 2, 5)
sum = 0
for(x in vec) {
    sum = sum + x^2
}
cat(sprintf("sum=%d\n", sum))
```

참고로 R은 `sum += x^2` 같은 구문은 허용하지 않는다.

다음은 while-loop을 이용하여 같은 문제를 해결해 보겠다.

```
vec = c(1, 2, 5)
len = length(vec)
sum = 0
i = 1
while(i <= 3) {
    sum = sum + vec[i]^2
    i = i + 1 # i++ is not allowed in R. i += 1 either.
}
cat(sprintf("sum=%d\n", sum))
```

이 문제는 사실 for-loop으로 해결하는 것이 더 간편해서 좋다. 그러나 때로는 for-loop을 쓰는 것보다 while-loop을 쓰는 것이 더 좋은 해법이 되는 문제도 있다. Loop을 중단하고 나가는, 즉 엑시트exit, 또는 break하는 조건이 그리 간단하지 않을 때는 while-loop이 좋다.

실습 2.17 자료들을 출력할 때 for-loop과 `ifelse()`를 다음과 같이 활용하면 좋다.

```
1 x = c("Kim", "Park", "Lee", "Choi", "Jeong", "Kang")
2 age = c(21, 15, 34, 22, 26, 30)
3 for(i in 1:5) {
4     cat(sprintf("%s:%d, ", x[i], age[i]))
5 }
```

```
6 Kim:21, Park:15, Lee:34, Choi:22, Jeong:26,
```

맨 뒤의 콤마가 눈에 거슬린다. 라인4를 다음 2개의 라인으로 교체하면 해결된다.

```
7 format_str = ifelse(i==1, "%s:%d", ", %s:%d")
8 cat(sprintf(format_str, x[i], age[i]))
```

⊣

Loop에서 사용하는 중요한 키워드 2개가 있는데 하나는 `break`이고 다른 하나는 `next`이다.

```
# add all odd numbers from 1 to 100 while the number squared is less than 4321
sum = 0
for(i in 1:100) {
    if(i %% 2 == 0) { # x %% y means the remainder when x is divided by y
        next # continue
    }
    if(i^2 >= 4321) {
        break
    }
    sum = sum + i
}
cat(sprintf("Sum of odd numbers from 1 to %d is = %d\n", i-2, sum))
cat(sprintf("%d^2 = %d < 4321 and ", i-2, (i-2)^2))
cat(sprintf("%d^2 = %d >= 4321\n", i, i^2))
cat("Fact: 1 + ... + (2n-1) = n^2\n")
cat("65 = 2*33 - 1 and 33^2 = 1089.\n")
```

```
Sum of odd numbers from 1 to 65 is = 1089
65^2 = 4225 < 4321 and 67^2 = 4489 >= 4321
Fact: 1 + ... + (2n-1) = n^2
65 = 2*33 - 1 and 33^2 = 1089.
```

R 언어에서는 while-loop이 for-loop에 비교하여 훨씬 더 적게 쓰이는 것으로 보인다. 실은 for-loop도 다른 언어에 비해서 적게 쓰이는 편이다. 그 이유는 loop(특히 while-loop)을 쓰지 않고도 문제를 해결할 수 있는 장치가 많이 있기 때문이다.

예를 들어 바로 위의 문제는 벡터화vectorization와 부울리언 인덱스 벡터를 이용하여 다음과 같이 해결된다.

```
1 x = 1:100
2 bvec1 = x^2 < 4321
3 bvec2 = x%%2 == 1
4 sum(x[bvec1 & bvec2])
```

```
1089
```

(해설). x[bvec1]은 1부터 100까지의 정수들 중 제곱이 4321보다 작은 것들로 이루어진 벡터이고 x[bvec2]는 1부터 100까지의 정수 중 홀수들로 이루어진 벡터이다. 라인4의 x[bvec1 & bvec2]는 이 두 벡터의 <u>교집합</u>을 뜻한다.

원래 벡터의 원소들 간의 연산은 대부분 그대로 벡터간의 연산으로 사용할 수 있는데, &&만은 예외로 벡터 간에 적용할 때는 &를 사용해야 한다는 점에 유의해야 할 것이다.

||도 마찬가지여서 벡터 간에 적용할 때는 |를 사용해야 한다 — 두 벡터의 <u>합집합</u>은 x[bvec1 | bvec2]로 얻을 수 있다. ⊣

R에는 loop을 대신하여 사용할 수 있는 장치로 벡터화와 부울리언 인덱스 벡터 외에 다음과 같은 함수들이 있다.

```
apply(), tapply(), lapply(), sapply()
```

이들은 주로 데이터 객체들과 관련하여 사용되므로 [섹션 2.7]의 p42에서 설명하기로 한다.

주의 2.18 루프 내에서는 출력을 하려면 반드시 출력을 위한 함수 print()나 cat()를 써야 하며 변수나 변수들의 표현을 라인에 넣어두어서는 안 된다. 예를 들어

```
for(i in 1:2) {
    i*i
}
```

를 실행하면 아무것도 출력되지 않는다. 이는 다음의 코드가 1과 4를 출력하는 것과 비교된다.

```
i = 1
i*i
i = 2
i*i
```

⊣

2.5 함수

함수에는 R이 제공하는 붙박이 함수(*built-in function*)와 사용자가 만들어서 쓰는 사용자 정의 함수(*user-defined function*)가 있다. 붙박이 함수는 지금까지 우리가 사용했던 여러 함수들, 예를 들어 sum(), cat() 등을 뜻한다.

함수 $f(x) = x^2$을 사용자 정의 함수로 구현해 보자.

```
f = function(x) {
    return(x^2)
}

x = 3
y = f(x)
cat(sprintf("f(%d) is %d\n",x, y))
```

```
f(3) is 9
```

이 예로부터 함수는 다음과 같은 구문을 써서 만들고define 호출한다는call 것을 알 수 있을 것이다.

```
# function definition
f_name = function(arg1, arg2, ..) {
    # obtain return_val from arg1, arg2, ...
    return(return_val)
}

# function call
f_name(val1, val2, ...)
```

위의 코드에서 함수의 이름은 f_name이다. 이 함수에 인수(*argument*) arg1, arg2 등을 주어 호출(*call*)하면 리턴값 return_val을 계산하여 리턴(*return*)한다. 다른 프로그래밍 언어에서는 return x^2와 같이 return 뒤에 괄호쌍을 사용하지 않는 경우가 많음을 말해 둔다.

그런데 실은 return은 쓰지 않아도 된다—return 키워드를 쓰지 않았을 때는 함수 블럭의 맨 마지막 표현이 리턴값이 된다.

2변수 함수 $g(x, y) = x^2 + y^2$을 구현해 보자. 3가지 방법으로 구현하였다.

예제 2.19

```
g1 = function(x, y) {
    x^2 + y^2
}

g2 = function(x, y) {
    f(x) + f(y) # we can use previously defined function
}

g3 = function(xvec) { # input argument is a single vector
    xvec[1]^2 + xvec[2]^2
}

g1(3, 4)
g2(3, 4)
g3(c(3,4))
```

세 출력은 모두 25가 나오게 된다. ⊣

함수 블럭은 함수의 바디(*body*) 라고도 한다. 지금까지 본 함수들은 모두 함수 바디가 단 1개의 명령문으로 구성되었었다. 약간 더 복잡한 함수를 아래에 만들어 보았다.

실습 2.20

```
mymean = function(xvec) {
    # computes the mean of xvec
    vsum = sum(xvec)
    len = length(xvec)
    return(vsum/len)
}

myvar = function(xvec) {
    # computes the sample-variance of xvec
    m = mymean(xvec)
    n = length(xvec)
    sum((xvec - m)^2)/(n-1) # sample variance
}

xvec = 1:10

mymean(xvec)
mean(xvec)
myvar(xvec)
var(xvec)
```

⊣

함수는 함수를 인수로 받아들일 수 있다. 이러한 예로서 함수를 받아 정적분의 근삿값을 계산하는 함수를 만들어 보자. 조금 더 정확하게 이 함수를 기술하자면 인수는 피적분 함수 f, 정적분 구간의 아래끝 a와 위끝 b, 정적분구간의 분할 개수 n, 이렇게 4개이다. 적분값 계산에는 간단하게 구현할 수 있는 사다리꼴 공식 $\int_a^b f(x)\,\mathrm{d}x = \left(\frac{f(a)+f(b)}{2} + \sum_{i=1}^{n-1} f(x_i)\right) \cdot \frac{b-a}{n}$을 이용하였다.

예제 2.21

```
myintegral = function(f, a, b, n) {
    # we need a < b and n to be a natural number
    delta = (b - a)/n
    ivec = 1:(n-1) # index vector
    xvec = ((n-ivec)*a + ivec*b)/n
    # xvec = (0.1, 0.2, .. 0.9) if (a,b) = (0,1) and n = 10
    (sum(f(xvec)) + (f(a) + f(b))/2 ) * delta
}

f = function(x) {
    x^2
}
n = 1000
myintegral(f, -1, 2, n)
```
⊣

연습문제 2.22 $n = 10, 100, 1000$에 대하여 위의 코드를 실행하고 그 결과를 실제 정적분 값 $\int_{-1}^{2} x^2 \, dx = 3$과 비교해 보라. ⊣

다음은 함수를 인수로 받아들이는 또 하나의 아주 유용한 함수 bisect_solve()를 소개하겠다. 이 함수는 2분법(*bisection method*)을 이용한다. 이 방법은 $f : \mathbb{R} \to \mathbb{R}$가 연속함수이고 어떤 $a < b$에 대해서 $f(a)f(b) < 0$이면 $f(x) = 0$인 $x \in (a, b)$가 존재한다는 사실(중간값 정리)에 기반을 둔다.

그림 2.2: $F(x) = 0$의 해, 2분법

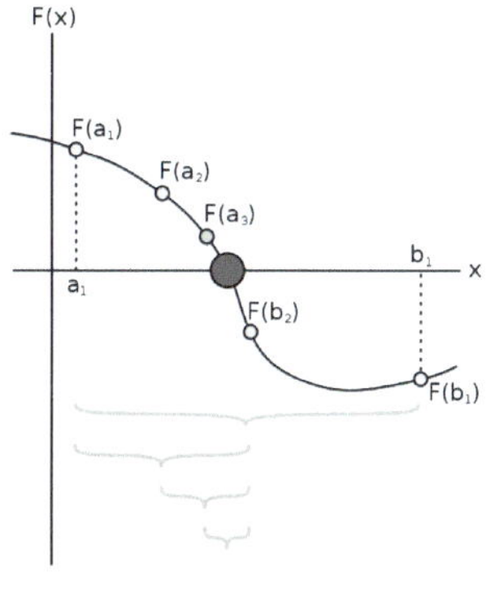

[그림 2.2]는 $F(a_1) > 0$, $F(b_1) < 0$일 때 $F(x) = 0$의 (근사)해를 구하는 과정을 설명하는 그림이다.† 구간 (a_1, b_1)을 2분bisect하여 중점 $c := (a_1 + b_1)/2$를 얻는다. $F(c) < 0$이므로 $b_2 := c$로 놓으면 $F(a_1)F(b_2) < 0$이므로 (a_1, b_2) 사이에 해가 존재한다.

다음에는 구간 (a_1, b_2)를 다시 2분하였을 때 중점에서의 함숫값이 양수이므로 $a_2 := (a_1 + b_2)/2$로 놓으면 (a_2, b_2) 내에 해가 존재해야 한다. 다음에는 구간 (a_2, b_2)를 다시 2분하였을 때 중점에서의 함숫값이 양수이므로 $a_3 = (a_2 + b_2)/2$로 놓으면 구간 (a_3, b_3) 내에 해가 존재해야 하는데 이 구간의 길이는 원래 구간 (a_1, b_1)의 1/8에 불과하다. 이런 식으로 계속하여

† 그림 출처: https://en.wikipedia.org/wiki/Bisection_method

구간의 길이를 줄여가며 그 구간 안에 해가 존재하도록 하면 구간의 길이가 충분히 줄어들었을 때 멈추어 $F(x) = 0$에 원하는 만큼 근접한 해를 얻을 수 있다. 다만 원래 출발한 구간 내에 해가 2개 이상 있는 경우에는 그들 중 어느 하나를 얻게 되며 어떤 해를 얻을지는 알 수 없다. 다음은 함수 `bisect_solve()`의 코드이다.

예제 2.23

```
bisect_solve = function(a, b, f, epsilon) {
  fa = f(a)
  if(fa > -epsilon && fa < epsilon) return(a)
  else {
    fb = f(b)
    if(fb > -epsilon && fb < epsilon) return(b)
  }
  if(fa * fb >= 0) {
    return("Error: f(a)*f(b) >= 0")
  }
  while(TRUE) {
    c = (a + b)/2
    fc = f(c)
    if(fc > -epsilon && fc < epsilon) return(c)
    if(fa * fc > 0) {
      a = c
      fa = f(a)
    } else if(fb * fc > 0) {
      b = c
      fb = f(b)
    }
  }
}
```

위의 함수를 이용하여 $\sqrt{2} = 1.41421$을 구해보자.

```
f = function(x) {
    x^2 - 2
}

x = bisect_solve(1, 2, f, 0.000001)
cat(sprintf("square root of 2 = x := %.5f\n", x))
cat(sprintf("x^2 = %.5f\n", x^2))
bisect_solve(2, 3, f, 0.0001) # Error
bisect_solve(0, 1, f, 0.0001) # Error

square root of 2 = x := 1.41421
x^2 = 2.00000
```

⊣

함수는 내부에서 다른 함수를 만들어서 리턴값으로 사용할 수 있다. 함수를 받아서 도함수나 부정적분을 리턴하는 것은 훌륭한 예가 되겠지만 이것은 기호계산symbolic computation을 해야 하는 어려운 문제이다. 그러므로 우리는 아주 간단하게 함수 2개와 계수 2개를 받아서 이들의 선형조합을 만들어 리턴하는 함수를 만들어 보겠다.

예제 2.24

```
linear_combi = function(g1, g2, a1, a2) {
    # returns a1*g1 + a2*g2
    ret_fn = function(x) {
        return(a1*g1(x) + a2*g2(x))
    }
    return(ret_fn)
}

g1 = sin
g2 = cos
h = linear_combi(g1, g2, 1, 1)
h(pi/4) # sqrt(2)/2 + sqrt(2)/2 = sqrt(2)
```
⊣

함수 내에서는 출력을 하려면 반드시 출력을 위한 함수 `print()`나 `cat()`를 써야 하며 변수나 변수들의 표현을 라인에 넣어두어서는 안 된다. 이 점은 [주의 2.18]에서 말한 바와 같다.

예제 2.25 예를 들어

```
f = function(x) {
    x; x+1
    return((x+1)^2)
}

y = f(2)
cat("y =", y, "\n")
```

를 실행하면 `y = 9`만 출력된다. 아마도 다음의 코드를 사용했어야 했을 것이다.

```
f = function(x) {
    cat("x =", x, "\n") # or print(x)
    cat("x+1 =", x+1, "\n")
    return((x+1)^2)
}

y = f(2)
cat("y =", y, "\n")
```
⊣

2.6 그래프 그리기

그래프의 종류는 다양하다. 이 섹션에서는 평범한 1변수 함수의 그래프를 그리는 것만 공부할 것이며 막대그래프, 상자-수염 그림 등 다른 종류의 그래프는 나중에 필요할 때마다 실습을 통해서 배우기로 한다.

그래프의 가장 기본은 점을 찍는, 즉 플롯(*plot*)하는 것이다. 플롯을 하려면 먼저 플롯의 대상이 되는 프레임frame이 있어야 한다. 또한 그 이전에 프레임을 그려 넣을 그래픽 창window이 있어야 한다. `plot()` 함수는 이 세 작업을 모두 수행해 준다.

예를 들어 두 점 $(1,2), (3,4)$를 플롯하려면 다음의 명령을 실행한다.

```
plot(c(1,3), c(2,4))
```

그림 2.3: 첫 플롯

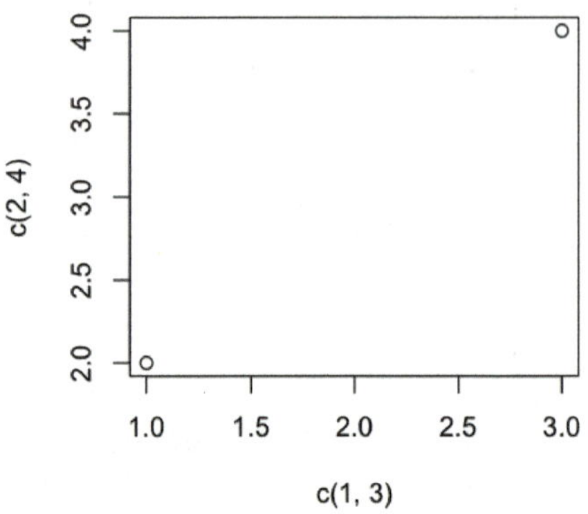

[그림 2.3]이 나타날 것이다. plot()의 첫 번째 인수는 점들의 x-좌표들의 벡터이고 두 번째 인수는 점들의 y-좌표들의 벡터이다. 이 두 벡터의 길이는 점의 개수이므로 당연히 일치해야만 한다.

그래프의 크기는 그래픽 창의 크기를 지정함으로써 설정할 수 있다. 쥬피터 노트북에서는 그래픽 창이 그래프를 그리는 코드가 있는 셀의 텍스트 출력 영역 바로 아래 위치하며 그래픽 창의 크기는 다음과 같은 명령으로 지정한다.

```
options(repr.plot.width=8, repr.plot.height=6)
```

위의 예에서 지정하는 그래픽 창의 크기는 가로 8, 세로 6이다. 이것이 어느 정도의 크기로 나타나는지는 각자 실험을 통해서 알아 보도록 한다.

이 options() 명령에서 설정한 값은 한 번만 실행해 놓으면 (다른 값으로 재설정 하지 않는 한) 이후에 여는 모든 그래픽 창에 적용된다.

쥬피터 노트북이 아니라 콘솔 환경을 사용하는 경우에는 다음과 같이 그래픽 창의 크기를 지정한다. 사용하는 명령은 사용자의 컴퓨터 종류에 따라 다르다. 아래에 이 명령들의 사용 예를 보였다.

```
windows(8, 6) # Windows PC
quartz("My graphic window", 8, 6) # Mac
```

그림 2.4: 청색 사각형 플롯

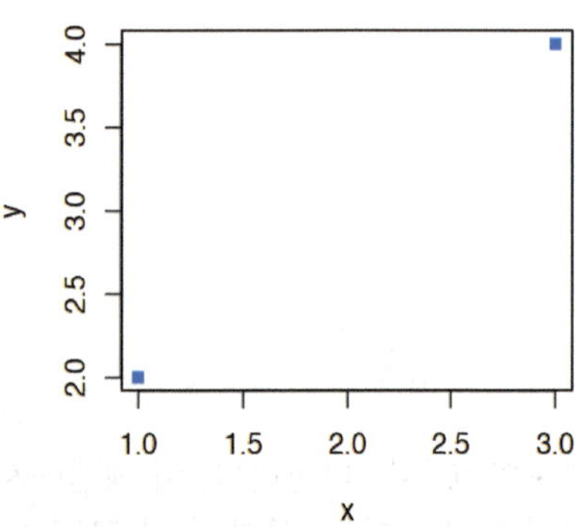

콘솔 환경에서 그래프를 그릴 때, 그래픽 창의 크기를 특별히 지정하고 싶지 않다면 이런 명령을 내릴 필요가 없다. plot() 함수가 자동으로 디폴트 크기 (width=7, height=7)을 사용하여 그래픽 창을 열어 줄 것이다.

플롯의 두 번째 예를 [그림 2.4]에 보였다. 플롯에 사용된 코드는 다음과 같다.

```
plot(c(1,3), c(2,4), xlab="x", ylab="y",
     pch=15, col='dodgerblue2')
```

위의 코드에서 지정한 속성들의 의미는 코드와 그림을 보면 대부분 쉽게 유추할 수 있다. 예를 들어 xlab과 ylab은 각각 x-축의 label과 y-축의 label을 뜻하고 col은 color를 뜻한다.

다만 pch는 유추하기가 쉽지 않은데 이는 plot character(플롯 기호)를 의미한다. pch 숫자가 어떤 character에 대응하는지는 다음의 코드를 실행시켜서 나타나는 [그림 2.5]를 보면 쉽게 알 수 있다. 라인2에서 사용한 함수 `plot()`의 인수 `cex`는 플롯 기호의 크기를 뜻한다.[†] 디폴트 값은 1이며 이 예에서는 1.5배 크기(면적으로는 $1.5^2 = 2.25$배 크기)로 기호들을 플롯했다. 인수 `yaxt='n'`은 y-축의 틱(tick)과 라벨(label)을 숨기라는 뜻이다. 라인3의 `axis()`는 x-축의 틱과 라벨을 설정하는 함수이다.

```
1 options(repr.plot.width=10, repr.plot.height=3)
2 plot(0:25, rep(0,26), pch=0:25, cex=1.5, xlab="", ylab="", yaxt='n')
3 axis(side=1, at=0:25, labels = T)
```

그림 2.5: Plot characters

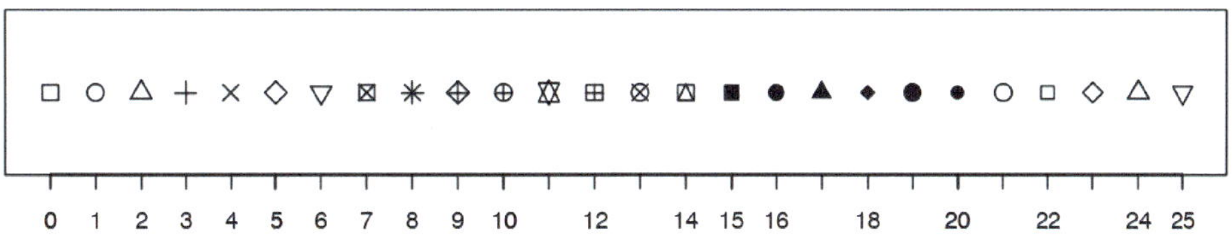

`axis()` 함수에 사용된 인수들의 정확한 의미를 알려면 R에서 제공하는 도움말을 다음의 명령으로 띄워 읽어 보면 된다. `axis()`뿐만 아니라 R의 다른 용어들에 대해서도 이와 같은 방법으로 도움말을 볼 수 있다.

```
help(axis)
? axis # same as above
help(cex) # doesn't work
```

그런데 `cex`의 의미는 이 방법으로는 알 수 없다. 이럴 때는 다음과 같이 명령을 사용하면 해결되는 경우가 많다.

```
?? cex
```

위 명령을 실행했을 때 나타나는 화면에 보면 `cex.axis`, `cex.lab`, `cex.main` 등이 보일 것인데 이들의 의미는 각자 실험을 통하여 알아 보기 바란다.

`pch`의 값이 16인 경우와 21인 두 경우는 얼핏 서로 비슷해 보이는데, 경계선이 없고 있고로써 구별된다. 전자의 경우 색상은 `col` 속성에 값을 주어 지정하며, 후자의 경우 경계선 색상은 `col`, 내부 색상은 `bg` 속성에 값을 주어 지정한다.[‡]

R은 많은 색상들을 제공하며 이들의 이름은 이 책의 동반 웹사이트에서 `Rcolor.pdf`를 다운 받아 볼 수 있다. 여기에 나온 color 들의 name에 따옴표를 두른 것을 `col` 인수의 값으로 주면 된다.

연습문제 2.26 다음의 코드를 실행하여 산점도(*scatter plot*)를 그려 보라. 여러 번 반복 실행해 보라. 사용된 명령들 중에 `runiv()`와 `rnorm()`의 의미는 나중에 공부하게 될 것이다. 단, 라인5에 사용된 `points()`에 대해서는 곧 설명하겠다.

```
1 options(repr.plot.width=10, repr.plot.height=6)
2 x = runif(30, 0, 10)
3 y = x + rnorm(30, 2)
4 plot(x,y)
5 points(5, 5, pch=16, col='dodgerblue2')
```

⊣

[†] cex = character expansion factor

[‡] bg = background

한 번 plot()를 사용하여 그래프를 그린 다음에 거기에 새로운 점들을 추가로 플롯하려고 할 때 다시 plot()를 사용하면 안 된다. 왜냐하면 이 plot() 함수는 새로운 그래픽 창을 생성하여 열기 때문이다.

이미 존재하는 그래픽 프레임에 새로운 점을 추가할 때 사용하는 함수는 points()이다. 이 함수의 인수는 plot()의 인수와 같다고 보면 된다.

지금까지 점들의 플롯에 대해서 알아보았다. 이제 함수의 그래프를 그려 보자. 여기에 사용되는 함수는 역시 plot()인데 이때는 인수에 type="l"을 넣어 주어 플롯이 아니라 선(line)을 그린다는 것을 명시해 주어야 한다. 곡선 그래프는 짧은 선분들을 이어서 그리게 되므로 점의 개수가 충분해야 한다. 대략 200개 정도면 충분히 매끄러운 곡선을 얻을 수 있다.

여러 개의 그래프를 하나의 그래프에 그릴 때는 plot(.., type="l")로는 안 된다. 왜냐하면 앞서 플롯에서 설명했듯이 두 번째 plot()가 이미 그려 놓은 그래픽 창을 지워버리고 새로운 창을 생성하기 때문이다. 새로운 창이 아니라 기존의 창에 그래프를 추가하여 그리도록 할 때 plot() 대신 사용하는 함수가 lines()이다.

또 하나의 이슈가 있다. 그래픽 창에서 프레임, 즉 좌표축의 범위는 첫번째 그래프를 그릴 때 결정되는데 가령 두 번째 그래프의 y-값의 범위가 좌표축의 범위를 벗어나면 곤란하게 될 것이다. 이 문제의 해결책은 ① 미리 그래프 상의 점들의 좌표의 범위를 알아 내고, ② 모든 그래프를 담을 수 있는 크기의 그래픽 프레임을 plot()을 써서 마련한 다음, ③ 여기에 lines()를 이용하여 그래프들을 그려 넣는 것이다.

예제 2.27 좌표축의 범위를 고려하지 않고 그냥 그래프를 그렸을 때 발생하는 문제를 이 예에서 보기로 한다.

두 함수 $y = (x^2 - 2x)/5$와 $y = \sin(x)$의 그래프를 $-1 \leq x \leq 5$ 범위에서 겹쳐서 그려 보자. 처음에는 포물선을 먼저 그린 다음 싸인함수를 그리고, 그 다음에는 싸인함수를 먼저 그린 다음 포물선을 그렸다. 이렇게 얻은 두 개의 그래프를 [그림 2.6]에 보였는데, 이것을 제대로 그린 [그림 2.7]과 비교해 보면 두 경우 모두 문제가 있음을 볼 수 있다.

두 그림을 나란히 옆에 놓아 그리려면 라인2에서 보듯이 par(mfrow=c(1,2))를 실행하면 된다는 것은 꼭 알아 두어야 할 것이다.

```
1  options(repr.plot.width=9, repr.plot.height=5) # set graphic window size
2  par(mfrow=c(1,2)) # prepare 1 row and 2 columns for two graphs
3
4  f_parabola = function(x) {
5      (x^2 - 2*x)/5
6  }
7
8  xvec = seq(-1, 5, length=200)
9  yvec1 = f_parabola(xvec)
10 yvec2 = sin(xvec)
11
12 source('./util.R')
13 # 1st picture
14 plot(xvec, yvec1, type="l", xlab="x", ylab="y", col=gray2)
15 lines(xvec, yvec2, xlab="x", col=myblue)
16
17 # 2nd picture
```

```
18 plot(xvec, yvec2, type="l", xlab="x", ylab="y", col=myblue)
19 lines(xvec, yvec1, col=gray2)
```

그림 2.6: Parabola and sinusoidal graphs

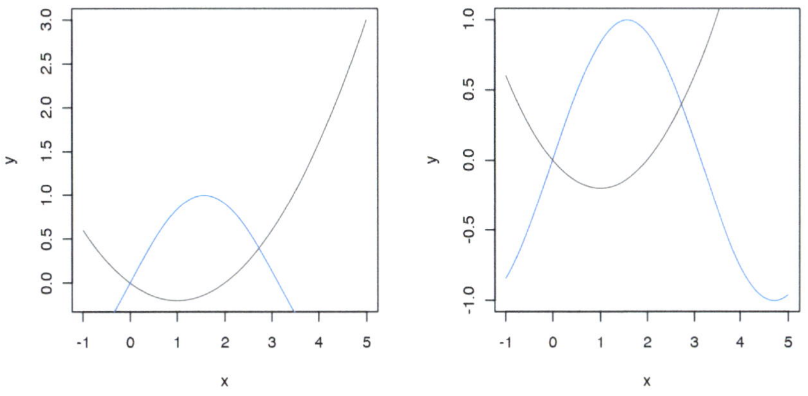

라인14–라인19에서 보듯이, `col` 인수의 값으로 매번 색상의 원래 이름을 넣기보다는 이렇게 미리 정의해 놓은 색상의 별명alias를 사용하는 것이 편리하다. `gray2`와 `myblue`라는 색상 별명은 라인12에서 사용한 `util.R` 파일에 저장되어 있다. 이렇게 외부 파일을 끌어다 쓰는 기법에 대해서는 p49에 설명되어 있다.

[그림 2.6]에 나타난 문제, 즉 왼쪽 그림에서는 청색 그래프의 아래 부분이 가려 있고, 오른쪽 그림에서는 회색 그래프의 위 부분이 가려 있는 문제는 p32의 중간 부분에 나와 있는 ①–③에서 설명했듯이 아래에 보인 코드로 해결하면 된다.

예제 2.28

```
1 options(repr.plot.width=4.5, repr.plot.height=5)
2 xrange = c(-1, 5)
3 yrange = range(c(yvec1, yvec2)) # get min and max values from the combined vector
4 plot(xrange, yrange, type="n", xlab="x", ylab="y") # do not plot, just prepare the frame
5 source('./util.R')
6 lines(xvec, yvec1, col=gray2, lwd=1.5)
7 lines(xvec, yvec2, col=myblue, lwd=1.5)
8 legend("topleft", legend=c("Parabola", "Sinusoidal"),
9     text.width=1.7, y.intersp=1.5,
10    col=c(gray2, myblue), lty=1)
```

이 코드에서 새롭게 사용한 기법은 라인3에서의 `range()` 함수와 라인4에서의 `type="n"` 인수이다. 여기서 n은 none을 의미한다고 생각하면 된다. 즉 그래프의 프레임만 그리고 점들의 플롯은 하지 않는다는 뜻이다.

라인 7–8의 `legend()`는 범례(*legend*)를 넣어 주는 함수이다. 여기서 속성 `text.width=1.7`이 사용되었는데 이것은 범례상자의 폭이다. 통상 범례상자의 크기는 자동으로 R이 알맞게 정해 주므로 이 속성은 넣을 필요가 없다. 하지만 때로 이것이 맞지 않아 글씨가 범례상자 밖으로

그림 2.7: Parabola and sinusoidal graphs 2

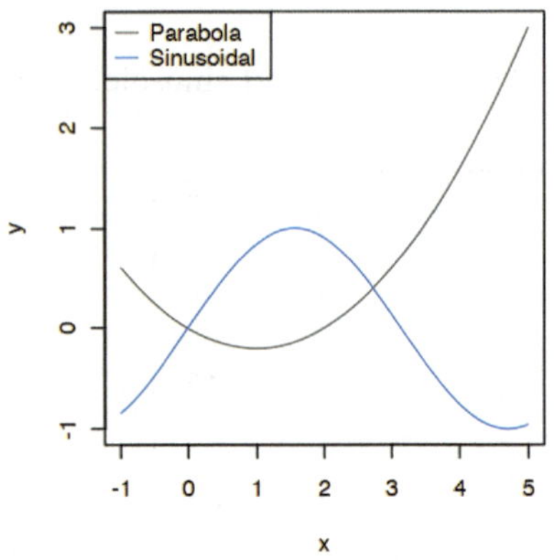

튀어나온다든가 하는 문제가 발생하는데 이럴 때면 이렇게 수동으로 폭을 정해주면 된다. y.intersp=1.5는 줄 간격을 뜻한다.

이 밖에도 함수의 그래프를 그릴 때 알아야 할 지식으로는 plot(.., type="l") 또는 lines()를 호출할 때 라인의 굵기와 타입을 지정하는 방법이 있다. 선의 굵기는 lwd=1.5, lwd=2, 선의 타입은 lty=1, lty=2 등으로 지정한다. (후자의 경우 정수값만 줄 수 있다.)

여기서 lwd는 line width를 의미하고 값이 클수록 굵어진다. 디폴트 값은 1이다. lty는 line type을 의미하고 값들의 의미는 다음의 코드를 실행해 보면 알 수 있다. 디폴트 값은 1이다.

```
plot(c(0,5), c(1,7), type="n")
for(i in 1:7) {
    lines(c(0,5), c(i,i), lty=i)
}
```

1차 함수의 그래프, 즉 직선을 그릴 때는 abline()을 사용하는 것이 가장 좋다. 기울기가 0이 아닌 보통의 직선, 수평선, 수직선의 3 가지 형태의 직선을 모두 그릴 수 있으며 사용구문은 약간씩 서로 다르다. 다음의 코드를 보면 쉽게 이해할 수 있을 것이다.

```
plot(c(-10,10), c(-10,10), type="n")
abline(a = 2, b=-1/2, col="deepskyblue2", lwd=2, lty=2) # y = 2 - x/2
abline(h = 0, col="gray65") # y = 0, i.e., x-axis in gray65
abline(v = 0, col="gray65") # x = 0, i.e., y-axis in gray65
```

2.7 행렬, 리스트, 데이터프레임

행렬

행렬matrix을 만드는 기본적인 방법 중의 하나는 matrix() 함수를 벡터에 적용하는 것이다. 첫 번째 인수는 행렬의 원소로 사용될 원소들로 이루어진 벡터이고 2번째 인수는 열의 개수, 또는 행의 개수이다.

예제 2.29

```
print(matrix(1:6, ncol=3)) # ncol = number of columns
```

```
     [,1] [,2] [,3]
[1,]    1    3    5
[2,]    2    4    6
```

```
print(matrix(1:6, nrow=3)) # nrow = number of rows
```

```
     [,1] [,2]
[1,]    1    4
[2,]    2    5
[3,]    3    6
```

```
matrix(1:6, ncol=2) == matrix(1:6, nrow=3)
```

```
A matrix: 3 × 2 of type lgl # lgl means logical
TRUE        TRUE
TRUE        TRUE
TRUE        TRUE
```

⊣

matrix(x, ncol=c)는 벡터 x의 원소들을 차례대로 첫 번째 열에 채우고, 이어서 두 번째 열에 채우고, .. 이런 식으로 계속해서 행렬의 마지막 열인 제c열까지 채워서 얻는 행렬을 뜻한다. 열벡터의 길이는 모두 length(x)/c가 된다. matrix(x, nrow=r)은 벡터 x의 원소들을 위와 같은 방식으로 행렬에 채워 넣되 열벡터의 길이는 모두 r이 되도록 한다.

이상의 예들에서는 벡터의 원소들이 행렬의 열들을 세로로 채우면서 사용되었는데, 행렬의 행들을 가로로 채우면서 사용되게 할 수도 있으며 이를 위한 코드는 다음과 같다.

```
print(matrix(1:6, ncol=3, byrow=TRUE))
```

```
     [,1] [,2] [,3]
[1,]    1    2    3
[2,]    4    5    6
```

nrow와 ncol은 행렬을 만들 때 각각 행의 개수와 열의 개수를 지정하는 인수의 이름이기도 하고, 또한 각각 주어진 행렬의 열의 개수와 행의 개수를 리턴하는 함수이기도 한다. 이 둘을 합쳐놓은 dim() 함수도 유용하게 쓰인다.

```
M = matrix(1:12, ncol=3)
nrow(M)
ncol(M)
dim(M)
```

```
4
3
4 3
```

행렬을 만드는 또 하나의 방법은 rbind() 함수를 써서 행벡터들을 결합하거나(row bind), 또는 cbind() 함수를 써서 열벡터들을 결합하는(column bind) 것이다.

예제 2.30

```
M = rbind(c(2,4),c(1,3))
print(M)
```

```
     [,1] [,2]
[1,]    2    4
[2,]    1    3
```

```
cbind(c(2,1), c(4,3)) == M
```

```
A matrix: 2 × 2 of type lgl
TRUE         TRUE
TRUE         TRUE
```

⊣

행렬의 i행, j열의 원소는 M[i,j]로 얻는다.

```
cat(M[1,1], M[1,2], M[2,1], M[2,2])
```

```
2 4 1 3
```

행렬의 열벡터, 행벡터, 부분행렬, 전치transpose는 다음과 같이 얻는다. 행렬 M의 전치행렬은 M^T로 나타낸다.

```
M = rbind(11:15, 21:25, 31:35, 41:45, 51:55)
print(M)
print(M[,1]) # 1st column vector
print(M[,3]) # 3rd column vector
print(M[4,]) # 4th row vector
print(t(M))  # transpose of M
```

```
     [,1] [,2] [,3] [,4] [,5]
[1,]   11   12   13   14   15
[2,]   21   22   23   24   25
[3,]   31   32   33   34   35
[4,]   41   42   43   44   45
[5,]   51   52   53   54   55
[1] 11 21 31 41 51
[1] 13 23 33 43 53
[1] 41 42 43 44 45
```

연습문제 2.31 다음의 코드를 실행하면 어떤 결과가 나올지 예측해 보고, 실행한 뒤에는 예측이 맞았는지 확인하여라.

라인2에서는 배정연산자로 =를 쓰면 안 되고 반드시 <-를 써야 하는 예를 볼 수 있다. 이러한 구문을 사용함으로써 코드에서 사용되는 라인의 개수를 줄일 수 있다.

```
1 print(M[,2:3])
2 print(M1 <- M[2:4, 2:3]) # if you use '=' in place of '<-', it doesn't work
3 print(t(M1)) # transpose
4 print(M[1:3,-1:-3])
```

⊣

행렬의 (일부) 원소들의 합은 sum() 함수를 써서 간편하게 계산할 수 있다.

```
sum(M[,1])
sum(M[1,])
sum(M[2:3,1:2])
sum(M)
```

```
155
65
106
825
```

행렬 M의 열제목과 행제목은 dimnames(M)에 어떤 리스트(*list*) 값을 주어 지정할 수 있다.

예제 2.32

```
M = cbind(c(350,450,650), c(2000,2500,3000))
vlist = list(c("Small","Medium","Large"),c("Size", "Price"))
dimnames(M) = vlist
print(M)
```

```
       Size Price
Small   350  2000
Medium  450  2500
Large   650  3000
```

⊣

dimnames(M)의 값으로 준 vlist는 2개의 문자열을 원소로 가지는 벡터 2개를 원소로 가진다.

리스트는 벡터와 비슷하지만 더 풍부한 기능을 가지는 데이터 타입으로서 조금 후에 다시 설명하게 될 것이며, 여기서는 일단 리스트의 원소를 얻을(access 할) 때는 벡터에서와는 다르게 2중-대괄호쌍을 사용해야 한다는 것만 알아두면 될 것이다.

예제 2.33

```
class(vlist)
vlist[[1]] # note the double bracket pair
vlist[[2]] == c("Size", "Price") # vector of row names
vlist[[2]][1]
```

```
'list'
'Small' 'Medium' 'Large'
TRUE TRUE
'Size'
```

⊣

행 이름과 열 이름은 따로 줄 수도 있다. 다음의 예에서는 행 이름은 그대로 두고 열 이름만 새 것으로 바꾸었다.

```
dimnames(M)[2] = list(c("Size(ml)", "Price(KRW)"))
print(M)
```

```
       Size(ml) Price(KRW)
Small       350       2000
Medium      450       2500
Large       650       3000
```

행렬은 객체들의 2차원 배열이라고 볼 수 있다. 3차원 이상의 배열은 어레이(*array*) 라고 부르며 array() 함수를 사용하여 만든다.

```
A = array(1:12, dim=c(3,2,2))
print(A[,,1]) # 1st matrix of dimension 3x2
print(A[,,2]) # 2nd matrix of dimension 3x2
cat(sprintf("A[1,2,1]=%d, A[3,1,2]=%d\n",A[1,2,1], A[3,1,2]))
```

```
     [,1] [,2]
[1,]    1    4
[2,]    2    5
[3,]    3    6
     [,1] [,2]
[1,]    7   10
[2,]    8   11
[3,]    9   12
A[1,2,1]=4, A[3,1,2]=9
```

연습문제 2.34 다음 코드를 실행했을 때의 출력을 예측하고, 코드를 실행하여 확인하여라.

```
A = array(1:12, dim=c(3,2,2))
print(A[,1,])
print(A[3,,])
print(A[2,1,2])
```

⊣

리스트

리스트는 [예제 2.32, 2.33] 에서 잠시 언급했었다. 이 데이터 타입은 벡터와 달리 타입이 일정하지 않은 여러 원소들을 다룰 수 있다. 리스트 vlist의 i 번째 원소는 vlist[[i]]로 얻을 수 있다—즉, 위치기반 인덱싱을 사용할 수 있다. 이중대괄호쌍을 사용한다는 점에서 벡터의 위치기반 인덱싱과 다르다. 리스트에서는 이름기반 인덱싱도 다음과 같이 사용할 수 있다. 벡터에서의 이름기반 인덱싱과 다른 점을 유의해서 보기 바란다.

예제 2.35

```
vlist = list(matrix(1:4, ncol=2), c("Hello", "World"), 99)
names(vlist) = c("mymatrix", "myvector", "mynumber")

print(vlist$mymatrix); cat("\n")
print(vlist$myvector); cat("\n")
print(vlist$mynumber); cat("\n")

vlist$mynumber == vlist[["mynumber"]]
```

```
     [,1] [,2]
[1,]    1    3
[2,]    2    4

[1] "Hello" "World"

[1] 99

TRUE
```

⊣

리스트에 원소를 추가하고 삭제하는 방법은 다음의 예를 보면 알 수 있을 것이다.

예제 2.36

```
mylist = list("num"=c(1,2), "bool"=c(T,F))
mylist$person = c("kim", "jeong")
mylist[[length(mylist)+1]] = "New entry"
mylist
```

```
$num
1 2
$bool
TRUE FALSE
$person
'kim' 'jeong'
[[4]]
'New entry'
```

```
mylist[c(-2,-4)]
```

```
$num
12
$person
'kim' 'jeong'
```

⊣

벡터들의 리스트로부터 행렬을 만드는 편리한 방법이 있다. do.call() 함수를 사용하면 되는데 이 함수의 의미와 사용법은 다음의 코드와 출력을 보면 알 수 있을 것이다.

```
list_of_vectors = list(c(1,2),c(3,4),c(5,6))
print(do.call(rbind, list_of_vectors))
print(do.call(cbind, list_of_vectors))
```

```
     [,1] [,2]
[1,]    1    2
[2,]    3    4
[3,]    5    6
     [,1] [,2] [,3]
[1,]    1    3    5
[2,]    2    4    6
```

데이터프레임

데이터프레임(*data frame*)은 R에서 실제 데이터를 다룰 때 가장 많이 쓰인다. 이것은 기본적으로 일정한 길이의 벡터(위치기반 인덱싱)들로 이루어진 리스트(이름기반 인덱싱)이다. 그리고 몇 가지의 기능이 더 부여되어 있다. 데이터프레임을 만드는 여러 방법 중에 가장 기본적인 것은 data.frame() 함수를 사용하는 것이다.

예제 2.37 다음에 보인 데이터프레임은 3개의 벡터 person, age, sex로 이루어진 리스트이다.

```
1 mydata = data.frame(
2   person = c("John", "Mary", "Peter", "Edward", "Susan"),
3   age = c(32, 21, 15, 39, 47),
4   sex = factor(c("M","F","M","M","F")),
5         stringsAsFactors=FALSE
6 )
7 print(mydata)
8 mydata[3,2]
9 mydata$person[5]
```

```
  person age sex
1   John  32   M
2   Mary  21   F
3  Peter  15   M
4 Edward  39   M
5  Susan  47   F

15

'Susan'
```

위의 코드에서 사용된 함수들 중에 새로운 것은 `data.frame()`과 `factor()`이다. 전자는 데이터프레임을 생성하는 함수이고 후자는 벡터에 적용하여 벡터를 인자(*factor*)로 만들어 주는 함수이다. 인자는 팩터라고도 하는데 이것이 무엇인지를 알기 위해 `mydata`의 각 열들을 print 해 보자.

```
print(mydata$person)
print(mydata[["age"]])
print(mydata$sex)
```

```
[1] "John"   "Mary"   "Peter"  "Edward" "Susan"
[1] 32 21 15 39 47
[1] M F M M F
Levels: F M
```

인자는 데이터를 몇 개의 수준(*level*)으로 범주화categorize 하여 다룰 때 쓰는 데이터 구조이다. 벡터를 인자로 만들면 어떤 이점이 있는지는 p43, p81 등에서 보게 될 것이다. 오래된 버전의 R에서는 `mydata$person`에 `factor()`를 사용하지 않았음에도 불구하고 팩터로 인식하는 경우가 있는데 이런 경우에는 `data.frame()`의 인수에 라인5와 같이 `stringsAsFactors=FALSE`를 넣어주면 된다.

데이터프레임의 열은 변수(*variable*), 특성(*feature*) 등으로 부른다. 데이터프레임의 행은 레코드(*record*), 관측(*observation*) 등으로 부른다.

데이터프레임의 레코드들을 특정 변수에 따라 정렬하려면 `order()` 함수를 쓰면 된다. 다음의 코드를 보면 쉽게 이해할 수 있을 것이다.

예제 2.38

```
order(mydata$person)
```

```
4 1 2 3 5
```

```
print(mydata[order(mydata$person),])
```

```
  person age sex
4 Edward  39   M
1   John  32   M
2   Mary  21   F
3  Peter  15   M
5  Susan  47   F
```

```
print(mydata[order(mydata$age),])
```

```
  person age sex
3  Peter  15   M
2   Mary  21   F
1   John  32   M
4 Edward  39   M
5  Susan  47   F
```

데이터프레임의 행의 개수와 열의 개수는 행렬에서와 같이 각각 함수 nrow()와 ncol()을 사용하여 알 수 있다. 열의 개수는 length() 함수를 써서 구할 수도 있다.

데이터프레임의 열을 추가하거나 삭제하는 것은 리스트에서 하듯이 하면 된다. 행을 추가·삭제하는 방법은 여러 가지가 있으나 여기서는 각각 한 가지 방법만을 소개하겠다.

먼저 삭제를 해 보자.

```
1 # Delete Peter's record from mydata
2 mydata1 = mydata[mydata$person!="Peter",]
3 print(mydata1)
```

```
  person age sex
1   John  32   M
2   Mary  21   F
4 Edward  39   M
5  Susan  47   F
```

라인2에서 .."Peter",]의 콤마 기호를 빼 먹으면 안 된다.

두 개 이상의 행을 한꺼번에 삭제할 때는 %in% 연산자가 유용하다. 이 연산자는 벡터와 리스트에 어떤 원소가 속하는지를 테스트할 때 사용하는 것이다.

```
# Delete Peter and Edward from mydata
mydata2 = mydata[!(mydata$person %in% c("Peter", "Edward")),]
print(mydata2)
```

```
  person age sex
1   John  32   M
2   Mary  21   F
5  Susan  47   F
```

행을 추가할 때는 rbind()를 사용한다.

```
# Add Steve, 41, "M" to mydata2
new_record = list(person="Steve", age=41, sex="M")
print(mydata2 <- rbind(mydata2, new_record))
```

```
  person age sex
1   John  32   M
2   Mary  21   F
5  Susan  47   F
4  Steve  41   M
```

이것으로써 데이터프레임의 레코드를 삭제하고 추가하는 방법을 알아보았다. 그런데 행의 번호가1,2,5,4 인 것이 눈에 뜨인다. 번호를 `1:4`로 주려면 `rownames()` 함수를 이용한다.

```
rownames(mydata2) = 1:4
print(mydata2)
```

```
  person age sex
1   John  32   M
2   Mary  21   F
3  Susan  47   F
4  Steve  41   M
```

드러나지 않은 루프(*Implicit loop*)

for-loop이나 while-loop를 드러난 루프$_{\text{explicit loop}}$라고 하는데 이들 대신 드러나지 않은 루프(*implicit loop*)를 사용하면 더 간결한 코드를 얻을 수 있다. 드러나지 않은 루프에 사용되는 다음의 4개의 함수에 대해서 알아보자: `apply()`, `tapply()`, `lapply()`, `sapply()`.

① `apply()`는 주로 행렬의 행벡터들 또는 열벡터들의 각각에 어떤 함수를 적용하여 벡터, 또는 행렬을 얻고자 할 때 사용된다. 첫 번째 예는 행벡터의 원소들의 합을 원소로 가지는 벡터를 만드는 것이다.

```
M = matrix(1:6, ncol=3)
print(M)
apply(M, MARGIN=1, FUN=sum)
```

```
     [,1] [,2] [,3]
[1,]    1    3    5
[2,]    2    4    6
9 12
```

$1+3+5=9$, $2+4+6=12$를 원소로 하는 벡터를 얻었다.

`MARGIN=1`은 행벡터들에 대해서 작업을 하라는 뜻이다. 열벡터들에 대한 작업은 `MARGIN=2`를 사용하면 된다. 고차원 어레이에서는 `MARGIN=3` 등도 가능하다.

`FUN=sum`은 행벡터에 적용할 함수 FUNction의 이름이 `sum`이라는 뜻이다.

이번에는 행렬의 열들을 각각 정렬하여 행렬을 얻는 예를 들어 보자. 행렬의 원소들로는 랜덤한 자연수를 취하겠다.

```
vec = sample(1:100, 8); print(vec)
M = matrix(vec, ncol=2); print(M)
M.sorted = apply(M, MARGIN=2, sort); print(M.sorted)
```

```
[1] 73 97  8 55 24 63 50 79
     [,1] [,2]
[1,]   73   24
[2,]   97   63
[3,]    8   50
[4,]   55   79
     [,1] [,2]
[1,]    8   24
[2,]   55   50
[3,]   73   63
[4,]   97   79
```

(해설). sample(xvec, n)은 벡터 xvec에서 n개를 무작위로randomly 비복원추출(*sample without replacement*)하여 리턴한다. 만일 복원추출(*sample with replacement*)을 하려 한다면 sample(xvec, n, replace=TRUE)를 사용한다. N이 n 이상의 자연수일 때 sample(N, n)은 sample(1:N, n)과 동일한 효과를 가진다.

apply()의 인수로 MARGIN=2를 사용하였으므로 열벡터에 대한 작업을 하게 된다. 3번째 인수 FUN=sort는 이 예에서 보듯이 FUN=을 생략해도 된다. ⊣

어떤 벡터를 내림차순으로 정렬하고자 한다면 sort()의 인수에 decreasing=T를 추가하면 된다. 그리고 apply()의 인수로 사용된 FUN에 들어가야할 인수를 apply()에 넣으려면 간단히 그것을 FUN 바로 뒤에 인수로 추가하면 된다. 즉, 위에 보인 코드의 라인3에서 M.sorted = apply(M, MARGIN=2, sort, decreasing=T)를 사용하면 된다.

위의 코드를 여러 번 반복 실행해 보라. 실행할 때마다 다른 결과가 나올 것이다. 왜냐하면 무작위로 추출하기 때문이다.

② tapply()는 주된 응용은 데이터프레임에서 특정 변수feature가 팩터factor 타입일 때 그 변수의 수준level에 따라, 어떤 함수를 다른 변수(예를 들어 age)에 적용하여 결과값으로 이루어진 벡터를 얻는 것이다. 여기서 '수준에 따른다'는 말은 age를 수준에 따라 분할partition하여 얻어진 부분벡터(혹은 부분집합)의 각각에 함수를 적용한다는 뜻이다. 따라서 리턴값 벡터의 길이는 수준의 개수와 일치하게 된다. 함수 이름의 t는 table을 뜻한다고 한다. 앞서 사용했던 데이터프레임을 다시 사용하기로 한다.

```
mydata = data.frame(
    person = c("John", "Mary", "Peter", "Edward", "Susan"),
    age = c(32, 21, 15, 39, 47),
    sex = factor(c("M","F","M","M","F"))
)
print(mydata)

round(tapply(mydata$age, INDEX=mydata$sex, FUN=mean), digits=1)
```

```
  person age sex
1   John  32   M
2   Mary  21   F
3  Peter  15   M
4 Edward  39   M
```

```
5  Susan  47   F

F:34 M:28.7
```

(해설). 변수 sex의 수준(M, F)에 따라 함수 mean()을 변수 age에 적용하였다. ⊣

③ lapply()는 리스트, 혹은 벡터를 인수로 입력 받아서 그것의 각 원소에 FUN을 적용하여 얻은 리스트를 리턴한다. 입력인수가 리스트이든 벡터이든 상관없이 항상 리턴값은 리스트 타입이다. 함수 이름의 l은 list를 뜻한다고 한다. 아주 간단한 예를 들어 보자. 이 예에서 FUN으로 사용된 is_numeric()은 인수의 값이 숫자 타입일 때, 그리고 이때만 TRUE를 리턴하는 함수이다.

```
li = list("hey", 1.414)
print(lapply(li, FUN=is.numeric))

[[1]]
[1] FALSE

[[2]]
[1] TRUE
```

좀 더 실용적인 예를 들자면, 숫자를 인수로 받아서 숫자를 리턴하는 함수에 벡터를 넣으면 작동이 되지 않을 때가 있는데 이를 해결하는 도구로 lapply()를 사용할 수 있다.

우선 벡터를 인수로 받는 데 문제가 없는 경우의 예를 보였다.

```
f1 = function(x) { x^2 }
cat(f1(10), f1(20), f1(30), "\n")
cat(f1(c(10, 20, 30)), "\n")

100 400 900
100 400 900
```

그런데 다음의 코드는 문제를 발생시킨다.

```
f2 = function(x) {
    sum(x + 1:3)
}
cat(f2(10), f2(20), f2(30), "\n")
cat(f2(c(10, 20, 30)), "\n") # expecting the same output as above line but fails

36 66 96
66
```

(해설). f2(10)은 sum(c(11, 12, 13))이므로 36이 된다. f2(20)과 f2(30)는 비슷한 방법으로 각각 66과 96이 된다. 그런데 f2(c(10, 20, 30))은, c(10,20,30) + 1:3 = c(11, 22, 33)이 되고 sum(c(11, 22, 33)) = 66이므로 66을 리턴한다. ⊣

이 문제는 다음과 같은 코드로 해결된다.

```
print(lapply(c(10,20,30), f2)) # list(f2(10), f2(20), f2(30))
print(sapply(c(10,20,30), f2)) # c(f2(10), f2(20), f2(30))
```

```
[[1]]
[1] 36

[[2]]
[1] 66

[[3]]
[1] 96

[1] 36 66 96
```

(해설). `lapply()`는 입력 인수의 길이와 동일한 길이의 리스트를 리턴한다. 이 예에서는 입력 인수가 벡터이므로 출력값도 벡터인 것이 좋다. 이럴 때 사용하는 것이 `sapply()`이다. ⊣

④ `sapply()`는 방금 설명했듯이 `lapply()`와 동일한 계산작업을 수행한다. 다만 리턴값의 타입이 벡터라는 점만 다르다. 함수 이름의 `s`는 simplify를 뜻한다고 한다.

드러나지 않는 루프에 사용되는 함수는 지금까지 설명한 4개의 함수 외에도 `vapply()`, `mapply()` 등이 더 있으나 이 책에서는 이 함수들을 사용하지 않을 것이다.

이러한 함수를 사용하면 코드가 간결해지기는 하지만 실행속도는 더 빨라지지 않는다. 왜냐하면 드러나지 않는 루프는 내부적으로 결국 드러나는 루프를 사용하는 *syntactic sugar*이기 때문이다. 또한 코드가 길기는 하지만 for-loop 같이 드러나는 루프를 사용하는 코드가 드러나지 않는 루프를 사용하는 코드보다 알고리듬의 이해를 용이하게 하는 측면이 있으므로 이 책에서는 때때로 implicit 루프를 쓰지 않고 explicit 루프를 사용할 것이다.

2.8 리스트 컴프리헨션

리스트 컴프리헨션(*list comprehension*)은 파이썬 등의 일부 프로그래밍 언어에서 지원하는 구문syntactic construct이다. 이것을 사용하면 주어진 리스트를 재료로 삼아 새로운 리스트를 간편하게 생성할 수 있다. R에서는 리스트 컴프리헨션을 위한 함수들을 제공하는 패키지 `comprehenr`이 2021년에 공개되었다.

리스트 컴프리헨션은 수학에서 집합을 만드는 조건제시법과 비슷한 개념이다. 예를 들어

$$S = \{x^2 \mid x \in \mathbb{N},\ 12x + 1 < 100\}$$

를 생각해 보자. 집합 S를 규정하는 표현인 우변을 들여다 보면 세 개의 요소로 이루어져 있음을 알 수 있다. 우선 기존의 집합 $\mathbb{N}$이 있다. 그리고 각 $x \in \mathbb{N}$에 대하여 적용하는 두 요소가 있는데 하나는 조건 $12x + 1 < 100$이고 다른 하나는 함수 $x \mapsto x^2$이다.

새로운 집합 S는 기존 집합 $\mathbb{N}$의 원소 x가 조건 $12x + 1 < 100$을 만족할 경우 함수 $x \mapsto x^2$을 적용하여 얻은 값들로 이루어진다.

이렇게 S를 구성하는 과정을 R에서 구현하면 다음과 같다. 여기서 핵심이 되는 함수 `to_vec()`은 `comprehenr` 패키지package에서 제공된다. 패키지에 대한 설명은 p215에 있는 §7.1.3에 나와 있다.

```
# install.packages("comprehenr")
library(comprehenr)
```

```
to_vec(for(x in 1:10000) if(12*x + 1 < 100) x^2)
```

```
1 4 9 16 25 36 49 64
```

무한집합인 $\mathbb{N}$을 R에서 나타내기가 쉽지 않아서 x in 1:10000으로 처리했다.

두 개의 예를 더 들어 보겠다. 하나는 $x^2 + y^2 = z^2$, $1 \le x \le y \le z \le 50$, y는 홀수라는 세 조건을 만족하는 자연수들 벡터 (x, y, z)의 리스트를 구하는 것이다. 이번에 사용된 comprehenr 함수는 to_list()이다.

```
to_list(for (x in 1:50) for (y in x:50) for (z in y:50)
    if (y%%2==1 && x^2 + y^2 == z^2) c(x, y, z)
)
```

```
8 15 17
12 35 37
20 21 29
```

여기서 기존 집합은 $\{(x, y, z) \in \mathbb{N} \mid 1 \le x \le y \le z \le 50\}$이고 조건은 "$x^2 + y^2 = z^2$ and y는 홀수"이고 적용된 함수는 없다.†

그 다음 예는 100 미만의 모든 소수들로 이루어진 벡터를 구하는 것이다. to_vec()을 두 번 사용하였다.

```
1 noprimes = to_vec(for (i in 2:7) for (j in seq(i*2, 99, by=i)) j)
2 to_vec(for (x in 2:99) if(!(x %in% noprimes)) x)
```

```
2 3 5 7 11 13 17 19 23 29 31 37 41 43 47 53 59 61 67 71 73 79 83 89 97
```

라인1에서 기존 집합은 $\{(i, j) \in \mathbb{N} \times \mathbb{N} \mid 1 \le i \le 7,\ (\exists k \in \mathbb{N})(j = ik,\ 2 \le k,\ j \le 99)\}$이다.

noprimes는 100 미만의 모든 합성수들로 이루어진 벡터이다. 중복된 원소를 가지게 되지만 문제될 것은 없다. 이 벡터는 소수 2, 3, 5, 7의 모든 배수들을 담고 있다. 그 다음 소수인 11에 대한 작업을 하지 않는 이유는 100 이하의 11의 배수는 11보다 작은 어떤 소수의 배수이기 때문에 noprimes에 이미 포함되어 있기 때문이다.

위의 예를 보면 곧 알 수 있는데, 리스트 컴프리헨션을 사용하면 우리가 계산 작업의 결과로 얻어야 할 벡터나 리스트의 초기화가 필요없으며 원소를 추가append하는 별도의 명령도 필요없다. 이런 작업(초기화, 원소 추가)들은 알고리듬의 비 본질적인 부분이므로 이를 위해 써 넣어야 하는 명령 라인들은 프로그램 전체를 한 눈에 파악하는 데 방해가 될 뿐이며 리스트 컴프리헨션이 이들을 제거해 주는 것이다.

리스트 컴프리헨션을 사용하는 잇점으로는 우선 코드의 길이를 대폭 줄일 수 있다는 것을 들 수 있다. 위의 예에서 보았듯이 여러 개의 중첩된 for loop를 단 한 줄의 리스트 컴프리헨션으로 처리할 수 있고, 초기화와 원소 추가에 별도의 코드가 필요 없다. 그리고 코드의 전체적 구조를 파악하기가 용이한데 이것은 (다른 이유도 있지만) 코드 라인의 개수가 적으므로 인하여 얻어지는 당연한 결과이다.

† 혹은 combine 함수 $(x, y, z) \mapsto c(x, y, z)$를 적용했다고 보아도 된다.

리스트 컴프리헨션을 지원하지 않는 언어들은 이와 유사한 기능을 가지는 map(), filter() 등의 함수를 가지고 있는 경우가 많다. 그리고 실제로 이들 함수를 사용하면 기존의 리스트로부터 새로운 리스트를 리스트의 원소에 적용할 조건과 함수를 사용하여 만들 수 있다.

특히 R은 벡터화vectorization, apply(), lapply(), sapply() 등을 가지고 있으므로 많은 경우 리스트 컴프리헨션을 사용하지 않고도 원하는 알고리듬의 구현이 가능하다

그러나 저자를 포함한 많은 사람들의 코딩 경험에 의하면, 리스트나 벡터를 만드는 작업을 수행함에 있어서 리스트 컴프리헨션이 다른 해법들과 비교했을 때 가장 깔끔한 구문을 가지는 것으로 여겨지고 있다.

안타깝게도 comprehenr 패키지의 함수들은 실행속도가 매우 느리다. 저자의 경험에 의하면 기존의 방법대로 for 루프를 사용하여 리스트나 벡터를 만드는 것에 비하여 수십 배 느린 것으로 보인다.

그럼에도 불구하고 여기서 이 패키지를 소개하는 이유는 리스트 컴프리헨션을 그다지 많이 사용하지 않는 (대략 1천 번 이내 사용하는) 간단한 계산에서는 이를 사용하는 것이 무척 좋았기 때문이다. 대표적인 예로 계산 결과의 출력을 위한 유틸리티utility 함수 내에서는 리스트 컴프리헨션을 사용함에 있어 별 문제가 없다. 이 책에서는 신경망 훈련 등의 몇몇 알고리듬을 설명할 때 리스트 컴프리헨션을 유용하게 사용하였다.

comprehenr 패키지는 to_vec(), to_list() 외에도 리스트 컴프리헨션을 위한 다른 함수들, 예를 들어 zip_lists(), unzip_list() 등을 제공한다. 이들에 대한 설명은 comprehenr의 공식 매뉴얼 https://cran.r-project.org/web/packages/comprehenr/comprehenr.pdf을 참조하기 바란다.

2.9 실전 팁

실행 시간 측정

벡터의 내적을 3가지 방법으로 계산하여 실행에 걸리는 시간을 비교하고자 한다. 첫 번째와 두 번째 방법은 각각 사용자 함수user defined function dot1(), dot2() 함수를 사용하는 것이고 세 번째 방법은 이런 함수들을 사용하지 않는다.

```
dot1 = function(vec1, vec2) {
  sum = 0
  for(i in 1:length(vec1)) {
    sum = sum + vec1[i] * vec2[i]
  }
  return(sum)
}

dot2 = function(vec1, vec2) {
  return(sum(vec1 * vec2))
}
```

dot1()은 붙박이 함수 sum()과 벡터화 곱 * 대신 for loop을 사용하였다는 점에서 dot2()와 다르다. 이제 다음의 코드를 실행해 보라.

```
N = 1E5

```

```
3  # use dot1()
4  start_time <- Sys.time()
5  for(i in 1:N) {
6    dotprod = dot1(1:10, 1:10)
7  }
8  cat("dotprod =", dotprod, "\n")
9  end_time <- Sys.time()
10 print(end_time - start_time)
11
12 # use dot2()
13 ..
14   dotprod = dot2(1:10, 1:10)
15 ..
16
17 # use none
18 ..
19   dotprod = sum(1:10 * 1:10)
20 ..
```

```
dotprod = 385
Time difference of 0.1009068 secs
dotprod = 385
Time difference of 0.04678988 secs
dotprod = 385
Time difference of 0.015203 secs
```

중요한 코드는 라인4, 라인9 및 라인10이다. 두 번째와 세 번째 방법에서는 코드의 많은 부분이 이전과 동일하므로 달라진 부분만 보였다.

첫 번째 방법이 두 번째 방법보다 느린 이유는 벡터화와 붙박이 함수를 사용하지 않았기 때문이다. 두 번째 방법이 세 번째 방법보다 느린 이유는 함수 호출 때문이다. 함수는 코딩에서 대단히 유용하지만 실행 속도에서 값을 치러야 한다.

연습문제 2.39 다음의 코드가 무슨 일을 하는지를 파악하여 리스트 컴프리헨션을 사용하지 않는 코드로 바꾸어라. (힌트). [예제 2.36]을 참조.

```
mylist = to_list(for(i in 0:3) for(j in 0:2) c(i,j))
```

그리고 두 방법들 간에 실행 속도의 차이를 관찰해 보라. ⊣

RGB 색상 코드와 색상 별명

R에서 사용할 수 있는 색상들의 이름은 이 책의 동반 웹사이트에 올려 둔 `Rcolor.pdf`에서 볼 수 있다. 그런데 만일 원하는 색상의 RGB 코드는 알지만 그 색상을 지칭하는 이름은 모를 경우 조금 난감할 수 있다. `Rcolor.pdf`에는 수많은 색상들이 있는데 눈으로 그걸 보아가며 이름을 찾기도 쉬운 일이 아니고, 심지어 그 RGB 코드에 해당하는 색상이 없을 수도 있다. 이 문제의 해결은 간단하다 — 예를 들어 RGB 코드가 `#EE5C42FF`인 경우에 함수의 그래프를 그리려면 `lines(..., col='#EE5C42FF')`를 사용하면 된다. 이 RGB 코드에서 맨 뒤의 `FF`는 불투명도opacity를 뜻한다.

그런데 이런 색상 코드는 암기하기도 쉽지 않으므로 별명alias를 주어 사용하는 것이 좋다. 예를 들어

```
myred = '#EE5C42FF'
lines(..., col=myred) # no quote symbol here
```

RGB 코드를 10진법 숫자로만 알고 있다면 다음과 같이 간편하게 16진수로 변환할 수 있다.

```
getrgbcolor = function(colvec) {
  rgb(colvec[1], colvec[2], colvec[3], 255, names = NULL, maxColorValue=255)
}
# decimal RGB code = (238,92,66)
myred = getrgbcolor(c(238,92,66)); myred
```

```
'#EE5C42FF'
```

코드 가져오기

하나의 프로젝트의 여러 스크립트에서 공통으로 사용하는 사용자 함수user defined function가 있다면 이런 사용자 함수들은 별도의 스크립트 파일에 넣어 두고 필요할 때마다 가져와서import 사용하는 것이 좋다. 거의 모든 프로그래밍 언어는 이러한 import 기능을 가지고 있으며 R도 예외가 아니다. 다음과 같이 `source()` 함수를 사용하면 된다.

```
source("./util.R")

# You may use any resource in util.R.
..
```

Import되는 스크립트 파일은 예를 들어 다음과 같이 준비하면 된다.

```
# util.R
library('comprehenr')

myred = '#EE5C42FF' # tomato2 (238,92,66)
mygreen = '#A2CD5AFF' # darkolivegreen3 (162,205,90)
myblue = '#1C86EEFF' # dodgerblue2 (28,134,238)
gray1 = '#A6A6A6FF' # gray47 (166,166,166)
gray2 = '#787878FF' # gray65 (120,120,120)

sprint_vec = function(vec, digits=3) {
  if(digits > 0) {
    fmtStr = sprintf("%%.%df", digits)
  } else {
    fmtStr = "%d"
    vec = round(vec)
  }
  str_list = list()
  for(i in 1:length(vec)) {
     str_list[[i]] = sprintf(fmtStr, vec[i])
  }
  str0 = paste(str_list, collapse=', ')
  paste("(", str0, ")", sep='')
```

```
}

sprint_vecs = function(vec_list, digits=3, byline=FALSE) {
  str_list = to_list(for(vec in vec_list) sprint_vec(vec, digits))
  vstr = ifelse(byline, "\n", ", ")
  return(paste(str_list, collapse=vstr))
}
..
```

Mathematics is the art of giving the same name to different things.

Henri Poincare

3 수학

3.1 들어가기

선결지식

"머신러닝 과목의 충분한 이해를 위하여 어느 수준의 수학 지식이 필요한가?"라는 질문에 대한 답은 그 머신러닝 과목에서 다루는 내용의 범위에 따라 달라진다. 또한 그 과목에서 이론과 실제에 각각 어느 정도의 비중을 두느냐에 따라 달라진다. 이 장은 이 질문에 대한 저자의 답이다. 이 장을 최소한으로 공부하려면 3.2절까지만 공부하는 것도 하나의 방법이다. 그 다음 절들은 통계학의 분포에 관련된 여러 (다소 고급의) 정리를 증명할 때 쓰이는 수학이므로 일단 건너 뛰고, 이후에 필요성을 느꼈을 때 되돌아 와서 공부하면 될 것이다.

이 장을 공부하기 위하여는 고등학교 수학 수준의 기초지식이 필요하다. 구체적으로 말하자면 대략 다음과 같은 것들을 할 수 있어야 한다.

- 1차함수와 2차함수의 그래프를 그릴 수 있다. 그래프 상의 점들의 좌표 몇 개가 주어지면 그로부터 식의 계수들을 얻을 수 있다.
- 다차함수를 미분할 수 있고 그래프를 그릴 수 있다.
- 지수함수와 로그함수를 미분할 수 있고 그래프를 그릴 수 있다.
- 합성함수를 미분할 수 있다.
- 미분가능 함수의 극솟값과 극댓값을 찾을 수 있다.
- 벡터들의 합, 그리고 스칼라scaler와 벡터의 곱의 기하적 의미를 안다.
- 벡터의 내적과 끼인각의 관계를 이해한다.
- 행렬의 곱을 계산할 수 있다.
- 연립1차방정식을 행렬과 벡터로 나타낼 수 있고 그 해를 역행렬과 벡터의 곱으로 나타낼 수 있음을 이해한다.

위의 토픽들과 관련된 문제를 받았을 때 즉시 풀어낼 수 있을 필요는 없다. 다만 문제의 의미를 이해하고, 그것의 풀이를 주었을 때 혼자 힘으로 읽고 이해할 수 있어야 한다.

집합과 함수

집합은 수학적 개념을 명확하게 나타내는 가장 좋은 방법이다. 하지만 많은 사람들이, 심지어 이공계 박사학위 소지자들도 집합이라는 도구를 유용하게 사용하지 못하고 있는 듯 하다. 대략 다음의 물음에 답할 수 있으면 좋다.

(1) 집합을 정의하는 3가지 방법인 원소나열법, 조건제시법, 귀납적 정의에 대한 각각의 예를 들고 의미를 설명하라.

(2) $A \to B$와 $A \subseteq B$의 차이점은 무엇인가?

(3) $\sum \varnothing = 0$, $\prod \varnothing = 1$이 되는 이유는?

(4) $y = f(x)$일 때 다음의 문장들의 의미를 정확히 말할 수 있겠는가? y는 x의 함수다. f는 x의 함수이다. $f(x)$는 x의 함수이다.

(5) 역함수의 미분계수는 원래 함수의 미분계수의 역수라는, 즉 $f^{-1\prime}(f(x)) = \frac{1}{f'(x)}$이 성립한다는 사실을 이용하여 $x \mapsto \sin(x)$의 역함수의 도함수를 구하여라.†

3.2 다변수함수의 미분

3.2.1 2변수 함수의 그래프와 편미분

중등교육과정의 수학에서 빠져있는 중요한 토픽 중 하나는 다변수함수이다. 다변수함수는 독립변수가 여러 개 있는 함수이다. 간단한 예를 하나 들어 보겠다.

$$z = f(x, y) = x^2 + y^2 \tag{3.1}$$

이것은 독립변수가 2개 있으므로 2변수함수이다. 2변수 함수의 그래프는 공간상의 곡면이 되며 [그림 3.1]에서 그 형태를 볼 수 있다.

이 그림은 포물면paraboloid이라고 불리며 지오지브라GeoGebra라는 소프트웨어로 그린 것이다.

다변수함수는 함수의 값이 벡터가 될 수도 있다. 예: $(x, y) \mapsto (x^2+y^2, x-y)$. 이러한 함수의 그래프를 그리려면 독립변수에 2차원, 종속변수에 2차원, 도합 4차원이 필요할 것이다. 따라서 불가능하다.

이 책에서는 함수의 값이 실수인, 즉 종속변수가 1개뿐인 다변수함수만을 다룰 것이다. 또한 대부분의 경우 독립변수의 개수는 2, 또는 3이 될 것이다. 수학적 개념의 이해를 위해서는 독립변수의 개수가 3을 초과하는 경우는 거의 필요하지 않다. 하지만

그림 3.1: 2변수함수의 그래프

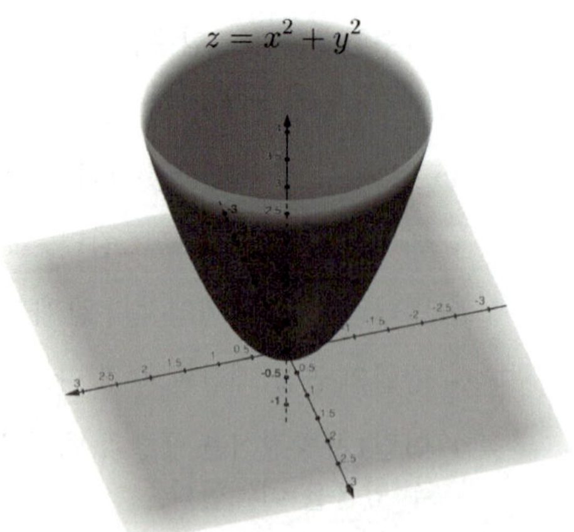

†혹은 이 공식을 쓰지 않고 직접 $\arcsin(\sin x) = x$의 양변을 미분하여 구할 수도 있다.

머신러닝의 실제 계산에서는 독립변수의 개수가 수십 개, 또는 수백 개 이상인 경우도 흔하다는 것은 알고 있어야 할 것이다.

3차원 공간에서 평면 $y = 2$가 곡면 $z = x^2 + y^2$과 만나 이루는 곡선은

$$z = x^2 + 4,\ y = 2 \tag{3.2}$$

가 된다. 식 (3.2)에서 $x^2 + 4$는 단순히 $x^2 + y^2$에서 $y = 2$를 대입하여 얻은 것이다.

이 곡면과 평면을 [그림 3.2]에 보였다. 여기서 x-축은 왼쪽이 양의 방향이고 y-축은 앞쪽이 양의 방향이다. z-축에 대해서는 설명할 필요가 없을 것이다. 진한 색깔의 포물선은 평면 $y = 2$에 포함된 포물선 $z = x^2 + 4$이고 검은색 직선은 곡면 상의 점 $(1, 2, 5)$에서의 접선(평면 $y = 2$에 품겨 있는)이다.

그림 3.2: 3차원 공간에서의 접선

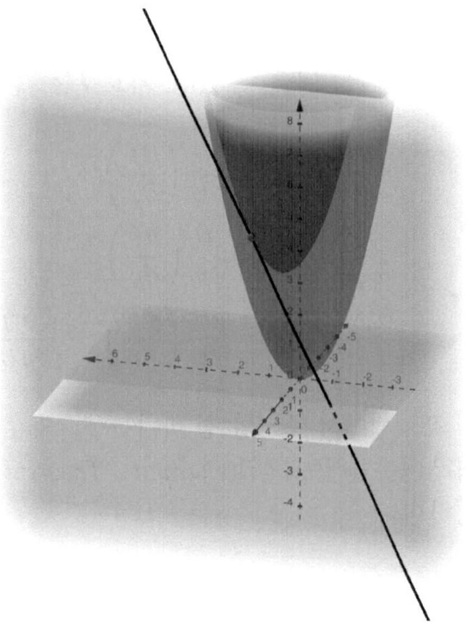

이 접선의 방정식을 구해 보자.† (3.2)에 의하여 z의 x에 대한 변화율, 즉 접선의 기울기는 $(x^2 + 4)' = 2x$의 식으로 계산된다. $x = 1$이므로 기울기는 $2 \cdot 1 = 2$가 된다. 따라서 이 직선의 방정식은 $y = 2$의 조건하에 $(x, z) = (1, 5)$를 지나고 기울기 $\frac{\mathrm{d}z}{\mathrm{d}x} = 2$이므로 $z - 5 = 2(x - 1) \Rightarrow z = 2x + 3$이 된다.‡ 접선이 xy-평면과 만나는 점의 좌표는 $(-1.5, 1, 0)$로 계산된다.

이번에는 평면 $x = 1$과 이 포물면의 교선에 대한 $(1, 2, 5)$에서의 접선의 방정식을 구해 보자. 이 접선은 그림에 나타나 있지 않으나 그것의 방정식을 얻는 데는 문제가 없다. $z = x^2 + y^2$에 $x = 1$을 대입하면 $z = y^2 + 1$을 얻고 $\frac{\mathrm{d}z}{\mathrm{d}y} = 2y = 4$가 된다.

$x = 1$의 조건하에 $(y, z) = (2, 5)$를 지나므로 접선의 방정식은 $z - 5 = 4(y - 2) \Rightarrow z = 4y - 3$이 된다.

이렇게 공간상에서 2개의 접선의 기울기를 구해 보았는데 각각 2와 4로 계산되었다. 이들을 $\frac{\mathrm{d}z}{\mathrm{d}x}$와 $\frac{\mathrm{d}z}{\mathrm{d}y}$로 나타내면 z의 값을 결정하는 변수가 1개뿐인 것으로 잘못 생각할 수 있으므로 각각 다음과 같이 나타낸다.

$$\frac{\partial z}{\partial x} = 2x = z\text{의 } x\text{에 대한 편미분계수}(\textit{partial derivative})$$
$$\frac{\partial z}{\partial y} = 2y = z\text{의 } y\text{에 대한 편미분계수}$$

$z = f(x, y)$일 때 $\frac{\partial z}{\partial x} = f_x = \frac{\partial f}{\partial x}$, $\frac{\partial z}{\partial y} = f_y = \frac{\partial f}{\partial y}$로 나타내기도 한다. 편미분계수 기호 $\frac{\partial z}{\partial x}$는 "partial z partial x"로 읽으면 된다.

---

†일반적으로 3차원 공간 내의 곡면에 대한 접선은, 평면 상의 곡선(미분가능한 함수의 그래프)에 대한 접선과는 달리, 접점이 주어진다고 해서 결정되지는 않는다.

‡3차원 공간에서 직선의 방정식은 여러 방법으로 나타낼 수 있는데 여기서는 간단히 연립방정식의 형태 $z = 2x+3$, $y = 2$로 나타내기로 한다.

다변수 함수를 특정 독립변수에 대해서 편미분 할 때는 함수의 식에서 다른 변수들을 상수로 생각하고 계산하면 된다. 예를 들어 $f(x,y) = x + x^2y + y^2$ 이라면

$$f_x = 1 + 2xy,$$
$$f_y = x^2 + 2y$$

로 얻어진다.

$f(x) = x^2$ 일 때 $f'(x) = 2x$를 f의 '도함수'라고 하고, 특정한 $x = a$에서의 도함수의 값 $f'(a)$를 '미분계수'라고 하듯이 편미분에서도 편도함수와 편미분계수는 구별되는 개념이다.[†]

편미분은 나중에 신경망의 계산에서 중요한 역할을 하므로 충분한 계산 연습을 통하여 익숙해져야 한다.

연습문제 3.1 $f(x,y) = x^2y^3$ 의 편도함수들을 모두 구하여라. ⊣

$f(x,y)$의 편도함수가 미분가능한 경우에는 이를 다시 미분하여 2계편도함수(*2nd-order partial derivative*)를 얻을 수 있다. 기호로는 다음과 같이 나타낸다.

$$\frac{\partial^2 f}{\partial x^2} = f_{xx} = \frac{\partial}{\partial x}\left(\frac{\partial f}{\partial x}\right)$$
$$\frac{\partial^2 f}{\partial y^2} = f_{yy} = \frac{\partial}{\partial y}\left(\frac{\partial f}{\partial y}\right)$$
$$\frac{\partial^2 f}{\partial x\,\partial y} = f_{yx} = \frac{\partial}{\partial x}\left(\frac{\partial f}{\partial y}\right), \quad \frac{\partial^2 f}{\partial y\,\partial x} = f_{xy} = \frac{\partial}{\partial y}\left(\frac{\partial f}{\partial x}\right)$$

이 표기법에서 주의할 점 하나는 f_{xy}와 f_{yx}를 반대로 쓰기 쉽다는 것이다. 이 둘이 모두 연속일 경우에는 클레로의 정리(*Clairaut's Theorem*)에 의하여 $f_{xy} = f_{yx}$가 성립한다. 이 정리의 증명은 생략한다.

3.2.2 그래디언트와 방향미분계수

1변수함수의 미분계수는 하나의 수이다. 2변수 함수의 편미분계수는 2개이므로 이들은 하나의 벡터를 이룬다. 함수 $f(x,y)$에 대해서 (f_x, f_y)를 f의 그래디언트(*gradient*)라고 부른다. 그래디언트는 편도함수들을 성분으로 가지는 벡터함수로 보아도 되고, 특정한 x, y 값에서의 편미분계수들을 성분으로 가지는 벡터로 보아도 된다. 이것은 derivative가 도함수를 뜻하기도 하고 미분계수를 뜻하기도 하는 것과 같다고 보면 된다.

통상 벡터함수는 값이 벡터인 함수를 뜻한다. 다변수 함수의 그래디언트는 벡터함수이고 또한 입력값이 벡터이다. 편도함수는 입력값은 벡터이고 함숫값은 스칼라(실수)이다.

그래디언트는 다음과 같이 기호로 나타낸다.

$$\vec{\nabla} f := (f_x, f_y) \tag{3.3}$$

[†] 영어로는 편도함수와 편미분계수가 모두 'partial derivative'이다.

(3.3)의 좌변은 '그래디언트 f'라고 읽는다. 이 식은 2변수 함수에 대한 것이고 예를 들어 독립변수가 x, y, z, …라면 그래디언트는 $\vec{\nabla} f = (f_x, f_y, f_z, \dots)$ 형태가 된다.

우리는 편미분계수를 계산하는 방법에 대해서는 말하였으나 정작 편미분계수의 정의는 아직 내리지 않았다. 그 정의는 다음과 같다.

$$\begin{aligned} f_x(a,b) &= \lim_{h\to 0}\frac{f(a+h,b)-f(a,b)}{h} \\ f_y(a,b) &= \lim_{h\to 0}\frac{f(a,b+h)-f(a,b)}{h} \end{aligned} \tag{3.4}$$

즉 $f_x(a,b)$는 (a,b)에 있던 점 (x,y)가 h만큼 x-방향으로 이동했을 때 함숫값의 변화를 h로 나누어 얻은 값이다. f가 미분가능할 경우 h가 0으로 접근할 때의 극한값이 존재하게 된다.†

식 (3.4)의 바로 아래 밑줄친 부분을 보면 자연스럽게 떠오르는 질문이 있다. 편미분계수 f_x와 f_y는 (x,y)가 평면상에서 두 가지 방향, 즉 $(1,0)$ 방향과 $(0,1)$ 방향으로 이동했을 때의 함숫값의 변화율에 대한 것이다. 그렇다면 다른 방향, 예를 들어 x-축에 대하여 30° 우상향(반시계 방향)으로 이동했을 때의 변화율은 얼마일까? x-축에 대하여 30° 반시계 방향이란 단위벡터 $(\cos 30°, \sin 30°)$ 방향이라고 말할 수 있다. 이 경우의 함숫값의 변화율은 편미분계수의 식 (3.4)를 흉내내어 다음과 같이 계산된다.

정의 3.2 $\vec{u}$가 단위벡터일 때, 즉 $\|\vec{u}\| = 1$일 때 점 $\vec{a} := (a_x, a_y)$에서의 $\vec{u}$ 방향으로의 함숫값의 변화율 즉 방향미분계수(*directional derivative*)는

$$f_{\vec{u}}(\vec{a}) \overset{\text{def}}{=} \lim_{h\to 0}\frac{f(\vec{a}+h\vec{u})-f(\vec{a})}{h} \tag{3.5}$$

로 정의한다. ⊣

f가 2변수함수일 때 $\vec{\imath} \overset{\text{def}}{=} (1,0)$ 방향미분계수는 f_x이고 $\vec{\jmath} \overset{\text{def}}{=} (0,1)$ 방향의 미분계수는 f_y임을 쉽게 확인할 수 있다.

예제 3.3 방향미분계수의 계산을 해 보자. 예를 들어 $f(x,y) = x^2 + y^2/2$의 $(1,2)$에서의 $\vec{u} := \frac{(1,1)}{\sqrt{2}}$ 방향 미분계수는 [정의 3.2]에 의하여 다음과 같이 계산된다.

$$\begin{aligned} f_{\vec{u}}(\vec{a}) &= \lim_{h\to 0}\frac{f\big((1,2)+h(\frac{1}{\sqrt{2}},\frac{1}{\sqrt{2}})\big)-f(1,2)}{h} \\ &= \lim_{h\to 0}\frac{f\big(1+\frac{h}{\sqrt{2}}, 2+\frac{h}{\sqrt{2}}\big)-f(1,2)}{h} \\ &= \lim_{h\to 0}\frac{\big(1+\frac{h}{\sqrt{2}}\big)^2+\big(2+\frac{h}{\sqrt{2}}\big)^2/2-3}{h} \\ &= \lim_{h\to 0}\frac{1+h^2/2+\sqrt{2}h+(4+h^2/2+2\sqrt{2}h)/2-3}{h} \end{aligned}$$

---

†2변수 함수 $f(x,y)$에 대해서, $f_x(a,b)$와 $f_y(a,b)$가 모두 존재한다는 것은 f가 점 (a,b)에서 미분가능할 필요조건이지만 일반적으로 충분조건은 아니다. 2변수함수의 미분가능성에 대한 정의는 이 책의 범위를 넘는다.

$$
\begin{aligned}
&= \lim_{h\to 0} \frac{1 + h^2/2 + \sqrt{2}h + (2 + h^2/4 + \sqrt{2}h) - 3}{h} \\
&= \lim_{h\to 0} \left(\frac{3h}{4} + 2\sqrt{2}\right) = 2\sqrt{2} \qquad (3.6)
\end{aligned}
$$

계산이 조금 길다. 그런데 다음의 정리를 이용하면 이 방향미분계수는 쉽게 계산된다.

정리 3.4 다변수함수 f의 $\vec{a}$에서의 단위벡터 $\vec{u}$ 방향 미분계수는

$$
f_{\vec{u}}(\vec{a}) = \vec{\nabla} f(\vec{a}) \cdot \vec{u} \qquad (3.7)
$$

으로 계산된다. *(증명은 생략한다.)* ⊣

식 (3.7)에 의하면 (3.6)에서의 계산 결과 $2\sqrt{2}$는 다음과 같이 얻을 수 있다.

$\vec{\nabla} f(x, y) = (2x, y)$ 이므로 $\vec{\nabla} f(1, 2) = (2, 2)$ 이다.

따라서 $\vec{\nabla} f(\vec{a}) \cdot \vec{u} = (2, 2) \cdot (1, 1)/\sqrt{2} = 4/\sqrt{2} = 2\sqrt{2}$ ✓

이제 대단히 중요한 질문을 던지겠다.

$f(x, y) = x^2 + y^2/2$ 의 $(1, 2)$ 에서의 방향미분계수는 어떤 방향에서 가장 클까?

미분가능한 다변수함수와 하나의 점 $\vec{a}$가 주어졌을 때 방향 단위벡터를 $\vec{u}_\theta :=(\cos\theta, \sin\theta)$로 두면 어떠한 θ에서 $f_{\vec{u}}(\vec{a})$가 최댓값을 가지는가?

예제 3.5 $\theta = 0°, 15°, 30°, \ldots, 345°$ 일 때 $f(x, y) := x^2 + y^2/2$ 의 $\vec{a} := (1, 2)$ 에서의 $f_{\vec{u}}(\vec{a})$를 R을 사용하여 계산해 보자. 물론 우리는 이 계산에 [정리 3.4]를 이용한다.

```
# f(x,y) = x^2 + y^2/2
grad_f = function(x,y) {
    c(2*x,y)
}
avec = c(1,2) # we'll compute the gradient at (1,2)

grad = grad_f(avec[1], avec[2])
cat(sprintf("grad(f) at (%.1f, %.1f) is (%.1f, %.1f)\n\n",
            avec[1], avec[2], grad[1], grad[2]))
# Directional derivative at avec =
#     dot product of grad and (cos t, sin t), where t = 0, 15, 30, ... 345.

dot = function(xvec, yvec) {
    sum(xvec * yvec)
}

for(theta in seq(0, 345, by=15)) {
    theta_rad = theta*pi/180
    f_uvec_theta = dot(c(cos(theta_rad), sin(theta_rad)), grad)
    cat(sprintf("theta=%d, f_uvec_theta=%f\n", theta, f_uvec_theta))
}
```

```
grad(f) at (1.0, 2.0) is (2.0, 2.0)

theta=0, f_uvec_theta=2.000000
theta=15, f_uvec_theta=2.449490
theta=30, f_uvec_theta=2.732051
theta=45, f_uvec_theta=2.828427
theta=60, f_uvec_theta=2.732051
..
theta=330, f_uvec_theta=0.732051
theta=345, f_uvec_theta=1.414214
```
⊣

결과를 보면 $\theta = 45°$ 일 때 방향미분계수의 최댓값을 얻게 된다. 이 방향은 정확히 $\vec{\nabla} f(1,2) = (2,2)$ 와 일치한다. 이것은 우연이 아니다. $\vec{u}$ 와 $\vec{\nabla} f(\vec{a})$ 사이의 끼인각을 α 라고 하면, 다음의 식에 의하여

$$\vec{\nabla} f(\vec{a}) \cdot \vec{u} = \left\| \vec{\nabla} f(\vec{a}) \right\| \|\vec{u}\| \cos\alpha = \left\| \vec{\nabla} f(\vec{a}) \right\| \cos\alpha \leq \left\| \vec{\nabla} f(\vec{a}) \right\| \cos 0 \tag{3.8}$$

$\alpha = 0$ 일 때 방향미분계수가 최댓값을 가지게 됨을 알 수 있다. 이 사실을 [정리 3.6]에 서술하였다.

정리 3.6 방향미분계수의 최댓값은 방향벡터와 그래디언트 벡터의 방향이 일치할 때, 즉 식 (3.8)에서 $\alpha = 0$ 일 때 얻어진다. ⊣

정리 3.7 다변수함수의 그래디언트는 그 함수가 가장 빠르게 증가하는 방향의 벡터이다. 즉 $\vec{u}_o$ 를 $\vec{\nabla} f(\vec{a})$ 방향의 단위벡터라고 하면 모든 단위벡터 $\vec{u}$ 에 대해서 $f_{\vec{u}_0}(\vec{a}) \geq f_{\vec{u}}(\vec{a})$ 가 성립한다.

역으로 생각하면 $-\vec{\nabla} f(\vec{a})$ 는 그 함수가 가장 빠르게 감소하는 방향의 벡터이다. ⊣

3.2.3 함수의 최솟값

함수의 최솟값을 찾는 것은 머신러닝에서 대단히 중요하다. 머신러닝이란 데이터로부터 어떤 규칙을 찾는 것이라고 하였다. ([그림 1.2] 참조.) 여기서 '규칙'을 '함수'라고 생각해 보자. 그렇다면 진짜 규칙 f 와 우리가 데이터로부터 머신러닝을 통하여 찾아낸 규칙 $\hat{f}$ 의 '차이'를 최소화 해야 할 것이다.

여기서 '차이'는 로스(*loss*), 또는 로스함수(*loss function*) 라고 하며 경우에 따라 다르지만 대체로 머신러닝에서 사용하는 로스함수는 오차들의 제곱의 평균, 즉 평균오차제곱(*MSE, Mean squared error*) 이거나 또는 교차 엔트로피(*cross entropy*) 둘 중의 하나다. 다행히도 이 두 함수는 그래디언트를 계산하는 것이 비교적 쉬워 우리가 지금 공부하고 있는 미분을 사용하여 최솟값을 구할 수 있다.

미분가능함수의 극솟값은 미분계수가 0이 되는 곳에서 얻어진다. 같은 원리로 다변수함수의 경우에는 $\vec{\nabla} f = \vec{0}$ 가 되는 곳에서 얻어짐을 알 수 있을 것이다.

1변수 함수의 경우에 미분가능 함수가 극솟값을 가지려면 미분계수의 값이 0이 되어야 한다. 이때 2계미분계수의 값이 양수이면 이 함수는 거기서 극솟값을 가지게 된다. 2변수 함수에 대해서는 이와 유사한 다음의 정리가 있으며 이를 증명없이 제시한다.

정리 3.8 미분가능한 2변수 함수 $f(x, y)$의 극솟값이 점 (a, b)에서 얻어진다면 $\vec{\nabla} f(a, b) = \vec{0}$, 즉 $f_x(a, b) = f_y(a, b) = 0$이어야 한다.

이때 $f(a, b)$가 극솟값이 될 충분조건은 $f_{aa} := f_{xx}(a, b)$, $f_{bb} := f_y y(a, b)$, $f_{ab} := f_{xy}(a, b)$로 두었을 때 다음의 두 부등식이 모두 성립하는 것이다.

$$f_{aa} > 0, \quad f_{aa} f_{bb} - f_{ab}^2 > 0$$

위의 첫 번째 부등식 $f_{aa} > 0$는 대신 $f_{bb} > 0$를 써도 된다. ⊣

다행히도 머신러닝에서 사용하는 로스함수는 그래디언트가 0-벡터라는 것이 최솟값의 필요충분조건일 때가 많다. 상세한 부분은 이 책에서 다루지 않을 것이다.

$\vec{\nabla} f(\vec{a}) = \vec{0}$인 $\vec{a}$를 찾는 것은 일반적으로 쉽지 않다. $\vec{\nabla} f(\vec{a}) = \vec{0}$를 $\vec{a}$에 대한 방정식으로 생각해 보라. 예를 들어 f가 3변수 비선형 함수일 때 $\vec{\nabla} f(a_1, a_2, a_3) = \vec{0}$는 비선형 3원 연립방정식이 될 것이고 이러한 방정식은 해석적인analytic 방법으로 해를 구하기는 거의 불가능할 것이다. 결국 계산적인computational 방법으로 풀어야 할 것인데 이러한 다원 연립방정식에는 [예제 2.23]에서 사용했던 2분법bisection method도 적용할 수 없다. 이러한 경우에 가장 유효한 방법은 아래 기술한 그래디언트 하강(*gradient descent*)이며 이는 [정리 3.7]로부터 그 타당성을 찾을 수 있다.

(1) 적당한 $\vec{x}_0$를 잡는다. (초깃값)

(2) $\vec{x}$를 $\vec{x}_{n+1} := \vec{x}_n - h\vec{\nabla} f(\vec{x}_n)$로 업뎃한다. $h > 0$는 *learning rate*라고 부르는, 크기가 작은 양수이다. $f(\vec{x}_{n+1}) < f(\vec{x}_n)$이 성립할 것이다. 이를 반복한다.

(3) $f(\vec{x})$의 값이 수렴하면, 즉 $f(\vec{x}_{n+1}) - f(\vec{x}_n)$의 값이 0에 가까와지면 업뎃을 멈춘다. 이것은 그래디언트 벡터의 길이가 0에 가까와지는 것을 의미한다.

[그림 3.3]과 [그림 3.4]를 보자. 첫 번째 그림은 $f : \mathbb{R} \to \mathbb{R}$ 경우, 두 번째 그림은 $f : \mathbb{R}^2 \to \mathbb{R}$ 경우에 대한 것이다.

첫 번째 그림에서 점 P_i의 좌표는 (x_i, y_i)이다. 그리고 그래디언트는 1변수 함수의 미분계수일 뿐이므로 단순히 접선의 기울기가 된다. 그림에서 보듯이 이 기울기가 음수인 경우에는 (2) "$x_{n+1} := x_n - h \times$ 기울기"에 의하여 x가 조금 오른쪽으로 이동하므로 y는 최솟값에 가까와질 것이다. 만일 x_i가 x_∞의 오른쪽에 있어 그래디언트가 양수인 경우에는 역시 (2)에 의하여 x가 조금 왼쪽으로 이동하므로 이 경우에도 y는 최솟값에 가까와질 것이다. 최솟값에 접근하게 되면 일반적으로 기울기가 0에 가까와지게 되므로 x의 이동 거리는 더 작아질 것이다.

두 번째 그림을 보자.† 높은 지대에서 출발하여 낮은 지대로 이동하는 경로를 볼 수 있다. $-h\vec{\nabla} f(\vec{x})$는 $\vec{x}$에서 y-값이 가장 빨리 감소하는 방향의 벡터이다. 이 벡터의 방향과 길이는 일정하지 않다. 벡터의 길이는 계속 줄어들어 0으로 수렴할 것이며 이때 함수의 극솟값을 얻게 된다.

이상으로써 그래디언트 하강의 작동원리를 대략 설명하였는데, 초깃값을 잘못 잡으면 극솟값local minimum에는 도달하지만 최솟값global minimum에는 도달하지 못할 수도 있다.

---

†출처: https://medium.com/@DBCerigo/on-why-gradient-descent-is-even-needed-25160197a635

그림 3.3: 그래디언트 하강 1

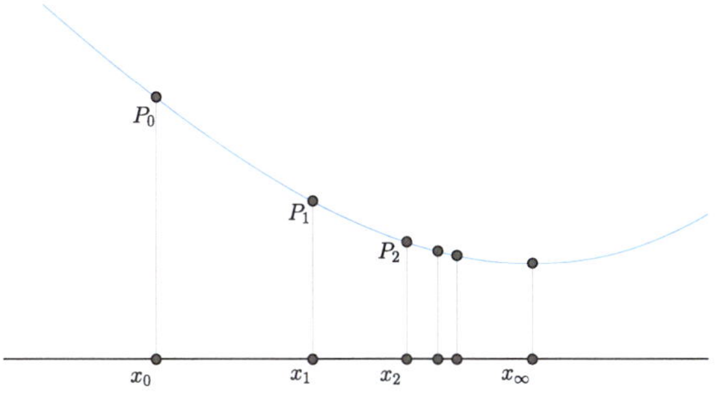

그림 3.4: 그래디언트 하강 2

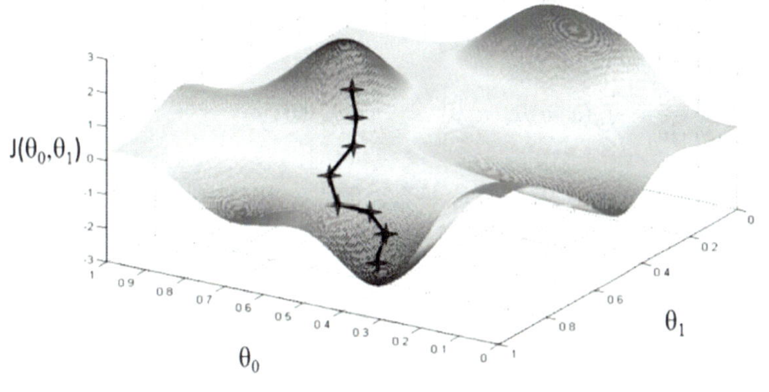

이를 회피하기 위하여 어떤 전략을 써야 하는지, 그리고 알맞은 h의 값은 어떻게 정하는지, 이것의 값을 과연 일정하게 유지하는 것이 좋은 것인지 등등, 실제 문제의 해결에는 여러 가지 고려해야 할 부분이 있다.

이 책에서 그래디언트 하강의 실제 활용은 선형회귀linear regression와 로지스틱 회귀logistic regression 및 신경망neural network에서 보게 될 것이다.

3.2.4 합성함수의 미분, 연쇄규칙

머신러닝에서 최소값을 찾아야 할 함수는 그리 간단하지 않다. 특히 신경망과 딥러닝에서의 로스함수는 많은 함수들의 합성의 결과이다. 합성함수의 도함수를 그것의 구성 요소 함수들의 도함수로부터 얻는 계산법이 연쇄규칙(*chain rule*)이다.

우선 1변수 함수의 경우에 대해서 살펴보면 이때의 연쇄규칙은 흔히 다음의 두 형식으로 나타낸다. $f(g(x)) = (f \circ g)(x)$, $y = g(x)$, $z = f(y)$로 두었을 때

$$(f \circ g)'(x) = f'(g(x))g'(x) \tag{3.9}$$

$$\frac{\mathrm{d}z}{\mathrm{d}x} = \frac{\mathrm{d}z}{\mathrm{d}y}\frac{\mathrm{d}y}{\mathrm{d}x} \tag{3.10}$$

(3.10)은 분모와 분자에 각각 자리잡고 있는 $\mathrm{d}y$들을 소거해서 얻는 것으로 암기해 두면 (수학적으로 옳지는 않지만) 편하다. 위의 연쇄규칙을 반복 적용하면 $x \mapsto f(g(h(p(x))))$ 같이 여러 번 합성하여 얻은 함수의 도함수도 어렵지 않게 구할 수 있다.

다변수 함수에 대한 연쇄규칙은 상당히 복잡해질 수 있는데 여기서는 핵심이 되는 예 2개만 들어 보겠다. ①은 비교적 간단하고 ②는 조금 복잡하다.

① $z = f(x,y)$, $x = g(t,s)$, $y = h(u,v)$ 인 경우에 $\frac{\partial z}{\partial t}$, $\frac{\partial z}{\partial s}$, $\frac{\partial z}{\partial u}$ 와 $\frac{\partial z}{\partial v}$ 는 각각 다음과 같이 계산된다.

$$\begin{aligned}\frac{\partial z}{\partial t} &= \frac{\partial z}{\partial x}\frac{\partial x}{\partial t} = f_x(x,y)g_t(t,s) \\ \frac{\partial z}{\partial s} &= \frac{\partial z}{\partial x}\frac{\partial x}{\partial s} = f_x(x,y)g_s(t,s) \\ \frac{\partial z}{\partial u} &= \frac{\partial z}{\partial y}\frac{\partial y}{\partial u} = f_y(x,y)h_u(u,v) \\ \frac{\partial z}{\partial v} &= \frac{\partial z}{\partial y}\frac{\partial y}{\partial v} = f_y(x,y)h_v(u,v)\end{aligned} \tag{3.11}$$

얼핏 복잡해 보일 수 있지만 이 식들은 본질적으로 (3.10)과 다를 것이 없고 따라서 어려울 것도 없다. 그런데 다음과 같은 경우에는 식이 조금 달라진다.

② $z = f(x,y)$, $x = g(t,s)$, $y = h(t,s)$ 인 경우에는 $\frac{\partial z}{\partial t}$ 와 $\frac{\partial z}{\partial s}$ 는 다음과 같이 계산된다.

$$\begin{aligned}\frac{\partial z}{\partial t} &= \frac{\partial z}{\partial x}\frac{\partial x}{\partial t} + \frac{\partial z}{\partial y}\frac{\partial y}{\partial t} = f_x(x,y)g_t(t,s) + f_y(x,y)h_t(t,s) \\ \frac{\partial z}{\partial s} &= \frac{\partial z}{\partial x}\frac{\partial x}{\partial s} + \frac{\partial z}{\partial y}\frac{\partial y}{\partial s} = f_x(x,y)g_s(t,s) + f_y(x,y)h_s(t,s)\end{aligned} \tag{3.12}$$

이 두 경우의 차이점은 [그림 3.5]를 보면 명확히 드러난다.

왼쪽 그림은 ①에서의, 그리고 오른쪽 그림은 ②에서의 변수들 간의 관계를 각각 나타낸다. 예를 들어 $\frac{\partial z}{\partial t}$ 를 계산할 때, ①에서는 t의 변화가 x에 영향을 미치고 x의 변화는 다시 z에 영향을 미친다. 그림에서 보듯이 t가 z에 영향을 미치는 경로는 $t \to x \to z$의 하나이고 따라서 $\frac{\partial z}{\partial t}$ 는 식 (3.11)로 계산된다.

반면에 ②에서는 t의 변화가 x와 y에 모두 영향을 미치고 x와 y의 변화는 다시 z에 영향을 미친다. 그러므로 이 경우에는 t가 z에 영향을 미치는 경로path는 그림에서 보듯이 $t \to x \to z$와 $t \to y \to z$의 2개가 된다. 있으므로 $\frac{\partial z}{\partial t}$ 는 이 경로들이 기여하는 두 부분의 합이므로 식 (3.12)로 계산된다.

②에서 만일 s가 존재하지 않는다면 $z = f(x,y) = f(g(t),h(t))$가 되는데 이 경우에도 t가 z에 영향을 미치는 경로는 2개이므로 $\frac{\mathrm{d}z}{\mathrm{d}t}$ 의 계산에는 (3.12)와 비슷한 식을 사용해야 한다.

그림 3.5: 연쇄규칙

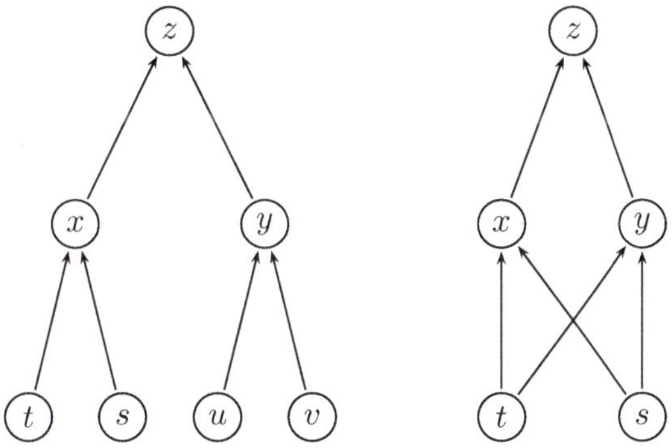

예를 들어 $z = xy^2$, $x = 2t + 1$, $y = e^{\frac{t}{2}}$인 경우에 $\frac{\mathrm{d}z}{\mathrm{d}t}$를 2가지의 서로 다른 방법으로 계산해 보자. 첫 번째 방법은 z를 t의 식으로 표현한 다음 직접 도함수를 계산하는 것이다. 즉, $z = xy^2 = (2t+1)(e^{\frac{t}{2}})^2 = (2t+1)e^t$이므로

$$\frac{\mathrm{d}z}{\mathrm{d}t} = 2e^t + (2t+1)e^t = e^t(2t+3) \tag{3.13}$$

이다. 두 번째 방법은 연쇄규칙을 사용하는 것으로 계산 과정은 다음과 같다.

$$\begin{aligned} \frac{\mathrm{d}z}{\mathrm{d}t} &= \frac{\partial z}{\partial x}\frac{\mathrm{d}x}{\mathrm{d}t} + \frac{\partial z}{\partial y}\frac{\mathrm{d}y}{\mathrm{d}t} = y^2 \cdot 2 + 2xy \cdot \frac{1}{2}e^{\frac{t}{2}} \\ &= 2e^t + (2t+1)e^{\frac{t}{2}}e^{\frac{t}{2}} = e^t(2t+3) \end{aligned} \tag{3.14}$$

3.3 벡터와 행렬

여기서 말하는 벡터vector는 실수들의 유한열finite sequence이고 행렬matri은 실수들의 2차원적 배열이다. 이 섹션에서는 벡터와 행렬을 R에서 어떻게 다루는지에 대해서만 간단히 공부할 것이므로 선형대수의 지식이 그다지 많이 요구되지 않는다.

3.3.1 벡터의 내적과 끼인각

3차원 공간의 두 벡터 $\vec{x} \stackrel{\text{def}}{=} (2,2,0)$와 $\vec{y} \stackrel{\text{def}}{=} (1,2,2)$가 이루는 각 θ를 구해 보자. $\cos\theta = \frac{\vec{x}\cdot\vec{y}}{\|\vec{x}\|\|\vec{y}\|}$이므로 $\theta = \arccos\frac{\vec{x}\cdot\vec{y}}{\|\vec{x}\|\|\vec{y}\|}$이다. $\vec{x} := \frac{\vec{x}}{2}$로 놓고 계산하겠다.

```
x = c(2,2,0)
x = (0.5)*x # scalar multiplication
cat("x =", x, "\n")
y = c(1,2,2)
cat("y =", y, "\nx*y =", x*y, "\n")
dot_xy = sum(x*y)
cat("dot_xy =", dot_xy, "\n")
norm_x = sqrt(sum(x*x))
cat("norm_x =", norm_x, "\n")
```

```
norm_y = sqrt(sum(y*y))
cat("norm_y =", norm_y, "\n")
cos_theta = dot_xy/(norm_x * norm_y)
cat("cos_theta =", cos_theta, "\n")
theta = acos(cos_theta) # acos(x) = arccos(x)
cat("theta = ", theta*180/pi, "degree\n") # convert radian to degree
```

```
x = 1 1 0
y = 1 2 2
x*y = 1 2 0
dot_xy = 3
norm_x = 1.414214
norm_y = 3
cos_theta = 0.7071068
theta =  45 degree
```

위의 작업을 함수를 만들어 수행해 보자.

```
dot = function(x, y) {
    sum(x * y)
}

norm_vec = function(x) {
    sqrt(dot(x, x))
}

theta_vec = function(x, y) {
    # Returns the angle in degrees unit between vector x and y.
    cos_theta = dot(x, y) / (norm_vec(x) * norm_vec(y))
    acos(cos_theta) * 180/pi
}

theta = theta_vec(x, y)
cat("theta =", theta, "degree\n")
```

```
theta =  45 degree
```

3.3.2 선형방정식

이 절은 선형방정식 및 이것과 관련된 개념들을 간략히 설명한다. 다음의 행렬곱을 보라.

$$\begin{bmatrix} 2 & 4 \\ 1 & 3 \end{bmatrix} \begin{bmatrix} -1 \\ 1 \end{bmatrix} = \begin{bmatrix} 2 \\ 2 \end{bmatrix}$$

그러므로

$$A := \begin{bmatrix} 2 & 4 \\ 1 & 3 \end{bmatrix}, \quad S := \begin{bmatrix} -1 \\ 1 \end{bmatrix}, \quad B := \begin{bmatrix} 2 \\ 2 \end{bmatrix}$$

로 놓았을 때

$$AS = B \tag{3.15}$$

가 성립한다. 변수 x와 y로 이루어진 열벡터를

$$X := \begin{bmatrix} x \\ y \end{bmatrix},$$

로 두면 2원1차 연립방정식

$$\begin{aligned} 2x + 4y &= 2 \\ x + 3y &= 2 \end{aligned} \tag{3.16}$$

는 다음과 같이 선형방정식으로 쓸 수 있다.

$$AX = B \tag{3.17}$$

(3.15)를 보면 S는 X에 대한 방정식 (3.17), 또는 (3.16)의 해임을 알 수 있다.

R에서 행렬곱은 `%*%` 연산자를 사용하여 얻는다. 선형방정식 `AX = B`의 해는 `solve(A,B)`이다. 이상의 내용을 다음의 R 세션에서 확인할 수 있다.

예제 3.9

```
A <- rbind(c(2, 4), c(1, 3))
cat("A :\n"); print(A)
B <- A %*% c(-1, 1)
cat("\nB :\n")
print(B)
soln = solve(A, c(2, 2))
cat("\nsolution of AX = B :\n")
print(soln)
```

```
A :
     [,1] [,2]
[1,]    2    4
[2,]    1    3

B :
     [,1]
[1,]    2
[2,]    2

solution of AX = B :
[1] -1  1
```

⊣

정방행렬 $A \in \mathbb{R}^{n \times n}$의 역행렬 $A^{-1} \in \mathbb{R}^{n \times n}$는 다음의 성질을 가지는 행렬이다. 단, 여기서 $I_n \in \mathbb{R}^{n \times n}$은 대각선의 원소는 모두 1이고 나머지 원소는 모두 0인 단위행렬이다.

$$AA^{-1} = A^{-1}A = I_n \tag{3.18}$$

선형방정식 (3.17)의 양변에 A^{-1}을 왼쪽으로부터 곱하면 다음의 등식을 얻는다.

$$X = A^{-1}AX = A^{-1}B \tag{3.19}$$

이것은 선형방정식의 해를 구하는 공식인 것으로 생각할 수 있다.

A의 역행렬은 R에서 `solve(A)`로써 얻을 수 있다. 역행렬 관련 계산을 아래에 보였다.

예제 3.10

```
Ainv = solve(A)
cat("Ainv :\n"); print(Ainv)
cat("\nAinv %*% A :\n"); print(Ainv %*% A) # A %*% Ainv should be the same
cat("\nA %*% B :\n"); print(Ainv %*% B) # solution will be printed
cat("\nsolve(Ainv) :\n"); print(solve(Ainv)) # back to the original matrix
```

```
Ainv %*% A :
     [,1] [,2]
[1,]    1    0
[2,]    0    1

A %*% B :
     [,1]
[1,]   -1
[2,]    1

solve(Ainv) :
     [,1] [,2]
[1,]    2    4
[2,]    1    3
```

⊣

벡터를 행렬곱에 사용하면 열벡터인지 행벡터인지는 문맥에 따라 R이 알맞게 선택하여 사용한다. 아래의 R 세션에서 c(-1,1)은 라인 2에서는 열벡터로, 라인 3에서는 행벡터로 취급되었다.

```
1 C = c(-1,1)
2 print(A %*% C)
3 print(C %*% A)
```

```
     [,1]
[1,]    2
[2,]    2
     [,1] [,2]
[1,]   -1   -1
```

3.3.3 선형방정식의 근사해와 유사역행렬*

이 절에서 우리는 열의 개수가 1인 행렬을 벡터로 취급하기로 한다. 그러면 두 벡터 X와 Y의 내적은 행렬곱을 이용하여 X^TY로 나타낼 수 있다.[†] 우리는 벡터를 나타내는 표기법으로 X와 $\vec{x}$를 혼용할 것이다.

행렬 $A \in \mathbb{R}^{m\times n}$의 행의 개수 m이 열의 개수 n보다 크다고 하자. 벡터 $\vec{p} \in \mathbb{R}^{m\times 1}$가 주어졌을 때 선형방정식

$$A\vec{x} = \vec{p}, \quad (\vec{x} \in \mathbb{R}^{n\times 1}) \tag{3.20}$$

[†] X^T는 X의 전치행렬이다. p36 참조.

는 m개의 방정식이 연립된 것으로 볼 수 있다. 이때 미지수의 개수는 $\vec{x}$의 길이와 같고 그 값은 n이다. $m > n$을 가정했으므로 이 방정식의 해는 일반적으로 존재하지 않을 것이다. 이런 경우

$$\|\vec{p} - A\vec{x}\| \text{가 최소} \tag{3.21}$$

가 되는 $\vec{x}$를 이 선형방정식의 근사해approximate solution라고 부르기로 한다. 이제부터 근사해를 구하는 방법을 알아보자.

표기의 편의를 위하여 $\mathbb{R}^{n\times 1}$를 $\mathbb{R}^n$로, $\mathbb{R}^{m\times 1}$를 $\mathbb{R}^m$으로 나타내기로 한다.

$\{A\vec{x} \mid \vec{x} \in \mathbb{R}^n\}$, 즉 A의 열벡터들의 모든 선형조합들이 이루는 집합은 $\mathbb{R}^m$의 부분공간이 된다. 이를 A의 열공간(*Column space*)이라고 하고 $ColSpace(A)$로 나타낸다. 이제 우리가 해결해야 할 문제, 즉 (3.20)의 근사해를 구하는 문제는 다음과 같이 표현할 수 있다.

> [문제]. $\mathbb{R}^m$의 원소 $\vec{p}$와 부분공간 $U := ColSpace(A) = \{A\vec{x} \mid \vec{x} \in \mathbb{R}^n\}$가 주어졌을 때 U의 원소 중에서 $\vec{p}$에 가장 근사한 벡터 $\vec{v}$를 구하여라.

$n = 1$인 경우에는 A의 유일한 열벡터를 $\vec{e} \neq \vec{0}$로 놓아 보자. 그리고 (3.21)에서 $A = \vec{e} \in \mathbb{R}^m$, $\vec{x} = c \in \mathbb{R}$로 보면 $A\vec{x}$가 $c\vec{e}$에 대응되므로 결국 이 문제는

> $\mathbb{R}^m$ 내의 두 벡터 $\vec{p}$와 $\vec{e}$가 주어졌을 때 $\|\vec{p} - c\vec{e}\|$를 최소로 하는 스칼라 c를 구하여라.

로 환원된다. $\vec{p}$와 $\vec{e}$의 방향이 같다는 것은 곧 $\|\vec{p} - c\vec{e}\| = 0$인 c가 존재한다는 것을 의미하므로 두 벡터의 방향은 다른 것으로 가정하자.

이 문제는 $m = 2$, 또는 $m = 3$인 경우에는 다음과 같이 그림으로 나타낼 수 있다.

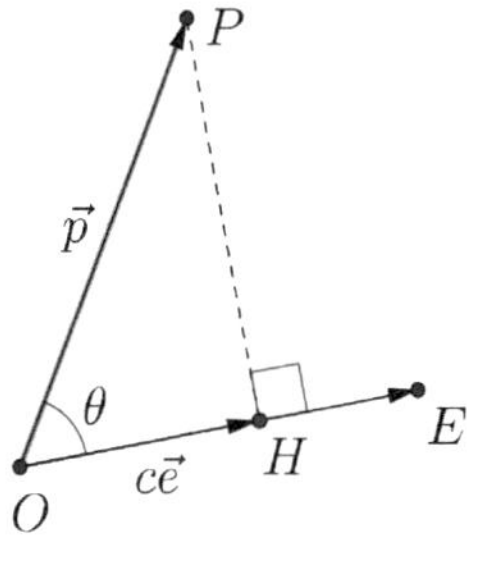

(풀이). 오른쪽 그림에서 $\vec{e} \stackrel{\text{def}}{=} \overrightarrow{OE}$, $\vec{p} \stackrel{\text{def}}{=} \overrightarrow{OP}$이다.
$\vec{e}\cdot(\vec{p} - c\vec{e}) = 0$일 때 $\|\vec{p} - c\vec{e}\|$가 최소가 됨을 이용하면

$$\vec{e}\cdot\vec{p} = c\vec{e}\cdot\vec{e}$$
$$\therefore\ c = \frac{\vec{e}\cdot\vec{p}}{\vec{e}\cdot\vec{e}}$$

임을 알 수 있다. ✓

$\vec{p}$의 근사벡터 $c\vec{e}$, 즉 $\overrightarrow{OH}$는 $\vec{p}$의 직선 $\overline{OE}$에 대한 사영이다. 이 풀이에서 $\vec{p}$의 근사해를 $\vec{v} \in U$라 했을 때 조건 $\vec{e}\cdot(\vec{p} - \vec{v}) = 0$는 다음과 동등함을 알 수 있다.

$$\vec{u}\cdot\big(\vec{p} - \vec{v}\big) = 0, \quad \text{for all } \vec{u} \in U \tag{3.22}$$

왜냐하면 모든 $\vec{u} \in U$는 $k\vec{e}$ 꼴이기 때문이다. 이러한 $\vec{v}$를 $\vec{p}$의 U에 대한 사영(*projection*)이라고 한다.

일반적인 $m > 2$에 대해서도 (3.22)를 만족하는 $\vec{v} \in U$가 유일하게 존재하며, 또한 이때 $\vec{v}$는 U의 원소 중에서 $\vec{p}$와 가장 근사한 벡터라는 것, 즉

$$(\forall \vec{u} \in U)\big(\|\vec{p} - \vec{v}\| \leq \|\vec{p} - \vec{u}\|\big) \tag{3.23}$$

라는 사실의 증명은 그리 어렵지는 않으나 분량이 상당히 많으므로 여기서는 생략하고 대신 이 책의 동반 웹사이트companion website에 올려 두었다.

지금까지 논의한 것의 결론은 다음과 같다.

정리 3.11 벡터공간 V와 그것의 부분공간 $U \subseteq V$, 그리고 $\vec{p} \in V$가 주어졌을 때, (3.22)는 $\vec{v} \in U$가 모든 U의 원소중에서 $\vec{p}$와 가장 가까울 필요충분조건이다. ⊣

이제 $A\vec{x} = \vec{p}$의 근사해를 찾는 원래의 문제로 돌아와서, $\vec{v}$는 $U = ColSpace(A)$의 원소이므로 $\vec{v} = A\vec{x}$로 쓸 수 있다. 그리고 $\vec{p} - \vec{v}$가 $ColSpace(A)$와 수직이라는 것은 곧 A의 모든 열벡터들과 수직이라는 것이므로 이제 (3.22)는 다음과 같이 바꿔 쓸 수 있다.

$$A^T(\vec{p} - A\vec{x}) = \vec{0}$$
$$A^T\vec{p} = A^T A\vec{x} \tag{3.24}$$

여기서 만일 $A^T A$가 가역행렬이라면 (3.24)로부터 다음과 같은 근사해를 얻게 된다.

$$\begin{aligned} \vec{x} &= \left(A^T A\right)^{-1} A^T\vec{p} \\ &= A_{\text{pinv}}\vec{p}, \quad \text{where } A_{\text{pinv}} \stackrel{\text{def}}{=} \left(A^T A\right)^{-1} A^T \end{aligned} \tag{3.25}$$

(3.25)를 (3.19)와 비교해 보라. (3.25)에 나타난 $A_{\text{pinv}} \stackrel{\text{def}}{=} \left(A^T A\right)^{-1} A^T$를 행렬 A의 유사역행렬(*pseudoinverse*)이라고 한다. A가 역행렬을 가질 때는 유사역행렬은 곧 역행렬임을 확인해 보라.

유사역행렬을 이용하여 선형방정식의 근사해를 구하는 예를 하나 들어 보자. (근사해 $\vec{x}$와 근사 벡터 $\vec{p} = A\vec{x}$를 혼동하지 않도록 주의할 것.) 우리가 풀고자 하는 선형방정식은 다음과 같다.

$$x + y = 0$$
$$x - 2y = 0$$
$$-2x + y = 1$$

이 방정식의 해는 당연히 존재하지 않는다. 이 방정식을 행렬을 사용하여 나타내면

$$\begin{bmatrix} 1 & 1 \\ 1 & -2 \\ -2 & 1 \end{bmatrix} \begin{bmatrix} x \\ y \end{bmatrix} = \begin{bmatrix} 0 \\ 0 \\ 1 \end{bmatrix}$$

이다.

아래의 [실습 3.12]는 이 방정식을 $AX = \vec{p}$로 나타냈을 때 근사해 $\vec{x}$를 구하고 $\vec{p} - A\vec{x}$가 A의 모든 열벡터와 수직임을 확인한다.

실습 3.12

```
A = cbind(c(1,1,-2),c(1,-2,1)); cat("A:\n"); print(A)
p = c(0,0,1); cat("p:\n"); print(p)
A_pinv = solve(t(A) %*% A) %*% t(A); cat("A_pinv:\n"); print(A_pinv)
x = A_pinv %*% p; cat("Approx. soln of Ax = p is A_pinv*P: \n"); print(x)
v = A %*% x; cat("Approx. of p in ColSpace(A), which is v:\n"); print(v)
```

```
cat("The difference between p and v\n"); print(p - v)
norm = function(vec) { sqrt(sum(vec*vec)) }
cat("norm of p - v:\n"); print(norm(p-v))
cat("Check that p - v is perpendicular to columns of A:\n")
print(round(t(p-v) %*% A, digits=5))
```

```
A:
     [,1] [,2]
[1,]    1    1
[2,]    1   -2
[3,]   -2    1

p:
[1] 0 0 1

A_pinv:
          [,1]       [,2]       [,3]
[1,] 0.3333333  0.0000000 -0.3333333
[2,] 0.3333333 -0.3333333  0.0000000

Approx. soln of Ax = p is A_pinv*P:
           [,1]
[1,] -0.3333333
[2,]  0.0000000

Approx. of p in ColSpace(A), which is v:
           [,1]
[1,] -0.3333333
[2,] -0.3333333
[3,]  0.6666667

The difference between p and v
          [,1]
[1,] 0.3333333
[2,] 0.3333333
[3,] 0.3333333

norm of p - v:
[1] 0.5773503

Check that p - v is perpendicular to columns of A:
     [,1] [,2]
[1,]    0    0
```

위의 R 세션을 보면 근사해는 $\vec{x} := (x, y) = (-1/3, 0)$이고 근사 벡터 $v := A\vec{x}$는 $\frac{1}{3}(-1,-1,2)$인 것으로 나타났다. 그러므로 오차는 $\|\vec{p} - A\vec{x}\| = \left\|(0,0,1) - \frac{1}{3}(-1,-1,2)\right\| = \left\|\frac{1}{3}(1,1,1)\right\| = \frac{1}{\sqrt{3}}$이다. 이것이 (모든 $\vec{x}$에 대한) 오차의 최솟값이라는 것은 다음과 같은 기하적 방법으로도 확인할 수 있다.

A의 두 열벡터는 모두 평면 $x+y+z=0$ 위에 있다. 따라서 *ColSpace*(A)는 원점을 통과하는 평면 $x+y+z=0$이다. 이 평면 상에 있지 않은 벡터인 $\vec{p} = (0,0,1)$을 평면에 사영하여 근사 벡터 $\vec{v}$를 얻고자 한다. $\vec{p} - \vec{v}$는 이 평면과 수직이어야 하는데 계산 결과 $\vec{p} - \vec{v} = \frac{1}{3}(1,1,1)$

로서 평면의 법선벡터가 됨을 확인할 수 있다. $\vec{p}-\vec{v}$가 행렬 A의 모든 열벡터들과 수직인 것은 $\vec{p}-\vec{v}$와 A의 열벡터들의 내적이 $(0, 0)$임을 보아도 알 수 있다.

$x+y+z=0$를 열공간으로 가지는 행렬은 위에서 보인 A 이외에도 무수히 많으며, 이 경우 $\vec{x}$는 달라지더라도 $\vec{v}$는 변함없이 $\frac{1}{3}(-1,-1,2)$가 되어야 한다. `A = cbind(c(1,0,-1), c(1,-1,0))` 등의 예를 가지고 계산을 통해 확인해 보기 바란다.

유사역행렬을 이용한 선형방정식 해법의 대표적인 응용으로는 산점도의 적합선의 기울기와 y-절편을 구하는 것을 들 수 있으며 이것은 p211에 나와 있다.

3.4 2중합, 2중적분, 적분의 기법*

두 개 이상의 확률분포 간의 관계를 충분히 이해하려면 고등학교 수준을 넘는 미분·적분 관련 지식이 필요하다.

3.4.1 2중합*

다음과 같이 숫자 $a_{ij} \in \mathbb{R}$들이 배치되었다고 하자.

$$\begin{matrix} a_{11} & \cdots & a_{1j} & \cdots & a_{1n} \\ \vdots & \ddots & \vdots & \ddots & \vdots \\ a_{i1} & \cdots & a_{ij} & \cdots & a_{in} \\ \vdots & \ddots & \vdots & \ddots & \vdots \\ a_{m1} & \cdots & a_{m1} & \cdots & a_{mn} \end{matrix}$$

이들 mn개의 숫자들의 합을 구하려는 데는 널리 쓰이는 두 가지 방법이 있다. 하나는 각 $j=1,\ldots,n$에 대하여 제j열의 합을 구하여 이를 A^j라고 놓은 후에 $A^1+\cdots+A^n$을 계산하는 것이다.

$$\sum_{j=1}^{n}\sum_{i=1}^{m} a_{ij} \stackrel{\text{def}}{=} \sum_{j=1}^{n}\left(\sum_{i=1}^{m} a_{ij}\right) = \sum_{j=1}^{n} A^j, \text{ where } A^j \stackrel{\text{def}}{=} \sum_{i=1}^{m} a_{ij} = (j\text{-열의 합})$$

다른 하나는 각 $i=1,\ldots,n$에 대하여 제i행의 합을 구하여 이를 A_i라고 놓은 후에 $A_1+\cdots+A_m$을 계산하는 것이다.

$$\sum_{i=1}^{m}\sum_{j=1}^{n} a_{ij} \stackrel{\text{def}}{=} \sum_{i=1}^{m}\left(\sum_{j=1}^{n} a_{ij}\right) = \sum_{i=1}^{m} A_i, \text{ where } A_i \stackrel{\text{def}}{=} (i\text{-행의 합})$$

당연히 이 둘의 결과는 같다.

$$\sum_{i=1}^{m}\sum_{j=1}^{n} a_{ij} = \sum_{j=1}^{n}\sum_{i=1}^{m} a_{ij} \quad (\text{교환법칙})$$

2중합에 나오는 2개의 Σ의 순서를 바꾸어 계산해도 값의 변화가 없다는 것에는 조건이 필요하다: 두 번째 Σ에서 첨수의 범위가 상수이어야 한다. 즉 두 번째 Σ의 아래끝과 위끝에 첫 번째 Σ의 첨수변수가 사용되지 않아야 한다는 것이다. 이 조건을 쉽게 직관적으로 말하면 합해지는 숫자들의 영역이 직사각형이어야 한다고 말할 수 있다.

두번째 Σ에서 첨수의 범위가 상수가 아닌 경우는 다양하게 존재하는데, 여기서는 $n = m$이고 합해지는 숫자들의 영역이 등변직각삼각형인 4가지 경우에 대해서만 아래에 보였다.

팩트 3.13

(1) $\sum_{j=1}^{n} \sum_{i=j}^{n} a_{ij} = \sum_{i=1}^{n} \sum_{j=1}^{i} a_{ij}$,
(2) $\sum_{j=1}^{n} \sum_{i=1}^{j} a_{ij} = \sum_{i=1}^{n} \sum_{j=i}^{n} a_{ij}$,
(3) $\sum_{j=1}^{n} \sum_{i=1}^{n-j+1} a_{ij} = \sum_{i=1}^{n} \sum_{j=1}^{n-i+1} a_{ij}$,
(4) $\sum_{j=1}^{n} \sum_{i=n-j+1}^{n} a_{ij} = \sum_{i=1}^{n} \sum_{j=n-i+1}^{n} a_{ij}$. ⊣

위의 4개의 경우들은 각각 아래의 직각삼각형에 대응된다.

$$\begin{array}{ccc} a_{11} & & \\ \vdots & \ddots & \\ a_{n1} & \cdots & a_{nn} \end{array} \qquad \begin{array}{ccc} a_{11} & \cdots & a_{1n} \\ & \ddots & \vdots \\ & & a_{nn} \end{array} \qquad \begin{array}{ccc} a_{11} & \cdots & a_{1n} \\ \vdots & \cdot^{\cdot^{\cdot}} & \\ a_{n1} & & \end{array} \qquad \begin{array}{ccc} & & a_{1n} \\ & \cdot^{\cdot^{\cdot}} & \vdots \\ a_{n1} & \cdots & a_{nn} \end{array}$$

3.4.2 2중적분*

적분은 합의 연속형이라고 볼 수 있다. 연속형의 경우에는 '합해지는 숫자들의 영역'을 적분영역(*region of integration*)이라는 하나의 단어로 쓸 수 있다. '적분영역'은 1변수 함수의 '적분구간'이라는 용어의 2차원 버전이라고 보면 되겠다.

적분영역이 직사각형일 때는 2중적분(*double integral*)은 단순히 1변수 함수의 적분을 2번 행하는 것, 즉 반복적분(*iterated integral*)이므로 어려울 것이 전혀 없다. 적분영역이 원이나 타원의 내부라든가 어떤 함수들의 그래프로 둘러쌓인 부분이 되면 얘기가 어려워진다. 우리는 여기서 적분영역이 삼각형인 경우까지만 공부하기로 한다.

우선 직사각형 적분영역에 대한 2중적분부터 보자. 다음과 같은 두 가지 방법으로 계산할 수 있다.

$$\int_c^d \int_a^b f(x,y)\,\mathrm{d}x\,\mathrm{d}y \overset{\text{def}}{=} \int_c^d \left(\int_a^b f(x,y)\,\mathrm{d}x \right) \mathrm{d}y = \int_c^d f_{Y,a,b}(y)\,\mathrm{d}y, \text{ where}$$

$$f_{Y,a,b}(y) \overset{\text{def}}{=} \int_a^b f(x,y)\,\mathrm{d}x,$$

$$\int_a^b \int_c^d f(x,y)\,\mathrm{d}y\,\mathrm{d}x \overset{\text{def}}{=} \int_a^b \left(\int_c^d f(x,y)\,\mathrm{d}x \right) \mathrm{d}y = \int_a^b f_{X,c,d}(x)\,\mathrm{d}x, \text{ where}$$

$$f_{X,c,d}(x) \overset{\text{def}}{=} \int_c^d f(x,y)\,\mathrm{d}y$$

이 두 결과는 (우리가 통상 다루는 평범한 함수들에 대해서는) 같다.

$$\int_c^d \int_a^b f(x,y)\,\mathrm{d}x\,\mathrm{d}y = \int_a^b \int_c^d f(x,y)\,\mathrm{d}y\,\mathrm{d}x \qquad \textit{(Fubini's Theorem)}$$

Fubini의 정리는 2중적분에서의 교환법칙을 뜻한다.

연습문제 3.14 [팩트 3.13]에 있는, 2중합의 첨수좌표영역이 직각3각형인 4가지에 대한 식을 2중적분의 경우에 대해서 써 보아라. ⊣

2중적분은 피적분함수가 1변수 함수들의 곱인 경우에는 비교적 쉽다. 특히 적분영역이 직사각형인 경우에는 다음의 등식이 성립한다.

정리 3.15 $f(x,y) = f_X(x)f_Y(y)$인 경우에는

$$\int_a^b \int_c^d f(x,y)\,dy\,dx = \left(\int_a^b f_X(x)\,dx\right) \times \left(\int_c^d f_Y(y)\,dy\right) \tag{3.26}$$

(증명). 2변수 함수를 적분할 때 적분변수가 아닌 변수는 상수취급을 하여, 적분변수를 포함하지 않은 임의의 표현은 적분기호 바깥으로 꺼낼 수 있다는 사실만 알고 있으면 된다.

$$\begin{aligned}
\textstyle\int_a^b \int_c^d f(x,y)\,\mathrm{d}y\,\mathrm{d}x &= \textstyle\int_a^b \left(\int_c^d f_X(x)f_Y(y)\,\mathrm{d}y\right)\,\mathrm{d}x \\
&= \textstyle\int_a^b f_X(x)\left(\int_c^d f_Y(y)\,\mathrm{d}y\right)\,\mathrm{d}x \\
&= \textstyle\left(\int_c^d f_Y(y)\,\mathrm{d}y\right) \times \int_a^b f_X(x)\,\mathrm{d}x
\end{aligned}$$ ⊣

연습문제 3.16 $f(x,y) = x^2y$와 평면상의 4개의 점 $(0,0), (1,0), (0,1), (1,1)$이 주어졌을 때 다음의 각 영역에 대해서 f를 적분하여라.

(1) 4개의 점을 꼭짓점으로 하는 정사각형의 내부.

(2) 4개의 점 중 3개를 꼭짓점으로 하는 삼각형 4개 각각의 내부. ⊣

연습문제 3.17 $f(x,y) = (2x-1)(y/2+1)$과 평면상의 100개의 점

$$\{(x,y) \in \mathbb{N} \times \mathbb{N} \mid 1 \le x \le 10,\ 1 \le y \le 10\}$$

가 주어졌다. $A = (1,1)$, $B = (1,10)$, $C = (10,1)$, $D = (10,10)$이라고 할 때 다음의 각 영역에 대해서 $f(x,y)$의 값들의 합을 구하여라.

(1) A, B, C, D를 꼭짓점으로 하는 정사각형의 내부.

(2) A, B, C, D 중 3개를 꼭짓점으로 하는 삼각형 4개 각각의 내부. ⊣

2중합과 2중적분에서의 교환법칙 뿐만 아니라, 다음의 식으로 표현된 합과 적분의 교환법칙도 첨수집합 I가 유한할 때는 당연히 성립한다.

$$\int_a^b \sum_{i\in I} f(x,i)\,\mathrm{d}x = \sum_{i\in I}\int_a^b f(x,i)\,\mathrm{d}x \tag{3.27}$$

I가 무한집합일 때는 위의 식은 특정한 조건이 만족할 때는 성립한다. 이 조건에 대한 설명은 이 책의 범위를 넘으므로 생략한다.

3.4.3 적분의 기법들**

"적분이 불가능한 함수의 대표적인 예로 e^{-x^2}이 있다."는 수학적으로 상당히 부정확한 명제이다. 정확히는

> 함수 $f:\mathbb{R}\to\mathbb{R}$을 식 $f(x)=e^{-x^2}$로 정의했을 때 f의 부정적분은 초등함수(*elementary function*)가 아니다. 그리고 이 f는 이런 의미에서 적분이 불가능한 함수의 대표적인 예이다.

라고 해야 한다. 여기서 '초등함수'는 사칙연산, 삼각함수, 지수함수, 및 이들의 역함수를 유한 번 반복적으로 이용하거나 합성하여 얻을 수 있는 함수를 뜻한다.

초등함수가 아닌 함수는 무한급수, 또는 적분의 형태로 나타낼 수 있다. 초등함수가 아니지만 통계학에서 많이 사용되는 대표적인 함수로 (4.18)에서 정의한 감마함수와 다음 식으로 정의하는 오차함수(*error function*)가 있다.

$$\operatorname{erf} z \stackrel{\text{def}}{=} \frac{2}{\sqrt{\pi}}\int_0^z e^{-t^2}\,\mathrm{d}t \tag{3.28}$$

오차함수는 무한급수를 써서 다음과 같이 나타낼 수도 있다.

$$\begin{aligned}\operatorname{erf} z &= \frac{2}{\sqrt{\pi}}\sum_{n=0}^{\infty}\frac{(-1)^n z^{2n+1}}{n!(2n+1)}\\ &= \frac{2}{\sqrt{\pi}}\left(z-\frac{z^3}{3}+\frac{z^5}{10}-\frac{z^7}{42}+\frac{z^9}{216}-\cdots\right)\end{aligned}$$

이 절에서 공부하고자 하는 첫 번째 내용은 $f(x) := e^{-x^2}$의 부정적분은 쉽게 구할 수 없으나 이 함수를 $(-\infty,\infty)$에서 정적분한 값 $\int_{-\infty}^{\infty} e^{-x^2}\,\mathrm{d}x$은 다음과 같은 과정을 거쳐 계산할 수 있다는 것이다. 먼저 2변수 함수 $g(x,y)$를 다음과 같이 정의한다.

$$g(x,y) \stackrel{\text{def}}{=} f(x)f(y) = e^{-(x^2+y^2)}$$

그림 3.6: Bell-shaped surface

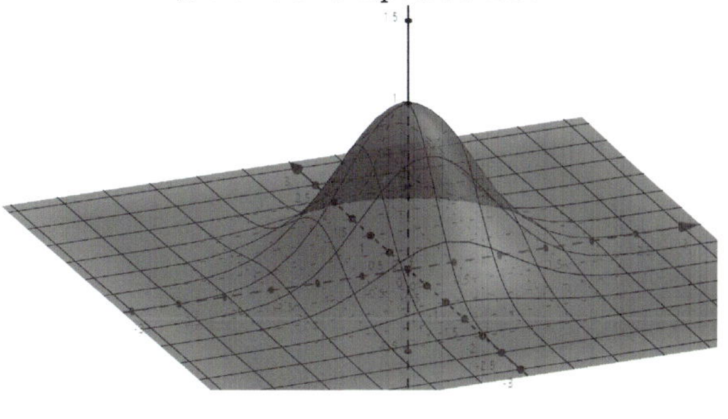

그 다음 $z = g(x, y)$의 그래프를 그리면 [그림 3.6]과 같이 얻어진다. 이 곡면과 xy-평면으로 둘러싸인 부분의 부피 V는 다음의 정적분으로 계산된다.

$$\begin{aligned} V &= \int_{-\infty}^{\infty}\int_{-\infty}^{\infty} e^{-(x^2+y^2)}\,\mathrm{d}x\,\mathrm{d}y \\ &= \int_{-\infty}^{\infty}\left(e^{-y^2}\int_{-\infty}^{\infty} e^{-x^2}\,\mathrm{d}x\right)\mathrm{d}y \\ &= \int_{-\infty}^{\infty} e^{-x^2}\,\mathrm{d}x \int_{-\infty}^{\infty} e^{-y^2}\,\mathrm{d}y \\ &= \left(\int_{-\infty}^{\infty} e^{-x^2}\,\mathrm{d}x\right)^2 \\ \therefore \int_{-\infty}^{\infty} e^{-x^2}\,\mathrm{d}x &= \sqrt{V} \end{aligned} \tag{$*$}$$

한편 V는 회전체의 부피를 구하는 공식을 써서 다음과 같이 계산할 수 있다.

$$\begin{aligned} V &= \int_0^{\infty} 2\pi x e^{-x^2}\,\mathrm{d}x = -\pi\int_0^{\infty} e^{-x^2}(-x^2)'\,\mathrm{d}x \\ &= -\pi\left[e^{-x^2}\right]_0^{\infty} = -\pi(0-1) = \pi \end{aligned}$$

이제 $(*)$에 의하여

$$\int_{-\infty}^{\infty} e^{-x^2}\,\mathrm{d}x = \sqrt{\pi} \tag{3.29}$$

를 얻는다. $x \mapsto e^{-x^2}$은 우함수이므로, 즉 그래프가 y-축에 대해서 대칭이므로

$$\int_0^{\infty} e^{-x^2} = \frac{\sqrt{\pi}}{2} \tag{3.30}$$

가 된다.

(3.29)는 통상 $x = r\cos\theta$, $y = r\sin\theta$의 치환적분을 사용하여 얻는데, 이 책에서는 이러한 2중적분에서의 치환적분은 수학적 난이도를 피하기 위하여 다루지 않을 것이며, 모든 치환적분은 1변수 함수에 대한 것만 사용할 것이다.

예제 3.18 $\int_{-\infty}^{\infty} e^{-(ax+b)^2}\,\mathrm{d}x$를 계산해 보자. 일반성을 잃지 않고 $a > 0$를 가정한다.

$$u = ax + b, \quad \mathrm{d}x = \frac{1}{a}\,\mathrm{d}u$$

의 치환적분을 이용하면 (3.29)를 써서 이 문제의 답을 구할 수 있다. 적분구간은 변함없이 $(-\infty, \infty)$이므로

$$\int_{-\infty}^{\infty} e^{-(ax+b)^2}\,\mathrm{d}x = \frac{1}{a}\int_{-\infty}^{\infty} e^{-u^2}\,\mathrm{d}u = \frac{\sqrt{\pi}}{a} \tag{3.31}$$

로 계산된다. ⊣

연습문제 3.19 함수 $\int_{-\infty}^{\infty} \frac{1}{a}e^{-\frac{x^2}{2}}\,\mathrm{d}x = 1$이 되는 상수 a의 값을 구하여라. ⊣

연습문제 3.20 [예제 3.18]에서 $a > 0$ 대신 $a \neq 0$를 가정하는 경우에는 (3.31)의 우변이 $\sqrt{\pi}/|a|$로 바뀜은 쉽게 짐작할 수 있을 것이다. 이 사실을 엄격하게 증명하여라. ⊣

연습문제 3.21 다음의 정적분을 계산으로 확인해 보라.

$$\int_0^\infty \frac{e^{-t}}{\sqrt{t}}\,\mathrm{d}t = \sqrt{\pi} \tag{3.32}$$

(힌트). $u^2 = t$의 치환적분과 (3.30)을 사용한다. ⊣

수학을 오랜 기간 공부했어도 함수 및 함수에서 변수의 치환의 개념이 흔들리는 경우가 많은데, 다음의 문제를 통하여 이 개념들을 확실히 익히기를 바란다.

연습문제 3.22 함수 $f : \mathbb{R} \to \mathbb{R}$와 임의의 두 실수 $\alpha < \beta$에 대해서 정적분 $\int_\alpha^\beta f(x)\,\mathrm{d}x$의 값이 존재한다고 한다. 이때 다음 조건을 만족하는 함수 $g : \mathbb{R} \to \mathbb{R}$을 구해 보자. 단, a, b는 고정된 실수이고 $a > 0$이다.

$$(\forall \alpha, \beta)\left(\int_\alpha^\beta f(x)\,\mathrm{d}x = \int_{a\alpha+b}^{a\beta+b} g(x)\,\mathrm{d}x\right) \tag{3.33}$$

(풀이). (3.33)의 우변의 적분변수를 y로 바꾸어 $\int_{a\alpha+b}^{a\beta+b} g(y)\,\mathrm{d}y$로 놓고 생각하는 것이 편하다. 그리고 $y = ax + b$의 치환을 떠올리는 것이 자연스럽다. 왜냐하면 이 치환에 의하여 적분구간 $\alpha < x < \beta$는 $a\alpha + b < y < a\beta + b$로 변환되기 때문이다. 이제 $\mathrm{d}y = a\,\mathrm{d}x$이므로

$$\begin{aligned}
\int_{a\alpha+b}^{a\beta+b} g(y)\,\mathrm{d}y = \int_\alpha^\beta g(ax+b)a\,\mathrm{d}x &= \int_\alpha^\beta f(x)\,\mathrm{d}x \quad (\text{from } (3.33)) \\
\Rightarrow\ ag(ax+b) &= f(x) \quad (\text{피적분함수가 같아야 하므로}) \\
\Rightarrow\ g(y) &= \frac{1}{a} f\left(\frac{y-b}{a}\right) \qquad (*)
\end{aligned}$$

를 얻는다. 이제 변수 y를 x로 이름을 바꾸면rename 최종적으로 다음 식을 얻는다.

$$g(x) = \frac{1}{a} f\left(\frac{x-b}{a}\right) \tag{3.34}$$

이 문제에서 $f(x)$와 $g(y)$를 제4장에서 배우게 될 확률밀도함수로 보면 다음과 같이 말할 수 있다: 확률밀도함수가 $f(x)$인 확률변수 X로부터 새로운 확률변수 $Y = aX + b$를 얻으면 Y의 확률밀도함수는 $(*)$에서 보인 $g(y)$가 된다. ⊣

3.4.4 적분을 미분하기**

두 함수의 합을 미분하려면 각 함수를 미분한 다음에 합하면 된다. 이 사실은 다음과 같이 수식으로 쓸 수 있다.

$$\frac{\mathrm{d}}{\mathrm{d}x}\big(f(x) + g(x)\big) = \frac{\mathrm{d}}{\mathrm{d}x} f(x) + \frac{\mathrm{d}}{\mathrm{d}x} g(x)$$

위 식의 좌변은 합이라는 연산을 먼저 수행한 다음에 미분이라는 연산을 한 것이며, 우변은 미분 연산을 한 다음에 합 연산을 한 것이다. 이렇게 미분과 합의 적용 순서를 바꾸는 것은 함수의 개수가 많을 때도 허용된다.

$$\frac{\mathrm{d}}{\mathrm{d}x}\sum_{i\in I} f_i(x) = \sum_{i\in I}\frac{\mathrm{d}}{\mathrm{d}x} f_i(x)$$

위의 등식에서 인덱스 집합 I가 무한집합일 때는 수렴 관련 이슈가 있는데, 여기서는 수학적 엄격성은 잠시 미뤄두고 양변이 모두 항상 잘 수렴한다고 가정하고 논의를 계속하자.

함수들의 무한합에는 위와 같이 $\sum$ 기호를 써서 가부번denumerable 개의 함수를 더하는 것도 있고 아래와 같이 $\int$ 기호를 써서 연속적으로 인덱스 된 함수들을 더하는 것도 있다.

$$\frac{\mathrm{d}}{\mathrm{d}x}\int_a^b f(x,y)\,\mathrm{d}y = \int_a^b \left(\frac{\partial}{\partial x} f(x,y)\right)\mathrm{d}y \tag{3.35}$$

등식 (3.35)는 정적분의 아래끝과 위끝이 모두 (유한한) 실수일 때는, 양변의 값이 모두 존재한다는, 즉 수렴한다는 가정하에 참이지만 둘 중에 어느 하나라도 발산하여 ∞ 또는 $-\infty$인 경우에는 어떤 '추가적인 가정'이 필요하다. 우리는 이 추가적인 가정이 만족되는 경우만 이 책에서 다룰 것이다.

(3.35)에서 a, b가 상수가 아니라 x의 함수인 경우를 생각해 보자. 고등학교 수학에서 다음과 같은 식을 공부했을 것이다.

$$\frac{\mathrm{d}}{\mathrm{d}x}\int_{a(x)}^{b(x)} f(t)\,\mathrm{d}t = f\big(b(x)\big)b'(x) - f\big(a(x)\big)a'(x) \tag{3.36}$$

이 식은 $f(x)$의 부정적분을 $F(x)$로 놓고 $\frac{\mathrm{d}}{\mathrm{d}x}F(b(x)) = F'(b(x))b'(x)$와 같은 연쇄규칙을 써서 쉽게 보일 수 있다. 다음의 식은 편미분이 들어 있어서 어렵게 느껴질 수 있겠으나 본질적으로는 (3.36)과 같다.

$$\frac{\partial}{\partial x}\int_{a(x,y)}^{b(x,y)} f(t,y)\,\mathrm{d}t = f\big(b(x,y),y\big)\frac{\partial}{\partial x}b(x,y) - f\big(a(x,y),y\big)\frac{\partial}{\partial x}b(x,y) \tag{3.37}$$

여기서는 f의 인수 y를 상수로 취급하면 되므로 어려울 것이 없었다. 즉 (3.37)의 좌변은 적분변수 t의 자리인 첫 번째 인수에 들어간 변수 x에 대해서 편미분하는 것이므로 (3.36)에서 우변을 얻은 것과 마찬가지 방법에 의하여 (3.37)의 우변을 얻을 수 있었다.

그러나 만일 (3.37)에서 적분변수가 f의 두 번째 인수인 y였다면 이번에는 계산이 좀 더 복잡해진다. 이런 경우를 위한 정리가 바로 다음에 소개하는 라이프니츠의 규칙Leibniz's Rule이다.

정리 3.23 (Leibniz's Rule)

$$\frac{d}{dx}\left(\int_{a(x)}^{b(x)} f(x,y)\,dy\right) = f\big(x,b(x)\big)\cdot b'(x) - f\big(x,a(x)\big)\cdot a'(x) + \int_{a(x)}^{b(x)}\left(\frac{\partial}{\partial x}f(x,y)\right)dy \tag{3.38}$$

(증명). 먼저 다음과 같이 2개의 함수를 정의한다.

$$F(x,z) := \int_{y_1}^{z} f(x,y)\,\mathrm{d}y$$
$$G(x) = \int_{a(x)}^{b(x)} f(x,y)\,\mathrm{d}y$$

$G'(x)$는 (3.38)의 좌변이며 이를 다음과 같이 계산할 수 있다. 이 계산에는 연쇄규칙 (3.12)가 사용되었다.

$$\begin{aligned}
G(x) &= \int_{y_1}^{b(x)} f(x,y)\,\mathrm{d}y - \int_{y_1}^{a(x)} f(x,y)\,\mathrm{d}y = F(x,b(x)) - F(x,a(x)) \\
G'(x) &= \frac{\partial F}{\partial x}(x,b(x)) + \frac{\partial F}{\partial z}(x,b(x))b'(x) - \left(\frac{\partial F}{\partial x}(x,a(x)) + \frac{\partial F}{\partial z}(x,a(x))a'(x)\right) \\
&= \left(\int_{y_1}^{b(x)} \frac{\partial f}{\partial x}(x,y)\,\mathrm{d}y + f(x,b(x))b'(x)\right) - \left(\int_{y_1}^{a(x)} \frac{\partial f}{\partial x}(x,y)\,\mathrm{d}y + f(x,a(x))a'(x)\right) \\
&= f(x,b(x))b'(x) - f(x,a(x))a'(x) + \left(\int_{y_1}^{b(x)} \frac{\partial f}{\partial x}(x,y)\,\mathrm{d}y - \int_{y_1}^{a(x)} \frac{\partial f}{\partial x}(x,y)\,\mathrm{d}y\right) \\
&= f(x,b(x))b'(x) - f(x,a(x))a'(x) + \int_{a(x)}^{b(x)} \frac{\partial f}{\partial x}(x,y)\,\mathrm{d}y \\
&= \text{(3.38)의 우변}
\end{aligned}$$

□

Cognitive psychology tells us that the unaided human mind is vulnerable to many fallacies and illusions because of its reliance on its memory for vivid anecdotes rather than systematic statistics.

Steven Pinker

4 통계학의 기본이론

머신러닝이 그 기반을 통계학에 두고 있다고 말하는 것은 그리 과장이 아니다. 대학의 통상적인 통계학 교재에서 다루는 내용의 전부를 알아야만 머신러닝을 이해할 수 있는 것은 아니다. 그러나 한편 머신러닝에는 (비 전공자를 위한) 통계학 교재가 담고 있지 않은 심화된 통계학 지식이 필요한 부분이 있다.

이 책의 제4장과 제5장은 머신러닝에 필요한 통계학을 설명하고 있는데, 어떤 부분은 상당히 친절하게 기술했으나 어떤 부분은 책 분량의 제한과 수학적 난이도 등으로 인하여 그렇게 하지 못했다. 독자는 쉬운 부분은 철저히 이해하도록 하고 조금 어렵게 느껴지는 부분이 있다면 일단 대략적인 그림만 마음에 그린 후에 다음 장으로 넘어가기를 권한다. 머신러닝을 공부하다가 통계학에 부족한 부분이 있다고 느껴지면 그때 다시 관련 부분으로 돌아와서 공부하면 될 것이다.

참고도서 [2] G. Casella and R. Berger의 Statistical Inference는 풍부한 내용을 담고 있다. [2]보다 좀 더 접근하기 쉬운 자료로는 [5] J. Devore and K. N. Berk를 추천한다. 난이도 때문에 이 책에서 생략된 모든 통계학 관련 사항에 대해서는 [11] Jun Shao에서 설명과 증명을 찾아볼 수 있을 것이다.

또한 이 책애서 미처 다루지 못한 부분, 예를 들어 수학적 증명, 이해를 돕는 그림 그리고 문제의 풀이 방법에 대한 힌트 등은 동반 웹사이트 `https://jhjeong.mindconnect.cc/mlearn`에 보충자료를 올려 두었다.

4.1 기술통계학

기술통계학(*descriptive statistics*)은 자료data를 요약하고 시각화 하는 학문이다.

우리가 처음의 몇몇 예에서 사용할 자료는 이 책의 동반 웹사이트에서 다운 받도록 한다. `csv_files.zip`를 받아서 압축을 풀면 3개의 파일 `integer_values.csv`, `real_values.csv` 및 `xy_values.csv`을 얻게 된다.

이들을 다음과 같은 작업을 통하여 현재 작업디렉토리의 하위디렉토리 `datafiles`에 넣어 둔다. 여기서 '작업디렉토리'는 쥬피터 노트북 작업환경에서는 `.ipynb` 파일이 들어있는 디렉토리를 뜻하는 것이라고 생각하면 된다.

- 하위디렉토리를 만들려면 쥬피터 노트북 홈 화면 오른쪽 윗 부분에 있는 [New]를 클릭하고 이어서 Folder를 선택한다. 그러면 'Untitiled Folder'라는 이름의 디렉토리가 생성될 것인데 이것의 왼쪽에 있는 박스를 체크하고 datafiles로 [Rename]하면 된다.
- datafiles에 파일들을 넣으려면 쥬피터 노트북 홈 화면에서 datafiles를 클릭하여 이 디렉토리로 들어온 다음 [New] 왼쪽에 있는 [Upload]를 클릭하고 화면의 지시를 따르면 된다.

그리고 작업 디렉토리로 돌아와서 R-스크립트를 하나 만들고 이 화면에서 다음과 같은 작업을 한다. 여러 라인을 한꺼번에 실행하는 것보다는 셀 하나에 라인 하나씩 넣고 Shift-Enter를 쳐서 하나씩 실행하는 것이 좋을 것이다.†

```
1 list.files()
2 list.files("datafiles")
3 int_vals = read.csv("datafiles/integer_values.csv")
4 str(int_vals)
5 class(int_vals)
```

```
1 '1st.ipynbipynb' 'datafiles' 'my.ipynb'
2 'integer_values.csv' 'real_values.csv' 'xy_values.csv'
3 'data.frame':       30 obs. of  1 variable:
4  $ values: int  5 5 5 3 6 6 5 5 5 6 ...
5 'data.frame'
```

다음에는 integer_values.csv를 엑셀로 읽어 보고, 이어서 텍스트 에디터로‡ 읽어 보라.

(해설). 코드라인1은 현재 디렉토리에 들어 있는 파일과 하위디렉토리들을 보여주는 명령이다. 출력라인1에 2개의 .ipynb 파일 사이에 datafiles 디렉토리가 보인다. 파일인지 디렉토리인지는 이것만 보아서는 구별할 수 없다. (쥬피터 노트북 홈 화면에서 보면 파일과 디렉토리를 구별할 수 있다.) 코드라인2는 datafiles에 들어 있는 것들을 보여주는 명령이며 우리가 넣어 놓은 3개의 자료 파일들이 출력라인2에 나타나 있다. 이들의 확장자는 .csv인데 이것은 comma-seprated values를 뜻한다.

이 형식의 파일은 엑셀 등의 스프레드 시트 프로그램으로 읽으면 잘 보이며 텍스트 에디터로도 볼 수 있다. integer_values.csv와 real_values.csv는 각각 1개의 열만 가지고 있으므로 이들을 보아서는 'comma-separated'의 의미를 알기가 어렵다. xy_values.csv는 2개의 열을 가지고 있으므로 이것을 텍스트 에디터로 읽으면 쉽게 이해가 될 것이다.

코드라인3의 read.csv(*file-path*) 함수는 *file-path*에 있는 파일을 읽어 데이터프레임을 리턴한다. 여기서 *file-path*는 '파일의 경로'를 뜻한다. read.csv()에서도 data.frame()에서와 마찬가지로 stringsAsFactors=FALSE를 인수에 넣어주어야 할 필요가 있을 수 있다. p40을 읽어 보라.

코드라인4의 str(int_vals)는 read.csv()의리턴값인 int_vals의 structure를 출력라인 3과 4에 보여주고 있다—이것은 데이터프레임dataframe이고 30개의 observations, 즉 레코드record로

† 만일 R-콘솔에서 작업을 한다면 라인 하나를 넣을 때마다 엔터를 쳐서 실행하게 될 것이므로 셀과 Shift-Enter 등은 의미가 없다.

‡ 텍스트 에디터는 어떤 것을 사용해도 되며 윈도즈 PC에 기본적으로 설치되어 있는 notepad를 사용해도 좋다.

이루어져 있다. 변수variable, or feature는 1개뿐이다. 그리고 이 변수 values의 값은 integer 타입이며, 처음 몇 개의 레코드에서 이 변수의 값은 5, 5, 5, 3, 6 ... 이다.

코드라인5의 출력인 출력라인5로부터 int_vals라는 객체의 타입이 데이터프레임임을 다시 한 번 확인할 수 있다. ⊣

파일로부터 읽어들인 데이터프레임을 수정하거나, 혹은 직접 타자를 쳐서 새로운 데이터프레임을 만들었을 때 이를 .csv 파일로 저장해 놓으면 나중에 읽어들이기 좋다. .csv 형식의 파일로 저장할 때 사용하는 함수는 write.csv()이며 다음과 같은 구문으로 사용한다..

```
write.csv(myDataFrame, "datafiles/myDataFrame.csv")
```

연습문제 4.1 다음과 같은 작업을 했을 때 어떤 출력이 나올지 예측해 보라. 작업을 마친 후 myxy.csv와 xy_values.csv 파일을 비교하여 어떤 차이가 있는지 보라.

```
ls()
r_vals = read.csv("datafiles/real_values.csv")
xy_vals = read.csv("datafiles/xy_values.csv")
ls()
write.csv(xy_vals, "datafiles/myxy.csv")
list.files("datafiles")
```

⊣

4.1.1 자료의 요약과 도수분포표

자료의 요약

int_vals$values를 요약summarize해 보자.

```
1 x = int_vals$values; x
2 summary(x)
```

```
1 5 5 5 3 6 6 5 5 5 6 4 4 6 6 6 5 4 5 4 6 6 5 0 2 3 3 5 4 2 6
2    Min. 1st Qu.  Median    Mean 3rd Qu.    Max.
3   0.000   4.000   5.000   4.567   6.000   6.000
```

코드라인1은 int_vals$values라는 긴 명칭을 사용하기가 불편하므로 x라는 새로운 변수에 이것의 값을 넣었다. 그리고 30개의 모든 원소들을 출력라인 1에 보여주었다.

코드라인2의 summary() 함수는 출력라인 2와 3에서 보듯이 최솟값, 제1사분위수, 중앙값(=제2사분위수), 평균값, 제3사분위수, 그리고 최댓값을 리턴한다.

summary()의 출력값들의 일부만 필요할 때는 다음과 같은 함수들을 사용할 수 있다.

```
min(x)
max(x)
range(x)
median(x)
mean(x)
```

```
0
6
0 6
5
4.56666666666667
```

위의 코드에 대해서는 별도의 설명이 필요없을 것이다. 다만 코드라인3의 range() 함수는 최솟값과 최댓값을 한 번에 모두 리턴한다는 것만 알고 있으면 되겠다.

다음에 공부할 함수는 통계학에서 대단히 중요한 분위함수(*quantile function*)이다. 분위함수의 값을 분위수(*quantile*)이라고 한다.

```
quantile(x, 0.25)
quantile(x, c(0.25, 0.75, 0.1, 0.9))
quantile(x) # same as quantile(x, seq(0, 1, by=0.25))
```

```
25%:4
25%:4 75%:6 10%:2.9 90%:6
0%:0 25%:4 50%:5 75%:6 100%:6
```

x가 숫자들로 이루어진 벡터이고 $0 \le \alpha \le 1$일 때 quantile(x, α)는 x의 원소들을 오름차순으로 정렬했을 때 'α 위치에 있는 원소의 값'이라고 대략 말할 수 있다. 정확한 정의는 다음과 같다: x의 원소들을 정렬하여 $x_0 < x_1 < \cdots < x_n$로 두었을 때 $i \le n\alpha < i+1$인 i를 찾은 다음

$$\texttt{quantile}(\texttt{x}, \alpha) = (n\alpha - i)x_{i+1} + (1 - n\alpha + i)x_i \tag{4.1}$$

로 둔다.

연습문제 4.2 R이 제공하는 함수 quantile()이 (4.1)의 정의와 정확히 일치하는지 여러 예를 통하여 확인해 보라. ⊣

도수분포표, 버전 1

이제 x에 대한 도수분포표(*frequency table*)를 그려 보자. x가 취하는 값들과, 이 각각의 값에 대한 도수(*frequency*)는 table()함수를 써서 알 수 있다. x가 취하는 값들을 수준(*level*)이라고 한다.

```
table(x)
```

```
x
 0  2  3  4  5  6
 1  2  3  5 10  9
```

도수분포표는 통상 ① 수준, 그리고 각 수준에 대한 ② 도수, ③ 상대도수, ④ 누적도수 및 ⑤ 누적상대도수를 보여주도록 되어 있다. table()는 이들 중 ①과 ②만 만들어 주므로 나머지는 우리가 R-코드를 써서 계산하여 얻어야 한다.

표table에서 도수만 뽑아 내려면 일단 as.matrix()를 써서 표를 행렬로 변환해야 한다.

```
y = as.matrix(table(x))
cat("y =\n")
print(y)
total = sum(freq <- y[,1]) # Using "=" in place of "<-" doesn't work!
cat("freq =", freq, "\n")
cat("total =", total, "\n");
```

```
y =
  [,1]
0    1
```

```
2    2
3    3
4    5
5   10
6    9
freq = 1 2 3 5 10 9
total = 30
```

행렬 y는 열이 1개밖에 없다. 위의 출력에서 첫 번째 열로 보이는 것은 열이 아니고 행들의 이름이다. table()의 리턴값, 즉 표를 as.matrix()를 써서 행렬로 변환하면 표의 수준들이 행렬의 행들의 제목으로 사용된다.

일단 행렬로 만든 다음에는 이 행렬의 특정 열만 뽑아서 벡터로 만들기가 쉽다. 코드라인 4는 행렬 y의 첫 번째 열에 있는 도수 벡터를 freq에 배정한 다음 이것의 합을 구한다. 이렇게 배정과 계산을 하나의 라인에서 실행하는 경우에는 배정연산자로 =을 사용하면 안 되고 반드시 <-를 사용해야 한다.

누적도수는 아래의 코드라인3에서 보듯이 cumsum()을 사용하면 간편하게 계산된다.

```
1 relative_freq = freq/total
2 cat("relative_freq =", relative_freq, "\n")
3 cum_freq = cumsum(freq) # get cumulative frequency using cumsum()
4 cat("cum_freq", cum_freq, "\n")
5 cum_relative_freq = cum_freq/total
6 cat("cum_relative_freq", cum_relative_freq, "\n")
```

```
relative_freq = 0.03333333 0.06666667 0.1 0.1666667 0.3333333 0.3
cum_freq 1 3 6 11 21 30
cum_relative_freq 0.03333333 0.1 0.2 0.3666667 0.7 1
```

이제 도수분포표에 들어갈 모든 열들을 구했으니 이들을 cbind()로 묶어 행렬로 만들면 도수분포표가 완성된다. 이렇게 만든 행렬의 열제목은 열로 사용된 벡터의 이름이 그대로 사용되므로 편리하다.

```
M = cbind(freq, relative_freq, cum_freq, cum_relative_freq)
cat("\nFrequency Table =\n")
print(M)
```

```
Frequency Table =
  freq relative_freq cum_freq cum_relative_freq
0    1    0.03333333        1        0.03333333
2    2    0.06666667        3        0.10000000
3    3    0.10000000        6        0.20000000
4    5    0.16666667       11        0.36666667
5   10    0.33333333       21        0.70000000
6    9    0.30000000       30        1.00000000
```

도수분포표, 버전 2

이렇게 얻은 도수분포표에는 결함이 있다—수준 1이 빠져 있다. 수준 1에서의 도수가 0이라는 정보를 도수분포표에 포함시키려면 table(x)에 수준 1을 추가해야 한다. 이를 위해서 factor()를 사용한다.

```
1 x_factor = factor(x, levels=0:6)
2 print(x_factor)
3 class(x_factor)
4 table(x_factor)
5 y = as.matrix(table(x_factor))
6 print(y)
```

```
1   [1] 5 5 5 3 6 6 5 5 5 6 4 4 6 6 6 5 4 5 4 6 6 5 0 2 3 3 5 4 2 6
2  Levels: 0 1 2 3 4 5 6
3  'factor'
4  x_factor
5   0  1  2  3  4  5  6
6   1  0  2  3  5 10  9
7    [,1]
8  0    1
9  1    0
10 2    2
11 3    3
12 4    5
13 5   10
14 6    9
```

인자(*factor*, 팩터)는 R에서 별도의 클래스로 구현되어 있음을 코드라인3, 출력라인3에서 볼 수 있다. 팩터는 범주형 자료를 다루는 자연스럽고 유용한 도구이다. 위의 예에서는 `factor()`의 인수를 2개 사용했으며 첫 번째 것은 데이터(중복된 값을 가지는 집합, 즉 다중집합multiset)이고 두 번째 것은 수준들의 벡터이다.

`factor()`의 인수를 1개만 사용하는 예는 p39에 있다.

지금까지 그린 도수분포표는 자료의 값들의 수준의 개수가 많지 않은 경우에만 유용하다. 우리가 사용했던 자료 `x`, 즉 `int_val$values`는 원래 수준이 6개뿐이었고 후에 도수가 0인 수준을 하나 추가하여 수준이 7개였다. 하지만 다음과 같이 얻은 자료 `xreals`는

```
xreals = read.csv("datafiles/real_values.csv")$values
```

수준의 개수가 자료의 개수와 동일한 30이다. 이런 자료의 도수분포표가 무슨 의미가 있겠는가?

해결책은 `xreals`의 원소들의 값을 구간으로 나누어 각 구간에 들어가는 원소들의 개수를 도수로 보는 것이다. R은 구간에 속하는 원소의 개수를 세는 편리한 방법 `hist()`를 제공한다.

4.1.2 막대그래프와 히스토그램

도수분포표는 자료의 분포를 파악하는 데 도움이 되는 좋은 방법이다. 그런데 데이터를 표로 나타내는 것보다 그림으로 나타내는 것이 더 도움이 되는 경우가 많다. 우선 바로 전에 사용했던 데이터인 `x`의 이름을 `xints`로 바꾸도록 하자.

```
xints = read.csv("datafiles/integer_values.csv")$values
```

우리는 이 절에서 `xints`와 `xreals`를 계속 사용하게 될 것이다. 이러한 1차원적 자료를 시각화하는 방법으로 막대그래프(*bar graph*)와 히스토그램(*histogram*)이 있다.

막대그래프

막대그래프는 각 수준마다 그것에 속하는 자료의 개수, 즉 도수를 높이로 가지는 막대를 그린 것이다. 이것은 `barplot()` 함수를 써서 그릴 수 있으며 이때 함수의 인수로 팩터의 table을 사용하면 된다. `table()` 함수는 팩터의 각 수준마다 도수를 계산해 주므로 막대그래프를 그릴 때 편리하게 사용된다.

```
xints_factor = factor(xints, 0:6)
barplot(table(xints_factor),xlab="Levels",
    ylab="Count", main="Bar graph of xints")
```

그림 4.1: 막대그래프

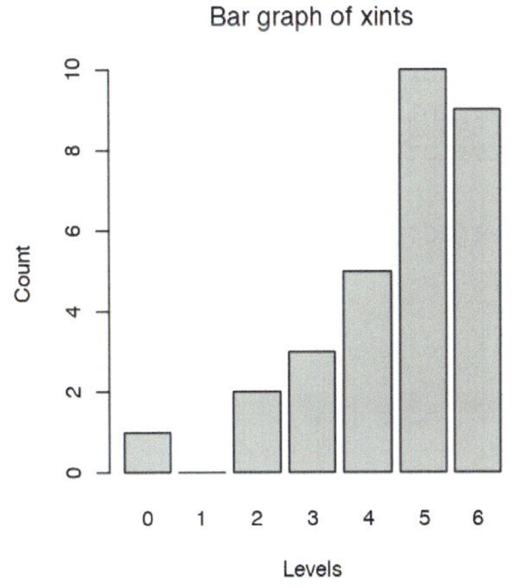

[그림 4.1]은 막대의 x-축 레이블 $0, .., 6$에 대해서 막대의 높이를 한 눈에 보여주고 있다.

도수가 0인 막대가 존재하지 않는 경우에는 `factor()`는 꼭 사용하지 않아도 된다. [그림 4.2]의 왼쪽에 있는 막대그래프는 이렇게 그린 것이다. 이 그래프에서는 x-축 레이블이 숫자가 아니라 문자열임에 주목하라.

막대그래프를 그리는 더 직접적인 방법이 있다. 이것은 막대그래프의 높이(y-축 값 = 도수)를 구하기 위하여 `table()` 함수를 사용하지 않고 직접 지정해 주는 방법이다. 막대의 레이블(x-축 레이블 = 범주의 수준)은 물론 직접 지정한다. 아래 코드의 라인5가 이를 따른 것이며 이것이 [그림 4.2]의 오른쪽 그래프를 그렸다. 두 그림은 동일하다.

```
1 options(repr.plot.width=9, repr.plot.height=5)
2 par(mfrow=c(1,2))
3 x = c(rep("A", 7), rep("B", 12), rep("C",4));
4 barplot(table(x));
5 barplot(c(7,12,4), names.arg=c("A", "B", "C"));
```

그림 4.2: 막대의 높이를 직접 지정하는 경우

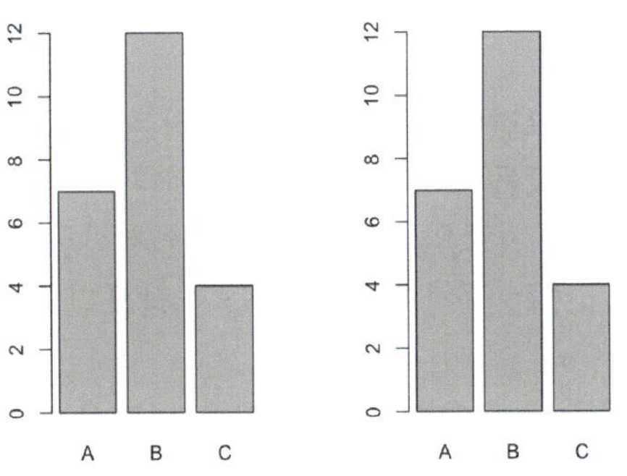

`barplot()`을 위의 코드의 라인5에서와 같이 사용할 때는 막대의 높이가 꼭 자연수일 필요는 없다. 음수도 상관 없고 정수가 아니라도 된다.

막대그래프에서 막대 간의 간격을 없애서 딱 붙여 그리려면 인수에 `space=0`을 추가해 주면 된다. 막대의 색깔과 경계선 색깔도 각각 `col`과 `border` 속성을 인수에 넣음으로써 설정할 수 있다. 막대를 색깔이 아니라 사선들을 그어 채울 수도 있다. 아래의 코드와 [그림 4.3]을 보면 이 모든 것을 이해할 수 있을 것이다.

```
1 options(repr.plot.width=9, repr.plot.height=5)
2 par(mfrow=c(1,3))
3 xt = table(c(rep("A", 7), rep("B", 12), rep("C",4)))
4 source('./util.R')
5 barplot(xt, border=gray2, col="white", space=0, cex.names=1.5)
6 barplot(xt, border=myblue, col=gray2, density=5, space=0.2,
7         cex.names=1.5, angle=45)
8 barplot(xt, col=myblue, density=5, space=0.5, cex.names=1.5, angle=135)
```

그림 4.3: 막대그래프의 모양 꾸미기

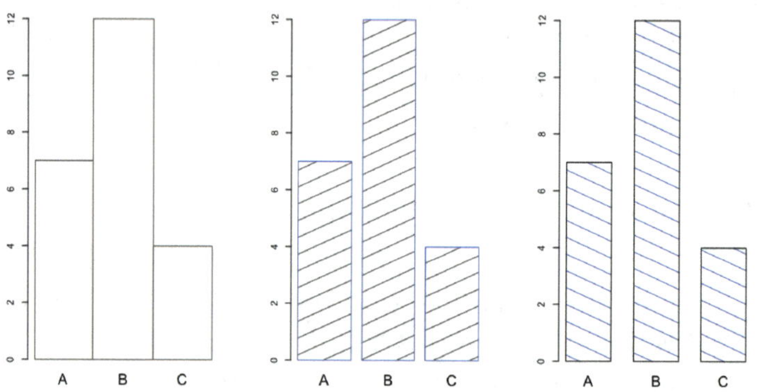

라인6과 라인8에 사용된 density는 1인치에 들어가는 사선의 개수이다. 따라서 이것의 값이 커질수록 사선들의 간격은 촘촘해지고, 값이 작아질수록 간격은 성기게 된다. angle은 x-축의 양의 방향에서 반시계방향의로의 회전 각도를 뜻하는데, 지정한 각도보다 사선들이 누워 있는 것으로 보인다. 라인1에서 지정한 가로/세로 비가 1:1인 경우에만 각도가 정확하게 그려지므로, 이 각도들을 적당히 보정해 주어야만 원하는 사선의 기울기를 얻을 수 있을 것이다.

히스토그램

히스토그램은 hist() 함수로써 그린다. 이 함수가 사용하는 인수는 barplot()의 경우보다 간단하다. 가장 간단한 경우에는 자료들의 벡터만 넣어도 된다. 왜냐하면 hist()는 스스로 적당한 구간을 만들어 그 구간에 속하는 자료의 개수, 즉 도수를 계산해 내기 때문이다.

hist()가 자동으로 만들어 주는 구간이 마음에 들지 않으면 원하는 것으로 설정할 수 있다. 이 목적으로 사용하는 속성은 breaks이다.

[그림 4.4]의 왼쪽 그림은 hist()의 인수로 벡터 하나만을 사용하여 간단히 그린 것이고, 오른쪽 그림은 hist()에 두 번째 인수를 사용하여 구간을 설정함으로써 더 충실히 그린 것이다. 그런데 실은 자료가 범주형(이산형)일 때는 [그림 4.1]에서와 같이barplot(table(factor(xints, 0:6)))을 사용하는 것이 더 간편하다.

```
xints = read.csv("datafiles/integer_values.csv")$values
par(mfrow=c(1,2))
```

```
hist(xints)
hist(xints, breaks=seq(-0.5, 6.5, by=1))
```

그림 4.4: 히스토그램, 이산형 자료

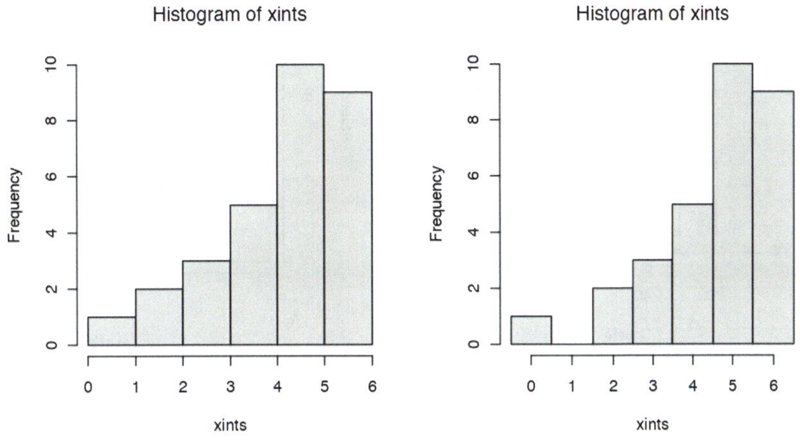

hist()에서는 xlab, ylab, main의 디폴트 값으로 무엇을 사용하는지 눈여겨 보라.

hist()가 barplot()과 다른 점은 ① 막대들이 간격 없이 딱 붙어 있다는 것, 그리고 ② hist()의 x-축 값은 barplot()에서와는 달리 반드시 숫자numeric이어야만 한다는 것을 들 수 있다.

hist()의 막대와 경계선의 색깔은 barplot()에서와 같은 방법으로 설정할 수 있다.

이제 p82에서 언급했던 연속형 자료 xreals를 가지고 실습을 해 보자.

```
1 hist(xreals)
2 range(xreals)
```

```
4.942646012 81.69058902
```

라인2의 출력은 최솟값이 4.94, 최댓값이 81.69임을 말해 준다. 라인1이 그린 히스토그램은 [그림 4.5]의 왼쪽에 있다. 이 그림을 보면 hist() 함수가 알아서 구한 구간은 자료의 최솟값과 최댓값을 반영하고 있으며 막대들의 개수를 9개로 정했기에 폭이 10이 되었음을 알 수 있다.

막대의 폭을 15로 변경시켜 히스토그램을 다시 그리되 hist()의 리턴값에 대해서 알아보도록 하자. 코드라인1에서 breaks의 값을 지정한 결과 [그림 4.5]의 오른쪽 그림과 같이 막대의 폭은 커지고 개수는 줄어들게 되었다. 그리고 아래의 출력을 보면 리턴값은 이름기반으로 인덱스 된 벡터이며 breaks, counts 등이 인덱싱의 이름name으로 사용되었음을 알 수 있다.

```
1 hist_out = hist(xreals, breaks=seq(0,90,by=15))
2 hist_out
```

```
$breaks
[1]  0 15 30 45 60 75 90
$counts
[1]  2 17  6  3  0  2
$density
```

그림 4.5: 히스토그램, 연속형 자료

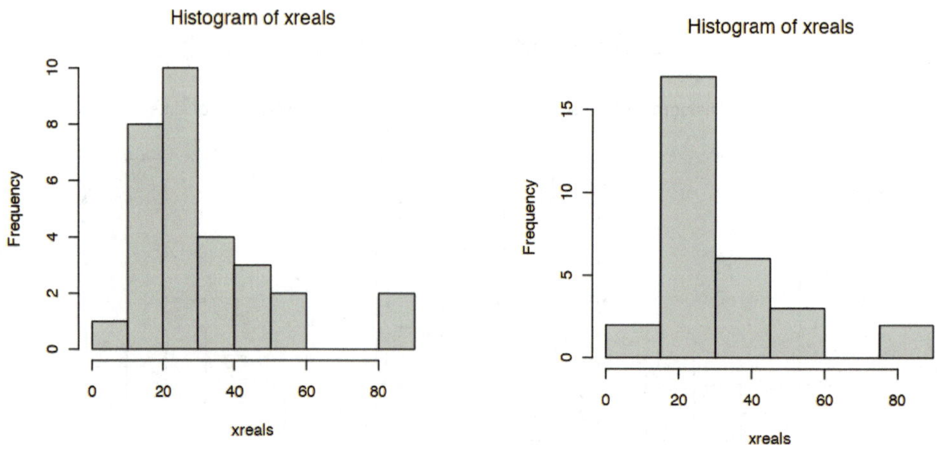


```
6  [1] 0.004444444 0.037777778 0.013333333 0.006666667 0.000000000 0.004444444
7  $mids
8  [1]  7.5 22.5 37.5 52.5 67.5 82.5
9  $xname
10 [1] "xreals"
11 $equidist
12 [1] TRUE
13 attr(,"class")
14 [1] "histogram"
```

출력라인3의 `$counts`는 막대들에 주어진 도수이다. 출력라인5의 `$density`는 막대 각각의 상대도수, 즉 도수÷30을 구간의 폭 15로 나눈 값이다. 출력라인7의 `$mids`는 구간들의 중앙값이다. 이를 범주(구간, 막대)의 수준level으로 사용할 수 있다. 이 값들을 이용하여 `xreals`의 도수분포표를 다음과 같이 그릴 수 있다.

```
level = hist_out$mids
freq = hist_out$counts
rel_freq = hist_out$density * 15
cum_freq = cumsum(freq)
cum_rel_freq = cumsum(rel_freq)
rel_freq = round(rel_freq, digits=2)
cum_rel_freq = round(cum_rel_freq, digits=2)
M = cbind(level, freq, rel_freq, cum_freq, cum_rel_freq)
print(M)
```

```
     level freq rel_freq cum_freq cum_rel_freq
[1,]   7.5    2     0.07        2         0.07
[2,]  22.5   17     0.57       19         0.63
[3,]  37.5    6     0.20       25         0.83
[4,]  52.5    3     0.10       28         0.93
[5,]  67.5    0     0.00       28         0.93
[6,]  82.5    2     0.07       30         1.00
```

예제 4.3 이제 두 개의 자료를 각각 히스토그램으로 그려 그 분포를 시각적으로 비교하는 예를 들어 보자. 자료는 무작위로 생성한다.

코드라인2는 평균 50, 표준편차 10의 정규분포를 하는 모집단에서 50개의 자료를 무작위로 추출하여 `x1`에 배정assign하는 것이다. `rnorm`은 'random sample from normally distributed'을 뜻한다고 보면 된다. 코드라인3은 자유도 20의 카이제곱(χ^2) 분포를 하는 모집단에서 50개의 자료를 무작위로 추출하여 `x2`에 배정하는 것이다. `rchisq`는 'random sample from chi-squared distribution'을 뜻한다.

`rnorm()`과 `rchisq()`는 무작위 값들을 리턴하므로 이것과 똑같은 코드를 실행해도, 실행할 때마다 다른 결과를 얻게 된다. 이 현상을 방지하고 누구든 이 코드를 실행하면 언제나 동일한 결과를 얻게 하기 위한 것이 코드라인1의 `set.seed()`이다. 다시 말하면 이 함수는 무작위 실험을 재현reproduce하기 위한 장치이다. 이 함수의 인수의 값으로는 임의의 정수를 사용하면 된다.

```
1  set.seed(17)
2  x1 = rnorm(50,50,10)
3  x2 = rchisq(50, 20)
4  tot_range = range(c(x1,x2))
5  cat(sprintf("min=%.3f, max=%.3f\n", tot_range[1], tot_range[2]))
6  xbreaks = seq(0,70,by=10)
7  freq1 = hist(x1, breaks=xbreaks, plot=F)$counts
8  freq2 = hist(x2, breaks=xbreaks, plot=F)$counts
9  cat("freq1 =", freq1, "\n")
10 cat("freq2 =", freq2, "\n")
```

```
1  min=9.303, max=68.921
2  freq1 = 0 1 0 3 19 18 9
3  freq2 = 3 28 15 4 0 0 0
```

코드라인 4와 5는 `hist()`의 인수 `breaks`를 정하기 위한 것이다. 최솟값이 9.3이고 최댓값이 68.9 이므로 코드라인6에서 `breaks`의 값으로 `c(0,20,...,70)`을 배정하기로 하였다.

라인 7과 8에서 `plot=F`를 사용하였는데 이것은 그림을 그리지 말라는 뜻이다. 이 경우 `hist()`는 각 구간의 도수를 얻어 리턴하는 역할만 하게 된다.

막대들의 높이는 첫 번째 히스토그램에 대해서는 출력라인2에, 두 번째 히스토그램에 대해서는 출력라인3에 나타나 있다. 막대 높이의 최댓값은 후자가 더 크다. 아무 조치 없이 이 두 히스토그램들을 나란히 그리면 후자의 막대들 중에 더 높은 것이 있다는 것을 인식하지 못하기 쉽다.

이를 방지하기 위하여는 두 히스토그램의 y-축 스케일을 동일하게 맞추면 되며, 이를 위하여는 `hist()` 함수의 `ylim` (i.e., y-value limit)속성을 이용하면 된다. ⊣

이상 설명한 것을 토대로 [그림 4.6]에 히스토그램 2개를 나란히 그려 보았다.

실습 4.4

```
ylim_val = c(0, max(freq1, freq2) + 1)
options(repr.plot.width=9, repr.plot.height=5)
par(mfrow=c(1,2))
hist(x1,breaks=xbreaks, ylim=ylim_val, label=T)
hist(x2,breaks=xbreaks, ylim=ylim_val, label=T)
```

그림 4.6: 두 분포의 비교

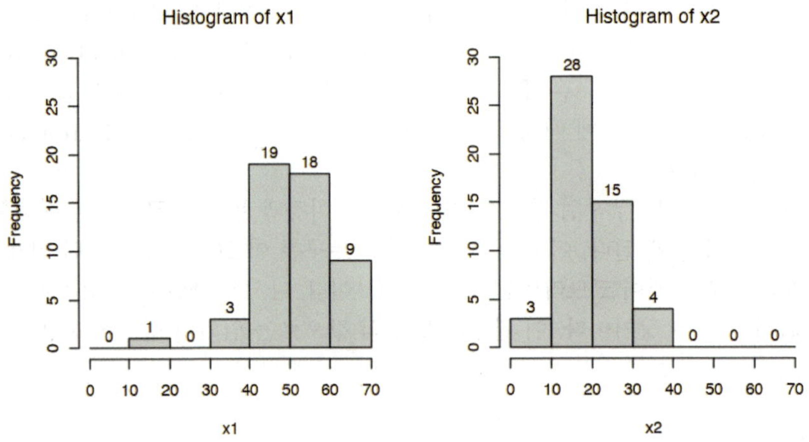

코드라인 4와 5에서 사용한 `label=T` 속성은 막대의 위에 도수를 나타내라는 뜻이다. ⊣

[그림 4.1]에 있는 `xints`의 막대그래프와 [그림 4.5]에 있는 `xreals`의 히스토그램을 보면 좌우대칭에서 심하게 벗어나 있다.

`xints`의 그림은 왼쪽으로 꼬리(tail)가 길며 이런 경우 자료가 좌편향(*right skewed*) 되었다고 한다. `xreals`의 그림은 오른쪽으로 꼬리가 길며 이런 경우 자료가 우편향(*right skewed*) 되었다고 한다.

'꼬리가 왼쪽 또는 오른쪽으로 길다'는 것을 수치화 하면 각각 평균이 중앙값보다 작다(평균이 중앙값의 왼쪽) 또는 크다(평균이 중앙값의 오른쪽)이다.

우편향 된 대표적인 자료로 사람들의 재산이 있다. 통상 가구당 재산은 평균값이 중앙값보다 많이 높은데 이유는 대단히 부유한 사람 몇 명이 평균값을 끌어 올리기 때문이다.

4.1.3 상자-수염 그림

`summary()`의 출력을 시각적으로 파악할 수 있도록 그림을 그려주는 함수가 `boxplot()`이다.

```
options(repr.plot.width=3, repr.plot.height=6)
boxplot(xreals, xlab="values", cex.lab=1.5)
```

`boxplot()`은 `summary()`와 거의 같은 계산을 하며, 전자는 결과를 숫자로 보여주지만 후자는 그림으로 보여준다는 것 정도가 차이점이다. 이렇게 얻은 [그림 4.7]을 상자-수염 그림(*box-whisker diagram*)이라고 부른다. 상자 내부의 굵은 줄의 y-좌표는 중앙값이다. 상자 상단/하단의 y-좌표는 각각 제3분위수$_{\text{3rd quartile}}$/제1분위수$_{\text{1st quartile}}$이다. (앞으로는 "y-좌표"를 생략하고 말하겠다.) 그러므로 IQR은 상자의 세로 길이와 일치한다. (IQR = *Interquartile Range* $\stackrel{\text{def}}{=}$ 제3분위수 − 제1분위수) 상자 위와 아래의 수직선들을 수염$_{\text{whisker}}$이라고 한다. 윗수염의 상단은 "(제3분위수 + 1.5 $*$ IQR)을 넘지 않는 원소들 중 최댓값"이고, 아랫수염의 하단은 "(제1분위수 − 1.5 $*$ IQR) 미만이 아닌 원소들 중 최솟값"이다. 전자와 후자를 그냥 간단히 최댓값, 최솟값이라고 한다.

그런데 모든 원소가 반드시 최댓값과 최솟값 사이에 있는 것은 아니다. 이 범위를 벗어나는 원소를 이상점(*outlier*)이라고 하며 데이터에 따라 존재할 수도, 그렇지 않을 수도 있다.

이 예에서는 최댓값을 초과하는 이상점이 2개 있는데 두 개의 값이 아주 가까워서 [그림 4.7]에서는 마치 하나의 점인 것처럼 보이고 있다. 이상점들의 값과 이 값들의 인덱스, 즉 벡터 내에서의 위치는 아래에 보인 코드로써 찾을 수 있다.

그림 4.7: 상자-수염그림

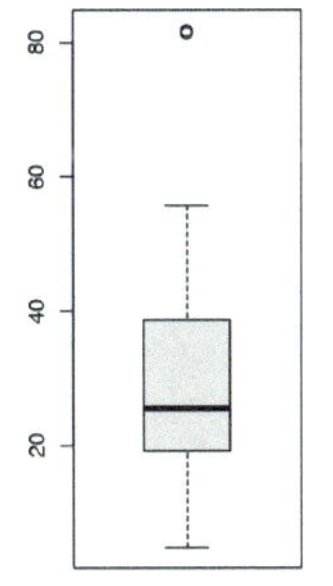


```
q3 = quantile(xreals, 0.75)
cat(sprintf("q3 = %.3f\n", as.numeric(q3)))
vmax = as.numeric(q3) + 1.5*IQR(xreals)
cat(sprintf("\nvmax = %.3f\n\n", vmax))
outliers_bool = xreals > vmax
cat("outliers_bool =", outliers_bool, "\n")
cat("\noutliers values =", round(xreals[outliers_bool], 3))
```

```
q3 = 38.580

vmax = 67.603

outliers_bool = TRUE FALSE FALSE FALSE TRUE FALSE FALSE FALSE ..

outliers values = 81.373 81.691
```

이상점 2개의 값은 81.373과 81.691인 것으로 나타났다.

```
ind_vec = which(outliers_bool)
cat("indices =", ind_vec, "\n")
cat("outliers values =", round(xreals[ind_vec], 3))
```

```
indices = 1 5
outliers values = 81.373 81.691
```

`x[1]`과 `x[5]`가 이상점임이 `which()`에 의하여 드러났다.

`boxplot()`는 여러 벡터들에 대한 상자수염 그림을 한꺼번에 그릴 수 있다. 간편하게 하나의 명령으로 여러 개의 그림을 그린다는 것 외에도 y-축의 스케일이, `hist()`의 경우와는 달리 별도의 작업이 없이도 통일된다는 장점이 있다.

연습문제 4.5 다음의 스크립트를 실행하여 상자-수염그림 2개를 그린 다음에,

```
set.seed(3144)
x = rnorm(50, 50, 10)
y = rnorm(50, 70, 5)
boxplot(x,y,names=c("x", "y"))
```

`x`와 `y` 각각에 대해서 이상점들의 값과 인덱스를 구하여라. ⊣

상자수염 그림을 `boxplot()`이 아니라 `plot()`으로 그릴 수 있는 경우가 있다. 독립변수가 팩터$_{\text{factor}}$일 때 그러하다. 이 경우에도 여러 개의 상자수염 그림이 한꺼번에 그려진다.

```
1  x = c(1,1,1,2,2,3,3,4)
2  y = factor(x)
3  is.factor(x)
4  is.factor(y)
5  z = c(1,2,5,6,7,4,8,2)
6  options(repr.plot.width=8.5, repr.plot.height=5)
7  par(mfrow=c(1,3), cex.axis=1.3, cex.lab=1.7)
8  plot(z ~ x) # same as plot(x, z)
9  plot(z ~ y) # a little different from plot(y, z)
10 plot(y, z)  # xlab and ylab are wrong
```

```
FALSE
TRUE
```

그림 4.8: plot(), 독립변수가 팩터인 경우

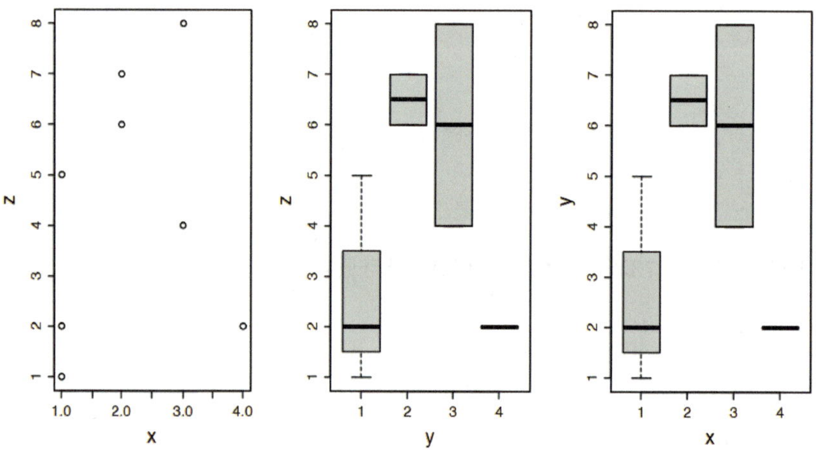

라인8은 코멘트에도 말했듯이 plot(x, z)와 동일하다. 그런데 독립변수가 팩터인 경우인 라인9 plot(z ~ y)는 라인10 plot(y, z)와 xlab, ylab에서 차이가 난다. 대부분의 경우 라인9의 형식을 따르는 것이 좋다.

연습문제 4.6 다음의 스크립트를 실행해 보라. 독립변수가 숫자 타입이 아니라 문자열 타입인 경우이다. 문자열 타입이지만 팩터가 아닌 경우에는 어떻게 되는지 알아보라.

```
x1 = c("A","A","A","B","B","C","C","D")
y1 = factor(x1)
z = c(1,2,5,6,7,4,8,2)
options(repr.plot.width=3.5, repr.plot.height=6)
# plot(z ~ x1) # Error
par(cex.axis=1, cex.lab=1.3)
plot(z ~ y1)
```

4.1.4 범주형 자료와 연속형 자료

통계학에서 범주형(*categorical*)과 연속형(*continuous*)이라는 두 단어는 여러 맥락에서 쓰인다. 자료, 표본공간, 확률변수, 확률분포 등 여러 용어들의 앞에 범주형 또는 연속형을 붙여 사용할 수 있다. 이산형(*discrete*)은 범주형의 유의어로 보면 된다.

이산과 연속은 수학적으로 엄격하게 정의할 수 있는 개념이기는 하지만 이를 위하여는 위상수학topology과 측도이론measure theory 같은 고등수학을 동원해야 한다. 다행히도 아주 높은 수준의 수리통계학 전공자가 아닌 머신러닝 학도(또는 학자)들에게는 이들 개념에 대한 엄격하고 공리적인 정의까지는 필요없고 직관적인 수준에서 이해하면 충분하다고 본다.

범주형 자료는 그 값이 어떤 고정된 유한집합(표본공간)의 원소가 되어야 한다.† 범주형 자료의 값은 수준(*level*), 클래스(*class*) 또는 레이블(*label*)이라고 부른다. 범주형 자료가 아닌 것은 연속형 자료라고 보면 된다.

이상은 아주 직관적인 정의이므로 알기 쉽기는 하지만 엄격성이 부족하며 몇 가지 부연설명이 필요하다. 예를 들어 `xreals`는 그 값들이 81.37291811, 25.70097086, 4.942646012 등인 원소 30개로 이루어진 집합이다 — 유한집합이다. 그러나 이 자료는 이산형이라고 하지 않는다. 왜냐하면 81.37291811 같은 숫자는 어떤 측정값일 것이며 더 정밀하게 측정한다면 필경 아주 조금이라도 다른 값을 얻게 될 것이기 때문이다. 따라서 우리는 이 자료의 값이 속하는 어떤 고정된 유한집합을 상정할 수 없다. 이 자료의 값은 실수 전체의 집합 $\mathbb{R}$, 또는 어떤 실수의 부분집합(통상 개구간, 또는 폐구간)의 원소로 보아야 하기 때문에 이 자료는 이산형이 아니라 연속형이라고 보는 것이다.

R이 제공하는 함수들 중에 일부는 범주형에만 적용이 가능하다. `table()`, `factor()` 등이 그러하다. `summary()`는 범주형과 연속형 모두에 쓰일 수 있다.

범주형 자료를 `factor()`를 써서 팩터 타입으로 만들어 두면 편리한 경우가 많다. 예를 들어 `plot()` 함수는 독립변수가 팩터일 때와 아닐 때의 거동이 다르다는 것은 앞서 [그림 4.8]에서 본 바 있다.

연속형 자료는 그것의 값이 속하는 구간을 지정하여 범주형 비슷하게 취급할 수도 있다. 다시 말하면 자료의 값에 (그것이 속한 구간의) 수준level, label을 부여할 수 있다. 연속형 자료에도 일단 수준이 부여되면 이후에는 도수분포표, 막대그래프, 히스토그램 등을 그릴 수 있게 된다.

4.1.5 파레토 그림*

파레토 그림(*Pareto diagram*)은 막대그래프를 막대의 높이의 내림차순으로 정렬한 것이다.

파레토 그림이 요구되는 상황은 많다. 예를 들어 식당 고객의 불만사항으로 불결, 불친절, 맛없음, 가격 높음, 소음 등이 있을 때 이들 중 어느 사항이 가장 많은 불만을 야기했는지 한눈에 파악하는 것은 중요하다.

평범한 막대그래프를 [그림 4.9]의 왼쪽에 그렸다. 그리고 막대높이의 내림차순으로 정렬하여 다시 그린 그림을 오른쪽에 보였다.

```
options(repr.plot.width=9, repr.plot.height=5)
par(mfrow=c(1,2))
```

†이산형 자료는 그 값이 유한집합이거나 혹은 원소들을 나열할 수 있는denumerable 무한집합의 원소가 되어야 한다. 후자의 예로는 자연수 전체의 집합이 있다.

```
3 x = c(32,10,47,12,24);
4 labels = c("A", "B", "C", "D", "E");
5 barplot(x, names.arg=labels)
6
7 sorted_x = sort(x, decreasing=T)
8 barplot(sorted_x, names.arg=labels)
```

그림 4.9: 막대그래프의 정렬

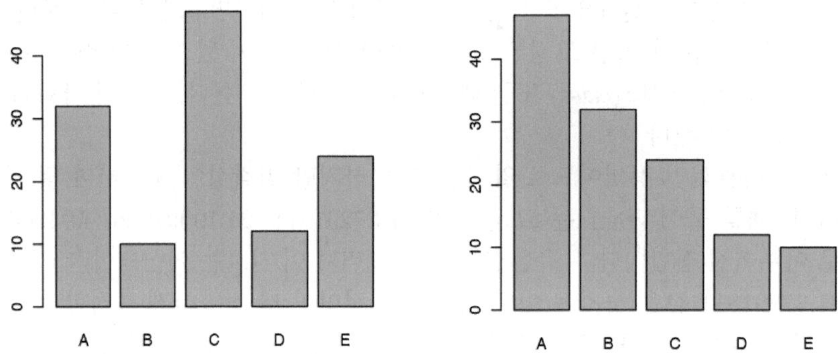

오른쪽 그림에서 막대의 길이는 정렬되었지만 막대의 이름은 그대로인 문제가 있다. 두 개의 벡터 x와 labels를 동시에 정렬하려면 order() 함수를 써서 인덱스를 정렬해야 한다. 위의 코드에서 라인5 이후를 다음의 코드로 바꾸어 실행하면 막대 이름까지 제대로 정렬된다.

```
1 ivec = order(x, decreasing=T)
2 counts = x[ivec]
3 labels_new = labels[ivec]
4 barplot(counts, names.arg=labels_new, ylim=c(0,55), xlab="Type", ylab="Count")
```

결과는 [그림 4.10]의 왼쪽에 보였다. 그런데 히스토그램에서 했듯이 각 막대의 길이를 숫자로 표시하는 것은 막대그래프에서도 가능하다. 이때 사용하는 함수는 text()이다. 위의 코드에서 라인4를 삭제하고 그 자리에 아래의 라인들을 넣으면 된다.

```
bp_result = barplot(counts, names.arg=labels_new, ylim=c(0,55),
                    xlab="Type", ylab="Count")
text(x=bp_result, y=counts, labels=counts, pos=3) # pos = 1 | 2 | 3 | 4
```

text() 함수는 텍스트를 넣을 x-좌표와 y-좌표들을 받아서 현재 그래프가 그려진 프레임 위에 출력한다. 출력할 텍스트는 labels 인수의 값으로 주면 된다.

barplot()의 리턴값 bp_result는 각 막대의 밑변의 중점의 x-좌표들로 이루어진 벡터이므로 x-좌표로 사용하면 된다. y-좌표로는 막대의 높이 = 빈도 = counts를 사용한다. counts는 labels 속성의 값으로도 사용된다. 속성 pos는 1, 2, 3, 4 중 어느 하나의 값을 취하며 이러한 세로 막대그래프의 경우에는 pos=3이 적당하다.

가로로 된 막대그래프를 그릴 때는 barplot()의 인수에 horiz=TRUE를 넣으면 된다. 그리고 x-축과 y-축이 바뀌었으므로 이에 따른 약간씩의 변화를 각 인수에 주어야 한다. text() 함수에서 pos 속성의 값을 4로 두어야 함에 유의하라. 그리고 가로 막대그래프에서는 세로 막대그래프를

그림 4.10: 파레토 그림

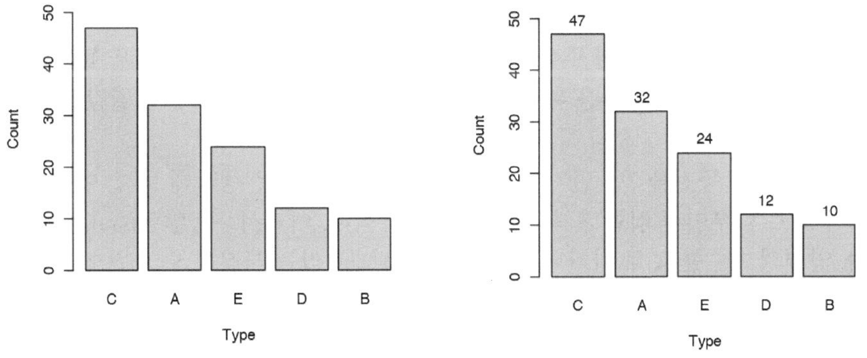

정렬할 때 사용했던 `order(x, decreasing=T)`에서 2번째 인수를 제거하여 오름차순으로 정렬하는 것이 좋다.

```
bp_result = barplot(counts, names.arg=labels_new, horiz=T,
                    xlim=c(0,55), xlab="Count", ylab="Type")
text(y=bp_result, x=counts, labels=counts, pos=4)
```

그림 4.11: 파레토 그림, 가로로 그리기

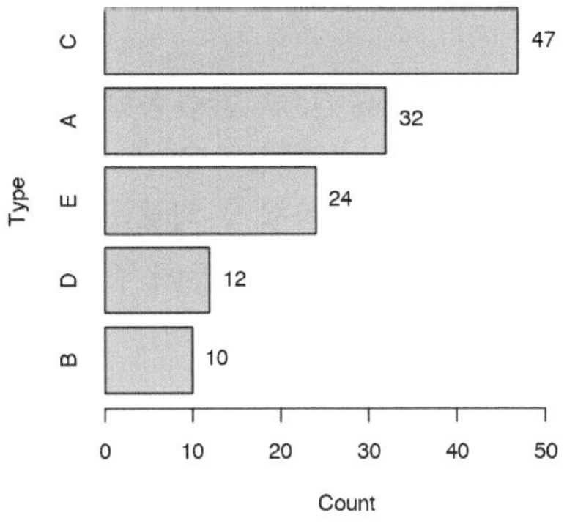

막대그래프를 `barplot()`을 써서 그릴 때 `table()`를 사용하는 또 하나의 방법이 있었는데 (그림 4.1), 이 방법을 사용했을 때는 파레토 그림을 다음의 코드에서와 같이 조금 더 쉽게 얻을 수 있다. 막대의 높이와 이름이 `sort()` 함수에 의하여 동시에 정렬되므로 그러하다.

```
a = rep("A", 32)
b = rep("B", 10)
c = rep("C", 47)
d = rep("D", 12)
e = rep("E", 24)
x1 = c(a,b,c,d,e)

sorted_x1 = sort(table(x1))
bp_result1 = barplot(sorted_x1, horiz=T, xlim=c(0,55), xlab="Count", ylab="Type")
text(x=sorted_x1, y=bp_result1, labels=sorted_x1, pos=4)
```

4.2 확률변수와 확률분포

4.2.1 사건과 확률

확률(*probability*)은 사건(*event*)에 주어지는 0 이상 1 이하의 실수이다. 사건은 표본공간의 부분집합이다. 표본공간(*sample space*)은 확률실험의 결과로 얻을 수 있는 모든 관찰값들의 집합이다.

표본공간 S의 사건 $E \subseteq S$의 확률은 $P(E)$로 나타낸다.

확률실험의 예로 동전을 2번 던져 나오는 면을 관찰하는 것을 생각해 보자. 이때의 표본공간은 4개의 원소로 이루어진 집합 $S \stackrel{\text{def}}{=} \{\text{HH}, \text{HT}, \text{TH}, \text{TT}\}$이다. 여기서 H는 앞면Head, T는 뒷면Tail을 나타낸다. 앞면의 개수를 X로 나타내기로 했을 때 $X = k$라는 사건은 S의 원소들 중에 앞면이 k개인 것들로 이루어진 집합을 뜻한다. 예를 들어 사건 $X = 0$은 $\{\text{TT}\} \subseteq S$이고 사건 $X = 1$은 $\{\text{HT}, \text{TH}\} \subseteq S$이며, 사건 $X = 2$는 $\{\text{TT}\} \subseteq S$이다. 그리고 이렇게 쓸 수 있다†:

$$
\begin{aligned}
&P[X = 0] = P(\{\text{TT}\}) = \frac{1}{4},\\
&P[X = 1] = P(\{\text{HT},\ \text{TH}\}) = \frac{2}{4} = \frac{1}{2},\\
&P[X = 2] = P(\{\text{HH}\}) = \frac{1}{4},\\
&P[X = 3] = P[X = 0.5] = P(\varnothing) = 0,\\
&P[\text{첫 번째가 앞면임}] = P(\{\text{HH},\ \text{HT}\}) = \frac{2}{4} = \frac{1}{2}.
\end{aligned}
$$

$\{\text{TT}\}$나 $\{\text{HH}\}$와 같이 원소가 단 하나인 사건, 즉 한점집합singleton을 근원사건(*elementary event*)이라고 한다. S의 근원사건의 개수는 원소의 개수와 같은 4임이 당연하다. 많은 경우 근원사건들의 확률이 일정하다는 가정하에 사건들의 확률을 계산하지만 그렇지 않은 경우도 있다.

일반적인 표본공간 S의 사건으로 $E, E_1, E_2, \ldots$ 등이 주어졌다면 다음의 사실들이 성립함을 알 수 있다. (이를 콜모고로프 공리(*Kolmogorov's axiom*)라고 한다.)

(1) $P(S) = 1$

(2) $0 \le P(E) \le 1$

(3) E_i들이 쌍마다 서로소(*pairwise disjoint*), 즉 모든 $1 \le i < j$에 대해서 $E_i \cap E_j = \varnothing$인 경우에는

$$P(\textstyle\bigcup_{i=1}^{\infty} E_i) = \sum_{i=1}^{\infty} P(E_i). \tag{4.2}$$

위의 (4.2)는 사건들이 유한 개인 경우 아래와 같이 더 친숙하게 쓸 수 있다.

$$P(E_1 \cup E_2 \cup \cdots \cup E_n) = P(E_1) + P(E_2) + \cdots + P(E_n) \tag{4.3}$$

(4.2)와 (4.3)은 다음과 같이 표현할 수 있다.

---

†확률을 나타내는 기호 P의 사용법: P에 사건, 즉 집합을 적용할 때는 소괄호쌍을 써서 $P(E)$와 같이 나타내고, 명제, 예를 들어 $X = 0$를 적용할 때는 대괄호쌍을 써서 $P[X = 0]$와 같이 나타낸다.

사건의 확률은 그것의 분할(*partition*)[†]의 원소들의 확률의 합과 같다.

두 사건 $A, B \subseteq S$가 $A \cap B = \varnothing$을 만족할 때 우리는 이들을 상호배반(*mutually exclusive*)이라고 한다. 즉, 여러 개의 사건들이 쌍마다 서로소라는 것은 그들 중에 임의의 서로 다른 두 사건이 상호배반이라는 것을 뜻한다.

콜모고로프 공리로부터 아래의 사실들을 어렵지 않게 증명할 수 있다.

(4) $P(\varnothing) = 0$

(5) $A \subseteq B$이면 $P(A) \le P(B)$

(6) $P(A \cup B) = P(A) + P(B) - P(A \cap B)$

(7) $P(E^c) = 1 - P(E)$ ($E^c = S - E$를 E의 여사건(*complementary event*)이라고 한다.)

예제 4.7 주사위를 던져 나오는 눈을 관측하는 확률실험에서 표본공간은

$$S = \{1, 2, 3, 4, 5, 6\}$$

이다. 이 주사위가 정상적fair이라면 근원사건 6개의 확률은 모두 $\frac{1}{6}$로 일정하다. 다음과 같은 4개의 사건을 생각해 보자

(1) 짝수가 나오는 사건: $E_e = \{2, 4, 6\}$

(2) 홀수가 나오는 사건: $E_o = \{1, 3, 5\}$

(3) 3 이하가 나오는 사건: $E_{d3} = \{1, 2, 3\}$

(4) 5 이상이 나오는 사건: $E_{u5} = \{5, 6\}$

E_e와 E_o는 상호배반이고 또한 서로의 여사건이다. E_{d3}와 E_{u5}는 상호배반이지만 서로의 여사건은 아니다. 이 표본공간에는 총 $2^6 = 64$개의 사건이 존재한다. ⊣

예제 4.8 어떤 공장에서 생산되는 전구의 수명을 관측하는 확률실험에서

$$S = \{x \in \mathbb{R} \mid x \ge 0\}$$

이다. 수명이 365 미만인 사건은 $[0, 365)$이고 수명이 730 이상일 사건은 $[730, \infty)$이다. ⊣

[예제 4.7]에서의 표본공간은 이산표본공간(*discrete sample space*)이다. [예제 4.8]에서의 표본공간은 이것과 성격이 다른 연속표본공간(*continuous sample space*)인데 이 둘을 엄격하게 수학적으로 정의하는 것은 그리 쉽지 않다. 하지만 현실적으로 이 둘을 구분하는 데는 어려움이 별로 없다:

- 이산표본공간은 유한집합이거나 $S = \{x_1, x_2, \ldots\}$와 같이 나열할 수denumerable 있다. 이산표본공간의 사건 E의 확률은 그것의 원소로 이루어진 근원사건의 확률들의 합이다. 즉, $E = \{e_1, e_2, \ldots, e_n\} \subseteq S$이면 $P(E) = P(\{e_1\}) + \cdots + P(\{e_n\})$이고 E가 무한집합인 경우에는 $P(E) = \sum_{i=1}^{\infty} P(\{e_i\})$이다.

[†]집합 E의 분할은 그것의 공아닌nonempty 부분집합 E_i들의 집합 $\mathcal{E}$로서 $\bigcup \mathcal{E} = E$이고 $E_i \cap E_j = \varnothing$ for $i \ne j$인 것을 뜻한다. 아주 쉽고 유용한 용어이며 더 널리 사용되어야 한다고 생각한다.

- 연속표본공간은 거의 항상 $\mathbb{R}$이다. 연속표본공간의 사건은 거의 대부분 구간$_{\text{interval}}$, 또는 이들의 합집합이다. 예를 들어 $(-\infty, a]$, $[a, b]$, (b, ∞), $(-\infty, a) \cup (b, \infty)$ 등의 형태를 취한다. 사건의 확률은 확률의 밀도를 정적분함으로써 얻는다. (이에 대해서는 조금 후에 설명할 것이다.) 그리고 근원사건의 확률은 항상 0 이므로 구간의 끝점을 포함하는지는 중요하지 않다.

연습문제 4.9 하나의 동전을 앞면이 나올 때까지 계속 던져, 던진 횟수를 관측하는 확률실험에서 표본공간은 자연수 전체의 집합이 된다. 이것은 무한 이산표본공간의 한 예이다.

이 표본공간에서 다음 사건들이 일어날 확률을 각각 구해 보라.

(힌트). $f(x) = \frac{1}{2^x}$ for $x = 1, 2, \ldots$

(1) $\{3\}$

(2) $\{2, 4\}$

(3) $\{x \mid (\exists n \in \mathbb{N})(x = 2n - 1)\}$ ⊣

연습문제 4.10 두 야구 선수 A와 B의 2010년과 2011년 타율을 보았더니 모두 A의 타율이 높았다. 그런데 이 2년 동안의 통산타율을 보았더니 B의 타율이 더 높게 나왔다. 이것이 어떻게 가능한가 설명하여라. (힌트). 'Simpson의 역설'을 검색해 보라. ⊣

4.2.2 조건부 확률과 베이즈의 공식

조건부 확률

정의 4.11 조건부 확률(*conditional probability*) $P(B|A)$란 사건 A가 일어났다는 조건하에 사건 B가 발생할 확률을 뜻하며 아래의 식으로 계산된다.

$$P(B|A) = \frac{P(A \cap B)}{P(A)}, \quad (\text{단, } P(A) \neq 0) \tag{4.4}$$

아래와 같이 암기해 두는 것도 좋다.

$$P(A \cap B) = P(A) \cdot P(B|A) = P(B) \cdot P(A|B)$$

두 사건 A와 B는

$$P(A|B) = P(A)$$

일 때 서로 독립(*independent*)이라고 한다. 독립이 아닌 두 사건은 서로 종속(*dependent*)이라고 한다. ⊣

연습문제 4.12 [예제 4.7]에서의 사건 E_e, E_{d3}, E_o, E_{u5}에 대한 문제이다. 이들 중 두 사건을 뽑아서 조건부 확률을 계산하기로 하면 총 16가지 경우가 있다. 예를 들어 $P(E_e|E_e) = 1$, $P(E_e|E_o) = 0$, $P(E_{d3}|E_o) = \frac{1}{3}$이다. 나머지 13가지 경우에 대한 조건부 확률을 모두 계산해 보아라. ⊣

연습문제 4.13 하나의 동전을 두 번 던져서 앞면이 적어도 한 번 나타나는 사건을 A, 첫 번째 관측값이 뒷면인 사건을 B, 두 번째 관측값이 앞면인 사건을 C라 할 때, 다음의 확률을 구해 보자. 단, 이 확률실험에서 근원사건들의 확률은 모두 같다고 가정한다.

(1) $P(A), P(B), P(C)$

(2) $P(A \cap B)$, $P(A - B)$, $P(A \cup C)$

(3) B가 일어났을 때 A가 일어날 확률

(4) C가 일어났을 때 A가 일어날 확률 ⊣

팩트 4.14 $P(A) \neq 0 \neq P(B)$라는 전제하에 아래의 5개 등식은 모두 서로 동등하다.

① $P(A \cap B) = P(A) \cdot P(B)$

② $P(B|A) = P(B)$

③ $P(A|B) = P(A)$

④ $P(A|B) = P(A|B^c)$

⑤ $P(B|A) = P(B|A^c)$ ⊣

연습문제 4.15

(1) 상호배반 사건들은 서로 종속임을 보이시오. (단, $P(A) \neq 0 \neq P(B)$.)

(2) $P(A \mid B) + P(A^c \mid B) = 1$은 항상 성립하는가? (단, $P(B) \neq 0$.)

(3) $P(A \mid B) = P(A \cap B \mid B)$가 항상 성립함을 보이시오.

(4) $P(A) = 1$이면 모든 사건 B에 대하여 A는 B와 독립임을 보이시오.

(5) $P(A) = 0$이면 모든 사건 B에 대하여 A는 B와 독립임을 보이시오. ⊣

정의 4.16 3개의 사건 A, B, C가 독립이라는 것은 이들이 다음의 조건들을 모두 만족한다는 것을 뜻한다.

① $P(A \cap B \cap C) = P(A)P(B)P(C)$

② A, B, C 중 임의의 2개가 서로 독립

n개의 사건 $A_1, \ldots, A_n$들이 독립이라는 것은 이들 중 임의의 $n-1$개의 사건이 독립이고 또한 $P(A_1 \cap \cdots \cap A_n) = P(A_1) \cdots P(A_n)$이 성립함을 뜻한다. ⊣

예제 4.17 위의 정의에서 ②는 만족하지만 ①을 만족하지 않는 예를 다음에 보였다.
표본공간 $S = \{0, 1, 2, 3\}$의 근원사건들의 확률이 $\frac{1}{4}$로 일정하다고 하자.
$A = \{0, 1\}$, $B = \{0, 2\}$, $C = \{0, 3\}$으로 두면 $P(A) = P(B) = P(C) = \frac{1}{2}$이고

$$P(A \cap B) = P(\{0\}) = \frac{1}{4} = P(A)P(B)$$

$$P(B \cap C) = P(\{0\}) = \frac{1}{4} = P(B)P(C)$$
$$P(C \cap A) = P(\{0\}) = \frac{1}{4} = P(C)P(A)$$

하지만

$$P(A \cap B \cap C) = P(\{0\}) = \frac{1}{4} \neq \frac{1}{8} = P(A)P(B)P(C)$$ ⊣

연습문제 4.18 아래의 문제들에 답하고, 각 문제에 대해서 표본공간과 사건들을 집합으로 나타내어 보라.

(1) 아들-딸 역설: 두 자녀를 둔 가정에 딸이 적어도 한 명 있을 때 두 자녀 모두가 딸일 확률은 얼마인가? "딸이 적어도 한 명 있을 때"를 "첫째 아이가 딸일 때"로 바꾸면 어떻게 되는가? ((힌트). $S = \{BB, BG, GB, GG\}$)

(2) 상자 속의 금화/은화: 세 상자 A, B, C 중 어느 하나에는 금화가 두 개 들어 있고, 다른 하나에는 금화와 은화가 하나씩, 그리고 나머지 하나에는 은화가 두 개 들어 있다. (즉 3개의 상자에는 총 3개의 금화와 3개의 은화가 들어 있다.) 상자를 하나 택하고 하나의 주화를 꺼내어 금화가 나온 경우, 그 상자에 남아 있는 또 하나의 주화가 금화일 확률은 얼마일까?

(3) 상자 속의 금화/은화 #2: 위 문제의 특성은 각 상자 속에 주화가 2개 있으므로 하나를 택하는 순간 두 번째 것이 결정된다는 것이다. 상자에 주화가 3개 이상 있을 때는 분석이 좀 더 어려워진다. 위 문제를(그리고 풀이를) 상자 속의 주화의 개수, 또는 상자의 개수 등을 다양하게 변형시켜 풀어 보라. 상자에 따라 주화의 개수가 다른 경우에는 근원사건들의 확률이 일정하지 않을 것이다. 두 번째 주화를 꺼낼 때 첫 번째 주화를 꺼낸 상자와 다른 상자에서 꺼내도록 하는 문제는 어떤가?

(4) 몬티 홀 문제*: 진행자가 관객들 앞의 무대에서 쇼를 진행한다. 무대에 3개의 닫혀진 문이 있다. 그 중 하나의 문 뒤에는 스포츠카가 있고 나머지 2개의 문 뒤에는 염소가 들어있다. 진행자는 관객 중에 행운의 1명(게스트라고 부르기로 한다.)을 무대로 불러내어 문 뒤에 있는 것을 가져갈 권리를 준다. 게스트가 하나의 문을 선택한다. 아직 문을 열지 않은 상태에서 진행자는(어느 문 뒤에 스포츠카가 있는지 알고 있다) 염소가 들어있는 문을 열어 보여 준다. 그리고 무대 위에서 긴장하고 있는 게스트에게 현재 선택한 문이 아닌 다른 문을 열 수 있다고 말한다. 이때 게스트는 스포츠카를 갖기 위해 문을 바꾸는 것이 유리할까? 아니면 그대로 있는 것이 유리할까? 아니면 바꾸거나 말거나 스포츠카가 들어있는 문을 열게 될 확률에는 변화가 없을까?

인터넷에서 검색하면 이 문제의 풀이와 답을 알 수 있다. 그런데 거의 모든 해법에서 사건들을 집합으로 표현하지 않고, 즉 집합의 원소를 나열하지 않고 그냥 직관적으로 설명한다. 집합을 사용하여 설명해 보라.

이번에는 게임의 규칙을 바꾸어, 사회자가 자동차가 들어있는 방을 모르고 있어서 무작위로 문을 연 방에 자동차가 없었다고 가정하고 분석해 보라. ⊣

예제 4.19 주머니 속에 5개의 붉은 공과 4개의 흰 공이 들어 있다. 이 주머니에서 3개의 공을 무작위(*random*)로 비복원(*without replacement*)[†] 추출(*sampling*)하여 각 공들의 색깔을 관측한다. 첫째 공이 붉은 사건을 R_1, 둘째 공이 붉은 사건을 R_2, 셋째 공이 붉은 사건을 R_3이라 했을 때 다음의 확률들을 구해 보자. $P(R_2|R_1)$, $P(R_1|R_2)$, $P(R_3|R_2)$, $P(R_3|R_1)$, $P(R_1|R_3)$.

(풀이). $P(R_2|R_1)$는 쉽게 구할 수 있다. 첫째 공이 붉은 색이므로 두번째 공을 꺼내려 할 때 주머니에는 붉은 공 4개와 흰 공 4개가 있을 것이다. 그러므로 붉은 공이 또 나올 확률은 $\frac{4}{8} = \frac{1}{2}$다.

$P(R_1|R_2)$를 구하는 것은 조금 어려워진다. (4.4)를 이용해 보자. 분모는 $P(R_2)$이고 분자는 $P(R_1 \cap R_2)$이다. 분자를 구하는 것이 조금 더 쉽다: $\frac{5}{9} \times \frac{4}{8} = \frac{5}{18}$일 것이다. 분모 $P(R_2)$는 R_1인 경우와 R_1^c 인 경우를 나누어 생각하면 $P(R_1) \cdot P(R_2|R_1) = \frac{5}{9} \cdot \frac{4}{8} = \frac{5}{18}$, $P(R_1^c) \cdot P(R_2|R_1^c) = \frac{4}{9} \cdot \frac{5}{8} = \frac{5}{18}$. 그러므로 이 둘의 합인 $\frac{10}{18} = \frac{5}{9}$가 $P(R_2)$가 된다. 이제 $P(R_1|R_2) = \frac{5/18}{5/9} = \frac{1}{2}$로 계산된다.

이런 식으로 $P(R_3|R_2)$, $P(R_3|R_1)$, $P(R_1|R_3)$를 계산하는 것은 어렵지 않은 단순작업의 반복이나 시간이 많이 걸리고 남에게 설명하기도 번거롭다.

사건은 곧 집합이라는 것에 착안하면 더 체계적이고 깔끔한 풀이를 얻을 수 있다.

붉은 공들을 $r_1, r_2, \ldots, r_5$, 흰 공들을 $w_1, \ldots, w_4$로 나타내면 표본공간은 원소의 개수가 $9 \times 8 \times 7 = 504$인 집합

$$S = \{r_1r_2r_3, r_1r_2r_4, \ldots, w_4w_3w_2\}$$

이다. 이 표본공간에서 근원사건들의 확률은 일정하다. 따라서 사건의 확률을 구하는 문제는 사건의 원소의 개수를 구하는 문제로 환원된다. 이 문제에 등장하는 사건, 즉 집합 R_1, R_2, R_3, $R_1 \cap R_2$, $R_2 \cap R_3$, $R_1 \cap R_3$의 원소의 개수를 헤아려 보자.

R_1은 다음과 같은 5개의 집합으로 분할된다: r_1으로 시작하는 집합, r_2로 시작하는 집합, ..., r_5로 시작하는 집합. 이 5개의 집합은 각각 원소의 개수가 8×7로 일정하다. 이런 식으로 생각하면 다음의 결과를 얻는다.

$$\begin{aligned}
&n(R_1) = 5 \times 8 \times 7 = 280, \\
&n(R_2) = 8 \times 5 \times 7 = 280, \\
&n(R_3) = 8 \times 7 \times 5 = 280, \\
&n(R_1 \cap R_2) = n(R_2 \cap R_3) = n(R_1 \cap R_3) = (5 \times 4) \times 7 = 140
\end{aligned}$$

그러므로 구하는 확률들은 모두 $\frac{140}{280} = \frac{1}{2}$임을 알 수 있다. ⊣

사건 A와 B는 '사건 C가 일어났다는 전제하에 독립'이라는 조건부 독립(*conditionally independent*)이라는 개념을 생각할 수 있다. 식으로 쓰면 다음과 같다.

$$P(A \cap B|C) = P(A|C) \cdot P(B|C), \quad (\text{단, } P(C) \neq 0) \tag{4.5}$$

[†]공 1개를 꺼내어 색깔을 관찰한 다음 주머니에 다시 넣고, 2번째 공을 꺼내어 색깔을 관찰한 다음 주머니에 다시 넣고, 3번째 공을 꺼내어 색깔을 관찰하는 것은 복원(*with replacement*)추출이다. 주머니에 다시 넣지 않고 계속 꺼내어 관찰하는 것은 비복원추출이다.

연습문제 4.20 (4.5)는 다음과 동등함을 증명하여라.

$$P(A|B\cap C) = P(A|C)$$ ⊣

조건부 독립은 통계학 교재에서 잘 언급되지는 않지만 머신러닝에서 많이 사용되는 중요한 개념이다.

베이즈의 공식

아래의 식을 보라. 이 식의 아이디어는 [예제 4.19]에서 사용한 적이 있다.

$$\begin{aligned} P(B) &= P(A\cap B) + P(A^c\cap B) \\ &= P(A)\cdot P(B|A) + P(A^c)\cdot P(B|A^c) \end{aligned} \tag{4.6}$$

p96의 (4.4)와 위의 (4.6)에 의하여 아래의 식을 얻는다.

$$P(A|B) = \frac{P(A)\cdot P(B|A)}{P(B)} \tag{4.7}$$

$$= \frac{P(A)\cdot P(B|A)}{P(A)\cdot P(B|A) + P(A^c)\cdot P(B|A^c)} \tag{4.8}$$

위의 식 (4.8)을 베이즈의 공식(*Bayes' Formula*)이라 한다.

(4.6)은 표본공간을 2개의 사건 A와 A^c로 분할했을 때 사건 B의 확률을 계산하는 식이며 이를 [그림 4.12]에 나타내었다.

(4.8)은 [그림 4.12]에 비추어 보면 사건 B가 발생했을 때 이것이 어떤 특정한 조건(A 또는 A^c)하에, 또는 원인에 의하여 발생했을 확률을 구한 것이라고 해석할 수 있다.

예를 들어 A는 "잠을 충분히 잤다" B는 "식욕이 좋다"는 사건을 나타낸다고 할 때 우리가 $P(B|A)$와 $P(B|A^c)$, 그리고 $P(A)$를 안다면, 어느 날 식욕이 좋은 사람을 보았을 때 이 사람이 전날 잠을 잘 잤을 확률을 (4.8)을 이용하여 구할 수 있다. 이런 의미에서 베이즈의 공식은 "원인의 확률"을 계산하는 방법에 대한 것이라고 말할 수 있다.

그림 4.12: A, A^c로 분할

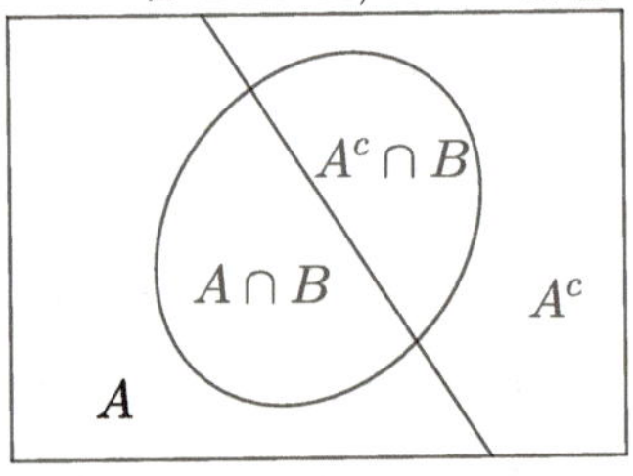

참고로, (4.7)에서 좌변의 $P(A|B)$를 사후확률(*posterior probability*), 우변 분자의 $P(A)$를 사전확률 (*prior probability*), 우변 분자의 $P(B|A)$를 가능도(*likelihood*), 우변 분모의 $P(B)$를 주변 가능도(*marginal likelihood*)라고 부른다. 이러한 문맥에서의 사건 B는 에비던스(*evidence*), 또는 *model evidence*라고 한다. 이 용어들은 후에 베이즈 추정 섹션(p192, §6.4)에서 사용하게 될 것이다.

표본공간을 두 개 이상, 여러 개의 사건으로 분할 했을 때에 대한 베이즈의 공식은 다음과 같이 주어진다.

$$P(A_i|B) = \frac{P(A_i)P(B|A_i)}{\sum_{j=1}^{n} P(A_j)P(B|A_j)} \tag{4.9}$$

베이즈의 공식 (4.9)를 무작정 암기하는 것은 현명하지 않다.

[그림 4.13]은 표본공간을 n개의 사건 $A_1, \ldots, A_n$으로 분할한 것을 나타내었다. 이 그림을 보며 (4.9)의 분자와 분모의 의미가 각각 무엇인지를 확실하게 이해해 두는 것이 공식 (4.9)를 암기하는 것보다 훨씬 더 나을 것이다.

그림 4.13: A_1, .. A_n으로 분할

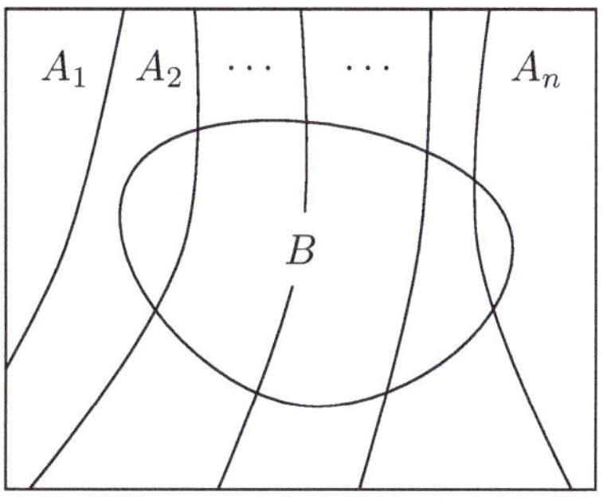

(4.9)의 분자는

$$P(A_i \cap B)$$

이며, 분모는

$$P(B) = P(A_1 \cap B) + \cdots + P(A_n \cap B)$$

이다.

연습문제 4.21 각 문제의 답은 분수, 또는 유효숫자 3개의 소수로 답하여라.

(1) 어떤 가전제품 회사가 두 개의 공장 A와 B에서 TV를 생산하고 있다. A는 하루에 200대의 TV 를 생산하고, B는 하루에 100대의 TV를 생산한다. A 공장에서 생산된 제품은 2%가 불량품이고 B 공장에서 생산된 제품은 1%가 불량품이다. 어떤 고객이 이 회사에서 생산한 TV를 구매했는데 불량품이었다. 이 제품이 공장 A에서 생산되었을 확률은 얼마인가?

(2) 어떤 대학교의 1학년, 2학년, 3학년, 4학년의 학생 인원수는 각각 800, 850, 900, 900명이다. 이 학교 학생의 가상화폐 투자경험 확률은 학년에 따라 각각 11%, 26%, 38%, 31%이다. 이 학교의 어떤 학생이 가상화폐 투자경험이 있다면 이 학생이 1학년일 확률은 얼마인가? 2학년, 3학년, 4학년일 확률은 각각 얼마인가?

(3) 어떤 바이러스에 감염된 사람은 1만명 중 하나라고 한다. 이 바이러스에 감염되었는지를 테스트하면 감염자가 양성으로 나올 확률이 99% 이고, 비 감염자가 음성으로 나올 확률 또한 99% 이다. 어떤 사람이 감염 여부를 테스트 받아 결과가 양성으로 나왔다면 이 사람이 실제 감염되어 있을 확률은 얼마인가? 이 문제는 베이즈 공식을 단순 적용해서는 잘 풀리지 않는다. 아래 문제 (4)의 힌트에서 보듯이 표를 그려 문제의 상황을 일목요연하게 나타내는 것이 도움될 것이다.

(4) 기상청에서 내일 비가 온다고 예보하면 실제로 비가 올 확률이 80% 이고, 맑다고(비가 안 온다고) 예보하면 실제로 맑을 확률이 90%라고 한다. 어떤 지역에 비가 올 확률이 20% 인데 오늘 비가 왔다면 어제 기상청에서 비가 올 거라고 예보했었을 확률은 얼마인가?

(힌트). 비가 오는 사건을 R(rain), 비가 온다고 예보하는 사건을 F(forecast)로 둔다. $P(F)$의 값을 알아야 하는데 이것이 주어져 있지 않으므로 일단 미지수 x로 놓고 다음과 같은 표를 그려 x에 대한 1차 방정식을 풀면 된다. 문제의 답은 $\frac{P(R\cap F)}{P(R)} = \frac{0.8x}{0.2} = 0.4x$ 로 계산할 수 있다.

	F	F^c	합계
R	$0.8x$	$0.1(1-x)$	0.2
R^c	$0.2x$	$0.9(1-x)$	0.8
합계	x	$1-x$	1

4.2.3 확률변수, 확률함수, 확률분포

확률변수(*random variable, r.v.*)에 확률함수(*probability function*)를 준 것을 확률분포(*probability distribution*)라고 한다. 확률변수는 무작위로 (실수)값이 주어지는 변수이다. 이것은 수학적으로 엄격하지 않은 직관적인 정의이지만, 현실적으로는 이것으로 충분하다고 본다. r.v.의 간단한 예로 p94에서 나왔던 X를 들 수 있다.

확률변수는 통상 $X, Y, X_1, X_2, \ldots$ 등으로 나타낸다.

확률함수는 쉽게 말하면 확률을 나타내는 함수인데, 엄격히 말하자면 그렇지 않을 수도 있다. 이산형discrete 확률함수는 확률질량함수(*probability mass function*)라고 하여 확률을 나타내지만, 연속형continuous 확률함수는 확률밀도함수(*probability density function*)라고 하고 확률이 아니라 확률의 밀도를 나타낸다. 확률함수의 정의역은, 이산형이든 연속형이든 $\mathbb{R}$이다.

정의 4.22 확률함수 $f:\mathbb{R}\to[0,\infty)$에 대해서 $f(x)$의 값이 양수인 x들의 집합을 f의 받침(*support*)이라고 하고 $supp(f)$로 나타낸다. 즉, 아래와 같이 정의한다.

$$supp(f) \stackrel{\text{def}}{=} \{x\in\mathbb{R} \mid f(x)>0\}$$ ⊣

정의 4.23 확률질량함수 $f:\mathbb{R}\to\mathbb{R}$는 다음과 같은 성질을 가진다.

(1) $(\forall x\in\mathbb{R})(0\le f(x)\le 1)$

(2) $supp(f)$는 $\{x_1,\ldots,x_n\}$ (유한집합), 또는 $\{x_1,x_2,\ldots\}$ (가부번집합)이다.

(3) $\sum_{i=1}^{n} f(x_i)=1$, 또는 $\sum_{i=1}^{\infty} f(x_i)=1$ 이다.

확률변수 X의 확률질량함수가 f라면 X의 근원사건 $\{x\}$의 확률은 $f(x)$이다. 따라서 사건 $A \stackrel{\text{def}}{=} \{a_1,\ldots,a_n\}\subseteq\mathbb{R}$가 일어날 확률은

$$P(A)=f(a_1)+\cdots+f(a_n)=P(\{a_1\})+\cdots+P(\{a_n\}) \qquad \text{(이산형)}$$

로 계산된다. 이런 경우에 순서쌍 (X,f)를 이산형 분포(*discrete distribution*)라고 한다. 또는 그냥 간단히 X를 이산형 분포라고 하기도 한다. ⊣

정의 4.24 확률밀도함수 $f : \mathbb{R} \to \mathbb{R}$는 다음과 같은 성질을 가진다.

(1) $(\forall x \in \mathbb{R})(0 \leq f(x))$

(2) $supp(f)$는 연결집합connected subset of $\mathbb{R}$, 또는 가산countable 개의 연결집합들의 합집합이다.†

(3) $\int_{-\infty}^{\infty} f(x)\,\mathrm{d}x = 1$이다.

확률변수 X의 확률밀도함수가 f라면 사건 $A \stackrel{\text{def}}{=} [a, b] \subseteq \mathbb{R}$가 일어날 확률은

$$P(A) = P[a \leq X \leq b] = \int_a^b f(x)\,\mathrm{d}x \qquad \text{(연속형)}$$

가 된다. 그리고

$$P(A) = P([a, b)) = P((a, b]) = P((a, b))$$

이다. 이런 경우에 순서쌍 (X, f)를 연속형 분포(*continuous distribution*)라고 한다. 또는 그냥 간단히 X를 연속형 분포라고 하기도 한다. ⊣

정의 4.25 확률변수 X의 확률함수를 f라 하였을 때 X의 받침(*support*)은 f의 받침을 의미한다. X의 받침은 $supp(X)$, 또는 $\mathbb{X}$로 나타낸다. ⊣

정의 4.26 확률밀도함수

$$f(x) = \begin{cases} \frac{1}{b-a}, & \text{if } a < x < b, \\ 0, & \text{otherwise} \end{cases}$$

를 가지는 확률분포를 연속형 균등분포(*continuous uniform distribution*)라고 하고 $U(a, b)$로 나타낸다. ⊣

[정의 4.26]에서의 확률밀도함수 f는 연속함수가 아니라 연속함수 3개의 짜깁기patchwork임에 주목하라. 연속형 분포의 확률밀도함수는 연속함수, 또는 연속함수 몇 개의 짜깁기인 경우가 많지만 꼭 이럴 필요는 없다. 어떤 실수값 함수이든지 적분이 가능하기만 하면, 그리고 $(-\infty, \infty)$ 구간에서 정적분한 값이 1이 되기만 하면 확률밀도함수가 될 수 있다.

연속형 균등분포의 확률밀도함수의 그래프를 아래에 보였다. a와 b의 0에 대한 상대적

그림 4.14: $U(a, b)$의 확률밀도함수

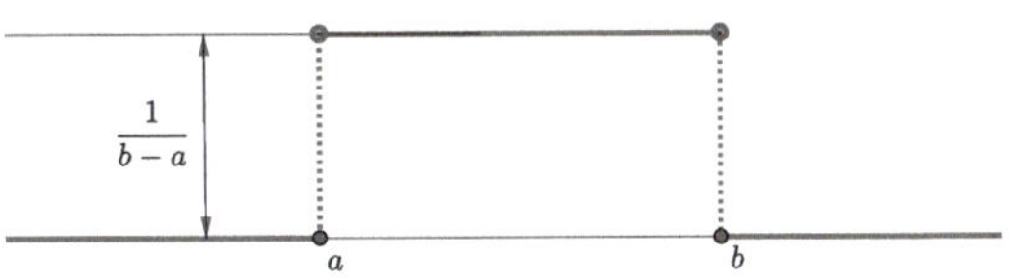

위치는 중요하지 않기 때문에 y-축은 그리지 않았다.

†① '가산'은 유한 또는 가부번을 뜻한다. ② 엄격히 말하자면 $supp(f)$는 꼭 이럴 필요는 없고 측도가능(measurable) 집합이기만 하면 되지만 이 책에서는 이 정도의 정의로 충분하다고 본다.

$U(a,b)$에 나타난 두 수 a와 b를 이 분포의 '모수'라고 한다. $U(a,b)$는 이 두 모수에 의하여 정확하게 규정된다. 연속형 균등분포에서뿐만 아니라 임의의 확률분포에서 그것의 특성을 규정짓는 수를 모수(*parameter*)라고 한다. 확률함수의 식에 나타나는 상수가 곧 모수라고 생각하면 된다.

예를 들어 뒤에 공부할 2항분포의 확률함수는 $f(x) = \binom{n}{x}p^x(1-p)^x$이며 이 식에는 상수 n과 p가 나타나므로 2항분포의 모수는 n과 p가 된다.

정의 4.27 확률함수를 '누적'하면 누적분포함수(*cumulative distribution function*)를 얻게 된다. 정확히 말하면 확률함수가 $f(x)$이면 누적분포함수 $F(x)$는

$$F(x) = P[X \le x] = \begin{cases} \sum_{y \le x} f(y), & \text{(이산형)}, \\ \int_{-\infty}^{x} f(y)dy, & \text{(연속형)} \end{cases} \tag{4.10}$$

로 정의된다. ⊣

일반적으로 확률분포 X와 실수 $a < b$에 대해서

$$P(a < X \le b) = F(b) - F(a) \tag{4.11}$$

가 성립한다. 단, 여기서 F는 X의 누적분포함수이다. 이 등식은 X가 이산형이든 연속형이든, 그리고 a, b가 확률함수의 받침support에 속하든 아니든 상관없이 항상 성립한다.

모수가 $a = -1$, $b = 2$인 연속형 균등분포의 확률밀도함수와 누적분포함수의 그래프를 아래에 보였다. 확률밀도함수는 파란색, 누적분포함수는 검은색으로 나타내었다.

그림 4.15: $U(-1, 2)$의 확률밀도함수와 누적분포함수

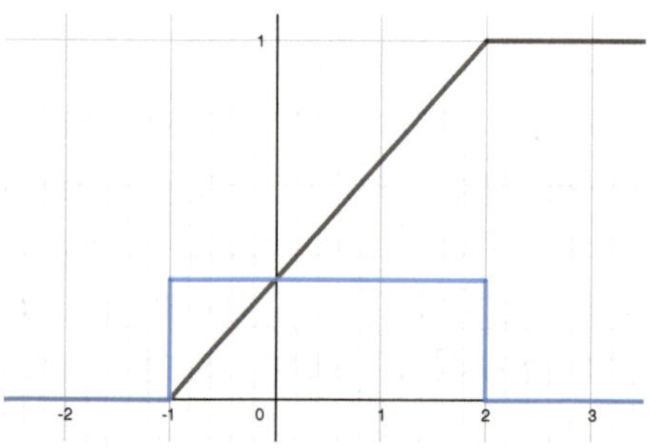

예제 4.28 모수가 $a = -1$, $b = 2$인 연속형 균등분포에 대한 몇 개의 사건, 즉 $\mathbb{R}$의 몇 개의 부분집합에 대한 확률은 다음과 같다.

(1) $P[0 < X \le 2] = \frac{2}{3} = F(2) - F(0)$

(2) $P[-0.5 < X \le 0.5] = \frac{1}{3} = F(0.5) - F(-0.5)$

(3) $P[1 < X \le 3] = \frac{1}{3} = F(3) - F(1)$

(4) $P[-5 < X \le 2.5] = 1 = F(2.5) - F(-5)$ ⊣

위의 [예제 4.28]에서는 확률분포가 매우 단순하므로 아무런 도구 없이도 주어진 사건의 확률을 계산할 수 있었다. 확률함수가 간단하지 않은 경우에는 R이 제공하는 여러 함수들에 의하여 사건의 확률을 쉽게 계산할 수 있다.

R은 (연속형)균등분포, 이항분포, 정규분포 등의 여러 분포 각각에 대하여 확률함수, 누적분포함수, 분위함수 및 무작위함수(무작위값 생성함수) 등 4개의 함수를 제공한다. 확률함수, 누적분포함수, 분위함수(*quantile function*), 무작위함수(*random function*)의 이름은 각각 d, p, q, r로 시작한다. 예를 들어 이 4개의 함수는 연속형 균등분포에 대하여는 dunif(), punif(), qunif(), runif()이고 2항분포에 대하여는 dbinom(), pbinom(), qbinom(), rbinom(), 그리고 정규분포에 대해서는 dnorm(), pnorm(), qnorm(), rnorm()이다.

이 함수들은 인수에 모수paramter를 포함하게 된다. 예를 들어 punif()는 모수 min과 max를 인수로 가진다.

연습문제 4.29 다음의 코드를 실행하고 출력을 설명하시오.

```
p1 = punif(2, min=-1, max=2) - punif(0, min=-1, max=2)
p2 = punif(0.5, -1, 2) - punif(-0.5, -1, 2) # may omit min, max
p3 = punif(3, -1, 2) - punif(1, -1, 2)
p4 = punif(2.5, -1, 2) - punif(-5, -1, 2)
cat(sprintf("p1=%.2f, p2=%.2f, p3=%.2f, p4=%.2f\n", p1, p2, p3, p4))

cat(round(dunif(seq(0.1, 1.2, by=0.1), min=0, max=10), digits=2), "\n")
cat(round(dunif(seq(0.1, 1.2, by=0.1)), digits=2), "\n") # default min,max = 0,1
cat(round(punif(seq(0.1, 1.2, by=0.1)), digits=2), "\n")
cat(round(qunif(seq(0.1, 1.0, by=0.1), max=2), digits=2), "\n") # default min = 0
qval = qunif(0.67, -1, 2) # min,max = -1,2
cat(sprintf("qval =%.2f\n", qval))
pval = punif(qval, -1, 2)
cat(sprintf("pval =%.2f\n", pval))

set.seed(3)
cat(round(runif(10), digits=2), "\n")
cat(round(runif(10), digits=2), "\n")
cat(round(runif(10), digits=2), "\n")
```
⊣

d⋆$(x,..) = f(x)$, p⋆$(x,..) = F(x)$로 생각하면 된다. 여기서 ⋆는 분포의 이름을 뜻하고 ..는 분포의 모수를 뜻한다.

분위함수 q⋆()는, 연속형 분포에 대해서는 q⋆$(p,..) = x$이면 p⋆$(x,..) = p$가 되며, 역으로 p⋆$(x,..) = p$이면 q⋆$(p,..) = x$가 되도록 정의된 함수이다. 즉, 두 함수는 서로의 역함수이다. 여기서 주의할 것은 p의 값은 확률이어야 하므로 $p \notin [0,1]$인 경우에는 q⋆$(p,..)$를 사용했을 때 오류가 난다는 것이다.

이산형 분포에 대한 q⋆()는 조금 더 복잡하다. 왜냐하면 이산형 분포에 대해서는 $p \in [0,1]$에 대해서 p⋆$(x,..) = p$인 x는 일반적으로 존재하지 않기 때문이다. 그러므로 q⋆$(p,..)$의 값은 p⋆$(x,..) \geq p$인 최소의 x로 정의된다. 이를 식으로 나타내면 다음과 같다.

$$q\star(p,\ldots) = argmin_x p\star(x,\ldots) \tag{4.12}$$

이 이슈에 대해서는 [연습문제 4.44]를 참조하기 바란다.

분위함수의 리턴값을 분위수(*quantile*)라고 한다.

확률밀도함수와 누적분포함수를 각각 약어$_{\text{acronym}}$로 PDF, CDF로 나타낼 때가 있다. 통계학 관련 문헌을 읽다가 PDF라는 단어를 만나게 되면 portable document format를 뜻하는 PDF로 오해하지 않도록 유의해야 할 것이다. 이산형 확률분포에 대한 확률질량함수는 PMF로 나타낸다.

식 (4.10)은 확률함수로부터 누적분포함수를 얻는 방법을 말해주고 있는데, 역으로 아래와 같은 방법으로 누적분포함수로부터 확률함수를 얻을 수도 있다. 단, (4.10)에서 이산형의 식에 나타나는 변수 x_p는 x의 '바로 앞 원소'$_{\text{immediate predecessor}}$, 즉 집합 $\{y \in \mathbb{R} \mid f(y) > 0,\ y < x\}$의 최대원을 뜻한다.

$$f(x) = \begin{cases} F(x) - F(x_p), & (\text{이산형}), \\ \frac{d}{dx}F(x), & (\text{연속형}) \end{cases} \tag{4.13}$$

4.2.4 기댓값

정의 4.30 확률분포 (X, f)의 기댓값(*expected value*) $\mathbb{E}[X]$와, 함수 $g : \mathbb{R} \to \mathbb{R}$에 대한 (X, f)의 일반화된 기댓값(*generalized expected value*) $\mathbb{E}[g(X)]$를 다음과 같이 정의한다.

이산형 분포인 경우:

$$\mathbb{E}[X] \overset{\text{def}}{=} \textstyle\sum_{i\in I} x_i f(x_i) = \sum_{x\in\mathbb{X}} x f(x), \text{ where } supp(f) = \{x_i \mid i \in I\} = \mathbb{X}$$
$$\mathbb{E}[g(X)] \overset{\text{def}}{=} \textstyle\sum_{i\in I} g(x_i) f(x_i) = \sum_{x\in\mathbb{X}} g(x) f(x).$$

연속형 분포인 경우:

$$\mathbb{E}[X] \overset{\text{def}}{=} \int_{-\infty}^{\infty} x f(x)\,\mathrm{d}x,$$
$$\mathbb{E}[g(X)] \overset{\text{def}}{=} \int_{-\infty}^{\infty} g(x) f(x)\,\mathrm{d}x.$$

기댓값은 일반화된 기댓값의 일종으로 볼 수 있다. 즉 $g(x) = x$인 경우의 일반화된 기댓값이 기댓값이다. 기댓값은 흔히 μ 또는 μ_X로 나타낸다.

$g(x) = (x - \mu_X)^2$인 경우의 일반화된 기댓값을 분산(*variance*)이라고 하며 흔히 σ^2 또는 σ_X^2로 나타낸다. $Var(X)$로 나타내기도 한다.

분산의 양의 제곱근을 표준편차(*standard deviation*)라고 하며 흔히 σ 또는 σ_X로 나타낸다.

기댓값은 평균(*mean*), 가중평균(*weighted mean*) 또는 *expectation*이라고 하기도 한다. 때로는 '기댓값'이라는 용어를 '일반화된 기댓값'과 동일한 의미로 사용하기도 한다. ⊣

정확히 말하자면 위에서 정의한 기댓값은 산술기댓값(*arithmetic expectation*)이다. 산술기댓값 외의 유용한 기댓값으로 기하기댓값(*geometric expection*)과 조화기댓값(*harmonic expectaion*)을 생각할 수 있다.

연습문제 4.31 모든 확률분포 (X, f)에 대하여 μ_X는 $\mathbb{E}[(x-k)^2]$을 최소로 하는 k임을, 즉 $\mu_X = \text{argmin}_k \mathbb{E}[(x-k)^2]$임을 증명하여라. 이산형 분포와 연속형 분포 각각에 대하여 증명하여라. ⊣

연습문제** 4.32 이산형 분포 X가 $X > 0$를 만족할 때 기하기댓값 $\mathbb{E}_G(X)$와 조화기댓값 $\mathbb{E}_H(X)$를 다음과 같이 정의한다. $P[X = x] > 0$를 만족하는 $x \in \mathbb{R}$들의 집합을 $\{x_1, \ldots x_n\}$라 하고 $p_i \stackrel{\text{def}}{=} P[X = x_i]$로 둔다.

$$\mathbb{E}_G[X] \stackrel{\text{def}}{=} \prod_i x_i^{p_i},$$

$$\mathbb{E}_H[X] \stackrel{\text{def}}{=} \left(\sum_i \frac{p_i}{x_i}\right)^{-1}$$

① $\mathbb{E}[X] \geq \mathbb{E}_G[X] \geq \mathbb{E}_H[X]$를 증명하고 부등호의 등식이 성립할 필요충분조건을 구하여라. (힌트). 첫번째 부등식은 양변의 로그를 취한 다음 젠센의 부등식을 로그함수에 적용한다. 두 번째 부등식은 $y_i := \prod_i x_i^{p_i}/x_i$로 놓고 y_i들에 첫 번째 부등식을 적용한다.

② 기하기댓값은 어떤 경우에 활용될 수 있겠는가? 조화기댓값은 어떤 경우에 활용될 수 있겠는가?

③ 기하기댓값과 조화기댓값에 대하여 [연습문제 4.31]과 유사한 작업을 해 보라.

④ 두 봉투의 역설Two-Envlope Paradox는 산술기댓값에 대한 역설이다. 이 역설의 기하기댓값 버전과 조화기댓값 버전을 만들어 보라.

⑤ 기댓값은 과연 '기대되는 값' 인가? ⊣

주의 4.33 일반적으로 $\mathbb{E}[g(X)] \neq g(\mathbb{E}[X])$ 이다. 그리고 표준편차 σ는 기댓값이 아니다. 왜냐하면 $\sigma = \mathbb{E}[g(X)]$인 함수 g는 존재하지 않기 때문이다. 여기서 '일반적으로'는 '모든 확률함수에 대해서'라는 의미이다. ⊣

연습문제 4.34 다음을 증명하시오.

(1) $\mathbb{E}[g(X) + h(X)] = \mathbb{E}[g(X)] + \mathbb{E}[h(X)]$

(2) $\mathbb{E}[aX + b] = a\mathbb{E}[X] + b$ ($\mathbb{E}$의 선형성(*linearity*))

(3) $Var(X) = \mathbb{E}[X^2] - \mu_X^2$

(4) $Var(aX + b) = a^2 Var(X)$

(힌트). (1)과 (2)는 $\sum$과 $\int$의 선형성을 사용하여 쉽게 증명된다. (3)과 (4)는 (1), (2)를 이용하여 쉽게 보일 수 있다. (3)의 증명과 유사한 증명은 통계학에서 아주 흔히 나타난다.

(1)은 $\mathbb{E}$의 $+$에 대한 분배법칙, 또는 $\mathbb{E}$와 $+$의 교환법칙이라고 부른다. (2)는 대부분의 학생들이 이것이 성립한다는 사실은 알고는 있지만 이것을 '선형성'이라고 부를 수 있다는 것은 모르는 경우가 많다. ⊣

연습문제 4.35 $\mathbb{E}[\mathbb{E}[X]] = \mathbb{E}[X]$ 임을 증명하여라. ⊣

4.2.5 이산형 확률분포

이 절에서는 중요한 분포 3개만 공부하겠다: 이산형 균등분포(*discrete uniform distribution*), 2항분포(*binomial distribution*), 포아송분포(*Poisson distribution*).

이산형 분포는 통상 아래의 둘 중 하나의 방법으로 기술된다.

- 분포표. 예를 들어 X를 4개의 동전을 던져 나오는 앞면의 개수라고 하자. 그러면 X는 아래와 같이 기술할 수 있다:

X	0	1	2	3	4
$f(x)$	1/16	4/16	6/16	4/16	1/16

- 확률함수의 식. X를 위와 같다고 하자. X는 아래와 같이 기술할 수도 있다:

$$f(x) = \begin{cases} \binom{4}{x}(0.5)^4, & \text{if } x = 0, 1, 2, 3, 4, \\ 0, & \text{otherwise.} \end{cases}$$

위의 식에서 둘째 줄, 즉 otherwise 부분을 생략하지 않는 것이 원칙이다.

위에서 본 분포는 모수가 $(n, p) = (4, 0.5)$인 2항분포이다.

정의 4.36 이산형 균등분포(*discrete uniform distribution*)는 어떤 유한집합 $\{x_1, \dots, x_n\}$를 표본공간으로 하고 $P[X = x_i] = \frac{1}{n}$인 분포를 뜻한다. ⊣

연습문제 4.37 주사위의 6면에 각각 1,3,5,7,9,11의 숫자가 써 있다고 하자. 주사위를 던졌을 때 나오는 숫자를 확률변수 X라 하고, 이 확률변수의 확률함수는 $\frac{1}{6}$를 값으로 하는 상수함수인 것으로 가정한다. μ_X, σ_X^2, σ_X를 각각 구하여라.

이번에는 주사위의 6면에 각각 4,5,6,6,7,8의 숫자가 써 있는 것으로 문제를 바꾸어 풀어 보라. X의 확률함수를 정확히 기술해야 한다. ⊣

단평 4.38 R에서 분산을 계산해 주는 `var()` 함수는 인수로 숫자들로 이루어진 벡터를 받아들인다. 그리고 이산형 균등분포를 가정한다.

균등분포란 벡터의 원소의 개수를 n이라 할 때, 벡터의 각 원소들이 관측될 확률이 일정하게 $\frac{1}{n}$인 것이다. 그런데 `var()`를 계산할 때 이 확률을 $\frac{1}{n}$이 아닌 $\frac{1}{n-1}$로 두는 것에 유의해야 한다. 표준편차를 계산하는 함수 `sd()`도 마찬가지다. 그 이유는 나중에 다시 말하겠다. ⊣

연습문제 4.39 분포 (X, f)에서 $supp(f) = \mathbb{X} = \{1, ..., n\}$이고 각 $i \in \mathbb{X}$에 대하여 $f(i) = \frac{1}{n}$인 경우 X의 평균과 분산을 구하여 n에 대한 식으로 나타내어라. 그리고 이 결과를 `var()`과 `sd()`를 써서 확인하는 방법을 생각해 보라. ⊣

관측 결과가 성공/실패의 두 가지뿐인 시행을 여러 번 독립적으로 반복 실행할 때 각각의 시행에서의 성공확률이 일정한 경우 이를(각각의 시행을) 베르누이 시행(*Bernoulli trial*)이라고 한다. 베르누이 시행을 n번 반복했을 때 성공의 횟수가 x일 확률은, 한 번 시행에서 성공할 확률을 p라 하면

$$f(x) = \begin{cases} \binom{n}{x} p^x (1-p)^{n-x}, & \text{if } x = 0, 1, 2, \dots n \\ 0, & \text{otherwise.} \end{cases} \tag{4.14}$$

로 주어진다. $\binom{n}{x}$는 R이 제공하는함수 choose(n,x)로 얻을 수 있다. $n = 5, p = 0.3, x = 3$일 때의 확률을 얻는 2가지 방법을 아래에 보였다.

```
dbinom(3, 5, 0.3)
choose(5,3) * 0.3^3 * (1-0.3)^(5-3)
```

```
0.1323
0.1323
```

정의 4.40 2항분포(*binomial distribution*)란 확률함수가 (4.14)로 주어지는 이산형 분포인 것으로 정의된다. 2항분포는 2개의 모수 n과 p에 의해서 결정되며 이때의 분포를 $B(n,p)$로 나타낸다.

베르누이분포(*Bernoulli distribution*)란 $n = 1$인 경우의 2항분포이다. 1 개의 모수 p를 가지며 확률함수 $f(x) = p^x(1-p)^{1-x}$, $(x = 0, 1)$는 다음과 같이 나타낼 수도 있다.

$$f(x) = \texttt{ifelse}(x = 1, p, 1-p), \quad (x = 0, 1)$$ ⊣

2항분포에서 가능한 관측값들의 집합은 $\{0, 1, \dots, n\}$이며 이 집합은 $n+1$개의 원소를 가진다는 사실에 유의하라.

표기법 4.41 X가 $B(n,p)$를 따를 때 이를 $X \sim B(n,p)$로 나타낸다. 확률변수가 따르는 분포를 나타날 때 $\sim$ 기호를 이런 식으로 사용한다. 예를 들어 X가 $U(a,b)$를 따를 때 $X \sim U(a,b)$로 나타낸다. ⊣

팩트 4.42 $B(n,p)$의 평균과 분산은 각각 np와 $np(1-p)$이다.

이 사실의 증명은 [연습문제 4.62]에서 모멘트 생성함수를 써서 보였다. ⊣

[그림 4.16]은 $B(4, 0.7)$의 확률질량함수와 누적분포함수를 막대그래프로 나타낸 것이다. 이렇게 두 개의 그래프를 겹쳐서 그릴 때 두 번째 barplot()에 의해서 첫 번째 그래프가 사라지는 것을 방지하기 위하여 아래의 코드라인6에서 add=T를 인수에 더해 주었다. add=F는 디폴트이므로 첫 번째 barplot()에서 생략해도 된다.

[그림 4.16]을, 연속형 분포에 대한 확률함수와 누적분포함수의 관계를 보인 [그림 4.15]와 비교해 보라.

```
1 options(repr.plot.width=5, repr.plot.height=5)
2 cat(pbinom(0:4, 4, 0.7), "\n")
3 cat(dbinom(0:4, 4, 0.7), "\n")
4 source('./util.R')
5 barplot(pbinom(0:4, 4, 0.7), names.arg = 0:4, density=7, angle=135, space=0,
6     border=gray2, col=gray1)
7 barplot(dbinom(0:4,4,0.7), names.arg = 0:4, density=7, angle=45, space=0,
8     border=gray2, col=myblue, add=TRUE)
```

그림 4.16: 2항분포 $B(4, 0.7)$의 확률함수와 누적분포함수

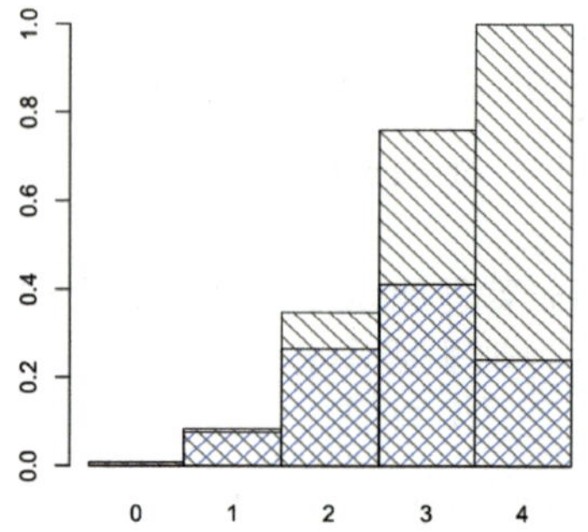

```
0.0081 0.0837 0.3483 0.7599 1
0.0081 0.0756 0.2646 0.4116 0.2401
```

다음의 [그림 4.17]은 $(n, p) = (4, 0.5)$인 경우와 $(n, p) = (15, 0.7)$인 두 경우에 대해서 각각 2항분포를 막대그래프로 나타낸 것이다. 파란 곡선은 이 2항분포들을 근사하는 정규분포 $N(2, 1)$과 $N(10.5, 3.15)$의 그래프이다. 이 그래프를 그리는 스크립트는 지면을 아끼기 위하여 여기에는 보이지 않았으며 이 책의 동반사이트에 올려 두었다.

$N(\mu, \sigma^2)$의 의미는 p114의 [정의 4.51]에 나와 있다.

그림 4.17: 2항분포의 정규분포 근사

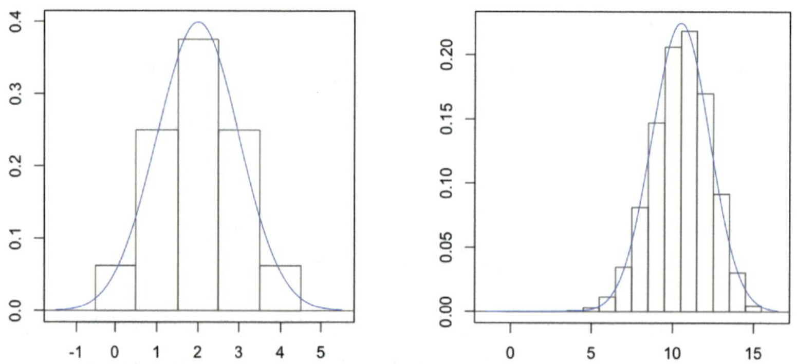

예제 4.43 주사위를 100번 던져서 5 이상의 숫자가 나오는 횟수를 X라 하자.

(1) $\mathbb{E}(X)$의 값은 np로 계산하면 된다. $n = 100$, $p = \frac{1}{3}$이므로 답은 $\frac{100}{3}$이다.

(2) $P[X > 40]$의 값은 $1 - P[X \le 40]$이다. 이것은 R이 제공하는 함수 `pbinom()`을 이용하여 계산할 수 있다. `1 - pbinom(40, 100, 1/3) = 0.06587216`.

(3) $P[25 < X < 33]$의 값도 `pbinom()`을 이용하여 계산한다. `pbinom(32, 100, 1/3) - pbinom(25, 100, 1/3) = 0.3885923`.

(4) X는 $B(100, 1/3)$을 따르게 된다. 이 X를 정규분포로 근사하여 $P[25 < X < 33]$를 구할 수 있다.

```
n = 100
p = 1/3
P1 = pbinom(32, n, p) - pbinom(25, n, p)
cat(sprintf("Exact probability = %.4f\n", P1))
m = n*p # mean
s = sqrt(n*p*(1-p)) # standard deviation
P2 = pnorm(33, m, s) - pnorm(25, m, s)
P3 = pnorm(32.5, m, s) - pnorm(25.5, m, s) # continuity correction
cat(sprintf("Normal Approx. without continuity correction = %.4f\n", P2))
cat(sprintf("Normal Approx. with continuity correction = %.4f\n", P3))
```

```
Exact probability = 0.3886
Normal Approx. without continuity correction = 0.4333
Normal Approx. with continuity correction = 0.3816
```

⊣

2항분포와 같은 이산형 분포를 정규분포와 같은 연속형 분포로 근사할 때 주의할 것이 있다. 예를 들어 $X \sim B(4, 0.5)$를 $N(2, 1)$로 근사했을 때 $P[X = 3]$ = dbinom$(3, 4, 0.5)$를 pnorm$(3, 2, 1)$ − pnorm$(3, 2, 1) = 0$으로 근사하면 안 되는 것이 당연하다. [그림 4.17]에서 보면 이 확률은 pnorm$(3.5, 2, 1)$ − pnorm$(2.5, 2, 1)$로 근사해야 하는 것을 알 수 있다. 이러한 작업을 연속성 보정(*continuity correction*)이라고 하며, 연속형 분포로 이산형 분포를 근사할 때는 하지 말라고 특별히 요구받지 않은 이상 꼭 연속성 보정을 해 주어야 한다.

분위함수와 누적분포함수를 확실하게 이해하고 어떤 상황에서든지 자연스럽고 편하게 사용하는 것이 통계학의 기본기 중 하나이다.

연속형 분포에 대해서는 분위함수와 누적분포함수는 서로 역함수이다.† 이산형 분포에 대해서는 이 둘이 대략 서로 역함수이지만 정확히 일치하지는 않는다.

분위함수와 누적분포함수가 서로 역함수일 필요충분조건은 의외로 찾기 쉽다. '역함수가 존재'하기 위한 필요충분조건은 그 함수가 '1-1 대응일 것'임은 잘 알려져 있다. 연속함수가 1-1 대응이기 위하여는 순증가strictly increasing 혹은 순감소strictly decreasing이어야 하는데 누적분포함수는, 양의 값을 가지는 함수를 적분하여 얻은 함수이므로 항상 연속이며 또한 단조증가 함수이므로 순증가 여부만 확인하면 된다. 이산형 확률변수의 누적분포함수는 [그림 4.16]에서 보듯이 그래프가 계단 형태이므로 수평인 부분이 있어 순증가 함수가 아니며 따라서 역함수를 가질 수 없다. 연속형 확률변수는 대부분 특정한 구간에서는 역함수를 가지지만 실수의 전구간 $(-\infty, \infty)$에서는 역함수를 갖지 못할 수 있다. 예를 들어 [그림 4.15]에 보인 균등분포가 그러하다.

연습문제 4.44 [그림 4.18]은 표준정규분포 $N(0, 1)$의 누적분포함수, 즉 $x \mapsto$ pnorm$(x, 0, 1)$과 이것의 역함수의 그래프, 그리고 $N(0, 1)$의 분위함수, 즉 $x \mapsto$ qnorm$(x, 0, 1)$과 이것의 역함수의 그래프를 그린 것이다. 이 그림을 그리는 R-스크립트를 작성하여라. (이를 통하여 CDF와 분위함수는 서로 역함수임을 확인할 수 있다.)

[그림 4.19]는 2항분포 $B(10, 0.5)$ 및 이것의 정규근사인 $N(5, 2.5)$의 CDF의 그래프, 그리고 이들 분포의 분위함수의 그래프를 그린 것이다. 이 그림을 그리는 R-스크립트를 작성하여라.

$B(10, 0.5)$의 CDF와 분위함수는 서로의 역함수가 아님을 증명하는 반례를 찾아 계산해 보라. 식 (4.12)가 도움이 될 수 있다. ⊣

†CDF의 정의역을 PDF의 받침으로 제한하면 그러하다.

그림 4.18: 누적분포함수와 분위함수 (정규분포)

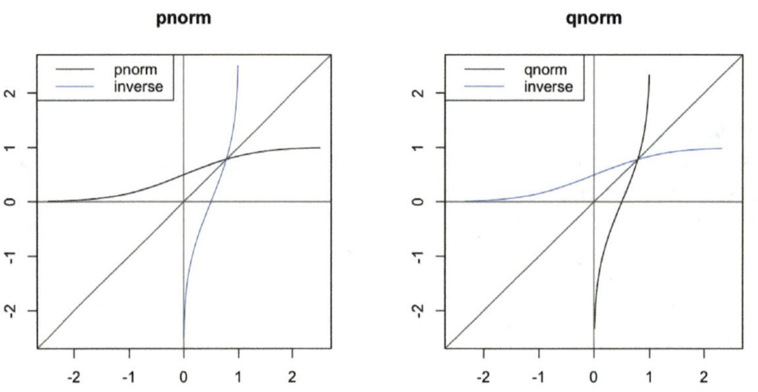

그림 4.19: 누적분포함수와 분위함수 (2항분포)

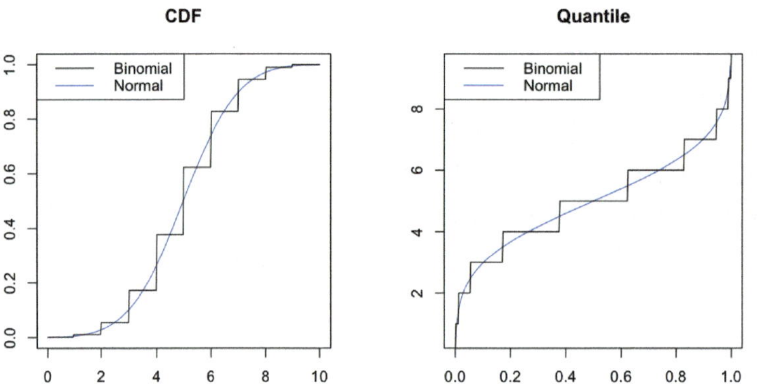

연습문제 4.45 개구리 한 마리가 수직선 상의 0 위에 앉아 있다. 이 개구리는 왼쪽으로 뛸 확률이 0.5, 오른쪽으로 뛸 확률이 0.5이다. 뛰는 거리는 1로 일정하다. 이 개구리가 100번 뛰었을 때, 개구리의 위치의 기댓값은 얼마인가? 개구리와 원점 간의 거리의 기댓값은 얼마인가? 그리고 개구리와 원점 간의 거리의 제곱의 기댓값은 얼마인가?

문제의 조건을 다음과 같이 바꾸어서 답을 구해 보아라. 결과가 원래 문제와 비교하여 특이한 점은 없는가? 관찰한 바를 설명하여라.

(1) 오른쪽으로 뛰는 거리는 2, 왼쪽으로 뛰는 거리는 1. 확률은 그대로 0.5, 0.5.

(2) 뛰는 거리는 그대로 1, 1. 확률은 오른쪽 2/3, 왼쪽 1/3. ⊣

(힌트). 위치는 $\sum_{k=0}^{100} 2(k-50)\binom{100}{k}(\frac{1}{2})^{100}$. 거리 계산에서는 $2(k-50)$ 을 $2\,|k-50|$ 으로 바꾸고, 거리제곱 계산에서는 $4\,|k-50|^2$ 으로 바꾼다. 여기서 첨수변수 k는 무엇을 의미하는가?

기댓값들은 https://www.wolframalpha.com에서 계산하여 얻을 수 있다. R에서 계산한 결과와 비교해 보라. 예를 들어 R에서 거리 제곱의 기댓값의 계산은 다음과 같이 한다.

```
kvec = 0:100
0.5^100 * sum(4*(kvec-50)^2*choose(100,kvec))
```

문제 4.46 다음의 문제들을 생각해 보자.

(1) 어떤 회사에서 생산하는 전력선power cable은 1m에 평균 0.01개의 결함이 발견된다고 했을 때, 이 전력선 1000m에 결함이 8개 이하일 확률은 얼마인가?

(2) 어떤 책의 한 페이지에서 존재하는 오타의 개수가 평균 0.12라 했을 때, 이 책 50 페이지에서 7 개 이상의 오타가 발견될 확률은 얼마인가?

(3) 어떤 가게에는 1시간에 평균 손님이 4명 온다고 한다. 이 가게에 90분 동안 손님이 8명 이상, 12명 이하로 올 확률은 얼마인가? ⊣

위의 3 문제는 아래와 같은 공통점을 가진다. 우리가 관측하는 것은 어떤 기간(시간, 길이, 면적, 개수 등)에 발생하는 특정 사건의 개수이다. 단, 단위 기간 동안에 그 사건의 발생 횟수의 기댓값은 그 기간의 위치에 관계없이 일정하다.

프랑스의 수학자 S. Poisson은 어떤 기간에 발생하는 사건의 개수의 기댓값이 λ 라고 했을 때 그 기간 동안에 사건이 x번 발생할 확률이 다음의 식으로 주어짐을 발견하였다.

$$f(x) = \begin{cases} \frac{\lambda^x e^{-\lambda}}{x!}, & \text{if } x = 0, 1, \dots \\ 0, & \text{otherwise.} \end{cases} \tag{4.15}$$

확률함수가 (4.15)로 주어지는 이산형 분포를 포아송분포(*Poisson distribution*) 라고 한다. 포아송분포의 모수는 λ이다. 모수가 λ인 포아송분포를 Poisson(λ) 로 나타내는데 이러한 분포의 기댓값과 분산은 모두 λ임이 알려져 있다. λ는 임의의 양수를 값으로 취할 수 있으며 반드시 자연수일 필요는 없다.

연습문제 4.47 (4.15)에 주어진 함수는 이산형 분포의 확률함수가 될 수 있음을 보이시오. (힌트: 함수 $x \mapsto e^x$의 테일러급수를 이용한다.) ⊣

연습문제 4.48 R이 포아송분포를 위하여 제공하는 4개의 함수는 `dpois()`, `ppois()`, `qpois()`, `rpois()`이다. 인수는 `dpois(`x, λ`)` 형태로 넣어 사용한다. 이 함수들을 이용하여 앞서 제시했던 문제 4.46에 답해 보라. ⊣

실습 4.49 `dpois()`와 (4.15)가 일치함을 확인하는 R-세션을 아래에 보였다. $\lambda = 4$이고 $x = 0, 1, \dots, 9$의 경우에 대해서 계산한 결과이다. 소숫점 이하 4자리에서 반올림했다.

```
lambda = 4; xvec = 0:9
cat(round(lambda^xvec * exp(-lambda) / factorial(xvec), digits=4), "\n")
cat(round(dpois(xvec, lambda), digits=4), "\n")

0.0183 0.0733 0.1465 0.1954 0.1954 0.1563 0.1042 0.0595 0.0298 0.0132
0.0183 0.0733 0.1465 0.1954 0.1954 0.1563 0.1042 0.0595 0.0298 0.0132
```

다음 그림은 $\lambda = 4, 8, 14$인 3 경우 각각에 대한 포아송 분포를 막대그래프로 나타낸 것이다. 각각의 그래프에서 가장 긴 막대 2개의 길이가 일치하는 까닭을 설명해 보라.

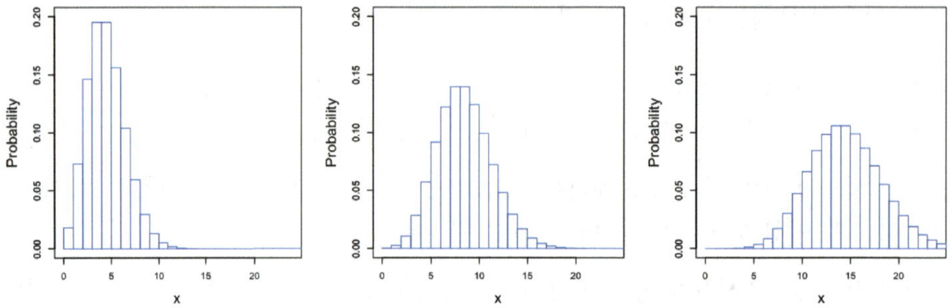

Poisson(λ)의 기댓값과 분산은 모두 λ가 되며 따라서 이 분포는 $N(\lambda, \lambda)$로 근사할 수 있음이 알려져 있다.

4.2.6 연속형 확률분포

이산형 분포를 기술하는 방법으로는 표를 사용하는 것과 수식을 사용하는 2가지가 있다고 했는데, 연속형 분포를 기술할 때는 표는 활용에 한계가 있는 것이 당연하다. 왜냐하면 확률밀도함수를 $f(x)$라 했을 때 x가 연속적으로 변하는 것에 따른 $f(x)$의 값의 모든 변화를 표로 나타내기 위해서는 표의 크기가 무한대가 되어야 할 것이기 때문이다.

거의 모든 통계학 책은 부록에 여러 중요한 분포들에 대한 표를 싣고 있으며, 이 표들은 특정한 x 값들에 대한 누적분포함수의 값을 담고 있거나 또는 특정한 누적확률들에 대한 분위수$_{\text{quantile}}$ 값을 담고 있다.† 예를 들어 표준정규분포표는‡ 통상 누적확률 pnorm$(x, 0, 1)$의 값을 $-3.5 \leq x \leq 3.5$ 범위에서 (연속적으로는 아니고) 0.01 간격으로 구할 수 있도록 되어 있다. 표를 만들 때는 x값의 변화뿐만이 아니라 모수(예를 들어 포아송분포의 경우에는 λ, 2항분포의 경우에는 (n, p))의 변화도 표에 담아야 하므로, 연속형 분포는 물론이고 이산형 분포의 경우에도 원하는 만큼의 정보를 충분히 담기에는 표가 너무 커지게 되기 쉽다.

우리는 주어진 분포의 사건에 대한 확률을 계산할 때 R이 제공하는 함수들을 사용할 것이므로 표의 완결성에 대한 걱정은 덜었다고 볼 수 있다. 하지만 전통적인 방법대로 분포표를 읽는 것도 필요하므로 이 책의 동반 웹사이트에 중요 분포표들의 모아 올려 두었다: [보충자료 – 제4장 – dist_tables.pdf]

연습문제 4.50 연속형 균등분포의 평균과 분산을 계산하여라. 이 분포는 [정의 4.26]에서 확률함수가

$$f(x) = \texttt{ifelse}(a < x < b,\ \tfrac{1}{b-a},\ 0)$$

로 주어졌었다. ⊣

정의 4.51 정규분포(*normal distribution*)는 아래의 확률함수를 가지는 분포를 말한다.

$$f(x) = \frac{1}{\sigma\sqrt{2\pi}} e^{-\frac{1}{2}\left(\frac{x-\mu}{\sigma}\right)^2}, \quad -\infty < x < \infty \tag{4.16}$$

† 실은 (1 – 누적확률)에 대한 임곗값(critical value)을 담고 있다.

‡ (표준) 정규분포는 [정의 4.51]에 기술되어 있다.

정규분포는 2개의 모수 μ와 σ^2를 가진다. 이러한 모수를 가지는 정규분포를 $N(\mu,\sigma^2)$으로 나타낸다. $N(0,1)$을 표준정규분포(*standard normal distribution*) 라고 하며 Z로 나타낸다. Z의 확률밀도함수는 $x \mapsto \frac{1}{\sqrt{2\pi}}e^{-\frac{1}{2}x^2}$이 된다. ⊣

(주의). $N(\mu,\sigma^2)$에 대응하는 R-함수들은 모수로 μ와 σ를(σ^2이 아님) 사용한다는 것에 유의해야 한다. 예를 들어 $X \sim N(0,4)$일 때 $P[X < 3]$의 값은 `pnorm`$(3,0,4)$가 아니라 `pnorm`$(3,0,2)$이다.

연습문제 4.52 $\int_{-\infty}^{\infty} e^{-x^2}\,\mathrm{d}x = \sqrt{\pi}$임이 (3.29)에 나와 있다. 이 사실을 이용하여 (4.16)에 주어진 정규분포의 확률밀도함수 f를 $(-\infty,\infty)$에서 정적분하면 1이 됨을 증명하여라. (힌트: 치환적분, 또는 [예제 3.18]) ⊣

팩트 4.53 $X \sim N(\mu,\sigma^2)$이면

$$\mathbb{E}[X] = \mu, \quad Var(X) = \sigma^2$$

이 된다.

(증명). [정리 4.67]에 나와 있다. □

팩트 4.54 연속형 확률변수 X의 확률함수를 f_X라 했을 때 $a,b \in \mathbb{R}$, $a \neq 0$에 대해서 $Y \stackrel{\text{def}}{=} aX+b$의 확률함수 f_Y는

$$f_Y(y) = \frac{1}{|a|} f_X\left(\frac{y-b}{a}\right) \tag{$*$}$$

가 된다. 따라서 X가 정규분포 $N(\mu,\sigma^2)$을 따른다면 $aX+b$도 그러하다.

그리고

$$\frac{X-\mu}{\sigma} \sim N(0,1) \tag{4.17}$$

이 성립한다. 따라서 $Z = \frac{X-\mu}{\sigma}$로 놓을 수 있다.

(해설). 등식 $(*)$는 (3.33)과 (3.34)에서 보였다.

정규분포를 따르는 확률변수 X의 1차함수 $Y = aX+b$의 확률함수는 $(*)$에 의하여

$$f_Y(y) = \frac{1}{|a|}\cdot\frac{1}{\sigma\sqrt{2\pi}}e^{-\frac{1}{2}\left(\frac{1}{\sigma}\cdot\left(\frac{y-b}{a}-\mu\right)\right)^2} = \frac{1}{|a|\,\sigma\sqrt{2\pi}}e^{-\frac{1}{2}\left(\frac{y-(a\mu+b)}{a\sigma}\right)^2}$$

가 되므로 Y는 평균 $a\mu+b$, 표준편차 $|a|\,\sigma$의 정규분포를 따른다.

$Y = \frac{X-\mu}{\sigma}$로 두면 이것은 $a=\frac{1}{\sigma}$, $b=-\frac{\mu}{\sigma}$인 경우이므로 Y의 평균은 $a\mu+b = \frac{1}{\sigma}\mu - \frac{\mu}{\sigma} = 0$, 표준편차는 $\frac{\sigma}{|\sigma|} = 1$이 된다. 그러므로 $\frac{X-\mu}{\sigma}$는 평균 0, 표준편차 1인 정규분포, 즉 $N(0,1)$를 따른다. □

연습문제 4.55 확률변수 X의 PDF가 다음과 같이 주어졌을 때 확률변수 $2X+1$의 PDF의 식을 쓰고 그래프를 그리시오.

(1) $f(x) = \begin{cases} \frac{1}{2} & \text{if } 0 < x < 2, \\ 0 & \text{otherwise.} \end{cases}$

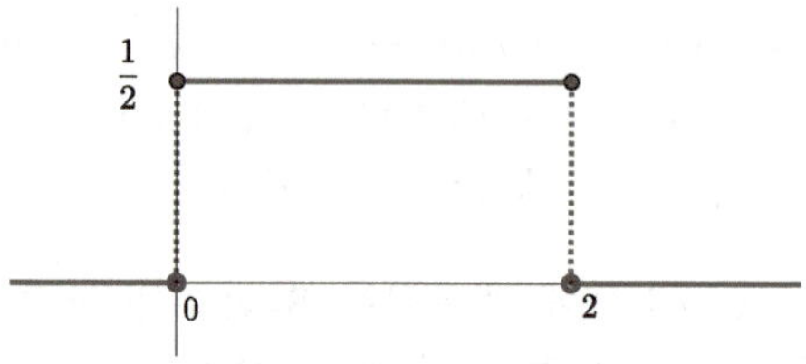

(2) $f(x) = \begin{cases} x & \text{if } 0 \le x < 1, \\ 2 - x & \text{if } 1 \le x < 2, \\ 0 & \text{otherwise.} \end{cases}$

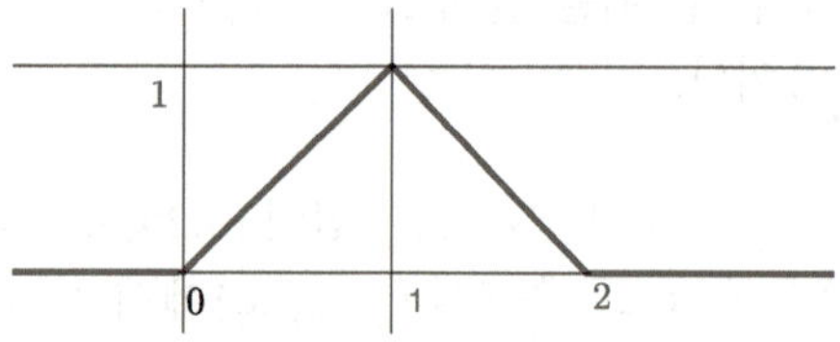

$\dashv$

위의 문제에서 제일 먼저 구해야 할 것은 $2X + 1$의 받침이다. 그 다음에는 확률밀도함수의 정적분 값이 1이 된다는 것을 이용한다. 다음의 문제도 마찬가지다.

연습문제 4.56 확률변수 X의 PDF가 f라 했을 때 다음 확률변수들의 PDF는 무엇인가?

(1) $-X$

(2) aX

(3) $aX + b$, $(a, b \in \mathbb{R})$

(4) $g(X)$, $g \in \mathbb{R} \to \mathbb{R}$ $\dashv$

$X \sim N(\mu, \sigma^2)$일 때 $\frac{X-\mu}{\sigma} \sim N(0,1)$을 자주 사용하는데 이것은 $aX + b$에서 a와 b가 각각 $\frac{1}{\sigma}$, $-\frac{\mu}{\sigma}$인 경우이다.

실습 4.57 $X \sim N(60, 16)$일 때 $P[52 \le X \le 62]$, $P[X \le 52]$ 및 $P[X > 62]$를 각각 구해 보자. 2가지 방법이 있다. 하나는 pnorm(x, 60, 4)를 이용하는 것이고, 다른 하나는 $Y = \frac{X-60}{4}$로 놓고 pnorm(x), 즉 pnorm(x, 0, 1)을 이용하는 것이다. 아래에 이를 위한 R-세션을 보였다.

```
m=60; s=4
pnorm(62, m, s) - pnorm(52, m, s)
a = (52 - m)/s; b = (62 - m)/s
cat(sprintf("a = %.1f, b = %.1f\n", a, b))
pnorm(b) - pnorm(a)
```

```
0.668712329325834
a = -2.0, b = 0.5
0.668712329325834
```

$\dashv$

연습문제 4.58 $X \sim N(60, 16)$일 때, ① $P[a < X < b] = P[-1.0 < Z < 1.5]$가 되도록 a와 b를 구하여라. 그리고 $P[X < a \text{ or } X > b]$의 값을 계산한 다음 이 값을 표준정규분포의 그래프에 시각화 하여 나타내어라.

② $P[Z > a] = 0.05$인 $a \in \mathbb{R}$을 찾아라. (이러한 a를 $z_{0.05}$로 나타낸다.)

③ $P[Z < -a \text{ or } Z > a] = 0.05$가 되는 $a \in \mathbb{R}$을 찾아라. (이러한 a를 $z_{0.025}$로 나타낸다. 참고로 실수 $0 < \alpha < 1$에 대해서 z_α는 $P[Z > a] = \alpha$)인 a를 뜻하며 이를 *z-critical value*, 또는 z-임곗값이라고 부른다. z_α = qnorm($1 - \alpha$)임을 알 수 있을 것이다.) $\dashv$

(힌트). 연습문제에서 요구하는 영역의 여집합을 아래의 그래프에서 회색으로 빗금쳐서 나타내었다. 이를 실행하는 다음의 코드를 참고하여라.

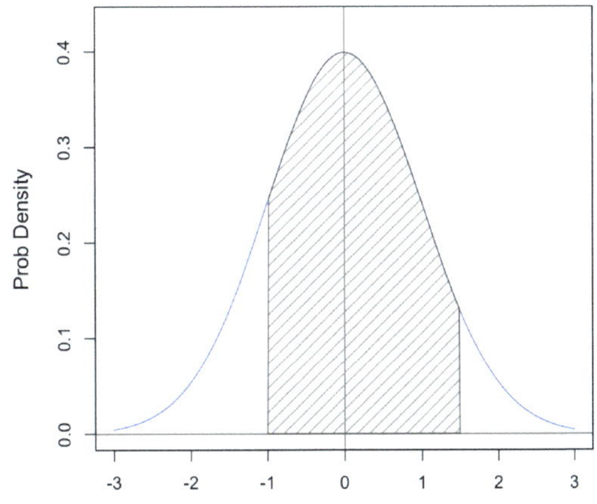


```
1 cat(sprintf("P[-1 < X < 1.5] = %.4f", pnorm(1.5,0,1) - pnorm(-1,0,1)))
2 xvec = seq(-3, 3, length=200) # vector of x-coordinates
3 pd = dnorm(xvec) # vector of y-coordinates (pd = prob density)
4 plot(c(-3,3), c(0,0.43), type="n", xlab="", ylab="Prob Density", cex.lab=1.2)
5 source('./util.R')
6 lines(xvec, pd, col=myblue)
7 abline(h=0, col=gray2) # x-axis
8 abline(v=0, col=gray2) # y-axis
9 xv = xvec[xvec >= -1.0 & xvec <=1.5] # use logical index vector
10 yv = pd[xvec >= -1.0 & xvec <=1.5]
11 xv1 = c(xv, 1.5, -1.0) # add 2 x-coords of 2 points on x-axis
12 yv1 = c(yv, 0, 0) # add 2 y-coords of 2 points on x-axis
13 polygon(xv1, yv1, col=gray1, border=gray2, density=10) # polygon() function
```

(해설). 정규분포의 확률함수는 정의역이 실수 전체의 집합이므로 그래프 전체를 그리려면 폭이 무한대가 되어야 한다. 그래서 확률이 0과 거리가 어느 정도 있는 부분 $(-3, 3)$만을 취하여 이 구역에서 200개의 점을 선택하고 이들을 이어 곡선을 그렸다. dnorm$(3, 0, 1) = 0.0044$를 확인해 보라.

그래프에서 가장 높은 점의 y-좌표는 dnorm$(0, 0, 1) = 0.3989$로 확인되므로 캔버스의 크기를 (c(-3,3),c(0,0.43))으로 지정했다.

$-1.0 \leq x \leq 1.5$ 영역을 색깔로 채우기 위한 함수는 라인12에서 사용한 polygon()이다. x-축 상에 2개의 점을 더하는 라인 10과 11을 주목하라. ⊣

연속형 분포 중에 아직 언급하지 않은 것으로 t-분포(*Student's t-distribution*), χ^2-분포(χ^2-*distribution*), F-분포(*F-distribution*)의 3개가 있다. χ^2-분포는 "카이제곱분포"라고 읽는다. 이 분포들의 의미와 사용법은 §5.1에서 설명할 것이며, 여기서는 각각의 PDF만 말하고 지나가기로 한다. 이 함수들의 식은 상당히 복잡하며 다음의 식으로 정의되는 감마함수(*Gamma function*) $\Gamma(x)$를 사용한다.

$$\Gamma(x) \stackrel{\text{def}}{=} \int_0^\infty t^{x-1}e^{-t}\,\mathrm{d}t, \quad (x > 0) \tag{4.18}$$

위 식을 암기할 필요는 없다. 참고로 $x \in \mathbb{N}$일 때는 $\Gamma(x) = (x-1)!$가 성립함을 말해 둔다. 다음의 등식은 이에 못지 않게 중요하며 식 (3.32)를 사용하면 어렵지 않게 보일 수 있다.

$$\Gamma(\tfrac{1}{2}) = \sqrt{\pi} \tag{4.19}$$

t-분포는 1개의 모수 $d \in \mathbb{N}$를 가지며 $t(d)$로 나타낸다. d는 자유도(*degrees of freedom*)라고 한다. 자유도는 $d.f.$로 나타내기도 한다.

χ^2-분포는 1개의 모수 $d \in \mathbb{N}$를 가지며 $\chi^2(d)$로 나타낸다. d는 자유도이다.

F-분포는 2개의 모수 $d_1, d_2 \in \mathbb{N}$를 가지며 $F(d_1, d_2)$로 나타낸다. d_1은 분자의 자유도, d_2는 분모의 자유도이다. (분자, 분모의 의미는 나중에 설명한다.)

방금 소개한 3개의 분포에 대한 PDF를 각각 $f_t(x;d)$, $f_{\chi^2}(x;d)$, $f_F(x;d_1,d_2)$라 놓고 아래에 그 식을 보였다. 각 함수에 대해서 그것의 식보다도 정의역에 주목하기 바란다.

$$f_t(x;d) = \frac{\Gamma(\frac{d+1}{2})}{\sqrt{d\pi}\,\Gamma(\frac{d}{2})}\left(1+\frac{x^2}{d}\right)^{-\frac{d+1}{2}}, \quad (-\infty < x < \infty,\ d \in \mathbb{N}) \tag{4.20}$$

$$f_{\chi^2}(x;d) = \frac{1}{2^{\frac{d}{2}}\Gamma(\frac{d}{2})}x^{\frac{d}{2}-1}e^{-\frac{x}{2}}, \qquad (0 < x < \infty,\ d \in \mathbb{N}) \tag{4.21}$$

$$f_F(x;d_1,d_2) = \frac{\Gamma(\frac{d_1+d_2}{2})}{\Gamma(\frac{d_1}{2})\Gamma(\frac{d_2}{2})}\left(\frac{d_1}{d_2}\right)^{\frac{d_1}{2}} x^{\frac{d_1}{2}-1}\left(1+\frac{d_1}{d_2}x\right)^{-\frac{d_1+d_2}{2}}, \tag{4.22}$$

$$(0 < x < \infty,\ d_1, d_2 \in \mathbb{N})$$

이 세 함수들의 식을 암기할 필요는 전혀 없다.

R에서는 각 분포마다 4개의 함수를 제공하므로 이 3개의 분포에 대하여 아래와 같이 총 12개의 함수가 제공된다.

- t-분포: dt(x,d), pt(x,d), qt(p,d), rt(n,d),
- χ^2-분포: dchisq(x,d), pchisq(x,d), qchisq(p,d), rchisq(n,d),
- F-분포: df(x,d_1,d_2), pf(x,d_1,d_2), qf(p,d_1,d_2), rf(n,d_1,d_2)

위 함수들의 인수들 중에 p는 확률이므로 $0 \sim 1$의 값을 주어야 하며, n은 개수이므로 자연수 값을 주어야 한다. 자유도 d, d_1, d_2는 대체로 자연수이나 꼭 그럴 필요는 없다.

t-분포의 그래수는 정규분포의 종형bell-shaped 그래프와 닮아서 0을 중심으로 좌우 대칭이고 0에서 최댓값을 가지며 $x \to \infty, -\infty$로 가면 0으로 수렴한다.

χ^2-분포와 F-분포의 그래프는 $x > 0$의 영역에만 존재하며 형태가 서로 유사하므로 개형만 보고는 둘 중의 어떤 분포인지 알기 어렵다.

실습 4.59 t-분포의 그래프를 자유도 8, 2, 1 인 경우에 대해서 아래에 보였다. 표준정규분포의 그래프도 같이 그렸다. 자유도 $d.f.$가 클수록 $N(0,1)$과 근사하게 되며 $d.f. > 30$이면 거의 $N(0,1)$과 같은 것으로 취급한다.

```
xvec = seq(from=-3.5, to=3.5, by=0.05)
yvec_norm = dnorm(xvec)
```

```
plot(range(xvec), c(0,max(yvec_norm)), type="n", xlab="", ylab="")
source('./util.R')
abline(h=0,col=gray2)
lines(xvec, yvec_norm, col=myblue,lty=1, lwd=1.5)
yvec_t1 = dt(xvec,1)
lines(xvec, yvec_t1, col=gray2,lty=4, lwd=1.5)
yvec_t2 = dt(xvec,2)
lines(xvec, yvec_t2, col=gray2,lty=3, lwd=1.5)
yvec_t8 = dt(xvec,8)
lines(xvec, yvec_t8, col=gray2,lty=2, lwd=1.5)
legend("topleft", legend=c("N(0,1)", "t(8)", "t(2)", "t(1)"),
                  text.width=0.8, y.intersp=1.2, lty = c(1,2,3,4), lwd=1.5,
                  col=c(myblue, gray2, gray2, gray2))
```

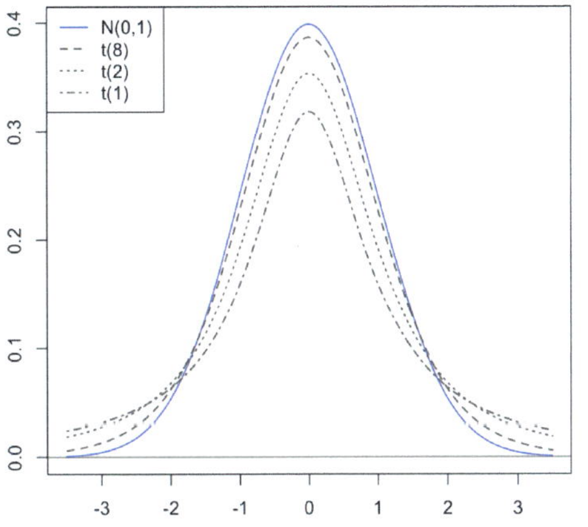

연습문제 4.60 χ^2-분포와 F-분포에 대해서도 모수의 값을 바꿔 가면서 그래프를 그려 보라. 대략 다음과 같은 그림을 얻으면 된다. ⊣

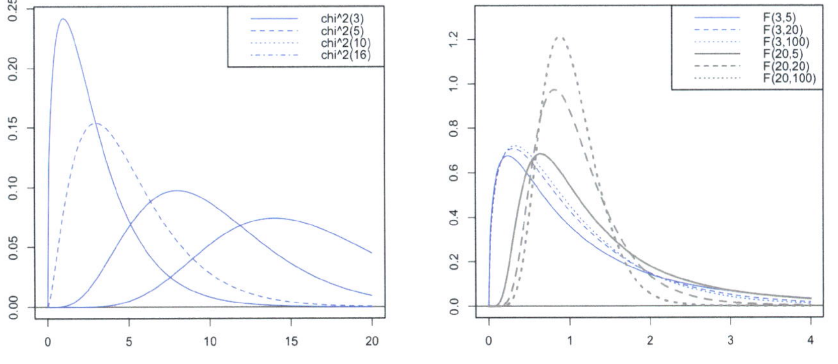

확률변수의 분포에서 정규분포가 흔하게 나타나는 이유는 이것이 2항분포의 극한이기 때문이다. [그림 4.17]에서 보인 정규근사의 그래프에서 n이 커지면 2항분포가 정규분포에 얼마든지$_{\text{arbitrarily}}$ 근접함을 짐작할 수 있다. 예를 들어 인간의 키가 정규분포를 따르는 이유는 다음과 같이 설명된다: 키를 결정짓는 유전자가 n-개 있다고 하자. 각 유전자가 키에 미치는 영향은 일정하고, 각 유전자가 발현될 확률도 p로 일정하다고 가정하자. (실제로는 일정하지 않을 것이지만 논의가 좀 더 복잡해질 뿐 본질적으로는 문제가 없다.) 그렇다면 개인의 키는 그에게 발현된 키 관련 유전자의 개수에 비례할 것이며 이것은 정확히 $B(n,p)$-분포를 따르게 되어 있다.

4.2.7 모멘트 생성 함수*

정의 4.61 확률변수 X에 대해서 $(X-a)^k$의 기댓값을 "X의 a를 기준으로 하는 k-번째 모멘트(k-th *moment* of X about a)"라고 한다. $a=0$일 때는 이것을 "X의 k-번째 모멘트"라고 한다. 예를 들어 μ_X는 X의 1번째 모멘트이고 σ_X^2는 X의 μ_X를 기준으로 하는 2번째 모멘트이다.

모멘트 생성함수(*moment generating function*) MGF는 t의 함수 $M_X(t)$로서 다음과 같이 정의된다. 단, 여기서 $f(x)$는 X의 확률함수이다.

$$M_X(t) \stackrel{\text{def}}{=} \mathbb{E}[e^{tX}] = \sum_i e^{tx_i} f(x_i), \quad (\text{이산형})$$

$$\stackrel{\text{def}}{=} \mathbb{E}[e^{tX}] = \int_{-\infty}^{\infty} e^{tx} f(x)\,\mathrm{d}x \quad (\text{연속형})$$

$M_X(t)$의 값이 계산되는 어떤 0 주변의 개구간 $(-t_0, t_0)$가 존재할 때 우리는 X의 MGF가 존재한다고 말한다. ⊣

두 분포 X와 Y가 동일한 MGF를 가진다면, 즉 $(\forall t \in (-t_0, t_0))\big(M_X(t) = M_Y(t)\big)$가 성립하면 $(\forall x \in \mathbb{R})\big(f_X(x) = f_Y(x)\big)$이다. 우리는 이 사실을 증명없이 받아들이기로 한다.

우리는 $M_X^{(k)}(0)$, 즉 $M_X(t)$를 k번 미분하여 얻은 도함수의 $t=0$에서의 값에 관심을 둔다. $k=0$인 경우는 대단히 쉽다.

$$M_X^{(0)}(0) = M_X(0) = \mathbb{E}[e^0] = \mathbb{E}[1] = 1$$

다음은 이산형 분포에 대하여 $k=1,2$인 경우를 보자.

$$\frac{\mathrm{d}M_X}{\mathrm{d}t} = \frac{\mathrm{d}}{\mathrm{d}t}\sum_i e^{x_i t} f(x_i) = \sum_i \frac{\mathrm{d}}{\mathrm{d}t} e^{x_i t} f(x_i) = \sum_i x_i e^{x_i t} f(x_i)$$

$$\therefore\ M_X'(0) = \sum_i x_i e^0 f(x_i) = \mathbb{E}[X] \tag{4.23}$$

$$\frac{\mathrm{d}^2}{\mathrm{d}t^2} M_X(t) = \frac{\mathrm{d}}{\mathrm{d}t}\sum_i x_i e^{x_i t} f(x_i) = \sum_i \frac{\mathrm{d}}{\mathrm{d}t} x_i e^{x_i t} f(x_i) = \sum_i x_i^2 e^{x_i t} f(x_i)$$

$$\therefore\ M_X''(0) = \sum_i x_i^2 e^0 f(x_i) = \mathbb{E}[X^2] \tag{4.24}$$

이런 식으로 계속하면, 엄격하게 말하자면 수학적 귀납법을 사용하면

$$M_X^{(k)}(0) = \mathbb{E}[X^k] \tag{4.25}$$

임을 증명할 수 있다. (4.25)는 X가 연속형인 경우에도 이산형일 때와 별반 다르지 않은 계산을 거쳐 증명할 수 있다. (4.25)의 좌변은 MGF로부터 얻은 것이고 우변은 모멘트이므로 이제

MGF를 모멘트 생성함수라고 이름붙인 이유가 설명된다.

예제 4.62 $X \sim B(n,p)$일 때 $\mathbb{E}[X] = np$, $Var(X) = np(1-p)$임을 다음과 같이 보일 수 있다.

$$M_X(t) = \sum_{x=0}^{n} e^{xt}\binom{n}{x}p^x(1-p)^{n-x} = \sum_{x=0}^{n}\binom{n}{x}(pe^t)^x(1-p)^{n-x} = (pe^t+1-t)^n$$
$$M_X'(t) = n(pe^t+1-t)^{n-1}pe^t$$
$$\therefore\ \mathbb{E}[X] = M_X'(0) = n(p+1-p)p = np \checkmark$$
$$M_X''(t) = n(n-1)(pe^t+1-p)^{n-2}pe^tpe^t + n(pe^t+1-t)^{n-1}pe^t$$
$$M_X''(0) = n(n-1)(1)p^2 + n(1)p = n^2p^2 - np^2 + np$$
$$\therefore\ Var(X) = \mathbb{E}[X^2] - (np)^2 = -np^2 + np = np(1-p) \checkmark$$

연습문제 4.63 [연습문제 4.9]를 일반화 하여 $f(x) = p(1-p)^x,\ x = 1, 2, \ldots$를 확률함수로 가지는 이산형 분포 X를 얻었을 때 X의 평균과 분산을 모멘트 생성함수를 사용하여 구하여라. ($p = 0.5$인 경우가 [연습문제 4.9] 임.) (힌트). 무한등비급수의 합의 공식 ⊣

연습문제 4.64 포아송분포의 평균과 분산을 구하여라. ⊣

보조정리 4.65 X가 확률변수이고 $Y = aX + b$일 때 Y의 MGF는 다음과 같이 계산된다.

$$M_Y(t) = e^{bt}M_X(at) \tag{4.26}$$

(증명). MGF의 정의를 따라서 다음과 같이 평이하게 계산하면 된다.

$$M_Y(t) = \mathbb{E}\left[e^{tY}\right] = \mathbb{E}\left[e^{t(aX+b)}\right] = \mathbb{E}\left[e^{t(aX)}e^{tb}\right]$$
$$= e^{bt}\mathbb{E}\left[e^{atX}\right] = e^{bt}M_X(at)$$ □

보조정리 4.66 $X \sim N(\mu, \sigma^2)$일 때 이 확률변수의 모멘트 생성함수 $M_X(t)$는 다음과 같다.

$$M_X(t) = e^{\mu t + \sigma^2 t^2/2} \tag{4.27}$$

(증명). X의 확률밀도함수는 (4.16)에 나와 있듯이 $f(x) = \frac{1}{\sigma\sqrt{2\pi}}e^{-\frac{1}{2}\left(\frac{x-\mu}{\sigma}\right)^2}$이다. 우선 $Z \sim N(0,1)$에 대해서 $M_Z(t) = e^{t^2/2}$를 보이겠다.

$$M_Z(t) = E\left[e^{tZ}\right] = \int_{-\infty}^{\infty} e^{tz}\frac{1}{\sqrt{2\pi}}e^{-z^2/2}\,dz = \int_{-\infty}^{\infty}\frac{1}{\sqrt{2\pi}}e^{-\left(z^2-2tz\right)/2}\,dz$$
$$= e^{t^2/2}\int_{-\infty}^{\infty}\frac{1}{\sqrt{2\pi}}e^{-\left(z^2-2tz+t^2\right)/2}\,dz = e^{t^2/2}\int_{-\infty}^{\infty}\frac{1}{\sqrt{2\pi}}e^{-(z-t)^2/2}\,dz$$

맨 뒤의 정적분 $\int_{-\infty}^{\infty}\frac{1}{\sqrt{2\pi}}e^{-(z-t)^2/2}\,dz$는 (3.31)을 적용하면 그 값이 1이 됨을 알 수 있다. 이것으로써 우리가 원하던 $M_Z(t) = e^{t^2/2}$를 얻었다.

$X = \sigma Z + \mu$이므로 (4.26)을 적용하면

$$M_{\sigma Z+\mu} = e^{\mu t}M_Z(\sigma t) = e^{\mu t}e^{(\sigma t)^2/2} = e^{\mu t + \sigma^2 t^2/2}$$

를 얻는다. □

정리 4.67 $X \sim N(\mu, \sigma^2)$이면 $\mathbb{E}[X] = \mu$, $Var(X) = \sigma^2$이다.

(증명). $M_X(t) = e^{\mu t + \sigma^2 t^2/2}$이므로 다음과 같이 계산할 수 있다.

$$\begin{aligned}
M'_X(t) &= e^{\mu t+\sigma^2 t^2/2} \cdot (\mu + \sigma^2 t) \\
M'_X(0) &= e^0 \cdot (\mu + 0) = \mu \\
M''_X(t) &= e^{\mu t+\sigma^2 t^2/2} \cdot (\mu + \sigma^2 t)^2 + e^{\mu t+\sigma^2 t^2/2} \cdot (0 + \sigma^2) \\
M''_X(0) &= e^0 \cdot (\mu + 0)^2 + e^0 \cdot \sigma^2 = \mu^2 + \sigma^2 \\
\mathbb{E}[X] &= M'_X(0) = \mu \\
Var(X) &= M''_X(0) - M'_X(0)^2 = \mu^2 + \sigma^2 - \mu^2 = \sigma^2
\end{aligned}$$

⊣

지금까지 MGF의 활용의 예를 몇 개 보았는데, 이들은 MGF를 사용하지 않고 다른 방법으로 해결할 수도 있었지만 우리는 MGF를 사용함으로써 이들에 대한 보다 간결한 증명을 얻을 수 있었다. 통계학의 어떤 정리들은 MGF를 사용하지 않고는 증명하기가 많이 어려울 수 있다. 다음의 보조정리는 비교적 쉽게 증명되는 간단한 정리이지만 통계학의 뼈대가 되는 여러 정리들의 증명에 아주 유용하게 사용된다.

보조정리 4.68 서로 독립인 확률변수 $X_1, \ldots, X_n$ 각각의 *MGF*(모멘트 생성함수)를 $M_1(t), \ldots, M_n(t)$라고 하고 $Y := a_1X_1 + \cdots + a_nX_n$으로 두었을 때 Y의 *MGF* $M_Y(t)$는 다음과 같이 X_i들의 *MGF*의 곱으로 계산된다.

$$M_Y(t) = M_1(a_1 t) \cdots M_n(a_n t) \tag{4.28}$$

(증명). $n = 2$인 경우에 대해서만 증명하겠다. 일반적인 경우에 대하여 성립함은 수학적 귀납법으로 어렵지 않게 보일 수 있다.

$$\begin{aligned}
M_Y(t) &= \mathbb{E}\left[e^{tY}\right] = \mathbb{E}\left[e^{t(a_1X_1+a_2X_2)}\right]n \\
&= \mathbb{E}\left[e^{ta_1X_1+ta_2X_2}\right] = \mathbb{E}\left[e^{ta_1X_1}e^{ta_2X_2}\right] \\
&= \mathbb{E}\left[e^{ta_1X_1}\right] \cdot \mathbb{E}\left[e^{ta_2X_2}\right] \quad (e^{a_1tX_1}\text{과 } e^{a_2tX_2}\text{가 서로 독립이므로 (4.35) 적용}) \\
&= M_1(a_1t) \cdot M_2(a_2t)
\end{aligned}$$

□

4.2.8 결합확률분포

동전 3개를 던져서 그 중 첫 2개 중에서 나온 앞면의 개수를 X라 하고 뒤의 2개 중에서 나온 앞면의 개수를 Y라 했을 때 이 두 확률변수의 분포를 다음과 같이 기술하여 보았다.

X	0	1	2
$f_X(x)$	1/4	1/2	1/4

Y	0	1	2
$f_Y(y)$	1/4	1/2	1/4

이때 $P[X = 2, Y = 2]$의 값은 얼마일까? 단순히 $P[X = 2] \cdot P[Y = 2] = \frac{1}{4} \cdot \frac{1}{4} = \frac{1}{16}$로 계산하면 틀린다. 왜냐하면 이 확률실험의 표본공간을 {HHH, ..., TTT}의 8-원소 집합으로 놓았을

때 $P[X=2, Y=2]$에 대응하는 '사건'은 한점집합인 {HHH}이고, 3개의 동전의 관찰값들은 서로 독립이라는 가정하에는 이 표본공간의 근원사건들은 동일한 확률을 가지기 때문이다. 즉 $P[X=2, Y=2]=\frac{1}{8}$이 되어야 할 것이다.

이 확률이 단순히 두 확률의 곱으로 얻을 수 없는 이유는 X와 Y가 독립이 아니라 종속이기 때문이라고 말할 수 있겠다.

그런데 원래 독립과 종속이란 사건에 대한 개념으로 정의된 것이지 확률변수에 대한 개념은 아니었다. 이제 확률변수의 독립에 대한 정의를 구해 보자. $P[X=1, Y=1]$의 값을 구해 보면 이에 대응하는 사건은 2-원소 집합 {THT, HTH}이므로 $\frac{2}{8}$를 얻게 되는데 이는 $P[X=1] \cdot P[Y=1]=\frac{1}{2} \cdot \frac{1}{2}=\frac{1}{4}$과 일치한다. 이러한 일치가 간혹 일어난다고 해서 X와 Y가 독립이라고 할 수는 없을 것이다. 그러므로 이산분포의 경우에는 "X와 Y는 서로 독립"이 다음의 명제를 뜻한다고 정의하기로 한다. 여기서 x, y가 취하는 값의 범위는 $\mathbb{R}$로 두어도 좋고 각각 $\{x \in \mathbb{R} \mid P[X=x]>0\}$, $\{y \in \mathbb{R} \mid P[Y=y]>0\}$로 두어도 좋다.

$$(\forall x, \forall y)\Big(P[X=x, Y=y]=P[X=x] \cdot P[Y=y]\Big) \tag{4.29}$$

표본공간에 대하여 좀 더 논해 보자. X에 대한 표본공간과 Y에 대한 표본공간은 둘 다 {HH, HT, TH, TT}이다. 따라서 순서쌍 (X, Y)에 대한 표본공간은 16개의 원소로 이루어진 {(HH, HH), (HH, HT), (HH, TH), (HH, TT), (HT,HH), ⋯(TT, TT) }로 두어야 할 것으로 생각할 수도 있겠으나 이는 옳지 않다. 왜냐하며 X에 대한 2번째 관찰값은 Y에 대한 첫번째 관찰값과 일치해야 하기 때문이다. 이 조건을 만족하지 못하는 {(HH, TH)} 같은 것들을 제외하면 다음과 같은 8원소 집합을 얻는다:

{(HH, HH), (HH, HT), (HT, TH), (HT, TT), (TH,HH), (TH,HT), (TT,TH), (TT,TT) }

이 집합과 앞서 생각해 보았던 {HHH, HHT, HTT, ⋯, TTT} 중 어느 것이 옳다고 말할 수는 없다. 각자 선호하는 것을 선택하면 된다.

이 확률분포는 다음과 같은 표로 기술하면 될 것이다.

$X \backslash Y$	0	1	2	$f_X(x)$
0	$\frac{1}{8}$	$\frac{1}{8}$	0	$\frac{1}{4}$
1	$\frac{1}{8}$	$\frac{2}{8}$	$\frac{1}{8}$	$\frac{1}{2}$
2	0	$\frac{1}{8}$	$\frac{1}{8}$	$\frac{1}{4}$
$f_Y(y)$	$\frac{1}{4}$	$\frac{1}{2}$	$\frac{1}{4}$	1

위와 같은 표를 결합확률분포(*joint probability distribution*) 표라고 하고 이에 대응하는 확률함수 $f(x, y)=P[X=x, Y=y]$를 결합확률함수(*joint probability function*)라고 한다.

연습문제 4.69 확률변수 Z를 3개의 동전 중 3번째 동전이 앞면이면 1, 뒷면이면 0을 취하도록 한다면 X와 Z는 서로 독립이고 Y와 Z는 그렇지 않을 것으로 짐작될 것이다. 이를 결합확률분포표를 그려서 확인해 보라. ⊣

정의 4.70 이산형 결합확률분포 (X, Y)에 대한 (결합)확률질량함수 $f(x, y)$에 대하여

$$\begin{aligned} &\text{각 } x\text{에 대하여, } f_X(x) \stackrel{\text{def}}{=} \textstyle\sum_y f(x,y), \\ &\text{각 } y\text{에 대하여, } f_Y(y) \stackrel{\text{def}}{=} \textstyle\sum_x f(x,y) \end{aligned} \tag{4.30}$$

로 정의된 함수 f_X와 f_Y를 주변확률함수(*marginal probability function*)라고 한다. 또한 X와 Y를 결합확률분포의 주변확률분포(*marginal distribution*)라고 한다.

연속형 결합확률분포와 확률밀도함수에 대해서는 주변확률분포를

$$\begin{aligned} &\text{각 } x\text{에 대하여, } f_X(x) \stackrel{\text{def}}{=} \textstyle\int_{y=-\infty}^{\infty} f(x,y)\,\mathrm{d}y, \\ &\text{각 } y\text{에 대하여, } f_Y(y) \stackrel{\text{def}}{=} \textstyle\int_{x=-\infty}^{\infty} f(x,y)\,\mathrm{d}x \end{aligned} \tag{4.31}$$

로 정의한다.

X와 Y는

$$(\forall x, \forall y)\big(f(x,y) = f_X(x) \cdot f_Y(y)\big) \tag{4.32}$$

가 성립할 때 서로 독립(*independent*)이라고 한다.

위의 정의를 확장하여 n개의 확률변수에 대한 주변확률함수와 독립의 개념을 [정의 4.16]과 유사하게 정의할 수 있다. 하지만 여기서는 이 정의를 생략한다. ⊣

팩트 4.71 다음은 결합확률분포에 대한 중요한 사실들이다.

이산형인 경우에는

$$(\forall x, \forall y)\big(0 \le f(x,y) \le 1\big),$$
$$\textstyle\sum_{x,y} f(x,y) = \sum_x f_X(x) = \sum_y f_Y(y) = 1.$$

연속형인 경우에는

$$(\forall x, \forall y)\big(0 \le f(x,y)\big),$$
$$\textstyle\int_{-\infty}^{\infty}\int_{-\infty}^{\infty} f(x,y)\,dxdy = \int_{x=-\infty}^{\infty} f_X(x)dx = \int_{y=-\infty}^{\infty} f_Y(y)dy = 1.$$ ⊣

연습문제 4.72 X와 Y가 아래의 결합확률분포를 따른다고 하자.

$$f(x,y) = \begin{cases} x + y, & \text{if } 0 \le x \le 1,\ 0 \le y \le 1, \\ 0, & \text{otherwise.} \end{cases}$$

다음 사실을 계산을 통해서 확인해 보라.

$$f_X(x) = x + 1/2,\ 0 \le x \le 1, \quad f_Y(y) = y + 1/2,\ 0 \le y \le 1,$$
$$\int_{-\infty}^{\infty}\int_{-\infty}^{\infty} f(x,y)dxdy = 1.$$

X와 Y는 독립이 아님을 보여라. ⊣

연습문제 4.73

(1) 확률변수 X와 Y의 결합확률밀도함수가

$$f(x,y) = \begin{cases} 6xy^2 & \text{if } 0 < x < 1,\ 0 < y < 1, \\ 0 & \text{otherwise} \end{cases}$$

로 주어졌을 때 (a) $P(Y \le 0.5)$와 (b) $P(X+Y \le 1)$을 각각 계산하여라.

(2) 확률변수 X와 Y의 결합확률밀도함수가

$$f(x,y) = \begin{cases} cxy & \text{if } 0 \le x,\ 0 \le y,\ x+y \le 1, \\ 0 & \text{otherwise} \end{cases}$$

로 주어졌을 때 상수 c의 값을 구하여라.

(3) 확률변수 X와 Y의 결합확률질량함수가

$$f(x,y) = \begin{cases} cxy^2 & \text{if } 1 \le x \le y \le 4,\ (x,y) \in \mathbb{N} \times \mathbb{N}, \\ 0 & \text{otherwise} \end{cases}$$

로 주어졌을 때, (a) 상수 c의 값은? (b) $P(Y \le y)$의 값은? (c) $P(X+Y \le 4)$의 값은? ⊣

두 확률변수 X와 Y의 합 $Z \stackrel{\text{def}}{=} X+Y$의 확률함수를 X의 확률함수 f_X와 Y의 확률함수 f_Y로부터 얻을 수 있을까? 이 질문을 더 명확하게 표현하면 "f_X와 f_Y로부터 f_Z가 결정되는가?"가 될 것이다. 이 질문에 대한 답은 '아니다'임을 반례를 들어 보이겠다.

(경우 1). 4개의 동전을 던져 처음 두 동전에서 나온 앞면의 개수를 X, 뒤의 두 동전에서 나온 앞면의 개수를 Y라고 한다. 그러면 $X \sim B(2, \frac{1}{2})$, $Y \sim B(2, \frac{1}{2})$이고 이 둘은 독립일 것이다. 따라서 이 둘의 결합확률분포는 (4.32)를 이용하여 다음과 같은 표로 나타낼 수 있다.

$X \backslash Y$	0	1	2	$f_X(x)$
0	$\frac{1}{16}$	$\frac{2}{16}$	$\frac{1}{16}$	$\frac{1}{4}$
1	$\frac{2}{16}$	$\frac{4}{16}$	$\frac{2}{16}$	$\frac{2}{4}$
2	$\frac{1}{16}$	$\frac{2}{16}$	$\frac{1}{16}$	$\frac{1}{4}$
$f_Y(y)$	$\frac{1}{4}$	$\frac{2}{4}$	$\frac{1}{4}$	1

위의 표로부터 $Z \stackrel{\text{def}}{=} X+Y$의 확률함수를 아래와 같이 구할 수 있다. (이것은 결합확률함수가 아니라, 하나의 확률변수에 대한 확률함수이다.)

Z	0	1	2	3	4
$f_Z(z)$	$\frac{1}{16}$	$\frac{4}{16}$	$\frac{6}{16}$	$\frac{4}{16}$	$\frac{1}{16}$

이 분포표는 p108에서 예로 들었던 것과 동일하다 — $X+Y \sim B(4, \frac{1}{2})$이다.

(경우 2). 3개의 동전을 던져 처음 두 동전에서 나온 앞면의 개수를 X, 뒤의 두 동전에서 나온 앞면의 개수를 Y라고 한다. 그러면 $X \sim B(2, \frac{1}{2})$, $Y \sim B(2, \frac{1}{2})$이고 이 둘은 종속일 것이다. 이들의 결합확률분포는 p123에 이미 다음과 같이 얻어 놓았다.

$X \backslash Y$	0	1	2	$f_X(x)$
0	$\frac{1}{8}$	$\frac{1}{8}$	0	$\frac{1}{4}$
1	$\frac{1}{8}$	$\frac{2}{8}$	$\frac{1}{8}$	$\frac{1}{2}$
2	0	$\frac{1}{8}$	$\frac{1}{8}$	$\frac{1}{4}$
$f_Y(y)$	$\frac{1}{4}$	$\frac{1}{2}$	$\frac{1}{4}$	1

위의 표로부터 $Z \stackrel{\text{def}}{=} X+Y$의 확률함수를 아래와 같이 구할 수 있다.

Z	0	1	2	3	4
$f_Z(z)$	$\frac{1}{8}$	$\frac{2}{8}$	$\frac{2}{8}$	$\frac{2}{8}$	$\frac{1}{8}$

이 분포표는 (경우 1)의 결과와 다르다. 이로써 두 분포의 합에 대한 확률함수를 구하려면 각각의 확률함수를 아는 것으로는 부족하고 결합확률함수를 알아야 한다는 것을 확인하였다.

연습문제 4.74 $X \sim B(2, \frac{1}{2})$, $Y \sim B(2, \frac{2}{3})$이고 이 두 확률변수가 서로 독립일 때 $X+Y$는 2항분포를 따르겠는가?

연습문제 4.75 $B(n_1, p_1) + B(n_2, p_2)$는 $p_1 = p_2 \stackrel{\text{def}}{=} p$이면 $B(n_1+n_2, p)$이고 그렇지 않으면 2항분포가 아님을 증명하여라. (분포의 합을 이렇게 표기하는 것은 표기법의 남용abuse of notation이지만 편리하므로 사용했다.) ⊣

연습문제 4.76 2개의 이산확률변수 X와 Y가 다음과 같이 주어졌을 때 $X+Y$의 분포를 기술하여라.

X	1	2
$f(x)$	0.2	0.8

Y	1	2	4
$f(y)$	0.4	0.4	0.2

문제 4.77 두 확률분포의 합에 대한 확률함수를 계산하는 일반적인 방법을 생각해 보자. 즉, 확률변수 X와 Y의 결합확률함수 $f(x, y)$로부터 $W \stackrel{\text{def}}{=} X+Y$의 확률함수 f_W를 얻는 방법을 알아보기로 한다.

간단한 경우부터 출발한다. X, Y가 $supp(X) = supp(Y) = \{0, 1, \ldots, n\}$를 만족하는 이산형 분포인 경우이다. 우선 $W \stackrel{\text{def}}{=} X+Y$의 확률함수 f_W의 받침은 $\mathbb{W} = \{0, 1, \ldots, 2n\}$임을 쉽게 알 수 있다. 그러면 각 $w \in \{0, 1, \ldots, 2n\}$에 대해서 $P(X+Y) = w$일 확률을 구하면 된다.

다음과 같이 생각하면 될 것이다.

$$f_W(0) = f(0, 0),$$

$$f_W(1) = f(0,1) + f(1,0),$$
$$f_W(2) = f(0,2) + f(1,1) + f(2,0),$$
$$\vdots$$
$$f_W(w) = f(0,w) + f(1,w-1) + \cdots + f(w,0) = \textstyle\sum_{i=0}^{w} f(i,w-i)$$

단, 여기서 문제가 있다면 $w > n$인 경우인데 이때는 $f(i,j) = 0$ for "not $(0 \le i \le n$ and $0 \le j \le n)$"로 처리하면 된다.

이산형 결합분포이고 받침이 이렇게 간단하지 않은 일반적인 경우에는

$$f_W(w) = \sum \{ f(i,j) \mid i + j = w,\ f(i,j) > 0 \} \tag{4.33}$$

로 두면 된다. (4.33)의 연속형 버전은 아래와 같이 쓸 수 있으며

$$f_W(w) = \int_{-\infty}^{\infty} f(t, w-t)\,\mathrm{d}t \tag{4.34}$$

특히 X와 Y가 서로 독립인, 즉 $f(x,y) = f_X(x)f_Y(y)$인 경우에는 (4.34)는 합성곱convolution의 형태를 가지게 됨에 주목하기 바란다.

$X+Y$ 말고도 $X-Y$, $X \cdot Y$, X/Y의 확률함수를 구하는 방법도 생각해 보라. ⊣

정의 4.78 결합확률분포 $((X,Y), f(x,y))$의 함수 $g : \mathbb{R}^2 \to \mathbb{R}$에 대한 기댓값을 다음과 같이 정의한다.

$$\mathbb{E}[g(X,Y)] \stackrel{\text{def}}{=} \begin{cases} \sum_x \sum_y g(x,y)f(x,y), & \text{discrete case,} \\ \int_x \int_y g(x,y)f(x,y)\,\mathrm{d}y\,\mathrm{d}x, & \text{continuous case.} \end{cases}$$

$g(x,y) = (x-\mu_X)(y-\mu_Y)$인 경우의 기댓값을 공분산(*covariance*)라고 하고 $Cov(X,Y)$로 나타낸다. 즉,

$$Cov(X,Y) \stackrel{\text{def}}{=} \begin{cases} \sum_x \sum_y (x-\mu_X)(y-\mu_Y)f(x,y), & \text{discrete case,} \\ \int_x \int_y (x-\mu_X)(y-\mu_Y)f(x,y)\,\mathrm{d}y\,\mathrm{d}x, & \text{continuous case.} \end{cases}$$

이다. $Cov(X,Y)$ 대신 σ_{XY} 기호를 쓰기도 한다.

이 정의로부터 $Var(X) = Cov(X,X) = \sigma_{XX} = \sigma_X^2$임을 쉽게 알 수 있다. ⊣

정리 4.79 서로 독립인 두 확률변수 X와 Y의 곱의 기댓값은 각 확률변수의 기댓값의 곱과 같다. 즉,

$$\mathbb{E}[XY] = \mathbb{E}[X]\mathbb{E}[Y] = \mu_X \mu_Y \tag{4.35}$$

가 성립한다.

(증명). 연속형의 경우에 대해서만 증명을 보이겠다. 이산형의 경우에 대한 증명은 $\int$ 대신 $\sum$ 를 쓰면 된다.

$$\begin{aligned}
\mathbb{E}[XY] &= \int_x \int_y XY f(x,y)\,\mathrm{d}y\,\mathrm{d}x = \int_x \left(\int_y f_X(x) f_Y(y)\,\mathrm{d}y \right) \mathrm{d}x \\
&= \int_x \left(f_X(x) \int_y f_Y(y)\,\mathrm{d}y \right) \mathrm{d}x = \int_y f_Y(y)\,\mathrm{d}y \int_x f_X(x)\,\mathrm{d}x \\
&= \mathbb{E}[Y]\mathbb{E}[X] = \mathbb{E}[X]\mathbb{E}[Y]
\end{aligned}$$

□

보조정리 4.80 결합확률분포의 기댓값은 선형성을 가진다. 즉,

$$\mathbb{E}[aX + bY + c] = a\mathbb{E}[X] + b\mathbb{E}[Y] + c$$

가 성립한다. 여기서 X와 Y가 독립일 필요는 없다.

(증명). 이산형의 경우에 대해서만 증명을 보이겠다. 증명은 기본적으로 $\sum$의 선형성과 교환법칙을 사용하여 이루어진다. 연속형의 경우에 대한 증명은 $\sum$ 대신 $\int$를 쓰면 된다.

$$\begin{aligned}
\mathbb{E}[aX + bY + c] &= \textstyle\sum_i \sum_j (ax_i + by_j + c) f(x_i, y_j), \\
&= a \textstyle\sum_i \sum_j x_i f(x_i, y_j) + b \sum_i \sum_j y_j f(x_i, y_j) + c \sum_i \sum_j f(x_i, y_j) \\
&= a \textstyle\sum_i \big(\sum_j x_i f(x_i, y_j)\big) + b \sum_j \sum_i y_j f(x_i, y_j) + c \\
&= a \textstyle\sum_i \big(x_i \sum_j f(x_i, y_j)\big) + b \sum_j y_j \big(\sum_i f(x_i, y_j)\big) + c \\
&= a \textstyle\sum_i x_i f_X(x_i) + b \sum_j y_j f_Y(y_j) + c \\
&= a\mathbb{E}[X] + b\mathbb{E}[y] + c.
\end{aligned}$$

□

기댓값의 선형성을 이용하면 다음의 중요한 사실들은 모두 어렵지 않게 증명된다.

정리 4.81

$$Cov(X, Y) = \mathbb{E}[XY] - \mu_X \mu_Y, \tag{4.36}$$

$$Cov(aX + b, cY + d) = ac\, Cov(X, Y), \tag{4.37}$$

$$Var(X \pm Y) = Var(X) + Var(Y) \pm 2\, Cov(X, Y). \tag{4.38}$$

(증명). 독자에게 연습문제로 넘긴다. □

$\sum$와 $\int$의 선형성을 이용하여 쉽게 증명할 수 있는 또 하나의 중요한 정리를 아래에 보였다. 증명은 생략한다.

따름정리 4.82 X와 Y가 서로 독립이면 $Cov(X, Y) = 0$이다. 따라서

$$Var(X \pm Y) = Var(X) + Var(Y)$$

가 된다.

(증명). X와 Y가 서로 독립이면 (4.36)과 (4.35)에 의하여

$$Cov(X,Y) = \mathbb{E}[XY] - \mu_X\mu_Y = \mu_X\mu_Y - \mu_X\mu_Y = 0$$

이다. 따라서 (4.38)은 다음과 같이 계산된다.

$$Var(X \pm Y) = Var(X) + Var(Y) \pm 2 \times 0 = Var(X) + Var(Y)$$ □

연습문제 4.83 두 확률변수가 독립이 아니지만 공분산이 0일 수 있음을 아래에 제시된 예에서 확인하여라. 또한 $Var(X \pm Y) = Var(X) + Var(Y)$도 계산으로 확인해 보아라.

$X\backslash Y$	0	1	2	$f_X(x)$
1	1/4	0	1/4	1/2
3	1/12	1/3	1/12	1/2
$f_Y(y)$	1/3	1/3	1/3	1

⊣

'사건의 독립' 개념을 확장하여 '확률변수의 독립'이라는 개념을 얻었듯이 '사건에 대한 조건부 확률'을 확장하여 '확률분포에 대한 조건부 확률분포'를 정의할 수 있다. 이 개념은 대학의 통계학 교재에 언급되어 있지 않은 경우가 많지만 머신러닝이 기반을 두고 있는 기본적인 통계학 이론 중의 하나로서 결코 생략할 수 없다.

정의 4.84 결합확률분포 (X,Y)에 대한 (결합)확률함수 $f(x,y)$에 대하여 2변수 함수 $f_{X\,|\,Y}$를 다음과 같이 정의한다.

$$f_{X\,|\,Y}(x\,|\,y) = \frac{f(x,y)}{f_Y(y)} \tag{4.39}$$

이렇게 정의된 함수 $f_{X\,|\,Y}$를 조건부 확률함수(*conditional probability function*)라고 하며 이러한 확률함수를 가지는 분포를 조건부 확률분포(*conditional random variable*)라고 한다. 그리고 조건부 확률분포를 따르는 확률변수 $X\,|\,Y$를 조건부 확률변수(*conditional random variable*)라고 한다.

이 정의를 다변수 결합확률분포에 대하여 일반화 하면 다음과 같이 조건부 결합확률함수(*conditional joint probability function*)를 정의할 수 있다.

$$f_{\vec{X}\,|\,Y}(\vec{x}\,|\,y) = \frac{f(\vec{x},y)}{f_Y(y)} \tag{4.40}$$

더 나아가 Y와 y를 각각 $\vec{Y}$와 $\vec{y}$로 일반화할 수도 있으며 이에 대한 식은 생략한다. ⊣

조건부 확률함수 $f_{X\,|\,Y}(x\,|\,y)$, $f_{\vec{X}\,|\,Y}(\vec{x}\,|\,y)$ 등은 이름인수named argument를 써서 다음과 같이 나타내기도 한다.

$$\begin{aligned} f(X=x\,|\,Y=y) &= f_{X\,|\,Y}(x\,|\,y) \\ f(\vec{X}=\vec{x}\,|\,Y=y) &= f_{\vec{X}\,|\,Y}(\vec{x}\,|\,y) \end{aligned} \tag{4.41}$$

[정의 4.84]는 X와 Y가 모두 이산형일 때는 다음과 같이 베이즈 공식을 적용하여 쉽게 이해할 수 있을 것이다.

$$f_{X\,|\,Y}(x\,|\,y) = P[X = x\,|\,Y = y] = \frac{P[X = x,\ Y = y]}{P[Y = y]} = \frac{f(x,y)}{f_Y(y)}$$

(4.39)에서 X와 Y의 역할을 서로 바꾸면 다음의 식을 얻는다.

$$f_{Y\,|\,X}(x,y) = f_{Y\,|\,X}(y\,|\,x) = \frac{f(x,y)}{f_X(x)} \tag{4.42}$$

(4.39)와 (4.42)를 결합하면 다음과 같은 베이즈 공식의 확률분포 버전(사건 버전이 아닌)을 얻는다.

$$f_{X\,|\,Y}(x\,|\,y) = \frac{f_{Y\,|\,X}(y\,|\,x) f_X(x)}{f_Y(y)} \tag{4.43}$$

예제 4.85 [연습문제 4.73.(2)]에서 나왔던 결합확률함수

$$f(x,y) = \texttt{ifelse}(0 \le x \text{ and } 0 \le y \text{ and } x + y \le 1,\ 24xy,\ 0))$$

를 가지는 확률변수 X와 Y에 대해서

$$P(Y \le 0.25 | X = 0.5)$$

를 계산해 보자. 이 문제에는 조건부 확률의 계산식

$$\frac{P[Y \le 0.25 \text{ and } X = 0.5]}{P[X = 0.5]}$$

는 분모와 분자가 모두 0이므로 사용할 수 없다. 이 확률은 조건부 확률함수

$$f_{Y|X}(y|x) = \frac{f(x,y)}{f_X(x)} \tag{4.44}$$

를 사용하여 계산하면 된다.

$$f_X(x) = \int_0^{1-x} 24xy\,\mathrm{d}y = 24x\left[\frac{y^2}{2}\right]_0^{1-x} = 12x(1-x)^2,\ (0 \le x \le 1)$$

이므로 (4.44)는 다음과 같이 계산된다.

$$f_{Y|X}(y|x) = \frac{24xy}{12x(1-x)^2} = \frac{2y}{(1-x)^2}$$

따라서

$$\begin{aligned} P(Y \le 0.25 | X = 0.5) &= \int_0^{0.25} f_{Y|X}(y|0.5)\,\mathrm{d}y = \int_0^{0.25} \frac{2y}{(1-0.5)^2}\,\mathrm{d}y \\ &= \int_0^{0.25} 8y\,\mathrm{d}y = [4y^2]_0^{0.25} = \frac{1}{8} \end{aligned}$$

을 얻는다. ⊣

연습문제 4.86 위의 [연습문제 4.85]에서 $\int_0^c f_{Y|X}(y|0.5)\,\mathrm{d}y = 1$이 되는 c의 값은 얼마인가? 또한 일반적으로 $\int_0^{c(x)} f_{Y|X}(y|x)\,\mathrm{d}y = 1$인 $c(x)$는 무엇인가? ⊣

결합확률분포는 두 확률변수가 모두 이산형이거나 모두 연속형이어야만 하는 것이 아니다. 이산형 변수와 연속형 변수가 결합한 형태의 분포도 얼마든지 생각할 수 있다.

조건부 확률함수 $f_{Y|X}(y|x)$가 있으므로 이제 조건부 기댓값(*conditional expectation*)과 조건부 분산(*conditional variance*)이라는 개념을 자연스레 정의할 수 있게 되었다. 연속형의 경우에 대하여 정의만 아래 제시하였다.

$$\mathbb{E}[g(Y)|X=x] = \int_{-\infty}^{\infty} g(y) f_{Y|X}(y|x)\,\mathrm{d}y \tag{4.45}$$

$$Var[Y|X=x] = \mathbb{E}\big[(Y-\mathbb{E}[Y|X=x])^2|X=x\big] \tag{4.46}$$

(4.45)와 (4.46)은 x의 함수이다.

이와 비슷한 방식으로 $\mathbb{E}[g(X)|Y=y]$와 $Var[X|Y=y]$를 정의할 수 있으며 그 결과는 이번에는 y의 함수가 된다.

두 확률변수의 독립은 이미 $(\forall x,y)\Big(f(x,y)=f_X(x)f_Y(y)\Big)$로 정의되었으나 조건부 확률함수의 개념을 사용하여 다음과 나타낼 수도 있다.

정의 4.87 두 확률변수 X와 Y는 다음의 어느 하나가 성립할 때 서로 독립이라고 한다.

$$(\forall x,y)\Big(f_{Y|X}(y|x)=f_Y(y)\Big)$$
$$(\forall x,y)\Big(f_{X|Y}(x|y)=f_X(x)\Big)$$
⊣

위의 두 식은 서로 동등하며 또한 기존의 정의와도 동등함을 쉽게 계산을 통하여 확인할 수 있다.

조건부 확률함수를 써서 정의할 수 있는 또 하나의 중요한 개념이 있다. 그것은 확률변수의 조건부 독립성이다. 사건의 조건부 독립은 (4.5)에 정의되어 있는데 이제 이것을 확률변수에 대한 개념으로 확장할 수 있다.

정의 4.88 X와 Y는 Z에 대하여 다음의 조건이 성립할 때 조건부 독립이라고 한다.

$$(\forall x,y,z)\Big(f_{X\cap Y|Z}(x|z,y|z)=f_{X|Z}(x|z)\cdot f_{Y|Z}(y|z)\Big)$$

좌변에서 $X\cap Y$는 X와 Y의 결합확률분포를 나타낸 것이다. ⊣

Facts are stubborn things, but statistics are pliable.

Mark Twain

5 표본, 통계량, 모수

5.1 표본과 모집단

5.1.1 용어

핵심 용어들의 정의로부터 시작한다.

정의 5.1

(1) 통계학(*Statistics*)은 '결정'을 내리기 위하여 '데이터'를 모으고, 조직화 하고, 분석하고 해석하는 과학이다. 데이터는 관측값들의 (다중) 집합이며, 관측값들은 많은 경우 숫자(실수, 혹은 자연수)이지만 꼭 그렇지는 않다.

(2) 모집단(*Population*)은 우리가 관심을 둔 관측 대상들 전체의 집합이다. 때로는 관측값들의 다중집합을 모집단이라고 하기도 한다. 흔히 모집단을 표본공간sample space과 혼동하는데, 후자는 관측의 결과 얻어질 수 있는 모든 값들의 집합이다.

(3) 표본(*Sample*)은 모집단의 부분집합, 또는 이 부분집합의 원소들의 값들로 이루어진 다중집합이다. 통계조사를 할 때 모집단의 모든 원소에 대한 관측을 하려면 시간과 비용이 많이 들기 때문에 적당한 방법으로 표본을 취하여 관측한 다음 표본의 특성으로부터 모집단의 특성을 추정하여 알아내는 경우가 많으며 이를 표본조사(*sample survey*)라고 한다. 모집단 전체를 관측하는 통계조사를 전수조사(*census*)라고 한다.

(4) 모수(*Parameter*)는 모집단의 특성을 나타내는 상수이다. 모평균, 모분산 등이 있다. 모수들의 차이difference나 비ratio 등도 모수로 취급할 수 있다.

(5) 통계량(*Statistic*)은 표본의 특성을 나타내는 수, 또는 확률변수이다. 대표적인 예로 표본평균, 표본분산 등이 있다.

(6) 기술통계학(*Descriptive statistics*)은 데이터를 조직화 하고, 요약하고, 보여주는 통계학의 한 분야이다. 이 책에서는 [섹션 4.1]에서 다루었다.

(7) 추론통계학(*Inferential statistics*)은 표본을 이용하여 모집단에 대한 결론을 내리는 방법을 연구하는 통계학의 한 분야이며 앞으로 공부할 내용이다. 추론통계학에서 내린 결론은 확률적probabilistic이다. 즉, 절대적이 아니다.

(8) 비모수 검정법(*nonparametric method*)은 모집단이 특정한 분포(예를 들어 정규분포)를 가진다고 가정하지 않고 하는 검정 방법이다. 이 검정법을 분포무관 검정법(*distribution free test*) 라고 부르기도 한다. 이 책에서는 지면관계로 생략했으며 동반 웹사이트에 그 내용을 기술하였다.

우리가 관심을 두는 대상은 모집단이다. 모집단의 크기, 즉 원소의 개수는 통상 N으로 나타낸다. 예를 들어 우리나라 국민 전체를 모집단으로 취한다면 N의 값은 5천만 정도가 되는 것이다. 모집단의 모든 원소들에 대한 자료를 얻는 것이 현실적으로 어려운 경우가 많다. 이럴 때 모집단의 부분집합으로 표본을 취하여 표본의 원소들에 대한 자료만 관측한 다음, 이들 자료로부터 모집단의 특성을 추정$_{\text{estimate}}$하고, 모집단의 특성에 대한 가설들을 검정$_{\text{test}}$할 수 있다. 표본의 크기는 통상 n으로 나타낸다.

예제 5.2 모집단과 표본에서 '다중집합'이라는 용어를 사용한 것에 대해서 예를 들어서 설명하겠다. 어떤 미니국가의 대학생의 키를 조사하고자 한다 . 이 나라에는 대학생이 10 명 있으며 그들의 키는 다음과 같다. 단위는 cm이다.

```
Alice: 165, Bob: 170, Charles: 179, Donald: 181, Edward: 170
Frank: 173, George: 174, Henry: 173, Ida: 167, John: 169
```

모집단은

```
{ Alice, Bob, ... , John }
```

또는

```
{ 165, 167, 169, 170, 170, 173, 173, 174, 179, 181 }
```

이다. 후자는 동일한 원소들을 두 개 이상 가지고 있으므로 관측값들의 집합이 아니라 다중집합이다. 표본의 예로는

```
{ Bob, Edward, Ida }
```

또는

```
{ 167, 170, 170 }
```

를 들 수 있다. 후자는 역시 다중집합이다. ⊣

모집단의 특성을 나타내는 수, 즉 모수 중에 가장 중요한 것은 모평균(*population mean*)과 모분산(*population variance*), 그리고 모분산의 양의 제곱근인 모표준편차(*population standard deviation*)이다. 통상 이들을 각각 μ, σ^2, σ로 나타낸다.

표본의 특성을 나타내는 확률변수를 통계량(*statistic*)이라 한다. 통계량은 이 확률변수의 값을 의미하기도 한다. 대표적인 통계량으로 표본평균(*sample mean*)과 표본분산(*sample variance*), 그리고 표본분산의 양의 제곱근인 표본표준편차(*sample standard deviation*)가 있다. 통상 이들을 각각 $\bar{X}$, S^2, S로 나타낸다.

통계량은 표본에 따라서 변하는 값이므로 확률변수이다. 통상 확률변수는 대문자, 그리고 확률변수의 값은 소문자를 써서 나타낸다. 예를 들어 확률변수 $\bar{X}$의 값은 $\bar{x}$로 나타내고 S^2의 값은 s^2으로, S의 값은 s로 나타낸다.

우리는 통계량이 어떤 분포를 따르는가에 큰 관심을 둔다.

양적자료와 질적자료

통계학에서 관심을 두는 관측값은 양적자료와 질적자료로 나눌 수 있는데 조금 더 세분하자면 다음과 같다: 관측값의 측정 척도(*measurement scale*)에는 아래의 4 가지가 있다.

- 명목척도(*nominal scale*) : 성별, 직업, 국적, 상품의 브랜드 등
- 순서척도(*ordinal scale*) : 등수, 선호도 순위 등
- 간격척도, 구간척도(*interval scale*) : 온도
- 비율척도(*ratio scale*) : 대부분의 양적자료

통상 명목척도와 순서척도에 의한 자료는 질적자료(*qualitative data*), 간격척도와 비율척도에 의한 자료를 양적자료(*quantitative data*)로 본다. 양적자료의 경우 평균, 분산 등을 자유로이 계산할 수 있다.

범주형 자료(*categorical data*)란 관측값들을 몇 개의 속성에 의하여 범주로 분류하여 각 범주의 도수(자료의 수)를 기록해 둔 자료를 뜻한다. 범주형 자료의 분석은 관측값이 양적자료(*quantitative data*)가 아닌 질적자료(*qualitative data*)인 경우에 특히 유용하다. 양적자료는 연속형 자료(*continuous data*)라고도 한다.

5.1.2 표본평균의 분포

크기 n의 표본은 모집단에서 n개의 원소를 무작위추출(*random sampling*)하여 관측한 값들의 다중집합 $\{x_1, \ldots, x_n\}$을 뜻한다. 만일 표본을 여러 번 취한다면 $x_1, \ldots, x_n$의 값들은 각각 어떤 "분포"를 하게 될 것이다. x_1은 확률변수 X_1이 취하는 값이고, x_2는 확률변수 X_2가 취하는 값이고, ... 이런 식으로 생각했을 때, 다음의 물음에 답해보자.

> X_i들은 모두 동일한가? 이들은 서로 독립인가?

모집단에서 복원추출(*sampling with replacement*)을 했다면, 즉 첫 번째 원소를 무작위로 추출하여 관측값을 x_1으로 기록하고 모집단에 되돌려 넣은 다음 두 번째 원소를 무작위로 추출하여 관측값을 x_2로 기록하고 다시 모집단에 되돌려 넣고, ... 이런 식으로 x_n까지 관측값을 기록했다면 X_i들은 동일하고 또한 독립적일 것이다. 반면에 비복원추출(*sampling without replacement*) 를 했다면 X_i들은 독립적이지 않을 것이다. (동일할 수는 있겠는가? [예제 4.19] 참조.)

예를 들어 주머지 속에 빨간 공이 10개, 하얀 공이 5개 있을 때 5개의 공을 무작위 추출하여 빨간 색이면 1, 하얀 색이면 0을 기록한다고 하자. 복원추출을 한다면 X_i는 모두

$$f(x) = \begin{cases} \frac{2}{3}, & \text{if } x = 1, \\ \frac{1}{3}, & \text{if } x = 0, \\ 0, & \text{otherwise} \end{cases} \tag{5.1}$$

의 분포를 할 것이 분명하다. 또한 첫 번째 공의 색깔이 두 번째 공의 색깔에 영향을 미칠 이유가 없다. 따라서 이 경우에는 X_i들은 동일하고 또한 독립적(*identical and independent*)일 것이다.

비복원추출의 경우 X_i 들이 모두 (5.1)의 분포를 따르는 것은 맞다. (연습문제 4.19 참조.) 그러나 이들이 독립적이 아님은 당연하다. $x_i = 1$ 일 확률은 $x_1, \ldots, x_{i-1}$ 에 1이 $\frac{2(i-1)}{3}$ 개를 초과하여 존재한다면 $\frac{2}{3}$ 미만일 것이고, $\frac{2(i-1)}{3}$ 개 미만으로 존재한다면 $\frac{2}{3}$를 초과할 것이다.

통상 표본은 비복원추출을 하여 얻는다. 하지만 N이 대단히 크면 복원추출로 생각해도 된다. 이 사실의 엄격한 증명은 쉽지 않지만, 독자들은 이를 직관적으로 이해할 수 있을 것이라 생각한다. 표본 이론에 있어 우리는 X_i 들이 동일하고 또한 독립적인 경우만 다룰 것이다. 이러한 $X_1, \ldots, X_n$을 간단히 iid 확률변수(*iid random variables*) 또는 iid 표본(*iid samples*)이라고 부르기로 한다. 이 iid 표본이라는 용어는 확률변수 벡터 $\vec{X}$의 관측값realization 벡터 $\vec{x}$를 의미하기도 한다.

팩트 5.3 표본의 특성을 나타내는 확률변수, 즉 통계량(*statistic*)은 iid 확률변수들의 함수

$$U = u(X_1, \ldots, X_n)$$

로 나타낼 수 있다. 통계량을 iid 확률변수의 함수로 정의하기도 한다. ⊣

모평균을 μ, 모분산을 σ^2로 두면 모든 $i = 1, \ldots, n$에 대해서

$$\begin{aligned} \mathbb{E}[X_i] &= \mu, \\ Var(X_i) &= \sigma^2 \end{aligned} \tag{5.2}$$

이 된다. (X_i 들은 모두 동일한 분포를 따르므로.)

우리는 다음과 같이 정의된 확률변수 $\bar{X}$와 S^2에 관심을 둔다. ([문제 4.77] 참조)

$$\begin{aligned} \bar{X} &\stackrel{\text{def}}{=} \frac{X_1 + \cdots + X_n}{n}, \\ S^2 &\stackrel{\text{def}}{=} \sum_{i=1}^{n} \frac{(X_i - \bar{X})^2}{n-1}. \end{aligned} \tag{5.3}$$

$\bar{X}$는 표본평균(*sample mean*), S^2은 표본분산(*sample variance*)이라고 한다. (5.3)에서 보듯이 이 통계량들은 [팩트 5.3]에서 말한 대로 $X_1, \ldots, X_n$의 함수이다.

이 확률변수들에 대한 3개의 기댓값 $\mathbb{E}[\bar{X}]$, $Var(\bar{X})$, $\mathbb{E}[S^2]$이 대단히 중요하며 이들의 값은 아래와 같다. 표본분산의 정의에서 분모가 n이 아닌 $n-1$인 것에 대해서 의문을 가진 독자들에 대해서 (5.6)이 답을 줄 수 있을 것이라고 생각한다.

정리 5.4

$$\mathbb{E}[\bar{X}] \stackrel{\text{def}}{=} \mu_{\bar{X}} = \mu, \tag{5.4}$$

$$Var(\bar{X}) \stackrel{\text{def}}{=} \sigma_{\bar{X}}^2 = \frac{\sigma^2}{n}, \tag{5.5}$$

$$\mathbb{E}[S^2] = \sigma^2. \tag{5.6}$$

주의: $\sigma_{\bar{X}}^2$은 표본평균의 분산(*variance of sample mean*)이며 이것을 표본분산 S^2과 혼동하면 안 된다. 표본평균의 표준편차, 즉 $\sigma/\sqrt{n}$를 표준오차(*standard error*)라고 한다.

(증명). 이 증명의 이해를 위하여 [연습문제 4.34], [보조정리 4.80], [정리 4.81], [정리 4.82], 그리고 [단평 5.5]의 결과들을 숙지하고 있어야 한다.

$$\begin{aligned}\mathbb{E}[\bar{X}] &= \mathbb{E}\left[\frac{X_1+\cdots+X_n}{n}\right] \\ &= \frac{1}{n}\Big(\mathbb{E}[X_1]+\cdots+\mathbb{E}[X_n]\Big) \\ &= \frac{\mu+\cdots+\mu}{n} = \mu.\end{aligned}$$

$$\begin{aligned}{\sigma_{\bar{X}}}^2 &= \mathrm{Var}\left(\frac{X_1+\cdots+X_n}{n}\right) \\ &= \frac{1}{n^2}\Big(\mathrm{Var}(X_1)+\cdots+\mathrm{Var}(X_n)\Big) \quad (X_i\text{들이 서로 독립이므로}) \\ &= \frac{\sigma^2+\cdots+\sigma^2}{n^2} = \frac{\sigma^2}{n}.\end{aligned}$$

$$\begin{aligned}\mathbb{E}[S^2] &= \mathbb{E}\left[\sum_{i=1}^{n}\frac{(X_i-\bar{X})^2}{n-1}\right] \\ &= \frac{1}{n-1}\mathbb{E}\Big[\Sigma_i\big((X_i-\mu)-(\bar{X}-\mu)\big)^2\Big] \\ &= \frac{1}{n-1}\mathbb{E}\Big[\Sigma_i(X_i-\mu)^2-2\Sigma_i(X_i-\mu)(\bar{X}-\mu)+\Sigma_i(\bar{X}-\mu)^2\Big] \qquad (5.7) \\ &= \frac{1}{n-1}\mathbb{E}\Big[\Sigma_i(X_i-\mu)^2-2(\bar{X}-\mu)\Sigma_i(X_i-\mu)+n(\bar{X}-\mu)^2\Big] \\ &= \frac{1}{n-1}\Big(\mathbb{E}\big[\Sigma_i(X_i-\mu)^2\big]-2\mathbb{E}\big[(\bar{X}-\mu)n(\bar{X}-\mu)\big]+n\mathbb{E}\big[(\bar{X}-\mu)^2\big]\Big) \\ &= \frac{1}{n-1}\Big(\Sigma_i\mathbb{E}\big[(X_i-\mu)^2\big]-2n\mathbb{E}\big[(\bar{X}-\mu)^2\big]+n\mathbb{E}\big[(\bar{X}-\mu)^2\big]\Big) \\ &= \frac{1}{n-1}\Big(\Sigma_i\mathbb{E}\big[(X_i-\mu)^2\big]-n\mathbb{E}\big[(\bar{X}-\mu)^2\big]\Big) \\ &= \frac{n\sigma^2}{n-1}-\frac{n\mathbb{E}\big[(\bar{X}-\mu)^2\big]}{n-1} = \frac{n\sigma^2-n{\sigma_{\bar{X}}}^2}{n-1} = \frac{n\sigma^2-n\frac{\sigma^2}{n}}{n-1} \\ &= \frac{(n-1)\sigma^2}{n-1} = \sigma^2.\end{aligned}$$

□

(5.4), (5.5), (5.6)은 모집단이 어떠한 분포를 따르든, 그리고 n이 크든 작든 상관없이 항상 성립한다.

단평 5.5 통계학에서 $\sum$을 다룰 때 정말 많이 사용되는 몇 개의 식을 아래에 보였다. 아주 쉬운 내용이지만 증명을 읽다 보면 놓칠 위험이 있다고 생각하여 노파심에서 말한다.

① $\sum_{i=1}^{n} x_i = n\bar{x}$

② $\sum_{i=1}^{n} a = na$ (단, a는 i에 대한 상수.)

③ $\sum_{i=1}^{n}(x_i-\bar{x}) = 0$

위의 ①은 $\bar{x}$의 정의의 양변을 n으로 나눈 것과 다름이 없다.

②에서 "i에 대한 상수"라는 표현이 중요하다. 수학에서 '상수'는 절대적인 개념이 아니다. 상수는 언제나 어떤 변수에 대한 것이다. 즉 변수 x의 값이 바뀌어도 a의 값이 일정할 때 우리는 a를 x에 대한 상수라고 하는 것이다. 변함없음의 기준이 되는 그 변수가 무엇인지를 파악하는 것이 중요하다. ②에 등장한 표현과 같이 간단한 경우에는 혼동할 위험이 없겠지만 때로는 $\sum$ 표현의 summand(즉, 더해지는 항$_{\text{term}}$들)에 여러 개의 변수들이 등장하게 되는 경우가 있는데, 이럴 때 주의하지 않으면 틀리기 쉽다.

③은 $\sum_{i=1}^{n} x_i = \sum_{i=1}^{n} \bar{x}$와 동등하며 이것이 성립함은 ①과 ②를 이용하면 곧 알 수 있다.

위의 ①, ②, ③의 연속형 버전을 생각해 보라.

기댓값은 결국 합($\sum$) 또는 적분($\int$)인데, 이때 첨수변수, 혹은 적분변수가 무엇인지(이름과 범위가 무엇인지) 정확히 알고 있어야 한다. 지금까지는 간단한 기댓값만 다루었으므로 기댓값이 어떤 변수에 대한 것인지를 파악하는 데 어려움이 없었으나 앞으로는 이 이슈에 신경을 써야 하는 경우를 만나게 될 될 것이다. ⊣

연습문제 5.6 확률변수 Y를 다음과 같이 정의하고

$$Y \stackrel{\text{def}}{=} \sum_{i=1}^{n} \frac{(X_i - \mu)^2}{n}$$

$\mathbb{E}[Y]$를 구하여라. ⊣

아래에 제시하는 [정리 5.7]과 [정리 5.8]은 [팩트 4.53]과 함께 통계학에서 가장 중요하고 많이 쓰이는 사실로 꼽을 수 있을 것이다.

정리 5.7

(1) X와 Y가 모두 정규분포를 따르고 서로 독립이면 $X+Y$도 정규분포를 따른다. X_i 들이 모두 정규분포를 따르고 서로 독립이면 $X_1 + \cdots + X_n$도 정규분포를 따른다. 이 사실의 증명은 *[정리 5.35]*로 미룬다.

(2) 모집단이 정규분포를 따르면 $\bar{X}$도 정규분포를 따른다.

이것이 성립함은 *(1)*과 *[보조정리 4.54]*로부터 쉽게 알 수 있다.

(3) $\bar{X}$의 평균과 표준편차는 각각 (5.4) 및 (5.5)에 의하여 μ와 $\sigma/\sqrt{n}$이므로, $X \sim N(\mu, \sigma^2)$인 경우에는 (4.17)에 의하여

$$\frac{\bar{X} - \mu}{\sigma/\sqrt{n}} \sim N(0,1) \tag{5.8}$$

가 성립한다. ⊣

정리 5.8 *[중심극한 정리(Central limit theorem)]* 모집단이 어떤 분포를 따르든지 상관없이, 표본의 크기 n이 충분히 크면 *(즉 $n > 30$이면)*,

$$\bar{X} \sim N(\mu, \sigma^2/n)$$

로 보아도 된다. 따라서 이 경우에도 (5.8)을 사용할 수 있다.

증명은 *[정리 5.36]*에 있다. ⊣

문제 5.9 크기가 36인 표본을 취하여 계산한 결과 $\bar{X} = 10$이 나왔다. $\sigma = 2$라는 정보가 주어졌다면 $P[a < \mu < b] = c$가 되는 $a < b$를 어떻게 하면 구할 수 있을까? $c = 0.95$ 인 경우에 구해 보라.

단, $c \in (0,1)$은, 신뢰도(*confidence level*)라고 하는 확률값이고 구간 (a,b)는 신뢰도 c의 신뢰구간(*confidence interval*)이라고 부르기로 한다. $1 - c$를 유의수준(*significance level*)이라고 하고 α로 나타낸다.

(고찰). 요구되는 성질을 가지는 구간을 구하기에 앞서 다음과 같은 의문을 해결해야 할 것이다.

① μ는 상수인데 확률을 얘기한다는 것이 무슨 의미를 가질 수 있겠는가?

② 이 구간의 식을 보면 σ가 사용되고 있는데, μ의 값도 모르면서 어떻게 σ의 값을 알아낸단 말인가?

③ 원하는 구간을 찾았다 해도 그것이 유일하게 존재한다는 보장이 있는가?

하나씩 답하겠다. 먼저 ③에 대한 답은 "유일하지 않다."이다. 만일 $P(a < \mu < b) = c$가 되도록 (a,b)를 구했다면 a에서 아주 작은 양수 ε_1을 빼서 a'이라 두고 b에 아주 작은 적당한 양수 ε_2를 더하여 b'으로 두어 $P(a' < \mu < b') = c$가 되도록 하는 것은 확률함수가 연속이기만 하면 항상 가능해 보인다.

통상 μ의 신뢰구간은 $\bar{X}$를 중심으로 하도록 취한다. 그 이유는 (5.8)에서 보듯이 $\bar{X}$ 가 μ를 중심으로 대칭적 분포를 따르기 때문이다. 즉, 신뢰구간을 $(a,b) = (\bar{X} - E, \bar{X} + E)$ 형태로 구하게 되며 여기서 $E > 0$는 오차의 한계(*margin of error*)라고 부르는 수치이다.

의문 ①에 대하여는 다음과 같이 답할 수 있다. $\bar{X}$는 확률변수이므로 $P[\mu - E < \bar{X} < \mu + E] = c$를 만족하는 $E > 0$를 구하는 문제는 충분히 의미를 가지는 것으로 보인다. 그런데 $\mu - E < \bar{X} < \mu + E$와 $\bar{X} - E < \mu < \bar{X} + E$는 수학적으로 동등하다. 따라서 $P[\bar{X} - E < \mu < \bar{X} + E]$는 확률로서 의미를 가진다고 말할 수 있다. †

의문 ②에 대해서는 다음과 같이 생각할 수 있다. 유사한 성격을 가지는 다른 모집단의 모분산을, 혹은 모분산을 계산해 내는 (자연과학적 또는 사회과학적) 법칙과 식을 알고 있을 수 있다. 그렇다면 이 모집단의 분산을, 실제 데이터 수집에 의해서가 아니라 다른 방법으로 알아낼 수 있는 가능성을 배제할 수 없다.

또한 σ를 이용한 신뢰구간의 식을 구해 두는 것는 실제 신뢰구간을 구하는 데는 사용될 수 없다 하더라도 이론적 가치가 있다는 것, 즉 이렇게 도출된 식은 다른 통계 이론의 연구에 사용될 수 있다는 것이다. ⊣

(풀이). $n = 36 > 30$이므로 중심극한 정리에 의해서 $\frac{\bar{X}-\mu}{\sigma/\sqrt{n}} \sim N(0,1)$를 사용하기로 한다. $Z \sim N(0,1)$의 확률함수는 0을 중심으로 좌우대칭이므로

$$P[-q < Z < q] = 0.95$$

---

†이렇게 구한 구간 $(a,b) := (\bar{X} - E, \bar{X} + E)$가 μ를 원소로 가질 확률이 얼마라고 말하는 것은 허용되지만, 모평균은 상수이므로 이것을 주어로 하여 "μ가 구간 (a,b)에 속할 확률"이라는 표현을 쓰는 것은 옳지 않다는 의견을 가진 통계학자들이 많다.

인 $q > 0$를 구하면 되는데, 이것은

$$P[Z < -q] = P[Z > q] = 0.025$$

와 동등하다. 따라서 $q = \texttt{qnorm}(0.975) \fallingdotseq 1.96$으로 얻을 수 있다. 그러면 이제

$$\begin{aligned} -1.96 < \frac{10-\mu}{2/\sqrt{36}} < 1.96 \ &\Leftrightarrow\ -1.96 \cdot \frac{1}{3} < 10 - \mu < 1.96 \cdot \frac{1}{3} \\ &\Leftrightarrow\ 10 - 0.6533 < \mu < 10 + 0.6533 \\ &\Leftrightarrow\ 9.35 < \mu < 10.65 \end{aligned}$$

를 얻는다. 그러므로 구하는 신뢰구간은 $(9.35, 10.65)$이다. ⊣

보조정리 5.10 $\frac{\bar{X}-\mu}{\sigma/\sqrt{n}} \sim N(0,1)$를 가정할 수 있는 경우에는 유의수준 α에 대한 모평균의 신뢰구간은

$$(\bar{X} - E, \bar{X} + E), \text{ where } E = z_{\alpha/2}\frac{\sigma}{\sqrt{n}} \tag{5.9}$$

이다.

(증명). 연습문제로 독자에게 넘긴다. 이 문제에 대한 경험이 없다면 곧 뒤이어 나올 §5.1.3을 먼저 읽은 다음에 풀어 보라. □

문제 5.11 크기가 36인 표본을 취하여 계산한 결과 $\bar{X} = 10$이 나왔다. σ의 값에 대한 정보가 없다면 모평균의 신뢰구간을 어떻게 구하는가?

(풀이). σ를 모르는 경우에는 σ를 표본표준편차 s로 대체한 통계량이, 바로 뒤에 나오는 [정리 5.12]에 의하여 자유도 $n-1$의 t-분포를 따른다는 사실로부터 E의 값을 계산할 수 있다. [보조정리 5.10]의 증명에서 사용한 방법을 써서 신뢰구간

$$(\bar{X} - E, \bar{X} + E), \text{ where } E = t_{\alpha/2}(n-1)\frac{s}{\sqrt{n}} \tag{5.10}$$

를 얻는다. ⊣

정리 5.12 (W. Gosset, 1908) 평균 μ의 정규분포를 따르는 모집단으로부터 추출한 크기 n의 표본평균을 $\bar{X}$, 표본표준편차를 s라 했을 때 통계량 $\frac{\bar{X}-\mu}{s/\sqrt{n}}$는 아래와 같은 t-분포를 따른다.

$$\frac{\bar{X}-\mu}{s/\sqrt{n}} \sim t(n-1) \tag{5.11}$$

이 정리의 증명은 뒤에 *[정리 5.38]*에 나와 있다. ⊣

주의 5.13 위의 정리를 보면 n의 크기에 대한 언급이 없다. 그러므로 t-분포를 사용하는 조건과 n의 크기는 아무런 상관이 없다.

표본이 충분히 클 때, 즉 $n > 30$일 때는 $t(n-1)$ 대신 $N(0,1)$을 사용할 수 있으며 실제로 $N(0,1)$을 사용하는 것이 일반적이다. 따라서 t-분포는 주로 소표본에만 사용된다. 많은 사람

들이 오해하는 것이 t-분포는 표본이 작을 때 사용하는 것이며 t-분포를 사용할 때는 '모집단이 정규분포를 따름'은 필요가 없는 것으로 알고 있는데 이는 모두 잘못된 것이다.

또한 모분산의 값이 주어졌을 때도 소표본이면 무조건 t-분포를 사용하는데 이것 역시 잘못된 것이다. 그리고 대표본인 경우에는 σ를 몰라서 대신 s를 사용하면서도 $N(0,1)$을 사용하는데 이것은 실제 계산에는 별 문제가 없으나, 원칙적으로는 t-분포를 사용하는 것이 맞다.

우리는 R을 가지고 있으므로 대표본인 경우에도 `pnorm()`을 사용할 필요는 없고 `pt()`를 사용하면 된다. 과거에는 R 같은 통계 소프트웨어를 사용할 수 없었으므로 사람들은 분포 관련 수치를 얻을 때 책에 인쇄된 분포표를 사용했으며, t-분포표는 $n > 30$인 경우에 대해서는 값이 수록되어 있지 않으므로 대표본이면 무조건 정규분포를 사용했던 것이 위와 같은 오해를 가져오게 된 것이라고 본다. ⊣

용어 복습. 오차의 한계, 즉 신뢰구간의 길이의 절반 E를 계산할 때 등장하는

$$\frac{\bar{X}-\mu}{\sigma/\sqrt{n}}, \quad \frac{\bar{X}-\mu}{s/\sqrt{n}}$$

는 대단히 널리 쓰이는 통계량이며 각각 모분산을 알 때와 모를 때 사용한다. 각각의 경우에 $\frac{\sigma}{\sqrt{n}}$과 $\frac{s}{\sqrt{n}}$를 표준오차(*standard error, S.E.*)라고 한다. 표준오차는 원래 표본평균의 표준편차를 일컫는 단어이므로 엄밀히 말하자면 $\frac{\sigma}{\sqrt{n}}$만이 표준오차이지만 계산에서의 실용성을 생각하여 $\frac{s}{\sqrt{n}}$, 또는 (5.12), (5.13), (5.14)에서 좌변의 통계량의 분모를 표준오차라고 말하기도 한다. ⊣

지금까지는 모집단이 하나 있는 경우에 표본평균의 분포에 대해서 알아보았다. 모집단이 두 개 있는 경우에는 표본평균의 차이가 어떤 분포를 하는지에 대해서 다음과 같이 알려져 있다.

팩트 5.14 정규분포를 따르는 두 모집단에서 독립적으로 추출한 표본들의 평균을 각각 $\bar{X}$, $\bar{Y}$라 했을 때 다음의 통계량 분포가 성립한다. (사용된 기호들은 통상적인 의미를 가진다.)

$$\frac{(\bar{X}-\bar{Y})-(\mu_X-\mu_Y)}{\sqrt{\frac{\sigma_X^2}{n_X}+\frac{\sigma_Y^2}{n_Y}}} \sim N(0,1) \tag{5.12}$$

모분산을 모를 때는, 모집단이 정규분포를 따르거나 혹은 $n_X > 30$, $n_Y > 30$인 경우에 아래의 식을 쓸 수 있다. (후자의 경우에는 흔히 우변의 $t(n_X+n_Y-2)$ 대신 $N(0,1)$을 사용한다.)

$$\frac{(\bar{X}-\bar{Y})-(\mu_X-\mu_Y)}{\sqrt{\frac{s_X^2}{n_X}+\frac{s_Y^2}{n_Y}}} \sim t(n_X+n_Y-2) \tag{5.13}$$

이 [팩트 5.14]는 지금까지 알려진 사실들을 종합하면 어렵지 않게 증명된다. ⊣

다음의 팩트는 이와는 달리 새로운 증명이 필요하나 여기서는 그 증명을 생략하기로 한다.

팩트 5.15 $n_X \le 30$ 또는 $n_Y \le 30$인 경우에는 두 모집단이 모두 정규분포를 따라야만 오차의 한계를 계산할 수 있다. 두 모분산이 동일하다는 가정, 즉 등분산가정(*equal variance assumption*)

을 전제한다면

$$\frac{(\bar{X}-\bar{Y})-(\mu_X-\mu_Y)}{S_p\sqrt{\frac{1}{n_X}+\frac{1}{n_Y}}} \sim t(n_X+n_Y-2), \text{ where} \tag{5.14}$$

$$S_p^2 = \frac{(n_X-1)S_X^2+(n_Y-1)S_Y^2}{n_X+n_Y-2} = \frac{\sum_{i=1}^{n_X}(x_i-\bar{x})^2+\sum_{i=1}^{n_Y}(y_i-\bar{y})^2}{n_X+n_Y-2} \tag{5.15}$$

임이 알려져 있다. 여기서 S_p^2는 합동표본분산(*pooled sample variance*)이라고 한다. ⊣

모분산들을 모르고 표본들의 크기가 충분히 크지 않은 경우, 등분산가정을 할 수 없다면 표본평균의 차이의 분포는 (5.13)을 사용하되 자유도는 $n_X + n_Y - 2$를 쓰면 안 되고 Welch-Satterthwaite 공식으로 계산한 값을 써야 한다. 더 이상의 설명은 생략한다.

5.1.3 분포의 임곗값과 분위값

z-임곗값(*z-critical value*)에 대해서 p116에서 언급한 적이 있었는데, 이제 일반적인 분포에서의 임곗값에 대해서 더 명확히 알아보겠다. ⊣

각 분포와 확률값 $\alpha > 0$에 대해서 분위값(또는 분위수)을 R이 제공하는 분위함수를 써서 계산할 수 있다. 하나의 예로 표준정규분포를 따르는 확률변수 Z에 대해서

$$P[Z < x] = \alpha \tag{5.16}$$

가 되는 x의 값은 qnorm(α)로 구할 수 있다. 다른 예로 $T \sim t(d)$일 때는

$$P[T < x] = \alpha \tag{5.17}$$

가 되는 x의 값은 qt(α)로 구할 수 있다.

한편 z-임곗값은 z_α로 나타내며 정의에 의하여

$$P[Z > z_\alpha] = \alpha \tag{5.18}$$

를 만족해야 한다. 그리고 $t(d)$-임곗값은 $t_\alpha(d)$로 나타내며

$$P[T > t_\alpha(d)] = \alpha \tag{5.19}$$

를 만족해야 한다.

여기서 (5.16)과 (5.18)의 차이, 그리고 (5.17)과 (5.19)의 차이는 부등호의 방향이 서로 반대라는 것 뿐임에 주목하라. 이 식들로부터 다음의 관계식들을 얻는다.

$$z_\alpha = \texttt{qnorm}(1-\alpha), \quad z_{1-\alpha} = \texttt{qnorm}(\alpha)$$
$$t_\alpha(d) = \texttt{qt}(1-\alpha), \quad t_{1-\alpha}(d) = \texttt{qt}(\alpha)$$

z_α 외에도 $z_{1-\alpha}$, $z_{\alpha/2}$ 등도 z-임곗값이라고 부른다. [그림 5.1]에서 $x = z_\alpha$의 오른쪽에 빗금친 부분의 면적이 α이다. 한편 $x = z_{1-\alpha}$의 오른쪽 부분의 면적이 $1-\alpha$이므로 왼쪽에 빗금친 부분의 면적은 역시 α이다. 그래프가 0을 중심으로 대칭이므로 $z_{1-\alpha} = -z_\alpha$가 성립함을 알 수 있다.

그림 5.1: z-임곗값, 오른쪽과 왼쪽

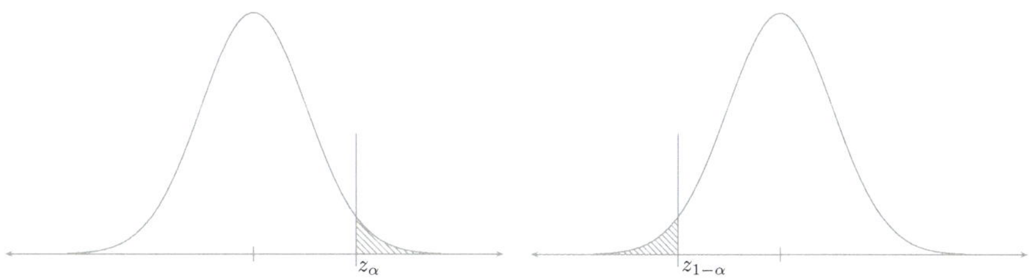

그림 5.2: z-임곗값, 양쪽

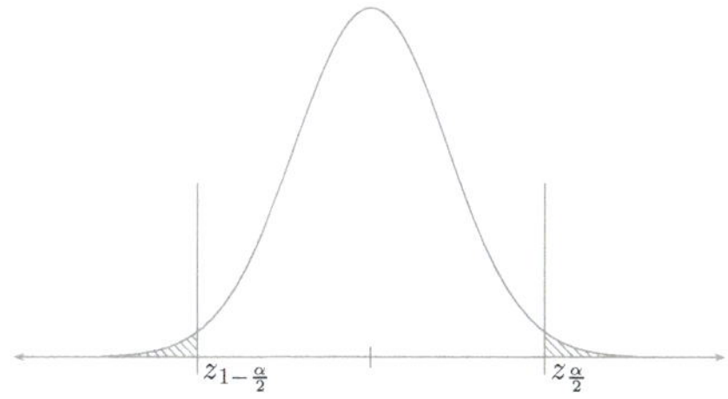

오른쪽의 [그림 5.2]에서는 $x = z_{\alpha/2}$의 오른쪽 부분의 면적과 $x = z_{1-\alpha/2} = -z_{\alpha/2}$의 왼쪽 부분의 면적의 합은 α가 된다.

지금까지 표준정규분포, 즉 Z와 관련된 임곗값에 대해서 알아보았는데 t-분포에 대해서도 마찬가지로 관련된 임곗값들이 있다. $t_\alpha(d)$, $t_{1-\alpha}(d)$, $t_{\alpha/2}(d)$ 등이 그것이다. 이들에 대해서도 z-임곗값에 대한 [그림 5.1] 및 [그림 5.2]와 유사한 그래프를 그릴 수 있고, 이때 그래프의 빗금친 부분의 면적에 대하여도 똑같은 형태의 명제가 성립한다.

z-임곗값과 비슷한 용어로 z-값(*z-value*)이 있는데 이것은 $N(0,1)$-분포를 따르는 통계량, 예를 들어 $\frac{\bar{X}-\mu}{\sigma/\sqrt{n}}$ 또는 $(\bar{X}-\bar{Y})-(\mu_X-\mu_Y)/\sqrt{\frac{\sigma_X^2}{n_X}+\frac{\sigma_Y^2}{n_Y}}$ 등을 계산하여 얻은 수치를 뜻한다. 그리고 t-값은 t-분포를 따르는 통계량, 예를 들어 $\frac{\bar{X}-\mu}{s/\sqrt{n}}$, $(\bar{X}-\bar{Y})-(\mu_X-\mu_Y)/\sqrt{\frac{s_X^2}{n_X}+\frac{s_Y^2}{n_Y}}$ 또는 $(\bar{X}-\bar{Y})-(\mu_X-\mu_Y)/S_p\sqrt{\frac{1}{n_X}+\frac{1}{n_Y}}$ 등을 계산하여 얻은 수치를 뜻한다.† 여기서 예로 든 통계량들은 (5.8), (5.35), (5.12), (5.13), (5.14) 등에서 찾아 볼 수 있다.

5.1.4 모평균의 신뢰구간

신뢰구간이라는 개념은 [문제 5.9]에서 설명되었으나 여기서 $P[\bar{X}-E<\mu<\bar{X}+E]=c:=1-\alpha$의 의미를 그래프를 통하여 다시 한 번 확실히 이해하고자 한다.

다음은 20개의 무작위 표본에서 각각 신뢰구간을 구하여 모평균이 그 신뢰구간에 들어가는 경우가 몇 번인지를 관찰한 결과이다. 신뢰도가 0.95인 경우와 0.80인 두 경우에 대해서 각각 하나의 그래프를 그렸다.

20개의 무작위 신뢰구간 중에 모평균이 포함되지 않은 것의 개수는 신뢰도가 0.95인 경우에는 1개, 신뢰도가 0.80인 경우에는 4개인 것으로 관찰되었는데 이것은 예상되었던 결과이다. 물론 다시 한 번 이 실험을 하면 이번에는 이 개수에 약간의 차이가 있을 수 있다. 그러나 여러 번 반복 실험한다면 결국 개수는 각각 1개와 4개로 수렴할 것이 확실하다.

연습문제 5.16 [그림 5.3]은 모분산을 안다는 가정하에 표준오차로 $\sigma/\sqrt{n}$를 사용하였으므로 각 신뢰도에서의 신뢰구간 20개의 길이가 모두 같았다. 모분산을 알지 못하여 표준오차로 $s/\sqrt{n}$을

---

†p160에 z-값, t-값 등 통계량의 값에 대하여 다시 한 번 언급하였다.

그림 5.3: 신뢰구간의 의미

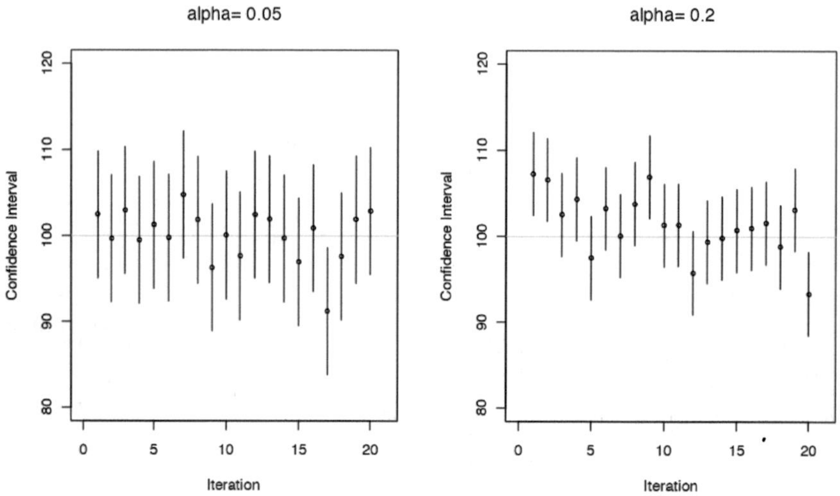

사용한다면 이때는 신뢰구간들의 길이가 들쑥날쑥하게 될 것이다. 이 사실을 확인할 수 있도록 R-스크립트를 만들어 보라. (정규분포 대신 t-분포를 써야 함을 잊지 말 것.)

또한 `set.seed()`를 사용하지 않고 여러 번 실험을 반복하여 각 실험마다 모평균이 신뢰구간 밖에 있는 횟수를 출력하여 관찰하여라. ⊣

모평균의 신뢰구간을 얻기 위한 계산에서 필요한 사항들을 아래에 정리하였다. (모분산의 신뢰구간은 다음에 공부할 다른 방법으로 구한다.)

- 모평균 μ에 대한 신뢰도 $0 < c < 1$의 신뢰구간은 $P[\bar{X} - E \le \mu \le \bar{X} + E] = c$인 구간 $(\bar{X} - E, \bar{X} + E) \subseteq \mathbb{R}$을 뜻하며 이때 E는 오차의 한계라고 한다. $\alpha = 1 - c$는 유의수준이다.
- $E =$ 임곗값 $*$ 표준오차로 계산된다. 식 (5.9)와 (5.10)를 보라.
- 임곗값은 $z_{\alpha/2}$, 또는 $t_{\alpha/2}(n-1)$이다. 여기서 n은 표본의 크기이다.
- 표준오차는 $\sigma/\sqrt{n}$, 또는 $s/\sqrt{n}$으로 계산된다.
- 두 개의 모집단 X, Y가 있을 때 모평균의 차이의 신뢰구간은 통계량의 분포 (5.12), (5.13), (5.14) 등을 이용하여 구할 수 있다. 단, 이 식들은 두 표본이 독립적으로 추출되었다는 가정하에만 성립한다. 두 표본이 독립적이 아닌 대표적인 예로는 짝지어진 표본(*paired sample*)이 있는데 이 책에서는 여기에 대한 설명은 생략한다.
- 모평균의 차이의 신뢰구간을 계산할 때의 임곗값은 $z_{\alpha/2}$, 또는 $t_{\alpha/2}(n_X + n_Y - 2)$이고, 표준오차는 $\sqrt{\frac{\sigma_X^2}{n_X} + \frac{\sigma_Y^2}{n_Y}}$, $\sqrt{\frac{s_X^2}{n_X} + \frac{s_Y^2}{n_Y}}$, 또는 $S_p\sqrt{\frac{1}{n_X} + \frac{1}{n_Y}}$이다.

임곗값과 표준오차의 계산에 사용하는 식은 여러 개가 있으므로 이들 중에 어떤 것을 어떤 조건하에서 사용하는지를 알아야 한다. 모집단이 1개일 때는 이 계산식의 선택은 다음의 세 물음의 답에 따라 결정된다.

① 모집단이 정규분포를 따르는가?

② 모집단의 분산을 아는가?

③ 대표본인가? ($n > 30$)

각 물음에 대한 답은 yes, no의 두 경우가 있으므로 3개의 질문에 대한 답들의 조합은 총 8 경우가 있다. 각 경우에 사용해야 하는 식을 [표 5.1]에 정리해 보았다. 표에서 yes는 1, no는 0으로 나타내었다.

표에서 3번째와 8번째 행의 임곗값은, R과 같은 통계용 소프트웨어가 아니라 인쇄된 분포표를 사용할 때는 $z_{\alpha/2}$라는 근삿값을 사용하면 된다.

표 5.1: 오차의 한계

정규분포	σ known	$n > 30$	임곗값	표준오차
1	1	1	$z_{\alpha/2}$	$\frac{\sigma}{\sqrt{n}}$
1	1	0	$z_{\alpha/2}$	$\frac{\sigma}{\sqrt{n}}$
1	0	1	$t_{\alpha/2}(n-1)$	$\frac{s}{\sqrt{n}}$
1	0	0	$t_{\alpha/2}(n-1)$	$\frac{s}{\sqrt{n}}$
0	1	1	$z_{\alpha/2}$	$\frac{\sigma}{\sqrt{n}}$
0	1	0	계산 못함	
0	0	1	$t_{\alpha/2}(n-1)$	$\frac{s}{\sqrt{n}}$
0	0	0	계산 못함	

두 모평균의 차이에 대한 신뢰구간을 계산할 때는 위의 3 물음에 더하여 다음의 하나를 추가해야 한다:

④ 등분산가정을 사용할 수 있는가?

연습문제 5.17 두 모평균의 차이에 대한 신뢰구간에 대하여 [표 5.1]과 비슷한 표를 만들어 일목요연하게 설명해 보아라. ⊣

예제 5.18 정규분포를 따르는 모집단에서 크기 12의 표본을 취했더니 평균이 10으로 계산되었다. 모평균의 신뢰구간을 유의수준 0.05에서 아래의 두 경우 각각에 대하여 구하여라.
(1) 모분산은 3.5로 알려져 있다.
(2) 표본분산은 3.5로 계산되었다.

(풀이). R-세션을 아래에 제시하였다.

```
alpha = 0.05
n = 12
m = 10
sigma = sdev = sqrt(3.5)
z.cv = qnorm(1 - alpha/2) # z-critical value
E_norm = z.cv * sigma/sqrt(n)
t.cv = qt(1 - alpha/2, n-1) # t-critical value
E_t = t.cv * sdev/sqrt(n)
cat(sprintf("Conf.Interval(Z-dist) = (%.2f, %.2f)\n", m - E_norm, m + E_norm))
cat(sprintf("Conf.Interval(T-dist) = (%.2f, %.2f)\n", m - E_t, m + E_t))
```

```
Conf.Interval(Z-dist) = (8.94, 11.06)
Conf.Interval(T-dist) = (8.81, 11.19)
```

(1) 에서 얻은 신뢰구간이 (2) 에서 얻은 신뢰구간보다 더 작게 나왔는데 이것은 예상되었던 결과이다. ⊣

실습 5.19 표본의 자료가 data vector, 즉 dvec으로 주어졌을 때는 [예제 5.18] 의 (2) 에 대한 해법과 유사하게 진행하면 된다. 차이점을 세밀하게 찾아 보라.

```
alpha = 0.05
dvec = c(9.68,9.64,12.50,13.46,8.19,12.79,9.95,9.11,8.57,9.55,8.27,8.27)
n = length(dvec)
m = mean(dvec)
sdev = sd(dvec)
cat(sprintf("n = %d, m = %.1f, s^2 = %.1f\n",n,m,sdev^2))
t.cv = qt(1 - alpha/2, n-1)
E_t = t.cv * sdev/sqrt(n);
cat(sprintf("Conf.Interval(T-dist) = (%.2f, %.2f)\n", m - E_t, m + E_t))
```

```
n = 12, m = 10.0, s^2 = 3.5
Conf.Interval(T-dist) = (8.81, 11.19)
```

그런데 이보다 훨씬 더 간단한 해법이 있으니 그것은 t.test() 함수를 사용하는 것이다.

```
t.test(dvec, mu=10, conf.level=1-alpha)
```

```
1          One Sample t-test
2
3  data:  dvec
4  t = -0.0030844, df = 11, p-value = 0.9976
5  alternative hypothesis: true mean is not equal to 10
6  95 percent confidence interval:
7    8.809024 11.187643
8  sample estimates:
9  mean of x
10  9.998333
```

출력라인 6과 7에서 95% 신뢰구간이 (8.809, 11.188) 인 것으로 나타나 앞서와 동일하게 얻어졌음을 확인할 수 있다. t.test()는 원래 "가설의 검정"에 사용되는 함수인데 이렇게 신뢰구간을 구할 때도 사용할 수 있다. 인수 중에 mu=10은 모평균이 10이라는 귀무가설을 검정하라는 뜻이며 신뢰구간을 구할 때는 이 값은 어떻게 넣어도 상관 없다. 가설의 검정과 t.test() 함수에 대해서는 p167에서 다시 공부하게 될 것이다. ⊣

모평균의 신뢰구간에 대한 문제는 [예제 5.18]과 [실습 5.19] 에서 본 것 외에도 많은 다양한 유형들이 있을 수 있다.

연습문제 5.20 다음의 모든 문제에서 답은 유효숫자 3자리로 답하여라.

(1) 어느 가스 회사에서 임의로 뽑은 9일 동안에 판매한 가스의 양이 8,019리터이다. 하루에 판매한 가스량은 표준편차가 90인 정규분포를 이룬다고 하자. 하루에 판매한 가스량의 모평균에 대한 95% 신뢰구간을 구하여라.

(2) 어느 백화점에서 자기 백화점에 찾아오는 고객의 평균 연령을 추정하기 위하여 49명의 고객을 대상으로 그들의 나이를 조사하였더니 평균 40.1세, 표준편차 8.6세였다. 이 백화점의 전체 고객들의 평균연령에 대한 99% 신뢰구간을 구하여라.

(3) 어느 대학교의 통계학 중간시험에서 학생들의 점수는 $N(\mu, \sigma^2)$을 따른다고 하고 μ와 σ^2은 알려져 있지 않다고 하자. 크기 $n = 15$의 표본을 추출하여 $\bar{x} = 27$, $s^2 = 5.2$를 얻었다고 했을 때 모평균의 90% 신뢰구간을 구하여라. ⊣

연습문제 5.21 6세–8세 어린이 48명의 1주일간 T.V. 시청 시간을 조사한 결과 평균은 12.95 시간, 표준편차는 4.31 시간이었다. 9세–11세 어린이 56명에 대하여 동일한 조사를 한 결과 평균 15.02, 표준편차 4.99를 얻었다. 두 집단의 1주일간 시청 시간의 차이에 대한 신뢰구간을 유의수준 10%로 구하여라. ⊣

연습문제 5.22 강아지와 고양이의 1년간 의료비를 비교하는 연구에서, 강아지 7마리에 대한 결과는 평균 225,000원, 표준편차 28,000원이었고, 고양이 10마리에 대한 결과는 평균 203,000원, 표준편차 15,000원이었다. 두 집단의 1년간 의료비의 차이에 대한 신뢰구간을 유의수준 5%로 구하여라. 단, 두 모집단은 모두 정규분포를 하고 분산은 동일함을 가정한다. 만일 강아지 표본은 크기가 15, 고양이 표본은 크기가 20이었다면 어떻게 해야 하는가? ⊣

표본의 크기

오차의 한계를 줄이려면 신뢰도를 작게 취하면 된다. 신뢰도를 유지하면서 오차의 한계를 줄이려면 표본의 크기를 크게 하면 된다. 신뢰도와 오차의 한계가 주어졌을 때 거기에 맞추어 표본의 크기를 결정하려면 아래의 식을 사용하면 됨을 알 수 있다.

$$n = \left(\frac{z_{\alpha/2} \cdot \sigma}{E}\right)^2, \text{ 또는 } n = \left(\frac{z_{\alpha/2} \cdot s}{E}\right)^2 \tag{5.20}$$

연습문제 5.23 유의수준이 0.01인 경우와 0.05인 두 경우에 대해서 각각 아래의 물음에 답하여라. (1) 어떤 웹사이트 회원들이 평균 몇 명과 이웃을 맺고 있는지 알아 보기 위하여 40명의 회원을 조사하였더니 평균 130.8, 표본분산 2809가 얻어졌다. 이웃의 수에 대한 오차의 한계를 구하여라. (2) 오차의 한계를 7 이하가 되게 하려면 최소 몇 명의 회원에 대한 자료가 필요하겠는가?

5.1.5 표본분산의 분포*

모분산의 신뢰구간

모분산의 신뢰구간은 모평균의 신뢰구간이 $(\bar{X} - E, \bar{X} + E)$ 형태인 것에 반하여 $(s^2 \cdot \ell, s^2 \cdot r)$ 형태를 가진다. 여기서 s^2은 표본분산, ℓ은 왼쪽(left) 계수, r은 오른쪽(right) 계수를 뜻한다.

모분산의 신뢰구간이 이러한 형태인 이유는 아래의 식 (5.21)에서 어떤 특정 분포 $\chi^2(n-1)$을 따르는 좌변의 통계량이 표본분산과 모분산의 차이가 아닌 비이기 때문이다. 이 [정리 5.24]는 [보조정리 5.26]을 먼저 증명한 뒤에 이를 이용하여 보이겠다.

정리 5.24 정규분포를 따르는 모집단에서 n개의 원소를 복원추출하여 얻은 표본의 표본분산을 확률변수 S^2으로 나타내었을 때

$$\frac{(n-1)S^2}{\sigma^2} \sim \chi^2(n-1) \tag{5.21}$$

이 성립한다. 단, 여기서 σ^2은 모분산을 나타낸다. ⊣

카이제곱 분포의 확률함수는 (4.21)에 나와 있으며 정의는 다음과 같다.

정의 5.25 χ^2-분포(*distribution*)는, 동일하고 또한 서로 독립인(즉 iid인) d개의 확률변수 Z_i들이 모두 표준정규분포를 따를 때 확률변수

$$X \stackrel{\text{def}}{=} Z_1^2 + \cdots + Z_d^2$$

의 분포를 뜻한다. 이 분포 X의 모수는 자유도 d이며 X가 자유도 d의 카이제곱분포를 따른다는 사실을 $X \sim \chi^2(d)$로 나타낸다. ⊣

이렇게 정의한 카이제곱분포의 확률함수가 (4.21)로 주어진다는 것은 [정리 5.42]에서 증명할 것이다. 카이제곱분포의 양쪽 임곗값을 [그림 5.4]에 보였다. 이것을 [그림 5.2]와 비교해 보라. 왼쪽 임곗값에 대한 그림과 오른쪽 임곗값에 대한 그림은 생략하였다.

그림 5.4: χ^2-임곗값, 양쪽

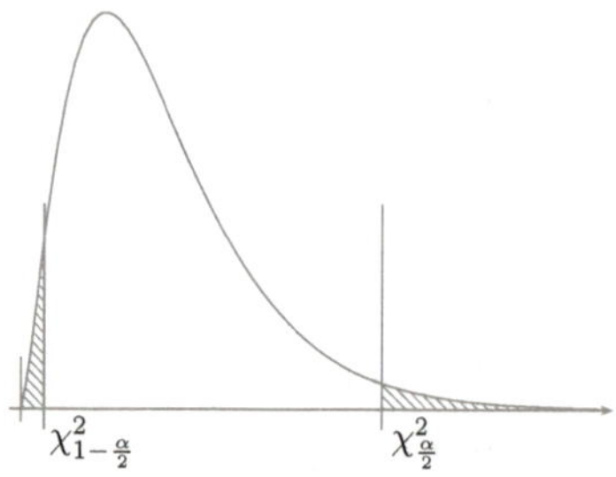

보조정리 5.26 $U_1 \sim \chi^2(d_1)$, $U_2 \sim \chi^2(d_2)$가 서로 독립이면

$$U_1 + U_2 \ \sim \ \chi^2(d_1 + d_2) \tag{5.22}$$

이다.

(증명). 카이제곱분포의 정의를 보면 쉽게 이해된다. □

정리 5.24의 증명:

이제 분산의 분포에 대한 가장 중요한 식 (5.21), 즉

$$\frac{(n-1)S^2}{\sigma^2} \sim \chi^2(n-1) \tag{*1}$$

을 증명해 보자. 표본평균과 표본분산의 정의는 다음과 같다.

$$\bar{X} \overset{\text{def}}{=} \tfrac{1}{n}\textstyle\sum_{i=1}^{n} X_i \tag{5.23}$$

$$S^2 \overset{\text{def}}{=} \tfrac{1}{n-1}\textstyle\sum_{i=1}^{n}(X_i - \bar{X})^2 \tag{5.24}$$

모집단이 $N(\mu, \sigma^2)$를 따른다고 가정하고 여기서 n개를 복원추출하여 i번째 관측값을 확률변수 X_i로 나타내면 $X_i \sim N(\mu, \sigma^2)$, $(i = 1, \ldots, n)$들은 서로 독립이고 $\frac{X_i-\mu}{\sigma} \sim N(0,1)$이므로, χ^2-분포의 정의에 의하여

$$\sum_{i=1}^{n} \left(\frac{X_i - \mu}{\sigma}\right)^2 \sim \chi^2(n) \tag{5.25}$$

가 성립한다.

(*1)의 좌변에 나타나는 S^2을 (5.24)의 우변으로 대체하면

$$\frac{(n-1)S^2}{\sigma^2} = \sum_{i=1}^{n} \left(\frac{X_i - \bar{X}}{\sigma}\right)^2 \tag{*}$$

이며 이것은 (5.25)의 좌변에서 μ를 $\bar{X}$로 바꾼 것임에 주목하자. 즉, 우리가 증명하려는 (*1)은 (5.25)에서 μ를 $\bar{X}$로 바꾸었을 때 우변에 나타나 있는 자유도 n이 $n-1$로 바뀐다는 것을 보이면 얻을 수 있다.

(5.25)의 좌변에 σ^2을 곱한 다음 상투적인 계산을 해 보자.

$$\begin{aligned}\sum_{i=1}^{n}(X_i - \mu)^2 &= \sum_{i=1}^{n}\left((X_i - \bar{X}) + (\bar{X} - \mu)\right)^2 \\ &= \sum_{i=1}^{n}(X_i - \bar{X})^2 + n(\bar{X} - \mu)^2 + 2\sum_{i=1}^{n}(X_i - \bar{X})(\bar{X} - \mu)\end{aligned} \tag{5.26}$$

교차곱 항은 $2(\bar{X} - \mu)\left(\sum_{i=1}^{n} X_i - n\bar{X}\right) = 0$이므로 이제 양변을 σ^2으로 나누면

$$\sum_{i=1}^{n} \left(\frac{X_i - \mu}{\sigma}\right)^2 = \frac{(n-1)S^2}{\sigma^2} + \left(\frac{\bar{X} - \mu}{\sigma/\sqrt{n}}\right)^2$$

위 식의 좌변은 $\chi^2(n)$을 따르고 우변의 2번째 항인 $\left(\frac{\bar{X}-\mu}{\sigma/\sqrt{n}}\right)^2$는 $\chi^2(1)$을 따르므로, [보조정리 5.26]에서 말했던 "카이제곱 분포의 가법성"에 의하여 원하던 결과인 $\frac{(n-1)S^2}{\sigma^2} \sim \chi^2(n-1)$을 얻게 된다. □

보조정리 5.27 모분산의 신뢰도 $1-\alpha$ 신뢰구간은 다음과 같다.

$$\left(\frac{(n-1)s^2}{\chi^2_{\alpha/2}(n-1)}, \frac{(n-1)s^2}{\chi^2_{1-\alpha/2}(n-1)}\right) \tag{5.27}$$

(증명).

$$\frac{(n-1)s^2}{\chi^2_{\alpha/2}(n-1)} < \sigma^2 < \frac{(n-1)s^2}{\chi^2_{1-\alpha/2}(n-1)}$$
$$\Leftrightarrow \chi^2_{1-\alpha/2}(n-1) < \frac{(n-1)s^2}{\sigma^2} < \chi^2_{\alpha/2}(n-1) \quad (*)$$

인데 $(*)$의 중변은 $\chi^2(n-1)$를 따르므로 사건 $(*)$가 일어날 확률은 $1-\alpha$가 된다. □

(5.27)은 암기하기가 그리 어렵지 않다. 우선 가장 중요한 $\frac{(n-1)S^2}{\sigma^2} \sim \chi^2(n-1)$는 알고 있어야 하고, 이로부터 (5.27)의 분모는 χ^2-임곗값인 것은 당연하다. 문제는 $\chi^2_{\alpha/2}$와 $\chi^2_{1-\alpha/2}$ 중 어느 것이 왼쪽에 사용되고 어느 것이 오른쪽에 사용되는지를 정확히 알아야 한다는 것이다. 그러나 이것은 [그림 5.4]에서 보듯이 $\chi^2_{1-\alpha/2} < \chi^2_{\alpha/2}$만 알고 있으면 혼동할 위험이 없을 것이다. 물론 이 부등식은 $\alpha < 0.5$인 경우에만 성립한다.

예제 5.28 철판 1m^2의 무게에 대한 분산을 추정하고자 한다. 15개의 철판을 무작위추출하여 조사한 결과 표본분산이 0.20이었다. 모분산에 대한 95% 신뢰구간을 구하여라. 단, 철판 1m^2의 무게는 정규분포를 따른다고 한다.

(풀이). $\chi^2_{\alpha/2}$ = qchisq(1-alpha/2), $\chi^2_{1-\alpha/2}$ = qchisq(alpha/2)를 사용한다.

```
alpha = 0.05
n = 15
s2 = 0.20
l = (n-1)/qchisq(1-alpha/2, n-1) # left coeff.
r = (n-1)/qchisq(alpha/2, n-1) # right coeff.
cat(sprintf("Conf. Interval = (%.3f, %.3f)\n", s2*l, s2*r))
```

```
Conf. Interval = (0.107, 0.497)
```

r의 값은 ℓ의 값의 4배가 넘는 것에 주목하라. ⊣

두 모분산의 비의 신뢰구간

모분산의 비의 신뢰구간은 $\left((s_x^2/s_y^2)\cdot\ell, (s_x^2/s_y^2)\cdot r\right)$ 형태를 가진다. 이는 아래의 [정리 5.29]에 보인 통계량 분포를 보면 짐작할 수 있을 것이다. 이 식 (5.28)이 성립하는 이유는 바로 뒤에 나오는 F-분포의 [정의 5.30] 바로 뒤에 설명하였다.

정리 5.29 정규분포를 따르는 두 모집단에서 독립적으로 각각 n_X개와 n_Y개의 원소를 복원추출하여 얻은 표본의 표본분산을 확률변수 S_X^2, S_Y^2으로 나타내었을 때

$$\frac{S_X^2/\sigma_X^2}{S_Y^2/\sigma_Y^2} = \frac{S_X^2/S_Y^2}{\sigma_X^2/\sigma_Y^2} \sim F(n_X-1, n_Y-1) \quad (5.28)$$

가 성립한다. 단, σ_X^2과 σ_Y^2은 대응하는 모분산들을 나타낸다. ⊣

(5.28)의 우변에 나타나는 F-분포는 다음과 같이 정의된다.

정의 5.30 F-분포(*distribution*)는 두 개의 χ^2-분포의 비로 정의된다. 정확히 말하면 $U \sim \chi^2(d_1)$, $V \sim \chi^2(d_2)$가 서로 독립일 때

$$\frac{U/d_1}{V/d_2} \sim F(d_1, d_2)$$

로 정의한다. ⊣

[정리 5.29]의 증명: 위의 정의에서 $U = S_X^2/\sigma_X^2$, $V = S_Y^2/\sigma_Y^2$으로 놓으면, [정리 5.24]에 의하여 $U/(n_X-1) \sim \chi^2(n_X-1)$과 $V/(n_Y-1) \sim \chi^2(n_Y-1)$이 성립할 것이다. 이때 우변은 정확히 (5.28)의 우변과 일치한다. ⊣

F-분포의 확률함수는 (4.22)에 나와 있다. 이것은 t-분포의 확률함수를 얻을 때 사용한 방법을 적용하면 구할 수 있으므로† 여기서는 그 유도과정을 생략한다. F-분포의 그래프는 [연습문제 4.60]의 그림에 나와 있으며 χ^2-분포의 그래프와 비슷하게 생겼고 좌우대칭이 아니라는 것을 알고 있으면 되겠다.

보조정리 5.31 표본분산의 비의 신뢰도 $1-\alpha$ 신뢰구간은 다음과 같다.

$$\left(\frac{s_X^2/s_Y^2}{F_{\alpha/2}(n_X-1, n_Y-1)}, \frac{s_X^2/s_Y^2}{F_{1-\alpha/2}(n_X-1, n_Y-1)}\right) \tag{5.29}$$

(증명). [보조정리 5.27]의 증명을 흉내내면 쉽게 증명된다. □

(5.29)는 다음과 같이 암기하면 쉽다.

$$\text{신뢰구간} = \left(\frac{s_X^2}{s_Y^2}\cdot\ell,\ \frac{s_X^2}{s_Y^2}\cdot r\right), \text{ where } 0 < \ell < r \text{ and}$$
$$\ell = \text{left coeff.} = \frac{1}{F_{\alpha/2}(n_X-1, n_Y-1)},$$
$$r = \text{right coeff.} = \frac{n-1}{F_{1-\alpha/2}(n_X-1, n_Y-1)}.$$

그러니까 $F_{1-\alpha/2}(d_1, d_2) < F_{\alpha/2}(d_1, d_2)$만 알고 있어도 혼동할 염려는 없을 것이다.

연습문제 5.32 모집단 X에서 추출한 표본의 크기가 13, 표본분산이 2.3이고, 모집단 Y에서 추출한 표본의 크기가 11, 표본분산이 1.5일 때 σ_X^2/σ_Y^2의 95% 신뢰구간을 구하여라. 단, X와 Y는 정규분포를 따른다고 한다.

```
alpha = 0.05
nx = 13; ny = 11
sdevx = 2.3; sdevy = 1.5
l = 1/qf(1-alpha/2, nx-1, ny-1) # left coeff.
r = 1/qf(alpha/2, nx-1, ny-1) # left coeff.
cat(sprintf("Conf. Interval = (%.3f, %.3f)\n", sdevx/sdevy*l, sdevx/sdevy*r))
```

† χ^2-분포가 아니라 t-분포임.

```
Conf. Interval = (0.423, 5.173)
```

다음의 보조정리는 유용하기도 하며, 또한 그 증명을 읽는 것은 분포의 임곗값 개념의 확립에도 좋다.

보조정리 5.33

$$F_{1-\alpha}(d_2, d_1) = \frac{1}{F_\alpha(d_1, d_2)}$$

(증명). $F_{1-\alpha}(d_2, d_1) = c$로 두고, $X \sim F(d_2, d_1)$이라 하자. 그러면 F-분포의 정의로부터

$$\frac{1}{X} \sim F(d_1, d_2) \tag{5.30}$$

가 성립하며, 임곗값의 정의로부터

$$P[X > c] = 1 - \alpha \tag{*}$$

가 성립한다. $c = \frac{1}{F_\alpha(d_1,d_2)}$를 보이는 것이 목표인데, 이를 위하여는

$$P\left[X > \frac{1}{F_\alpha(d_1, d_2)}\right] = 1 - \alpha \tag{**}$$

를 보이면 된다. (((*))와 ((**))에서 c와 $\frac{1}{F_\alpha(d_1,d_2)}$가 서로 대응되는 위치에 있음에 주목하라.) 한편

$$X > \frac{1}{F_\alpha(d_1, d_2)} \Leftrightarrow \frac{1}{X} < F_\alpha(d_1, d_2)$$

로부터

$$P\left[X > \frac{1}{F_\alpha(d_1, d_2)}\right] = P\left[\frac{1}{X} < F_\alpha(d_1, d_2)\right]$$

가 성립하므로, 이제 $P\left(\frac{1}{X} < F_\alpha(d_1, d_2)\right) = 1 - \alpha$만 보이면 원하던 ((**))을 얻게 된다.

그런데 $P\left[\frac{1}{X} < F_\alpha(d_1, d_2)\right] = 1 - \alpha$는 $P\left[\frac{1}{X} \geq F_\alpha(d_1, d_2)\right] = \alpha$와 동등하고, 이것은 (5.30)과 임곗값의 정의로부터 당연히 성립한다. □

연습문제 5.34 X_1의 표본의 개수가 13, 표본분산이 2.3, X_2의 표본의 개수가 11, 표본분산이 1.5일 때 σ_1^2/σ_2^2의 95% 신뢰구간을 구하여라. 단, X_1과 X_2는 정규분포를 따른다고 한다. ⊣

5.1.6 주요 정리들의 증명**

이 섹션에서는 미루어 왔던 통계학의 주요 정리들을 증명할 것이다. 모멘트 생성함수와 Γ-분포가 주요 도구로 사용된다. 이 섹션은 수학적 난이도가 이 책의 다른 부분보다 다소 높은 편이다.

정리 5.35 X와 Y가 모두 정규분포를 따르고 서로 독립이면 $X+Y$도 정규분포를 따른다. 따라서 모든 $i=1,\ldots,n$에 대하여 X_i 들이 정규분포를 따르고 서로 독립이면 $X_1+\cdots+X_n$ 도 정규분포를 따른다.

(증명). 정규분포 $X \sim N(\mu, \sigma^2)$의 확률밀도함수는 (4.16)에서 $f(x) = \frac{1}{\sigma\sqrt{2\pi}}e^{-\frac{1}{2}\left(\frac{x-\mu}{\sigma}\right)^2}$로 주어졌다. 이때 X의 MGT는 (4.27)에서 다음과 같이 계산되었다.

$$M_X(t) = e^{\mu t+\sigma^2t^2/2}$$

따라서 $X_1 \sim N(\mu_1, \sigma_1^2)$, $X_2 \sim N(\mu_2, \sigma_2^2)$로 두었을 때 X_1+X_2의 MGF는 [보조정리 4.68]에 의하여

$$M_{X_1+X_2}(t) = e^{\mu_1 t+\sigma_1^2t^2/2} \cdot e^{\mu_2 t+\sigma_2^2t^2/2} = e^{(\mu_1+\mu_2)t+(\sigma_1^2+\sigma_2^2)t^2/2}$$

로 얻어진다. 그러므로

$$X_1+X_2 \sim N(\mu_1+\mu_2, \sigma_1^2+\sigma_2^2)$$

이 된다. □

X가 정규분포를 따르면 [팩트 4.54]에 의하여 aX도 그러하므로 위의 정리에 의하여 $aX_1+\cdots+aX_n$도 정규분포를 따른다.

정리 5.36 (중심극한 정리(*Central limit theorem*)) 모집단이 어떤 분포를 따르든지 상관없이, 표본의 크기 n이 충분히 크면 (즉 $n>30$이면),

$$\bar{X} \sim N(\mu, \sigma^2/n) \tag{5.31}$$

로 보아도 된다

(증명). 우리는 다음의 식을 증명하기를 원한다.

$$\lim_{n\to\infty} P\left[\frac{\bar{X}-\mu}{\sigma/\sqrt{n}} < z\right] = P[Z<z]$$

이를 위하여 $Y_n := \frac{\bar{X}-\mu}{\sigma/\sqrt{n}}$로 두고

$$\lim_{n\to\infty} M_{Y_n}(t) = M_Z(t) = e^{t^2/2} \tag{5.32}$$

을 보일 것이다.[†] 우리는 이 증명에서 다음의 가정과 팩트를 사용한다.

- 가정 : X의 MGF가 존재한다.
- 팩트 : MGF의 수열 $M_{Y_n}(t)$가 Z의 MGF로 수렴하는 것은 Y_n들의 PDF의 수열이 Z의 PDF로 수렴하는 것의 충분조건이다.

[†]여기서 함수의 수렴은 pointwise convergence를 사용한다.

우선 각 $i = 1, \ldots, n$에 대하여 $W_i \overset{\text{def}}{=} \frac{X_i - \mu}{\sigma}$로 두면 $\bar{W} = \frac{n(\bar{X}-\mu)}{n\sigma} = \frac{\bar{X}-\mu}{\sigma}$이므로

$$Y_n = \frac{\bar{X} - \mu}{\sigma/\sqrt{n}} = \frac{\bar{W} - 0}{1/\sqrt{n}} = \frac{1}{\sqrt{n}}(W_1 + \cdots + W_n)$$

를 얻는다. 따라서 Y의 MGF는 [보조정리 4.68]에 의하여

$$M_{Y_n}(t) = M_W(t/\sqrt{n})^n, \quad \text{where } W \overset{\text{def}}{=} \frac{X - \mu}{\sigma}$$

가 된다. 이는 각 i에 대해서 $M_{W_i}(t) = M_W(t)$이므로 성립한다.

이제 (5.32)의 양변의 로그를 취하여 얻은

$$\lim_{n\to\infty} n \ln\big(M_W(t/\sqrt{n})\big) = t^2/2 \tag{5.33}$$

를 보이면 된다. $x = 1/\sqrt{n}$의 치환을 하면 (5.33)의 좌변은 $\lim_{x\to 0} \ln\big(M_W(tx)\big)/x^2$이 된다. $M_W(0) = 1$이고 $M_W(t)$는 $t = 0$에서 얼마든지 여러 번 미분가능하므로 (5.33)의 극한을 계산할 때 로피탈의 정리를 사용할 수 있다. 결과는 다음과 같다.

$$\lim_{x\to 0} \frac{M_W'(tx)t/M_W(tx)}{2x}$$

$M_W'(0) = \mathbb{E}[W] = 0$이므로 로피탈의 정리를 다시 한 번 사용하면 마침내

$$\lim_{x\to 0} \frac{M_W'(tx)t}{2xM_W(tx)} = \lim_{x\to 0} \frac{M_W''(tx)t^2}{2M_W(tx) + 2xM_W'(tx)t} = \frac{1 \cdot t^2}{2 \cdot 1 + 2 \cdot 0 \cdot 0 \cdot t} = \frac{t^2}{2},$$

즉, (5.33)을 얻게 된다. 여기서 $M_W''(0) = 1^2 + 0 = 1$를 사용하였다. □

정의 5.37 $Z \sim N(0,1)$는 표준정규분포이고 $X \sim \chi^2(d)$는 Z와 독립인 χ^2-분포일 때

$$T := \frac{Z}{\sqrt{X/d}} \tag{5.34}$$

로 정의된 확률변수 T는 자유도 d의 t-분포(*t-distribution*)를 따른다고 하고 기호로는 $T \sim t(d)$로 나타낸다. ⊣

정리 5.38 (W. Gosset, 1908) 평균 μ의 정규분포를 따르는 모집단으로부터 추출한 크기 n의 표본평균을 $\bar{X}$, 표본표준편차를 S라 했을 때 통계량 $\frac{\bar{X}-\mu}{S/\sqrt{n}}$는 아래와 같이 t-분포를 따른다.

$$\frac{\bar{X} - \mu}{S/\sqrt{n}} \sim t(n-1) \tag{5.35}$$

(증명). 위 식의 좌변을 다음과 같이 변형한다. 다음 식의 우변의 분자는 표준정규분포를 따른다. 이 식의 우변의 분모의 제곱근 기호의 내부에 있는 $\frac{(n-1)S^2}{\sigma^2}$는 [정리 5.24]에 의하여

$\chi^2(n-1)$-분포를 따른다.

$$\frac{\bar{X}-\mu}{S/\sqrt{n}} = \frac{\bar{X}-\mu}{\sqrt{\frac{(n-1)S^2}{\sigma^2}/(n-1)}\cdot\sqrt{\frac{\sigma^2}{n}}} = \frac{(\bar{X}-\mu)/(\sigma/\sqrt{n})}{\sqrt{\frac{(n-1)S^2}{\sigma^2}/(n-1)}}$$

이제 t-분포의 [정의 5.37]에 의하여 (5.35)를 얻는다. □

정의 5.39 Γ-분포(Γ-*distribution*)는 다음과 같은 확률함수 f_Γ를 가지는 연속형 분포이다.

$$f_\Gamma(x;\alpha,\beta) = \begin{cases} \frac{1}{\Gamma(\alpha)\,\beta^\alpha}x^{\alpha-1}e^{-x/\beta}, & \text{if } x>0 \\ 0, & \text{otherwise} \end{cases} \tag{5.36}$$

분모에 사용된 $\Gamma(\alpha)$는 (4.18)에 나왔던 정의 $\Gamma(\alpha)=\int_0^\infty t^{\alpha-1}e^{-t}\,\mathrm{d}t,\ (\alpha>0)$로부터 계산되는 값이다. 이 분포는 2개의 모수 $\alpha>0,\ \beta>0$를 가진다. 이 분포는 $\beta=1$일 때 표준 Γ-분포라고 한다. (귀띔). f_Γ를 $(0,\infty)$에서 정적분하면 모든 $\alpha,\beta>0$에 대해서 1이 나옴을 쉽게 확인할 수 있다. ⊣

보조정리 5.40 $X\sim\Gamma(\alpha,\beta)$이면 X의 *MGF*는 다음과 같다.

$$M_X(t) = \frac{1}{(1-\beta t)^\alpha} \tag{5.37}$$

(증명). 모멘트 생성함수의 정의를 따라 다음과 같이 계산한다.

$$M_X(t) = E\left[e^{tX}\right] = \int_0^\infty e^{tx}\frac{x^{\alpha-1}}{\Gamma(\alpha)\,\beta^\alpha}e^{-x/\beta}\,\mathrm{d}x = \int_0^\infty \frac{x^{\alpha-1}}{\Gamma(\alpha)\,\beta^\alpha}e^{-x(-t+1/\beta)}\,\mathrm{d}x \tag{5.38}$$

이 정적분을 계산하기 위하여 $\int_0^\infty \frac{x^{\alpha-1}}{\Gamma(\alpha)\,b^\alpha}e^{-x/b}\,\mathrm{d}x = 1$을 이용한다.

$$b := \frac{1}{-t+1/\beta} = \frac{\beta}{1-\beta t}$$

로 두면 $\beta^\alpha=(1-\beta t)^\alpha b^\alpha$이므로 (5.38)은 다음과 같이 쓸 수 있다.

$$M_X(t) = \frac{1}{(1-\beta t)^\alpha}\int_0^\infty \frac{x^{\alpha-1}}{\Gamma(\alpha)\,b^\alpha}e^{-x/b}\,\mathrm{d}x = \frac{1}{(1-\beta t)^\alpha}$$

□

연습문제 5.41 $X\sim\Gamma(\alpha,\beta)$일 때 $\mathbb{E}[X]=\alpha\beta,\ Var(X)=\alpha\beta^2$임을 보여라.

(힌트). [보조정리 5.40] ⊣

정리 5.42 $i=1,\ldots,d\in\mathbb{N}$에 대해서 $Z_i\sim N(0,1)$들이 모두 서로 독립일 때 $X:=Z_1^2+\cdots+Z_d^2$의 확률함수는 다음과 같다.

$$f_{\chi^2}(x;d) = \frac{1}{2^{\frac{d}{2}}\Gamma(\frac{d}{2})}x^{\frac{d}{2}-1}e^{-\frac{x}{2}},\quad (0<x<\infty) \tag{5.39}$$

즉 $X \sim \Gamma(d/2, 2)$이고 $\mu_X = d$, $\sigma_X^2 = 2d$이다.

(귀띔). [정의 5.25]에 의하여 $X \sim \chi^2(d)$이다. 그리고 (5.39)는 이전에 (4.21)에서 제시한 바 있다.

(증명). $d = 1$인 경우에 대해서 먼저 보이겠다. X의 CDF(누적확률함수) $F(x)$는 다음과 같이 계산된다.

$$\begin{aligned} F(x) &= P[X \le x] = P\left[Z^2 \le x\right] = P[-\sqrt{x} \le Z \le \sqrt{x}] = 2P[0 \le Z \le \sqrt{x}] \\ &= 2\Phi(\sqrt{x}) - 2\Phi(0), \text{ where } \Phi \text{ is the CDF of } Z. \end{aligned}$$

위 식의 양변을 미분하면, $\varphi(x) := \Phi'(x) = \frac{1}{\sqrt{2\pi}} e^{-x^2/2}$로 두었을 때 X의 PDF

$$\begin{aligned} F'(x) &= 2\varphi(\sqrt{x})\left(\frac{1}{2\sqrt{x}}\right) = 2\frac{1}{\sqrt{2\pi}} e^{-x/2}\left(\frac{x^{-1/2}}{2}\right) = \frac{1}{2^{\frac{1}{2}}\Gamma(\frac{1}{2})} x^{\frac{1}{2}-1} e^{-\frac{x}{2}} \\ &= f_{\chi^2}(x; 1) \end{aligned}$$

를 얻는다. 여기서 $\Gamma(\frac{1}{2}) = \sqrt{\pi}$임은 (4.19)에 나와 있다.

일반적인 $d \ge 2$에 대해서는 $X = Z_1^2 + \cdots + Z_d^2$의 PDF가 $f_\Gamma(x; d/2, 2)$임을 보이면 된다. 따라서 (5.37)에 의하여 $M_X(t) = \frac{1}{(1-2t)^{d/2}}$를 보이면 충분하다.

서로 독립인 확률변수들의 합의 MGF는 각 MGF들의 곱이며 Z_i^2의 MGF는 (PDF가 $f_\Gamma(x; 1/2, 2)$임은 이미 보였으므로) $\frac{1}{(1-2t)^{1/2}}$가 된다. 따라서 이들을 d-거듭제곱하여 얻은 $\frac{1}{(1-2t)^{d/2}}$가 X의 MGF임을 알 수 있다. □

정리 5.43 $Z \sim N(0, 1)$, $X \sim \chi^2(d)$ 이 서로 독립일 때 $T := \frac{Z}{\sqrt{X/d}}$의 확률함수는 다음과 같다. 단, $d \in \mathbb{N}$.

$$f_t(t; d) = \frac{\Gamma(\frac{d+1}{2})}{\sqrt{d\pi}\,\Gamma(\frac{d}{2})}\left(1 + \frac{t^2}{d}\right)^{-\frac{d+1}{2}}, \quad (-\infty < t < \infty) \tag{5.40}$$

(귀띔). [정의 5.37]에 의하여 $T \sim t(d)$이다. 그리고 (5.40)은 이전에 (4.20)에서 제시한 바 있다.

(증명). (X, Z)의 결합확률함수를 $f_{xz}(x, z)$로 두면 다음과 같이 T의 CDF를 계산할 수 있다.

$$\begin{aligned} P[T \le t] &= P\left[\frac{Z}{\sqrt{X/d}} \le t\right] \\ &= P\left(Z \le t\sqrt{\frac{X}{d}}\right) = \int_0^\infty \int_{-\infty}^{t\sqrt{x/d}} f_{xz}(x, z)\,\mathrm{d}z\,\mathrm{d}x \end{aligned}$$

CDF를 t에 대해서 미분하여 PDF $f_t(t)$를 얻는다.

$$f_t(t) = \frac{\mathrm{d}}{\mathrm{d}t}P[T \le t] = \int_0^\infty \left(\frac{\mathrm{d}}{\mathrm{d}t} \int_{-\infty}^{t\sqrt{x/d}} f_{xz}(x,z)\,\mathrm{d}z \right) \mathrm{d}x = \int_0^\infty \sqrt{\frac{x}{d}}\, f_{xz}\left(x, t\sqrt{\frac{x}{d}}\right) \mathrm{d}x$$

X와 Z가 서로 독립이므로 f_{xz}는 각각의 확률함수의 곱이다. 따라서 (5.39)와 (4.51)에 의하여 다음의 식을 얻는다.

$$\begin{aligned} f_t(t) &= \int_0^\infty \sqrt{\frac{x}{d}}\, \frac{x^{\frac{d}{2}-1}}{2^{\frac{d}{2}}\Gamma(\frac{d}{2})} e^{-\frac{x}{2}} \frac{1}{\sqrt{2\pi}} e^{-\frac{1}{2}\frac{t^2 x}{d}}\,\mathrm{d}x \\ &= \int_0^\infty \frac{x^{\frac{d+1}{2}} - 1}{d^{\frac{1}{2}} 2^{\frac{d}{2}} \Gamma(\frac{d}{2})(2\pi)^{\frac{1}{2}}} e^{-(\frac{1}{2}+\frac{t^2}{2d})x} = \int_0^\infty \frac{x^{\frac{d+1}{2}} - 1}{\sqrt{2d\pi}\, 2^{\frac{d}{2}}\Gamma(\frac{d}{2})} e^{-(\frac{1}{2}+\frac{t^2}{2d})x} \end{aligned} \tag{5.41}$$

이 정적분을 계산하기 위하여 $\int_0^\infty b^\alpha \frac{x^{\alpha-1}}{\Gamma(\alpha)} e^{-bx}\,\mathrm{d}x = 1$을 이용한다. (5.41)에서 $b = \frac{1}{2} + \frac{t^2}{2d}$, $\alpha = \frac{d+1}{2}$로 두면 다음과 같이 (5.40)을 얻게 된다.

$$\begin{aligned} f_t(t) &= \frac{\Gamma(\alpha)}{\sqrt{2d\pi}\, 2^{\frac{d}{2}}\Gamma(\frac{d}{2}) b^\alpha} \times \int_0^\infty b^\alpha \frac{x^\alpha - 1}{\Gamma(\alpha)} e^{-bx} \\ &= \frac{\Gamma(\alpha)}{\sqrt{d\pi}\, 2^{\frac{d+1}{2}}\Gamma(\frac{d}{2}) 2^{-\alpha}\left(1+\frac{t^2}{d}\right)^\alpha} = \frac{\Gamma(\alpha)}{\sqrt{d\pi}\,\Gamma(\frac{d}{2})}\left(1+\frac{t^2}{d}\right)^{-\alpha} \end{aligned} \qquad \square$$

이제 Γ-함수를 사용하는 복잡한 PDF를 가지는 분포 3개 중에 χ^2-분포와 t-분포에 대한 PDF는 유도되었다. 셋 중의 남은 하나인 F-분포의 확률함수가 (4.22)임은 [정리 5.43]에서와 유사한 방법으로 보일 수 있으며 이 부분은 독자들에게 연습문제로 넘기겠다.

5.2 가설의 검정*

5.2.1 기본 개념*

가설의 검정(*test of hypothesis*)에서 새로 등장하는 수학적 내용은 별로 없다. 이 섹션을 이해하기 위하여는 이전에 공부했던 것들을 새로운 관점으로 보는 것으로 충분하다고 생각한다.

가설(*hypothesis*)이란 모집단의 성질에 대한 명제를 뜻한다. 이 명제는 모평균, 모분산 등의 모수에 대한 것인 경우가 대부분인데, 때로는 "모집단은 정규분포를 따른다." 등, 모수에 대한 명제가 아닐 수도 있다.

가설에는 귀무가설(*null hypothesis*, H_0)과 대립가설(*alternative hypothesis*, H_1, H_a)이 있다. 이 두 가설들은 언제나 둘 중의 단 하나가 참이 되며, 모평균에 대한 가설일 때는 아래의 셋 중의 하나의 형태를 가지게 된다:

$$\begin{cases} H_0 : \mu = \mu_0 \\ H_1 : \mu < \mu_0 \end{cases} \qquad \begin{cases} H_0 : \mu = \mu_0 \\ H_1 : \mu > \mu_0 \end{cases} \qquad \begin{cases} H_0 : \mu = \mu_0 \\ H_1 : \mu \ne \mu_0 \end{cases} \tag{5.42}$$

혹은 아래와 같이 쓰는 경우도 있다.

$$\begin{cases} H_0 : \mu \geq \mu_0 \\ H_1 : \mu < \mu_0 \end{cases} \qquad \begin{cases} H_0 : \mu \leq \mu_0 \\ H_1 : \mu > \mu_0 \end{cases} \qquad \begin{cases} H_0 : \mu = \mu_0 \\ H_1 : \mu \neq \mu_0 \end{cases}$$

귀무가설은 기존에 옳았던, 혹은 옳다고 믿어왔던 명제다. 대립가설은 새롭게 주장하는 명제다.

제시된 귀무가설을 이제 우리가 공부할 어떤 절차에 따라 참 혹은 거짓이라고 판정하는 것을 검정(*test*)이라고 한다. 검증verification이라고 하지 않는 이유는 우리가 내린 결론은 통계량 분포의 이론에 의한 확률적인 것이므로 틀릴 가능성이 있기 때문이다.

틀릴 가능성이 없도록 검정하려면 전수조사(*census*)를 하면 된다. 그러나 모집단이 매우 커서 전수조사에 시간과 비용이 과도하게 많이 들거나, 또는 공장에서 생산된 제품의 수명 등 전수조사가 본질적으로 불가능한 경우에는 우리는 표본조사(*sampling*)를 하게 되며, 이 경우 오류의 발생 가능성은 피할 수 없다.

귀무가설이 틀리다고 판단하면 우리는 귀무가설을 기각(*reject*)한다. 귀무가설이 옳다고 판단하면 우리는 귀무가설을 기각하지 않는(*not reject*)다. 후자의 경우 귀무가설을 채택(*accept*)한다고 말하기도 한다. 우리는 "대립가설을 기각한다" 또는 "채택한다" 등의 표현은 쓰지 않고 항상 귀무가설을 주어로 삼는다.

검정에는 오류가 있을 수 있다고 하였는데, 이 오류에는 다음과 같이 두 가지 타입이 있다.

	H_0 사실	H_0 거짓
H_0 채택	Good	제2종 오류
H_0 기각	제1종 오류	Good

검정의 오류가 일어날 확률은 미리 정해 놓은 어떤 값보다 작아야 한다: 제1종 오류(*Type I error*)가 일어날 확률의 최대 허용치를 유의수준(*significance level*)이라고 하며 α로 나타낸다. $1-\alpha$를 신뢰도(*confidence level*)라 한다. 유의수준이라는 개념은 신뢰구간을 공부할 때 정의했었는데, 가설검정에서의 유의수준은 신뢰구간에서 정의했던 유의수준과 밀접한 관계가 있다. 이 사실은 앞으로 공부하는 과정에서 확인하게 될 것이다.

제2종 오류(*Type II error*)가 일어날 확률을 β로 나타내며 $1-\beta$를 검정력(*power of test*)이라 한다.

α는 어떤 확률의 최대 허용한계인데 반하여 β는 최대 허용한계가 아니라 그냥 확률이다. 그리고 통상 이것의 값은 α가 고정된 상태에서 모평균의 함수로 나타내므로 '검정력 함수'라는 용어를 사용한다. 가설검정의 용어에 이러한 비대칭성이 있도록 정의한 까닭은 우리가 두 가지 타입의 오류 중에서 제1종 오류를 더 심각하게 받아들이기 때문이다.

예를 들어 어떤 자동차 회사에서 그동안 써 오던 브레이크 유닛이 있었는데 새로 개발된 브레이크가 제동 기능이 더 좋은지를 판정해야 하는 상황이라 하자. 이런 경우에 귀무가설은 "새 브레이크가 더 좋을 것이 없다."이고 "새 브레이크가 더 좋다."는 대립가설이 된다.†

이때 제2종 오류는 새 브레이크가 더 좋음에도 불구하고 그렇지 않다고 판단하는 것이다. 그래서 애써 개발한 새 브레이크를 사용하지 않게 되는 손해를 보게 된다. 물론 이런 오류는

† 귀무가설과 대립가설은 (5.42)에 보인 형식을 취해야 한다고 했다. 여기서 "H_0: 새 브레이크가 더 좋을 것이 없다."로 놓은 것은 실은 제동거리의 평균값을 μ라고 놓았을 때 $H_0 : \mu = \mu_0$를 뜻하는 것으로 해석하면 된다.

피하는 것이 좋다. 하지만 제1종 오류를 저지르면 제2종 오류 때보다 더 심각한 피해를 입게 된다. 즉, 새 브레이크가 좋을 것이 없거나, 심지어 더 나쁨에도 불구하고 그동안 써 오던 브레이크를 버리고 새 브레이크를 장착한 자동차를 생산하는 것이다. 그렇다면 이에 따르는 사고의 증가라는 엄청난 손해를 경험하게 될 것이다.

이상의 논의에 반론을 제기할 수도 있겠으나, 아무튼 통계학에서는 제1종 오류를 제2종 오류보다 더 심각한 것으로 받아들이고 있다. 그리고 이 때문에 제1종 오류가 일어날 확률의 최대 허용한계를 "유의수준"이라는 용어를 주어 정의했다. 유의수준을 넘지 않도록 검정의 절차를 정해 두고, 이러한 절차를 따를 때 (그리고 귀무가설이 거짓일 때) 비로소 제2종 오류가 일어날 확률에 대한 관심을 두는 것이다. 만일 제2종 오류가 일어날 확률의 최대 허용한계도 지정한다면, 이 두 개의 조건을 동시에 만족하는 검정의 절차는 존재하지 않게 되기 쉽다.

제1종 오류의 확률과 제2종 오류의 확률 간의 관계에 대한 설명은, 충분하지 않지만 이걸로 마친다.

5.2.2 검정 방법*

검정통계량

아래의 가설을 예로 들어 검정 방법을 알아 보자. 단, 유의수준은 α라 하자.

$$H_0 : \mu = \mu_0, \qquad H_1 : \mu \neq \mu_0 \tag{5.43}$$

모평균에 대한 가설이므로 이것을 검정하기 위하여 표본평균을 사용하는 것이 당연하다. 만일 얻어진 $\bar{X}$의 값이 μ_0와 "큰 차이"가 있다면 우리는 H_0를 기각해야 한다. 그러나 $|\bar{X} - \mu_0|$의 값이 "충분히 크지 않다면" 우리는 H_0를 기각하지 못하고 채택해야 한다. 여기서 문제는 어느 정도의 차이면 "충분히 크다"고 할 수 있냐는 것이다. 즉,

$$|\bar{X} - \mu_0| > c \;\Leftrightarrow\; H_0\text{를 기각} \tag{5.44}$$

하기로 하자. 이렇게 검정하기로 했을 때 제1종 오류가 일어날 확률이 α 미만인 임곗값(*critical value*) c를 어떻게 찾아야 하는지가 우리가 당면한 과제이다.

우선 모집단이 정규분포를 따르고, 모분산 σ^2의 값을 알고 있는 경우에 대하여 검정해 보자. 표본의 크기를 n이라 하면, 귀무가설이 옳다는 가정 하에 $\bar{X}$는 $N(\mu_0, \sigma^2/n)$을 따를 것이고 (5.8)에 의하여 $\frac{\bar{X}-\mu_0}{\sigma/\sqrt{n}} \sim N(0,1)$이 성립할 것이다. 따라서 이 경우에는 (5.44) 대신 아래의 식을 사용할 수 있다.

$$\left|\frac{\bar{X} - \mu_0}{\sigma/\sqrt{n}}\right| > c \;\Leftrightarrow\; H_0\text{를 기각} \tag{5.45}$$

다시 말하자면, <u>검정의 임곗값</u> c의 정의로 (5.44)를 사용하는 방법과 (5.45)를 사용하는 방법이 있다는 것이다.

우리는 이 두 가지 방법 중에 항상 후자를 사용할 것이다. 이렇게 하면 임곗값 c는 항상 어떤 분포의 분위수(또는 z_α, $t_\alpha(d)$ 등 <u>분포의 임곗값</u>)가 된다는 장점이 있다.† 임곗값을 구하는

---

† '임곗값'은 통계학에서 대단히 중요하고 자주 쓰이는 용어이지만 미묘하게 다른 2개의 의미로 쓰여서 혼동스러운 면이 있다.

방법은 조금 후에 설명할 것이다.

(5.45)에 나타나는 $\frac{\bar{X}-\mu_0}{\sigma/\sqrt{n}}$ 를 검정통계량(*test statistic*)이라고 한다. 노파심에서 말하는데, 검정통계량은

① 가설이 (5.43)이다. (혹은 (5.42)),

② 모집단이 정규분포를 따른다.

③ 모분산의 값 σ^2의 값을 안다.

의 세 조건이 모두 만족할 때 $\frac{\bar{X}-\mu_0}{\sigma/\sqrt{n}}$ 이 되는 것이고, 이 조건들 중에 하나라도 바뀌면 검정통계량의 식은 달라진다. 검정통계량이란 가설의 검정을 할 때 사용하는 통계량이라고 생각하면 될 것이다.

검정통계량이 Z-분포를 따를 경우에는 이것의 계산된 값을 z-값(*z-value*)이라고 부른다. 같은 방식으로, 검정통계량의 값은 그것이 t-분포를 따를 때는 t-값(*t-value*), χ^2-분포를 따를 때는 χ^2-값(χ^2-*value*), F-분포를 따를 때는 F-값(F-*value*)이라고 부른다.

(5.45)를 일반적인 상황, 즉 위의 조건 ①, ②, ③의 전부 혹은 일부가 성립하지 않아서 검정통계량의 식을 특정할 수 없을 때에 대해서 써 보면

$$\text{양쪽검정} : \left|\text{검정통계량}\right| > \text{임곗값} \;\Leftrightarrow\; H_0\text{를 기각} \tag{5.46}$$

이 된다. (5.46)은 (5.43) 형태의 가설에 대한 검정에서 핵심적으로 사용되는 명제이다.

모평균에 대한 검정

모평균에 대한 검정은 대립가설의 형태에 따라 다음과 같이 3가지로 분류된다. (5.46)은 이들 중에 3번째 '양쪽검정'에 해당한다.

- $H_1 : \mu < \mu_0$, 왼쪽검정(*left-tailed test*)
- $H_1 : \mu > \mu_0$, 오른쪽검정(*right-tailed test*)
- $H_1 : \mu \neq \mu_0$, 양쪽검정(*two-tailed test*)

정의 5.44 H_0를 기각하게 되는 검정통계량의 값들의 집합을 기각역, 이것의 여집합을 채택역이라 한다. 기각역은 검정의 종류에 따라 어떤 양수 $c > 0$에 대해서 아래와 같은 형태가 된다.

$(i) : (-\infty, -c)$ or $x < -c$ (왼쪽검정, 기각역이 원점의 왼쪽에 있다.)

$(ii) : (c, \infty)$ or $x > c$ (오른쪽검정, 기각역이 원점의 오른쪽에 있다.)

$(iii) : (-\infty, -c) \cup (c, \infty)$ or ($x > c$ 또는 $x < -c$)

(양쪽검정, 기각역들이 원점의 양쪽에 있다.) ⊣

왼쪽검정과 오른쪽검정을 한쪽검정(*one-tailed test*)이라고 하며 이때의 기각역은 1개의 반직선이 된다. 위의 (i)과 (ii)에 의하여 이때의 귀무가설을 기각하는 조건은 다음과 같다.

$$\text{왼쪽검정} : \text{검정통계량} < \text{왼쪽 임곗값} \tag{5.47}$$

$$\text{오른쪽검정 : 검정통계량} > \text{오른쪽 임곗값} \tag{5.48}$$

(5.47)과 (5.48)은 (5.46)에 대응되는 조건들이다.

이제 임곗값을 구하는 방법을 알아보자. [그림 5.5]는 검정통계량이 $N(0,1)$-분포를 따르는 경우에 대한 것이다.

그림 5.5: 검정의 임곗값과 기각역 ($N(0,1)$-분포의 경우)

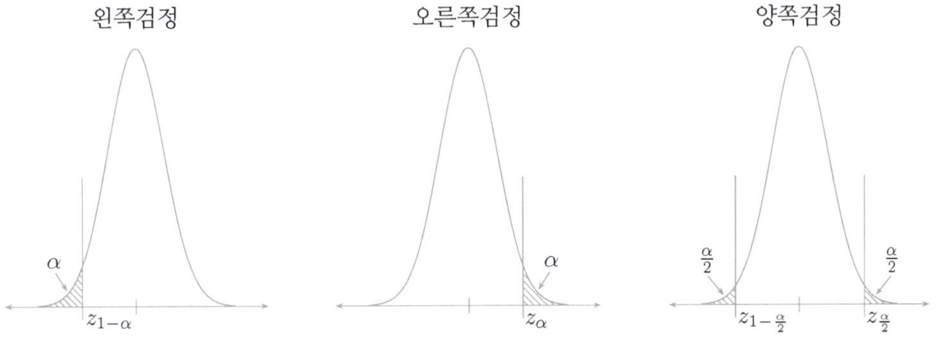

검정통계량이 $t(d)$-분포를 따르는 경우에는 [그림 5.5]에서 임곗값들만 다음과 같이 바꾸어 사용하면 된다: z_α, $z_{1-\alpha}$, $z_{\alpha/2}$, $z_{1-\alpha/2}$를 각각 $t_\alpha(d)$, $t_{1-\alpha}(d)$, $t_{\alpha/2}(d)$, $t_{1-\alpha/2}(d)$.

먼저 양쪽검정 $H_0 : \mu = \mu_0,\ H_1 : \mu \neq \mu_0$인 경우를 보자. 모집단은 정규분포를 따르고 모표준편차 σ가 주어졌다고 하자. 또한 논의를 쉽게 하기 위하여 유의수준 $\alpha = 0.05$인 것으로 하자.

H_0가 참이라면 검정통계량 $z := \frac{\bar{X}-\mu_0}{\sigma/\sqrt{n}}$은 (5.8)에 의하여 $N(0,1)$을 따를 것이므로 z-값이 $z_{\alpha/2}$를 초과하거나 $-z_{\alpha/2}$ 미만일 확률은 [그림 5.5]의 오른쪽 그림에서 보듯이 $\frac{\alpha}{2} + \frac{\alpha}{2} = \alpha$가 된다. 다시 말하면 H_0가 참이라면 $P[z < z_{\alpha/2} \text{ or } z > z_{\alpha/2}] = \alpha$, 즉 5%이다. z-값이 이렇게 나타날 확률, 즉 기각역에 속할 확률이 5%밖에 안됨에도 불구하고 이러한 사건이 일어났다는 것은 H_0는 참이 아니라고 판정했을 때 이것이 틀릴 확률이 5%, 즉 맞을 확률이 95%라는 근거가 된다. 그러므로 검정통계량이 기각역에 속할 때는 H_0를 기각하며 이때의 임곗값 c는 $z_{\alpha/2}$로 잡는다.

오른쪽검정의 경우에는 위와 비슷한 논의에 의하여 임곗값이 z_α일 것이다. 왼쪽검정의 경우에도 같은 방법에 의하여 임곗값이 $z_{1-\alpha} = -z_\alpha$로 얻어지게 된다.

지금까지 공부한 내용을 바탕으로 다음과 같은 가설의 검정 문제들의 답을 구할 수 있다.

예제 5.45 어떤 회사에서 생산하는 낚시줄의 장력은 평균이 36.50이고 표준편차가 6.02인 정규분포를 따른다고 한다. 이 회사는 낚시줄의 장력을 개선하기 위한 신기술을 도입하였다. 생산된 신제품 중에서 49개의 제품을 무작위 추출하여 장력의 평균을 계산한 결과 34.88이 나왔다. 다음의 내용을 유의수준 5%에서 검정하여라.

(*a*) 신기술로 생산된 제품의 장력은 이전과 달라졌다.

(*b*) 신기술로 생산된 제품의 장력은 이전보다 개선되었다.

(*c*) 신기술로 생산된 제품의 장력은 이전보다 더 나빠졌다.

(풀이). 검정통계량 $= \frac{\bar{x}-\mu_0}{\sigma/\sqrt{n}} = \frac{34.88-36.50}{6.02/\sqrt{49}} = \frac{-1.62}{0.86} = -1.88$. 이 값은 한쪽검정에 대하여 사용할 수 있으며 양쪽검정의 경우에는 이것의 절댓값을 취한 1.88을 사용해야 한다.

경우 (a), 양쪽검정. $H_0 : \mu = 36.50, \quad H_1 : \mu \neq 36.50$
임곗값 $z_{\alpha/2} = z_{0.025} = 1.96 \not< |-1.88| = 1.88$. 즉, (5.46)이 만족되지 않아서 H_0를 기각할 수 없다. ✓

경우 (b), 오른쪽검정. $H_0 : \mu = 36.50, \quad H_1 : \mu > 36.50$
임곗값 $z_{\alpha} = z_{0.05} = 1.645 \not< -1.88$. 즉, (5.48)이 만족되지 않아서 H_0를 기각하지 않는다. ✓

경우 (c), 왼쪽검정. $H_0 : \mu = 36.50, \quad H_1 : \mu < 36.50$
임곗값 $-z_{\alpha} = -z_{0.05} = -1.645 > -1.88$. 즉, (5.47)이 만족되어 H_0를 기각한다. ✓

계산 과정은 다음과 같다.

```
alpha = 0.05
n = 49
xbar = 34.88
sigma = 6.02
mu0 = 36.50
cat(sprintf("alpha=%.2f, n=%d, xbar=%.2f, sigma=%.2f, mu0=%.2f\n",
            alpha, n, xbar, sigma, mu0))

z = (xbar - mu0)/(sigma/sqrt(49)) # z-value
cv.two = qnorm(1-alpha/2) # critical value for two-tailed
cv.right = qnorm(1-alpha) # critical value for right-tailed
cv.left = qnorm(alpha)    # critical value for left-tailed
cat(sprintf("z = %.3f\n",z))
cat(sprintf("cv.two = %.3f\ncv.right = %.3f\ncv.left = %.3f\n",
             cv.two, cv.right, cv.left))
cat("two-tailed test:", abs(z) > cv.two, "\n") # notice abs()
cat("right-tailed test:", z > cv.right, "\n")
cat("left-tailed test:", z < cv.left, "\n")
```

```
alpha=0.05, n=49, xbar=34.88, sigma=6.02, mu0=36.50
z = -1.884
cv.two = 1.960
cv.right = 1.645
cv.left = -1.645
two-tailed test: FALSE
right-tailed test: FALSE
left-tailed test: TRUE
```

예제 5.46 어느 공장에서 생산하는 특정 제품의 평균 무게는 4kg이라고 알려져 있다. 10개의 제품을 무작위 추출하여 무게를 측정한 결과 평균 3.82kg, 분산 0.0324가 나왔다. 제품의 무게가 정규분포를 따른다는 가정하에 모평균이 4kg이라고 할 수 있는지 유의수준 5%와 1%로 각각 검정하여라.

(풀이). 이것은 양쪽검정 문제이다. 모분산에 대한 정보는 없으며 그 대신 표본분산이 주어졌다. 따라서 검정통계량은 $\frac{\bar{X}-\mu 0}{\sigma/\sqrt{n}}$ 이 아니라 $t := \frac{\bar{X}-\mu 0}{s/\sqrt{n}}$ 이며 이것은 (5.11)에 의하여 $t(n-1)$를 따른다.

```
alpha5 = 0.05
alpha1 = 0.01
n = 10
mu0 = 4
xbar = 3.82
sdev = sqrt(0.0324)
cat(sprintf("n=%d, mu0=%.2f, xbar=%.2f, sdev=%.3f\n",
            n, mu0, xbar, sdev))

t = abs((xbar - mu0)/(sdev/sqrt(n)))
t.cv5 = qt(1-alpha5/2, n-1)
t.cv1 = qt(1-alpha1/2, n-1)
cat(sprintf("t=%.3f, t.cv5=%.3f, t.cv1=%.3f\n\n",
            t, t.cv5, t.cv1))

cat(sprintf("H0: mu = %.2f, H1: mu != %.2f (alpha=%.2f)\n",
             mu0, mu0, alpha5))
cat(ans5 <- (t > t.cv5), "\n")
cat(ifelse(ans5, "Reject H0", "Do not reject H_0"), "\n\n")
cat(sprintf("H0: mu = %.2f, H1: mu != %.2f (alpha=%.2f)\n",
             mu0, mu0, alpha1))
cat(ans1 <- (t > t.cv1), "\n")
cat(ifelse(ans1, "Reject H0", "Do not reject H_0"), "\n")
```

```
n=10, mu0=4.00, xbar=3.82, sdev=0.180
t=3.162, t.cv5=2.262, t.cv1=3.250

H0: mu = 4.00, H1: mu != 4.00 (alpha=0.05)
TRUE
Reject H0

H0: mu = 4.00, H1: mu != 4.00 (alpha=0.01)
FALSE
Do not reject H_0
```

예제 5.47 내용물의 무게가 350g으로 표시된 통조림 공장에서 평균무게가 360g이 되도록 생산공정을 관리하고 있으며, 무게가 기준치에 미달하면 공정에 이상이 있다고 판단한다. 무작위로 36개의 표본을 추출하여 조사한 결과 평균이 357g이고 표준편차가 10이었다. 공정에 이상이 있다고 보아야 하는 것인지 유의수준 5%에서 검정하여라.

(풀이). $n = 36 > 30$이므로 대표본이다. 따라서 모집단이 정규분포를 따른다는 조건이 주어지지 않았지만 이를 가정하고 사용할 수 있다. 검정통계량으로는 $\frac{\bar{X}-\mu 0}{s/\sqrt{n}} = \frac{357-360}{10/\sqrt{36}} = -1.80$을 사용하고, 이것의 분포로는 (모표준편차 대신 표본표준편차를 사용해야 하므로) $t(35)$를 사용하는 것이 원칙이나 Z를 사용하는 것도 통상적으로 허용된다.

```
alpha = 0.05
n = 36
```

```
mu0 = 360
xbar = 357
sdev = 10
t = (xbar - mu0)/(sdev/sqrt(n))
t.cv = -qt(1-alpha, n-1) # or qt(alpha, n-1)
cat(sprintf("t = %.3f, t.cv = %.3f\n", t, t.cv))
cat(sprintf("H0: mu = %.1f, H1: mu < %.1f (alpha=%.2f)\n",
            mu0, mu0, alpha))
cat(ifelse(t < t.cv1, "Reject H0", "Do not reject H_0"), "\n")
```

```
t = -1.800, t.cv = -1.690
H0: mu = 360.0, H1: mu < 360.0 (alpha=0.05)
Reject H0
```

모분산에 대한 검정

이제 모분산에 대한 가설의 검정을 해 보자. 이 경우의 H_0와 H_1은 (5.42)에서 보았던, 모평균에 대한 것과 유사하다.

$$\begin{cases} H_0 : \sigma^2 = \sigma_0^2 \\ H_1 : \sigma^2 < \sigma_0^2 \end{cases} \qquad \begin{cases} H_0 : \sigma^2 = \sigma_0^2 \\ H_1 : \sigma^2 > \sigma_0^2 \end{cases} \qquad \begin{cases} H_0 : \sigma^2 = \sigma_0^2 \\ H_1 : \sigma^2 \neq \sigma_0^2 \end{cases} \tag{5.49}$$

검정통계량과 그것의 분포는 (5.21)에서 보았던 $\frac{(n-1)S^2}{\sigma^2} \sim \chi^2(n-1)$를 사용하면 된다.[†]

기각역은 모평균에 대한 기각역의 [정의 5.44]와 비슷하나 카이제곱분포의 확률함수는 $x < 0$에서 항상 0이고 또한 확률함수의 그래프가 비대칭이므로 그때와 조금 다르다. 왼쪽 임곗값을 c_ℓ, 오른쪽 임곗값을 c_r로 두었을 때 $0 < c_\ell \neq -c_r$ 임에 유의해야 한다.

모분산에 대한 검정의 기각역에도 3 종류가 있으며 이들은 다음과 같다.

$(i) : [0, c_\ell)$ or $x < c_\ell$ (왼쪽검정, 기각역이 임곗값의 왼쪽에 있다.)

$(ii) : (c_r, \infty)$ or $x > c_r$ (오른쪽검정, 기각역이 임곗값의 오른쪽에 있다.)

$(iii) : [0, c_\ell) \cup (c_r, \infty)$ or ($x > c_r$ 또는 $x < c_\ell$)

(양쪽검정, 기각역이 2개의 구역으로 나뉘어 있다.) $\dashv$

이들은 [그림 5.6]에 나타내었으며 임곗값의 계산식은

$$c_\ell = \begin{cases} \chi^2_{1-\alpha}(n-1), & (\text{왼쪽검정}) \\ \chi^2_{1-\alpha/2}(n-1), & (\text{양쪽검정}) \end{cases}$$

$$c_r = \begin{cases} \chi^2_{\alpha}(n-1), & (\text{오른쪽검정}) \\ \chi^2_{\alpha/2}(n-1), & (\text{양쪽검정}) \end{cases}$$

가 된다.

[†] 이것은 모집단이 정규분포를 따를 때만 성립한다.

그림 5.6: 검정의 임곗값과 기각역 (비대칭 분포의 경우)

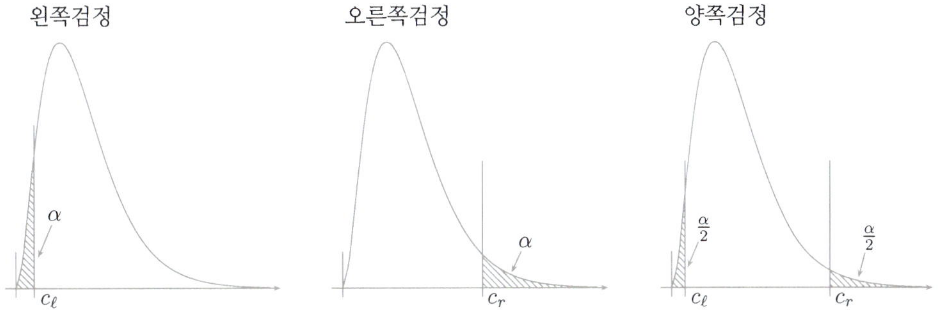

예제 5.48 정규모집단 $N(\mu, \sigma^2)$에서 $n = 17$인 표본을 추출하여 $s^2 = 25$를 얻었다고 할 때 다음의 물음에 답하여라.

(1) 이 모집단의 분산은 48이라고 할 수 있는지 유의수준 10%로 검정하여라.

(풀이). $H_0 : \sigma^2 = 48, \quad H_1 : \sigma^2 \neq 48$

검정통계량 : $X^2 \stackrel{\text{def}}{=} \frac{(17-1)S^2}{48} \sim \chi^2(17-1)$

$s^2 = 25$ 이므로 $X^2 = \frac{16 \times 25}{48} = 8.33$.

$c_\ell = \chi^2_{1-\frac{0.1}{2}}(16) = 7.96$, $c_r = \chi^2_{\frac{0.1}{2}}(16) = 26.30$,

검정통계량 8.33이 채택역 [7.96, 26.30]에 속하므로 H_0를 기각할 수 없다.

(2) 이 모집단의 분산이 48보다 작다고 할 수 있는지 유의수준 10%로 검정하여라.

(풀이). $H_0 : \sigma^2 = 48, \quad H_1 : \sigma^2 < 48$

검정통계량은 (1)의 경우와 동일한 8.33이다.

이것은 왼쪽검정이므로 임곗값은 $c_\ell = \chi_{1-0.1}(16) = 9.31$이다.
"검정통계량 $= 8.33 < 9.31 = c_\ell$"이므로 귀무가설을 기각한다.

(3) 이 모집단의 분산이 48보다 크다고 할 수 있는지 유의수준 10%로 검정하여라.

(풀이). $H_0 : \sigma^2 = 48, \quad H_1 : \sigma^2 > 48$

표본분산 25는 기준값 48보다 작으므로 모분산이 48보다 크다는 대립가설은 이미 방향이 틀려있다. 따라서 귀무가설을 기각하지 못한다.

이미 결론은 나왔지만 임곗값 c_r을 구해보면 $\chi^2_{0.1}(16) = 23.54$이다.
"검정통계량 $= 8.33 \not> 23.54 = c_r$" 이므로 H_0를 기각하지 못한다. ⊣

연습문제 5.49 위의 세 문제 (1), (2), (3)에 대한 풀이를 R-스크립트로 계산한 출력을 아래에 보였다.

```
alpha=0.10, n=17, var=25.0, var0=48.0
chi2.val = 8.33
```

```
c_l = 7.96 (two-tailed)
c_r = 26.30 (two-tailed)
H0: sigma^2 = 48.00, H1: sigma^2 != 48.00 (alpha=0.10)
FALSE
Do not reject H_0

c_l = 9.31 (left-tailed)
H0: sigma^2 = 48.00, H1: sigma^2 < 48.00 (alpha=0.10)
TRUE
Reject H0

c_r = 23.54 (right-tailed)
H0: sigma^2 = 48.00, H1: sigma^2 > 48.00 (alpha=0.10)
FALSE
Do not reject H_0
```

위와 같은 출력을 얻는 R-스크립트를 작성하여라. ⊣

검정 절차의 요약

가설검정의 절차를 아래에 요약해 보았다. 검정할 명제가 모수에 대한 것이라면 이 내용은 대부분의 검정에 적용된다.

(1) 문제에 등장하는 숫자들에 n, $\bar{X}$, μ_0, σ, s 등의 기호를 부여한다.

(2) 귀무가설과 대립가설을 정확히 설정하고 이것을 (5.42)와 같은 형식으로 수식을 써서 나타낸다. 식을 사용하지 않고 "성능이 향상되었다."와 같이 말로 쓰면 안 된다.

(3) 귀무가설이 참일 경우에 (적절한 가정 하에) 특정한 분포, 예를 들어 $N(0,1)$, t, χ^2, F 등을 따르는 검정통계량의 식과 그것이 따르는 분포를 명시한다.

(4) 유의수준, 검정통계량이 따르는 분포, 그리고 검정의 종류(오른쪽, 왼쪽, 양쪽)에 맞는 임곗값을 분포표로부터 읽거나 R의 분위함수quantile function를 사용하여 계산한다.

(5) 귀무가설 H_0를 기각할 조건 (5.46), (5.47), (5.48) 중에 문제에 합당한 것을 선택하여 그 조건이 만족되는지 본다. 만족되면 "H_0를 기각한다."고 답하고 그렇지 않으면 "H_0를 기각하지 않는다."고 답한다. "H_0를 채택한다." 또는 "H_1을 기각한다." 등으로 답하면 안 된다. ⊣

5.2.3 신뢰구간과 가설검정의 관계*

신뢰구간은 모평균이 들어갈 확률이 $1-\alpha$, 즉 신뢰도와 일치하게 되는 구간이다. 따라서 귀무가설을 $H_0 : \mu = \mu_0$로 두었을 때 μ_0가 신뢰구간에 들어가지 않는다면 H_0가 참이 아니라고 판단하여 이를 기각하는 것이 타당해 보인다. 즉, 다음과 같은 방법으로 양쪽검정을 하겠다는 것이다.

$$\mu_0 \notin (\bar{X} - E, \bar{X} + E) \Leftrightarrow H_0\text{를 기각} \tag{5.50}$$

위의 식에서 E는 오차의 한계, 즉 "표준오차 × 임곗값"을 나타낸다. 편의상 $E = \sigma/\sqrt{n} \times z_{\alpha/2}$인 것으로 두고 논의를 계속하겠다. $E = s/\sqrt{n} \times t_{\alpha/2}$인 경우에도 같은 방식으로 진행할 수 있다.

원래 모평균의 양쪽검정은 표본평균이 기각역에 들어갈 때, 즉 채택역에 들어가지 않을 때 기각하도록 되어 있다. 즉, 다음과 같은 방법으로 검정의 결론을 내리도록 되어 있다.

$$\frac{\bar{X} - \mu_0}{\sigma/\sqrt{n}} \notin (-z_{\alpha/2}, z_{\alpha/2}) \Leftrightarrow H_0\text{를 기각} \tag{5.51}$$

위 식에서 채택역을 개구간(open interval)으로 취했는데 이렇게 두어도 검정에 사용하는 분포가 정규분포나 t-분포같이 연속형인 경우에는 폐구간으로 취한 것과 동일한 의미를 가진다.

(5.50)의 좌변과 (5.51)의 좌변이 동등함은 다음과 같이 쉽게 확인된다.

$$\begin{aligned}
\mu_0 \in (\bar{X} - E, \bar{X} + E) &\Leftrightarrow \left(\bar{X} - E < \mu_0 \text{ and } \mu_0 < \bar{X} + E\right) \\
&\Leftrightarrow \left(\bar{X} < \mu_0 + E \text{ and } \mu_0 - E < \bar{X}\right) \\
&\Leftrightarrow \bar{X} \in (\mu_0 - \sigma/\sqrt{n} \times z_{\alpha/2},\ \mu_0 + \sigma/\sqrt{n} \times z_{\alpha/2}) \\
&\Leftrightarrow \frac{\bar{X} - \mu_0}{\sigma/\sqrt{n}} \in (-z_{\alpha/2}, z_{\alpha/2}) \qquad \square
\end{aligned}$$

이것으로써 (5.50)을 모평균의 양쪽검정 방법으로 사용하는 것의 타당성을 보였다. 모분산의 양쪽검정에서도 똑같은 방식을 사용할 수 있음을, 즉

$$\sigma_0^2 \notin \text{신뢰구간} \ \Leftrightarrow\ \frac{(n-1)s^2}{\sigma_0^2} \in \text{기각역}$$

를 어렵지 않게 확인할 수 있을 것이다.

(5.50)에 나타나 있는 구간 $(\bar{X} - E, \bar{X} + E)$는 신뢰구간이라고 부르며 우리는 μ_0가 여기 속하는지의 여부에 관심을 둔다. (5.51)에 나타나 있는 구간 $(-z_{\alpha/2}, z_{\alpha/2})$는 $(\mu_0 - E, \mu_0 + E)$, 즉 채택역을 $x \mapsto (x - \mu_0)/(\sigma/\sqrt{n})$에 의하여 변환한 것이며 우리는 $\bar{X}$가 이 채택역에 속하는지의 여부에 관심을 둔다.

앞으로의 논의에서는 모평균에 대한 검정만 다루기로 한다. 모분산의 검정에 대해서도 같은 아이디어를 적용할 수 있으나 지면관계로 생략할 것이다.

신뢰구간은 본래 모평균이 들어갈 확률이 $1 - \alpha$인 구간을 뜻하므로 양쪽검정에서만 사용해야만 할 것이나, 한쪽검정에서도 신뢰구간의 개념을 적절히 확장한다면 사용할 수 있다.

왼쪽검정에서의 채택역은, 기각역의 여집합이므로, $(\mu_0 - E, \infty)$로 둘 수 있다. 여기서 E는 오차의 한계, 즉 표준오차 × |임곗값|을 나타낸다.

$$\bar{X} \in (\mu_0 - E, \infty) \Leftrightarrow \mu_0 \in (-\infty, \bar{X} + E)$$

이므로

$$\text{모평균의 왼쪽검정에서의 신뢰구간} \overset{\text{def}}{=} (-\infty, \bar{X} + E) \tag{5.52}$$

인 것으로 정의하기로 한다. 같은 방법으로 모평균의 오른쪽검정에서의 신뢰구간은 $(\bar{X} - E, \infty)$로 정의한다. 이러한 "신뢰구간의 확장된 개념"은 R의 `t.test()` 함수를 써서 한쪽검정을 할 때 사용된다.

예제 5.50 정규모집단으로부터 크기 10의 표본 $\{175, 190, \ldots, 180\}$을 추출하였다. 가설 H_0 : $\mu = 200$, $H_1 : \mu < 200$을 유의수준 0.05에서 검정하기 위하여 다음과 같이 `t.test()`를 사용하였다.

```
x = c(175, 190, 205, 198, 184, 207, 210, 193, 196, 180)
mu0 = 200
alpha = 0.05
t.test(x, alternative="less", mu=mu0, conf.level=1-alpha)
```

```
        One Sample t-test

data:  x
t = -1.6706, df = 9, p-value = 0.06457
alternative hypothesis: true mean is less than 200
95 percent confidence interval:
     -Inf 200.6031
sample estimates:
mean of x
    193.8
```

왼쪽검정임을 지정하기 위하여 `t.test()`의 인수에 `alternative="less"`를 사용하였다. 오른쪽 검정이라면 `alternative="greater"`를, 양쪽검정이라면 `alternative="two.sided"`를 사용하면 된다.

95% 신뢰구간이 $(-\infty, 200.6031)$로, 그리고 $\bar{x} = 193.8$로 나타났다. $\mu_0 = 200$이 신뢰구간에 속하므로 H_0를 기각하지 않는다.

t-값, 즉 검정통계량은 -1.6706으로 계산되었는데 이것과 자유도(df) 9로부터 p-value 0.06457을 얻을 수 있다. p-value는 유의확률, 또는 p-값이라고 하는 것이며 다음 섹션에서 공부하게 될 아주 중요한 개념이다. ⊣

예제 5.51 [예제 5.50]에서 얻은 결과를 `t.test()`를 쓰지 않고 수동으로 계산해 보자.

```
x = c(175, 190, 205, 198, 184, 207, 210, 193, 196, 180);
n = length(x)
alpha = 0.05 # try 0.10
xbar = mean(x); s.dev = sd(x); mu0 = 200
cat(sprintf("n = %d, xbar = %.1f, s.dev = %.2f, mu0 = %.1f\n",
            n, xbar, s.dev, mu0))
S.E. = s.dev/sqrt(n)
cat(sprintf("S.E. = %.2f\n", S.E.))
t.val = (xbar - mu0)/S.E.
t.cv = qt(alpha, n-1)
cat(sprintf("t.val = %.3f, t.cv = %.3f (left-tailed)\n\n",t.val, t.cv))

cat(sprintf("H0: mu = %.1f, H1: mu < %.1f (alpha=%.2f)\n",
             mu0, mu0, alpha))
cat(ans <- (t.val < t.cv), "\n")
cat(ifelse(ans, "Reject H0", "Do not reject H_0"), "\n\n")

E = S.E. * abs(t.cv)
upper_limit = xbar + E # upper limit of confidence interval
```

```
cat(sprintf("confidence interval = (-Inf, %.4f)\n", upper_limit))

p.val = pt(t.val, n-1)
cat(sprintf("p-value = %.5f\n", p.val))
```

```
n = 10, xbar = 193.8, s.dev = 11.74, mu0 = 200.0
S.E. = 3.71
t.val = -1.671, t.cv = -1.833 (left-tailed)

H0: mu = 200.0, H1: mu < 200.0 (alpha=0.05)
FALSE
Do not reject H_0

confidence interval = (-Inf, 200.6031)
p-value = 0.06457
```

5.2.4 유의확률*

예를 들어 어떤 (양쪽 혹은 오른쪽) 검정의 임곗값이 1.96인데 검정통계량의 값이 2.0으로 나왔다면 귀무가설을 기각하게 된다. 만일 새로운 모집단과 표본에서 검정통계량이 2.4로 나왔다면 이번에도 귀무가설을 기각하게 될 것이다. 후자는 전자보다 "더 강하게" 귀무가설을 기각하는 것으로 생각되는데 검정의 결과는 둘 다 "귀무가설을 기각한다"로 똑같아 구별이 되지 않는다.

귀무가설을 기각하는 세기strength의 척도로서 사용하는 것이 유의확률(*significance probability*)이다. 유의확률은 귀무가설(의 종류, 즉 양쪽, 오른쪽, 왼쪽 중 어떤 것인지)과 검정통계량에 의하여 결정되는 어떤 실수로서 *p*-값(*p-value*)이라고도 한다. 유의확률에 대한 통상적인 정의는

> 귀무가설이 참이라는 전제 하에, 계산된 검정통계량이 귀무가설을 기각할 수 있는 최소의 유의수준을 유의확률이라 한다.

이다. 다시 말하면 유의확률이 $p \in \mathbb{R}$라는 것은 유의수준을 p보다 더 작게 둔다면 주어진 검정통계량으로는 귀무가설을 기각할 수 없다는 뜻이다.

이런 난해한 정의보다는 다음과 같이 기억하는 것이 좋을 것이라고 본다.

$$(p\text{-값} \overset{\text{def}}{=} \text{유의확률} < \text{유의수준}) \Leftrightarrow \text{귀무가설 기각}$$

R에서(혹은 어떤 통계학 소프트웨어에서든지) 가설의 검정을 위한 함수를, 예를 들어 R에서는 `t.test()`, `prop.test()`, `chisq.test()` 등을 호출하면 결과에는 *p*-값이 반드시 포함된다. 계산 결과중에서 가장 중요한 것이 바로 *p*-값이라고 해도 될 것이다. 유의수준은 입력할 필요도 없다. 우리는 유의확률보다 유의수준을 더 크게 잡으면 귀무가설이 기각되고, 그렇지 않으며 기각되지 않는다는 것만 알고 있으면 된다.

p-값의 계산은 꼭 `*.test()` 함수로 할 필요는 없고 `p*()` 함수, 즉 CDF를 사용해도 된다. `*.test()` 함수를 사용할 때는 인수로 n, $\bar{X}$ 등이 아니라 실제 데이터를 넣어야 하므로 우리가 이론을 공부할 때는 유의확률을 계산할 때 주로 `p*()` 함수를 사용하게 된다.

연습문제 5.52 [예제 5.50]에서 `t.test()`의 출력을 보면 유의확률이 0.06457로서 유의확률 0.05보다 작지 않고, 따라서 귀무가설을 기각할 수 없음을 알 수 있다. 유의수준을 0.06, 0.07로 바꿔 넣고 계산하여 신뢰구간에 `mu0`가 들어가는지 각각의 경우에 대하여 확인해 보라.

이 문제를 오른쪽 검정, 또는 양쪽검정으로 바꾸어 신뢰구간과 채택역과 유의확률을 구하여 보라. [예제 5.51]에 사용한 코드의 라인22–23을 참고하면 어렵지 않다. 양쪽검정의 경우에는 p-값을 얻으려면 p*()로부터 얻은 값에 2를 곱해 주어야 한다. ⊣

연습문제 5.53 지금까지 이 장에서 공부한 모든 가설의 검정 관련 예제와 연습문제에서 유의확률을 계산하여라. ⊣

5.3 분산분석*

분산분석은 가설 검정의 일종이다. 따라서 이전 절에 포함시켜도 되었겠지만 지금까지의 가설 검정 방법과 성격이 조금 다른 부분이 있으므로 이렇게 별도의 절을 마련하였다.

5.3.1 기본 개념*

모평균에 대한 가설은, 모집단이 1개 있는 경우 (5.42)에서 보았듯이 아래의 셋 중 하나였다.

$$\begin{cases} H_0 : \mu = \mu_0 \\ H_1 : \mu < \mu_0 \end{cases} \qquad \begin{cases} H_0 : \mu = \mu_0 \\ H_1 : \mu > \mu_0 \end{cases} \qquad \begin{cases} H_0 : \mu = \mu_0 \\ H_1 : \mu \neq \mu_0 \end{cases}$$

모집단이 2개 있는 경우에는 가설을 다음과 같이 두어야 할 것이다. (대부분의 경우 $\delta_0 = 0$로 잡는다.)

$$\begin{cases} H_0 : \mu_X - \mu_Y = \delta_0 \\ H_1 : \mu_X - \mu_Y < \delta_0 \end{cases} \qquad \begin{cases} H_0 : \mu_X - \mu_Y = \delta_0 \\ H_1 : \mu_X - \mu_Y > \delta_0 \end{cases} \qquad \begin{cases} H_0 : \mu_X - \mu_Y = \delta_0 \\ H_1 : \mu_X - \mu_Y \neq \delta_0 \end{cases} \tag{5.53}$$

모집단이 2개 있는 경우에 대한 가설의 검정은 거의 모든 통계학 교재에 나타나는 토픽이지만 이 책에서는 생략하기로 한다.

모집단이 k개($k \geq 3$) 있는 경우에는 다음과 같은 가설을 검정하게 된다.

$$H_0 : \mu_1 = \mu_2 = \cdots = \mu_k, \quad H_1 : \mu_i\text{들 중 어느 두 개는 같지 않다.} \tag{5.54}$$

이러한 가설을 검정하기 위한 기법으로 분산분석(*ANalysis Of VAriance, ANOVA*)이 있다.

ANOVA는 F-분포를 사용한다. [정리 5.58]을 보면 그 이유를 대략 짐작할 수 있다. 우리는 ANOVA로 검정하는 계산방법을 공부할 것이며 왜 이렇게 계산하면 되는지를 설명하는 통계량과 그것의 분포를 제시하고 증명할 것이다 단, 이때 다음과 같은 가정이 필요하다.

$$\begin{gathered} k\text{개의 모집단들은 모두 동일한 분산을 가지는 정규분포를 따르며} \\ \text{표본들은 서로 독립적이다.} \end{gathered} \tag{5.55}$$

분산분석법에는 1원배치법(*One-way ANOVA*)과 2원배치법(*Two-way ANOVA*)이라는 두 가지 방법이 널리 쓰이는데 (5.54)는 1원배치법에서의 가설이다. 2원배치법에서의 가설은 조금 뒤에 보게 될 것이다. 1원배치법은 모집단들이 하나의 인자에 의하여 구별될 때를 뜻하며, 2원배치법은 모집단들이 두 개의 인자들에 의하여 구별될 때를 뜻한다.

예를 들어 어떤 금속 제품을 만들 때, 온도를 인자로 택하여 3개의 온도 500도, 600도, 700도로 처리하여 제품의 강도가 처리 온도에 따라 다른지 혹은 아닌지를 조사한다고 하자. 이때, 예를 들어 500도의 온도에서 만든 제품은 온도 인자의 수준level을 500도로 처리(*treat*)했다고 말한다. 그리고 관측값인 강도를 반응(*response*)이라고 한다. 이런 경우의 분산분석은, 사용한 인자의 개수가 1이므로 1원배치법이라 한다. 1원배치법에서의 가설은 아래와 같이 둘 수도 있다.

$$\begin{cases} H_0: & \text{온도 인자는 반응에 영향을 미치지 않는다,} \\ H_1: & \text{온도 인자는 반응에 영향을 미친다} \end{cases} \tag{5.56}$$

위와 같은 실험에서 온도는 설명변수(*explanatory variable*) 또는 독립변수라고 하고 이때의 관측값인 강도는 반응변수(*response variable*) 또는 종속변수라고 한다.

이번에는 금속 제품을 만들 때 온도와 아울러 시간을 인자로 택하여 3개의 온도와 4개의 시간(예를 들어 100분, 120분, 140분, 160분)을 조합한 12개의 처리수준을 사용한다고 하자. 600도에서 120분 동안 처리하여 만든 제품은 온도 인자의 수준을 600, 시간 인자의 수준을 120분으로 처리했다고 말한다. 이런 경우의 분산분석은, 인자가 온도와 시간 2개이므로 2원배치법이라 한다. 2원배치법에서의 가설은 아래와 같이 3가지가 있다.

$$\begin{cases} H_{0A}: & \text{인자 A는 반응에 영향을 미치지 않는다,} \\ H_{1A}: & \text{인자 A는 반응에 영향을 미친다} \end{cases}$$
$$\begin{cases} H_{0B}: & \text{인자 B는 반응에 영향을 미치지 않는다,} \\ H_{1B}: & \text{인자 B는 반응에 영향을 미친다} \end{cases} \tag{5.57}$$
$$\begin{cases} H_{0AB}: & \text{인자 A와 인자 B는 교호작용이 없다,} \\ H_{1AB}: & \text{인자 A와 인자 B는 교호작용이 있다} \end{cases}$$

설명변수가 여러 개 있는 경우에는 이들 간의 교호작용(*interaction*)을 생각할 수 있다. 하나의 인자의 수준이 반응변수에 미치는 영향이 다른 인자의 수준에 따라 달라진다면 이때 두 설명변수(또는 인자) 간에는 교호작용이 있다고 말한다.

5.3.2 1원배치법*

인자 A의 수준이 $A_1, \ldots, A_k$이고, 각 수준마다 데이터의 개수, 즉 표본크기가 n이라 하자. 수준 A_i $(i = 1, \ldots, k)$에 대한 표본의 데이터(즉, 반응(혹은 관측값))들을 $Y_{i1}, \ldots, Y_{in}$라 하자. (정확히 말하자면 관측값은 y_{ij}이고 이들을 나타내는 확률변수가 Y_{ij}이다.) 이러한 자료는 [표 5.2]와 같이 나타낸다. 표에서 첨수 i, j의 배열은 통상적인 행렬에서와 다름에 유의하라.

A_i에 대응하는 모집단의 모평균을 $\mu_i = \overline{Y}_{i.}$라 하고, 이 μ_i들의 평균을 $\mu = \overline{Y}_{..}$로 둔다.

그리고 α_i $(i \le k)$와 ε_{ij} $(i \le k, j \le n)$를 아래의 식으로 정의한다. 이것을 1원배치모형이라고

표 5.2: 1원배치법의 자료

	A_1	A_2	$\cdots$	A_k	
	Y_{11}	Y_{21}	$\cdots$	Y_{k1}	
	Y_{12}	Y_{22}	$\cdots$	Y_{k2}	
	$\vdots$	$\vdots$	$\ddots$	$\vdots$	
	Y_{1n}	Y_{2n}	$\cdots$	Y_{kn}	
표본크기	n	n	$\cdots$	n	$N = nk$
표본합	$Y_{1.}$	$Y_{2.}$	$\cdots$	$Y_{k.}$	$Y_{..}$
표본평균	$\overline{Y}_{1.}$	$\overline{Y}_{2.}$	$\cdots$	$\overline{Y}_{k.}$	$\overline{Y}_{..}$

한다.

$$\begin{aligned} &\alpha_i \stackrel{\text{def}}{=} \mu_i - \mu, \\ &Y_{ij} = \mu + \alpha_i + \varepsilon_{ij}, \\ &\varepsilon_{ij} \stackrel{iid}{\sim} N(0, \sigma^2) \end{aligned} \tag{5.58}$$

α_i는 처리효과(*treatment effect*)라고 한다. ε_{ij}는 잔차(*residual*)를 나타내는 확률변수들이며 (5.55)의 가정에 의하여 동일하고 또한 독립적인 $N(0, \sigma^2)$ 분포를 따르는 것으로 본다. 이를 기호로는 $\varepsilon_{ij} \stackrel{iid}{\sim} N(0, \sigma^2)$으로 나타낸다.† 잔차와 오차(error)는 비슷한 개념이나 굳이 구별하자면 전자는 표본에 대한 것이고 후자는 모집단에 대한 것이라고 보면 된다.

(5.54) 에서 보였던 H_0, H_1은 이제 다음과 같이 놓을 수 있다.

$$H_0 : \alpha_1 = \cdots = \alpha_k = 0, \qquad H_1 : \text{not } H_0 \tag{5.59}$$

정의 5.54 제곱합(sum of squares) 3개를 다음과 같이 정의한다.

$$\text{총제곱합} \stackrel{\text{def}}{=} SST \stackrel{\text{def}}{=} \sum_{i=1}^{k}\sum_{j=1}^{n}(Y_{ij} - \overline{Y}_{..})^2, \quad \text{자유도} = N - 1,$$

$$\text{잔차제곱합} \stackrel{\text{def}}{=} SSE \stackrel{\text{def}}{=} \sum_{i=1}^{k}\sum_{j=1}^{n}(Y_{ij} - \overline{Y}_{i.})^2, \quad \text{자유도} = N - k,$$

$$\text{처리제곱합} \stackrel{\text{def}}{=} SSTr \stackrel{\text{def}}{=} \sum_{i=1}^{k} n(\overline{Y}_{i.} - \overline{Y}_{..})^2, \quad \text{자유도} = k - 1.$$

⊣

이 제곱합들에서 자유도는 "전체 항의 개수 − 사용된 평균값의 개수"로 구하면 된다.

보조정리 5.55

$$SST = SSE + SSTr \tag{5.60}$$

---

†iid는 identical and independent distributions를 뜻한다.

(증명). 이 보조정리의 의미의 이해와 증명을 돕는 표를 아래에 보였다.

	$\cdots$	A_i	$\cdots$	$\cdots$	
		$\vdots$	$\cdots$	$\vdots$	
		Y_{ij}	$\cdots$	Y_{kj}	
	$\vdots$	$\vdots$	$\ddots$	$\vdots$	
		Y_{in}	$\cdots$	Y_{kn}	
평균		$\overline{Y}_{i.}$	$\cdots$	$\overline{Y}_{k.}$	$\overline{Y}_{..}$

행의 개수 (각 표본의 크기) : n
열의 개수 (표본의 개수) : k
전체 원소 개수 : $N \overset{\text{def}}{=} nk$

아래의 두 식이 성립하는 것은 대단히 당연하다.

$$Y_{ij} - \overline{Y}_{..} = (Y_{ij} - \overline{Y}_{i.}) + (\overline{Y}_{i.} - \overline{Y}_{..})$$
$$\sum_{i=1}^{k}\sum_{j=1}^{n}(Y_{ij} - \overline{Y}_{..}) = \sum_{i=1}^{k}\sum_{j=1}^{n}\Big((Y_{ij} - \overline{Y}_{i.}) + (\overline{Y}_{i.} - \overline{Y}_{..})\Big) \tag{5.61}$$

(5.60)의 증명은 다음과 같이 (5.61)의 양변의 제곱합을 취함으로써 시작한다. 이런 계산 기법은 (5.26)에서도 사용한 적이 있다.

$$\begin{aligned} SST := \sum_{i=1}^{k}\sum_{j=1}^{n}(Y_{ij} - \overline{Y}_{..})^2 &= \sum_{i=1}^{k}\sum_{j=1}^{n}\Big((Y_{ij} - \overline{Y}_{i.}) + (\overline{Y}_{i.} - \overline{Y}_{..})\Big)^2 \\ &= SSE + SSTr + 2\sum_{i=1}^{k}\sum_{j=1}^{n}(Y_{ij} - \overline{Y}_{i.})(\overline{Y}_{i.} - \overline{Y}_{..}) \end{aligned} \tag{5.62}$$

(5.62)의 마지막 항은, [단평 5.5]를 이용하면 쉽게 이해할 수 있을 것인데,

$$\begin{aligned} \sum_{i=1}^{k}\sum_{j=1}^{n}(Y_{ij} - \overline{Y}_{i.})(\overline{Y}_{i.} - \overline{Y}_{..}) &= \sum_{i=1}^{k}\Big((\overline{Y}_{i.} - \overline{Y}_{..})\sum_{j=1}^{n}(Y_{ij} - \overline{Y}_{i.})\Big) \\ &= \sum_{i=1}^{k}\Big((\overline{Y}_{i.} - \overline{Y}_{..})\left[n\overline{Y}_{i.} - n\overline{Y}_{i.}\right]\Big) = 0 \end{aligned}$$

이므로 (5.60)이 성립함을 알 수 있다. □

단평 5.56 *SST*, *SSE*, *SSTr* 등을 제곱합sum of squares이라고 흔히 부르는데 실은 차이제곱합sum of squares of differences이 더 정확한 표현일 것이다. 차이제곱합을 계산할 때 $(a-b)^2 = a^2+b^2-2ab$ 형태의 식이 나타나는데 여기서 a^2과 b^2은 제곱항squared term, $2ab$는 교차곱항(*crossproduct term*)이라고 부른다.

교차곱항(들의 합)은 많은 경우 0이거나 또는 제곱항과 동류항이 되어 간단하게 정리된다. 이런 예는 연습문제 4.34.(3), 식 (5.7), 식 (5.26) 등 여러 곳에서 나타났었다.

또한 SST, SSE, $SSTr$의 자유도는 각각 $N-1$, $N-k$, $k-1$이므로 [보조정리 5.55]의 식 (5.60)은 자유도에 대해서도 $(N-1) = (N-k) + (k-1)$로 성립함을 알 수 있다. ⊣

이상으로 1원배치법을 마쳤으며 2원배치법에 대한 내용은 이 책에서 생략한다.

5.3.3 ANOVA에 의한 가설검정*

정의 5.57 (차이의) 제곱합을 자유도로 나눈 것을 평균제곱합(*mean of sum squares*)이라고 정의하며 이것은 표본분산에 대응되는 개념이다. 두 개의 평균제곱합 $MSTr$(평균처리제곱합)과 MSE(평균잔차제곱합)를 다음과 같이 정의한다.

$$MSTr \overset{\text{def}}{=} \frac{SSTr}{k-1}, \qquad MSE \overset{\text{def}}{=} \frac{SSE}{N-k}$$

정리 5.58 분산분석의 귀무가설 (5.59)가 참이라면

$$\frac{MSTr}{MSE} \sim F(k-1, N-k) \tag{$*$}$$

가 성립한다. 그러므로 유의수준 α에서

$$\frac{MSTr}{MSE} > F_\alpha(k-1, N-k)$$

일 때 H_0를 기각하면 된다.

(증명). F-분포의 정의를 보면 $(*)$를 증명하기 위하여는

$$\frac{MSTr\cdot(k-1)}{\sigma^2} \sim \chi^2(k-1) \tag{5.63}$$

$$\frac{MSE\cdot(N-k)}{\sigma^2} \sim \chi^2(N-k) \tag{5.64}$$

를 보이면 충분하다. 그런데

$$MSTr := \tfrac{SSTr}{k-1}, \quad MSE := \tfrac{SSE}{N-k}$$

이므로 결국 (5.63)과 (5.64)의 증명은

$$\tfrac{SSTr}{\sigma^2} \sim \chi^2(k-1), \quad \tfrac{SSE}{\sigma^2} \sim \chi^2(N-k) \tag{5.65}$$

을 보이는 것으로 귀착된다.

(5.65)를 보이기 위하여 [정리 5.24]에서 보였던

$$\frac{(k-1)S^2}{\sigma^2} = \sum_{i=1}^{k}\left(\frac{X_i-\bar{X}}{\sigma}\right)^2 \sim \chi^2(k-1) \tag{5.66}$$

를 이용한다. 단, (5.66)은

$$X_i \overset{iid}{\sim} N(\mu, \sigma^2), \ (i = 1, \ldots, k),$$

$\bar{X} \stackrel{\text{def}}{=} \frac{1}{k}\sum_{i=1}^{k} X_i,$
$S^2 \stackrel{\text{def}}{=} \frac{1}{k-1}\sum_{i=1}^{k}(X_i - \bar{X})^2$

로 두었을 때 성립한다.

귀무가설 하에서는 $\mu_i = \mu$, $(i = 1, \ldots, k)$이므로, $X_i \stackrel{\text{def}}{=} \overline{Y}_{i.}$로 두면
$X_i \stackrel{iid}{\sim} N(\mu, \sigma^2/n)$, $(i = 1, \ldots, k)$,
$\bar{X} = \overline{Y}_{..}$

가 되며 따라서

$$SSTr := \sum_{i=1}^{k} n(\overline{Y}_{i.} - \overline{Y}_{..})^2 = \sum_{i=1}^{k} n(X_i - \bar{X})^2 = n(k-1)S^2 \tag{5.67}$$

를 얻게 된다. 이 상황에서 (5.66)은, 좌변의 분모가 $Var(\bar{X}_i) = \sigma^2/n$이므로

$$\frac{(k-1)S^2}{\sigma^2/n} \sim \chi^2(k-1)$$

이 되며, 이것의 좌변 $\frac{n(k-1)S^2}{\sigma^2}$은 (5.67)에 의하여 $\frac{SSTr}{\sigma^2}$이 된다. 이것으로써 (5.65)의 첫번째 명제 $\frac{SSTr}{\sigma^2} \sim \chi^2(k-1)$이 증명되었다.

이제 (5.65)의 두번째 명제 $\frac{SSE}{\sigma^2} \sim \chi^2(N-k)$를 증명하자. (5.60)의 증명과 유사한 방식으로 다음과 같이 진행하면 된다. 이번에는 교차곱 항이 0이 아님에 유의하라.

$$\begin{aligned}
SSE &= \textstyle\sum_{i=1}^{k}\sum_{j=1}^{n}(Y_{ij} - \overline{Y}_{i.})^2 \\
&= \textstyle\sum_{i=1}^{k}\sum_{j=1}^{n}\left((Y_{ij} - \overline{Y}_{..}) + (\overline{Y}_{..} - \overline{Y}_{i.})\right)^2 \\
&= \textstyle\sum_i\sum_j(Y_{ij} - \overline{Y}_{..})^2 + \sum_i\sum_j(\overline{Y}_{..} - \overline{Y}_{i.})^2 \\
&\qquad\qquad + 2\textstyle\sum_i\sum_j(Y_{ij} - \overline{Y}_{..})(\overline{Y}_{..} - \overline{Y}_{i.}) \\
&= \textstyle\sum_i\sum_j(Y_{ij} - \overline{Y}_{..})^2 + n\sum_i(\overline{Y}_{..} - \overline{Y}_{i.})^2 \\
&\qquad\qquad + 2\textstyle\sum_i\left((\overline{Y}_{..} - \overline{Y}_{i.})\sum_j(Y_{ij} - \overline{Y}_{..})\right) \\
&= \textstyle\sum_i\sum_j(Y_{ij} - \overline{Y}_{..})^2 + n\sum_i(\overline{Y}_{..} - \overline{Y}_{i.})^2 \\
&\qquad\qquad + 2\textstyle\sum_i\left((\overline{Y}_{..} - \overline{Y}_{i.})n(\overline{Y}_{i.} - \overline{Y}_{..})\right) \\
&= \textstyle\sum_i\sum_j(Y_{ij} - \overline{Y}_{..})^2 - n\sum_i(\overline{Y}_{..} - \overline{Y}_{i.})^2
\end{aligned}$$

여기서 양변을 σ^2으로 나누고 (5.66)과 (5.22)를 적용하여 아래의 결과를 얻는다.

$$\frac{SSE}{\sigma^2} \sim \chi^2(N-1) - \chi^2(k-1) = \chi^2(N-k) \qquad \square$$

ANOVA에 의한 검정에서 최종적으로 계산하게 되는 값은 $\frac{MSTr}{MSE}$이며, 계산과정은 통상 아래에 보인 분산분석표(*ANOVA table*)로 정리하여 보여준다.

	제곱합	자유도	평균제곱	F-비
처리	$SSTr$	$k-1$	$MSTr = SSTr/(k-1)$	$\frac{MSTr}{MSE}$
잔차	SSE	$N-k$	$MSE = SSE/(N-k)$	
전체	SST	$N-1$		

정리 5.59 이 정리는 *ANOVA*에 꼭 필요한 것은 아니나 흥미있는 명제이다. 분산분석의 귀무가설이 성립할 때는 (5.68)은 $\mathbb{E}(MSTr) = \sigma^2$ 으로 환원된다.

$$\mathbb{E}(MSTr) = \sigma^2 + \frac{1}{k-1}\sum_{i=1}^{k} n\alpha_i^2, \tag{5.68}$$

$$\mathbb{E}(MSE) = \sigma^2. \tag{5.69}$$

(증명). 136쪽의 (5.6) $\mathbb{E}[S^2] = \sigma^2$ 의 증명과 비슷한 계산을 통하여 확인된다. 상세한 부분은 독자들에게 연습문제로 남겨 놓겠다. □

5.3.4 실습*

예제 5.60 어떤 실험의 결과가 다음과 같이 나타났다. 유의수준 5%에서 분산분석을 행하여라.

	1	2	3	4	
	13	15	8	11	
	8	11	12	15	
	9	13	7	10	
$\bar{y}_{i.}$	10	13	9	12	$\bar{y}_{..} = 11$

(풀이). 결과로 얻은 분산분석표는 다음과 같아야 한다. 이 표를 그릴 때 필요한 계산을 하는 R 세션을 조금 뒤에 보였다.

	제곱합	자유도	평균제곱	F-값
처리	30	3	10.00	1.60
잔차	50	8	6.25	
전체	80	11		

표에서 'F-값'은 흔히 'F-비'라고 한다. 이 값이 1.60으로 나왔는데 $1.60 \not> F_{0.05}(3,8) = 4.07$ 이므로 귀무가설을 기각하지 않는다. 단, $H_0 : \mu_1 = \mu_2 = \mu_3 = \mu_4,\ H_1 : \text{not } H_0$. ⊣

노파심에서 말하는데 "분산분석을 행하라"는 문제에 대한 답안에서는 분산분석표가 핵심이긴 하지만 이것만으로는 충분하지 않다. 이러한 문제도 가설검정 문제의 범주에 들어가므로 답안을 작성할 때는 p166에 있는 [검정 절차의 요약]에 제시된 원칙을 지켜야 한다.

분산분석에 의한 검정은 한쪽검정도 아니고 양쪽검정도 아니다. 귀무가설 5.59를 보면 양쪽검정으로 보이지만 귀무가설을 기각하기 위한 통계량과 임곗값(F-스코어)의 관계를 보면 한쪽검정(오른쪽검정)처럼 보인다. 현실적으로 중요한 것은 F-스코어를 얻을 때 $\alpha/2$가 아니라 α를 사용한다는 것이며 이것만 주의하면 문제는 없다.

분산분석 계산은 주어진 데이터를 담는 데이터 프레임 객체를 생성한 후에 R이 제공하는 aov()(analysis of variance) 함수를 써서 쉽게 행할 수 있는데 이러한 풀이는 간편하다는 장점이 있는 반면에 계산과정이 숨겨져 있다는 단점이 있다. 우리는 행렬을 이용하는, 분산분석의 이론을 충실히 따르는 계산을 먼저 보이고 그 다음에 aov()를 쓰는 해법을 제시하겠다.

실습 5.61

```
1  vmat = matrix(c(13,8,9,15,11,13,8,12,7,11,15,10), ncol=4, nrow=3)
2  print(vmat)
3  mean.tot = mean(vmat)
4  SST = sum((vmat - mean.tot)^2)
5  k = ncol(vmat)
6  n = nrow(vmat)
7  N = length(vmat)
8  cat(sprintf("mean.tot = %.1f, SST = %.1f, k = %d, n = %d, N = %d\n",
9              mean.tot, SST, k, n, N))
10 mean_i_vec = apply(vmat, MARGIN=2, FUN=mean)
11 cat("mean_i_vec :", mean_i_vec, "\n")
```

```
     [,1] [,2] [,3] [,4]
[1,]   13   15    8   11
[2,]    8   11   12   15
[3,]    9   13    7   10
mean.tot = 11.0, SST = 80.0, k = 4, n = 3, N = 12
mean_i_vec : 10 13 9 12
```

(해설). 표본들에 대응되는 4개의 열 각각의 평균, 즉 $\overline{Y}_{i.}$, $(i \le 4)$를 계산하는 코드가 라인 10이다. 여기서 사용한 apply()에 대한 설명은 p42에 나와 있다.

이어서 다음과 같이 계산한다. 평이한 코드이므로 따로 설명할 부분은 없다고 본다.

```
SSTr = n * sum((mean_i_vec - mean.tot)^2)
SSE = SST - SSTr
df.SSTr = k - 1
df.SSE = N - k
MSTr = SSTr / df.SSTr
MSE = SSE / df.SSE
F.val = MSTr / MSE
alpha = 0.05
F.cv = qf(1 - alpha, df.SSTr, df.SSE)
cat(sprintf("SSTr = %.1f, SSE = %.1f\n", SSTr, SSE))
cat(sprintf("df.SSTr = %d, df.SSE = %d\n", df.SSTr, df.SSE))
cat(sprintf("MSTr = %.2f, MSE = %.2f\n", MSTr, MSE))
cat(sprintf("F.val = %.3f, F.cv = %.3f\n", F.val, F.cv))
cat("F.val > F.cv :", F.val > F.cv, "\n")
p.val = 1 - pf(F.val, df.SSTr, df.SSE)
cat(sprintf("p.val = %.3f, alpha = %.3f\n", p.val, alpha))
cat("p.val < alpha :", p.val < alpha, "\n")
```

```
SSTr = 30.0, SSE = 50.0
df.SSTr = 3, df.SSE = 8
MSTr = 10.00, MSE = 6.25
F.val = 1.600, F.cv = 4.066
F.val > F.cv : FALSE
p.val = 0.264, alpha = 0.050
p.val < alpha : FALSE
```

마지막에 구한 p-값, 즉 p.val은 분산분석표에는 나타나지 않는다.

이제 R을 사용하여 분산분석을 하는 두 번째 방법을 소개한다. 앞서 말했듯이 aov() 함수를 써야 하는데 이 함수는 인수로 데이터프레임을 사용한다. 다시 말하면 행렬 타입의 인수를 사용할 수는 없다. 또한 data.frame()의 인수에 factor()를 사용해야 하는 것을 잊지 말아야 한다.

aov() 함수는 그것의 출력 자체보다는 이 출력을 인수로 받아 summary()를 호출함으로써 우리가 이해하기 쉬운 형태로 가공하여 사용한다.

```
v.dframe = data.frame(y=as.numeric(c(13,8,9,15,11,13,8,12,7,11,15,10)),
                      x=factor(c(1,1,1,2,2,2,3,3,3,4,4,4)))
summary(aov(y ~ x, data=v.dframe))
```

```
            Df Sum Sq Mean Sq F value Pr(>F)
x            3     30   10.00     1.6  0.264
Residuals    8     50    6.25
```

출력이 거의 분산분석표와 유사하게 나오는 것을 볼 수 있다. ⊣

연습문제 5.62 수준의 개수가 2인 경우에는, 1원배치 분산분석에 의한 검정을 한 결과는 두 모평균 차이에 대한 t-검정을 했을 때와 같다. 즉 동일한 p-값을 얻게 된다. 또한 분산분석에서의 검정통계량 F-값은 t-검정에서의 검정통계량 t-값의 제곱과 같다. 아래에 주어진 자료를 이용하여 이 사실을 확인하여라.

	1	2	
	3	5	
	1	5	
	2	8	
$\bar{y}_{i.}$	2	6	$\bar{y}_{..} = 4$

(힌트). 분산분석을 위해서는 [실습 5.61]에서 사용했던 두 방법 중 어느 것을 사용해도 좋다. p-값은 0.0257로, F-값은 12로 계산될 것이다.

두 모평균 차이에 대한 t-검정을 위하여는 (5.14)를 사용한다. 계산은 다음의 R-세션에 보였다.

```
dvec1 = c(3,1,2); dvec2 = c(5,5,8)
n1 = length(dvec1); n2 = length(dvec2)
mu1 = mean(dvec1); mu2 = mean(dvec2)
Sp = sqrt(((n1 - 1)*var(dvec1) + (n2 - 1)*var(dvec2)) / (n1 + n2 - 2))
t.val = (mu1 - mu2)/(Sp*sqrt(1/n1 + 1/n2))
```

```
%var1 = var(dvec1); var2 = var(dvec2)
%t.val = (mu1-mu2)/sqrt(var1/n1 + var2/n2)
p.val = pt(t.val, n1+n2-2)*2
cat(sprintf("t.val = %.3f, p.val=%.4f\n", t.val, p.val))
cat(sprintf("t.val^2 = %.1f\n", t.val^2))
```

```
t.val = -3.464, p.val=0.0257
t.val^2 = 12.0
```

t-검정은 위의 스크립트 대신 다음과 같은 t.test()를 사용하면 더 간편하게 할 수 있다. 출력은 여러 라인들 중 가장 중요한 하나만 보였다.

```
t.test(dvec1, dvec2, alternative="two.sided", mu=0, var.equal=T)
```

```
t = -3.4641, df = 4, p-value = 0.02572
```

⊣

연습문제 5.63 한 농사 시험장에서 3가지의 잡종 옥수수를 비교하고자 한다. 각 품종을 6개의 실험구에서 재배하여 평당 수확량(단위: kg)을 기록한 표를 아래에 보였다. 10%의 유의수준에서 평당 평균생산량은 품종 간에 차이가 나는가를 검정하여라.

품종 A	품종 B	품종 C
86	53	79
94	75	75
99	42	53
61	36	95
70	77	72

[실습 5.61]에서 사용했던 두 방법을 모두 한 번씩 사용하여라. 두 번째 방법, 즉 aov() 함수를 쓰는 경우에는 데이터프레임을 만들 때 data.frame() 함수를 사용하지 말고 엑셀에서 .csv 파일을 직접 작성하여 read.csv()를 써서 읽어들이는 방법을 사용하여라. 이때 다음의 구문을 사용하는 것이 좋다.

```
v.dframe = read.csv("mydatafile.csv", colClasses=c("numeric", "factor"))
```

colClasses 인수를 사용하지 않으면 어떻게 되는가? 이 인수의 의미는 무엇인가? (힌트: str(v.dframe)) ⊣

이상으로써 이 책의 통계학 관련 내용을 거의 다루었다. 다만 선형회귀는 아직 다루지 않았으며 이 토픽은 [섹션 7.1]에서 공부하게 될 것이다.

이 책은 통계학의 여러 토픽을 백과사전식으로 설명하는 것이 아니라 머신러닝에 쓰이는 통계학의 기본원리를 설명하는 데 중점을 두었다. 검정통계량과 그것의 분포를 알면 이로부터 신뢰구간을 구하고 가설의 검정을 할 수 있는 능력을 갖추는 것이 가장 중요하다. 예를 들어 (5.12), (5.13), (5.14), (5.28) 등의 식으로부터 신뢰구간 및 가설의 검정 문제를 풀 수 있어야 한다. 이 책에서는 이 식들과 관련된 연습문제를 충분히 많이 제공하지 않았다.

이 책은 통계학의 통상적인 대학교재에 포함되어 있지 않은 여러 토픽들을 다루기도 했지만, 반대로 통상적인 교재에 포함된 것을 많이 생략하기도 하였다. 예를 들어 모비율, 짝지어진 표본, 범주형 자료 분석, 비모수 검정법 등의 내용을 생략하였으며 이 토픽들에 대한 자료는 통계학을 좀 더 폭넓게 공부하기 위한 독자를 위하여 이 책의 동반 웹사이트에 올려 두었다.

We should cease teaching frequentist statistics to undergraduates and switch to Bayes. Doing so will reduce the amount of confusion and overcertainty rife among users of statistics.

William M. Briggs

6 추정의 이론과 엔트로피

6.1 들어가기

추정량(*estimator*)은 모수의 추정값(*estimate*)으로 사용하기 위한 통계량이다.† 예를 들어 우리는 μ의 추정량으로 통상 $\bar{X}$를, 그리고 σ^2의 추정량으로 통상 S^2을 사용한다. 이 두 종류의 모수의 추정에만 관심을 둔다면 우리가 필요로 하는 추정의 이론은 상당히 단순할 것이다.

그러나 통계학과 머신러닝에서 추정해야 할 모수는 상당히 복잡한 경우가 많으며 이러한 모수들에 대한 추정량으로 어떤 것을 사용해야 할지, 바람직한 추정량은 어떤 성질을 갖추어야 하는지 등의 질문에 답하기는 쉽지 않다.

예를 들어 어떤 직선의 주위에 분포를 하는 점들로 이루어진 모집단에 대해서 이 직선의 기울기와 y-절편(앞으로는 y를 떼고 그냥 절편이라고 부르겠다.)을 구하고자 점 $A_1, A_2, \ldots, A_n$을 표본으로 추출하였다고 하자. 직선의 기울기 β_1과 절편 β_0는 모집단의 성질이므로 모수이다. 이들에 대한 추정량을 각각 $\hat{\beta}_1$, $\hat{\beta}_0$로 두자.

모집단을 이루는 점들은 직선 $y = f(x) := \beta_0 + \beta_1 x$의 "주위에 분포한다"고 하였는데 이 말의 의미부터 확실히 해 두자. 점 $A_i := (x_i, y_i)$가 직선 $y = f(x)$ 주위에 있다면 $y_i - f(x_i)$는 오차error이다. 우리는 f의 계수들을 모르므로 $f(x) = \beta_0 + \beta_1 x$ 대신 그것의 추정값인 $\hat{f}(x) = \hat{\beta}_0 + \hat{\beta}_1 x$를 사용하기로 한다. 다시 말하면 오차 $y_i - f(x_i)$ 대신 $y_i - \hat{f}(x_i) = e_i = y_i - \hat{y}_i$, 즉 잔차residual를 사용하기로 한다. 잔차는 평균이 0인 정규분포를 따르며 e_i들은 서로 독립이고 또한 분산이 동일하다고, 즉 $e_i \overset{iid}{\sim} N(0, \sigma^2)$라고 가정한다. 기호 $\overset{iid}{\sim}$의 의미는 (5.58)의 바로 아래에 설명되어 있다.

잔차에 대한 측도로 $SSE := \sum_{i=1}^n e_i^2$을 사용하도록 하자. 이것이 최소가 되도록 (β_0, β_1)의 추정량 $(\hat{\beta}_0, \hat{\beta}_1)$을 구하는 것이 이른바 최소제곱법(*method of least squares*)이다. 이렇게 얻은 직선 $y = \hat{\beta}_0 + \hat{\beta}_1 x$를 적합선(*line of best fit*)라고 하며 이를 [그림 6.1]에 나타내었다. 이 그림에서 점 A_i와 적합선을 잇는 수직선분의 길이가 e_i의 절댓값이 된다.

최소제곱법은 추정량 $\hat{\beta}_0$, $\hat{\beta}_1$를 구하는 기준, 즉 이들이 만족해야 할 조건을 제시한 것이며 이 값들을 실제로 계산하는 방법을 찾는 것은 별개의 문제다. 이 방법들은 §7.1.1에서 설명하였다.

최소제곱법은 여러 추정 방법 중 하나로서 잔차제곱합 *SSE*를 최소로 하는 모수parameter

†Estimator와 estimate는 각각 point estimator, point estimate라고 부르기도 한다.

그림 6.1: Line of best fit

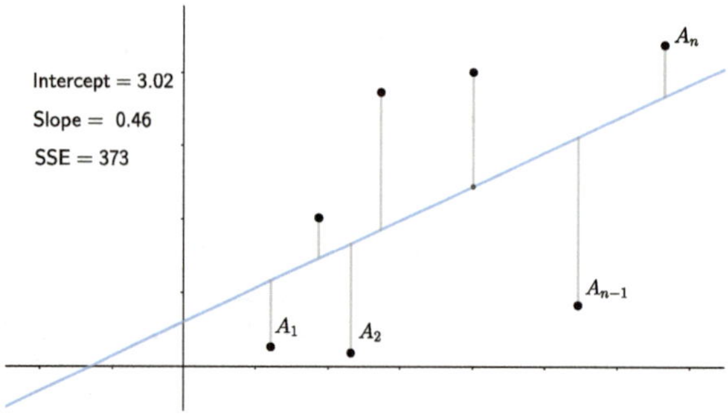

(절편, 기울기)를 찾는다. 이 장에서는 다양한 추정방법들에 대해서 알아볼 것이다. 이 방법들은 대게 어떤 특정한 통계량을 최소화 하거나 혹은 최대화 하여 모수를 추정한다. 최소로 하고자 하는 통계량은 로스$_{\text{loss}}$, 또는 로스함수$_{\text{loss function}}$라고 부른다.

로스함수라고 하는 이유는 로스가 추정량의 함수이기 때문이다. 예를 들어 로스 *SSE*는 추정량 $(\hat{\beta}_0, \hat{\beta}_1)$의 함수이다. (cf. [정의 6.4])

이 장부터는 '로스함수'와 같이 대학의 학부과정에서 통상적으로 사용하는 통계학 교재에는 나타나지 않는 머신러닝과 관련된 개념과 용어들이 많이 보일 것이다. 이 책을 읽는 도중에 익숙치 않은 용어나 표기법을 만나게 된다면 [13]을 참조하기 바란다.

6.2 기본 개념

추정의 이론에서 모수와 그것의 추정량은 각각 통상 θ와 $\hat{\theta}$로 나타낸다.

$\hat{\theta}$는 하나의 표본으로부터 θ를 추정한 것이므로 필경 θ와 값이 일치하지 않을 것이다. 하지만 표본을 여러 번 취하여 얻은 $\hat{\theta}$의 값들의 기댓값은 θ와 일치할 수 있으며 이것은 추정량이 갖추어야 할 바람직한 성질 중 하나이다.

정의 6.1 모수 θ의 추정량 $\hat{\theta}$의 편향(*bias*)을

$$Bias(\hat{\theta}) \stackrel{\text{def}}{=} \mathbb{E}[\hat{\theta}] - \theta = \mathbb{E}[\hat{\theta} - \theta] \tag{6.1}$$

로 정의한다.

$Bias(\hat{\theta}) = 0$인 경우 $\hat{\theta}$를 비편향추정량(*unbiased estimator*)이라고 한다.

편향의 절댓값, 혹은 편향의 제곱은 추정량의 정확도(*accuracy*)의 측도로 사용된다. ⊣

고찰 6.2 [정리 5.4]는 $\bar{X}$와 S^2이 각각 μ와 σ^2의 비편향추정량임을 말하고 있다. 참고로 S는 σ의 비편향추정량이 아니다. 일반적으로 $Bias(S) \le 0$이며 [연습문제 4.45]에서 $Bias(S) < 0$의 예를 볼 수 있다. 또한 σ의 비편향추정량은, 모집단이 어떤 특정한 분포를 하는 것을 가정하지 않으면, 닫힌 형식$_{\text{closed form}}$의 식으로는 존재하지 않는다.†

$Bias(S) \le 0$가 성립함은 Jensen 부등식을 사용하여 다음과 같이 증명할 수 있다.

† https://en.wikipedia.org/wiki/Unbiased_estimation_of_standard_deviation

(증명). X가 이산형분포이고 표본의 크기가 n인 경우에 대하여 $-Bias(S) \geq 0$임을 보이겠다. 모든 가능한 표본벡터 $(x_1, \ldots, x_n)$의 집합을 $\vec{\mathbb{X}} := \{\vec{x}_j \mid j \in J\}$, 결합확률질량함수를 f라고 했을 때

$$
\begin{aligned}
-Bias(S) &= \sigma - \mathbb{E}\left[\sqrt{\frac{\sum_{i=1}^{n}(x_i-\bar{x})^2}{(n-1)}}\right] \\
&= \sqrt{\sum_{j \in J} \frac{\sum_{i=1}^{n}(x_i-\bar{x})^2}{(n-1)} \cdot f(\vec{x}_j)} - \sum_{j \in J} \sqrt{\frac{\sum_{i=1}^{n}(x_i-\bar{x})^2}{(n-1)}} \cdot f(\vec{x}_j)
\end{aligned}
$$

이것의 값이 0 이상임을 위로 볼록인 함수 $x \mapsto \sqrt{x}$에 대한 젠센 부등식을 사용하여 보일 것이다. 젠센 부등식은 이 증명에 사용하기 편리하도록 다음과 같은 형태로 사용하겠다.†

$$
\sqrt{\textstyle\sum_{j \in J} t_j y_j} \geq \textstyle\sum_{j \in J} t_j \sqrt{y_j} \quad \text{for } y_j, t_j > 0,\ \textstyle\sum_{j \in J} t_j = 1
$$

이제 $t_j := f(\vec{x}_j)$, $y_j := \sqrt{\sum_{i=1}^{n}(x_i-\bar{x})^2/(n-1)}$로 두면 된다. □

추정량이 갖추어야 할 또 하나의 바람직한 성질은 여러 표본들에서 추정값을 계산했을 때 값의 변화가 심하지 않아야 한다는 것, 즉 $Var(\hat{\theta})$가 작아야 한다는 것이다. $Var(\hat{\theta})$는 추정량의 정밀도(*precision*)의 측도로 사용된다. 이것은 추정량의 분산인데 우리는 이를 변동성이라고 부르기도 한다 — 확률변수 $\hat{\theta}$에 대해서는 특별히 $Var(\hat{\theta})$에 대해서 '변동성'과 '분산'이라는 두 용어를 혼용할 것이다. [그림 6.2]는 편향과 변동성의 개념을 잘 설명해 주고 있다.‡ 이것은 편향과

그림 6.2: 편향과 변동성, 정확도와 정밀도

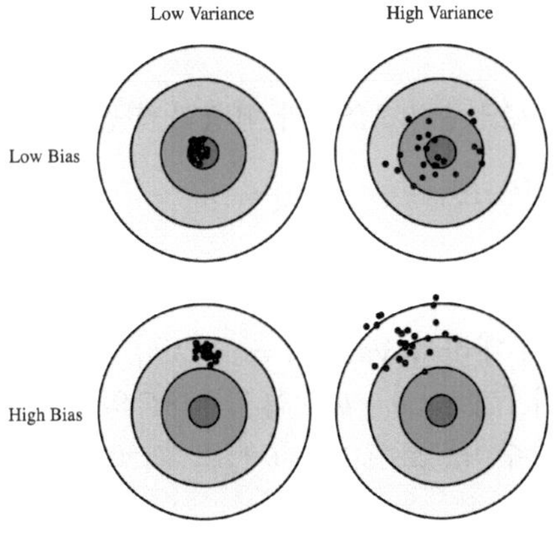

변동성의 높고 낮음에 따라 분류했을 때 가능한 4개의 경우에 대한 그림이다. 과녁을 사격하여 형성된 탄착군의 중심과 과녁의 중심bull's eye 간의 거리가 가까우면 편향이 작고 정확도가 높은 것이다. 탄착군이 좁은 범위에 모여 있으면 변동성이 작고 정밀도가 높은 것이다.

표준오차는 p141에서 표본평균, 즉 모평균의 추정량의 표준편차를 뜻한다고 정의했었다. 이제 표준오차의 정의를 확장하여 모평균 뿐만 아니라 임의의 모수에 대한 추정량에 대해서도

† 젠센 부등식과 그 증명은 이 책의 동반 웹사이트에 있다.

‡ 그림 출처: https://scott.fortmann-roe.com/docs/BiasVariance.html

그것의 표준편차를 표준오차라고 부르기로 한다. 즉, $\hat{\theta}$의 표준오차는 $S.E.(\hat{\theta}) \stackrel{\text{def}}{=} \sqrt{Var(\hat{\theta})}$이다.

정의 6.3 모수 θ에 대한 추정량 $\hat{\theta}$의 평균제곱오차(*MSE, Mean Squared Error*)는

$$MSE(\hat{\theta}) \stackrel{\text{def}}{=} \mathbb{E}\left[(\hat{\theta}-\theta)^2\right] \tag{6.2}$$

로 정의한다. 이 정의는 모수 벡터 $\vec{\theta}$와 이것의 추정량 벡터 $\vec{\hat{\theta}}$에 대한 것으로 확장할 수 있다. ⊣

*MSE*의 값이 작을수록 좋은 추정량이라고 볼 수 있다. MSE는 흔히 사용되는 로스함수 중 하나이다.

정의 6.4 일반적으로 모수와 추정량의 차이의 척도가 되는 통계량의 기댓값을 로스(*loss*)라고 하고, 이것을 모수의 함수로 보았을 때 로스함수(*loss function*)라고 한다. ⊣

이 정의는 추정의 이론에서 사용하는 정의이며 머신러닝에서 통상적으로 사용하는 정의와 비슷한 의미를 가지기는 하지만 엄격히 말하자면 다르다. (See p182.) 로스라는 용어는 최적화$_{\text{optimization}}$ 분야에서 널리 쓰이고 있으며 최적화 문제는 대단히 다양하므로 이 용어를 모든 경우에 적용되도록 일반적이고 또한 수학적으로 엄격하게 정의할 수는 없다고 본다.

정의에 나타난 '모수의 함수'라는 표현은 모수를 변수로 보는 베이즈$_{\text{Bayesian}}$ 관점에서는 문제가 없으나 모수를 상수로 보는 도수주의$_{\text{frequentist}}$ 관점에서는 의미를 갖지 못하는 것으로 보일 수 있다. 하지만 통계량을 나타내는 수식에 모수가 들어 있다면 (예를 들어 (6.4)와 (6.6)에서 보듯이) 그것을 수학적 변수로 보는 것은 (도수주의 관점에서도) 문제가 없다.

편향의 정의 (6.1)과 *MSE*의 정의 (6.2)를 비교해 보면 편향의 제곱은 *MSE*와 비슷해 보인다. 이 둘 사이의 정확한 관계는 다음의 정리에 나타나 있다.

정리 6.5 (편향-변동성 분해 정리) 추정량의 *MSE*와 편향과 변동성(분산)에 대하여

$$MSE(\hat{\theta}) = Bias(\hat{\theta})^2 + Var(\hat{\theta}) \tag{6.3}$$

의 관계가 성립한다.

(증명). 임의의 확률변수 X에 대하여 $Var(X) = \mathbb{E}\left[X^2\right] - \mathbb{E}[X]^2$이므로 $\mathbb{E}\left[X^2\right] = \mathbb{E}[X]^2 + Var(X)$가 성립함을 이용한다.[†] $X := \hat{\theta} - \theta$로 놓고 *MSE*의 정의로부터 출발하여 다음과 같이 계산한다. 이 계산에서 θ는 상수이므로 $\mathbb{E}[\theta] = \theta$이고 $Var(\hat{\theta} - \theta) = Var(\hat{\theta})$임이 사용된다.

$$\begin{aligned} MSE(\hat{\theta}) &= \mathbb{E}\left[(\hat{\theta}-\theta)^2\right] = \mathbb{E}\left[\hat{\theta}-\theta\right]^2 + Var(\hat{\theta}-\theta) \\ &= \left(\mathbb{E}\left[\hat{\theta}\right]-\theta\right)^2 + Var(\hat{\theta}) = Bias(\hat{\theta})^2 + Var(\hat{\theta}) \end{aligned}$$ □

따름정리 6.6 $\hat{\theta}$가 θ의 비편향추정량, 즉 $Bias(\hat{\theta}) = 0$가 성립하는 추정량인 경우에는 편향-변동성 분해 정리에 의하여

$$MSE = Var(\hat{\theta})$$

[†] [연습문제 4.34].(3)을 보라.

$$\therefore\ \mathbb{E}\left[(\hat{\theta}-\theta)^2\right] = \mathbb{E}\left[(\hat{\theta}-\mathbb{E}[\hat{\theta}])^2\right]$$

이 성립한다. ⊣

예제 6.7 모집단이 다음과 같은 확률함수를 가지는 이산형 분포 X를 따른다고 하자.

$$f(x) = \begin{cases} \frac{1}{3} & \text{if } x = 1, 2, 3, \\ 0 & \text{otherwise.} \end{cases}$$

모평균 θ를 크기 3의 표본을 추출하여 $\hat{\theta} = (X_1 + X_2 + X_3)/3$로써 추정하는 경우의 *MSE*, *Bias* 및 *Var*를 구하여라.

(풀이). 표본에 대한 경우의 수는 $111, \ldots, 333$의 27가지이며 각 경우의 확률은 $\frac{1}{27}$이 될 것이다. $Bias = 0$임은 $\hat{\theta} = \bar{X}$와 [정리 5.4]로부터 알 수 있다.

*MSE*의 값은 다음과 같은 R-스크립트로 계산할 수 있다. 출력은 처음의 일부와 최종결과만 보였다. $MSE = 0.222..$로 얻어짐을 볼 수 있다. $Var = MSE - Bias^2 = MSE - 0 = 0.222..$이다.

```
1  t = 1*1/3 + 2*1/3 + 3*1/3  # t = theta
2  sum = 0
3  for(i in 0:26) {
4      x3 = i%%3 + 1 # %% is the remainder operator
5      q = i%/%3     # %/% is the quotient operator
6      x2 = q%%3 + 1
7      x1 = q%/%3 + 1
8      t_hat = mean(c(x1,x2,x3)) # t_hat = theta_hat
9      sum = sum + (t_hat - t)^2
10     cat(sprintf("%2d: %d %d %d t_hat=%.3f (t_hat - t)^2=%.3f sum=%.3f\n",
11         i, x1, x2, x3, t_hat, (t_hat - t)^2, sum))
12 }
13 cat("MSE =", sum/27, "\n")
```

```
 0: 1 1 1 t_hat=1.000 (t_hat - t)^2=1.000 sum=1.000
 1: 1 1 2 t_hat=1.333 (t_hat - t)^2=0.444 sum=1.444
 2: 1 1 3 t_hat=1.667 (t_hat - t)^2=0.111 sum=1.556
 3: 1 2 1 t_hat=1.333 (t_hat - t)^2=0.444 sum=2.000
 4: 1 2 2 t_hat=1.667 (t_hat - t)^2=0.111 sum=2.111
 ..
25: 3 3 2 t_hat=2.667 (t_hat - t)^2=0.444 sum=5.000
26: 3 3 3 t_hat=3.000 (t_hat - t)^2=1.000 sum=6.000
 MSE = 0.2222222
```

라인 9를 `sum = sum + t_hat^2`으로 바꾸고 라인 13의 `sum/27`을 `sum/27 - t^2`으로 바꾸어도 같은 결과를 얻게 됨을 확인해 보라. ⊣

단평 6.8 [예제 6.7]에서 보인 코드는 계산과정을 샅샅이 보기 위한 것이다. 만일 *MSE*의 결과만 얻고자 한다면 다음과 같이 하는 것이 R의 올바른 코딩 스타일이다.

```
t = 1*1/3 + 2*1/3 + 3*1/3 # t = theta
t_hat_vec = numeric(27)
for(i in 0:26) {
    x3 = i%%3 + 1; q = i%/%3; x2 = q%%3 + 1; x1 = q%/%3 + 1
    t_hat = mean(c(x1,x2,x3))
    t_hat_vec[i + 1] = t_hat
}
# mse = sum((t_hat_vec-t)^2/27)
mse = sum(t_hat_vec^2)/27 - t^2
cat("MSE =", mse, "\n")
```
⊣

연습문제 6.9 [예제 6.7]에서 $\hat{\theta}$를 X_1, X_2, X_3의 평균값 대신 중앙값으로 취하면 *MSE*가 어떻게 나오는지 계산해 보라. 이 경우에도 라인 9를 `sum = sum + t_hat^2`으로 바꾸고 라인 13의 `sum/27`을 `sum/27 - t^2`으로 바꾸면 동일한 결과를 얻게 되는가? 동일한 결과를 얻게 된다면, 혹은 다른 결과를 얻게 된다면 그 이유는 무엇인지 설명하여라. ⊣

고찰 6.10 모집단이 다음과 같은 확률함수를 가지는 분포 X를 따른다고 하자.

$$f(x) = \begin{cases} p & \text{if } x = 1, \\ 1-p & \text{if } x = 0, \\ 0 & \text{otherwise.} \end{cases}$$

크기 n의 표본으로부터 모수 p를 추정하려면 $\hat{p} = (X_1 + \cdots + X_n)/n$으로 두는 것이 타당해 보인다. 이 표본에서 관측값이 1인 것의 개수를 확률변수 Y로 두면 이것의 분포는 모수를 n, p로 하는 2항분포이다. 즉 $Y \sim B(n,p)$이다. $\hat{p} = Y/n$이므로 2항분포의 평균과 분산에 대한 [팩트 4.42]에 의하여

$$\mathbb{E}[\hat{p}] = \mathbb{E}[Y/n] = (1/n)\mathbb{E}[Y] = (1/n)(np) = p, \quad (\therefore\ \hat{p}\text{는 비편향추정량})$$

$$MSE(\hat{p}) = Var(\hat{p}) = Var(Y/n) = (1/n^2)Var(Y) = np(1-p)/n^2 = p(1-p)/n \quad (6.4)$$

를 얻는다.

이번에는 p의 추정량으로 $\hat{\theta} := (Y+2)/(n+4)$를 취해 보자. 이것이 비편향추정량인지를 알아보기 위하여 $Bias(\hat{\theta})$를 계산해 보면

$$\mathbb{E}\left[\frac{Y+2}{n+4}\right] - p = \frac{1}{n+4}(np+2) - p = \frac{np+2-np-4p}{n+4} = \frac{2-4p}{n+4} \quad (6.5)$$

이므로 $p = 1/2$인 경우를 제외하고는 항상 편향인 것으로 확인된다. 다만 $n \to \infty$일 때는 편향이 0으로 수렴한다는 것은 알 수 있다.

한편 $\hat{\theta}$가 $\hat{p}$보다 더 좋은 점도 생각할 수 있는데, 그것은 부등식

$$\left|\hat{p} - \frac{1}{2}\right| = \left|\frac{Y}{n} - \frac{1}{2}\right| = \left|\frac{Y - n/2}{n}\right| > \left|\frac{Y - n/2}{n+4}\right| = \left|\frac{Y+2}{n+4} - \frac{1}{2}\right| = \left|\hat{\theta} - \frac{1}{2}\right|$$

로부터 $\hat{\theta}$는 $\hat{p}$보다 항상 1/2에 더 가까운 값을 가진다는 것이다. 이것이 무슨 의미를 가지느냐

하면, 예를 들어 $n = 2$이고 $Y = 0$인 경우 p의 값을 $\hat{p} = 0$로 추정하는 것과 $\hat{\theta} = 1/3$로 추정하는 것 둘 중에 어느 것이 더 타당한지에 대한 의문이다. 구체적인 예로 동전을 던져서 앞면이 나오면 1, 뒷면이 나오면 0의 값을 가지는 확률변수에서 2번의 관찰을 통하여 0만 두 번 나왔다면 이 동전에서 앞면이 나올 확률을 0으로 추정하는 것과 1/3으로 추정하는 것 중에 어떤 것이 더 타당하냐는 것이다.

보다 객관적인 결론을 얻기 위하여 $MSE(\hat{p})$와 $MSE(\hat{\theta})$를 계산하여 크기를 비교해 보겠다: 전자는 (6.4)에서 $p(1-p)/n$으로 계산되었다. 이것의 p에 대한 그래프는 모든 n에서, 위로 볼록하며 최댓값이 $p = 0.5$에 나타나는 포물선이 된다. 후자는 (6.5)와 편향-변동성 분해 정리를 이용하여

$$\left(\frac{2-4p}{n+4}\right)^2 + Var\left(\frac{Y+2}{n+4}\right) = \left(\frac{2-4p}{n+4}\right)^2 + \frac{np(1-p)}{(n+4)^2} \tag{6.6}$$

로 계산된다. (6.6)과 (6.4)의 대소관계는 척 보고 쉽게 파악할 수는 없다. $n = 10$인 경우와 $n = 100$인 두 경우에 대해서 MSE의 p에 대한 그래프를 그리면 [그림 6.3]과 같다. p의 추정량으로 $\hat{p}$를 사용한 경우는 회색으로, $\hat{\theta}$를 사용한 경우는 청색으로 나타내었다.

그림 6.3: MSE 비교

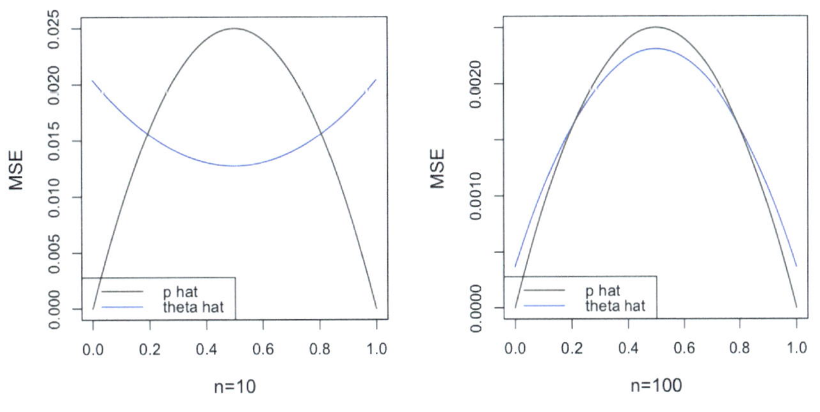

따라서 p의 값이 0.5에 가깝다는 어떤 경험적, 혹은 이론적 근거가 있을 때는, $\hat{p}$보다 $\hat{\theta}$를 사용했을 때 로스가 적으므로 $\hat{\theta}$가 더 좋은 추정량인 것으로 볼 수 있을 것이다. ⊣

연습문제 6.11 [고찰 6.10]에서 $p = \frac{1}{3}$, $n = 3$인 경우에 $\mathbb{E}[\hat{p}] = p = \frac{1}{3}$, $MSE(\hat{p}) = p(1-p)/n = \frac{2}{27}$ 임을 정의로부터 계산하여 확인해 보라. 참고로 $\mathbb{E}[Y]$를 계산할 때는 `dbinom()` 함수를 사용하면 간단하게 해결되지만 $\mathbb{E}[\hat{p}]$와 $MSE(\hat{p})$를 계산할 때는 이러면 안 된다.

또한 $\hat{\theta} := (Y+2)/(n+4)$에 대해서 편향과 변동성과 MSE를 각각 정의로부터 계산하여 편향-변동성 분해정리가 성립함을 확인해 보라. 편향은 (6.5)로 계산되고 MSE는 (6.6)로 계산됨을 확인하여라.

(힌트). [고찰 6.2]의 증명에서 사용한 표기법을 따르자면 $\mathbb{X}$의 원소의 개수는 $2^3 = 8$이다. [단평 6.8]을 참고하여 계산해 보라. `mean()`과 `var()` 함수는 균등분포에만 사용하는 것이므로 여기서는 사용할 수 없다. ⊣

바람직한 추정량의 조건으로 다음의 둘을 들 수 있다고 하였다—① 비편향일 것, ② 변동성(분산)이 작을 것. 비편향추정량 중에서 분산이 최소인 것을 최소분산 비편향추정량(*minimum variance unbiased estimator, MVUE*)이라고 한다. 편향-변동성 분해 정리에 의하여 MVUE는 곧 비편향추정량 중에 최소의 *MSE*를 가진 것임을 알 수 있다.

팩트 6.12 모집단이 정규분포를 따를 때 μ의 MVUE는 $\bar{X}$이고 σ^2의 MVUE는 S^2임이 알려져 있다. 이는 모든 표본크기 n 각각에 대해서 성립한다. ⊣

6.3 최대가능도 추정

모수 μ와 σ^2의 (가장 널리 쓰이는) 추정량은 각각 $\bar{X} = \sum_{i=1}^{n} X_i/n$, $S^2 = \sum_{i=1}^{n}(X_i - \bar{X})^2/(n-1)$와 같이 iid 표본 $\vec{X} := (X_1, \ldots, X_n)$의 식으로 계산된다. 다음은 통계학의 가장 중요하고 근본적인 문제 중 하나이다.

> 임의의 모수, 즉 확률함수에 들어 있는 상수의 추정량(을 계산하는 $\vec{X}$의 식)은 어떻게 하면 얻을 수 있는가?

이 물음에 대한 답은 여럿이 있는데 이 절에서는 가장 널리 쓰이는 방법인 최대가능도 추정에 대해서 공부하기로 한다. 다음 절에서는 베이즈 통계학에서 얻어지는 더 정교한 방법인 베이즈 기댓값 추정과 최대사후확률 추정을 공부할 것이다.

예제 6.13 쉬운 예로 시작하자. 운동 경기에서 먼저 공격하는 팀을 결정하기 위하여 사용하는 동전이 있는데, 이것을 던졌을 때 앞면이 나올 확률이 0.5가 넘는 것으로 의심되는 정황이 있어 실험을 통하여 이 동전의 앞면이 나올 확률 p를 알아내고자 한다. 5번을 던져서 결과가 11010으로 나왔다면 p의 값을 얼마로 추정하는 것이 합리적일까? 여기서 앞면은 1, 뒷면은 0을 나타낸다. 이 사건을 E라 하면 E가 일어날 확률은

$$L(p) := P(E) = p^3(1-p)^2 \tag{6.7}$$

이다. 좌변 $L(p)$의 L은 likelihood를 뜻한다. E는 p의 값이 어떠하든지 발생할 수 있겠지만 $P(E)$의 값이 최대가 되도록 하는 p를 추정값으로 삼는 것이 타당해 보인다. 그리고 이런 방식의 추정을 최대가능도 추정이라고 한다. 이 추정법의 타당성에 대해서는 후에 베이즈 추정에서 다시 언급할 것이다.

$L(p)$의 최댓값을 얻기 위해서는 (6.7)을 직접 미분해도 되겠지만 그보다는 이것의 로그를 취한 것을 미분하는 것이 더 편하다. 로그함수는 순증가함수strictly increasing function이므로 이렇게 해도 된다.

$$\begin{aligned}
\ell(p) &:= \log L(p) = 3\log p + 2\log(1-p) \\
\ell'(p) &= \frac{3}{p} - \frac{2}{1-p} = \frac{3-3p-2}{p(1-p)} = \frac{5-3p}{p(1-p)} \\
\ell'(p) &= 0 \text{ if } p = \frac{3}{5} = 0.6
\end{aligned}$$

이고 $p = 0.6$을 전후해서 $\ell'(p)$의 부호가 $+$에서 $-$로 바뀌므로 $\ell(p)$의 최댓값은 $p = 0.6$에서 얻어진다. 따라서 구하는 추정량은 0.6이다. 이 결과는 우리의 직관과 일치한다. ⊣

고찰 6.14 동전의 앞면이 나올 확률을 추정하는 [예제 6.13]의 일반적 상황을 생각해 보자. 독립적인 n번의 시행에서 확률변수 X의 값들로 $\vec{x} := (x_1, x_2, \ldots, x_n)$을 얻었다고 하자. 그리고 이 실험의 관측값 X에 영향을 주는 모수를 $(\theta_1, \ldots, \theta_m) := \vec{\theta}$라 하면 iid 표본 $\vec{X} := (X_1, \ldots, X_n)$의 결합확률함수는

$$f_{\text{joint}}(x_1, \ldots, x_n; \theta_1, \ldots, \theta_m) = \prod_{i=1}^{n} f(x_i; \vec{\theta})$$

로 쓸 수 있다. 여기서 우변에 사용된 f는 f_{joint}의 x_i에 대한 주변확률함수를 나타낸다. $\vec{x}$가 iid 표본임을 가정하고 있으므로 이 주변확률함수들은 일정하며 이를 f로 나타낸 것이다.

확률함수 $f_{\text{joint}}(\vec{x}; \vec{\theta})$는 통상 $\vec{x}$의 함수로 보지만 우리는 여기서 $\vec{x}$를 고정된 파라메터로 잡고 변수 f_{joint}를 $\vec{\theta}$의 함수 $\vec{\theta} \mapsto f_{\text{joint}}(\vec{x}; \vec{\theta})$로 보아 가능도 함수(*likelihood function*)라고 부르고 $L(\vec{\theta})$로 나타낸다.[†] 그리고 $L(\vec{\theta})$의 로그를 통상 $\ell(\theta)$로 나타낸다. 즉,

$$\begin{aligned} L(\vec{\theta}) &= \textstyle\prod_{i=1}^{n} f(x_i; \vec{\theta}) \\ \ell(\vec{\theta}) &= \textstyle\sum_{i=1}^{n} \log f(x_i; \vec{\theta}) \end{aligned} \tag{6.8}$$

로 정의한다. L 대신 ℓ을 사용하면 좋은 이유는 후자가 미분하기에 편하기 때문이다.

이상의 논의는 X가 이산형이든 연속형이든 상관없이 모두 적용된다. 특히 X가 범주형일 때, 즉 X가 취할 수 있는 값이 정성적이고 이 값들이 유한집합 $\{y_1, \ldots, y_k\}$를 이룰 때는 (6.8)은 다음과 같이 쓸 수 있다.

데이터 표본 $\vec{x} := (x_1, x_2, \ldots, x_n)$이 이루는 다중집합을 $\{y_1 \times n_1, \ldots, y_k \times n_k\}$로 둔다.[‡] 이때 $n_1 + \cdots + n_k = n$이 된다. 각 $j = 1, \ldots, k$에 대해서

$$q_j(\vec{\theta}) := f(y_j; \vec{\theta}) \tag{6.9}$$

로 두면 각 $i = 1, \ldots, n$에 대해서

$$f(x_i; \vec{\theta}) = q_j(\vec{\theta}) \text{ where } j \in \{1, \ldots, k\} \text{ is chosen so that } y_j = x_i$$

이므로 (6.8)은

$$\begin{aligned} L(\vec{\theta}) &= \textstyle\prod_{i=1}^{n} f(x_i; \vec{\theta}) = \prod_{j=1}^{k} q_j(\vec{\theta})^{n_j} \\ \ell(\vec{\theta}) &= \textstyle\sum_{i=1}^{n} \log f(x_i; \vec{\theta}) = \sum_{j=1}^{k} n_j \log q_j(\vec{\theta}) \end{aligned} \tag{6.10}$$

로 쓸 수 있다. ⊣

표기법 6.15 함수 $f(x)$가 최댓값을 가지도록 하는 x를 $\text{argmax}_x f(x)$로 나타낸다. 예를 들어 $f(x) = x(1-x) = -(x - \frac{1}{2})^2 + \frac{1}{4}$일 때 f의 최댓값 $\frac{1}{4}$은 $x = \text{argmax}_x f(x) = \frac{1}{2}$에서 얻어

[†] 이 함수는 $\vec{x}$에 따라 달라질 수 있으므로 원칙대로 하자면 $L_{\vec{x}}(\vec{\theta})$로 표기하는 것이 옳겠지만 편의상 그냥 $L(\vec{\theta})$로 쓸 것이다. 함수 이름 L은 Likelihood를 의미한다.

[‡] $n_j = 0$인 $j \leq k$가 존재하는 것도 허용함.

진다. *argmax*는 함수값을 max로 하는 argument(함수의 인수)라는 뜻이다. 비슷한 방법으로 $argmin_x$를 정의한다. ⊣

정의 6.16 모수 벡터 $\vec{\theta}$의 추정량을 $\text{argmax}_{\vec{\theta}} L(\vec{\theta})$로 구하는 것을 최대가능도 추정(*Maximum Likelihood Estimation, MLE*)이라고 한다. 표기의 편의를 위하여 모수의 개수가 1인 경우, 즉 $\vec{\theta} = \theta$인 경우에 대해서만 아래에 기술하였다. θ의 추정량을 $\hat{\theta}$라 하면 MLE는, $x \mapsto \log x$가 순증가 함수이므로

$$\hat{\theta} = \text{argmax}_\theta \prod_{i=1}^n f(x_i;\theta) = \text{argmax}_\theta \sum_{i=1}^n \log f(x_i;\theta) \tag{6.11}$$

로 나타낼 수 있다. 위의 식은 (6.8)을 사용하여 얻은 것이며 이것 대신 범주형 자료를 위한 (6.10)을 사용하면 다음의 식을 얻는다.

$$\hat{\theta} = \text{argmax}_\theta \prod_{j=1}^k q_j(\theta)^{n_j} = \text{argmax}_\theta \sum_{j=1}^k n_j \log q_j(\theta) \tag{6.12}$$

(6.12)를 (6.11)과 비교했을 때 $\sum$의 첨수변수가 $i = (1, \ldots, n)$에서 $j = (1, \ldots, k)$로 바뀌었음에 유의하라. ⊣

머신러닝에서 대단히 많이 사용되는 교차 엔트로피cross-entropy(또는 로그 로스log loss)는 (6.12)와 밀접한 관계가 있으며 이에 대해서 [고찰 6.39]에서 서술하였다.

$\hat{\theta}$의 값을 얻게 될 때의 $\vec{\theta}$는 다음의 식을 만족해야 한다. 예를 들어 $\vec{\theta} = (\theta_1, \theta_2)$인 경우에는

$$\begin{aligned} \frac{\partial \ell}{\partial \theta_1} &= \sum_{i=1}^n \frac{1}{f(x_i;\vec{\theta})} \cdot \frac{\partial f(x_i;\vec{\theta})}{\partial \theta_1} = 0 \\ \frac{\partial \ell}{\partial \theta_2} &= \sum_{i=1}^n \frac{1}{f(x_i;\vec{\theta})} \cdot \frac{\partial f(x_i;\vec{\theta})}{\partial \theta_2} = 0 \end{aligned} \tag{6.13}$$

위의 식은 (6.11)을 사용하여 얻은 것이고, 범주형 자료를 위한 (6.12)를 사용하는 경우에는 다음의 식을 얻게 된다.

$$\begin{aligned} \frac{\partial \ell}{\partial \theta_1} &= \sum_{j=1}^k \frac{n_j}{q_j(\vec{\theta})} \cdot \frac{\partial q_j(\vec{\theta})}{\partial \theta_1} = 0 \\ \frac{\partial \ell}{\partial \theta_2} &= \sum_{j=1}^k \frac{n_j}{q_j(\vec{\theta})} \cdot \frac{\partial q_j(\vec{\theta})}{\partial \theta_2} = 0 \end{aligned} \tag{6.14}$$

이제 [예제 6.13]의 풀이과정을 지금까지 서술한 최대가능도 추정의 관점에서 기술해 보자.

예제 6.17 동전의 앞면이 나올 확률을 추정하기 위한 확률변수 X의 관측 자료가 $\vec{x} = (1,1,0,1,0)$로 얻어졌으므로 표본공간은 $\{y_1, y_2\}$ with $y_1 = 1,\ y_2 = 0$인 범주형이다. 따라서 (6.14)를 사용하기로 한다. 관측 자료는 $\{1 \times 3, 0 \times 2\}$의 다중집합으로도 나타낼 수 있으며 이때 $n_1 = 3$, $n_2 = 2$이다. 현재 상황을 (6.10)의 틀에 맞추자면 $n = 5$, $k = 2$이다. 이제 추정해야 할 모수는 $\vec{\theta} = \theta = p$이고

$$\begin{aligned} q_1(\theta) &= f(y_1;p) = P[X = 1] = p, \\ q_2(\theta) &= f(y_2;p) = P[X = 0] = 1 - p \end{aligned}$$

이다. 따라서 (6.14)로부터

$$\frac{\partial \ell}{\partial \theta} = \frac{\mathrm{d}\ell}{\mathrm{d}p} = \frac{3}{p}\cdot 1 + \frac{2}{1-p}\cdot(-1) = \frac{3}{p} - \frac{2}{1-p} = 0$$

의 방정식을 얻을 수 있고 이를 풀어 $\hat{\theta} = \frac{3}{5}$를 얻게 된다. ⊣

연습문제 6.18 베르누이 시행을 N번 시행하여 m번 성공했다면 p의 MLE에 의한 추정량은 $\frac{m}{N}$임을 보여라. ⊣

예제 6.19 정규분포의 모수 μ와 σ^2의 MLE에 의한 추정량은 각각 $\bar{X}$와 $\frac{S^2(n-1)}{n}$임을 보이겠다. 가능도 함수 $L(\mu, \sigma)$부터 시작한다.

$$L(\mu,\sigma) = \prod_{i=1}^{n} \frac{1}{\sigma\sqrt{2\pi}} e^{-\frac{(x_i-\mu)^2}{2\sigma^2}} = \left(\frac{1}{2\pi\sigma^2}\right)^{n/2} e^{-\sum_{i=1}^{n}(x_i-\mu)^2/(2\sigma^2)}$$

$$\ell(\mu,\sigma) = -\frac{n}{2}\ln\left(2\pi\sigma^2\right) - \frac{1}{2\sigma^2}\sum_{i=1}^{n}(x_i-\mu)^2$$

$$\frac{\partial \ell}{\partial \mu} = 0 + \frac{1}{2\sigma^2}\sum_{i=1}^{n} 2(x_i-\mu) = \frac{1}{\sigma^2}(n\bar{x} - n\mu) \qquad (*1)$$

$\frac{\partial \ell}{\partial \mu} = 0$ at $\mu = \bar{x}$이므로 $\hat{\mu} = \bar{X}$를 얻는다. $\hat{\sigma}^2$을 얻기 위하여는 다음과 같이 계산을 진행한다.

$$\frac{\partial \ell}{\partial \sigma} = -\frac{n}{\sigma} - \frac{1}{2}(-2\sigma^{-3})\sum_{i=1}^{n}(x_i-\mu)^2 = 0 \qquad (*2)$$

$$\sum_{i=1}^{n}(x_i-\mu)^2 = n\sigma^2 \;\Rightarrow\; \sigma^2 = \sum_{i=1}^{n}(x_i-\mu)^2/n$$

ℓ의 최댓값에서는 $(*1)$과 $(*2)$가 동시에 만족되어야 하므로 $\hat{\sigma}^2 = \sum_{i=1}^{n}(X_i - \bar{X})^2/n = \frac{S^2(n-1)}{n}$를 얻는다. 따라서 MLE에 의한 $\hat{\sigma}^2$는 비편향추정량이 아님을 알 수 있다.

이 풀이는 MLE에 의한 추정량이 존재한다는 가정하에 완료되었다. 이 가정을 제거하려면 [정리 3.8]에 주어진 두 부등식이 성립함을 계산에 의하여 보이면 된다. 단, 이 정리는 극솟값에 대한 것이였으므로 $f_{\mu\mu} > 0$가 아니라 $f_{\mu\mu} < 0$를 보여야 한다. 그리고 $\mathbb{R}^2$ 위에 정의된 2계 미분가능 함수에서 극댓값이 단 1개 있으면 그것은 최댓값이 되어야 한다는 사실을 이용한다.

⊣

연습문제 6.20 모수 $\lambda > 0$에 대해서 $f(x) = \texttt{ifelse}(x \geq 0, \lambda e^{-\lambda x}, 0)$를 확률함수로 가지는 분포를 지수분포(*exponential distribution*)라고 한다. X가 모수 λ의 지수분포를 따를 때 $\mathbb{E}[X] = \frac{1}{\lambda}$임이 알려져 있다. MLE에 의한 $\hat{\lambda}$를 구하여라. 이것은 비편향추정량인가? ⊣

연습문제 6.21 포아송 분포는 모수 $\lambda > 0$에 대해서 $f(x) = \frac{e^{-\lambda}\lambda^x}{x!}$, $(x = 0, 1, 2, \ldots)$를 확률함수로 가진다. MLE에 의한 $\hat{\lambda}$를 구하여라. 이것은 비편향추정량인가? ⊣

예제 6.22 최소제곱법은 적합선의 절편 β_0와 기울기 β_1을 모수로 보고 표본 $\{(x_i, y_i) \mid i = 1, \ldots, n\}$으로부터 추정량 $\hat{\beta}_0$와 $\hat{\beta}_1$을 구할 때 사용한 방법이다. [그림 6.1]을 보라.

다르게 말하면 최소제곱법은 $(\hat{\beta}_0, \hat{\beta}_1) = \text{argmin}_{\beta_0,\beta_1} \sum_{i=1}^{n}(y_i - \beta_0 - \beta_1 x_i)^2$를 사용하는 것이다. 이 예제에서 우리는 최소제곱법은 MLE의 특수한 경우임을 보일 것이다.

잔차 $e_i = y_i - \beta_0 - \beta_1 x_i$들은 독립적으로 $N(0, \sigma^2)$을 따른다고 가정하였는데 이것은 y_i들이 iid 표본 $Y_i \sim N(\beta_0 + \beta_1 x_i, \sigma^2)$의 관측값인 것으로 볼 수 있다는 뜻이다. y_i의 확률함수, 즉 $\vec{Y}$의 결합확률분포의 주변확률함수 f_i는 $y_i \mapsto \frac{1}{\sigma\sqrt{2\pi}} e^{-\frac{(y_i - \beta_0 - \beta_1 x_i)^2}{2\sigma^2}}$이므로 모수 벡터를 (β_0, β_1)로 잡았을 때 이것에 대한 가능도 함수 L과 이것의 로그 ℓ은 다음과 같다.

$$
\begin{aligned}
L(\beta_0, \beta_1) &= \prod_{i=1}^{n} f_i(y_i) = \prod_{i=1} \frac{1}{\sigma\sqrt{2\pi}} e^{-\frac{(y_i - \beta_0 - \beta_1 x_i)^2}{2\sigma^2}} \\
\ell(\beta_0, \beta_1) &= \sum_{i=1}^{n} \left[\log\left(\frac{1}{\sigma\sqrt{2\pi}}\right) - \frac{1}{2\sigma^2}(y_i - \beta_0 - \beta_1 x_i)^2 \right] \\
&= n \log\left(\frac{1}{\sigma\sqrt{2\pi}}\right) - \frac{1}{2\sigma^2} \sum_{i=1}^{n} (y_i - \beta_0 - \beta_1 x_i)^2 \\
&= n \log\left(\frac{1}{\sigma\sqrt{2\pi}}\right) - \frac{1}{2\sigma^2} \cdot SSE
\end{aligned}
$$

ℓ은 SSE의 감소함수임을 알게 되었다. 그러므로

$$
(\hat{\beta}_0, \hat{\beta}_1) = \text{argmax}_{\beta_0,\beta_1} \ell = \text{argmin}_{\beta_0,\beta_1} SSE
$$

이 성립하고 따라서 적합선을 구할 때 사용한 최소제곱법은 MLE의 특수한 경우라고 말할 수 있다. ⊣

6.4 베이즈 추정*

베이즈 통계학은 기존 방식의 통계학과는 확률의 개념에서 근본적으로 다르다. 여기서 '기존 방식'이란 흔히 *classical approach*, 또는 *frequentist approach*라고 부르는 것인데, 앞으로 이 방식을 도수적 방식 또는 도수적 관점이라고 부르겠다.

도수적 관점에서의 확률은 확률실험을 여러 번, 원하는 만큼 얼마든지 반복할 수 있는 경우에만 의미를 가진다. 이에 반하여 베이즈 방식에서의 확률은 사건에 대한 '믿음'의 정도이다. 이 믿음의 정도는 현재 가지고 있는 정보를 기반으로 하며 새로운 정보가 추가됨에 따라 새로운 값으로 업데이트 된다.

이 업데이트 과정에서 사용되는 것이 바로 베이즈 공식 $P(A \mid B) = \frac{P(B \mid A) \times P(A)}{P(B)}$이다. 기존에 사건 A가 일어날 확률이 $P(A)$였는데 사건 B가 일어났다는 새로운 정보, 즉 에비던스evidence를 얻으면 기존의 확률, 즉 사전확률prior probability $P(A)$를 사후확률posterior probability $P(A \mid B)$로 업데이트 한다.

베이즈 공식의 확률분포 버전(즉 사건 버전이 아닌) (4.43)을 아래에 다시 보였다.

$$f_{Y\,|\,X}(y\,|\,x) = \frac{f_{X\,|\,Y}(x\,|\,y) \times f_Y(y)}{f_X(x)} \tag{6.15}$$

모수의 베이즈 추정에서는 (6.15)를 흔히 다음과 같이 나타낸다.

$$P(\theta\,|\,\vec{x}) = \frac{P(\vec{x}\,|\,\theta) \times P(\theta)}{P(\vec{x})} \tag{6.16}$$

이 식에서 θ는 모수이고 $\vec{x}$는 iid 표본이라고 생각하면 된다. 모수는 여러 개 있을 수 있으므로 θ 대신 $\vec{\theta}$를 쓸 수 있다. 도수적 관점에서는 모수 θ가 상수이므로 (6.16)은 의미를 갖지 못한다. 베이즈 관점에서는 θ는 관측을 통해서 값을 알 수는 없지만 어떤 하나의 확률분포를 따르는 것으로 본다.

(6.16)은 간편해서 이해가 쉽다는 장점이 있는 반면에 확률함수를 써야 할 곳에 확률기호 P를 쓰고 있어서 혼동을 주는 단점이 있다. 수학적으로 정확한 표기법은 (6.15)이나 이것은 기호가 복잡하여 보기 힘든 면이 있다.

우리는 베이즈 추정을 위한 베이즈 공식으로 정확도와 가독성을 절충하여 다음의 식 (6.17)을 사용하기로 한다. 여기서 $f(\vec{x}\,|\,\theta)$는 (4.40), 또는 (4.41)에서 정의한 조건부 결합확률함수이며 원래의 표기법을 따르자면 $f_{\vec{X}\,|\,\Theta}(\vec{x}\,|\,\theta)$, 또는 $f(\vec{X} = \vec{x}\,|\,\Theta = \theta)$로 써야 할 것이나 편의상 조금 간략하게 나타낸 것이다.

$$\pi(\theta\,|\,\vec{x}) = \frac{f(\vec{x}\,|\,\theta) \times \pi(\theta)}{m(\vec{x})}, \text{ where} \tag{6.17}$$

$m(\vec{x}) = \int_{-\infty}^{\infty} f(\vec{x}\,|\,\theta) \times \pi(\theta)\, \mathrm{d}\theta$: 주변 가능도(marginal likelihood)

$\pi(\theta\,|\,\vec{x})$: 사후확률

$\pi(\theta)$: 사전확률

$f(\vec{x}\,|\,\theta)$: 가능도

$\pi(\theta)$는 우리가 업데이트 해야 할 사전 정보인데 아직 실험을 하지 않아 아무런 정보가 없을 때는 균등분포 등의 간단한 분포를 흔히 사용한다.

베이즈 추정이란 넓은 의미에서는 (6.17)을 사용하는 모든 추정을 말한다. 예를 들어 조건부 분포 $\theta\,|\,\vec{x}$의 기댓값 $\int_{-\infty}^{\infty} \theta \cdot \pi(\theta\,|\,\vec{x})\,\mathrm{d}\theta$를 추정량으로 사용하는 것도 베이즈 추정이라고 할 수 있다. 이것을 베이즈 기댓값 추정(*Bayes Expectation Estimation*)이라고 부르기로 하자.

이 추정법은 $\vec{x}$라는 데이터를 가지고 있는 상황에서 모수 θ의 기댓값을 θ의 추정량으로 사용하겠다는 것이므로 아주 합리적인 것으로 보인다. 그러나 이 기댓값을 실제로 계산하기가 쉽지 않을 수 있다는 단점을 가진다.

앞서 $\vec{x}$를 데이터라고 하였는데 이를 에비던스(*evidence*)라고 부르기도 한다. 에비던스는 원래 사건 $[\vec{X} = \vec{x}]$를 뜻하는 용어인데 $\vec{x}$에도 같은 용어를 사용하는 것이다. 데이터는 벡터로 볼 수도 있고 이 벡터의 원소들로 이루어진 다중집합으로 볼 수도 있다.

좁은 의미에서의 베이즈 추정(*Bayes estimation*)은 $\mathrm{argmax}_\theta \pi(\theta\,|\,\vec{x})$, 즉 사후확률을 최대로 하는 θ를 추정량으로 사용하는 것을 의미한다. 이는 $\vec{x}$라는 에비던스를 가진 상태에서 상당히 합리적인 것으로 보인다. 이를 최대사후확률 추정(*MAP, Maximum A Posteriori Estimation*)이라고 한다. 이때 분모의 $m(\vec{x})$는 θ에 대하여 상수이므로 이것의 값을 모른다고 해도 MAP 추정을

하는 데는 아무런 문제가 없다.

사전확률로 균등분포를 사용하는 MAP는 정확히 MLE(최대가능도 추정)와 일치함을 알 수 있다. 이를 MLE의 타당성의 근거로 볼 수 있을 것이다.

예제 6.23 동전을 던져 나오는 면을 확률변수 X로 두면 이것이 취할 수 있는 관측값들의 집합, 즉 X의 받침은 $\mathbb{X} = \{1, 0\}$이다. 앞면$(x = 1)$이 나올 확률을 모수 θ로 둔다.

동전을 한 번 던져서 뒷면$(x = 0)$이라는 에비던스를 얻었을 때, 다시 한 번 이 동전을 던져 앞면$(x = 1)$이 나올 조건부확률 $\theta \,|\, 0$의 분포를, 즉 $\pi(\theta \,|\, 0)$를 (6.17)을 사용하여 구해 보자.†

사전확률로는, 현재 아무런 정보가 없으므로, 균등분포 $\pi(\theta) = 1$ $(0 \le \theta \le 1)$을 사용하기로 한다.

주변확률함수의 적분, 또는 합은 항상 1이다. 따라서 $\int_0^1 \pi(\theta \,|\, 0)\, \mathrm{d}\theta = 1$이다.

또한 $f(0 \,|\, \theta) + f(1 \,|\, \theta) = 1$이다. 그런데 θ는 $x = 1$일 확률이므로 $f(1 \,|\, \theta) = \theta$이고 따라서 $f(0 \,|\, \theta) = 1 - \theta$가 된다.

이제 (6.17)의 양변을 $x = 0$일 때 $\theta \in [0, 1]$에서 정적분해 보면

$$1 = \int_0^1 (1 - \theta)\, \mathrm{d}\theta \cdot \frac{1}{m(0)} = \left[\theta - \frac{\theta^2}{2}\right]_0^1 \cdot \frac{1}{m(0)} = \frac{1}{2m(0)}$$

이다. 따라서 $m(0) = \frac{1}{2}$가 되고 $\pi(\theta \,|\, 0) = 2(1 - \theta)$를 얻게 된다.

MAP 추정량은 $\text{argmax}_\theta 2(1 - \theta) = 0$이다. (MAP 추정량을 얻기 위하여 $m(0)$의 값을 알 필요는 없었다.)

이제 사전확률이 $\pi(\theta) = 2(1 - \theta)$ $(0 \le \theta \le 1)$로 업데이트 된 상태에서 다시 한 번 동전을 던져 이번에는 앞면이 나왔다고 할 때 사후확률 $\pi(\theta \,|\, 1)$을 구해 보자. (6.17)은 다음과 같다.

$$\pi(\theta \,|\, 1) = f(1 \,|\, \theta) \cdot 2(1 - \theta)/m(1) = 2\theta(1 - \theta)/m(1)$$

앞서와 같이 양변을 적분하면 $1 = 2\int_0^1 \left(\theta - \theta^2\right)\, \mathrm{d}\theta/m(1) = \frac{1/3}{m(1)}$을 얻는다. 따라서 $m(1) = 1/3$이고 $\pi(\theta \,|\, 1) = 6\theta(1 - \theta)$가 된다.

MAP 추정량은 $\text{argmax}_\theta \theta(1 - \theta) = \frac{1}{2}$이다. ⊣

연습문제* 6.24 이 문제는 앞의 [예제 6.23]의 연장이다. 동전을 두 번 던졌을 때 가능한 iid 표본 $\vec{x}$는 00, 01, 10, 11의 4 경우가 있다. 이 모든 경우 각각에 대하여 가능도, 주변확률 및 사후확률을 구하여라. 그리고 각 경우에 MLE 추정량, MAP 추정량 및 베이즈 기댓값 추정량을 구하여라. ⊣

예제* 6.25 위의 연습문제를 이어서 계속해 보자. 이런 식으로 확률실험을 계속하여 동전을 던진 총횟수가 n일 때 앞면이 k번 나왔다면 사후확률과 MAP 추정량과 베이즈 기댓값 추정량은 각각 얼마인가?

---

† 도수적 관점frequentist approach에서 이 문제는 말이 안 되는 것이다. 지금 여러 개의 동전을 가지고 실험하고 있는 것이 아니다. 현재 가지고 있는 특정한 동전을 던져 앞면이 나올 확률은 분명 어떤 상수일 것인데 이것의 분포를 논한다는 것은 도수적 관점에서는 의미가 없고 베이즈 관점Bayesian approach에서만 의미를 가진다.

(풀이). 이 문제에 접근하는 데 사용하는 두 가지 분포가 있다. 하나는 베르누이 분포이고 다른 하나는 2항분포이다. 여기서는 전자의 방법에 대해서 설명하고, 후자의 방법에 대해서는 바로 뒤의 [예제 6.26]에 설명하였다.

베르누이 분포의 관점에서 보면 (n, k)라는 정보를 얻게 되는 표본이 $\binom{n}{k}$개 있다. 이 모든 표본에서 동일한 사후확률과 추정량들을 얻게 되어야 할 것이다. 크기가 n인 어떤 iid 표본 $\vec{x} = 011011100\ldots01$에서 1의 개수가 k라고 하자.

우리는 사후확률이 $(n+1)\binom{n}{k}\theta^k(1-\theta)^{n-k}$가 됨을 보일 것이다. 사후확률을 얻은 다음에는 추정량들을 얻는 것은 비교적 쉽다.

우리는 [연습문제 6.24]에서 했던 것과 같이 사전 확률을 상수함수 1로 고정시켜 놓고 다음과 같이 풀어 나가기로 한다.

$$\begin{aligned}
&\pi(\theta) = 1 \\
&\pi(\vec{x} \mid \theta) = \theta^k(1-\theta)^{n-k} \qquad (6.18) \\
&m(\vec{x}) = \int_0^1 \pi(\vec{x} \mid \theta)\pi(\theta)\,\mathrm{d}\theta = \int_0^1 \theta^k(1-\theta)^{n-k}\,\mathrm{d}\theta = \frac{k!(n-k)!}{(n+1)!}
\end{aligned}$$

$m(\vec{x})$의 계산에 사용된 정적분에 대한 설명이 이 책 홈피의 [증명.6.25]에 나와 있다. 이 정적분의 결과 $\int_0^1 \theta^a(1-\theta)^b\,\mathrm{d}\theta = \frac{a!b!}{(a+b+1)!}$는 공식으로 알아 둘 가치가 있다.

따라서 사후확률 $\pi(\theta \mid \vec{x}) = \pi(\vec{x} \mid \theta)\pi(\theta)/m(\vec{x})$은 다음과 같다.

$$\pi(\theta \mid \vec{x}) = \frac{(n+1)!}{k!(n-k)!} \cdot \theta^k(1-\theta)^{n-k} = (n+1)\binom{n}{k}\theta^k(1-\theta)^{n-k} \qquad (6.19)$$

(6.18)과 (6.19)를 보면 MLE 추정값과 MAP 추정값은 동일하게 얻어지게 됨을 알 수 있다. (6.18)을 미분하여 다음의 방정식을 얻는다.

$$\begin{aligned}
&k\theta^{k-1}(1-\theta)^{n-k} - \theta^k(n-k)(1-\theta)^{n-k-1} \\
&\qquad = \theta^{k-1}(1-\theta)^{n-k-1}\big(k(1-\theta) - (n-k)\theta\big) \\
&\qquad = \theta^{k-1}(1-\theta)^{n-k-1}\big(k - n\theta\big) = 0
\end{aligned}$$

$0 < \theta < 1$이므로 MLE와 MAP 추정량

$$\mathrm{argmax}_\theta \pi(\theta \mid \vec{x}) = \mathrm{argmax}_\theta \pi(\vec{x} \mid \theta) = \frac{k}{n}$$

를 얻게 된다. (θ가 $\frac{k}{n}$를 증가하며 통과할 때 도함수 값의 부호가 양에서 음으로 바뀜을 쉽게 확인할 수 있다.)

베이즈 기댓값 추정량은 정의대로 계산하면

$$\begin{aligned}
\int_0^1 \theta \cdot \pi(\theta \mid \vec{x})\,\mathrm{d}\theta &= \int_0^1 \frac{(n+1)!}{k!(n-k)!} \cdot \theta^{k+1}(1-\theta)^{n-k}\,\mathrm{d}\theta \\
&= \frac{(n+1)!}{k!(n-k)!} \cdot \frac{(k+1)!(n-k)!}{(n+2)!} = \frac{k+1}{n+2}
\end{aligned}$$

로 얻어진다. 이 계산에서 앞서 언급했던 공식 $\int_0^1 \theta^a(1-\theta)^b\,\mathrm{d}\theta = \frac{a!b!}{(a+b+1)!}$가 유용하게 쓰였음을 볼 수 있다. ⊣

예제** 6.26 이 예제는 바로 전의 예제와 동일한 문제에 대한 풀이인데 차이점은 앞서의 예에서는 베르누이 분포의 관점에서 접근하였고 여기서는 2항분포의 관점으로 접근한다는 것이다. 2항분포 관점에서 이 확률실험을 보면 동전을 n번 던져 앞면을 k번 얻은 상황에서는 다음과 같이 식을 세울 수 있다.

$$\begin{aligned}
&\pi(\theta) = 1 \\
&\pi(k \mid \theta) = \binom{n}{k}\theta^k(1-k)^{n-k} \\
&m(k) = \int_0^1 \binom{n}{k}\theta^k(1-k)^{n-k}\cdot 1\,\mathrm{d}\theta = \frac{n!}{k!(n-k)!}\cdot\frac{k!(n-k)!}{(n+1)!} = \frac{1}{n+1} \\
&\pi(\theta \mid k) = (n+1)\binom{n}{k}\theta^k(1-\theta)^{n-k}
\end{aligned}$$

사후확률 $\pi(\theta \mid k)$가 (6.19)에서와 똑같이 나왔다. 따라서 추정량들도 이전과 똑같이 나오게 된다.

만일 동전을 n_1번 던져서 k_1번 앞면을 얻어서 얻은 $(n_1+1)\binom{n_1}{k_1}\theta^{k_1}(1-\theta)^{n_1-k_1}$을 사전확률 $\pi(\theta)$로 잡고, 다시 동전을 n_2번 던져서 k_2번 앞면을 얻게 되었을 때 얻게 되는 사후확률을 위와 같은 방법으로 계산하면

$$\pi(\theta \mid k_2) = (n_1+n_2+1)\binom{n_1+n_2}{k_1+k_2}\theta^{k_1+k_2}(1-\theta)^{n_1+n_2-(k_1+k_2)}$$

를 얻게 되어 우리의 직관과 일치함을 알 수 있다.

이 토픽에 대하여 더 알고 싶은 독자에게는 [2]의 pp324–326, 또는 [5]의 pp776–782를 읽기를 권한다. ⊣

6.5 충분통계량*

모수 θ에 대한 충분통계량 $U := u(X_1,\ldots,X_n) = u(\vec{X})$는 직관적으로 말하자면 θ에 대한 모든 정보를 품고 있는 통계량을 뜻한다. $\vec{X}\in\mathbb{R}^n$에 들어 있는 정보 중에 θ의 값을 추정하는 데 필요한 모든 것은 $U\in\mathbb{R}$에 다 들어 있으며 이를 다시 표현하자면 $u(\vec{X}) = u(\vec{X}')$라면 $\vec{X}$과 $\vec{X}'$는 θ를 추정함에 있어서는 동일한 정보를 가진다는 것이다.

이러한 통계량의 충분성sufficiency을 수학적으로 엄격하게 규정하기는 조금 까다롭다. 바로 아래에 그 정의를 보였다.

정의 6.27 θ가 어떤 분포의 모수이고 $\vec{X}$가 길이 n의 iid 확률변수라고 하자. 통계량 $U = u(\vec{X})$는 다음 조건을 만족할 때 θ에 대한 충분통계량(*sufficient statistic*)이라고 한다.

$$\text{모든 } u\text{에 대하여 조건부 결합확률함수 } f(\vec{x} \mid u(\vec{x}) = u)\text{는 } \theta\text{에 영향받지 않는다.} \tag{6.20}$$

단, 함수 $\varphi(\vec{x},\theta)$가 변수 θ에 영향받는다(*depend on* θ)는 것은

$$(\exists\vec{x})(\exists\theta_1 \neq \theta_2)\big(\varphi(\vec{x},\theta_1) \neq \varphi(\vec{x},\theta_2)\big) \tag{6.21}$$

를 뜻한다. 그러므로 φ를 계산하는 식(혹은 표현)에 θ라는 기호가 나타나지 않는다면 φ는 θ에 영향을 받지 않는다.

$\varphi(\vec{x},\theta)$가 변수 θ에 영향 받지 않는다는 것은 (6.21)의 부정negation, 즉

$$(\forall\vec{x})(\forall\theta_1,\theta_2)\big(\varphi(\vec{x},\theta_1)=\varphi(\vec{x},\theta_2)\big)$$

를 의미한다. ⊣

고찰 6.28 식 (6.20)에서의 조건부 결합확률함수 $f(\vec{x}\,|\,u(\vec{x})=u)$는 이름지정 인수를 사용하여 정확히 쓰면 $f(\vec{X}=\vec{x}\,|\,u(\vec{X})=u)$, 혹은 $f(\vec{X}=\vec{x}\,|\,U=u)$이다. 이것의 의미는 (4.41)에서 정의했던 $f(\vec{X}=\vec{x}\,|\,Y=y)$와 비슷하지만 조금 다른 개념이다. 후자에서는 Y가 $\vec{X}$와 독립적으로 값을 취하는 변수이나 전자에서는 U의 값은 $\vec{X}$의 값에 따라 결정된다.

따라서 전자는 다음과 같은 형식으로 나타내어야 한다. (6.22)의 좌변에는 θ가 나타나지 않지만 이는 $f(\vec{x}\,|\,u(\vec{x})=u;\theta)$를 간단히 쓴 것으로 보면 된다. 이를 더 간단히 $f(\vec{x}\,|\,u)$로 쓰기도 한다.

$$f(\vec{x}\,|\,u(\vec{x})=u)=\begin{cases}\dfrac{f(\vec{x};\theta)}{f_U(u;\theta)} & \text{if } u(\vec{x})=u,\\ 0 & \text{otherwise.}\end{cases} \tag{6.22}$$

위의 식에서 우변의 분자$f(\vec{x};\theta)$는 iid $\vec{X}$의 결합확률함수이므로 다음과 같이 쓸 수 있다.

$$f(\vec{x};\theta)=f(x_1;\theta)f(x_2;\theta)\cdots f(x_n;\theta)$$

(6.22)의 분모는 일종의 주변확률함수인데 이것은 $D_u:=\{\vec{x}\mid u(\vec{x})=u\}$로 놓았을 때

$$f_U(u;\theta)=\begin{cases}\sum_{\vec{x}\in D_u}f(\vec{x}) & \text{discrete case,}\\ \int_{D_u}f(\vec{x})\,\mathrm{d}\vec{x} & \text{continuous case (wrong!)}\end{cases} \tag{6.23}$$

로 계산하면 될 듯 한데, 이 식은 이산형 경우에는 맞으나 연속형 경우에는 틀린다. 이산형 경우에 대해서는 다음의 [예제 6.29]에서 계산 과정을 보게 될 것이며 연속형 경우에 대한 고찰은 이 책 동반 웹사이트의 [고찰.6.28]에 나와 있다. ⊣

예제* 6.29 확률변수 X가 성공확률 $0<\theta<1$의 베르누이 분포를 따른다고 하자. X의 확률함수는 `ifelse`$(x=1,\ \theta,\ 1-\theta)=\theta^x(1-\theta)^{1-x}$, $(x=0,1)$이다. $n=3$인 경우에 iid 표본 $\vec{X}$의 결합확률함수는 다음과 같다.

$$f(\vec{x};\theta)=\theta^{x_1}(1-\theta)^{1-x_1}\cdots\theta^{x_3}(1-\theta)^{1-x_3}=\theta^{x_1+x_2+x_3}(1-\theta)^{3-(x_1+x_2+x_3)}$$

$U=u(\vec{X})=X_1+X_2+X_3$로 놓고 이것이 θ에 대한 충분통계량인지 알아보자. $f(\vec{x}\,|\,u)$의 값은 $u\neq x_1+x_2+x_3$인 경우에는 0이므로 당연히 θ에 영향받지 않는다. 따라서 $u=x_1+x_2+x_3$인 경우만 생각하면 아래의 (6.24)와 같이 계산된다. 이 식의 우변에 θ가 나타나지 않으므로 (6.20)의 조건이 만족되었다. 따라서 $U=X_1+X_2+X_3$는 θ의 충분통계량이다.

$$f(\vec{x}\,|\,u)=\frac{f(\vec{x};\theta)}{f_U(u)}=\frac{\theta^u(1-\theta)^{3-u}}{\binom{3}{u}\theta^u(1-\theta)^{3-u}}=\binom{3}{u}^{-1} \tag{6.24}$$

여기서 분모의 $f_U(u)$는 2항분포의 확률함수를 사용하여 계산한 것이다. 이렇게 하면 되는 이유는 u는 x_1, x_2, x_3 중에 나타난 1의 개수이기 때문이다. 이를 좀 더 상세히 들여다 보면 $u = 0, 1, 2, 3$인 각 경우에 (6.23)에 의하여 다음과 같은 계산됨을 확인할 수 있다.

u	$\vec{x} \in D_u$	$f_U(u)$
0	000	$\binom{3}{0}\theta^0(1-\theta)^{3-0}$
1	100, 010, 001	$\binom{3}{1}\theta^1(1-\theta)^{3-1}$
2	110, 101, 011	$\binom{3}{2}\theta^2(1-\theta)^{3-2}$
3	111	$\binom{3}{3}\theta^3(1-\theta)^{3-3}$

이번에는 $U = X_1 + X_2 + 2X_3$로 두고 (6.20)이 만족되는지 확인해 보자. $f(\vec{x} \mid u)$의 분자는 $\theta^{x_1+x_2+x_3}(1-\theta)^{3-(x_1+x_2+x_3)}$인 것은 이전과 같지만 이것을 $u = x_1 + x_2 + 2x_3$와 θ만을 써서 나타낼 수는 없다. 그리고 $f(\vec{x} \mid u)$의 분모 $f_U(u)$는 2항분포의 확률함수로써 계산할 수는 없고 위에서 보인 것과 같이 표를 사용해야만 한다.

그런데 여기서 U가 충분통계량임을 보이려면 **모든** $u = 0, 1, 2, 3, 4$에 **대해서** $f_U(u)$를 계산해야 하지만 충분통계량이 아님을 보일 때는 이럴 필요가 없음을 알아야 한다.

$u = 2$인 경우를 보면 이를 만족하는 $\vec{x}$는 110와 001이므로 $f_U(2) = \theta^2(1-\theta) + \theta(1-\theta)^2$이 되고, 따라서

$$f(110 \mid 2) = \frac{\theta^2(1-\theta)}{\theta^2(1-\theta) + \theta(1-\theta)^2} = \frac{\theta}{\theta + (1-\theta)} = \theta$$

가 되어 θ에 영향을 받는다. (이것은 (6.21)에서의 $\vec{x}$를 110으로 잡은 것으로 보면 된다.) 그러므로 $U = X_1 + X_2 + 2X_3$는 μ에 대한 충분통계량이 아님을 알 수 있다.

여기서 하나 알아두어야 할 것은 충분통계량이 아니라고 해서 반드시 이 통계량으로부터 모수를 추정할 수 없는 것만은 아니라는 것이다. 이 경우의 불충분통계량 $U = X_1 + X_2 + 2X_3$는 $\mathbb{E}[X_1 + X_2 + 2X_3] = 4\mu$이므로 μ의 추정에 사용될 수 있다. ⊣

예제* 6.30 확률변수 X가 $N(\theta, 1)$ 분포를 따른다고 하자. X의 확률함수는 $f(x, \theta) = \frac{1}{\sqrt{2\pi}}e^{-\frac{(x-\theta)^2}{2}}$ 이다. X로부터의 iid 표본 (X_1, X_2)의 결합확률함수는 다음과 같다.

$$f(\vec{x}; \theta) = \left(\frac{1}{\sqrt{2\pi}}\right)^2 e^{-\frac{1}{2}\left((x_1-\theta)^2 + (x_2-\theta)^2\right)} \tag{6.25}$$

$U = u(X_1, X_2) = X_1 + X_2$로 놓고 이것이 θ에 대한 충분통계량인지 알아보자. $x_1 + x_2 \neq u$인 경우는 생각할 필요가 없으므로 일반성을 잃지 않고 $x_1 + x_2 = u$를 가정하고 논의를 진행하겠다.

$f(\vec{x} \mid u(\vec{x}) = u)$의 분자는 (6.25)이고 분모는 다음과 같이 구한다.

$\bar{X} = (X_1 + X_2)/2 \sim N(\theta, \frac{1}{2})$로 놓았을 때 이것의 확률밀도함수는 $\frac{1}{\sqrt{\pi}}e^{-(\bar{x}-\theta)^2}$이다. $U = 2\bar{X}$이므로 U의 확률밀도함수는 (3.34)에 의하여

$$f_U(u) = \frac{1}{2\sqrt{\pi}}e^{(u/2-\theta)^2} = \frac{1}{2\sqrt{\pi}}e^{-\frac{1}{4}(u-2\theta)^2}$$

으로 얻어진다.† 한편

† $f_U(u)$를 얻는 일반적인 방법에 대한 고찰이 이 책 동반 웹사이트의 [고찰.6.28]에 나와 있다.

$$(x_i-\theta)^2 = \big((x_i-\bar{x})+(\bar{x}-\theta)\big)^2 = (x_i-\bar{x})^2+(\bar{x}-\theta)^2+2(x_i-\bar{x})(\bar{x}-\theta)$$

이므로

$$\textstyle\sum_i(x_i-\theta)^2 = \sum_i(x_i-\bar{x})^2+\sum_i(\bar{x}-\theta)^2+2(\bar{x}-\theta)\sum_i(x_i-\bar{x}) \qquad (*)$$

이고 $(*)$의 우변의 3번째 항은 [단평 5.5].③에 의하여 0이므로 (6.25)의 지수는

$$\begin{aligned}-\tfrac{1}{2}\left((x_1-\theta)^2+(x_2-\theta)^2\right) &= -\tfrac{1}{2}\Big(\textstyle\sum_i(x_i-\bar{x})^2+2(\bar{x}-\theta)^2\Big)\\ &= -\tfrac{1}{2}\left(\textstyle\sum_i(x_i-\bar{x})^2\right)-\tfrac{1}{4}(u-2\theta)^2\end{aligned}$$

가 된다. 따라서

$$\begin{aligned}f(\vec{x};\theta) &= \frac{1}{2\pi}e^{-\frac{1}{2}\left(\sum_i(x_i-\bar{x})^2\right)-\frac{1}{4}(u-2\theta)^2} = \frac{1}{2\pi}e^{-\frac{1}{2}\sum_i(x_i-\bar{x})^2}e^{-\frac{1}{4}(u-2\theta)^2}\\ f(\vec{x}\,|\,u(\vec{x})=u) &= f(\vec{x};\theta)\div f_U(u)\\ &= \frac{1}{2\pi}e^{-\frac{1}{2}\sum_i(x_i-\bar{x})^2}e^{-\frac{1}{4}(u-2\theta)^2}\div\frac{1}{2\sqrt{\pi}}e^{-\frac{1}{4}(u-2\theta)^2}\\ &= \frac{1}{\sqrt{\pi}}e^{-\frac{1}{2}\sum_i(x_i-\bar{x})^2}, \quad \text{(doesn't depend on } \theta)\end{aligned}$$

그러므로 U는 θ에 대한 충분통계량이다.

이번에는 $U=u(X_1,X_2)=X_1$으로 놓고 이것이 충분통계량인지를 알아보자. $x_1=u$를 가정하고 논의를 진행한다.

$f(x_1,x_2;\theta) = \frac{1}{2\pi}e^{-\frac{1}{2}(u-\theta)^2}e^{-\frac{1}{2}(x_2-\theta)^2}$ 이고 $f_U(u) = \frac{1}{\sqrt{2\pi}}e^{-\frac{1}{2}(u-\theta)^2}$ 이므로 $f(\vec{x}\,|\,u) = \frac{1}{\sqrt{2\pi}}e^{-\frac{1}{2}(x_2-\theta)^2}$ 이 되어 θ에 영향을 받는다. 따라서 X_1은 θ에 대한 불충분통계량이다. ⊣

충분통계량인지를 판단할 때 (6.20)보다는 이것의 필요충분조건인 다음의 식 (6.26)을 사용하는 것이 경우에 따라 더 편할 수 있다. 다음의 정리는 분해정리, 혹은 피셔-네이만 분해정리Fisher-Neuman factorization theorem라고 부르는데 이것의 증명은 이 책의 범위를 넘으며 [11] pp104–106에서 볼 수 있다. 이산분포의 경우로 제한하면 증명이 비교적 간단하며 [5] pp364–365에서 그 증명을 볼 수 있다.

정리 6.31 *[분해정리(Factorization Theorem)]* (6.20)은 다음과 동등하다. $\vec{X}$의 결합확률함수를 모수 θ에 대하여 $f(\vec{x};\theta)$로 두고 $U=u(\vec{X})$를 통계량이라고 하자. 어떤 함수 $g(u,\theta)$와 $h(\vec{x})$가 존재하여

$$f(\vec{x};\theta) = g(u(\vec{x}),\theta)\cdot h(\vec{x}) \qquad (6.26)$$

가 항등적으로 성립한다. 단, $h(\vec{x})$는 θ에 영향받지 않는다. ⊣

예제 6.32 X가 모수 λ인 포아송 분포를 한다고 하자. 즉, X의 확률함수는 $x\mapsto\frac{e^{-\lambda}\lambda^x}{x!}$이다. 통계량 $U=u(\vec{X})=X_1+\cdots+X_n$가 λ에 대한 충분통계량인지 알아보자. $\vec{X}$의 결합확률함수는

$$\begin{aligned}f(x_1,\ldots,x_n;\lambda) &= \frac{e^{-\lambda}\lambda^{x_1}}{x_1!}\cdots\frac{e^{-\lambda}\lambda^{x_n}}{x_n!} = \frac{e^{-n\lambda}\lambda^{x_1+\cdots+x_n}}{x_1!\cdots x_n!}\\ &= \left(e^{-n\lambda}\lambda^{x_1+\cdots+x_n}\right)\cdot\left(\frac{1}{x_1!\cdots x_n!}\right)\end{aligned}$$

$$= (e^{-n\lambda}\lambda^u) \cdot \left(\frac{1}{x_1! \cdots x_n!}\right) = g(u(\vec{x}), \lambda) \cdot h(\vec{x}), \text{ where}$$

$g(u, \lambda) = e^{-n\lambda}\lambda^u$, $h(\vec{x}) = \frac{1}{x_1! \cdots x_n!}$ 이므로 U는 λ에 대한 충분통계량임을 알 수 있다. ⊣

6.6 정보이론과 엔트로피

엔트로피는 원래 열역학적 개념을 나타내는 용어이지만 1948년 클로드 섀넌의 기념비적 논문 "수학적 통신 이론(A Mathematical Theory of Communication)"에서 정보이론의 용어로 사용되기 시작하였다. 다음의 근본적인 질문에서 시작해 보자.

어떤 사건이 관찰되었을 때 우리가 얻은 정보의 양은 얼마일까?

가령 늦잠을 자다가 방금 깬 사람에게 "알려줄 게 있어. 오늘 해가 떴어!"라고 하는 말이 가진 정보는 거의 0이다. 왜냐하면 해가 뜬다는 사건이 일어날 확률은 거의 1이기 때문이다. 반면에 "지금 일식중이야!"라고 한다면 이 때는 정보의 양이 제법 된다고 볼 수 있다. 왜냐하면 일식은 그리 자주 있는 일이 아니기 때문이다.

그러므로 사건의 관찰로부터 얻을 수 있는 정보의 양은 그 사건이 일어날 확률이 작을수록 큰 값을 가지게 되는, 즉 확률의 감소함수인 어떤 양수로 보아야 할 것이다. 이것이 정보의 양에 대한 첫 번째 합리적 가설이다. 이 감소함수로 역수함수 $x \mapsto \frac{1}{x}$을 취하도록 하자.

다음으로 생각해 볼 것은 두 개의 독립된 사건 E_1, E_2가 관찰되었을 때 얻은 정보의 양은 각 사건의 관찰에서 얻은 정보의 양, h_1, h_2로부터 어떠한 계산에 의하여 얻어야 하는 것인가 이다. 가장 자연스러운 방법은 (E_1, E_2)의 관찰에서 얻은 정보의 양을 $h_1 + h_2$로 두는 것이다. (E_1, E_2)가 관찰될 확률은 각 사건의 확률을 p_1, p_2라 할 때 이들의 곱인 p_1p_2이다. 그러므로 우리는 (확률의 역수의) 곱을 (정보의 양의) 합에 대응시켜 주는 함수를 필요로 한다. 로그 함수 $x \mapsto \log x$가 바로 이러한 함수이다.

이상의 고찰로부터 확률 p의 사건에는 정보의 양 $\log \frac{1}{p} = -\log p > 0$를 부여하는 것이 타당해 보인다. 이때 로그의 밑은 그다지 중요하지 않다 왜냐하면 $\log_a x = k \log_b x$, $(k := \log_a b)$이기 때문이다. 이 '정보의 양' $-\log p$를 나타내는 용어로 information content, self-information, surprisal, Shannon information 등 여럿이 있다.

엔트로피

정의 6.33 이산형 확률분포 X의 확률함수를 p라 하고 $\mathbb{X} := \{x \in \mathbb{R} \mid p(x) > 0\} = supp(p)$로 두었을 때 근원사건 $[X = x] = \{x\} \subseteq \mathbb{X}$의 *information content*는

$$I(x) \stackrel{\text{def}}{=} -\log p(x), \quad (\text{for } x \in \mathbb{X}) \tag{6.27}$$

로 정의한다. $I(x)$는 정확히 말하자면 $I_p(x)$로 써야 할 것이나 문맥상 p가 무엇인지 뚜렷할 때는 p를 생략하고 그냥 $I(x)$로 쓰면 된다.

Information content의 기댓값을 이산형 확률변수 X의 엔트로피(*entropy*), 또는 섀넌 엔트로피(*Shannon entropy*)라고 하고 $\mathbb{H}(X)$로 나타낸다. 즉,

$$\mathbb{H}(X) \stackrel{\text{def}}{=} \mathbb{E}[I(X)] = -\sum_{x \in \mathbb{X}} p(x) \log p(x) = -\sum_i p_i \log p_i > 0 \tag{6.28}$$

로 정의한다.[†] 엔트로피는 $\mathbb{H}(X)$ 대신 $\mathbb{H}(p)$로 나타내기도 한다.

연속형 확률변수 X에 대한 self-information과 엔트로피는 이산형 확률분포의 경우와 동일하게 정의한다. 단, 이때 (6.28)의 우변의 $-\sum_{x\in\mathbb{X}} p(x)\log p(x)$는 $-\int_{-\infty}^{\infty} p(x)\log p(x)\,\mathrm{d}x$가 되어야 하고, 이것의 값을 *differential entropy*라고 부른다.[‡]

로그의 밑을 2로 두었을 때 엔트로피의 단위는 *bit*이다. 로그의 밑을 $e = 2.718\ldots$로 두었을 때 엔트로피의 단위는 *nat*이다. ⊣

$\mathbb{H}(X)$의 직관적 의미는 분포의 불확실성이다. 이것은 다음 번 관측값으로 무엇이 나올지 예측하기 어려운 정도라고 볼 수 있겠다. 이를 쉽게 설명하는 세 가지 예를 다음에 보였다.

- 관측값의 개수가 n인 이산형 균등분포의 엔트로피는 $-\sum_{i=1}^{n}\frac{1}{n}\log\frac{1}{n} = \log n$으로 계산된다. $\log n$의 값은 n이 증가할수록 커지므로, 이것은 선택지의 개수가 많을수록 '연필을 굴려' 답을 맞추기가 어렵다는 상식과 부합된다.
- $\mathbb{X} = \{x_1, \ldots, x_8\}$이고 $P[X = x_i] = 2^{-10}$ for $i \le 7$, $P[X = x_8] = 1 - 7\cdot 2^{-10}$이라 하자. 이렇게 확률질량이 하나의 원소 8에 집중되어 있으면 다음 번 관측값으로는 8이 나올 것이라고 쉽게 예측할 수 있다. (물론 틀릴 가능성이 조금은 있다.) 로그의 밑을 2로 하여 엔트로피를 계산해 보면 대략 0.078 bit로 나오며 이것은 균등분포의 경우의 값 $\log_2 8 = 3$ bit보다 많이 작다. ([따름정리 6.36] 참조.)
- 모수 $p \in (0,1)$를 가지는 베르누이분포의 엔트로피는 $-\big(p\log p + (1-p)\log(1-p)\big)$이므로 이것의 최댓값은 $p = \frac{1}{2}$일 때 얻어짐을 미분에 의하여 확인할 수 있을 것이다. 이 결과는 홀짝 게임에서 홀과 짝을 잡을 확률을 반반으로 할 때 상대방이 맞추기가 가장 힘들다는 간단한 사실과 부합된다.

엔트로피에서 파생된, 혹은 확장된 개념으로 KL-디버전스(or, *relative entropy*)와 교차 엔트로피 등이 있는데 이들은 머신러닝에서 엔트로피 이상으로 많이 사용된다.

KL-디버전스와 교차 엔트로피

정의 6.34 하나의 이산형 확률변수 X에 대하여 2개의 확률함수 p와 q가 주어졌을 때 이 두 분포 간의 차이의 측도로서 쿨백-라이블러 디버전스(*Kullback-Leibler divergence*) 혹은 *KL*-디버전스(*KL-divergence*)를 다음과 같이 정의한다. (아래의 식에서 $\mathbb{E}_{X\sim p}$의 의미는 [표기법 6.38]을 참조할 것.)

$$\begin{aligned}\mathbb{KL}(p\,\|\,q) = D_{KL}(p\,\|\,q) &\overset{\text{def}}{=} \mathbb{E}_{X\sim p}[\log p(X) - \log q(X)]\\ &= \textstyle\sum_i p_i(\log p_i - \log q_i) = \sum_i p_i \log(p_i/q_i)\end{aligned}$$

⊣

[†] $p_i = 0$인 경우에 $p_i\log p_i$의 값은 0으로 본다.

[‡] Differential entropy는 음의 값을 가질 수도 있으며 이산 확률변수에 대한 엔트로피가 가지는 몇몇 중요한 성질을 가지지 못한다.

단평 6.35 KL-디버전스는 두 분포가 얼마나 다른가에 대한 측도라고 하였는데 그 이유는 다음의 식에 나타나 있다.

$$\begin{aligned} &\mathbb{KL}(p \,\|\, q) \geq 0 \\ &\mathbb{KL}(p \,\|\, q) = 0 \;\Leftrightarrow\; p = q \end{aligned} \tag{6.29}$$

(6.29)는 젠센부등식을 이용하여 증명할 수 있으며 이 책 홈피의 [증명.6.35]에 나와 있다.

KL-디버전스는 일반적으로 $\mathbb{KL}(p \,\|\, q) \neq \mathbb{KL}(q \,\|\, p)$이고 삼각부등식을 만족하지 않으므로 거리함수distance map는 되지 못한다. ⊣

따름정리 6.36 $\mathbb{X} = \{x_1, \ldots, x_n\}$에서만 양의 확률을 가지는 이산형 분포는 균등분포일 때 가장 큰 엔트로피 $\log n$을 가진다.

(증명). 이산형 균등분포의 엔트로피가 $\log n$임은 앞에서 간단히 확인한 바 있다. p를 $\mathbb{X}$ 위의 이산형 확률함수라고 하고 $u(x) = \frac{1}{n}$으로 두면, KL-디버전스의 정의에 의하여

$$\begin{aligned} \mathbb{H}(p) &= -\textstyle\sum_i p_i \log p_i = -\mathbb{KL}(p \,\|\, u) - \textstyle\sum_i p_i \log(1/n) \\ &= -\mathbb{KL}(p \,\|\, u) + \log n \leq \log n \end{aligned}$$

맨 뒤의 부등호는 (6.29)에 의하여 성립한다. □

정의 6.37 하나의 이산형 표본공간 $\mathbb{X} := \{x_1, \ldots, x_k\}$에 대한 2개의 확률함수 p와 q가 주어졌으며 $p(x_i) = p_i$, $q(x_i) = q_i$로 나타내기로 했을 때 다음과 같이 정의된 $\mathbb{H}(p, q)$를

$$\mathbb{H}(p, q) = \mathbb{E}_p[I_q(x_i)] = -\textstyle\sum_{i=1}^{k} p_i \log q_i \tag{6.30}$$

p와 q의 교차 엔트로피(*cross entropy*)라고 한다.† 정의들과 (6.29)로부터

$$\mathbb{H}(p, q) = \mathbb{KL}(p \,\|\, q) + \mathbb{H}(p) \geq \mathbb{H}(p) = \mathbb{H}(p, p)$$

임을 쉽게 확인할 수 있다. ⊣

다음과 같이 p와 q를 해석하면 KL-디버전스와 교차 엔트로피는 모수 θ의 추정에 유용하게 쓰일 수 있다.

$$\begin{aligned} p_i &= \text{real probability for the event } [X = x_i], \\ q_i &= f(x_i; \theta) = \text{estimate for } p_i \end{aligned} \tag{6.31}$$

추정분포 q가 실제분포 p와 가장 가깝도록, 즉 KL-디버전스가 최소가 되도록 θ의 값을 추정하면 될 것이다. p는 실제 값을 알기 어려우므로 데이터evidence로부터 얻는 것이 일반적이다. q는 선택한 모형model이 제공하는 함수 f에 의해서 계산된다.

---

†일반적으로 $\mathbb{H}(p, q) \neq \mathbb{H}(q, p)$이므로 '$p$의 q에 대한', 혹은 'q의 p에 대한' 교차 엔트로피라고 하는 것이 옳을 것이나, 문헌에 따라 전자를 쓰기도 하고 혹은 후자를 쓰기도 하므로 여기서는 그냥 'p와 q의' 교차엔트로피라고 하기로 하였다.

$\mathbb{H}(p,q) = \mathbb{KL}(p\,\|\,q) + \mathbb{H}(p)$ 이며 $\mathbb{H}(p)$는 θ와 무관하므로 KL-디버전스를 최소화 하는 것은 곧 교차 엔트로피를 최소화 하는 것과 같다. 이는 교차 엔트로피를 로스함수loss function로 볼 수 있다는 것을 의미한다. 교차 엔트로피를 로그 로스(*log loss*)라고 부르기도 한다.

표기법 6.38 확률변수 X의 기댓값은 통상 $\mathbb{E}[X]$로 나타낸다. 그런데 이 표기법이 충분히 명확하지 않을 경우가 있으며 이를 위한 새로운 표기법을 소개하기로 한다.

① $\mathbb{E}[g(X,Y)]$와 같은 표현을 사용해야 할 경우가 있다. 이때는 기댓값이 어떤 분포를 사용하는지가 문맥에서 명확히 드러나야 하며 만일 그렇지 않다면 $\mathbb{E}_X[g(X,Y)]$, $\mathbb{E}_Y[g(X,Y)]$ 또는 $\mathbb{E}_{X,Y}[g(X,Y)]$와 같이 그 분포를 적시해 주어야 한다.

② $\mathbb{E}[g(X)]$를 계산하려고 하는데 X에 두 가지 이상의 분포, 즉 확률함수들이 주어져 있을 수 있다. 이럴 때는, 가령 기댓값에서 사용하는 확률함수가 p라면 $\mathbb{E}_{X\sim p}[g(X)]$, 또는 $\mathbb{E}_p[g(X)]$와 같은 형식으로 그 분포를 적시해 주어야 한다. ⊣

기댓값을 계산할 때 사용하는 분포가 확률함수에 의하여 정의된 것이 아니라 어떤 데이터evidence $\mathcal{D} := \{x_1, \ldots, x_k\}$에 의한 것이라면 이때 $g(X)$의 기댓값은 단순히 $g(x_i)$들의 평균값이므로 $\frac{1}{k} \cdot \sum_{i=1}^{k} g(x_i)$이다. 이것은 확률함수가 상수함수 $x \mapsto \frac{1}{k}$인 균등분포를 사용한 것과 같으며 이때의 분포를 경험적 분포(*empirical distribution*)이라고 한다.

상수함수 $x \mapsto \frac{1}{k}$은 data로부터 얻은 것임을 강조하기 위하여 $\hat{p}_{\mathcal{D}}(x) = \frac{1}{k}$로 나타낸다. 즉, $\sum_{i=1}^{k} \frac{1}{k} g(x_i) = \mathbb{E}_{\hat{p}_{\mathcal{D}}}[g(X)]$이다.

데이터가 다중집합(*multiset*) $\mathcal{D} := \{x_1 \times n_1,\ x_2 \times n_2,\ \ldots,\ x_k \times n_k\}$으로 주어진 경우, 즉 각 $i = 1, \ldots, k$에 대하여 x_i가 n_i번 관측된 경우에는 $\hat{p}_{\mathcal{D}}(x_i) = n_i/N$ with $N := n_1 + \cdots n_k$이다. 이때 $\mathbb{E}_{\hat{p}_{\mathcal{D}}}[g(X)] = \sum_{i=1}^{k} n_i g(x_i)/N$로 계산된다. 이상의 논의에서 사용한 표기법을 (6.10)에서 사용했던 표기법과 비교해 보면 그때는 x_i, $(i = 1, \ldots, k)$ 대신 y_j, $(j = 1, \ldots, k)$를 사용했었음을 볼 수 있다.

고찰 6.39 이제 로스함수 $\mathbb{H}(p,q)$를 최소로 하는 θ의 추정량, 즉 $\hat{\theta}$를 찾는 과정을 분석해 보자. p와 q는 동일한 표본공간 $\mathbb{X} := \{x_1, \ldots, x_k\}$에 대한 두 개의 확률분포(확률질량함수)이며, 전자는 확률변수 X의 실제(우리가 모르는) 분포이고 후자는 우리가 채택한 모형model에서 모수 θ와 X의 값 x에 의하여 계산되는 분포이다.

관측 데이터evidence $\mathcal{D} := \{x_1 \times n_1,\ x_2 \times n_2,\ \ldots,\ x_k \times n_k\}$가 주어졌을 때 p를 경험적 분포empirical distribution $\hat{p}_{\mathcal{D}}$, 즉

$$\hat{p}_{\mathcal{D}}(x_i) := p_i = P_{\mathcal{D}}[X = x_i] = \frac{n_i}{N},\ (i = 1, \ldots, k)$$

로 두고 진행하기로 한다.† 여기서 N은 $n_1 + \cdots + n_k$를 뜻하며 $\mathcal{D}$는 iid 표본 $(y_1, \ldots, y_N)$, with $y_j \in \{x_1, \ldots, x_k\}$로부터 얻은 것으로 하자.

x_i가 관측될 확률 $P[X = x_i]$에 대한 추정값을 $q_i = f(x_i; \theta)$로 두면 다음과 같이 계산을 진행할 수 있다.

$$\begin{aligned}\hat{\theta} &= \mathrm{argmin}_\theta \mathbb{H}(p,q) = \mathrm{argmin}_\theta \Big(-\textstyle\sum_{i=1}^{k} p_i \log q_i\Big) = \mathrm{argmax}_\theta \textstyle\sum_{i=1}^{k} p_i \log q_i \\ &= \mathrm{argmax}_\theta \textstyle\sum_{i=1}^{k} \frac{n_i}{N} \log q_i = \mathrm{argmax}_\theta \textstyle\sum_{i=1}^{k} \log q_i^{n_i}\end{aligned}$$

†머신러닝에서는 이러한 데이터 집합 $\mathcal{D}$를 분류classification에 대한 훈련집합training set이라고 부른다.

$$= \text{argmax}_\theta \prod_{i=1}^{k} q_i^{n_i} = \text{argmax}_\theta \prod_{j=1}^{N} f(y_j;\theta) = L(\theta) \tag{6.32}$$

(6.32)의 첫 번째 등식이 성립하는 이유는 각 $i \in \{1,\ldots,k\}$에 대하여 $y_j = x_i$를 만족하는 $j \in \{1,\ldots,N\}$의 개수는 n_i이기 때문이다. 이와 관련하여 (6.10)의 유도과정을 읽어 보기 바란다. ⊣

이상의 논의를 통하여 교차 엔트로피를 로스함수로 사용하는 추정방법은 MLE(최대가능도 추정)의 타당성을 설명하는 데 사용될 수 있음을 알게 되었다.

2항 교차 엔트로피

머신러닝에서 자주 사용되는 로스함수로 2항 교차 엔트로피(*binary cross-entropy*)가 있다. 이것은 교차 엔트로피 $\mathbb{H}(p,q)$의 특수한 경우로서 확률질량함수 p와 q의 정의역이 2원소 집합인 경우, 즉 (6.30)에서 $k=2$인 경우에 해당한다.

다시 말하면 표본공간 $\mathbb{Y} = \{1,0\}$ 위의 확률변수 Y와 모수 y에 대해서

$$\begin{aligned} p_1 &:= P[Y=1] = f(1;\theta) = y, \\ p_2 &= P[Y=0] = f(0;\theta) = 1-y \end{aligned} \tag{6.33}$$

로 두었을 때 p_i의 추정량 q_i를 $q_1 = \hat{y}$, $q_2 = 1-\hat{y}$로 놓으면

$$\mathbb{H}(p,q) = -\sum_{i=1}^{2} p_i \log q_i = -\big(y\log(\hat{y}) + (1-y)\log(1-\hat{y})\big) \tag{6.34}$$

가 2항 교차 엔트로피이다. 이 식이 나타내고자 하는 개념은 전혀 새로운 것이 아니며 동전을 던져 앞면이 나올 확률을 추정하는 [예제 6.17]에서 이미 사용되었다. 즉,

$$\begin{aligned} &\mathbb{Y} = \{y_1, y_2\},\ y_1 = 1,\ y_2 = 0 \\ &n = 5,\ k = 2,\ n_1 = 3,\ n_2 = 2 \\ &p_1 = y = \tfrac{3}{5},\ p_2 = 1-y = \tfrac{2}{5} \\ &q_1 = \hat{y} = p,\ q_2 = 1-\hat{y} = 1-p \end{aligned} \tag{$*$}$$

로 대응시켜 생각할 수 있다. 여기서 기호 p가 두 가지 서로 다른 의미로 사용되고 있음에 유의해야 한다 — (6.34) 좌변의 $\mathbb{H}(p,q)$에서의 p는 실제의 분포, 또는 경험적분포를 나타내고 $(*)$에서의 p는 추정해야할 모수 θ를 나타내고 있다는 것이다. 그러면

$$-\mathbb{H}(p,q) = \frac{\ell(\theta)}{n} = \frac{\ell(p)}{n} = \frac{1}{5}(3\log p + 2\log(1-p))$$

이고 여기서 상수 $\frac{1}{5}$를 떼어내고 미분한 결과가 바로 [예제 6.17]에서의 $\frac{3}{p} - \frac{2}{1-p}$가 된다. 노파심에서 말하자면 $\ell(p)$는 확률 $L(p)$의 로그값이므로 음수가 된다. $\frac{3}{p} - \frac{2}{1-p} = 0$의 해는 $p = \frac{3}{5}$이므로 $p = \frac{3}{5}$에서 $\ell(p)$의 값은 최대가 되고 $\ell(p)$의 절댓값은 최소가 된다.

머신러닝에서, 특히 2항 분류binary classification에서 로스함수로 널리 사용되는 것은 정확히 말하자면 $\mathbb{H}(p,q)$가 아니라 다음의 두 식에서 나타낸 '$\mathbb{H}(p,q)$의 기댓값(또는 평균)'인데 이것을 그냥 '2항 교차 엔트로피', 혹은 '교차 엔트로피' 혹은 로그 로스log loss라고 부르는 경우가 많다.

$$-\frac{1}{N}\sum_{i=1}^{N}\left[y_i \log(\hat{y}_i) + (1-y_i)\log(1-\hat{y}_i)\right] \tag{6.35}$$

$$-\frac{1}{N}\sum_{i=1}^{N}\left[y_i \log(\hat{f}(x_i)) + (1-y_i)\log(1-\hat{f}(x_i))\right] \tag{6.36}$$

(6.35)는 흔히 (6.36)과 같은 형태로 쓰인다. 그 이유는 $\hat{y}_i$는 어떤 함수 $\hat{f}$의 x_i에서의 값 $\hat{f}(x_i;\vec{\theta})$인 경우가 대부분이기 때문이다. 여기서 $\hat{f}$는 Y에 대한 확률함수가 아니라 통상 어떤 활성화 함수와 선형함수의 합성함수이므로, 최대 가능도와 관련하여 (6.11), (6.33) 등에서 나타나는 f와 혼동하지 않도록 유의해야 한다. (6.36)에 나타나는 $\hat{f}$는

$\hat{f}(x) = P[Y = 1 \mid X = x]$ 의 추정값

의 의미이고 X는 어떤 연속형 확률변수이며 x_i는 (X, Y)를 n번 관측했을 때 i번째로 얻은 관측값 (x_i, y_i)의 x-값을 뜻한다. 여기서 y_i의 값은 물론 1 혹은 0이다. 그러므로 여기서의 첨수변수 i는 (6.34)에서의 i와 전혀 다른 의미로 사용된 것이다.

(6.36)의 의미를 잘 설명할 수 있는 예는 [섹션 8.4]에서 공부하게 될 것이다.

Torture the data, and it will confess to anything.

Ronald Coase

7 머신러닝의 기본

7.1 선형회귀

선형회귀(*linear regression*)는 일찌기 19세기 초에 Gauss와 Legendre에 의해서 연구되었다. 이론이 비교적 간단하여 이해·구현하기 쉬우면서도 유용성 면에서는 어떤 머신러닝 기법에도 못지 않아 현재도 널리 쓰이고 있다. 또한 머신러닝 이론과 기법의 많은 부분이 선형회귀에 그 기반을 두고 있으므로 선형회귀는 이 분야의 공부에 가장 기본이 되는 필수적 토픽이라고 할 수 있다.

이 섹션은 로스와 추정량에 대한 개념이 잡혀 있는 상태에서 잘 이해할 수 있으므로 [섹션 6.1]을 복습하는 것을 권한다.

7.1.1 산점도와 적합선

산점도(*scatter plot*)와 적합선(*regression line, line of best fit*)(또는 회귀선) 2개를 [그림 7.1]에 보였다. 이 그림들을 그리는 데 사용된 R-코드는 조금 후에 제시하고 설명할 것이다.

그림 7.1: 산점도와 적합선

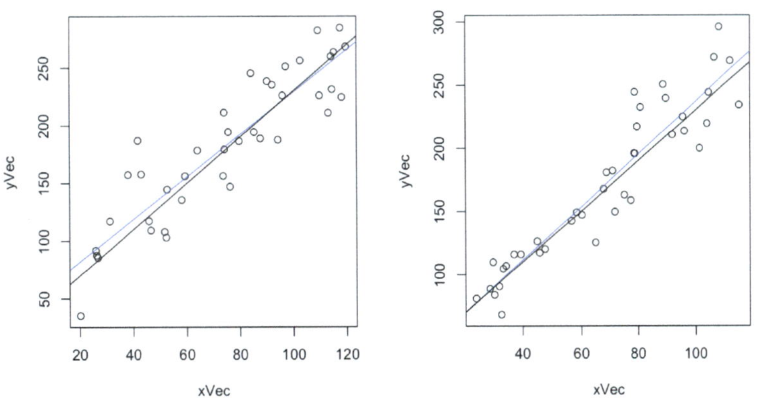

산점도는 데이터 집합 $\mathcal{D} := \{(x_i, y_i) \in \mathbb{R}^2 \mid i = 1, \ldots, n\}$를 좌표평면상에 나타낸 것이다. 앞으로의 모든 논의는 $x_i \neq x_j$인 $i < j \leq n$이 존재한다는 가정하에 진행한다. 적합선은 그림

에서 파란색 직선으로 나타냈으며, 그림의 점들과 가장 가까운 직선을 뜻하는데, 여기서 "가장 가깝다"는 것의 의미로 통상 최소제곱법(*least squares method*)을 사용한다. 즉, 직선의 방정식을 $y = a + bx$로 두고 아래의 (7.1)과 같이 정의하였을 때 SSE가 최소가 되는 기울기 b와 y-절편 a를 가지는 직선을 적합선이라고 한다. 최소제곱법의 타당성은 최대가능도 추정의 관점에서 설명할 수 있음을 [예제 6.22]에 보인 바 있다. [그림 7.1]의 검은색 선에 대해서는 조금 후에 [실습 7.2]에서 설명하겠다.

$\mathcal{D}$로부터 다음의 양들을 계산할 수 있다.

$$\begin{aligned} \hat{y}_i &\stackrel{\text{def}}{=} bx_i + a, \\ e_i &\stackrel{\text{def}}{=} y_i - \hat{y}_i, \\ SSE &\stackrel{\text{def}}{=} \textstyle\sum_{i=1}^n e_i^2 \end{aligned} \tag{7.1}$$

SSE는 잔차제곱합이라고 부르며 p172에서 이미 정의했었는데, 여기서는 의미가 약간 다르지만 같은 기호와 용어를 써서 나타낸다. 잔차(*residual*)와 비슷한 뜻을 가진 용어로 오차(*error*)가 있다. 이 둘의 차이는 전자는 표본에서 얻은 자료로로부터 계산하고 후자는 모집단에서 얻은 자료로부터 계산한다는 것이다. SSE는 RSS(*residual sum of squares*)로 나타내기도 한다.

적합선을 구하는 알고리듬으로 중요한 것 3개를 꼽을 수 있는데 이 섹션에서는 이들 중에 편미분을 사용하는 방법과 선형대수를 사용하는 방법의 2가지를 곧 설명할 것이다. 나머지 한 방법은 그래디언트 하강이며 이것은 [섹션 8.1]에서 공부하게 될 것이다.

(7.1)은 다음과 같이 쓸 수 있으므로

$$SSE = \sum_{i=1}^n (y_i - (bx_i + a))^2 \stackrel{\text{def}}{=} f(a, b) \tag{7.2}$$

SSE는 a, b를 변수로 가지는 2변수 함수 $f(a, b)$의 값으로 볼 수 있다. [팩트 3.8]을 $f(a, b)$에 적용하면

$$f_a = \textstyle\sum_{i=1}^n -2(y_i - (bx_i + a)) = 0, \tag{7.3}$$

$$f_b = \textstyle\sum_{i=1}^n -x_i \cdot 2(y_i - (bx_i + a)) = 0 \tag{7.4}$$

를 얻게 되는데 (7.3)과 (7.4)는 a, b에 대한 2원1차 연립방정식이므로 중학교에서 배웠던 평이한 방법으로 해를 구할 수 있으며 결과를 정리하면 다음과 같다.

정리 7.1

$$\begin{aligned} b &= \frac{S_{XY}}{S_{XX}}, \quad \text{(기울기)}, \\ a &= \bar{y} - b \cdot \bar{x}, \quad (y\text{-절편}), \quad \text{where} \\ &\quad \bar{x} = \left(\textstyle\sum_{i=1}^n x_i\right)/n, \\ &\quad \bar{y} = \left(\textstyle\sum_{i=1}^n y_i\right)/n, \\ &\quad S_{XY} \stackrel{\text{def}}{=} \textstyle\sum_{i=1}^n (x_i - \bar{x})(y_i - \bar{y}), \\ &\quad S_{XX} \stackrel{\text{def}}{=} \textstyle\sum_{i=1}^n (x_i - \bar{x})^2. \end{aligned}$$

⊣

위의 식으로 얻은 a, b에서 f가 최솟값을 얻게 됨은 $f_{bb} = 2\sum_{i=1}^{n} x_i^2 > 0$와 판별식

$$
\begin{aligned}
D &\stackrel{\text{def}}{=} f_{aa}f_{bb} - f_{ab}^2 \\
&= 2\textstyle\sum_{i=1}^{n} x_i^2 \cdot 2n - (2n\bar{x})^2 \\
&= 4n(\textstyle\sum_{i=1}^{n} - n\bar{x}^2) = 4n \cdot S_{XX} > 0
\end{aligned}
$$

로부터 확인된다. 이상으로써 적합선을 편미분에 의하여 구하는 방법을 설명하였다.

실습 7.2 이제 [그림 7.1]에 보인 2개의 산점도를 얻는 데 사용되었던 R-스크립트를 아래에 제시하고 설명하겠다. 두 산점도에서 사용한 데이터는 1000개의 점들로 이루어진 모집단에서 크기 40의 표본을 각각 취한 것이다. 모집단에서 x-값들은 범위를 20부터 120 까지로 두어 균등분포를 따르는 것으로 가정하고 무작위로 1000개를 취하였다. 점들이 $y = 2x + 30$ 주위에 놓이도록 하되 잔차는 $N(0, 25^2)$의 iid를 따르는 것으로 하였다. 산점도에서 검은색 직선은 기준선 $y = 2x + 30$의 그래프이다. 기준선을 그리는 코드는 아래의 라인32에 나와 있다.

```
1  # Prepare the population data xPopVec and yPopVec
2  N = 1000
3  xmin = 20; xmax = 120
4  set.seed(12)
5  xPopVec = runif(N, xmin, xmax)
6  slope = 2; yIntercept = 30
7  sdev = 25
8  yPopVec = slope*xPopVec + yIntercept + rnorm(N, 0, sdev)
```

산점도와 적합선을 그리는 함수 `myScatterPlot()`을 아래와 같이 만들었다. 이 함수는 모집단 자료 `xPopVec`, `yPopVec`과 표본의 크기 `n`을 입력 받아서 ① 크기 `n`의 표본을 라인12에서 `sample()`를 사용하여 추출하고 플롯한다. 그리고 ② 라인16에서 적합선을 그리는 함수 `myRegLine()`을 호출한다.

라인12의 `sample()` 함수는 비복원과 비복원 추출에 모두 쓰일 수 있으며 디폴트는 비복원이다.

```
9  # function for sampling and scatter plotting
10 myScatterPlot = function (xPopVec, yPopVec, n) {
11     N = length(xPopVec)
12     iVec = sample(1:N, n) # index vector
13     xVec = xPopVec[iVec]
14     yVec = yPopVec[iVec]
15     plot(xVec, yVec)
16     myRegLine(xVec, yVec)
17 }
18
19 # function for drawing the regression line
20 myRegLine = function (xVec, yVec) {
21     source('./util.R')
22     n = length(xVec); # = length(yVec)
23     xbar = mean(xVec)
24     ybar = mean(yVec)
25     Sxy = sum((xVec - xbar)*(yVec - ybar))
```

```
26     Sxx = sum((xVec - xbar)^2)
27     b = Sxy/Sxx
28     a = ybar - b*xbar
29     cat("Slope =", b, "\n")
30     cat("Intercept =", a, "\n")
31     abline(b=b, a=a, col=myblue) # blue, the regression line
32     abline(b=slope, a=yIntercept, col="black") # black, the line of reference
33 }
```

이제 다음의 스크립트를 실행하면 [그림 7.1]이 나타난다.

```
34 options(repr.plot.width=10, repr.plot.height=6)
35 par(mfrow=c(1,2))
36 myScatterPlot(xPopVec, yPopVec, 40)
37 myScatterPlot(xPopVec, yPopVec, 40)
```

더불어 다음과 같은 출력도 얻어질 것이다.

```
Slope = 1.836162
Intercept = 45.49166
Slope = 2.08986
Intercept = 28.11947
```

myRegLine()은 우리가 직접 손으로 만든 코드인데, 이렇게 하지 않고 R이 제공하는, 풍부한 기능을 가지는 함수 lm()을 사용하여 myRegLine_lm()을 만들어 사용하는 방법도 있다. 단, 이때는 당연히 앞서의 라인16에서 myRegLine()을 myRegLine_lm()으로 바꾼 다음 실행해야 한다.

```
19 # function for drawing the regression line, using the lm() function
20 myRegLine_lm = function (xVec, yVec) {
21     source('./util.R')
22     lm_v = lm(yVec ~ xVec) # lm means Linear Modeling
23     b = lm_v$coefficients["xVec"]
24     a = lm_v$coefficients["(Intercept)"]
25     cat("Slope =", b, "\n")
26     cat("Intercept =", a, "\n")
27     abline(lm_v, col=myblue) # blue, the regression line
28     abline(b=slope, a=yIntercept, col="black") # black, the line of reference
29 }
```

라인21에서 사용된 함수 lm()은 선형 모형(linear model)을 뜻한다. 이 함수의 호출 구문은 상당히 복잡하게 사용될 수 있는데 여기서 보인 것은 가장 간단한 예이다. 리턴값인 lm_v는 'lm 클래스'에 속한 객체이다. 이것은 많은 정보를 담고 있는 객체이며, 우리가 알고자 하는 정보인 기울기와 y-절편은 그 아래의 라인22와 라인23에서 보인 방법으로 얻을 수 있다. 그런데 적합선을 그리기 위해서는 구태여 기울기와 절편을 얻을 필요도 없이, 라인26에서 보듯이 그냥 abline() 함수의 인수로 lm() 함수의 리턴값인 lm_v를 사용하면 된다.

xPopVec과 yPopVec을 그대로 둔 채 myScatterPlot()의 호출을 계속하면 그때마다 Slope와 Intercept가 다르게 나오게 되는데, 여러 번 호출을 하였을 때 이들의 분포가 어떻게 되는지는 흥미로운 토픽이다. 이에 대해서 p235의 [표 7.1]에 간략하게 언급하였다. ⊣

연습문제 7.3 표본을 추출할 때 [실습 7.2]에서 했던 것과 같이 일단 모집단을 마련한 다음 sample() 함수를 쓰는 방법 대신 그냥 다음과 같이 할 수도 있다.

```
xVec = runif(n, xmin, xmax)
yVec = slope*xVec + yIntercept + rnorm(n, 0, sdev)
```

이 코드를 이용하여 myScatterPlot()을 다시 작성하고 실험을 수행해 보라. 이 경우에는 모집단을 무엇으로 사용한 셈인지 말해 보라. ⊣

이제 선형대수를 사용하는 방법, 즉 유사역행렬을 이용하여 선형방정식의 근사해를 구함으로써 적합선의 기울기 b와 절편 a를 얻는 방법을 설명하겠다. (7.2)에 나와 있는 대로 $SSE = \sum_{i=1}^{n}(y_i - (bx_i + a))^2$를 최소화 할 것인데, 먼저 SSE를 다음과 같이 행렬곱과 벡터의 길이를 써서 나타낸다.

$$SSE = \sum_{i=1}^{n}(y_i - (a + bx_i))^2 = \left\| \begin{pmatrix} y_1 \\ \vdots \\ y_n \end{pmatrix} - \begin{pmatrix} a + bx_1 \\ \vdots \\ a + bx_n \end{pmatrix} \right\|^2 = \|\vec{p} - A\vec{x}\|^2, \quad \text{where}$$

$$\vec{p} = \begin{pmatrix} y_1 \\ \vdots \\ y_n \end{pmatrix}, \quad A = \begin{pmatrix} 1 & x_1 \\ \vdots & \vdots \\ 1 & x_n \end{pmatrix}, \quad \vec{x} = \begin{pmatrix} a \\ b \end{pmatrix}.$$

$\|\vec{p} - A\vec{x}\|$를 최소화 하는 $\vec{x}$는 p66의 식 (3.25)에 의하여 다음과 같이 얻어진다.

$$\vec{x} = (A^T A)^{-1} A^T \vec{p}$$

이 방법을 따라 myRegLine()의 새로운 버전을 다음과 같이 만들 수 있다.

```
# function for drawing the regression line, using the pseudo-inverse matrix
myRegLine_pinv = function (xVec, yVec) {
    source('./util.R')
    A = cbind(rep(1, length(xVec)), xVec)
    p = yVec
    A_pinv = solve(t(A) %*% A) %*% t(A)
    x = A_pinv %*% p
    b = x[2]
    a = x[1]
    cat("Slope =", b, "\n")
    cat("Intercept =", a, "\n")
    abline(b=b, a=a, col=myblue) # blue, the regression line
    abline(b=slope, a=yIntercept, col="black") # black, the line of reference
}
```

이제 myScatterPlot() 내에서 myRegLine() 대신 myRegLine_pinv()를 사용하여 myScatterPlot()을 2번 호출 실험해 보라. set.seed(12)를 실행했다면 앞서 얻었던 것과 동일한 결과를 얻게 될 것이다.

7.1.2 선형회귀 이론*

정의 7.4 데이터 $\{(x_i, y_i) \in \mathbb{R}^2 \mid i = 1, \ldots, n\}$가 주어졌을 때,

$$S_{YY} \stackrel{\text{def}}{=} \sum_{i=1}^{n}(y_i - \bar{y})^2,$$

$$r \stackrel{\text{def}}{=} \frac{S_{XY}}{\sqrt{S_{XX}S_{YY}}}, \quad (\text{표본상관계수}(sample\ correlation\ coefficient))$$

$$SST \stackrel{\text{def}}{=} S_{YY}, \quad (\text{총제곱합, } \underline{\text{S}}\text{um } \underline{\text{S}}\text{quare } \underline{\text{T}}\text{otal})$$

$$SSR \stackrel{\text{def}}{=} \sum_{i=1}^{n}(\hat{y}_i - \bar{y})^2, \quad (\text{회귀제곱합, } \underline{\text{S}}\text{um } \underline{\text{S}}\text{quare } \underline{\text{R}}\text{egression})$$

$$r^2 \stackrel{\text{def}}{=} \frac{SSR}{SST}, \quad (\text{표본결정계수}(Coefficient\ of\ determination))$$

$$MSE \stackrel{\text{def}}{=} \frac{SSE}{n-2}, \quad (\text{평균잔차제곱합, } \underline{\text{M}}\text{ean } \underline{\text{S}}\text{quare } \underline{\text{E}}\text{rror})$$

$$RSE \stackrel{\text{def}}{=} \sqrt{MSE}. \quad (\underline{\text{R}}\text{esidual } \underline{\text{S}}\text{tandard } \underline{\text{E}}\text{rror})$$

로 정의한다. SST는 TSS(*total sum of squares*)라고 하기도 한다. ⊣

표본상관계수에 대해서 알아보자. 이것은 공분산과 밀접한 관계가 있다. 표본상관계수와 공분산을 연관짓기 위해서 데이터 집합 $S = \{(x_i, y_i) \in \mathbb{R}^2 \mid i = 1, \ldots, n\}$에 대해서 확률질량 함수가 $f(x, y) = \frac{1}{n}$, $(x, y) \in S$로 주어졌다고 하자. 이러한 분포는 n개의 점을 가진 산점도로 나타낼 수 있다. 아래에 30개의 점을 가진 산점도 2개를 [그림 7.2]에 보였다.

그림 7.2: 산점도와 공분산

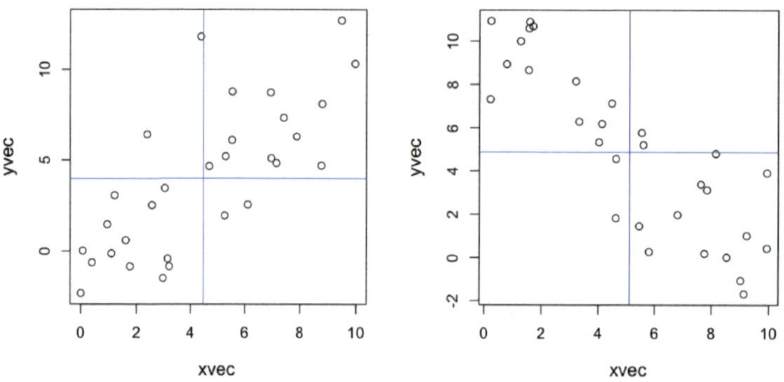

각 산점도에서 파란색 수평선은 y-좌표들의 평균값이고 파란색 수직선은 x-좌표들의 평균값을 나타낸다. 왼쪽 산점도에서는 x의 값이 증가함에 따라 y의 값도 증가하는 경향이 있고 오른쪽 산점도에서는 그 반대 경향이 관찰된다. 이 두 산점도를 그린 R-스크립트의 텍스트 출력은 다음과 같다.

```
mean x = 4.48, mean y = 4.01
Cov(X,Y) = 9.30

mean x = 5.12, mean y = 4.87
Cov(X,Y) = -10.40
```

왼쪽 산점도에서의 공분산은 9.30이고 오른쪽 산점도에서의 공분산은 -10.40으로 계산되었다. 그런데 산점도를 대충 보기만 해도 공분산의 부호는 알 수 있다.

공분산의 값은 정의에 의하여 $\sum_i (x_i - \bar{x})(y_i - \bar{y})$로 계산하도록 되어 있다. $(x_i - \bar{x})(y_i - \bar{y})$는 산점도의 제1사분면과 제3사분면에서는 양수× 양수, 또는 음수× 음수이므로 양수일 것이고 제2사분면과 제4사분면에서는 부호가 반대인 두 수의 곱이므로 음수일 것인데, 왼쪽 산점도에서는 제1,3사분면의 점의 개수가 제2,4사분면의 점의 개수보다 압도적으로 많으므로 공분산의 부호가 +일 것이다. 그리고 오른쪽 산점도에서는 반대로 제2,4사분면의 점의 개수가 제1,3사분면의 점의 개수보다 압도적으로 많으므로 공분산의 부호가 −일 것이다.

공분산은 X와 Y의 선형 관계에 대한 정보를 줄 수 있는 것은 맞지만 부족한 점이 있다. 예를 들어 키와 몸무게의 공분산은 측정단위에 따라 달라진다. 상관계수는 공분산을 업그레이드한 지표라고 볼 수 있으며 측정단위가 바뀌어도 값이 변하지 않는다. $\mathbb{R}^2$ 내의 점들의 집합에서 각 점에게 주어진 확률이 일정하다면 $Cov(X,Y) = \frac{S_{XY}}{n-1}$, $Var(X) = Cov(X,X) = \frac{S_{XX}}{n-1}$, $Var(Y) = Cov(Y,Y) = \frac{S_{YY}}{n-1}$ 임을 공분산의 정의로부터 쉽게 확인할 수 있을 것이다.[†] 그러면 표본상관계수 r은 [정의 7.4]에서 정의된 대로

$$r = \frac{S_{XY}}{\sqrt{S_{XX}S_{YY}}} = \frac{S_{XY}/(n-1)}{\sqrt{(S_{XX}/(n-1))(S_{YY}/(n-1))}} = \frac{Cov(X,Y)}{\sqrt{Cov(X,X)Cov(Y,Y)}}$$

가 된다. 상관계수에는 표본상관계수와 모상관계수가 있는데 후자는 분모에 n을 사용하는 것이 전자와 다르나 위의 식에서 보듯이 이 두 값은 결국 동일하게 얻어진다. 모상관계수를 나타내는 기호로는 표본상관계수를 나타내는 r과 달리 ρ를 사용하는 것이 일반적이다.

팩트 7.5 상관계수의 주요 특성들을 아래에 기술하였다. 이 사실들의 증명은 이 책의 웹사이트 [증명.7.5]에 나와 있다.

(1) $-1 \le r \le 1$

(2) $|r|$의 값이 1에 가까울수록 산점도의 점들은 적합선에 가깝게, 즉 SSE가 0에 가깝게 되며

$$|r| = 1 \Leftrightarrow SSE = 0 \Leftrightarrow \text{모든 점들이 적합선 상에 위치함}$$

이다.

(3) $r = 0$는 $Cov(X,Y) = 0$의 필요충분조건이다.

(4) r의 부호는 적합선의 기울기의 부호와 일치한다. ⊣

이 절 §7.1.2에서 지금까지의 내용을 상관분석(*correlation analysis*)이라고 하고 앞으로의 내용을 (선형)회귀분석(*regression analysis*)이라고 한다. (이것은 정확한 분류는 아니다. 사람에 따라 조금 다르게 말할 수 있다.) 회귀분석에서 중요하게 여기는 결과들을 아래에 소개하였으며 이들 중에 증명은 지면관계로 일부에 대해서만 제시하였다.

보조정리 7.6 다음 사실의 증명은 이 책 웹사이트의 *[증명.7.6]*에 나와 있다.

$\sum_i e_i = 0,$
$\sum_i x_i e_i = 0,$
$\sum_i \hat{y}_i e_i = 0.$ ⊣

[†]모집단에 대한 것이 아니라 표본에 대한 것이므로 분모로 n이 아닌 $n-1$을 사용하였다.

위의 보조정리는 다음과 같이 암기하는 것이 좋다. (1) 잔차들의 합은 0이다. (잔차는 참값보다 클 때는 양수, 작을 때는 음수이다.) (2) 잔차들의 x-모멘트의 합은 0이다. (3) 잔차들의 $\hat{y}$-모멘트의 합은 0이다.

이 보조정리는 아래의 정리의 증명에 핵심적으로 사용된다.

정리 7.7 총제곱합 *(SST)*은 적합선 (=회귀선)에 의하여 설명되는 부분 *(SSR)*과 설명되지 않는 부분 *(SSE)*의 합이다. 즉, 다음의 등식이 성립한다.

$$SST = SSR + SSE$$

(귀띔). [정의 7.4]에서 결정계수 $r^2 = \frac{SSR}{SST}$로 정의되었는데 이제 이 정리에 의하여 $r^2 = 1 - \frac{SSE}{SST}$가 성립함을 알 수 있다. 또한 $0 \le r^2 \le 1$을 쉽게 알 수 있다.

$r^2 = 1$은 $SSE = 0$를 의미하며 이때는 모든 점들이 적합선 위에 존재한다: 즉, 점들의 y-좌표는 그것의 x-좌표로부터 100% 결정된다.

$r^2 = 0$는 $SSR = 0$를 의미하며 이때는 적합선이 수평선 $y = \bar{y}$와 일치한다: 즉, 점들의 y-좌표는 그것의 x- 좌표로부터 전혀 짐작할 수 없다.

(증명). 오른쪽 그림에서 아래의 식들이 성립한다.

$$\overline{A_iP} = e_i = y_i - \hat{y}_i \quad \text{(unexplained)}$$
$$\overline{PQ} = \hat{y}_i - \bar{y} \quad \text{(explained)}$$
$$\overline{A_iQ} = y_i - \bar{y} \quad \text{(total)}$$
$$y_i - \bar{y} = (y_i - \hat{y}_i) + (\hat{y}_i - \bar{y})$$
$$\textstyle\sum_i (y_i - \bar{y})^2 = \sum_i \Big((y_i - \hat{y}_i) + (\hat{y}_i - \bar{y})\Big)^2$$
$$SST = SSE + SSR + 2\textstyle\sum_i (y_i - \hat{y}_i)\cdot(\hat{y}_i - \bar{y})$$

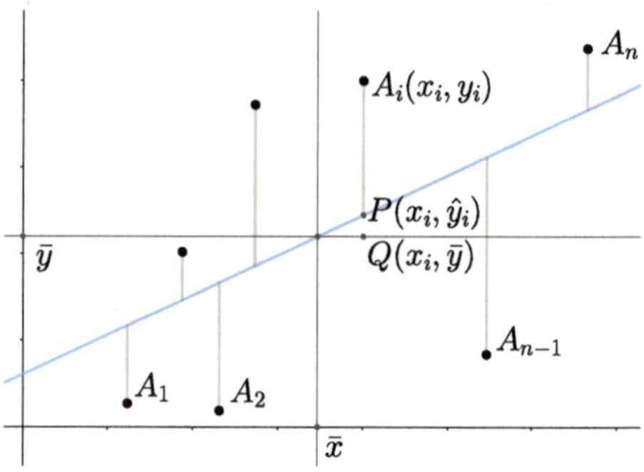

그림 7.3: $SST = SSR + SSE$

이제 아래의 계산에 의하여 교차곱항들의 합이 0임을, 즉

$$\textstyle\sum_i (y_i - \hat{y}_i)\cdot(\hat{y}_i - \bar{y}) = 0$$

를 보임으로써 $SST = SSR + SSE$이 증명된다.

$$\textstyle\sum_i (y_i - \hat{y}_i)\cdot(\hat{y}_i - \bar{y}) = \sum_i e_i \cdot (\hat{y}_i - \bar{y})$$
$$= \textstyle\sum_i \hat{y}_i e_i - \bar{y}\sum_i e_i = 0 + \bar{y}\cdot 0 = 0$$

마지막 등호는 [정리 7.6]에 의하여 성립한다. □

정리 7.8 적합선의 방정식을 $y = bx + a$라 할 때,

$$SSR = b^2 S_{XX},\ SSE = S_{YY} - b^2 S_{XX} \tag{7.5}$$
$$r^2 = (r)^2 \tag{7.6}$$

데이터 점들이 얼마나 적합선에 가까운지를 말해주는 지표로 결정계수와 상관계수가 있다. 위의 (7.6)은 전자가 후자의 제곱과 같다고 말하고 있다.

(증명).

$$\begin{aligned} SSR &= \sum_i (\hat{y}_i - \bar{y})^2 = \sum_i \big((bx_i + a) - (b\bar{x} + a)\big)^2 \\ &= b^2 \sum_i (x_i - \bar{x})^2 = b^2 S_{XX} \end{aligned}$$

로 계산되며 이 식에 $b = \frac{S_{XY}}{S_{XX}}$를 대입하면

$$\begin{aligned} SSR &= \left(\frac{S_{XY}}{S_{XX}}\right)^2 \cdot S_{XX} = \frac{(S_{XY})^2}{S_{XX}}, \\ SSE &= SST - SSR = S_{YY} - b^2 S_{XX} \end{aligned}$$

따라서

$$\begin{aligned} r^2 &\stackrel{\text{def}}{=} \frac{SSR}{SST} = \frac{(S_{XY})^2}{S_{XX}} \cdot \frac{1}{S_{YY}} \\ &= \frac{(S_{XY})^2}{S_{XX} S_{YY}} = (r)^2 \end{aligned}$$

□

회귀분석은 머신러닝에서 대단히 중요한 토픽이며 여기 대해서 §7.2.1에 더 설명하였다.

7.1.3 데이터 패키지

이제부터 실제 데이터를 가지고 하는 R-실습을 통하여 많은 것을 공부할 것이다. 이전의 선형회귀 이론 섹션 §7.1.2에는 포함되지 않았고 여기서 처음 소개하는 이론도 꽤 된다. 그 이유는, 많은 경우에, 이론을 공부하는 좋은 방법은 현실적인 문제를 실제로 풀어 보는 것이기 때문이다.

R 실습에 사용하는 데이터를 구하는 방법으로는 다운받은 `.csv` 파일을 읽어들이는 것을 경험해 보았는데, 이것 말고 패키지(*package*)에 포함된 것을 사용하는 방법도 있다.

패키지는 R에 원래는 포함되어 있지는 않지만 필요한 함수, 또는 데이터를 얻는 데 편리하게 쓰일 수 있다. 아래의 R-세션을 보라.

```
search()
```

```
'.GlobalEnv' 'package:stats' 'package:graphics' 'package:grDevices' 'package:utils'
'package:datasets' 'package:methods' 'Autoloads' 'package:base'
```

```
library(help="graphics")
library(help="datasets")
```

`search()` 함수는 현재 사용할 수 있는 자원들을 보여주는데, 위의 예에서는 자원들 9개 중에 7개가 패키지이다. `library(help="graphics")`는 `graphics` 패키지에 대한 정보를 새로운 창을 띄워 보여준다. 창 화면의 `Index`에 나타난 함수들의 목록에서 눈에 익은 `abline`, `barplot` 등을 볼 수 있을 것이다. `library(help="datasets")`는 `datasets` 패키지에 대한 정보를 보여주는데, `graphics`는 함수들로 이루어진 패키지임에 반하여 `datasets`는 데이터 집합들로 이루어져 있다.

`datasets`가 제공하는 `trees` 데이터 집합을 다음과 같이 `data()` 함수를 사용하여 읽어들일 수 있다.

```
ls() # no object exists
data(trees) # load trees into memory
ls() # now it exists
str(trees)
plot(trees$Girth, trees$Volume)
```

```
'trees'

'data.frame':        31 obs. of  3 variables:
 $ Girth : num  8.3 8.6 8.8 10.5 10.7 10.8 11 11 11.1 11.2 ...
 $ Height: num  70 65 63 72 81 83 66 75 80 75 ...
 $ Volume: num  10.3 10.3 10.2 16.4 18.8 19.7 15.6 18.2 22.6 19.9 ...
```

우리가 사용할 패키지는 ISLR2이다. 이것은 참고문헌 [8]에서 사용하는 데이터 집합들로 이루어진 패키지이다. 설치되지 않은 패키지를 사용하면 당연히 에러가 난다. ISLR2가 이미 설치되어 있다면 다음 단계로 나가면 되고, 그렇지 않다면 다음의 세션에서 보듯이 install.packages()를 사용하여 설치해 보자.

```
library(help="ISLR2") # this gives us error message in case not installed
```

```
Error in find.package(pkgName, lib.loc, verbose = verbose): 'ISLR2'..
Traceback:
..
```

```
install.packages("ISLR2") # Installation takes a minute. Please be patient!
```

```
The downloaded binary packages are in
        /var/folders/zf/b99jq1sd4kd_53x_rqbss..
```

설치한 후에는 library(help="ISLR2") 명령을 실행하여 Auto, Credit 등 데이터 집합들의 목록을 볼 수 있다. 그런데 이 상태에서 data(Auto)를 실행하면 에러가 난다. search()를 실행해 봐도 이전과 같은 결과를 얻을 뿐 ISLR2는 목록에 나타나지 않을 것이다. 그 이유는 패키지를 사용하려면 설치 후에 반드시 로드$_{\text{load}}$를 해 두어야 하기 때문이다. graphics, datasets 등은 R을 실행하면 자동으로 로드되기 때문에 사용자가 로드할 필요가 없었다. 로드에 사용되는 함수는 library()이다.

search()는 현재 사용할 수 있는(즉, 로드 되어 있는) 패키지를 보여준다고 했는데, 그렇다면 현재 설치된 패키지는 어떻게 알 수 있는가? 그 답은 .packages(TRUE)이다.

```
.packages(T)
```

```
'askpass' 'base' 'boot' 'class'..
'ggplot2' 'graphics' 'grDevices'..
'ISLR2'..
```

설치되어 있는 패키지들이 상당히 많아서 일부만 보여주었다. ISLR2가 설치되어 있음을 알 수 있지만 현재 상태에서는 data(Auto)는 아직도 에러를 낸다. 다음과 같이 library()를 사용하여 로드하도록 한다.

```
library(ISLR2)
search()
data(Auto)
str(Auto)
```

```
'.GlobalEnv'..
'package:ISLR2'..

'data.frame':        392 obs. of  9 variables:
 $ mpg         : num  18 15 18 16 17 15 14 14 14 15 ...
 $ cylinders   : int  8 8 8 8 8 8 8 8 8 8 ...
 $ displacement: num  307 350 318 304 302 429 454 440 455 390 ...
 $ horsepower  : int  130 165 150 150 140 198 220 215 225 190 ...
 ..
```

참고로 ISLR2가 설치된 상태에서는 이것을 로드하지 않고도

```
data(Auto, package="ISLR2")
```

하여 Auto를 읽을 수 있다. 또한 참고로, 로드된 패키지를 언로드하려면

```
detach("package:ISLR2", unload=T)
```

를 실행하면 되고, 설치된 패키지를 제거하려면

```
remove.packages("ISLR2")
```

하면 된다.

7.1.4 단순선형회귀

주어진 데이터로부터 선형회귀의 계수 β_0, β_1 등을 구하는 R-함수는 p210에서 사용했던 lm()이다. 이 함수는 단순선형회귀는 물론 다중회귀에서도 사용할 수 있다.

이 절에서 사용할 데이터 집합은 Advertising.csv이고 [8]에서 사용하는 것인데, 이상하게도 ISLR2 패키지에는 포함되어 있지 않다. 책의 저자들이 공개한

https://www.statlearning.com/resources-second-edition

의 [Data Sets]에서 다운받아 적당한 작업디렉토리, 예를 들어 datafiles에 넣어 두고 사용하면 된다.

```
Advertising = read.csv("./datafiles/Advertising.csv")
str(Advertising)

'data.frame':        200 obs. of  5 variables:
 $ X        : int  1 2 3 4 5 6 7 8 9 10 ...
 $ TV       : num  230.1 44.5 17.2 151.5 180.8 ...
 $ radio    : num  37.8 39.3 45.9 41.3 10.8 48.9 32.8 19.6 2.1 2.6 ...
 $ newspaper: num  69.2 45.1 69.3 58.5 58.4 75 23.5 11.6 1 21.2 ...
 $ sales    : num  22.1 10.4 9.3 18.5 12.9 7.2 11.8 13.2 4.8 10.6 ...
```

이 데이터는 여러 도시에서의 3개의 광고 매체 TV, radio, newspaper를 통한 광고비용과 어떤 제품(혹은 서비스)의 판매량 sales을 모은 것이다. str()의 출력 중에 200 obs. of ..는 자료를 수집한 도시의 개수가 200임을 말해준다.

데이터 프레임 `Advertising`의 변수 5개 중에 `X`는 가짜(dummy)다. 아래 그림은 `Advertising.csv`를 엑셀로 열어 본 것인데 첫 열은 제목이 없음을 알 수 있다. (첫 열의 자료는 행의 번호에 불과하다.) 이렇게 제목이 없는 열에 대해서 R이 `X`라는 이름을 붙인 것이다.[†]

A	B	C	D	E
	TV	radio	newspaper	sales
1	230.1	37.8	69.2	22.1
2	44.5	39.3	45.1	10.4
3	17.2	45.9	69.3	9.3
4	151.5	41.3	58.5	18.5
5	180.8	10.8	58.4	12.9
6	8.7	48.9	75	7.2

첫 열을 제외한 2열부터 5열까지로 이루어진 데이터 프레임은 다음과 같이 얻을 수 있다. 3가지 방법을 제시하였다.

```
adv1 = Advertising[c(2,3,4,5)]
adv2 = Advertising[2:5]
adv = Advertising[,-1] # we'll work with this
# Try some(or all) of fix(adv1), fix(adv2), fix(adv).
```

이제 `adv`를 가지고 작업하기로 한다. 4개의 변수 중에 `sales`는 반응변수이고 나머지는 예측변수들이다.[‡] 이 절에서는 단순선형회귀, 즉 예측변수 1개에 대한 회귀의 실습을 할 것이므로 3개의 예측변수들 중에서 하나를 골라야 할 것인데, 우선 `TV`를 선택해 보자. 그리고 플롯하여 [그림 7.4]를 얻는다. 플롯에 사용된 R-스크립트는 아래에 보였다.

선분을 여러 개 그릴 때는 `lines()`보다 `segments()`가 훨씬 더 편리하다. 이 함수의 원래의 구문은

```
segments(x0vec, y0vec, x1=x1vec, y1=y1vec, ...);
```

인데 이 예에서와 같이 선분들이 모두 수직선인 경우에는 `x1vec`이 `x0vec`과 일치하므로 인수에서 빼 놓으면 된다.

```
1  options(repr.plot.width=7, repr.plot.height=6.5)
2  source('./util.R')
3  plot(adv$TV, adv$sales, pch=20, col=gray2, xlab="TV", ylab="Sales")
4  lm.fit = lm(adv$sales ~ adv$TV) # (1)
5      # (2) or lm.fit = lm(sales ~ TV, data=adv)
6  abline(lm.fit, col=myblue, lwd=2)
7  slope = lm.fit$coefficients["adv$TV"] # "TV" instead of "adv$TV" in case (2)
8  yintercept = lm.fit$coefficients["(Intercept)"]
9  # draw vertical line segments from the data points to the regression line
10 segments(adv$TV, adv$sales, y1 = yintercept+slope*adv$TV, col=gray1)
```

`lm()`의 호출 구문은 라인3과 라인4 중에 어느 것을 써도 된다. 각 구문의 장점과 단점을 생각해 보라.

모형맞춤을[§] 위하여 사용하는 함수 `lm()`의 리턴값에 `lm.fit`라는 이름을 주어 사용했는데,

[†]제목이 없는 열이 2개 이상 있을 때는, 이 파일을 R이 읽어들였을 때 제목 없는 열들을 어떻게 처리하는지 실험을 통해서 알아보라.

[‡]예측변수와 반응변수는 머신러닝에서 가장 중요한 용어들로 꼽을 수 있으며 이들에 대한 정의는 §7.2.1에 있다. 회귀의 정의도 여기에 있다.

[§]모형맞춤이라는 용어의 의미는 p235에 나와있다.

그림 7.4: 적합선과 오차

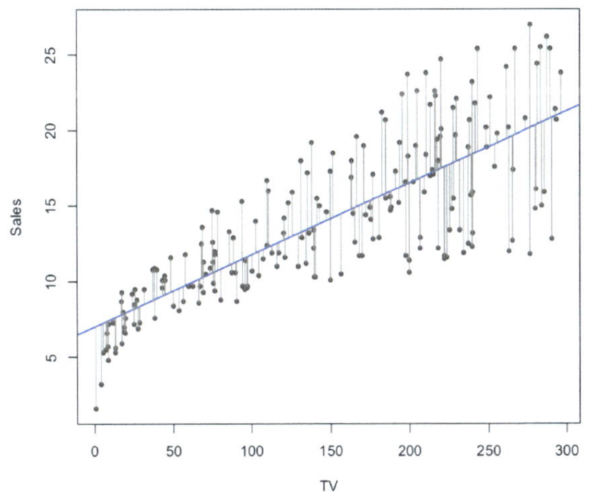

아래의 R-세션에서 이 객체에 대한 정보를 볼 수 있다.

```
lm.fit
```

```
Call:
lm(formula = adv$sales ~ adv$TV)

Coefficients:
(Intercept)       adv$TV
    7.03259      0.04754
```

적합선의 y-절편은 7.033, 기울기는 0.0475로 나왔음을 알 수 있다.

객체$_{\text{object}}$ lm.fit의 프로퍼티$_{\text{property}}$에 어떤 것들이 있는지 보려면 names() 함수를 사용한다.

```
names(lm.fit)
```

```
'coefficients' 'residuals' 'effects' 'rank' 'fitted.values' 'assign'
'qr' 'df.residual' 'xlevels' 'call' 'terms' 'model'
```

각 프로퍼티에 대해서 lm.fit$coefficients, lm.fit$residuals, ... 등을 실행하여 보라.

이 프로퍼티들 중에 특별히 하나를 골라 설명하자면, fitted.values는 y_i 의 추정값인 $\hat{y}_i$ 들로 이루어진 벡터이다. 다시 말하면 위에 제시된 코드에서 수직선분들을 그리는 라인9 호출문의 인수 y1 = yintercept+slope*adv$TV는 y1 = lm.fit$fitted.values로 대체해도 된다. (물론 이 경우에는 라인6과 라인7은 삭제할 수 있다.)

기울기가 0.04754로 나왔다는 것은 TV 광고에 1천불을 쓸 때마다 물품은 47.54개가 더 팔리는 것으로 해석할 수 있다. 그리고 절편이 7.03259로 나왔다는 것은 TV 광고를 전혀 하지 않았다면 물품이 7,033개 정도 팔릴 것으로 추정되는 것으로 해석할 수 있다. 물론 통계조사를 할 때 단위를 어떻게 정했는지에 따라서 이 수치들은 달라질 것이다.

이제 아래의 물음 ①과 ②에 답해 보자.†

---

†이 부분은 가설의 검정 [섹션 5.2]를 공부한 독자만 이해할 수 있을 것이므로 이를 읽지 않은 독자라면 대략 훑어보고 지나가도록 한다.

① TV 광고와 판매량은 인과 관계가 있는가?

이것은 기울기를 나타내는 모수 β_1이 0인가를 묻는 것이므로 다음과 같은 가설을 검정하는 것으로 귀착된다. $H_0 : \beta_1 = 0, \quad H_1 : \beta_1 \neq 0.$

p235의 [표 7.1]을 보면 H_0의 가정하에 $\frac{\hat{\beta}_1 - 0}{\sigma/\sqrt{S_{XX}}} \sim N(0,1)$가 성립함을 알 수 있다. 우리는 σ^2을 모르므로 이를 MSE로 대체하고 $N(0,1)$을 $t(200-2)$로 대체한다. 즉, $\frac{\hat{\beta}_1}{\sqrt{MSE/S_{XX}}} \sim t(198)$이다. 이 통계량 분포의 좌변은 t-통계량(=t-값)이고 이것의 분모는 표준오차Standard Error, 즉 추정량 $\hat{\beta}_1$의 표준편차이다. 이렇게 계산하여 얻은 t-통계량에 누적분포함수를 적용하여 p-값을 구할 수 있다. 이 모든 것을 계산하는 R-세션을 아래에 보였다. `lm()`을 사용하지 않고 직접 계산하였다.

```
xvec = adv$TV
yvec = adv$sales
xbar = mean(xvec)
ybar = mean(yvec)
Sxy = sum((xvec - xbar) * (yvec - ybar))
Sxx = sum((xvec - xbar)^2)
b = Sxy/Sxx
a = ybar - b*xbar
cat(sprintf("intercept a = %.4f, slope b = %.4f\n",a,b))

intercept a = 7.0326, slope b = 0.0475

yhatvec =  a + b*xvec
SSE = sum((yvec - yhatvec)^2)
df = length(yvec) - 2
MSE = SSE/df
RSE = sqrt(MSE)
cat(sprintf("d.f. = %d, MSE = %.4f, RSE = %.4f\n", df, MSE, RSE))

d.f. = 198, MSE = 10.6188, RSE = 3.2587
```

이상의 계산에서 [정의 7.4]에 나타난 식을 사용하였다.

```
S.Error = sqrt(MSE/Sxx)
t.val = b/S.Error
p.val = 1 - pt(t.val, df)
cat(sprintf("S.Error = %.4f, t.value = %.4f, p.value = %.4f\n",
     S.Error, t.val, p.val))

S.Error = 0.0027, t.value = 17.6676, p.value = 0.0000
```

p-값이 0.0000으로 나왔으므로 기울기가 0이 아님이, 즉 TV 광고와 판매량은 인과관계가 있음이 거의 확실시 된다.

② 인과 관계가 있다면 그것은 얼마나 강한가?

인과 관계의 강한 정도를 나타내는 통계량으로 [정의 7.1.2]에 정의된 표본결정계수 r^2을 사용한다. 이렇게 하는 것의 타당성은 [정리 7.7]에 설명되어 있다.

$r^2 = SSR/SST = 1 - SSE/S_{YY}$ 이므로 다음과 같이 계산하면 된다.

```
24 Syy = sum((yvec - ybar)^2)
25 r2 = 1 - SSE/Syy
26 r = sqrt(r2) # r > 0 since slope > 0
27 cat(sprintf("r^2 = %.4f, r = %.4f\n", r2, r))
```

```
28 r^2 = 0.6119, r = 0.7822
```

인과 관계의 척도로서 또 하나 유용한 것은 *RSE*이다. 이것이 작을수록 인과관계가 강하다고, 즉 모형 맞춤이 잘 된 것이라고 볼 수 있다. 다만 이것은 r^2과 달리 절대척도라는 단점이 있다. ⊣

그런데 실은 ①, ②에서 얻은 모든 결과는 아래와 같이 `summary()` 함수를 써서 단번에 계산할 수 있다.

```
29 summary(lm.fit)
```

```
30 .. snip ..
31 Coefficients:
32             Estimate Std. Error t value Pr(>|t|)
33 (Intercept) 7.032594   0.457843   15.36   <2e-16 ***
34 adv$TV      0.047537   0.002691   17.67   <2e-16 ***
35 ---
36 Signif. codes:  0 '***' 0.001 '**' 0.01 '*' 0.05 '.' 0.1 ' ' 1
37
38 Residual standard error: 3.259 on 198 degrees of freedom
39 Multiple R-squared:  0.6119,       Adjusted R-squared:  0.6099
40 F-statistic: 312.1 on 1 and 198 DF,  p-value: < 2.2e-16
```

라인33의 `(Intercept)`와 라인34의 `add$TV`는 라인 10에서 얻은 값과 일치한다. 라인34에 있는 `add$TV`에 대한 t-value는 라인23에도 똑같이 나타나 있다. 라인34에는 `add$TV`에 대한 p-value가 2×10^{-16}보다 작은 것으로 나와 있는데 라인23에는 0.0000으로 보여지고 있다.

라인36은 `Signif. codes:`의 의미를 설명하고 있는데 p-값이 아주 작을 때는 ***로, p-값이 0.001보다 작을 때는 **로 ... 이런 방식으로 나타낸다는 뜻이다. 이 표기법의 사용 예는 라인33과 라인34의 맨 오른쪽에 나타나 있다.

라인38의 `Residual standard error`는 *MSE*의 양의 제곱근, 즉 *RSE*를 뜻하며 라인17에도 같은 값이 나타나 있다. 라인39의 `Multiple R-squared`는 우리가 라인28에 계산해 놓은 r^2이다.

라인40의 `F-Statistic`에 대해서는 다음 절의 (7.9) 전후에 설명이 있다.

7.1.5 다중선형회귀

앞에서 사용했던 데이터 프레임 `adv`를 계속 사용한다. 예측변수는 `TV`, `radio`, `newspaper`의 3개이고 반응변수는 `sales`이다. [실습 1 (단순선형회귀)]에서는

$$\texttt{sales} = \beta_0 + \beta_1 \cdot \texttt{TV} + \varepsilon \tag{7.7}$$

로 보고 모형맞춤을 했었는데 여기서는 (7.7)을

$$\texttt{sales} = \beta_0 + \beta_1 \cdot \texttt{TV} + \beta_2 \cdot \texttt{radio} + \beta_3 \cdot \texttt{newspaper} + \varepsilon \tag{7.8}$$

로 바꿔서 할 것이다.

다중선형회귀에서는 단순선형회귀에서의 [정의 7.1.2]를 그대로, 또는 다음과 같이 약간 변형하여 사용할 수 있다: ① S_{XX}, S_{XY}에서의 X는 각 $j = 1, 2, 3$에 대해서 X_j로 바꿔서 사용할 수 있다. ② MSE에서의 분모, 즉 자유도(degrees of freedom)는 $n-2$에서 $n-p-1$로 바꾸어 준다. 즉, $MSE = \frac{SSE}{n-p-1}$, $RSE = \sqrt{MSE}$이다.

모형 (7.8)은 3개의 예측변수들의 조합이 반응변수에 미치는 영향을 보려는 것인데, 이에 앞서 3개의 예측변수 각각이 반응변수에 미치는 영향을 단순선형회귀 방법으로 분석한 결과를 정리해 보자. [그림 7.5]를 그린 R-스크립트는 다음과 같다.

그림 7.5: sales vs. 세 예측변수 각각의 산점도

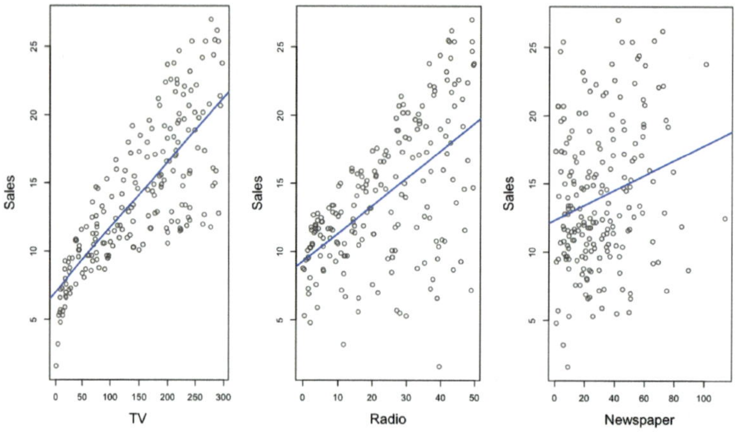


```
1  options(repr.plot.width=9, repr.plot.height=5.6)
2  par(mfrow=c(1,3), cex.lab=1.5)
3  attach(adv)
4  plot(TV, sales, pch=1, col=gray2, ylab="Sales")
5  lm.fit.TV = lm(sales ~ TV, data=adv)
6  abline(lm.fit.TV,col=myblue,lwd=2)
7  plot(radio, sales, pch=1, col=gray2, xlab="Radio", ylab="Sales")
8  lm.fit.radio = lm(sales ~ radio, data=adv)
9  abline(lm.fit.radio,col=myblue,lwd=2)
10 plot(newspaper, sales, pch=1, col=gray2, xlab="Newspaper", ylab="Sales")
11 lm.fit.newspaper = lm(sales ~ newspaper, data=adv)
12 abline(lm.fit.newspaper,col=myblue,lwd=2)
```

라인3에 사용된 `attach(adv)`는 라인4, 라인7, 라인10을 간결하게 하기 위함이다. 만일 라인3이 없었다면 예를 들어 라인4는 `plot(adv$TV, adv$sales, ..)`로 썼어야 했을 것이다. `attach()`는 한 번만 실행하면 된다. 이미 `attach()`된 변수를 다시 `attach()` 하면 에러 메시지가 뜰 것이다. `attach(adv)`를 무효화 하려면 `detach(adv)`를 실행하면 된다. 참고로 `detach()`는 p217에서 보았듯이 패키지를 언로드할 때도 사용된다.

회귀의 결과는 다음과 같이 `summary()` 함수를 써서 볼 수 있다. 출력이 너무 길어서 필요하지 않은 부분은 삭제하고 필요한 부분만 보였다.

```
summary(lm.fit.TV)
```

```
2 summary(lm.fit.radio)
3 summary(lm.fit.newspaper)
```

```
4              Estimate Std. Error t value Pr(>|t|)
5  TV          0.047537   0.002691   17.67   <2e-16 ***
6
7  Residual standard error: 3.259 on 198 degrees of freedom
8  Multiple R-squared:  0.6119,       Adjusted R-squared:  0.6099
9
10             Estimate Std. Error t value Pr(>|t|)
11 radio        0.20250    0.02041   9.921   <2e-16 ***
12
13 Residual standard error: 4.275 on 198 degrees of freedom
14 Multiple R-squared:  0.332,       Adjusted R-squared:  0.3287
15
16 Coefficients:
17             Estimate Std. Error t value Pr(>|t|)
18 newspaper    0.05469    0.01658    3.30  0.00115 **
19
20 Residual standard error: 5.092 on 198 degrees of freedom
21 Multiple R-squared:  0.05212,       Adjusted R-squared:  0.04733
```

적합선의 유의성$_{\text{significance}}$은 라인5, 라인11에 p-값이 2×10^{-16} 미만, 라인18에는 p-값이 0.00115로 나타나 있어 충분하다고 판단된다.

그리고 어떤 광고매체가 가장 가격대비 유효한지를 판단하기 위하여 적합선의 기울기를 보면

$$\texttt{radio} = 0.203 \gg \texttt{newspaper} = 0.055 > \texttt{TV} = 0.048$$

로 나타났는데 이것만 가지고 어떤 결론을 내리는 것은, 예를 들어 TV는 광고매체로서 셋 중에 가장 효과가 없다고 결론짓는 것은 성급하다. 왜냐하면 결정계수를 보면

$$\texttt{TV} = 0.612 \gg \texttt{radio} = 0.332 \gg \texttt{newspaper} = 0.052$$

이기 때문이다. 특히 newspaper의 결정계수가 0에 가까운 것을 보면 이것의 적합선을 결정지은 것은 '예측변수의 반응변수에 미치는 영향'이 아니라 '랜덤 오차'인 것으로 보인다.

이상으로 3개의 예측변수 TV, radio, newspaper 각각이 반응변수 sales에 미치는 영향을 단순선형회귀로써 분석해 보았다. 이제 이 3개의 예측변수가 결합하여 sales에 미치는 영향을 다중선형회귀를 써서 분석해 보자. (그래프를 그리려면 4차원 공간이 필요할 것이므로 그리지 못하고 summary()의 결과만 보였다.)

```
lm.fit.all = lm(sales ~ TV+radio+newspaper, data=adv)
summary(lm.fit.all)
```

```
Coefficients:
             Estimate Std. Error t value Pr(>|t|)
(Intercept)  2.938889   0.311908   9.422   <2e-16 ***
TV           0.045765   0.001395  32.809   <2e-16 ***
radio        0.188530   0.008611  21.893   <2e-16 ***
newspaper   -0.001037   0.005871  -0.177     0.86
```

```

Residual standard error: 1.686 on 196 degrees of freedom
Multiple R-squared:  0.8972,        Adjusted R-squared:  0.8956
F-statistic: 570.3 on 3 and 196 DF,  p-value: < 2.2e-16
```

위의 출력을 각 예측변수들에 대하여 개별적으로 회귀분석했던 이전의 결과와 비교하면 다음이 눈에 띈다:

(1) TV에 대한 계수는 0.0475에서 0.0458로 아주 조금 감소한 반면에 radio에 대한 계수는 0.203에서 0.189로 약간 더 많이 감소했고 newspaper에 대한 계수는 0.0547에서 0.0010으로 대폭 감소했다.

(2) 계수들에 대한 p-값을 보면 TV와 radio에 대해서는 이전과 같이 유의한 결과가 나왔고 newspaper에 대하여는 전혀 유의하지 않은 값인 0.86이 나왔다.

(3) 결정계수 r^2은 0.8972로 나왔으며 이것은 개별적으로 분석하여 얻은 결과의 최댓값 0.6119보다도 현저하게 더 크다.

(4) RSE는 1.686으로 나왔으며 이것은 개별적으로 분석하여 얻은 결과의 최댓값 3.259보다도 현저하게 더 작다.

위의 분석 결과에서 가장 궁금한 것은 newspaper가 sales에 미치는 영향이 왜 개별적 단순모형 맞춤을 했을 때는 비교적 크고 다중모형 맞춤을 했을 때는 아주 작게 나오냐는 것이다.

이것의 답은 cor() 함수를 써서 얻은 상관계수 행렬(*correlation matrix*)에서 찾아볼 수 있다.†

```
round(cor(adv), digits=4)
```

```
          TV     radio  newspaper sales
TV        1.0000 0.0548 0.0566    0.7822
radio     0.0548 1.0000 0.3541    0.5762
newspaper 0.0566 0.3541 1.0000    0.2283
sales     0.7822 0.5762 0.2283    1.0000
```

newspaper가 증가하면 radio도 증가하는데 이 둘의 상관계수가 0.3541로 나타났다. 이것은 (상관계수의 최댓값이 1임을 고려하면) 무시할 수 없는 크기이다. 따라서 newspaper가 증가하면 sales가 증가하는 것이 관측되고는 있지만, 그 이유는 newspaper의 증가가 sales에 직접 영향을 주는 것이 아니라 newspaper의 증가가 radio의 증가와 함께 일어나며 radio의 증가가 sales에 영향을 미치기 때문이라고 해석할 수 있다.

이것은 상관관계와 인과관계를 혼동하면 안 된다는 것을 알려주는 중요한 예이다. 다시 강조하여 말하겠는데, 관측자료로부터 유추한 인과관계는 결코 확신하면 안 된다.

우리는 다중회귀를 통하여 다음과 같은 물음에 답하고자 한다.

③ 예측변수들 $X_1, \ldots, X_p$ 중에 반응변수에 영향을 미치는 것이 적어도 하나는 존재하는가?

이것은 다음과 같은 가설을 검정하는 문제이다.

$$H_0 : \beta_1 = \cdots = \beta_p = 0, \qquad H_1 : \text{at least one } \beta_j \text{ is non-zero.}$$

†참고로 상관계수 행렬과 비슷한 공분산 행렬(*covariance matrix*)은 cor() 대신 cov()를 써서 얻을 수 있다.

이러한 가설의 검정에 사용하는 통계량 분포는 다음과 같음이 알려져 있다.

$$\frac{(SST - SSE)/p}{SSE/(n-p-1)} \sim F(p, n-p-1) \tag{7.9}$$

이 검정의 결과는 앞서의 `summary()` 함수의 출력에 나와 있다. 출력 중에 해당 부분만을 여기 다시 보였다.[†]

```
F-statistic: 570.3 on 3 and 196 DF,  p-value: < 2.2e-16
```

이 검정의 결론은 `TV`, `radio`, `newspaper` 중에 적어도 어느 하나는 `sales`에 영향을 미친다는 것이다.

④ 예측변수들 중에 어떤 것들이 반응변수에 영향을 미치는가?

이 문제에 답하기는 예측변수의 개수 p가 크면, 특히 $p > n$인 경우에는 쉽지 않다. 이러한 문제를 해결하기 위한 방법들이 여럿 제안되었는데 이 토픽은 흥미롭기는 하나 이 책의 범위를 넘는다.

그리 정확하지는 않으나 아주 간편한 방법 하나가 있는데 그것은 각 예측변수에 대한 p-값을 관찰하는 것이다. p223에 있는 `summary(lm.fit.all)`의 출력 라인6–8에서 p값을 보면 `TV`와 `radio`에서는 아주 작게 나오지만 `newspaper`에서는 0.86으로 아주 크게 나왔으므로 `newspaper`는 반응변수에 영향을 미치지 않는 유일한 예측변수임을 알 수 있다.

⑤ 반응변수의 예측값을 어떻게 예측변수들의 값으로부터 계산하는가? 이 예측은 얼마나 정확한가?

이 질문은 '실습 1 (단순선형회귀)'에서 묻고 답할 수도 있었으나 회귀에 대한 경험을 통하여 개념이 어느 정도 확립된 다음에 공부하는 것이 더 좋다고 생각하여 여기로 미루어 둔 것이다.

구체적인 문제로 ($\texttt{TV} = 100$, $\texttt{radio} = 20$)일 때와 ($\texttt{TV} = 60$, $\texttt{radio} = 60$)일 때의 두 경우에 대하여 각각 `sales`의 95% 신뢰구간을 구해 보자. `newspaper`는 예측변수로 사용하지 않고 있으므로, 우리가 사용하는 모형은

$$\texttt{sales} = \beta_0 + \beta_1 \cdot \texttt{TV} + \beta_2 \cdot \texttt{radio} + \varepsilon$$

가 될 것이다. 신뢰구간은 통계량으로부터 계산하는 것이므로, 신뢰구간의 중점은

$$\widehat{\texttt{sales}} = \widehat{\beta}_0 + \widehat{\beta}_1 \cdot \texttt{TV} + \hat{\beta}_2 \cdot \texttt{radio}$$

로 계산한다. 신뢰구간을 $(\widehat{\texttt{sales}} - E, \widehat{\texttt{sales}} + E)$로 두었을 때 오차의 한계 E의 계산식은, 단순회귀였다면 (7.16)을 사용하여 얻을 수 있다. 다중회귀의 경우에는 이 식의 일반화 버전을 찾아서 사용할 수도 있겠지만 그보다는 R에서 제공하는 함수 `predict()`를 사용하여 다음과 같이 계산하는 것이 더 낫다.

[†](연습문제). `lm()`과 `summary()`를 쓰지 않고 R의 기본 함수들을 사용하여 F-값 570.3과 이에 대응하는 p-값을 얻어 보라.

```
1 lm.fit.TV_radio = lm(sales ~ TV + radio, data=adv)
2 round(predict(lm.fit.TV_radio, data.frame(TV=c(100,60), radio=c(20,60)),
3     interval="confidence", level=0.95), digits=3)
```

```
4       fit    lwr    upr
5 1  11.256 10.985 11.528
6 2  16.946 16.263 17.629
```

출력에서 fit는 $\widehat{\text{sales}}$를 뜻하며, lwr은 구간의 아래 끝lower limit, upr은 구간의 위 끝upper limit를 뜻한다. fit가 구간 (lwr, upr)의 중점임을 확인해 보라.

TV $= 100$, radio $= 20$일 때는 신뢰구간이 $(10.985, 11.528)$로 나왔으며, TV $= 60$, radio $=$ 60일 때는 신뢰구간이 $(16.263, 17.629)$로 나왔다.

신뢰구간과 비슷하지만 이와 다른 개념으로 예측구간(*prediction interval*)이라는 것이 있다. 예측구간은 단순회귀의 경우에는 (7.17)을 써서 계산할 수 있으며 R-함수 predict()를 써서 계산하려면 인수 interval의 값을 "confidence" 대신"prediction"으로 주면 된다.

```
1 lm.fit.TV_radio = lm(sales ~ TV + radio, data=adv)
2 round(predict(lm.fit.TV_radio, data.frame(TV=c(100,60), radio=c(20,60)),
3     interval="prediction", level=0.95), digits=3)
```

```
4       fit    lwr    upr
5 1  11.256  7.930 14.583
6 2  16.946 13.561 20.331
```

예측구간은 각각 $(7.930, 14.580)$, $(13.56, 20.33)$으로 나왔다.

신뢰구간과 예측구간의 의미의 차이는 다음과 같다: 신뢰구간은 200개의 도시들에서의 sales의 <u>평균값</u>이 들어갈 확률이 95%인 구간을 뜻한다. 예측구간은 특정한 하나의 도시에서 sales가 들어갈 확률이 95%인 구간을 뜻한다.

연습문제 7.9 라인5와 라인6에서의 fit의 값 11.256과 16.946을 구할 때 predict()를 사용하는 대신 lm.fit.TV_radio$coefficients를 사용하여 구하여 보라. ⊣

연습문제* 7.10 $\widehat{\text{sales}}$의 신뢰구간과 예측구간을 predict()를 쓰지 않고 각각 (7.16)과 (7.17)을 써서 계산하는 문제이다. 이 식들은 예측변수가 1개일 때만 적용되므로(물론 앞서 말했 듯이 예측변수가 여러 개 있는 경우로 일반화 된 식도 존재하지만) 예측변수를 TV 하나로 놓고 이 변수의 값이 100일 때와 60일 때 각각 신뢰구간과 예측구간을 구하여라.

참고로 predict()를 써서 얻은 신뢰구간들은 다음과 같다.

```
     fit    lwr    upr
1 11.786 11.268 12.305
2  9.885  9.237 10.533
```

그리고 predict()를 써서 얻은 예측구간들은 다음과 같다.

```
     fit   lwr    upr
1 11.786 5.339 18.233
2  9.885 3.426 16.343
```

위와 동일한 결과를 얻어야 한다. ⊣

7.1.6 비선형 관계

이 절에서 우선 배울 것은 예측변수와 반응변수의 관계가 비선형일 때도, 많은 경우 선형회귀로써 분석할 수 있다는 것이다.

그리고 선형회귀 관련하여 다음의 물음에 답하는 법을 공부하고자 한다.

⑥ 반응변수와 예측변수의 관계는 선형인가?

비선형 관계를 공부하기 위해서 사용할 데이터 집합은 §7.1.3에 나왔던 ISLR2 패키지의 Auto다.

```
str(Auto)
```

```
'data.frame':        392 obs. of  9 variables:
 $ mpg         : num  18 15 18 16 17 15 14 14 14 15 ...
 $ cylinders   : int  8 8 8 8 8 8 8 8 8 8 ...
 $ displacement: num  307 350 318 304 302 429 454 440 455 390 ...
 $ horsepower  : int  130 165 150 150 140 198 220 215 225 190 ...
 ..
```

연비(mpg = mile per gallon)와 마력(horsepower)의 관계를 보기 위하여 단순선형모형에 맞추어 보면 다음과 같다.

```
attach(Auto)
lm.fit1 = lm(mpg ~ horsepower)
options(repr.plot.width=8.5, repr.plot.height=6.8)
plot(horsepower, mpg, col=gray2, xlab="Horsepower",
    ylab="Mile per gallon", cex.lab = 1.4)
abline(lm.fit1, col=myblue, lwd=2)
```

plot()의 인수 cex=0.6은 플롯 문자의 크기를 원래 크기의 0.6배로 하라는 뜻이다.

[그림 7.6]을 보면 마력이 증가함에 따라 연비가 감소하는 정도가, 마력이 작을 때는 크고 마력이 커짐에 따라 완화되는 경향을 볼 수 있다. 따라서 이 데이터를 선형모형에 맞추는 것이 최선인지 의문이다.

그림 7.6: 자동차의 마력과 연비

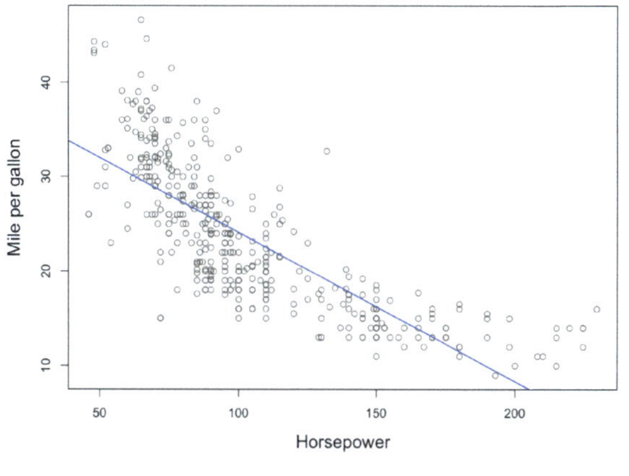

1차함수 모형이 썩 마음에 들지 않으니 2차함수 모형 (7.10)을 적용해 보자.

$$\text{mpg} = \beta_0 + \beta_1 \cdot \text{horsepower} + \beta_2 \cdot \text{horsepower}^2 + \varepsilon \tag{7.10}$$

계수들의 추정량 $\hat{\beta}_0$, $\hat{\beta}_1$, $\hat{\beta}_2$를 구하는 것은 horsepowser와 horsepower^{2}을 각각 독립적인 예측변수인 것으로 취급함으로써 가능하다. 즉 (7.10)의 독립변수를 1개로 본다면 비선형이지만, 2개로 보면 다중선형모형을 적용하여 lm() 함수를 써서 계수들을 구할 수 있다는 것이다. 이때 필요한 것이 I() 함수이다. 아래에 보인 코드에서 lm()의 인수에 I()가 사용된 것에 주목하라.

```
1 options(repr.plot.width=8.5, repr.plot.height=6.8)
2 lm.fit2 = lm(mpg ~ horsepower + I(horsepower^2))
3 plot(horsepower, mpg, col=gray2, cex.lab=1.4, xlab="Horsepower",
4     ylab="Mile per gallon")
5 xvec = seq(from=min(horsepower) - 15, to=max(horsepower) + 15, length = 150)
6 yvec2 = predict(lm.fit2, data.frame(horsepower=xvec))
7 lines(xvec, yvec2, col=myblue, lwd=2, lty=2)
```

적합곡선fitting curve을 그리기 위하여 y-좌표들의 벡터 yvec2를 구할 때 라인5에서 사용한 predict() 함수가 유용하다. 지난번에 신뢰구간과 예측구간을 구할 때와 달리 predict()의 인수에 interval = ".." 등을 넣지 않고 사용하도록 한다.

그림 7.7: 자동차의 마력과 연비, 2차함수

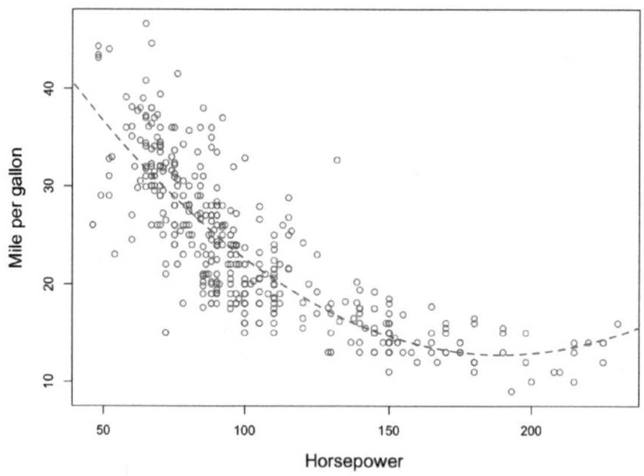

1차함수 모형을 썼을 때보다 확실히 나아 보인다. 여기서 2가지 의문이 생긴다. ⓐ 차수를 2차에 그치지 말고 더 높은 차수, 가령 5차함수를 쓰면 어떨까? ⓑ 그림으로 보면 2차함수 모형이 1차함수 모형보다 나아보이지만 좀 더 객관적인 방법으로 더 낫다는 것을 확인할 수는 없는가?

ⓐ에 대한 답을 얻기 위하여 I(horsepower^2), . . . , I(horsepower^5)를 써도 되겠지만 그보다는 아래와 같이 poly() 함수를 쓰는 것이 간편하다. 1차, 2차, 5차 함수를 사용한 모형들의 맞춤 결과를 [그림 7.8]에 보였다.
이 그림을 그리는 데 사용된 R 스크립트는 다음과 같다.

```
lm.fit5 = lm(mpg ~ poly(horsepower, 5))
plot(horsepower, mpg, col=gray2, cex.lab=1.4, xlab="Horsepower",
    ylab="Mile per gallon")
# Degree 1
abline(lm.fit1, col=myblue, lwd=2);
```

그림 7.8: 자동차의 마력과 연비, 1,2,5차함수

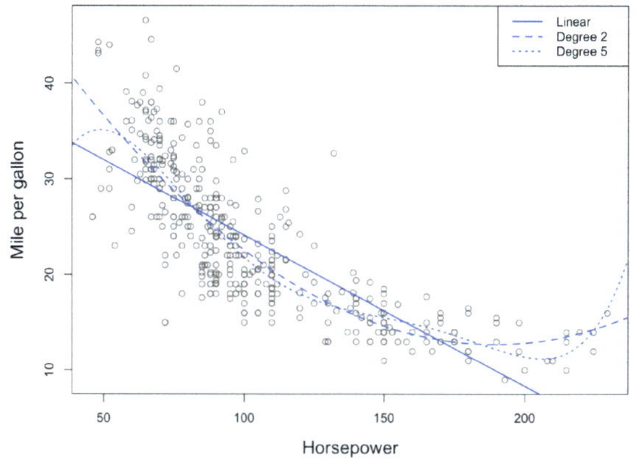


```
# Degree 2
xvec = seq(from=min(horsepower) - 15, to=max(horsepower) + 15, length = 150)
yvec2 = predict(lm.fit2, data.frame(horsepower=xvec))
lines(xvec, yvec2, col=myblue, lwd=2, lty=2)
# Degree 5
yvec5 = predict(lm.fit5, data.frame(horsepower=xvec))
lines(xvec, yvec5, col=myblue, lwd=2, lty=3)
# Legends
legend("topright", legend=c("Linear","Degree 2","Degree 5"),
    col=c(myblue,myblue,myblue), lty=c(1,2,3), lwd=c(2,2,2))
```

몇 차 함수를 썼을 때 가장 좋은 결과가 나왔다고 보는가?

적합(곡)선이 데이터 집합을 얼마나 잘 맞추고 있는가에 대한 척도로 *RSE*와 r^2이 있다. ⓑ에 대한 답을 얻기 위한 R-작업을 아래에 보였다. (지면을 절약하기 위하여 출력의 일부만 보였다.)

```
summary(lm.fit1)
summary(lm.fit2)
summary(lm.fit5)

Residual standard error: 4.906 on 390 degrees of freedom
Multiple R-squared:  0.6059,        Adjusted R-squared:  0.6049

Residual standard error: 4.374 on 389 degrees of freedom
Multiple R-squared:  0.6876,        Adjusted R-squared:  0.686

Residual standard error: 4.326 on 386 degrees of freedom
Multiple R-squared:  0.6967,        Adjusted R-squared:  0.6928
```

출력을 보면 차수가 증가할수록 *RSE*는 줄어들고 r^2은 늘어난다는 것을 알 수 있다. 이 결과를 두고 모형의 차수는 높을수록 좋다는 뜻으로 해석할 수 있겠는가?

위의 출력에서 보면 2차함수 모형은 1차함수 모형보다 많이 좋아졌지만 5차함수 모형은 2차함수 모형보다 아주 조금만 좋아졌다는 것을 알 수 있다. 그리고 [그림 7.8]에서 보면 5차함수 그래프는 마력이 아주 커지면 연비가 급격히 좋아지는 것을 볼 수 있는데 이건 현실적으로 일어나기 힘든 현상이다. 이런 결과가 나온 것은 표본추출sampling에서 발생한 무작위 오차가 크게 반영된 까닭인 것으로 짐작된다.

아무튼 모형에서 사용한 다항식의 차수가 올라갈수록 *RSE*가 줄어드니까 좋은 것이 아닌가 생각할 수 있겠지만 이게 그렇게만 볼 것이 아니다. 이에 대해서는 §7.2.4에서 다시 심도있게 논하기로 한다.

데이터의 선형성 여부는 [그림 7.6]을 보고 대략 판단할 수는 있지만 조금 더 객관적인 판단을 위하여는 이것보다는 잔차산점도(*residual plot*)라는 것을 사용해야 한다. 잔차산점도란 데이터 포인트들을 x-좌표는 맞춤값fitted value $\hat{y}_i$, y-값은 잔차 $e_i := y_i - \hat{y}_i$로 주어 플롯하고 적합곡선(*smooth fit curve*)과 함께 그려 넣은 것이다.

그림 7.9: 잔차산점도

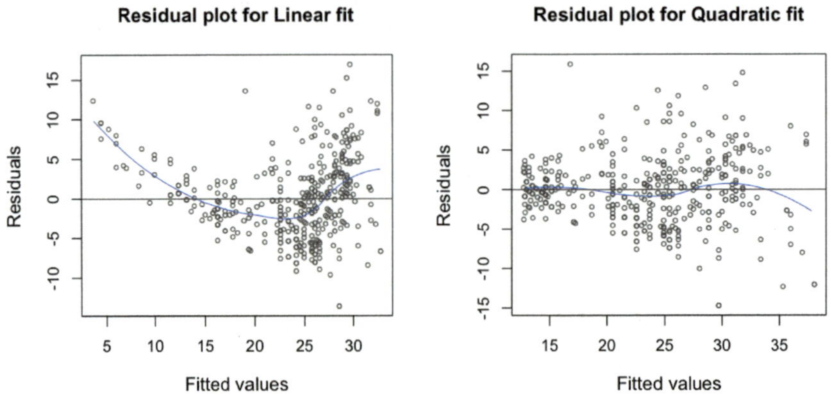

[그림 7.9]의 왼쪽 그림이 선형모형을 사용하여 얻은 잔차산점도인데 적합곡선과 x-축(회색 수평선)의 간격이 상당히 크다. 데이터에 선형성이 없음을 한 눈에 알 수 있다. 오른쪽 그림은 2차함수 모형을 사용하여 얻었으며 이것은 x-축과의 간격이 적어서 맞춤이 잘 되었음을 알 수 있다.

적합곡선은 *local regression*을 이용하여 산점도에 적합하도록 만든 곡선이며 이를 얻기 위한 대표적인 방법으로 LOESS (locally estimated scatterplot smoothing)와 LOWESS (locally weighted scatterplot smoothing) 등이 있다.

Local regression의 핵심은 이 스크립트에서 사용된 함수 `loess()`인데 이것의 알고리듬은 이 책의 범위를 넘는다.

7.1.7 범주형 예측변수

지금까지 다루었던 모든 회귀의 예에서는 예측변수가 연속형이었다. 이 절에서는 예측변수가 범주형인 경우에 이것과 반응변수의 관계를 선형회귀를 써서 분석하는 방법을 알아볼 것이다. 데이터는 `ISLR2` 패키지에 속한 `Credit`와 `Carseats`를 사용하기로 한다. 예 3개를 볼 것인데 이 모든 예에서 예측변수는 범주형이고 반응변수는 연속형이다.

첫 번째 예

신용카드 결제예정금액(Balance)을 반응변수, 유주택 여부(Own)을 예측변수로 두었다. Own은 "No"와 "Yes" 둘 중의 하나를 값으로 취한다. 즉 2개의 수준level을 가진다.

```
1 data(Credit, package="ISLR2")
2 str(Credit)
```

```
3 'data.frame':       400 obs. of  11 variables:
4  $ Own      : Factor w/ 2 levels "No","Yes": 1 2 1 2 1 1 2 1 2 2 ...
5  $ Balance  : num  333 903 580 964 331 ...
```

Credit 데이터프레임의 11개의 변수들 중에서 우리가 관심을 두는 Own과 Balance를 제외한 9개 변수에 대한 결과는 출력에서 제외하였다.

```
6 attach(Credit)
7 lm.fit.Credit = lm(Balance ~ Own)
8 summary(lm.fit.Credit)
```

```
9  Coefficients:
10             Estimate Std. Error t value Pr(>|t|)
11 (Intercept)   509.80      33.13  15.389   <2e-16 ***
12 OwnYes         19.73      46.05   0.429    0.669
13 Residual standard error: 460.2 on 398 degrees of freedom
14 Multiple R-squared:  0.0004611,      Adjusted R-squared:  -0.00205
```

summary()의 출력을 보면 절편 509.80, 기울기가 19.73이 나왔는데 여기서 변수의 이름이 Own이 아니라 OwnYes임에 주목해야 한다. 이것은 다음과 같은 모형을 사용했다는 뜻이다.

$$\texttt{Balance} = \beta_0 + \beta_1 \cdot x, \text{ where } x = \texttt{ifelse(Own=="Yes", 1 , 0)}$$

그런데 p-값을 보면 0.669로 너무 크고, r^2의 값은 0.00046으로 너무 작다. 이는 Own이 Balance에 거의 영향을 미치지 않는다는 뜻이다. plot(Balance ~ Own)을 실행하여 그린 [그림 7.10]을 보면 유주택 여부에 따른 신용카드 결제예정금액의 차이는 미미한 것으로 보인다.

그림 7.10: 범주형 예측변수

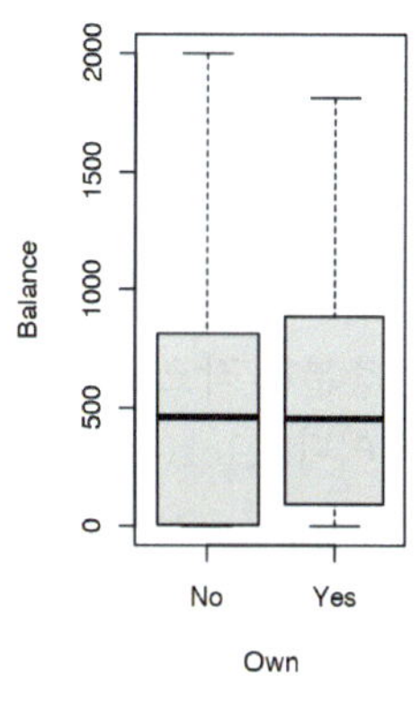

연습문제 7.11 위의 출력에서 라인11과 라인12에 나타난 회귀계수 509.80 및 19.73을 다음에 보인 R-스크립트의 코드 및 출력과 연관지어 설명해 보라.

또한 hist(lm.fit.Credit$fitted.values)를 실행하면 어떤 그림이 그려질지 예측해 보고, 실행한 후 결과를 설명하여라. ⊣

```
cat(sprintf("meanBalance = %.1f\n", mean(Balance)))
cat(sprintf("meanBalanceYes = %.1f\n", mean(Balance[Own=="Yes"])))
cat(sprintf("meanBalanceNo = %.1f\n", mean(Balance[Own=="No"])))
cat(sprintf("number of OwnYes = %d\n", length(Balance[Own=="Yes"])))
cat(sprintf("number of OwnNo = %d\n", length(Balance[Own=="No"])))
cat(sprintf("weighted average = %.1f\n", (529.5*207 + 509.8*193)/(207+193)))
a = lm.fit.Credit$coefficients["(Intercept)"]
```

```
b = lm.fit.Credit$coefficients["OwnYes"]
cat(sprintf("%.1f\n", a + b*0))
cat(sprintf("%.1f\n", a + b*1))
```

```
meanBalance = 520.0
meanBalanceYes = 529.5
meanBalanceNo = 509.8
number of OwnYes = 207
number of OwnNo = 193
weighted average = 520.0
```

두 번째 예

유아용 카시트의 단위 기간당 판매량 Sales를 반응변수로, 그리고 판매국가가 미국인지의 여부 US를 예측변수로 두었다. 각 레코드는 하나의 매장에 대응된다. 그리고 Sales의 단위는 1000이다. 예를 들어 Sales = 11.22라면 그 매장에서 11,220개가 팔렸다는 뜻이다.

```
data(Carseats, package="ISLR2")
str(Carseats)
# detach(Credit)
# attach(Carseats)
summary(lm(Sales ~ US))
```

11개의 변수 중에 우리가 사용할 3개의 변수만 출력에 보였다.

```
'data.frame':       400 obs. of  11 variables:
 $ Sales       : num  9.5 11.22 10.06 7.4 4.15 ...
 $ ShelveLoc   : Factor w/ 3 levels "Bad","Good","Medium": 1 2 3 3 1 1 3 2 3 3 ...
 $ US          : Factor w/ 2 levels "No","Yes": 2 2 2 2 1 2 1 2 1 2 ...

Coefficients:
            Estimate Std. Error t value Pr(>|t|)
(Intercept)   6.8230     0.2335   29.21  < 2e-16 ***
USYes         1.0439     0.2908    3.59 0.000372 ***

Residual standard error: 2.783 on 398 degrees of freedom
Multiple R-squared:  0.03136,	Adjusted R-squared:  0.02893
```

p-값이 충분히 작으므로 US는 Sales에 영향을 미치는 것으로 보인다. 그러나 $r^2 = .0314$는 많이 작은 편이다. plot(Sales ~ US)를 실행하여 [그림 7.10]과 비교해 보라.

연습문제 7.12 [연습문제 7.11]을 이 예에 대해서 만들어 풀어 보라. ⊣

3번째 예

앞의 두 예에서는 범주형 예측변수가 취할 수 있는 값, 즉 수준(level)의 개수가 2였는데, 이것이 3 이상이 되면 어떻게 해야 하는지가 궁금할 것이다. 이것에 대한 답은, 수준의 개수를 ℓ이라 할 때 값을 0, 1 중에 하나로 취하는 변수를 $\ell - 1$개 도입하는 것이다. 이러한 변수들을 가변수(*dummy variable*)이라고 한다.

이 예에서는 데이터 집합을 두 번째 예에서와 같이 데이터 집합으로 Carseats를 사용하고 반응변수도 Sales로 동일하게 둔다. 그러나 예측변수로는 ShelveLoc를 사용할 것인데 이것의 수준은 Bad, Good, Medium중 하나의 값을 취하도록 되어 있다. 즉, 카시트를 놓는 선반shelf의 위치location가 나쁠 때, 좋을 때, 보통일 때의 3 경우에 각각 판매량이 어떻게 되는지를 분석한다.

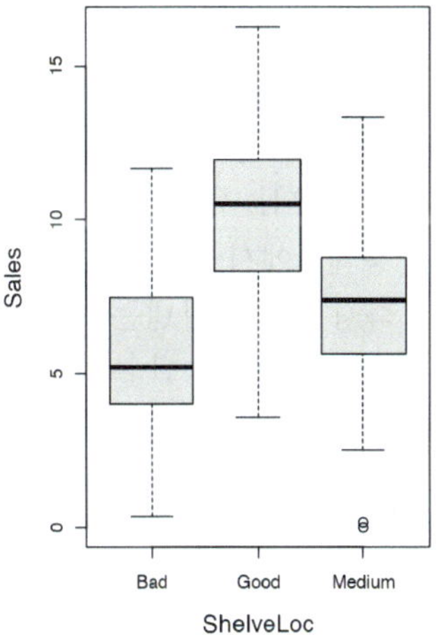

이 모형에서 사용하는 식은 다음과 같다.

$$\texttt{Sales} = \beta_0 + \beta_1 \cdot x_1 + \beta_2 \cdot x_2, \text{ where}$$

$$x_1 = \texttt{ifelse(ShelveLoc=="Good", 1, 0)},$$

$$x_2 = \texttt{ifelse(ShelveLoc=="Medium", 1, 0)}.$$

다음의 코드를 사용하여 분석하고 상자-수염그림을 그린다.

```
lm.fit.shelveloc = lm(Sales ~ ShelveLoc)
summary(lm.fit.shelveloc)
options(repr.plot.width=4.5, repr.plot.height=6.8)
plot(Sales ~ ShelveLoc, cex.lab=1.3)
```

결과는 다음과 같다. 해설해 보라.

```
Coefficients:
                 Estimate Std. Error t value Pr(>|t|)
(Intercept)        5.5229     0.2388  23.131  < 2e-16 ***
ShelveLocGood      4.6911     0.3484  13.464  < 2e-16 ***
ShelveLocMedium    1.7837     0.2864   6.229  1.2e-09 ***

Residual standard error: 2.339 on 397 degrees of freedom
Multiple R-squared:  0.3172,     Adjusted R-squared:  0.3138
```

연습문제* 7.13 [연습문제 7.11]을 이 예에 대해서 만들어 풀어 보라. ⊣

7.2 머신러닝의 기본 개념

머신러닝에는 크게 나누어 아래의 3개 패러다임이 있다. 이 책은 전적으로 첫 번째 패러다임인 '지도학습'에 대한 것이며 2번째와 3번째 패러다임은 다루지 않는다.

- 지도학습(*supervised learning*): 회귀와 분류의 2가지 유형이 있다. 회귀는 주어진 데이터 집합 $\mathcal{D} := \{(\vec{x}_i, y_i) \mid i = 1, \ldots, n\}$으로부터 $y = f(\vec{x}) + \varepsilon$을 만족하는 f에 가장 가까운 $\hat{f}$를 찾아내는 것을 목표로 한다. 분류에 대해서는 [섹션 7.3]를 읽어 보기 바란다.
- 자율학습(*unsupervised learning*): 데이터 집합이 반응변수 없이 예측변수(의 벡터)들로만 이루어 진다. 여기에 속하는 분석방법으로는 군집화(*Clustering analysis*), 주성분 분석(*Principal component*), 확률적 의존관계(*probabilistic dependency*) 등이 있다.
- 강화학습(*reinforcement learning*): 강화학습의 성공적인 응용으로 가장 유명한 것은 바둑의 규칙만 알려주면 스스로 전략을 만들어 내는 AlphaGo Zero일 것이다.

7.2.1 회귀모형

이제 회귀모형(*regression model*)에 대해서 말해 보자. 모형과 회귀는 수학적 엄격성을 갖추어 정확하게 기술하기가 쉽지 않은 개념이므로 이 강의노트에서는 직관적 수준에서 이들을 설명하고자 한다.

통계학에서 모형(*model*)이라 함은 모집단에 대한 가설들의 집합을 의미한다. 회귀(*regression*)는 측정값을 나타내는 변수들 간의 관계를 밝히는 작업이며 독립변수는 1개 또는 여러 개 있을 수 있고 종속변수는 단 1개인 것으로 한다.† 머신러닝에서는 독립변수를 예측변수(*predictor variable*), 종속변수를 반응변수(*response variable*)라고 부른다.

회귀모형에는 여러 형태가 있는데 여기서는 대표적인 회귀모형인 선형회귀모형을 설명하기로 한다. 종속변수와 예측변수들 간의 관계가 비선형인 경우에도 이들의 분석에 선형회귀가 사용될 수 있으며 이러한 예는 §7.1.6에서 볼 수 있다.

선형회귀모형을 흔히 단순선형회귀모형(*simple linear regression model*)과 다중선형회귀모형(*multiple linear regression model*)으로 나누는데 여기서 '단순'은 예측변수가 1개라는 뜻이고 '다중'은 예측변수가 2개 이상이라는 뜻이다.

선형모형이라 함은 반응변수를 예측변수들의 선형함수로 둔다는 뜻인데, 정확히 말하자면 이 모형에서 사용하는 함수는 선형함수linear function가 아니라 아핀함수(*affine function*)이지만 관례를 따라 그냥 선형함수로 부르기로 한다.

$f(X_1,\ldots,X_p) = \beta_0 + \beta_1 X_1 + \cdots + \beta_p X_p$ 형태의 함수를 선형함수라고 한다. (아핀함수 중에서 $\beta_0 = 0$를 만족하는 것이 선형함수라고 보면 된다.) 예측변수의 개수를 p로 두는 것은 표기의 관례이다.

선형회귀분석은 다음과 같은 가정하에 이루어진다. 즉 아래의 (1), (2), (3)이 선형회귀분석의 모형이다.

(1) 각 X_j, $(j = 1,\ldots,p)$는 오차 없이 측정할 수 있는 수학적 변수이고, Y는 오차를 수반하는 확률변수이다. 즉, 예측변수들은 확률변수가 아니다.

(2) $Y = f(\vec{X}) + \varepsilon$으로 두었을 때 오차 ε은 평균값이 0인 정규분포를 따르고 분산은 항상 일정하며 서로 독립이다. 따라서 $\mathbb{E}[Y] = f(\vec{X})$이다.

(3) f는 선형이다. 즉

$$Y = \beta_0 + \beta_1 X_1 + \cdots + \beta_p X_p + \varepsilon \tag{7.11}$$

형태이다. β_j들을 회귀계수(*regression coefficient*)라고 한다. 이들 중 특히 β_0는 절편(*intercept*)이라고 한다.

선형회귀분석의 모형은 위의 (1), (2), (3)으로 이루어지는 것인데 흔히 이를 (3) 또는 (7.11) 하나만으로 이루어지는 것으로 알고 있는 경우가 많다. 하기는 (1)과 (2)는 대부분의 회귀분석 모형(선형이든 비선형이든)에서 똑같이 가정하기 때문에 회귀 모형은 곧 (7.11) (혹은 비선형 모형의 경우에는 어떤 비선형 함수)인 것으로 생각해도 큰 무리는 없다고 본다.

---

†종속변수가 여러 개 있는 경우는 종속변수가 1개 있는 경우에 대한 작업을 여러 번 하면 되므로 특별히 더 어려울 것이 없다.

단순선형회귀 모형의 데이터 집합 $\mathcal{D} := \{(x_i, y_i) \in \mathbb{R}^2 \mid i = 1, \ldots, n\}$이 주어졌을 때 우리는 x_i와 y_i가 각각 변수 X_i와 확률변수 Y_i가 취하는 값인 것으로 생각한다. 그리고 적당한 실수 β_0, β_1이 존재하여 $i = 1, \ldots, n$에 대하여 $e_i \in \mathbb{R}$이고

$$\begin{aligned} &Y_i = \beta_0 + \beta_1 X_i \; + e_i, \\ &e_i \overset{iid}{\sim} N(0, \sigma^2) \end{aligned} \tag{7.12}$$

가 성립한다고 가정한다. 여기서의 X_i는 (7.11)의 X_j와 다른 의미라는 것에 유의하라.

(7.12)의 다중 버전은 다음과 같다.

$$\begin{aligned} &Y_i = \beta_0 + \beta_1 X_{i1} + \cdots + \beta_p X_{ip} + e_i, \\ &e_i \overset{iid}{\sim} N(0, \sigma^2) \end{aligned} \tag{7.13}$$

(7.11)은 모수에 대한 것이며 이에 대응하는 통계량에 대해서는 다음의 식이 성립한다.

$$\begin{aligned} &\widehat{Y} = \hat{\beta}_0 + \hat{\beta}_1 X_1 + \cdots + \hat{\beta}_p X_p \\ &Y = \widehat{Y} + \varepsilon \end{aligned} \tag{7.14}$$

[정리 7.1]에 나타났던 y-절편 a와 기울기 b는 각각 (7.14)에서의 통계량 $\hat{\beta}_0$와 $\hat{\beta}_1$의 *realization*이다. 이 'realization'이라는 개념은 수학에서는 잘 사용하지 않지만 통계학에서는 자주 쓰이는 유용한 개념이다. 예를 더 들어보자면 $\bar{X}$의 realization은 $\bar{x}$, S^2의 realization 은 s^2이다.

데이터 집합 $\{(\vec{x}_i, y_i) \mid i = 1, \ldots, n\}$, $\vec{x}_i \overset{\text{def}}{=} (x_{i1}, \ldots, x_{ip})$로부터 모형의 계수 $\beta_0, \beta_1, \ldots, \beta_p$를 얻는 것을 모형을 맞춘다(*fit model*)고 하고 이 과정을 모형맞춤(*model fitting*)이라고 한다.

단순선형회귀모형

회귀모형의 구체적이고 간단한 예로 단순선형회귀모형에 대해서 알아보자. 이 모형에서는 우리가 관심을 두는 모수로 σ^2, β_0, β_1, $\mathbb{E}[Y]$ 등이 있으며 이들에 대한 신뢰구간과 가설검정은 아래 표에 주어진 분포를 이용하면 얻을 수, 또는 검정할 수 있음이 알려져 있다.

[표 7.1]에서 추정량의 기댓값은 모수가 된다. 즉, 표에 나타난 추정량들은 모두 비편향 추정량이다.

표 7.1: 선형회귀 분석

모수	추정량	분포
σ^2	MSE	$\frac{(n-2)MSE}{\sigma^2} \sim \chi^2(n-2)$
β_1	$\hat{\beta}_1$	$\hat{\beta}_1 \sim N\left(\beta_1, \frac{\sigma^2}{S_{XX}}\right)$
β_0	$\hat{\beta}_0$	$\hat{\beta}_0 \sim N\left(\beta_0, \sigma^2 \cdot \left(\frac{1}{n} + \frac{\bar{X}^2}{S_{XX}}\right)\right)$
$\mathbb{E}[Y]$	$\widehat{Y}$	$\widehat{Y} \sim N\left(\beta_0 + \beta_1 X, \sigma^2 \cdot \left(\frac{1}{n} + \frac{(X-\bar{X})^2}{S_{XX}}\right)\right)$

σ^2을 알지 못할 때는 σ^2 대신 MSE를 사용하며 $N(0,1)$ 대신 t-분포를 사용한다. MSE는 표본분산 S^2과 비슷한 개념이다. $E(MSE) = \sigma^2$는 분산분석 섹션의 p176, [정리 5.59]와 비슷한데

증명은 역시 생략한다.

위의 [표 7.1]을 이용하여 여러 모수들의 신뢰구간을 구할 수 있다. 예를 들어 $X = x$에서 $\mathbb{E}[Y]$의 신뢰구간은 다음의 식을 사용하여 얻는다.

$$(\hat{y} - E, \hat{y} + E), \quad \text{where} \quad \hat{y} = \hat{\beta}_0 + \hat{\beta}_1 x, \tag{7.15}$$

$$E = t_{\alpha/2}(n-2)\sqrt{MSE\left(\frac{1}{n} + \frac{(x-\bar{x})^2}{S_{XX}}\right)}. \tag{7.16}$$

주의 7.14 $X = x$에 대응되는 y 값의 신뢰구간 $(\hat{y} - E, \hat{y} + E)$에서의 오차의 한계 E는 (7.16)이 아니라 다음의 식을 사용하여 구한다.

$$E = t_{\alpha/2}(n-2)\sqrt{MSE\left(1 + \frac{1}{n} + \frac{(x_0-\bar{x})^2}{S_{XX}}\right)} \tag{7.17}$$

이렇게 얻은 구간 $(\hat{y} - E, \hat{y} + E)$는 회귀이론에서는 예측구간(*predction interval*)이라고 불러 (7.16)을 사용하여 얻은 $\mathbb{E}[Y]$ 값의 신뢰구간과의 혼동을 피한다. $\mathbb{E}[Y]$는 $X = x$일 때 관찰되는 y 값들의 기댓값이므로 (7.14)에 나타나는 ε이 average out 되므로 표준오차가 y에 비해서 작게 나타난다고 생각하면 대략 옳다.

신뢰구간과 예측구간을 정확히 이해하고 구별하기 위하여는 예측구간의 계산에 사용되는 식 (7.17)이 어떻게 유도되었는지를 알아야 할 것이다. 이에 대한 설명은 이 책에서는 생략하며 궁금한 독자들은 [5]의 pp654–659를 참고하기 바란다.

예측구간의 개념은 대학의 통계학 교재에서 통상 선형회귀 단원에 처음 소개되는데, 실은 이 개념은 (예측변수, 반응변수) 순서쌍의 데이터가 아닌 단순한 1변수 데이터에 대해서도 자연스럽게 (신뢰구간과 구별되어) 정의되는 것이다. 같은 참고문헌 [5]의 pp403–406에 관련 내용이 있으니 이 부분을 먼저 읽는 것이 더 나을 수 있다고 본다. 또한 이 책 p225의 항목 ⑤를 숙독하는 것도 도움이 될 것이다. ⊣

회귀모형은 간단하게 말하자면 반응변수 Y의 값이 "예측변수 $\vec{X}$의 함수 + 오차"로 얻어진다고 보는 것이다. 이 모형에 의하여 $\vec{X}$의 값을 알고 있을 때 Y의 값을 추정하는 것이 가능하며 이것은 가장 단순한 형태의 머신러닝이라고 할 수 있다.

지금까지 공부한 (선형) 회귀모형에서는 반응변수가 연속형이었음에 주목하라.† 반응변수가 범주형 자료인 경우에는 회귀$_{\text{regression}}$ 대신 분류(*classification*)라는 용어를 사용한다. 분류에 대해서는 [섹션 7.3]에서 공부하게 될 것이다.

7.2.2 예측, 오차, 추정, 추론

예측모형(*predictive model*)은 예측을 위한 통계 모형이다(p234 참조). 당분간은 예측모형을 회귀모형의 동의어로 생각해도 된다.

예측모형에 대해서 우리가 항상 가정하는 전제는 반응변수 Y와 예측변수들의 벡터 $\vec{X} \stackrel{\text{def}}{=} (X_1, \ldots, X_p)$의 관계가 다음과 같이 어떤 함수 $f : \mathbb{R}^p \to \mathbb{R}$와 오차를 나타내는 확률변수 ε

†예측변수는 연속형일 수도 있고 범주형일 수도 있는데 후자의 경우는 §7.1.7에서 다룬 바 있다.

으로써 주어진다는 것이다.

$$Y = f(\vec{X}) + \varepsilon \tag{7.18}$$

여기서 ε은 우리의 예측모형에서는 $\vec{X}$와 무관한 것으로 가정하므로 $\varepsilon_{\vec{X}}$로 쓰지 않는다.

오차의 원인은 단순한 측정 오류일 수도 있고 Y에 영향을 주는 변수들이 $\vec{X}$ 외에 더 존재하기 때문일 수도 있다. 여기서 $Y - f(\vec{X}) = \varepsilon$의 기댓값은 모든 $\vec{X}$ 각각에 대하여 0이 된다는 가설이 우리의 예측모형에 포함된다. 이때 기댓값은 확률변수 Y의 분포에 의거하여 계산되는 양이다. 따라서 다음이 성립한다.

$$\mathbb{E}[\varepsilon] = 0, \tag{7.19}$$

$$\mathbb{E}[Y] = f(\vec{X}). \tag{7.20}$$

우리는 정확한 f를 알 수 없으므로 대신 이를 실측 데이터로부터 추정estimate하여 얻은 함수 $\hat{f}$를 사용하여 Y의 값을 계산한다. f는 회귀함수(*regression function*), $\hat{f}$는 추정회귀함수(*estimate of regression function*)라고 한다. $\hat{f}$를 사용하여 계산한 Y의 예측값predicted value은 $\widehat{Y}$로 나타낸다. 예측은 추정의 동의어이다. 다만 느낌상의 차이가 조금 있는 것으로 보인다.†

$$\widehat{Y} = \hat{f}(\vec{X}) \quad (\text{no } \varepsilon \text{ here}) \tag{7.21}$$

$\hat{f}$는 데이터 집합과 모형에 의해서 결정된다. 데이터 집합 $\mathcal{D}$는 다양한 형태를 취할 수 있으며, 예를 들어 단순선형모형에서는 $\mathcal{D} := \{(x_i, y_i) \in \mathbb{R}^2 \mid i = 1, \ldots, n\}$ 형식이다. $\mathcal{D}$는 확률과정의 결과물이므로 각각의 $\vec{X}$에 대하여 확률변수 $\hat{f}(\vec{X})$의 기댓값 계산에는 ε의 분포뿐만 아니라 $\mathcal{D}$의 분포도 사용되어야 한다. 이런 의미에서 기댓값 $\mathbb{E}[\hat{f}(\vec{X})]$는 $\mathbb{E}_{\varepsilon,\mathcal{D}}[\hat{f}(\vec{X})]$로 나타내기도 한다. 한편 $f(\vec{X})$는 ε 및 $\mathcal{D}$와 무관하므로 $\mathbb{E}[f(\vec{X})] = f(\vec{X})$이며 독자들은 이 부분을 확실히 이해해 두어야 할 것이다.

우리는 오차error가 $\vec{X}$에 무관하다고 가정하는데 실은 이 가정은 많은 경우, [그림 7.4]에서 보듯이 틀린다 — 예측변수 TV의 값이 커질수록 오차의 절댓값이 커지는 경향이 관찰된다.‡ 그럼에도 불구하고 이 가정, 즉 오차는 독립적이고 또한 동일하다는 가정은 대단히 유용하므로 거의 모든 모형에서 사용된다.

회귀함수 f의 식은 좁은 의미에서의 예측모형이라고 보면 된다. 잘 알다시피 선형모형에서는 f의 식으로 p234의 (7.11)을 사용한다. 우리는 f를 알지 못한다고 하였는데, 정확히 말하자면 f의 형태는 모형의 가설에 의하어 결정되며 f에 사용되는 미지의 계수unknown coefficient를 $\mathcal{D}$로부터 추정하여 $\hat{f}$를 얻으려는 것이 우리가 취하는 입장이다.

f를 추정하는 목적은 ⓐ Y의 값을 예측하기 위함, ⓑ $\vec{X}$와 Y의 관계를 알기 위함의 2가지로 볼 수 있다. ⓐ를 *prediction*, ⓑ를 *inference*라고 부른다.

ⓐ, ⓑ 중에 먼저 ⓐ에 대해서 분석해 보자. $\widehat{Y}$와 Y의 차이가 작을수록 좋은 예측이라고 말할 수 있다. 그런데 $\widehat{Y} - Y$는 양수, 또는 음수이므로 이것의 제곱을 예측의 정확성의 척도로

†'예측'이라고 하면 아직 발생하지 않은, 혹은 관찰하지 않은 반응변수의 값이라는 의미가 강하다. 당연히 그 값은 현재 알지 못한다. '추정'은 과거에 이미 관측된 것이든 미래에 관측할 예정인 것이든 상관없이 두루 쓰인다. 또한 우리가 관측값을 이미 알고 있다고 해도 어떤 이론에 의해서 추정된 추정값과 실측값을 비교할 수 있다.

‡[그림 7.4]에 나타난 수직선분들은 실은 오차가 아니라 잔차residual를 나타낸다. 왜냐하면 그림의 적합선은 $\hat{f}$의 그래프이지 f의 그래프가 아니기 때문이다.

사용하도록 한다. $(\widehat{Y}-Y)^2$의 기댓값은 (7.18) – (7.21)의 정의를 따라 계산하여 다음과 같이 쓸 수 있다.

이 계산에서 $\vec{X}$는 고정되어 있고 $\mathcal{D}$와 ε(혹은 Y)은 서로 독립인 변수이다.

$$\begin{aligned}
\mathbb{E}\big[(\widehat{Y}-Y)^2\big] &= \mathbb{E}\Big[\big(\hat{f}(\vec{X})-(f(\vec{X})+\varepsilon)\big)^2\Big] \\
&= \mathbb{E}\Big[\big(\hat{f}(\vec{X})-f(\vec{X})\big)^2\Big]+\mathbb{E}\big[\varepsilon^2\big]-2\mathbb{E}\big[\varepsilon\big(\hat{f}(\vec{X})-f(\vec{X})\big)\big] \qquad (7.22)\\
&= \mathbb{E}\big[(\hat{f}(\vec{X})-f(\vec{X}))^2\big]+\sigma^2 \text{ where } \sigma^2 := Var(\varepsilon) \qquad (7.23)
\end{aligned}$$

(7.22)로부터 (7.23)을 유도하는 과정을 간단히 설명해 보겠다. 먼저 (7.22)의 교차곱 항의 값은 ($-\frac{1}{2}$을 곱하면)

$$\mathbb{E}[\varepsilon]\cdot\mathbb{E}[\hat{f}(\vec{X})-f(\vec{X})] = 0\cdot\mathbb{E}[\hat{f}(\vec{X})-f(\vec{X})] = 0$$

이다. 왜냐하면 ε은 $\hat{f}(\vec{X})-f(\vec{X})$와 독립이고 $\mathbb{E}[\varepsilon]=0$이기 때문이다. (이에 대해서는 바로 아래의 [고찰 7.15]를 보라.) 그리고 $\mathbb{E}[\varepsilon^2]=\mathbb{E}[\varepsilon^2]-0^2=Var(\varepsilon)$이다. ✓

고찰 7.15 확률변수 X와 Y가 서로 독립이고 $\mathbb{E}[X]=0$이면 [정리 4.79]에 의하여 $\mathbb{E}[XY]=\mathbb{E}[X]\cdot\mathbb{E}[Y]=0\cdot\mathbb{E}[Y]=0$가 된다. 이를 좀 더 정확히 쓰면

$$\mathbb{E}_{X,Y}[XY]=\mathbb{E}_X[X]\cdot\mathbb{E}_Y[Y]=0\cdot\mathbb{E}_Y[Y]=0$$

가 될 것이다. 이 사실을 실제 예를 들어 계산함으로써 확인해 보자.

X	-1	3
$f_X(x)$	$\frac{3}{4}$	$\frac{1}{4}$

Y	1	3	4
$f_Y(y)$	$\frac{1}{6}$	$\frac{3}{6}$	$\frac{2}{6}$

이와 같은 분포를 하는 X, Y에 대해서 $\mathbb{E}[XY]$를 계산해 보면

$$\begin{aligned}
\mathbb{E}[XY] &= \sum_{x,y} xy\cdot f_X(x)f_Y(y) \\
&= \frac{1}{24}\Big((-1)\cdot 3+(-3)\cdot 9+(-4)\cdot 6+3\cdot 1+9\cdot 3+12\cdot 2\Big)=0
\end{aligned}$$

를 얻는다. ⊣

$\mathbb{E}[(\widehat{Y}-Y)^2]$은 [정의 6.3]의 $MSE(\hat{\theta}) \overset{\text{def}}{=} \mathbb{E}[(\hat{\theta}-\theta)^2]$과, 기댓값을 $\mathcal{D}$에 대하여 계산한다는 점에서 비슷한 부분이 있다. 단 모수 θ는 상수인 반면에 Y는 변수 $\vec{X}$의 함수이며 또한 ε이라는 무작위 오차를 수반하는 확률변수라는 점이 다르다.

$\mathbb{E}[(\widehat{Y}-Y)^2]$의 $\mathbb{E}$는 정확히 하자면 $\mathbb{E}_{\varepsilon,\mathcal{D}}$로 써야 하는 반면에 $\mathbb{E}\big[(\hat{f}(\vec{X})-f(\vec{X}))^2\big]$의 $\mathbb{E}$는 $\mathbb{E}_{\mathcal{D}}$로 쓰면 충분하다. 왜냐하면 후자는 ε과 무관하기 때문이다.

(7.23)에서 $\mathbb{E}[(\hat{f}(\vec{X})-f(\vec{X}))^2]$를 축소가능 오차(*reducible error*), $Var(\varepsilon)$은 축소불능 오차(*irreducible error*)라고 한다. 그러면 (7.23)는 다음과 같이 쓸 수 있다.

$$\text{오차} = \text{축소가능 오차} + \text{축소불능 오차} \qquad (7.23)'$$

축소가능 오차를 최소로 하는 모형을 찾는 것은 머신러닝의 예측prediction에서 가장 중요한 과제 중의 하나이다.

[정리 6.5]에서 모수 θ에 대한 추정량 $\hat{\theta}$의 로스(혹은 오차)의 척도인 $MSE(\hat{\theta}) := \mathbb{E}[(\hat{\theta}-\theta)^2]$가 편향의 제곱 $Bias(\hat{\theta})^2$과 변동성 $Var(\hat{\theta})$의 두 부분으로 분해된다는 것을 증명하였고 이 정리를 편향-변동성 분해정리라고 하였는데, 이 정리에서 θ를 $f(\vec{X})$로, $\hat{\theta}$를 $\hat{f}(\vec{X})$로 바꾸어 얻은 등식이 성립한다는 사실도 거의 동일한 방법으로 증명되며 이를 또한 편향-변동성 정리라는 같은 이름으로 부르기로 한다. §7.2.4에서 이에 대해서 다시 논하게 될 것이다.

예측의 '오차'가 가질 수 있는 의미는 다양하다. 바로 앞의 논의에서도 '오차'라는 용어가 ε, $\widehat{Y} - Y$, $\mathbb{E}[(\widehat{Y} - Y)^2]$를 나타낼 때 두루 쓰였다. 여기에 더하여 오차는 $\mathbb{E}[(\widehat{Y} - f(\vec{X})^2]$, $\left(\mathbb{E}[\widehat{Y}] - f(\vec{X})\right)^2$ 등을 의미할 수도 있다. 문맥에 따라 어떤 것을 뜻하는지를 잘 판단해야 할 것이다.

이제 ⓑ에 대해서 얘기해 보자. Inference추론에서 다루어야 할 문제는 prediction예측 때 보다 훨씬 더 다양하다. 우선 선택한 예측변수 $X_1, \ldots, X_p$들 중에 실제로 반응변수 Y에 영향을 미치는 것들은 무엇인지, 그리고 그들 중에 또 어떤 것이 가장 큰 영향을 미치는지 등에 답할 수 있어야 할 것이다. 또한 Y의 값을 변화(증가 또는 감소)시키기 위하여 예측변수들의 값을 어떻게 설정하는 것이 최선인지, 그리고 이 관계가 선형인지 아니면 비선형인지 등 여기서 답해야 할 문제는 많다. 이 책은 추정의 두 목적 inference와 prediction 중에 후자에 더 많은 관심을 둔다.

7.2.3 트레이닝 집합과 테스트 집합

데이터가 주어지면 이를 적당한 예측모형에 맞추어 $\hat{f}$를 구할 수 있다. 그런데 이때 주어진 데이터 집합 전체를 사용하는 것은 현명하지 않다. 왜냐하면 결과로 얻은 $\hat{f}$가 얼마나 정확한지를 테스트 하려면 데이터가 더 필요하기 때문이다.

데이터 집합에서 $\hat{f}$를 얻기 위해 사용하는 부분집합을 트레이닝 집합(*training set*) 또는 훈련집합이라 하고 $\hat{f}$의 정확성을 시험하기 위한 부분집합을 테스트 집합(*test set*)이라고 한다.†

p229의 [그림 7.8]을 얻을 때 사용했던 `ISLR2` 패키지의 `Auto` 데이터 집합을 예로 들어 이 개념을 공부해 보기로 하자.

```
data(Auto, package="ISLR2")
str(Auto)
```

```
'data.frame':       392 obs. of  9 variables:
 $ mpg         : num  18 15 18 16 17 15 14 14 14 15 ...
 $ horsepower  : int  130 165 150 150 140 198 220 215 225 190 ...
 ..
```

반응변수를 자동차의 연비(`mpg`), 예측변수를 마력(`horsepower`)으로 둔다. 392개의 레코드 중에 150개를 취하여 트레이닝 집합으로 사용하기로 한다. 테스트 집합으로는 트레이닝 집합의 여집합을 사용할 것이므로 이를 만들 때 부울값 벡터를 사용하는 것이 편리하다. 샘플링을 위한 유틸리티 함수 `sample.bool`을 다음과 같이 만들어 사용한다.

```
# Define a utility function for boolean sampling.
sample.bool = function(N, n) {
```

† $\hat{f}$를 개선하기 위하여 별도의 데이터를 사용할 때는 이 집합을 *validation set*, 또는 *development set*라고 한다.

```
    # N >= n required
    # When sampling data of ordered pairs from xvec[] and yvec[], let
    #     bsample = sample.bool(length(xvec), n)
    # Then use xvec[bsample], yvec[bsample].

    bool.vec = rep(FALSE, N)
    seq.sample = sample(1:N, n)
    for(i in seq.sample) {
        bool.vec[i] <- TRUE
    }
    return(bool.vec)
}
```

$\hat{f}$의 정확성의 척도로는 RSE를 사용하기로 하자. 이것의 계산은 "RSE = 잔차들의 제곱의 합을 자유도로 나눈 것의 양의 제곱근"라는 사실을 이용한다. 아래의 코드라인12에서 yhat는 $\hat{y}$를 뜻한다. 이것을 계산할 때 predict() 함수가 유용하다.

트레이닝 집합에서의 RSE는 두 가지 서로 다른 방법으로 계산할 수 있다. 라인13은 정의에 의해서 계산한 것이고, 라인14는 라인13과 본질적으로 동일하지만 lm.train의 프로퍼티인 residual과 df.residual을 사용하여 조금 다른 코드를 사용한 것이다.

테스트 집합에서의 RSE의 계산에서는, 라인13에 대응되는 것이 라인16이고 라인14에 대응되는 것은 없다.

```
1  set.seed(15)
2  N = nrow(Auto) # 392
3  n = 150 # training set with 150 elements
4  attach(Auto) # need to run only once
5  bool.train = sample.bool(N, n)
6  mpg.train = mpg[bool.train]
7  horsepower.train = horsepower[bool.train]
8  mpg.test = mpg[!bool.train] # test set is the complement of the train set
9  horsepower.test = horsepower[!bool.train]
10
11 lm.fit = lm(mpg.train ~ horsepower.train)
12 yhat.train = predict(lm.fit, data.frame(horsepower.train))
13 rse.train = sqrt(sum((yhat.train - mpg.train)^2) / (n-2))
14 rse.train2 = sqrt(sum(lm.fit$residuals^2) / lm.fit$df.residual)
15
16 yhat.test = predict(lm.fit, data.frame(horsepower.train = horsepower.test))
17 rse.test = sqrt(sum((yhat.test - mpg.test)^2) / ((N-n)-2))
18
19 cat(sprintf("RSE.train = %.4f=%.4f,\nRSE.test = %.4f\n",
20     rse.train, rse.train2, rse.test))
```

```
RSE.train = 4.6970=4.6970,
RSE.test = 5.0651
```

rse.train이 rse.test보다 더 작은 값을 가지는 것으로 나타났는데 이것은 후자를 계산할 때 사용한 lm.fit가 트레이닝 집합에 맞추어 얻은 것이므로 당연한 결과이다.

연습문제 7.16 위에서 보인 R-세션을, 라인1의 `set.seed()`를 코멘트 아웃하고, 여러 번 반복하면서 다양한 트레이닝 집합과 테스트 집합에 대하여 `rse.train`와 `rse.test`의 값을 계산, 관찰하여라. ⊣

어떤 모형이 제대로 작동하는지를 확인하려 할 때, 당연히 데이터가 많을수록 좋다. 데이터가 충분하지 않은 상태에서 모형에 대한 최대한의 정보를 얻어내기위한 여러 *resampling* 방법이 있는데 이들 중 가장 널리 쓰이는 것으로 *cross-validation*과 *bootstrap*이 있다. 이 개념들에 대한 설명은 [8, 10]을 참고하기 바란다.

7.2.4 모형의 편향-변동성 균형

반응변수 Y의 추정량 $\widehat{Y}$의 오차, 즉 $\mathbb{E}[(\widehat{Y}-Y)^2]$는 축소가 가능한 부분과 축소가 불가능한 부분, 이 둘의 합임을 (7.23)과 (7.23)′에서 증명하였다. $\mathbb{E}[(\widehat{Y}-Y)^2]$는 오차라고 하였는데 두 부분의 합이라는 것을 강조하기 위하여 '총 오차'라는 용어를 대신 사용하기도 한다. 그리고 축소가능한 부분인 $\mathbb{E}[(\hat{f}(\vec{X})-f(\vec{X}))^2]$는 다시 편향(의 제곱)과 변동성의 합이라고 하였는데 이제 이 토픽을 상세하게 공부해 보자.

Y와 $\vec{X}$는 모두 연속형 변수이다. 이 절에서는 표기의 편의를 위하여 $\vec{X}$ 대신 X를 사용할 것이다. 즉, $\vec{X} := (X_1,\ldots,X_p)$에서 예측변수의 개수 p가 1인 것으로 가정한다. 반응변수 Y는 확률변수이지만 예측변수 X는 통상적인 수학적 변수이다.
총 오차, 축소가능 오차 및 관련 개념들의 정의를 다시 한 번 아래 보였다.

$$
\begin{aligned}
&\text{총 오차} \stackrel{\text{def}}{=} \mathbb{E}_{\mathcal{D},\varepsilon}\big[(\widehat{Y}-Y)^2\big] \\
&\text{축소가능 오차} \stackrel{\text{def}}{=} \mathbb{E}_{\mathcal{D}}\big[(\hat{f}(x)-f(x))^2\big] \\
&\widehat{Y}=\hat{f}(X), \quad Y=f(X)+\varepsilon, \quad \varepsilon\text{은 } \mathbb{E}(\varepsilon)=0\text{인 확률변수} && (7.24)\\
&\hat{f}=\hat{f}_{\mathcal{D}}, \quad \mathcal{D}\text{는 트레이닝 집합} \\
&\text{편향} \stackrel{\text{def}}{=} \mathit{Bias}(\hat{f}(x)) := \mathbb{E}_{\mathcal{D}}\big[\hat{f}(x)\big]-f(x)=\mathbb{E}_{\mathcal{D}}\big[\hat{f}(x)-f(x)\big] && (7.25)\\
&\text{변동성} \stackrel{\text{def}}{=} \mathit{Var}(\hat{f}(x)) := \mathbb{E}_{\mathcal{D}}\big[(\hat{f}(x)-\mathbb{E}_{\mathcal{D}}[\hat{f}(x)])^2\big]=\mathbb{E}_{\mathcal{D}}\big[\hat{f}(x)^2\big]-\mathbb{E}_{\mathcal{D}}\big[\hat{f}(x)\big]^2 && (7.26)
\end{aligned}
$$

이때 다음의 등식들이 성립한다.

$$
\begin{aligned}
&\text{총 오차} = \text{축소가능 오차} + \mathit{Var}(\varepsilon) && (7.27)\\
&\text{축소가능 오차} = \text{편향}^2 + \text{변동성} && (7.28)
\end{aligned}
$$

(7.27)은 (7.23)′을 다시 쓴 것이다. (7.25)가 성립하는 이유는 $f(x)$는 $\mathcal{D}$에 무관한 값이기 때문이다. (7.26)은 임의의 확률변수 X에 대하여 성립한는 등식인 $\mathit{Var}(X)=\mathbb{E}[X^2]-\mathbb{E}[X]^2$에서 X에 $\hat{f}(x)$(혹은 $\hat{f}(X)$)를 대입한 것이다. (7.28)은 편향-변동성 분해 정리에 의한 것이며 이 정리는 앞서 [정리 6.5]에서 증명한 바 있지만 조금 후에 다시 보이겠다.

(7.24)에 의하여 y, $\hat{y}$, x, f, $\hat{f}$들 간에는 다음의 식이 성립한다.

$$
\hat{y}_i=\hat{f}(x_i), \quad y_i=f(x_i)+\varepsilon
$$

여기서 (x_i, y_i)들은 트레이닝 집합 $\mathcal{D}$의 원소가 아니라 테스트 집합의 원소를 뜻한다는 점에 주목해야 할 것이다.

또 하나 유의해야 할 것은 편향-변동성 관련하여 많은 문헌과 웹페이지에서 흔히

$$\mathbb{E}[\hat{f}(x)] = \text{여러 } \hat{f}(x)\text{들의 기댓값}$$

이라고 하는데 이는 맞는 말이기는 하지만 오해하기misleading 쉽다는 것이다. $\mathbb{E}[\hat{f}(x)]$는 고정된 x의 값에 대한 여러 $\hat{f}_{\mathcal{D}}(x)$들의 기댓값을 뜻한다. 즉 $\mathbb{E}$의 변수는 x가 아니라 $\mathcal{D}$라는 것이다. $Bias(\hat{f}(x))$, $Var(\hat{f}(x))$ 등은 모두 특정한 x에서 계산된 값이다. 다시 말하면 $x \mapsto Bias(\hat{f}(x))$, $x \mapsto Var(\hat{f}(x))$등은 함수이다. 같은 맥락에서 총 오차와 축소가능 오차는 각각 x의 함수임을 나타내기 위하여 총 오차(x), 축소가능 오차(x)라고 쓸 수 있다.

최적의 $\hat{f}$를 찾는 모형맞춤model fitting에서 우리가 최소화 하고자 하는 로스함수는 총 오차(x)가 아니라 이것의 x에 대한 평균값, 즉 *MSE*이다. 이 로스함수의 독립변수는 x가 아니라 모수parameter, 혹은 계수coefficient임을 말해 둔다.

정의 7.17 모형맞춤의 *MSE* 로스(*loss*)는 다음과 같이 정의된다. 식 좌변의 $\vec{\theta}$는 이 로스함수의 독립변수인 모수들의 벡터를 뜻한다.

$$\begin{aligned} MSE(\vec{\theta}) &\stackrel{\text{def}}{=} \mathbb{E}_x\left[\text{총 오차}(x)\right] = \mathbb{E}_x\left[\mathbb{E}_{\mathcal{D}}[(\hat{f}(x) - y(x))^2]\right] \\ &= \textstyle\sum_{i=1}^{n} \mathbb{E}_{\mathcal{D}}\left[(\hat{f}(x_i) - y_i)^2\right]/n \end{aligned} \tag{7.29}$$

(7.29)에서 (x_i, y_i)들은 크기 n의, 어떤 고정된 테스트 집합의 원소이다.

여기서의 *MSE*는 이전에 [정의 7.4]에서 나왔던 $MSE \stackrel{\text{def}}{=} SSE/d.f.$와 상당히 유사하지만 조금 다른 개념임에 주의해야 한다. [정의 7.4]에서 *MSE*의 양의 제곱근을 *RSE*로 정의했으며 이것이 바로 [연습문제 7.16]에서 계산했던 *RSE*이다. ⊣

이 절이 말하고자 하는 주된 명제는 다음과 같다.

> 편향bias을 줄이기 위하여는 모형의 복잡도model complexity를 증가시켜야 하며 이 경우 변동성variance이 커진다. 변동성을 줄이기 위하여는 모형의 복잡도를 감소시켜야 하며 이 경우 편향이 커진다. 이 둘의 합이 최소가 되도록 적당한 복잡도의 모형을 찾아야 한다.

모형의 복잡도라는 개념은 수학적으로 엄격하게 정의하기 어렵다. 그러므로 우리는 이 명제에 대해서 수학적 증명이 아닌 계산의 예를 통해서 그 의미를 설명하고자 한다. 우선 이 명제가 말하는 바를 [그림 7.11]에 나타내었다. 그림에서 Irreducible Error는 축소불능 오차, 즉 $Var(\varepsilon)$을 뜻한다.

우리는 조금 후에 이 그림을 실제의 예에서 계산하여 얻을 것인데, 이에 앞서 다음의 연습문제를 충분히 이해해 두어야 한다. 스스로 코딩한 스크립트, 혹은 이 책의 웹사이트에 올려둔 스크립트를 가지고 여러 번 계산을 해 보길 바란다.

연습문제 7.18 앞서 §7.2.3에서 보인 R-세션은 트레이닝 집합을 1차함수 모형을 사용하여 맞춘 결과이다. 2차함수 및 11차함수 모형을 사용하여 같은 계산을 해 보라. 회귀다항식의 차수가 올라감에 따라 트레이닝 집합에서의 *RSE*와 테스트 집합에서의 *RSE*가 어떻게 변화하는지

그림 7.11: 편향-변동성 균형

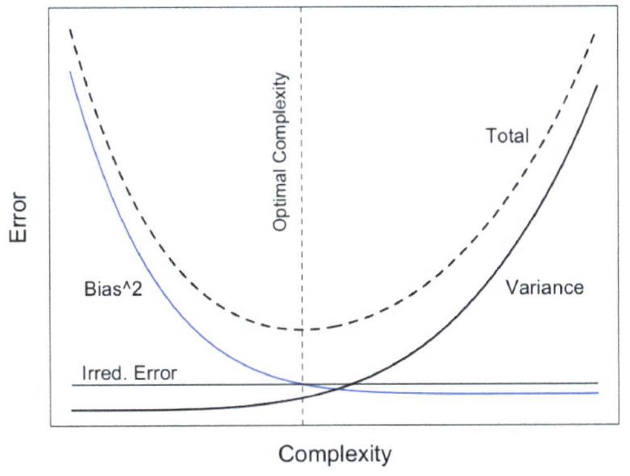

관찰하여라. 트레이닝 집합을 여러 번 무작위로 선택하여 RSE들을 계산하고 [그림 7.8]과 같은 그래프를 그려 그 양태를 설명하여라. ⊣

[연습문제 7.18]에서 계산한 *RSE*를 제곱하면 *MSE*를 얻게 되는데, 이것은 (7.29)에서 정의한 *MSE*와 달리 여러 트레이닝 집합 $\mathcal{D}$에 대한 평균값이 아니라 단 하나의 $\mathcal{D}$에 대한 값이라는 점과, 테스트 집합 뿐만 아니라 트레이닝 집합에 대해서도 계산했다는 점에서 다르다.†

크기가 작은 *RSE* 값이 자주 관찰될수록 로스가 작다고 말할 수 있다. 연습문제의 결과를 보면, 트레이닝 집합에서는 예상했던 대로 f의 차수가 1차에서 2차, 11차로 높아질수록 *RSE*가(따라서 로스도) 줄어드는 것을 볼 수 있다. 그러나 테스트 집합에서는 꼭 그렇지만은 않다.

*RSE*를 줄이기 위하여는 함수의 그래프가 트레이닝 집합의 점들을 세밀하게 따라가야 하므로 구불구불해져야 할 것이고, 이렇게 하다 보면 데이터에 존재하는 이상값outlier에 의하여 예측변수와 반응변수의 함수관계는 왜곡되기 마련이다. 따라서 구불구불한 그래프를 가지는 함수를 사용하는 모형, 즉 복잡complex하고 유연flexible한 모형에서는 이를 얻을 때 사용한 트레이닝 집합에는 잘 들어맞아도fit well 새로운 트레이닝 집합, 또는 테스트 집합에서는 잘 맞지 않는 현상, 즉 과도맞춤(*overfitting*)이 일어나게 된다. 다시 말하면 복잡한 모형에서는 추정회귀함수 $\hat{f}$가 이를 계산할 때 사용하는 데이터 $\mathcal{D}$의 무작위 흔들림fluctuation에 의하여 크게 좌우되며 이를 두고 변동성(*variance*)이 크다고 말한다.

이 연습문제의 특정한 하나의 출력 결과를 [그림 7.12]에 보였다.

[그림 7.12]의 결과를 보면 11차 다항식을 사용하는 복잡한 모형의 경우, 트레이닝 집합에서의 *RSE*는 작은 차수의 다항식을 사용하는 다른 2개의 모형의 경우와 비교하여 작게 나왔지만 테스트 집합에서의 *RSE*는 오히려 가장 크게 나왔다. 추정회귀함수의 로스loss는 모든 가능한 트레이닝 집합 $\mathcal{D}$를 사용하여 얻은 테스트 집합의 *MSE*(즉 *RSE*의 제곱)들의 평균값이므로 모형이 복잡한 것이 반드시 좋은 결과를 가져오지만은 않는다.

역으로 그래프가 직선에 가까운 함수를 가지는 모형은 단순simple하다, 또는 뻣뻣inflexible하다고 하는데, 이런 모형을 사용하는 맞춤fitting에서는 트레이닝 집합이 달라져도 추정회귀함수에 큰 변화가 없으며 테스트 집합에서의 *RSE*(혹은 로스)도 트레이닝 집합에서의 *RSE*와

---

†또한, 이건 큰 차이는 아니지만 분모에 n이 아니라 자유도를 사용하였다는 점도 다르다.

그림 7.12: 추정회귀함수의 *RSE*와 변동성

```
RSE.train1 = 4.8526, RSE.test1 = 4.9705
RSE.train2 = 4.1751, RSE.test2 = 4.5420
RSE.train11 = 4.1387, RSE.test11 = 4.9308
```

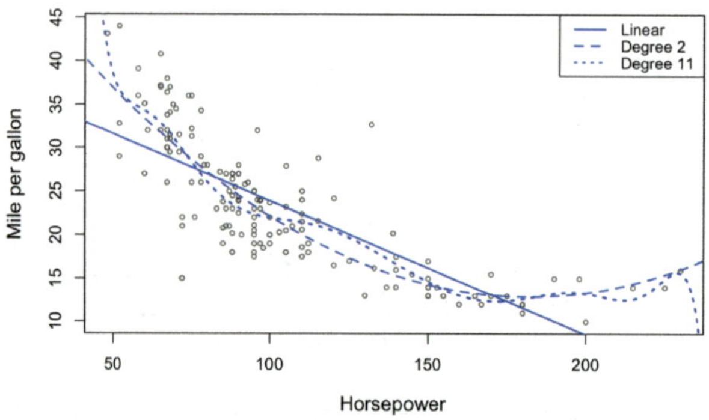

비교하여 별 차이가 없다는 장점이 있다. 하지만 그 대신 애초에 *RSE*가 크기 때문에 *RSE*들의 평균인 로스가 크다는, 즉 과소맞춤(*underfitting*)이 일어난다는 단점이 있다. [그림 7.12]를 보면 1차식을 사용한 단순한 모형에서는 점들과 직선, 즉 $\hat{f}$의 그래프간의 거리가 다른 모형들에서의 결과와 비교했을 때 상대적으로 더 크다는 것을 알 수 있다. 이 사실은 여러 $\mathcal{D}$에 대한 평균값을 취하여도 변하지 않는다. 이를 두고 편향(*bias*)이 크다고 말한다.

모형이 복잡해지면 편향이 줄어드는 대신 변동성이 증가하고 단순해지면 변동성이 줄어드는 대신 편향이 늘어난다. 편향과 변동성의 균형$_{\text{trade-off}}$를 맞추어 알맞은 복잡도를 가지는 알고리듬(또는 함수)을 찾는 것은 머신러닝에서 중요한 이슈이다.

[연습문제 7.18]은 모형의 편향-변동성 균형을 이해하는 데 도움을 주기는 하지만 관련 이론을 모두 담고 있지는 않다. 그 이유는 많은 $\mathcal{D}$에 대한 평균값을 구하지 않고 하나의 $\mathcal{D}$에 대한 계산을 여러 번 실행하여 각각의 결과만을 보았기 때문이다. 예를 들어 [그림 7.11]은 이 연습문제의 결과로 얻을 수 없다. 다음의 실습이 이 부분을 보충해 줄 것이다.[†] 이 실습을 통하여 우리가 확인하고자 하는 것은 다음과 같다.

① 모형의 복잡도가 증가할수록 편향은 감소하고 변동성은 증가한다.

② 편향의 제곱과 변동성을 더하면 축소가능 오차가 된다.

③ 축소가능 오차에 $Var(\varepsilon)$을 더하면 총 오차가 된다.

④ 축소가능 오차와 총 오차는 복잡도가 너무 작거나 크지 않은 지점에서 최소가 된다.

데이터 모집단은 다음과 같이 준비한 $\{(x_i, y_i) \mid i = 1, \ldots, N\}$이다.

$$y_i = f(x_i) + \varepsilon$$
$$f(x) = (x+1) + 20\sin(x/1.6) + 2.5\cos(2x)$$
$$\varepsilon \sim N(0, 4^2)$$
$$X \sim U(0, 8) \quad \text{(uniform distribution)}$$

[†]동반 사이트의 [보충자료 - 제7장 - 편향변동성균형.ipynb]에 R-스크립트가 있다.

$N = 400$

이렇게 준비한 모집단의 산점도와 $y = f(x)$의 그래프를 [그림 7.13]에 보였다.

그림 7.13: 편향-변동성 균형 실습을 위한 모집단

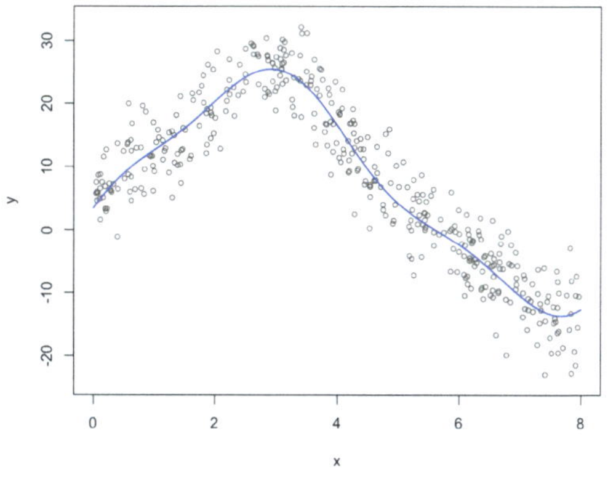

$\hat{f}_{\mathcal{D}}$를 구하기 위한 다양한 $\mathcal{D}$는 모집단으로부터 크기 $n = 30$의 표본을 추출하여 사용하였다. 모형에 사용하는 함수로는 다항함수polynomial를 선택하였으며 차수를 1부터 6까지 변화시켜 모형의 복잡도를 조절하였다.

$\mathcal{D}$로부터 $\hat{f}_{\mathcal{D}}$를 얻는 R-함수 get_fhat()는 다음의 R-코드로 구현하였다.

```
get_fhat = function(degree, xcoord, ycoord) {
    lm.fit = lm(ycoord ~ poly(xcoord, degree))
    fhat = function(x) {
        predict(lm.fit, data.frame(xcoord=x))
    }
    return(fhat)
}
```

편향, 변동성, 축소가능 오차, 총 오차 등을 계산하기 위한 테스트 집합은 구간 $[0, 8]$에서 균등분포를 하는 33개의 x_i들을 취하고 $y_i = f(x_i) + \varepsilon$으로 하였다. 개수를 33개로 한 것은 특별한 이유는 없고 단지 x_i들의 간격을 정확히 $\frac{1}{4}$로 맞추기 위함이다. 이 테스트 집합에 대하여 $\mathcal{D}$를 모집단으로부터 추출하여 $\hat{f}_{\mathcal{D}}$를 계산하기를 1000번 반복하여 평균값을 얻도록 하였다.

최종 결과로 얻은 [그림 7.14]를 그리는 R-스크립트는 동반 사이트에 있다. 이 스크립트를 실행하는 데는 시간이 몇 초 정도 걸릴 수 있다. 코드에 등장하는 apply(), sweep() 등에 대한 사용의 예는 동반 사이트의 제2장의 "행렬과어레이.ipynb"에서 볼 수 있다.

그림의 표에서 Red_err와 MSE_test는 각각 축소가능 오차reducible error와 총 오차를 뜻한다. 그래프에서 검은 선으로 나타낸 Red_err가 Bias^2+Var와 일치함을 확인할 수 있다.

MSE_train은 그래프로는 나타내지 않았는데, 모형의 복잡도가 증가할수록 계속 감소하는 것을 표에서 볼 수 있으며 이는 예상되었던 것이다.

MSE-Red는 총 오차에서 축소가능 오차를 뺀 것이다. 이 값이 $Var(\varepsilon) = 4^2 = 16 =$ 축소불능 오차irreducible error와 일치해야 하는데 표에서 보면 각 차수degree에서 정확히 일치하지는 않지만 대략 맞는 것을 볼 수 있다.

그림 7.14: 모형의 복잡도에 따른 편향², 변동성, MSE

Degree =	1	2	3	4	5	6
Bias^2 =	73.65	21.55	5.27	3.88	4.06	8.49
Variance =	6.85	4.24	4.76	9.15	11.93	64.77
Bias^2+Var =	80.50	25.78	10.03	13.03	15.99	73.26
Red_err =	80.50	25.78	10.03	13.03	15.99	73.26
MSE_test =	102.94	34.32	21.49	25.02	32.52	90.99
MSE-Red =	22.44	8.53	11.46	12.00	16.53	17.73
MSE_train =	81.42	30.52	19.70	17.70	14.58	13.81

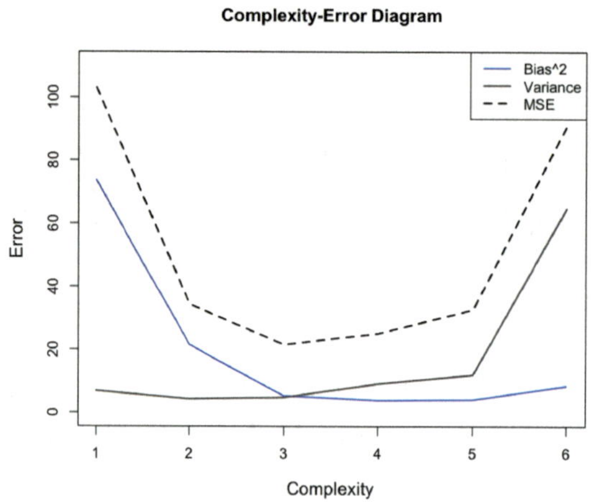

연습문제 7.19 [그림 7.14]를 얻는 코드를 다음과 같이 고친 다음 실행하여 결과를 관찰하고 설명하여라.

① 트레이닝 집합의 크기 `n_sample`을 감소/증가시킨다. 원래 값 30보다 작은 값인 25와 큰 값인 35를 넣어 본다.

② 회귀함수 f를 1차함수 $f(x) = x + 1$로 바꾼다.

③ 회귀함수 f를 2차함수 $f(x) = 3(x-3)^2$으로 바꾼다. ⊣

7.3 베이즈 분류

7.3.1 이론

분류(*classification*)란 반응변수 Y가 취할 수 있는 값들이 유한집합 $D = \{d_1, \ldots, d_m\}$을 이루는 경우에서의 예측prediction을 뜻한다. 확률변수 $X_1, \ldots, X_p, Y$에 대한 분류기(*classifier*)는 임의의 함수 $f : \mathbb{R}^p \to D$를 뜻한다. 물론 예측변수 X_i들이 연속형이 아닐 때는 f의 정의역은 $\mathbb{R}^p$가 아닌 어떤 다른 것이 될 것이다. 좋은 분류기는 예측이 틀릴 확률이 작은 것이다. 즉, 오류율(*error rate*), 혹은 리스크(*risk*)를

$$R(f) \stackrel{\text{def}}{=} P[f(\vec{X}) \neq Y] \tag{7.30}$$

로 정의했을 때 오류율이 0에 가까울수록 좋은 분류기라고 할 수 있다.

분류의 대상이 되는 표본공간을 $\mathcal{S} := \{(\vec{x}, y) \mid \vec{x} \in \mathbb{R}^p,\ y \in D\}$로 놓고 어떤 모형과 훈련집합 $\mathcal{D} \subseteq \mathcal{S}$을 사용하여 분류기의 추정 $\hat{f}$를 얻었다고 하자. 테스트 집합 $\mathcal{T} \subseteq \mathcal{S}$를 $\mathcal{T} = \{(\vec{x}_1, y_1), \ldots, (\vec{x}_n, y_n)\}$으로 놓았을 때 $\hat{f}$의 오류율은

$$R(\hat{f}) = \frac{1}{n}\left|\{i \mid 1 \le i \le n,\ y_i \ne \hat{f}(\vec{x}_i)\}\right| \tag{7.31}$$

로 계산된다.

예제 7.20 예측변수가 1개이고 예측변수 X의 받침support이 $\{1,2,3,4,5\}$, 반응변수 Y의 변역, 즉 값들의 집합이 $\{a,b,c\}$인 경우를 생각해 보자. 이때 표본공간은 15개의 원소를 가진 집합 $\mathcal{S} = \{(1,a),(2,a),\ldots,(5,c)\}$가 될 것이다.

(X,Y)의 분포와 분류기 $f : \{1,\ldots,5\} \to \{a,b,c\}$가 [표 7.2]와 같다고 하자. 표에 나타난 숫자는 결합분포의 확률에 150을 곱한 값이다.

표 7.2: 분류를 위한 결합분포, 또는 데이터 집합

$Y \setminus X$	1	2	3	4	5
a	7	20	16	3	13
b	8	1	12	25	5
c	15	9	2	2	12

X	1	2	3	4	5
$f(X)$	c	a	b	b	c

$P[f(X) \ne Y] = 1 - P[f(X) = Y]$이고 사건 $f(X) = Y$를 집합으로 나타내면

$$E := \{(1,c),(2,a),(3,b),(4,b),(5,c)\} \subseteq \mathcal{S}$$

이므로 리스크risk $R(f)$는

$$R(f) = 1 - P(E) = 1 - \frac{15+20+12+25+12}{150} = 1 - \frac{84}{150} = \frac{66}{150}$$

으로 계산된다.

이상과 같이 얻은 리스크오류율는 (X,Y)의 결합분포와 분류기 f가 주어졌다고 가정하고 (7.30)을 사용하여 이론적으로 계산한 것이다.

실제 오류율 계산에서는 정확한 결합분포는 알 수 없고, 추정 분류기 $\hat{f}$는 훈련집합으로부터 적당한 방법으로 얻어야 할 것인데, 이 적당한 방법이란 훈련집합에서의 오류율을 최소로 하는 분류기 함수를 찾는 것이다. 훈련집합에서의 오류율 계산은 테스트 집합에서의 오류율 계산식인 (7.31)을 사용하면 된다.

[표 7.2]가 데이터 집합의 도수frequency라고 생각하고 오류율을 계산해 보자. 단, 추정 분류기 $\hat{f}$는 어떤 방법에 의하여 다음과 같이 얻었다고 하자.

X	1	2	3	4	5
$\hat{f}(X)$	c	a	a	b	a

$(*)$

(7.31)에서 사용할 (x_i, y_i)들은 같은 원소 150개의 다중집합을 이룬다.

$$\{(1,a)\times 7, (1,b)\times 8, (1,c)\times 15, \ldots, (5,b)\times 5, (5,c)\times 12\}$$

오류율은 다음과 같이 계산된다.

$$R(\hat{f}) = \frac{1}{150}\Big((7+8)+(1+9)+(12+2)+(3+2)+(5+12)\Big) = \frac{61}{150}$$ ⊣

오류율을 최소로 하는 $\hat{f}$를 훈련집합으로부터 얻는 방법으로 다음을 생각해 보자.

$$\hat{f}(\vec{x}) = d_j,\ \text{where } j = \text{argmax}_k P[Y = d_k \mid \vec{X} = \vec{x}] \in \{1,\ldots,m\} \tag{7.32}$$

이 식은 $\vec{X}$가 범주형인 경우에 대한 것인데 $\vec{X}$가 연속형인 경우에도 조건부 분포함수를 사용한 적절한 식이 존재한다. 즉 베이즈 분류기는 예측변수가 꼭 범주형이어야만 사용할 수 있는 것은 아니다.

이러한 분류기를 베이즈 분류기(*Bayes classifer*) 라고 한다.† 예를 들어 [표 7.2]의 자료를 훈련집합으로 삼아 베이즈 분류기를 구하면 위의 (∗)에 보인 $\hat{f}$가 된다. 그런데 이 직관적인 방법이 오류율을 최소로 하는 분류기가 된다는 것이 바로 [정리 7.21]이다.

정리 7.21 베이즈 분류기는 모든 분류기 중에서 오류율이 가장 낮은 분류기이다. 즉, f^*를 (7.32)에서 정의한 베이즈 분류기라고 하면 임의의 분류기 f에 대하여 다음의 부등식이 성립한다.

$$P[f(\vec{X}) \neq Y] \geq P[f^*(\vec{X}) \neq Y] \tag{7.33}$$

(증명). (7.33)을 증명하기 위하여는 다음의 조건부 확률에 대한 부등식이 모든 $\vec{x}$에 대하여 성립함을 증명하면 충분하다.‡

$$P[f(\vec{X}) \neq Y|\vec{X} = \vec{x}] \geq P[f^*(\vec{X}) \neq Y|\vec{X} = \vec{x}] \tag{7.34}$$

Y의 변역range을 $D = \{1,\ldots,m\}$으로 둔다. (7.34)의 좌변에서 출발하여 다음과 같이 계산을 진행한다.

$$\begin{aligned} P[f(\vec{X}) \neq Y|\vec{X} = \vec{x}] &= 1 - P[f(\vec{X}) = Y|\vec{X} = \vec{x}] \\ &= 1 - \sum_{j=1}^{m} P[f(\vec{X}) = j,\ Y = j|\vec{X} = \vec{x}] \\ &= 1 - \sum_{j=1}^{m} P[f(\vec{X}) = j|\vec{X} = \vec{x}] \cdot P[Y = j|\vec{X} = \vec{x}] \end{aligned}$$

마지막 등식은 $P[f(\vec{X}) = j|\vec{X} = \vec{x}]$의 값이 1 또는 0이므로 사건 $f(\vec{X}) = j$는 사건 $Y = j$와 $\vec{X} = \vec{x}$에 대해서 조건부 독립이기 때문에 성립한다.§

$P[f(\vec{X}) = j|\vec{X} = \vec{x}]$의 값은 $f(\vec{x}) = j$이면 1이고 $f(\vec{x}) \neq j$이면 0이므로 `ifelse(`$f(\vec{x}) = j, 1, 0$`)`로 쓸 수 있다. 머신러닝에서는 이를 흔히 $\mathbf{1}_{f(\vec{x})=j}$로 나타내며 우리도 이 표기법을 따르

†2개 이상의 k에서 $P[Y = d_k \mid \vec{X} = \vec{x}]$의 최댓값이 얻어지는 경우에는 이들 중에 가장 작은 j를 취하는 것으로 한다.

‡동반 사이트의 [보충자료–7장–정리7.22보충]

§동반 사이트의 [보충자료–7장–정리7.22보충]

기로 한다. 그러면 $P[f(\vec{X}) \neq Y|\vec{X} = \vec{x}] = 1 - \sum_{j=1}^{m} \mathbf{1}_{f(\vec{x})=j} P[Y = j|\vec{X} = \vec{x}]$이므로 (7.34)의 좌변에서 우변을 뺀 값은

$$\sum_{j=1}^{m} (\mathbf{1}_{f^*(\vec{x})=j} - \mathbf{1}_{f(\vec{x})=j}) \cdot P[Y = j|\vec{X} = \vec{x}] \tag{7.35}$$

가 된다. (7.35)의 값이 0 이상임을 보여야 하는데, 일단 $m = 2$인 경우, 즉 2항분류binary classification에 대해서 증명해 보이겠다. $\mathbf{1}_{f^*(\vec{x})=1} + \mathbf{1}_{f^*(\vec{x})=2} = 1$와 $\mathbf{1}_{f(\vec{x})=1} + \mathbf{1}_{f(\vec{x})=2} = 1$ 및 $P[Y = 1|\vec{X} = \vec{x}] + P[Y = 2|\vec{X} = \vec{x}] = 1$을 이용하여 (7.35)를 다음과 같이 쓸 수 있다.

$$\begin{aligned}
&(\mathbf{1}_{f^*(\vec{x})=1} - \mathbf{1}_{f(\vec{x})=1}) \cdot P[Y = 1|\vec{X} = \vec{x}] \\
&\qquad + \big((1 - \mathbf{1}_{f^*(\vec{x})=1}) - (1 - \mathbf{1}_{f(\vec{x})=1})\big) \cdot (1 - P[Y = 1|\vec{X} = \vec{x}]) \\
&= -2(\mathbf{1}_{f(\vec{x})=1} - \mathbf{1}_{f^*(\vec{x})=1}) P[Y = 1|\vec{X} = \vec{x}] + (\mathbf{1}_{f(\vec{x})=1} - \mathbf{1}_{f^*(\vec{x})=1}) \\
&= (\mathbf{1}_{f(\vec{x})=1} - \mathbf{1}_{f^*(\vec{x})=1}) \cdot (1 - 2P[Y = 1|\vec{X} = \vec{x}]) \qquad (*)
\end{aligned}$$

$(*)$이 0 이상임을 보여야 한다. 2 경우로 나누어 생각한다.

① $1 - 2P[Y = 1|\vec{X} = \vec{x}] > 0$인 경우: $P[Y = 1|\vec{X} = \vec{x}] < \frac{1}{2}$이므로 $f^*(\vec{x}) = 2$가 된다. 따라서 $\mathbf{1}_{f^*(\vec{x})=1} = 0$이고 $(*)$는 두 개의 0 이상의 수의 곱이므로 0 이상이 된다. ✓

② $1 - 2P[Y = 1|\vec{X} = \vec{x}] \leq 0$인 경우: $P[Y = 1|\vec{X} = \vec{x}] \geq \frac{1}{2}$이므로 $f^*(\vec{x}) = 1$이 된다. 따라서 $\mathbf{1}_{f^*(\vec{x})=1} = 1$이고 $(*)$는 두 개의 0 이하의 수의 곱이므로 0 이상이 된다. ✓

이제 $m \geq 3$인 경우에 대해서 증명하겠다. $f^*(\vec{x}) = f(\vec{x})$인 경우에는 모든 $j = 1, \ldots, m$에 대하여 $f^*(\vec{x}) = j \Leftrightarrow f(\vec{x}) = j$이므로 (7.35)의 각 항summand에서 $\mathbf{1}_{f^*(\vec{x})=j} - \mathbf{1}_{f(\vec{x})=j} = 0$이 되고 따라서 (7.35)의 값은 0이 된다—즉 0 이상이다.

$f^*(\vec{x}) \neq f(\vec{x})$인 경우에는 일반성의 손실없이 $f^*(\vec{x}) = 1$, $f(\vec{x}) = 2$라고 가정하자. 이 경우 모든 $j \geq 3$에 대해서 $\mathbf{1}_{f^*(\vec{x})=j} = 0 = \mathbf{1}_{f(\vec{x})=j}$이므로 (7.35)의 항들 중에서 $\mathbf{1}_{f^*(\vec{x})=j} - \mathbf{1}_{f(\vec{x})=j}$가 0이 아닌 것은 $j = 1, 2$ 둘밖에 없다. 그리고 $\mathbf{1}_{f^*(\vec{x})=1} + \mathbf{1}_{f^*(\vec{x})=2} = 1$와 $\mathbf{1}_{f(\vec{x})=1} + \mathbf{1}_{f(\vec{x})=2} = 1$는 아직도 성립한다. 다만 $P[Y = 1|\vec{X} = \vec{x}] + P[Y = 2|\vec{X} = \vec{x}] = 1$은 더 이상 성립하지 않는다.

이제 (7.35)는 다음과 같이 쓸 수 있다.

$$\begin{aligned}
&(\mathbf{1}_{f^*(\vec{x})=1} - \mathbf{1}_{f(\vec{x})=1}) \cdot P[Y = 1|\vec{X} = \vec{x}] \\
&\qquad + \big((1 - \mathbf{1}_{f^*(\vec{x})=1}) - (1 - \mathbf{1}_{f(\vec{x})=1})\big) \cdot P[Y = 2|\vec{X} = \vec{x}] \\
&= (\mathbf{1}_{f^*(\vec{x})=1} - \mathbf{1}_{f(\vec{x})=1}) \cdot \big(P[Y = 1|\vec{X} = \vec{x}] - P[Y = 2|\vec{X} = \vec{x}]\big) \\
&= P[Y = 1|\vec{X} = \vec{x}] - P[Y = 2|\vec{X} = \vec{x}] \qquad (**)
\end{aligned}$$

그런데 $f^*(\vec{x}) = 1$이라는 것은

$$(\forall j)\ P[Y = 1|\vec{X} = \vec{x}] \geq P[Y = j|\vec{X} = \vec{x}]$$

를 의미하므로 $(**)$의 값은 0 이상이 된다. □

7.3.2 단순 베이즈 분류기

베이즈 분류기는 이론적으로는 훌륭하나 현실적인 문제가 있으니 그것은 (7.32)의 우변에 있는

$$P[Y = d_k \,|\, \vec{X} = \vec{x}] = \frac{P[\vec{X} = \vec{x},\ Y = d_k]}{P[\vec{X} = \vec{x}]}$$

의 값을 알기가 쉽지 않다는 것이다. 그 이유는 우변의 분자 $P[\vec{X} = \vec{x},\ Y = d_k]$가 대부분의 경우(현실적인 트레이닝 집합과 $\vec{x}$에서) 그 값이 0이기 때문이다. 참고로 위 식의 우변 분모의 $P[\vec{X} = \vec{x}]$는 알 필요가 없다. 좌변의 최댓값이 얻어지는 k는 우변 분자 $P[Y = d_k \,|\, \vec{X} = \vec{x}]$의 최댓값이 얻어지는 k와 일치하기 때문이다.

우리는 이 문제를 해결하는 방법으로 다음의 식을 이용한다. 이 방법을 단순 베이즈 분류기(*Naive Bayes classifier*)라고 한다.

$$P[Y = d_k \,|\, \vec{X} = \vec{x}] = \frac{P[Y = d_k] \cdot P[\vec{X} = \vec{x} \,|Y = d_k]}{P[\vec{X} = \vec{x}]} \tag{7.36}$$

$$= \frac{P[Y = d_k] \cdot \prod_{i=1}^{p} P[X_i = x_i|Y = d_k]}{P[\vec{X} = \vec{x}]} \tag{7.37}$$

(7.36)은 베이즈의 공식이며 (7.37)은 X_i들의 Y에 대한 조건부 독립성을 가정한 것이다.

(7.37)의 분자는 비교적 계산하기 용이함을 조금 후에 [예제 7.22]를 통해서 알게 될 것이다. 단순 베이즈 분류기는 베이즈 분류기들 중에서 가장 단순한 편에 속하지만 아주 널리 쓰이는 유용한 방법이다.

예제 7.22 (참고문헌 [9], Chapter 4에서 가져왔음.)

이메일 메시지에 포함된 단어들을 사용하여 스팸 메일을 걸러 내는 분류기법을 알아보자. 100개의 메시지를 스팸인지, 그리고 'viagra'를 포함하는지에 따라 구분하여 다음과 같은 자료를 얻었다고 하자.

표 7.3: 스팸 메시지, $p = 1$

	viagra		
빈도	Yes	No	합계
스팸	4	16	20
햄	1	79	80
합계	5	95	100

스팸 여부를 확인하려면 그 메시지에 'viagra'가 포함되었는지를 본다. 답이 Yes라면 스팸일 확률이 $\frac{4}{5} > 0.5$이고 아니라면 스팸이 아닐 확률이 $\frac{79}{95} > 0.5$이다. 따라서 'viagra'가 포함된 메시지는 스팸으로 분류하고 포함되지 않은 메시지는 햄으로 분류한다.

이러한 분류작업을 베이즈 분류기 (7.32)의 틀에 맞추어 설명하면 다음과 같다. 예측변수는 이산형 변수 1개이고 이것이 취할 수 있는 값은 Yes, No의 2개이다. 반응변수는 1개이고 (분류이므로 당연히 이산형임) 이것이 취할 수 있는 값은 d_1 = 'spam', d_2 = 'ham'의 2개이다.

$\hat{f}(\text{Yes}) = d_i$로 두면 $i = 1$이거나 $i = 2$인데

$$P[Y = d_1 \mid X = \text{Yes}] = \tfrac{4}{5},$$
$$P[Y = d_2 \mid X = \text{Yes}] = \tfrac{1}{5}$$

이므로 $P[Y = d_j \mid X = \text{Yes}]$의 최댓값은 $j = 1$일 때 $\frac{4}{5}$로 얻어진다. 따라서 $\hat{f}(\text{Yes}) = d_1 =$ 'spam'이다.

$\hat{f}(\text{No})$의 값은 같은 방법을 써서 $\hat{f}(\text{No}) = d_2 =$ 'ham'으로 얻어진다.

반응변수가 취할 수 있는 값(=수준)의 개수가 2일 때는 $P[Y = d_j \mid X = \text{Yes}]$가 최댓값을 가지는 j는 $P[Y = d_j \mid X = \text{Yes}] > 0.5$인 j이므로, 실은 $P[Y = d_1 \mid X = \text{Yes}] = \frac{4}{5} > 0.5$를 확인한 후에는 구태여 $P[Y = d_2 \mid X = \text{Yes}]$의 값에 신경쓸 필요가 없었다.

이 예는 너무 간단해서 베이즈 공식을 사용할 필요가 없다. 조금 더 복잡한 예를 만들기 위하여 'viagra'에 'money', 'groceries', 'unsubscribe'를 어한 4개의 단어들의 포함여부를 예측변수로 사용하여 [표 7.4]와 같은 자료를 얻었다고 하자.

표 7.4: 스팸 메시지, $p = 4$

	viagra		money		groceries		unsubscribe		
빈도	Yes	No	Yes	No	Yes	No	Yes	No	합계
스팸	4	16	10	10	0	20	12	8	20
햄	1	79	14	66	8	72	23	57	80
합계	5	95	24	76	8	92	35	65	100

가령 어떤 메시지가 'money'와 'unsubscribe'는 포함하고 'viagra'와 'groceries'는 포함하지 않았다면 이것을 스팸으로 분류해야 할까? 이것은 다시 말하면 아래의 부등식이 옳은지를 판별하는 문제이다.

$$P[Y = d_1 \mid \vec{x} = (\text{No}, \text{Yes}, \text{No}, \text{Yes})] > 0.5 \tag{7.38}$$

이 문제는 앞서의 $p = 1$인 경우와 달리 $p = 4$이므로 [표 7.4]에 주어진 자료로부터 답을 구하기가 그리 간단하지 않다. 아니, 적절한 가정을 받아들이기 전에는 이 자료만 가지고는 답을 구하기가 불가능하다.

$p = 1$인 경우에는 $\vec{x}$가 취하는 값이 2가지, y가 취하는 값이 2가지이므로 데이터를 4개의 구역으로 이루어진 표로 나타내면 충분하지만, $p = 4$인 경우에는 $\vec{x}$가 취하는 값이 $2^4 = 16$가지, y가 취하는 값이 2가지이므로 데이터를 나타내는 표가 32개의 구역으로 이루어져야 한다. [표 7.4]는 16개의 구역만을 가지고 있으므로 부등식 (7.38)의 진위를 판단하기에 충분한 정보를 제공하지 못한다.[†]

일단 (7.38)의 확률을 베이즈 공식에 의하여 다시 써 보면,

$$\vec{x} = (\text{No}, \text{Yes}, \text{No}, \text{Yes}) \stackrel{\text{def}}{=} \text{nyny}$$

로 놓았을 때

$$P[Y = d_1 \mid \vec{x} = \text{nyny}]$$

[†]실은 16개의 구역 중에 적절한 10개의 구역에 들어 있는 숫자만 알면 나머지 6개 구역은 다 채워넣을 수 있다.

$$= \frac{P[\vec{x} = \text{nyny} \,|\, Y = d_1] \cdot P[Y = d_1]}{P[\vec{x} = \text{nyny} \,|\, Y = d_1] \cdot P[Y = d_1] + P[\vec{x} = \text{nyny} \,|\, Y = d_2] \cdot P[Y = d_2]} \tag{7.39}$$

이 되는데 여기서 계산하기 힘든 부분인 $P[\vec{x} = \text{nyny} \,|\, Y = d_1]$와 $P[\vec{x} = \text{nyny} \,|\, Y = d_2]$를 아래와 같이 둘 수 있다고 가정하면, 즉 조건부 독립성을 가정하면 문제가 해결된다: 각 $j = 1, 2$에 대해서

$$\begin{aligned} &P[\vec{x} = \text{nyny} \,|\, Y = d_j] \\ &\quad = P[x_1 = \text{n} \,|\, Y = d_j] \cdot P[x_2 = \text{y} \,|\, Y = d_j] \cdot P[x_3 = \text{n} \,|\, Y = d_j] \cdot P[x_4 = \text{y} \,|\, Y = d_j] \end{aligned}$$

라고 가정하고 계산하면

$$\begin{aligned} P[\vec{x} = \text{nyny} \,|\, Y = d_1] &= \frac{16}{20} \cdot \frac{10}{20} \cdot \frac{20}{20} \cdot \frac{12}{20} = 0.240000 \\ P[\vec{x} = \text{nyny} \,|\, Y = d_2] &= \frac{79}{80} \cdot \frac{14}{80} \cdot \frac{72}{80} \cdot \frac{23}{80} = 0.044715 \end{aligned}$$

를 얻고, 마지막으로 (7.39)를 이용하여 계산하면

$$P[Y = d_1 \,|\, \vec{x} = \text{nyny}] = \frac{0.240000 \cdot 0.2}{0.240000 \cdot 0.2 + 0.044715 \cdot 0.8} = 0.5730 > 0.5 \tag{7.40}$$

를 알 수 있다. 결국 (7.38)은 참인 것으로 계산되고 따라서 이 메시지는 스팸으로 분류되어야 한다. ⊣

위의 예에서 사용한 분류 기법의 약점은 트레이닝 집합의 분할표에 0이 있는 경우 $\hat{f}$의 오류율이 커진다는 것이다. 이 문제에 대해서는 값이 0인 구역에 작은 양의$_{\text{positive}}$ 값을 주는 등의 해법이 존재한다.

연습문제 7.23 [표 7.4]와 같은 자료가 주어졌을 때 어떤 메시지의 $\vec{x}$가 nnny였다면 이 메시지가 스팸일 확률은 얼마인가? 단순 베이즈 분류기를 써서 계산하여라. ⊣

실제의 스팸 필터에서는 p의 값이 상당히 커서 수백에 달한다고 해도 이례적인 것이 아니다. 이런 경우에 조건부 독립성을 가정하지 않는다면 데이터 분할표는 $2^{\text{몇백}}$ 개가 넘는 구역들로 분할되어야 하므로, 메시지를 수백만 개 확보했다 하더라도 절대 다수의 구역은 0개의 자료를 가지게 될 것이다. 조건부 독립성을 가정하면 이렇게 p가 큰 경우에도 컴퓨터로 계산하는 데 별 무리가 없다.

이 예에서는 예측변수가 범주형이었는데 단순 베이즈 분류는 예측변수가 연속형인 경우에도 이들의 분포에 대한 적당한 가정하에 잘 적용될 수 있다. 이런 경우에 대해서는 다음의 웹페이지가 좋은 예를 들어 잘 설명하고 있다. https://en.wikipedia.org/wiki/Naive_Bayes_classifier

Machine intelligence is the last invention that humanity will ever need to make.

Nick Bostrom

8 머신러닝의 기법

8.1 그래디언트 하강에 의한 선형회귀

그래디언트 하강 기법은 p59에서 언급했었는데, 거기서는 이론만 간단히 설명하였고 실제 계산은 이제 여기서 하게 되었다. 이것은 함수 $f : \mathbb{R}^n \to \mathbb{R}$의 최솟값을 구하는 기법이며, p59에 제시했던 알고리듬을 아래에 다시 보였다.

(1) 적당한 $\vec{v}_0$를 잡는다. (초깃값)

(2) $\vec{v}$를 $\vec{v}_{n+1} := \vec{v}_n - h\vec{\nabla} f(\vec{v}_n)$로 업뎃한다. $h > 0$는 *learning rate*라고 부르는, 크기가 작은 양수이다. 이 업뎃을 반복한다.

(3) $f(\vec{v})$의 값이 수렴하게 되면, 즉 $\vec{v}$의 업뎃에 의하여 거의 변하지 않으면 업뎃을 멈춘다. 우리는 이와 동등한 조건인 $\|\vec{\nabla} f(\vec{v}_n)\| \fallingdotseq 0$, 또는 어떤 작은 양수 ε에 대해서 $\|\vec{\nabla} f(\vec{v}_n)\| < \varepsilon$이 성립할 때 업뎃을 멈추기로 한다.

그래디언트 하강 알고리듬의 작동 원리는 [정리 3.7]에 나와 있다: $\vec{\nabla} f(\vec{v}_n)$는 $\vec{v}_n$에서 f가 가장 빨리 증가하는 방향을 가리키는 벡터이므로, 대강 말하자면 $-h\vec{\nabla} f(\vec{v}_n)$를 $\vec{v}_n$에 더하여 $\vec{v}_{n+1}$을 얻는 것은 f 값을 감소시키는 가장 효율적인 방법이라는 것이다. [그림 3.3]과 [그림 3.4]를 보면 이를 쉽게 이해할 수 있을 것이다.

이 알고리듬의 핵심은 다음과 같은 간단한 R-스크립트로 구현된다.

```
grad_descent = function(v0, h, epsilon, N, grad_f) {
  v1 = v0
  e2 = epsilon * epsilon
  for(i in 1:N) {
    grad = grad_f(v1)
    grad_len2 = sum(grad * grad) # length squared
    if(grad_len2 < e2) break
    step = -h * grad
    v1 = v1 + step
  }
  return(list(iter=i, vec=v1))
}
```

N은 업뎃 횟수의 상한이다. 간단한 계산인 경우에는 수백 번 업뎃하면 원하는 값으로 수렴하지만 복잡한 문제의 경우에는 수백만 번 이상 업뎃이 필요할 수도 있다.

grad_descent()를 호출했을 때의 계산과정과 결과를 보기를 원한다면 다음과 같이 코드를 변경하여 얻은 grad_descentEX()를 사용하면 된다.[†] 추가된 라인은 2, 5, 6, 11, 14-16, 18이다. 그리고 원래의 grad_descent() 코드에서 라인11은 삭제하였다.

```
1  grad_descentEX = function(v0, h, epsilon, N, grad_f, f) {
2    dim = length(v0)
3    v1 = v0
4    e2 = epsilon * epsilon
5    f_val = f(v0)
6    cat("dim =", dim, ", initial input=", v0, ", initial f_val =", f_val, "\n")
7    for(i in 1:N) {
8      grad = grad_f(v1)
9      grad_len2 = sum(grad * grad) # length squared
10     if(grad_len2 < e2) break
11     v0 = v1
12     step = -h * grad
13     v1 = v1 + step
14     if(toShow(i)) {
15       myPrint(dim, i, v0, v1, grad, f)
16     }
17   }
18   myPrint(dim, i, v0, v1, grad, f)
19   return(list(iter=i, vec=v1))
20 }
```

toShow(i)는 i번째 계산을 보여줄 것인지를 결정하여 알려주는 부울값 함수이다. 예를 들어 백만 번 계산하는 경우 모든 단계에서의 계산을 보여줄 수는 없을 것이며 그럴 필요도 없다. 계산의 후반부로 갈수록 $\vec{\nabla} f$의 길이가 줄어드는 속도가 작아질 것이므로 띄엄띄엄 보여주면 된다.

myPrint()는 출력을 위한 함수인데 아래에 제공하는 코드는 $\vec{v}$의 차원이 1 또는 2인 경우에만 작동한다. 그래디언트 하강의 원리를 이해하는 데는 이것으로 충분하다고 보며 혹시 더 높은 차원에서도 작동하기를 원한다면 myPrint()를 변경하여 사용해야 할 것이다.

이 두 보조함수 중 toShow()의 코드를 아래에 보였다.

```
toShow = function(i) {
  bShow = FALSE
  if(i <= 5) {
    bShow = TRUE
  } else if(i <= 100) {
    bShow = (i %% 20 == 0)
  } else if(i <= 1000) {
    bShow = (i %% 200 == 0)
  } else if(i <= 10000) {
    bShow = (i %% 2000 == 0)
  } else if(i <= 100000) {
    bShow = (i %% 20000 == 0)
```

[†] EX는 EXtended를 뜻한다.

```
  } else {
    bShow = (i %% 200000 == 0)
  }
  return(bShow);
}
```

실습 8.1 $f(x) = (x-1)^2 + 3$의 최솟값이 $x = 1$일 때 3이 됨을 아래의 R-세션으로 확인할 수 있다.

```
f = function(x) {
    (x - 1)^2 + 3 # has minimum 3 at x=1
}

grad_f = function(x) {
    2 * (x - 1)
}

result = grad_descent(0, 0.01, 0.0005, 5000, grad_f)
iter = result$iter
v = result$vec
f_val = f(v)
cat(sprintf("f has min %.3f at v = %.3f\nat iteration = %d\n",
    f_val, v, iter))
```

```
f has min 3.000 at v = 1.000
at iteration = 412
```

⊣

연습문제 8.2 [실습 8.1]을 `grad_descentEX()`를 써서 실행해 보라. 그리고 `v0 = 20`로 바꾸어 실행해 보라. 두 경우의 출력을 비교 설명하여라. ⊣

실습 8.3 이번에는 $f(x,y) = (x-x_0)^2 + (y-y_0)^2$의 최솟값이 $(x,y) = (x_0, y_0)$일 때 0이 됨을 확인해 보자.

```
# xvec0 is used as a parameter in f() and grad_f().

f = function(xvec) {
    sum((xvec - xvec0)^2)
}

grad_f = function(xvec) {
    2 * (xvec - xvec0)
}

xvec0 = c(1,2)
result = grad_descent(c(0,0), 0.01, 0.0005, 5000, grad_f)
iter = result$iter
vec = result$vec
cat(sprintf("start from (0,0): iteration=%d, vec=(%.3f, %.3f)\n",
    iter, vec[1], vec[2]))
result = grad_descent(c(-5,11), 0.01, 0.0005, 5000, grad_f)
iter = result$iter
```

```
vec = result$vec
cat(sprintf("start from (-5,11): iteration=%d, vec=(%.3f, %.3f)\n",
    iter, vec[1], vec[2]))

xvec0 = c(-3,1)
# repeat above
# ..
```

```
start from (0,0): iteration=452, vec=(1.000, 2.000)
start from (-5,11): iteration=530, vec=(1.000, 2.000)
start from (0,0): iteration=469, vec=(-3.000, 1.000)
start from (-5,11): iteration=527, vec=(-3.000, 1.000)
```

⊣

연습문제 8.4 [실습 8.3]을 grad_descentEX()를 써서 실행해 보라. xvec0와 v0를 다양하게 바꿔가며 실습하고 결과를 관찰하고 설명하여라.

함수를 $f(x,y) = (x - x_0)^2 + (y - y_0)^2/2$로 바꾸어서 실험해 보라. 특히 grad의 방향에 대해서 이전과 비교하여 설명하여라. ⊣

실습 8.5 이제 (단순)선형회귀를 그래디언트 하강을 사용하여 수행해 보자. 선형회귀에서 사용할 데이터로 $y = 2x + 30$ 주변에 y의 표준편차가 25인 400개의 점을 만들어 사용한다.

우선 p210에서 보였던 기존의 방법대로 lm()을 써서 회귀계수를 구한 결과 절편은 $a = 28.789$, 기울기는 $b = 1.993$을 얻었다.

```
# Simple Linear Regression
xmin = 20; xmax = 120
yIntercept = 30; slope = 2
sdev = 25
n = 400

set.seed(95)
xVec = runif(n, xmin, xmax)
yVec = yIntercept + slope*xVec + rnorm(n, 0, sdev)
lm.fit = lm(yVec ~ xVec); lm.fit
# plot(xVec, yVec, cex=0.5, col=mygray)
# abline(lm.fit, col=myblue)
```

```
Coefficients:
(Intercept)         xVec
     28.789        1.993
```

a와 b를 그래디언트 하강을 사용하여 구해 보자. 선형회귀에서 우리가 최소화 해야 하는 로스 함수는 $f(a,b) = MSE(a,b) = \sum_{i=1}^{n}(y_i - (a + bx_i))^2/n$이고 이것의 그래디언트는

$$\vec{\nabla} f(a,b) = \frac{1}{n}\Big(\sum_{i=1}^{n} -2\big(y_i - (a + bx_i)\big),\ \sum_{i=1}^{n} -2x_i\big(y_i - (a + bx_i)\big)\Big)$$

이다. 이에 대해서는 p208의 식 (7.2), (7.3), (7.4)를 참조하기 바란다. 단, 데이터 집합이 커짐에 따라 grad가 한없이 커지는 것을 막기 위하여 로스함수로 SSE 대신 MSE를 사용하였음을 말해 둔다. 이 식들을 R-코드로 나타내면 다음과 같다.

```
# Data xVec, yVec are used
# MSE and its gradient are functions of a and b.

f = function(v) { # v = c(a, b)
    a = v[1]
    b = v[2]
    eVec = (yVec - (a + b * xVec)) # residual vector
    MSE = mean(eVec * eVec) # mean of squares of residual vectors
    return(MSE)
}

grad_f = function(v) {
    a = v[1]
    b = v[2]
    eVec = (yVec - (a + b * xVec))
    grad = c(-2 * mean(eVec), -2 * mean(eVec*xVec))
    return(grad)
}
```

f와 $\vec{\nabla} f$의 코드만 준비되면 선형회귀 계산은 이전과 다를 것이 없다.

```
result = grad_descent(c(0, 0), 0.0001, 0.0001, 1000000, grad_f)
iter = result$iter
vec = result$vec
f_val = f(vec)
cat(sprintf("f has min %.3f at v = (a=%.3f, b=%.3f)\nat iteration = %d\n",
    f_val, vec[1], vec[2], iter))
```

```
f has min 606.220 at v = (a=28.789, b=1.993)
at iteration = 363326
```

결과는, 약 36만번의 반복계산을 통하여 이전에 `lm(yVec ~ xVec)`을 써서 얻었던 것과 동일하게 $(a = 28.789,\ b = 1.993)$로 나왔다. ⊣

이번 계산에서 주목할 점은 learning rate를 $h = 0.0001$로 하여 이전의 $h = 0.01$과 비교했을 때 아주 작게 잡았다는 것이다. h가 이렇게 작지 않으면, 예를 들어 $h = 0.0002$로 두고 계산하는 경우에도 계산 오류가 나온다. 오류의 이유를 알기 위하여 `grad_descentEX()`를 사용해보면 `grad_len`이 계산을 반복하며 줄어들어야 하는데 오히려 늘어나며 발산diverge하는 것을 볼 수 있다.

h의 값을 충분히 작게 잡으면 발산에 의한 오류는 사라지지만 이번에는 수렴할 때까지 너무 오래 걸리는 문제가 있을 수 있다. 적당한 h의 값을 정하는 수학적으로 정확하고 쉬운 방법은 없다. 경험과 시행착오로 적당한 값을 찾아야 한다. 이 이슈는 이 책에서 다루지 않을 것이다.

또한 그래디언트 하강 알고리듬은 이 책에서는 가장 단순한 것을 사용하였는데, 수렴이 신속하게 이루어지도록 하기 위한 다양한 알고리듬들이 존재하지만 이 토픽은 이 책의 범위를 넘는다.

8.2 K-최측근 분류

널리 쓰이는 분류 방법으로 K-최측근(*KNN, K Nearest Neighbors*) 방법이 있다. 이것은 '단순 베이즈 분류'보다도 더 단순하고 직관적인 방법이라고 볼 수도 있다.

베이즈 분류기Bayes classifier는 거의 모든 분류기가 기반을 두고 있는 방법이며 [섹션 7.3]에서 정의했듯이 $\vec{X} = \vec{x}$에서의 $y \in \{d_1, \ldots, d_m\}$ 값을

$$\hat{f}(\vec{x}) = y_j, \text{ where } j = \text{argmax}_k P[Y = d_k \,|\, \vec{X} = \vec{x}]$$

로 정하는 것인데 여기서 $P[Y = y \,|\, \vec{X} = \vec{x}]$를 구하는 것이 관건이 된다.

단순 베이즈 분류기는 이것의 값을 얻기 위해 $Y = y$에 대한 $X = x_i$들의 조건부 독립성을 가정하고 베이즈 공식을 사용한다.†

KNN-분류기는 다음과 같은 방법으로 $P[Y = y \,|\, \vec{X} = \vec{x}]$를 얻는다. 자연수 k를 고정한다. 트레이닝 집합을 $\{(\vec{x}_i, y_i) \mid i = 1, \ldots, n\}$라 하자. 주어진 $\vec{x}$에 대해서 그것과 "가장 가까운nearest" k개의 $\vec{x}_i$들의 집합을 $\mathcal{N}_{\vec{x},k} = \{\vec{x}_i \mid i \in I_{\vec{x},k}\}$로 두자. 당연히 $|\mathcal{N}_{\vec{x},k}| = k$이다. 이때

$$P[Y = y \,|\, \vec{X} = \vec{x}] = \frac{1}{k} \left|\{y_i \mid i \in I_{\vec{x}},\ y_i = y\}\right| \tag{8.1}$$

를 사용한다. 이는 다시 말하면 $\hat{f}(\vec{x})$를 구하기 위하여 트레이닝 집합 전체를 보지 않고 $\vec{x}$와 가장 가까운 k개만 보아 이들 중에 가장 많이 나타나는 y_i를 $\hat{f}(\vec{x})$의 값으로 취한다는 의미이다.

예제 8.6 (참고문헌 [9], Ch.3에서 가져왔음.)

반응변수는 식품의 타입이며 과일, 단백질, 채소의 셋 중 어느 하나의 값을 가지는 범주형 변수이다. 예측변수는 달콤함(x_1)과 바삭함(x_2)이라는 2개의 연속형 변수이며 각 변수의 값은 1 이상 10 이하의 자연수이다. 실은 이 변수들은 순서척도를 사용하므로 연속형 변수라고 하기에 좀 부족한 부분이 있기는 하지만, KNN 에서는 예측변수 벡터들 간의 거리distance가 핵심적인 역할을 하므로 연속형 변수로 취급하기로 한다.

트레이닝 집합은 15개의 원소를 가지며 그 중 6개의 원소에 대한 레코드observation를 아래에 보였다.

표 8.1: 식품의 타입

식품	달콤도	바삭도	식품 타입
사과	10	9	과일
베이컨	1	4	단백질
포도	8	4	과일
완두콩	3	7	채소
땅콩	3	6	단백질
오렌지	8	3	과일

식품들을 달콤도와 바삭도에 따라 좌표평면에 플롯하면 [그림 8.1]과 같다. 위의 표에 나타나지 않은 9개의 식품들과 테스트 원소인 토마토(달콤도=6, 바삭도=5)도 그림에 추가하여

†See p252.

나타내었다. 토마토는 3개의 타입 중에 어느 것으로 분류해야 할지를 KNN에 의하여 결정해 보자.

그림 8.1: KNN 분류

토마토를 나타내는 벡터는 $\vec{x} = (6,5)$이다. 토마토의 최측근nearest neighborhood $\mathcal{N}_{(6,5),k}$를 구하기 위하여 그림에서 가장 가까운 식품들을 골라 보면 포도, 오렌지, 땅콩, 완두콩, 새우 등이 있다. 이들에 대한 거리를 비교하여 가장 가까운 것부터 순서대로 나열해야 한다.

거리를 비교하기 위하여는 거리의 제곱을 비교하면 충분하므로, 토마토와 위의 4개의 식품들 간의 거리의 제곱을 계산하여 [표 8.2]를 작성하였다. 이 표에 나타난 결과를 식 (8.1)의 틀에 맞추어 $k = 4$에 대해서 기술해 보자.

표 8.2: 토마토까지의 거리의 제곱

식품	달콤도	바삭도	식품 타입	거리^2
포도	8	4	과일	$(8-6)^2 + (4-5)^2 = 5$
오렌지	8	3	과일	$(8-6)^2 + (3-5)^2 = 8$
땅콩	3	6	단백질	$(3-6)^2 + (6-5)^2 = 10$
완두콩	3	7	채소	$(3-6)^2 + (7-5)^2 = 13$

우선 $\mathcal{N}_{(6,5),4} = \{(8,4),(8,3),(3,6),(3,7)\}$를 얻는다. 이를 보기 편하게 다시 $\mathcal{N}_{(6,5),4} =$ {포도, 오렌지, 땅콩, 완두콩}으로 쓰기로 한다. 그러면

$$P[Y = \text{채소} \,|\, \vec{X} = (6,5)] = \tfrac{1}{4} = 0.25,$$
$$P[Y = \text{과일} \,|\, \vec{X} = (6,5)] = \tfrac{2}{4} = 0.50,$$
$$P[Y = \text{단백질} \,|\, \vec{X} = (6,5)] = \tfrac{1}{4} = 0.25$$

를 얻게 되므로 결국 $\hat{f}(6,5)$ = 과일을 얻는다. ⊣

연습문제* 8.7 [표 8.2]를 작성할 때 사용한 `Chapter_8_knn.ipynb`를 이 책의 동반 사이트에 올려두었다. 이 스크립트에 코드를 추가하여 모든 $k \in$ 1:15와 식품 타입 $t \in$ {채소, 과일, 단백질}에 대해서 각각의 확률 $P[Y = t \,|\, \vec{X} = (6,5)]$를 계산하여 표를 만드는 스크립트를 작성하여라. (6,5)까지의 거리가 동일한 2개의 식품이 있을 때 어떻게 처리해야 하겠는가?

이번에는 $\vec{x} = (6,7)$에 대해서 위의 문제를 풀어 보라. ⊣

실제의 데이터에 KNN 분류기를 적용할 때는 해결해야 할 문제들이 많다. 예를 들어 어떤 도시에 사는 직장인들의 나이와 재직 년수를 예측변수로 하고, 반응변수는 그 사람의 재산 상태 상, 중, 하를 값으로 하는 범주형 변수로 하였을 때, 연봉의 평균은 수천만이고 나이의 평균은 수십이라면 $\vec{x}$ = (연봉, 나이) 간의 거리의 크고 작음은 거의 전적으로 연봉에 의해서 결정될 것이다. 재산 상태의 추정에 나이가 거의 반영되지 않는 이 문제는 연봉과 나이를 각각 (값 - 평균)/표준편차로 표준화하여 단위에 무관하게 만들면 해결될 것으로 보인다.

오류율을 최소로 하는 최측근의 크기 k의 값을 결정할 때, k가 너무 작으면 변동성이 크고 k가 너무 크면 편향이 커진다는 일반론적인 원칙 외에는 어떤 확실한 수학 이론이나 공식은 없다.

8.3 K-최측근 회귀*

KNN은 [섹션 8.2]에서 보았듯이 분류 방법으로 잘 알려져 있는데 거의 같은 아이디어가 회귀에도 다음과 같이 응용된다.

자연수 k를 고정한다. 트레이닝 집합을 $\{(\vec{x}_i, y_i) \mid i = 1, \ldots, n\}$라 하자. 주어진 $\vec{x}$에 대해서 그것과 "가장 가까운nearest" k개의 $\vec{x}_i$들의 집합을 $\mathcal{N}_{\vec{x},k} = \{\vec{x}_i \mid i \in I_{\vec{x}}\}$로 두자. 당연히 $|\mathcal{N}_{\vec{x},k}| = k$이다. 이때 추정함수 $\hat{f}$로

$$\hat{f}(\vec{x}) = \tfrac{1}{k} \textstyle\sum_{i \in I_{\vec{x}}} y_i \tag{8.2}$$

를 사용하는 것이 KNN 회귀이다. 이 식은 KNN 분류에서 사용했던 (8.1)과 많이 유사함을 볼 수 있을 것이다.

식 (8.2)의 의미는 $\mathcal{N}_{\vec{x}}$ 에 들어 있는 y_i들의 평균값을 $\hat{f}(\vec{x})$의 값으로 취한다는 것이다. k의 값을 어떻게 정하느냐에 따라 $\hat{f}(\vec{x})$가 달라질 것인데, 일반적으로 k의 값이 작을수록 유연flexible하게 된다. 편향-변동성의 균형을 고려하여 최적의 k를 찾는 것은, 항상 그렇듯이 수학과 논리보다는 경험과 예술의 영역에 속한다.

가장 가까운 $\vec{x}_i$들을 고르려면 $\vec{x}$와 $\vec{x}_i$ 간의 거리 $d(\vec{x}, \vec{x}_i)$가 정의되어야 한다. 두 점 간의 거리를 정의하는 여러 방법 중에 우리가 사용할 것은 KNN 분류기에서도 사용했던 유클리드 거리(*Euclidean distance*)이다.

$$d(\vec{x}, \vec{x}_i) = \sqrt{(a_1 - b_1)^2 + \cdots + (a_p - b_p)^2}, \quad \text{where}$$
$$\vec{x} = (a_1, \ldots, a_p),\ \vec{x}_i = (b_1, \ldots, b_p).$$

KNN 회귀의 간단한 예를 하나 보자. 예측변수의 개수 $p = 1$, 트레이닝 집합의 크기 $n = 40$으로 두었다. x 값들은 0과 10 사이의 균등분포에서 얻었고, y-값들은 $y = 5+x$의 기준선reference line에서 표준편차 1.5의 정규분포를 따르는 오차를 주어 얻었다. 먼저 아래의 스크립트를 사용하여 산점도를 그린다. 기준선은 흑색으로, 적합선은 청색으로 나타내었다.

```
1  # Prepare the training data set.
2  xmin = 0; xmax = 10
3  n = 40
4  set.seed(90)
5  xvec = runif(n, xmin, xmax)
6  slope = 1; yintercept = 5
7  sdev = 1.5
8  yvec = slope*xvec + yintercept + rnorm(n,0,sdev)
9
10 # Scatter plot, reference line, regression line
11 options(repr.plot.width=6.5, repr.plot.height=6.5)
12 source('util/R')
13 plot(xvec, yvec, xlab="", ylab="")
14 abline(yintercept, slope, col="black") # reference line
15 lm.fit = lm(yvec ~ xvec)
16 abline(lm.fit, col=myblue) # regression line
```

그림 8.2: 5-최측근, 2개

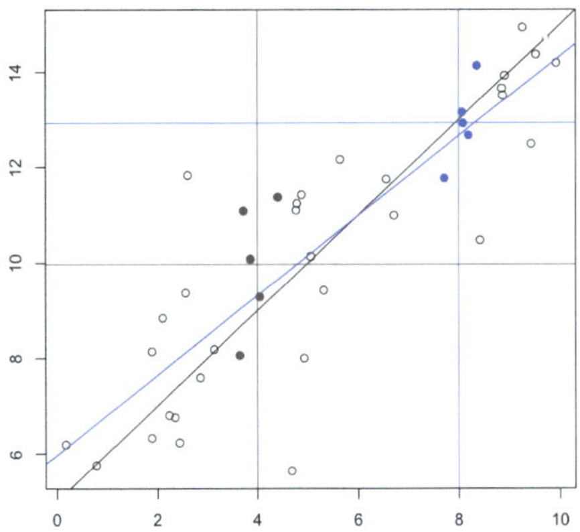

$k = 5$로 고정하고 $x = 4$에서 k-최측근, 즉 5-최측근을 얻어 회색으로 표시하였고, 다시 $x = 8$에서 5-최측근을 얻어 청색으로 표시하였다. 정확히 말하면 색깔을 주어 표시한 점들의 x좌표들의 집합이 최측근 $\mathcal{N}_{4,5}$와 $\mathcal{N}_{8,5}$이다. 그리고 각 최측근 집합의 원소의 y-좌표들의 평균값을 수평선으로 표시하였다. 그러므로 회색 수평선의 y-좌표가 $\hat{f}(4)$이고 청색 수평선의 y-좌표가 $\hat{f}(8)$이다. 최측근 점들을 구하여 색깔을 주는 함수는 아래에 보인 `plot.knn()`이고, $\hat{f}$의 값을 얻는 함수는 `mean.y.knn()`이다.

라인19와 라인29의 `order()` 함수는 `xvec`과 `yvec`을 동시에 정렬하기 위하여 사용되었다.

$p = 1$이므로 거리함수는 $d(x, x_i) = |x - x_i|$를 사용하였다. 라인31의 `order()`는 최측근들을 얻기 위하여 거리의 올림차순으로 정렬하는 데 사용되었다.

```
17 # plot the knn of x in (xvec, yvec)
18 # use points() to plot on existing graph
```

```
plot.knn = function (x, k, xvec, yvec, c) {
    ivec.sorted = order(xvec)
    xvec.sorted = xvec[ivec.sorted]
    ivec.knn = order(abs(x - xvec.sorted))
    ivec.knn.k = ivec.knn[1:k]
    points(xvec[ivec.sorted[ivec.knn.k]],
        yvec[ivec.sorted[ivec.knn.k]], col=c, pch=20)
}

# Compute the mean of the y values in the knn of x in (xvec, yvec)
mean.y.knn = function (x, k, xvec, yvec)  {
    ivec.sorted = order(xvec)
    xvec.sorted = xvec[ivec.sorted]
    ivec.knn = order(abs(x - xvec.sorted))
    ivec.knn.k = ivec.knn[1:k]
    ret_val = mean(yvec[ivec.sorted][ivec.knn.k])
        # yvec[ivec.sorted[ivec.knn.k]] is good too
    return(ret_val)
}

plot.knn(4, 5, xvec, yvec, gray2)
abline(v=4, col=gray2)
m4 = mean.y.knn(4, 5, xvec, yvec)
abline(h=m4, col=gray2)
plot.knn(8, 5, xvec, yvec, c=myblue)
m8 = mean.y.knn(8, 5, xvec, yvec)
abline(v=8, col=myblue)
abline(h=m8, col=myblue)
```

[그림 8.3]은 [그림 8.2]에서 사용했던 데이터 집합 (xvec, yvec)에 KNN 회귀를 $k = 1, 2, 5$인 경우에 대하여 각각 사용하여 얻은 $\hat{f}$의 그래프이다. 3개의 그래프를 모아서 그렸으므로 [그림 8.2]에서 본 것보다 훨씬 홀쭉하게 보인다. 검은색 점선은 선형회귀로 얻은 적합선이다.

[그림 8.3]을 그린 스크립트를 아래에 보였다. 함수 `lm.knn.plot()`의 라인9에서 사용한 `sapply()` 함수에 대하여는 p45를 참조하기 바란다.

```
1  lm.knn.plot = function (xvec, yvec, k) {
2      title = sprintf("k = %d",k)
3      plot(xvec, yvec, pch=20, col=mygray, main=title,
4           cex=1.5, cex.main=2, xlab="", ylab="")
5      lm.fit = lm(yvec ~ xvec)
6      abline(lm.fit, col="black", lwd=1.5, lty=2) # linear regression line
7      abline(a=yintercept, b=slope, col="black") # reference line
8      xv = seq(from = min(xvec)-1, to = max(xvec)+1, length=400);
9      yv = sapply(xv, mean.y.knn, k,xvec,yvec)
10     lines(xv,yv,col=myblue)
11 }
12
13 options(repr.plot.width=11, repr.plot.height=6.5)
14 par(mfrow=c(1,3), cex.axis=1.5)
15 lm.knn.plot(xvec, yvec, 1)
16 lm.knn.plot(xvec, yvec, 2)
17 lm.knn.plot(xvec, yvec, 5)
```

그림 8.3: KNN 회귀

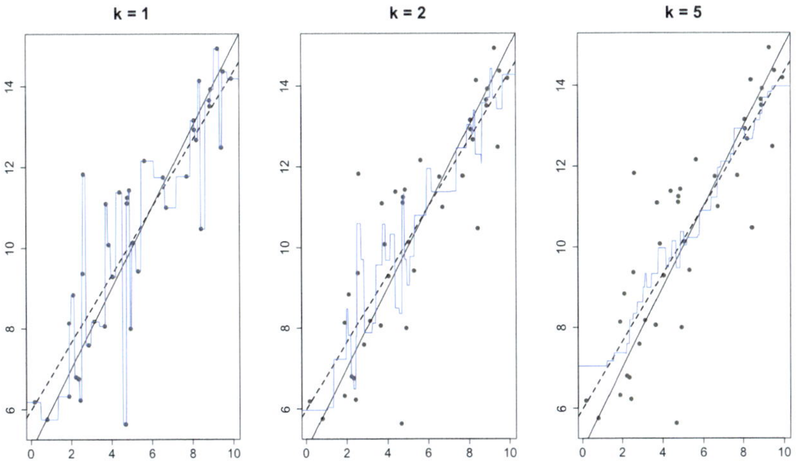

[그림 8.3]을 보면 KNN 회귀는 선형회귀보다 오차가 커 보인다. 그리고 k의 값이 커질수록 그나마 $\hat{f}$가 f에 가까워지는 것으로 보인다. 그러나 이것은 이 예에서만(혹은 비슷한 예에서만) 성립하는 사실이다.

이 그림에서 선형 모형을 택했을 때 기준함수를 잘 추정하게 되었던 것은 기준함수가 원래 선형함수였기 때문이다. 이번에는 기준함수가 비선형인 $x \mapsto \sin x$이고 $0 \le x \le 4\pi$인 경우의 데이터 집합에 대해서 선형 회귀와 KNN을 비교해 보자.

[그림 8.4]는 이 경우의 선형회귀 결과이다. 그래프는 검은색 실선, 1차함수를 모형으로 하여 얻은 적합선은 검은색 점선으로 나타내었다. 오차가 너무 커서 회귀를 한 의미를 찾을 수 없다. 차수를 높여 5차함수를 사용한 모형에서 얻은 결과를 청색선의 그래프로 나타내어 보았는데 많이 나아졌지만 썩 좋아 보이지는 않는다. 더 중요한 것은 만일 구간을 $0 \le x \le 4\pi$에서, 예를 들어 $-4\pi \le x \le 8\pi$ 등으로 늘린다면 5차함수 모형에서 얻은 결과는 형편없이 나빠져서 심지어 1차함수 때보다도 못하게 될 것이라는 사실이다.

그림 8.4: $\sin(x)$, 선형회귀

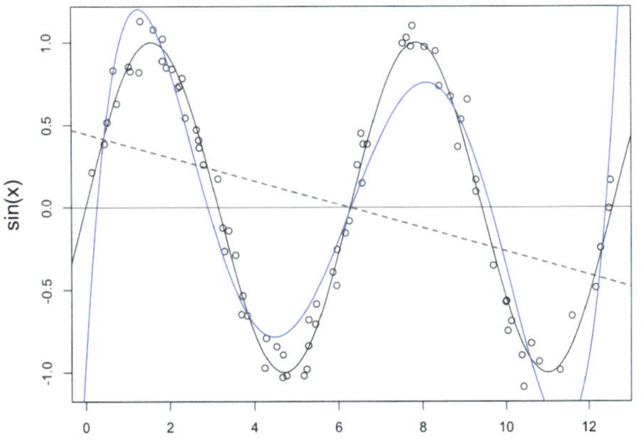

```
options(repr.plot.width=8, repr.plot.height=6.5)
xmin = 0; xmax = 4*pi
n = 80
set.seed(22)
xsin = runif(n, xmin, xmax)
ysin = sin(xsin) + rnorm(n,0,0.1)
plot(xsin, ysin, cex.lab=1.5, xlab="x", ylab="sin(x)")
xv = seq(from = min(xsin)-1, to = max(xsin)+1, length=200)
yv = sin(xv)
lines(xv, yv, col="black" ) # reference line
# Linear fit
abline(lm(ysin~xsin), col=gray2, lty=2, lwd=1.5)
# 5th degree polynomial fit
lm5.fit = lm(ysin~poly(xsin, 5))
yv5 = predict(lm5.fit, data.frame(xsin=xv))
lines(xv, yv5, col=myblue, lwd=1.5)
abline(h=0, col=gray2)
```

이번에는 [그림 8.4]에서 사용했던 데이터 집합에 대한 KNN 회귀를 $k = 1, 3, 25$에 대해서 각각 사용하여 얻은 $\hat{f}$의 그래프를 [그림 8.5]에 보였다. 그림에 사용한 스크립트는 이전과 거의 같으므로 생략하였다. (물론 이 스크립트도 동반사이트에 올려 놓았다.)

그림을 보면 $k = 1$일 때도 이미 쓸 만 하고 $k = 3$일 때 가장 좋은 결과를 보여줌을 알 수 있다. 그리고 이번에는[그림 8.3]에서와는 달리 k를 늘릴수록 좋은 것만은 아님을 볼 수 있을 것이다.

그림 8.5: sin(), KNN 회귀

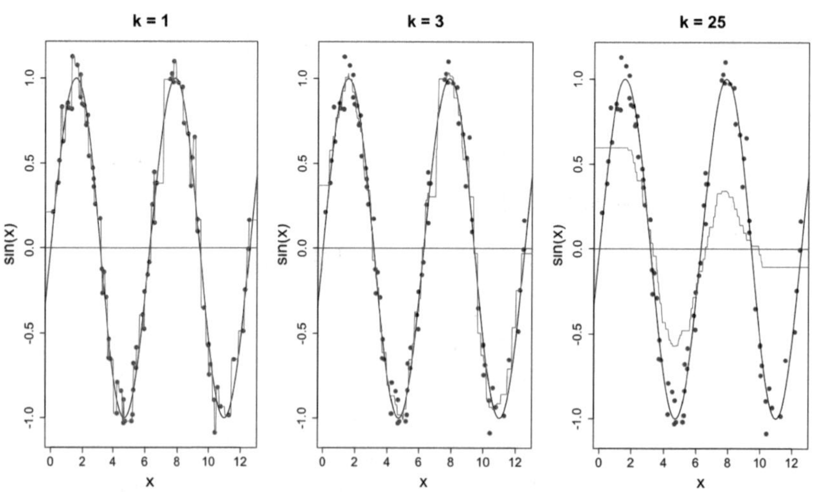

$k = 3$인 경우의 그래프는 [그림 8.4]의 5차함수 모형의 결과보다 더 나아 보인다. 더 중요한 사실은 x의 범위를, 예를 들어 $-4\pi \leq x \leq 8\pi$로 늘렸을 때도 KNN 모형은 나빠질 이유가 전혀 없다는 것이다.

선형회귀는 회귀함수의 형식을 정해놓고 계수를 맞추어 함수의 식formula을 얻는 방식으로 작동한다. 이런 방식을 모수적 방법(*parametric method*)이라고 한다. KNN-회귀에서는 회귀함수의 형식에 대해서는 전혀 관심을 두지 않고 추정회귀함수 $\hat{f}$는 식이 아닌 코드code의 형식으로 얻는다. 이런 방식을 비모수적 방법(*non-parametric method*)이라고 한다.

그렇다면 어떤 방식이 더 좋은가? 답은 간단하다. 함수의 형식을 (대략이라도) 알 때는 모수적 방법이 좋고 잘 모를 때, 혹은 전혀 모를 때는 비모수적 방법이 좋다.

실습 8.8 [그림 8.4]에서 $f(x) = \sin x$를 회귀를 통해서 추정할 때 사용했던 데이터 집합 (xsin, ysin)을 훈련집합으로 삼아 모형 $y = a\sin(x+b)$에 맞추어 회귀계수 a, b를 구해 보자. p256의 스크립트와 크게 다르지 않다.

```
fsin = function(v) { # v = c(a,b)
  a = v[1]
  b = v[2]
  eVec = ysin - a * sin(xsin + b) # residual vector
  MSE = mean(eVec * eVec)
  return(MSE)
}

grad_fsin = function(v) {
  a = v[1]
  b = v[2]
  eVec = ysin - a * sin(xsin + b) # residual vector
  grad_a = -2 * mean(eVec * sin(xsin + b))
  grad_b = -2 * mean(eVec * a * cos(xsin + b))
  return(c(grad_a, grad_b))
}
```

데이터로부터 $\hat{f}$를 얻는 것이므로 [실습 8.1]–[연습문제 8.4]에서 경험했던 것과 같이 정확한 값을 얻을 수는 없고 [실습 8.5]에서와 같이 근삿값을 얻게 된다.

초깃값을 $\vec{v}_0 = (3.6, 1.2)$로 하여 계산한 결과는 다음과 같다.

```
grad_descentEX(c(3.6, 1.2), 0.01, 0.0001, 10000, grad_fsin, fsin)

dim = 2 , initial input= 3.6 1.2 , initial f_val = 5.894359
     1 v=(3.566,1.161) f_val= 5.634 grad=(3.352,3.883) grad_len= 5.130 delta_f= 0.260
     2 v=(3.534,1.123) f_val= 5.384 grad=(3.268,3.815) grad_len= 5.023 delta_f= 0.250
..
  1067 v=(0.999,0.026) f_val= 0.011 grad=(0.000,0.000) grad_len= 0.000 delta_f= 0.000
```

Learning rate를 $h = 0.01$로 비교적 크게 잡고 실행하면 불과 1067회의 반복에 의하여 $(a,b) = (1,0)$의 근삿값 $(0.999, 0.026)$을 얻게 된다.

이 문제의 재미있는 부분이 있는데, sin과 cos은 주기가 $2\pi \doteq 6.283$이므로 초깃값의 두 번째 좌표를 대략 4 이상 9 이하로 하면 b의 값이 $0.026 + 6.283 = 6.309$로 수렴함을 볼 수 있을 것이다. 또한 $\sin(x+\pi) = -\sin(x)$이므로 초깃값의 첫 번째 좌표를 음수로 두면 (a,b)의 값은 $(-0.999, 0.026 + 3.142)$로 얻어짐이 관찰된다. ⊣

8.4 로지스틱 회귀에 의한 분류

8.4.1 로지스틱 회귀의 이론

이 절에서 공부할 로지스틱 회귀(*Logistic regression*)는 회귀 계산을 통하여 분류를 하는 기법이다. 따라서 반응변수가 취할 수 있는 수준level, label의 개수 K가 유한인 경우에 이 기법을 사용한다. 우리는 특히 $K = 2$인 경우만 다룰 것이다. $K \geq 3$인 경우에 대해서도 로지스틱 회귀 기법을 사용하는 것이 가능하기는 하지만 이 책에서는 이런 경우에 대해서는 [섹션 8.6]에서 판별분석Discriminant analysis을 사용할 것이다.

예측변수의 개수가 1개 뿐이고 다음과 같은 데이터 집합 $\{(x_i, y_i) \mid 1 \leq i \leq 10\}$가 주어졌을 때 $\hat{f}$를 구해 보자.

```
xdat = c(0.8, 1.6, 2.2, 3.2, 3.4, 3.8, 4.2, 5.2, 5.9, 7.6)
ydat = c(0.0, 0.0, 1.0, 0.0, 1.0, 1.0, 1.0, 1.0, 1.0, 1.0)
```

$f(x)$ 및 이것의 추정함수 $\hat{f}(x)$의 값은 $X = x$에서 $Y = 1$일 확률을 나타내는 것으로 해석한다. 만일 $\hat{f}$를 얻기 위하여 단순선형회귀를 사용한다면 다음과 같은 결과를 얻게 된다.

```
plot(c(0,8), c(0,1), type="n", xlab="", ylab="", cex.axis=1.5)
points(xdat, ydat, col="black", pch=21, cex=2)
lm.fit = lm(ydat ~ xdat)
abline(lm.fit, col=myblue, lwd=2)
b0a = coef(lm.fit)["(Intercept)"]; b0a
b1a = coef(lm.fit)["xdat"]; b1a
```

```
(Intercept): 0.122832484362216
xdat: 0.152286943440049
```

그림 8.6: 2항분류 문제에 대한 선형회귀의 결과

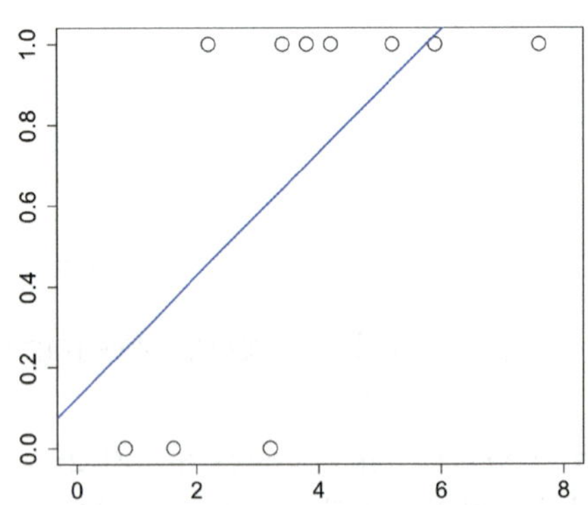

단순선형회귀의 결과로 $\hat{f}(x) = 0.1228 + 0.1523x$를 얻었다. 이 함수의 값은 0과 1 사이에 존재해야 한다는 조건을 충족하지 못한다. 일단은 $\hat{f}(x) := \max(\min(0.1228 + 0.1523x, 1), 0)$로 두어 이 문제를 잠정적으로 해결하기로 한다.†

†실제로는 이렇게 하면 $\log 0$를 계산할 때 에러가 날 수 있으므로 `max(.., 0)`에서 0 대신 아주 작은 양수를 넣는 것이 더 좋을 것이다. 다만 이 예에서는 $\hat{f}(x)$의 값이 $0 \leq x \leq 8$ 범위에서 0이 되지 않으며 따라서 문제될 것이 없으므로 실제 사용한 코드에서 그냥 이렇게 놓아 두었다.

로지스틱 회귀란 대략 다음의 [그림 8.7]과 같은 그래프를 가지는 $\hat{f}$를 얻는 것이라고 보면 된다. 이 그림을 그릴 때 사용한 R-스크립트는 다음과 같다. 이 코드의 설명은, 특히 라인1과 라인5에 대한 설명은 조금 후에 할 것이다.

```
1 glm.fit = glm(ydat ~ xdat, family=binomial)
2 b0b = coef(glm.fit)["(Intercept)"]; b0b
3 b1b = coef(glm.fit)["xdat"]; b1b
4 xvec = seq(0,8, length=200)
5 yvec = 1/(1 + exp(-(b0b + b1b*xvec)))
6 plot(c(0,8), c(0,1), type="n", xlab="", ylab="", cex.axis=1.5)
7 points(xdat, ydat, col="black", pch=21, cex=2)
8 lines(xvec, yvec, col=myblue, lwd=2)
```

```
(Intercept): -4.12444174321198
xdat: 1.64242586355
```

그림 8.7: 로지스틱 회귀

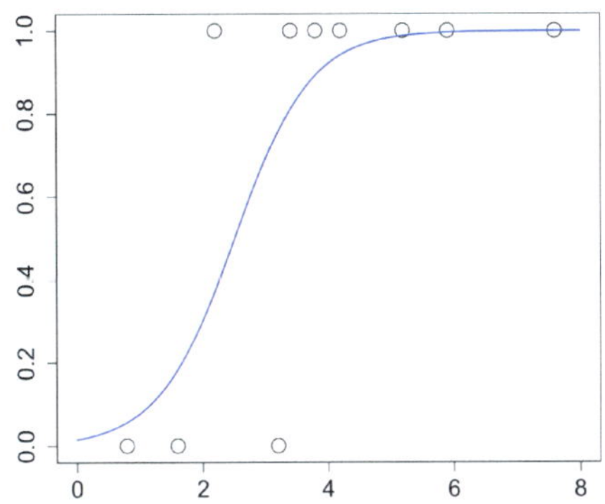

직관적으로 볼 때 [그림 8.7]이 [그림 8.6]보다 나은 것은 확실하다. 수학적으로 어떻게 더 낫다는 것인지를 말하기 위하여는 교차 엔트로피의 개념을 사용하면 된다. 교차 엔트로피는 로그 로스라고도 하며 식 (6.36)을 써서 계산한다. 그리고 이것이 작게 나올수록 더 나은 $\hat{f}$라고 판단한다.

[그림 8.6]의 함수를 `f_linear()`, [그림 8.7]의 함수를 `f_logistic()`이라 두고 다음과 같이 로그 로스를 계산한다.

```
f_linear = function(x) {
  max(min(b0a + b1a*x, 1), 0)
}

f_logistic = function(x) {
  1/(1 + exp(-(b0b + b1b*x)))
}

logloss = function(x, y, f) {
    # log loss as a function of data(x, y are vectors)
    #     and the regression function f
    N = length(x)
```

```
13     return(-sum(y * log(f(x)) + (1 - y) * log(1 - f(x))) / N)
14 }
15
16 logloss(xdat,ydat,f_linear) # log loss for simple linear regression
17 logloss(xdat,ydat,f_logistic) # log loss for logistic regression
```

```
1.06969121691482
0.305159289570062
```

예상했던 대로 로지스틱 회귀에서 얻은 추정함수의 로그 로스가 단순선형회귀에서 얻은 추정함수의 로그 로스보다 작은 것이 확인되었다.

[그림 8.7]은 위의 코드에서 라인6에 정의된 함수

$$\hat{f}(x) = \frac{1}{1+e^{-(b_0+b_1x)}} \text{ with } b_0 = -4.124,\ b_1 = 1.642$$

의 그래프이다. 이 함수는 [그림 8.8]에 보인 로지스틱 함수(*logistic function*)를

$$g(x) \stackrel{\text{def}}{=} \frac{1}{1+e^{-x}} = \frac{e^x}{e^x+1} \tag{8.3}$$

로 두었을 때 $\hat{f}(x) = g\big(b_1(x+\frac{b_0}{b_1})\big)$로 얻어지므로 [그림 8.8]을 x-축 방향으로 $-\frac{b_0}{b_1}$만큼 이동하고 $\frac{1}{b_1}$만큼 압축하면 [그림 8.7]를 얻게 된다. 즉, 이 두 그림은 생김새가 무척 유사하다.

그림 8.8: 로지스틱 함수의 그래프

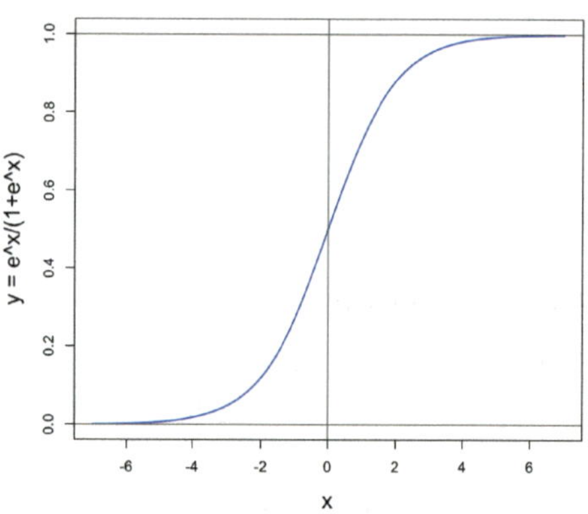

로지스틱 함수의 장점 중의 하나는 미분이 깔끔하게 된다는 것이다.

$$\begin{aligned} g'(x) &= \frac{-(1+e^{-x})'}{(1+e^{-x})^2} = \frac{e^{-x}}{(1+e^{-x})^2} \\ &= \frac{1}{1+e^{-x}}\left(\frac{1+e^{-x}-1}{1+e^{-x}}\right) = \frac{1}{1+e^{-x}}\left(1-\frac{1}{1+e^{-x}}\right) \\ &= g(x)\big(1-g(x)\big) \end{aligned} \tag{8.4}$$

로지스틱 함수는 시그모이드 함수(*sigmoid function*)의 일종이며, 시그모이드 함수란 다음과 같은 2개의 성질을 모두 가지는 함수 $f:\mathbb{R}\to\mathbb{R}$를 뜻한다.

① 모든 x에서 양의 미분계수를 가진다, 즉 $f'(x) > 0$ for $-\infty < x < \infty$.

② 유계bounded, 즉 $|f(x)| \le M,\ \forall x \in \mathbb{R}$ for some $M \in \mathbb{R}$.

위의 두 성질들로부터 $x \to \infty$, $x \to -\infty$에서 각각 점근선을 가짐을 알 수 있다. 때로는 시그모이드 함수의 조건에 그래프가 점대칭일 것을 추가하기도 하며 잘 알려진 모든 시그모이드 함수들은 이 조건을 만족한다. 예를 들어 로지스틱 함수의 그래프는 $(0, \frac{1}{2})$을 중심으로 점대칭이다. 시그모이드 함수 중에 가장 널리 쓰이는 것 2개를 꼽는다면 방금 말한 로지스틱 함수와 가우스 오차함수 $\operatorname{erf}(x) \overset{\text{def}}{=} \frac{2}{\sqrt{\pi}} \int_0^x e^{-y^2}\, dy$가 있다.

8.4.2 glm() 및 그래디언트 하강을 이용한 계산

이제 p267에 있는 코드

```
1 glm.fit = glm(ydat ~ xdat, family=binomial)
2 b0b = coef(glm.fit)["(Intercept)"]; b0b
3 b1b = coef(glm.fit)["xdat"]; b1b
4 xvec = seq(0,8, length=200)
5 yvec = 1/(1 + exp(-(b0b + b1b*xvec)))
```

를 설명할 차례다.

라인1의 `glm()`은 generalized linear modeling을 뜻한다. 이 함수는 다양한 형태의 모형맞춤을 수행할 수 있는데, 인수에 `family=binomial`을 넣으면 p267의 코드 라인15에 있는 `logloss(xdat,ydat,f_logistic)`를 최소화 하여 관련 정보를 리턴한다. 이 리턴값은 변수 `glm.fit`에 저장하였다가 라인2와 라인3에서 보듯이 `coef()`를 사용하여 $\hat{f}$의 모수 b_0와 b_1을 알아낼 수 있다.

그런데 `yvec`을 계산할 때 라인2, 라인3, 라인5, 이렇게 3개나 사용하는 것은 좀 번거로운 느낌이다. `lm()`을 사용한 분석에서는, p228에서 보면 `predict()` 함수를 사용하여 단 하나의 라인으로 처리했었다. `glm()`의 경우에도 다음과 같이 한 줄로 처리할 수 있다. 다만 이때는 `predict()`의 인수에 `type="response"`를 넣어 주어야 한다는 점에 유의해야 한다.

```
yvec = predict(glm.fit, data.frame(xdat=xvec), type="response")
```

이것으로 `glm()`을 이용한 계산에 대한 설명을 마쳤다. 이번에는 그래디언트 하강을 이용하여 직접 로그 로스를 최소로 하는 (b_0, b_1)을 구해 보자.

로스 함수 $L(b_0, b_1)$에 대한 그래디언트 하강 기법의 구현은 $\vec{\nabla} L(b_0, b_1)$의 코드를 얻는 것이 관건이다. L을 모수 (b_0, b_1)의 함수로 나타내면 다음과 같다.

$$g(x) := 1/(1 + e^{-x})$$
$$\hat{f}(x) := g(b_0 + b_1 x)$$
$$L(b_0, b_1) := -\sum_{i=1}^{n} \Big(y_i \log\big(\hat{f}(x_i)\big) + (1 - y_i) \log\big(1 - \hat{f}(x_i)\big) \Big) \cdot \frac{1}{n} \tag{8.5}$$

위의 식에서 $\{(x_i, y_i) \mid i = 1, \ldots, n\}$는 $\hat{f}$를 구하기 위하여 사용되는 훈련집합이며 다음의 코드로 값이 주어져 있다. 그러므로 $n = 10$이다.

```
xdat = c(0.8, 1.6, 2.2, 3.2, 3.4, 3.8, 4.2, 5.2, 5.9, 7.6)
ydat = c(0.0, 0.0, 1.0, 0.0, 1.0, 1.0, 1.0, 1.0, 1.0, 1.0)
```

이해를 돕기 위해서 다음과 같이 $\ell(x,y;b_0,b_1)$을 도입하여 $L(b_0,b_1)$을 나타낸다.

$$\ell(x,y;b_0,b_1) := y\log\big(\hat{f}(x)\big) + (1-y)\log\big(1-\hat{f}(x)\big)$$
$$L(b_0,b_1) = -\textstyle\sum_{i=1}^{n}\ell(x_i,y_i;b_0,b_1)\cdot\frac{1}{n}$$

ℓ을 b_0에 대해서 각각 편미분 해 보자. 식 (8.4)에서 보였던 로지스틱 함수의 성질 $g'(x) = g(x)\big(1-g(x)\big)$가 여기서 요긴하게 쓰인다.

$$\begin{aligned}
\frac{\partial\ell}{\partial b_0} &= \frac{\partial}{\partial b_0}\Big(y\log\big(g(b_0+b_1x)\big) + (1-y)\log\big(1-g(b_0+b_1x)\big)\Big)\\
&= \frac{y}{g(b_0+b_1x)}g'(b_0+b_1x) + \frac{1-y}{1-g(b_0+b_1x)}\big(-g'(b_0+b_1x)\big)\\
&= \Big(\frac{y}{g(b_0+b_1x)} + \frac{y-1}{1-g(b_0+b_1x)}\Big)g(b_0+b_1x)\big(1-g(b_0+b_1x)\big)\\
&= y - y\cdot g(b_0+b_1x) + y\cdot g(b_0+b_1x) - g(b_0+b_1x)\\
&= y - g(b_0+b_1x) \qquad (8.6)
\end{aligned}$$

조금 복잡해 보였지만 결국은 간단하게 정리되었다. ℓ의 b_1에 대한 편미분도 거의 같은 방식으로 진행할 수 있으며 앞서와의 차이점은 b_1에는 계수 x가 붙어있다는 것 뿐이다. 따라서 다음의 식을 얻는다.

$$\frac{\partial\ell}{\partial b_1} = y - g(b_0+b_1x)x$$

$\vec{\nabla}L(b_0,b_1)$는 이제 다음과 같이 쓸 수 있다.

$$\frac{\partial L}{\partial b_0} = -\frac{1}{n}\sum_{i=1}^{n}\frac{\partial\ell}{\partial b_0}(x_i,y_i) = -\frac{1}{n}\sum_{i=1}^{n}\big(y_i - g(b_0+b_1x_i)\big) \qquad (8.7)$$

$$\frac{\partial L}{\partial b_1} = -\frac{1}{n}\sum_{i=1}^{n}\frac{\partial\ell}{\partial b_1}(x_i,y_i) = -\frac{1}{n}\sum_{i=1}^{n}\big(y_i - g(b_0+b_1x_i)x_i\big) \qquad (8.8)$$

$$\vec{\nabla}L(b_0,b_1) = \Big(\frac{\partial L}{\partial b_0}, \frac{\partial L}{\partial b_1}\Big)$$

실습 8.9 지금까지 얻은 수식들을 R-스크립트로 구현하면 다음과 같다. 여기서 라인10은 (8.5)에, 라인16은 (8.7)에, 그리고 라인17은 (8.8)에 대응된다.

```
1  g = function(x) {
2    1/(1 + exp(-x))
3  }
4
5  L = function(v) { # log loss as a function of v := c(b0, b1)
6    b0 = v[1];  b1 = v[2]
7    log_gVal = log(g(b0 + b1*xdat))
8    log_gVal_b = log(1 - g(b0 + b1*xdat))
9    binEntropyVec = ydat * log_gVal + (1 - ydat) * log_gVal_b
10   return(-mean(binEntropyVec))
11 }
12
```

```
grad_L = function(v) {
  b0 = v[1];  b1 = v[2]
  eVec = ydat - g(b0 + b1*xdat)
  grad_b0 = -mean(eVec)
  grad_b1 = -mean(eVec * xdat)
  return(c(grad_b0, grad_b1))
}
```

초깃값 벡터를 $\vec{v}_0 = (2.4, 0)$으로 두고 계산한 결과는 다음과 같다. 이번에는 ε의 값을 상당히 작게 잡아 보았다.

```
grad_descentEX(c(2.4, 0), 0.01, 0.00001, 1000000, grad_L, L)

dim = 2 , initial input= 2.4 0 , initial f_val = 0.8068362
     1 v=(2.398,-0.002) f_val= 0.806 grad=(0.217,0.245) grad_len= 0.327 delta_f= 0.001
     2 v=(2.396,-0.005) f_val= 0.805 grad=(0.216,0.241) grad_len= 0.323 delta_f= 0.001
..
 81033 v=(-4.123,1.642) f_val= 0.305 grad=(0.000,-0.000) grad_len= 0.000 delta_f= 0.000
```

결과를 보면 $(b_0, b_1) = (-4.123, 1.642)$로 나왔는데 이는 `glm()`을 써서 얻었던 $(-4.124, 1.642)$와 거의 같은 값임이 확인된다. 다양한 초깃값으로 실험해 보기 바란다. ⊣

$L(b_0, b_1)$의 식으로 2항 교차 엔트로피 (8.5) 대신 평범하게 *MSE*를 사용하면, 즉 $L(b_0, b_1) := \sum_{i=1}^{n}\big(y_i - g(b_0 + b_1 x)\big)^2/n$로 두면 그래디언트 하강 방법으로 최솟값을 얻고자 할 때 수렴이 잘 되지 않는다. 그 이유는 이런 형태의 데이터 집합, 즉 예측변수들은 연속형이고 반응변수는 범주형인 경우에 대한 *MSE*는 아래로 볼록convex하지 않은 것이 일반적이기 때문이라고 한다.

8.5 의사결정 나무

8.5.1 회귀나무

의사결정 나무(*decision tree*)에는 연속형 반응변수에 대한 회귀나무(*regression tree*)와 범주형 반응변수에 대한 분류나무(*classification tree*)가 있다.

먼저 회귀나무에 대한 예를 보자. 예측변수는 X_1, X_2의 2개이고 반응변수는 Y인 데이터가 [그림 8.9]와 같이 주어졌다고 하자.

데이터를 다음과 같이 3개의 영역region R_1, R_2, R_3로 나누었다.

$$
\begin{aligned}
&t_1 = 3.5,\ t_2 = 4.5\\
&R_1 = \{(x_1, x_2) \mid x_1 < t_1\}\\
&R_2 = \{(x_1, x_2) \mid x_1 \geq t_1,\ x_2 < t_2\}\\
&R_3 = \{(x_1, x_2) \mid x_1 \geq t_1,\ x_2 \geq t_2\}
\end{aligned}
$$

나중에 예측변수가 $(X_1, X_2) = (x_1, x_2)$로 주어졌다면 이에 대응하는 반응변수 Y의 값은 (x_1, x_2)가 속하는 영역 R_i 에 속하는 Y 값들의 평균값 $\text{mean}(R_i)$로 추정하기로 한다. 예를 들어 $(x_1, x_2) = (2, 7)$이면

그림 8.9: 회귀나무 데이터

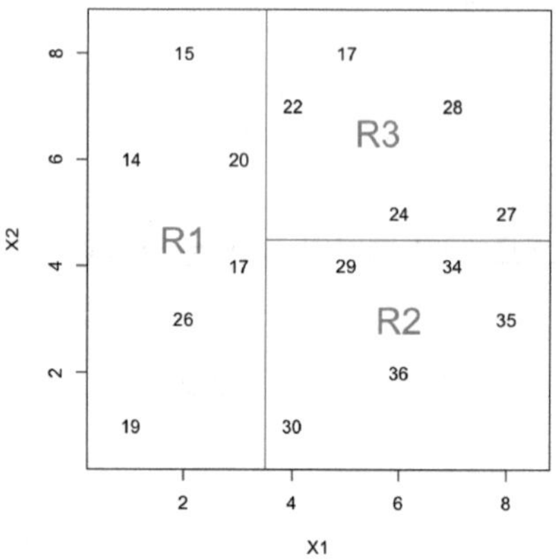

$$\hat{f}(2,7) = \text{mean}(R_1) = \frac{19+26+17+14+20+15}{6} = 18.5$$

가 된다. $\text{mean}(R_2) = 32.8$, $\text{mean}(R_3) = 23.6$으로 계산됨을 확인해 보라. 참고로 이 절에 나타나는 그림과 계산에 사용된 모든 R-스크립트는 이 책의 동반 웹사이트에 decision_tree.ipynb의 이름으로 올려두었다.

$\hat{f}(x_1, x_2)$의 계산은 다음과 같은 설계코드pseudocode로 기술할 수 있다.

```
if(x1 < t1) {
    return mean(Y1)
} else {
    if(x2 < t2) {
        return mean(Y2)
    } else {
        return mean(Y3)
    }
}
```

그림 8.10: 회귀나무 다이어그램

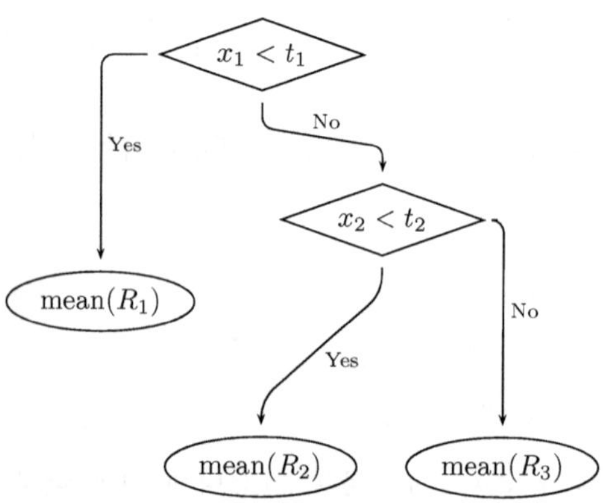

위의 코드를 그림으로 나타내면 [그림 8.10]과 같은 나무 형태가 된다. 이 절에서 공부하는

기법을 의사결정 나무라고 부르는 이유가 여기에 있다.

8.5.2 재귀2진분할 알고리듬

이제 우리가 해결해야 할 과제는 영역간의 경계를 결정짓는 t_1과 t_2의 값을 구하는 것이다. 또한 이 경곗값들이 각각 X_1에 대한 것인지 아니면 X_2에 대한 것인지도 결정해야 한다. [그림 8.9]의 예에서는 적당한 기준에 의하여 예측변수로 X_1, 경곗값으로 $t_1 = 3.5$가 얻어졌고, 이들에 의하여 예측변수 공간feature space, or predictor space $\mathbb{R}^2$은 2개의 영역 R_1과 R_2로 분할되었다.

다음에는 R_1, R_2 각각에 대하여 분할을 시도하여 예측변수와 경곗값을 얻는다. 이렇게 얻은 두 개의 분할 중에 더 좋은 분할을 택한다. [그림 8.9]의 예에서는 R_2에 대한 분할이 더 좋은 것으로 선택되었으며 이 분할에서 예측변수로 X_2, 경곗값으로 $t_2 = 4.5$가 얻어졌다. 이제 예측변수 공간은 3개의 영역으로 분할되었다. 영역의 이름 R_2는 이제 R_2를 분할하여 얻어진 두 개의 영역 중 하나에 주어져야 하며 나머지 하나의 (새로 생성된) 영역은 R_3라고 이름지었다.

예측변수 공간이 k개로 분할된 후에는 각각의 영역에 대한 분할을 시도하고, 그들 중에 가장 좋은 것을 선택하여 그 영역을 2개로 분할하면 영역의 총 개수는 $k+1$개가 된다. 이런 작업을 계속하는 것을 재귀2진분할(*recursive binary splitting*)이라고 부른다.

재귀2진분할 알고리듬을 더 명확하게 기술하려면 다음의 질문에 답을 해야 한다.

① 예측변수와 경곗값을 정하는 '적당한 기준'은 무엇인다.

② 여러 분할들 중에 가장 '좋은 분할'이 갖추어야 할 조건은 무엇인가?

③ 이러한 작업은 언제 멈추는가?

분할splitting을 결정짓는 요소는 예측변수 X_i와 그 변수에 대한 경곗값 t_j, 그리고 이 (X_i, t_j)가 적용될 영역 R_k이다. 분할을 한 번 실행할 때마다 영역의 개수는 하나 늘어나며 영역들의 첨수는 일부 변경reindex된다. 즉, R_k가 분할되며 생성된 2개의 영역 중 하나가 R_k가 되며 나머지 하나는 R_{j+1}이 된다. 여기서 j는 분할 직전에 존재했던 영역들의 총 개수이다.

회귀나무에 의하여 얻은 $\hat{f}$의 핵심은 예측변수 공간의 하나의 영역 내에서는 $\hat{f}$의 값이 일정한 값, 즉 그 영역내의 y 값들의 평균을 가지게 된다는 것이다. 분할을 하는 이유는 $\hat{f}$를 개선하기 위함이다. 즉 로스(또는 오차)를 줄이는 것이다. 여기서 로스함수로는 영역들의 *RSS*residual sum of squares의 합계를 사용하기로 한다.[†] 모든 분할은, 아무리 나쁜 분할일지라도 로스를 줄이게 된다. 이 사실은 증명은 다음의 연습문제로 미루었다.

연습문제 8.10 실수들의 공아닌 다중집합 Y의 *RSS*, 즉 $\sum_{y \in Y}(y - \mu_Y)^2$를 $RSS(Y)$로 나타내기로 한다. Y의 임의의 분할 Y_1, Y_2에 대하여 $RSS(Y_1) + RSS(Y_2) \le RSS(Y)$임을 증명하여라. 또한 이 부등식의 등호는 Y의 모든 원소들이 일정한 값을 가질 때, 그리고 이때만 성립함을 보여라.[‡] (힌트). [연습문제 4.31] ⊣

[그림 8.9]에 주어진 자료에서 각 영역의 *RSS*를 계산하면 R_1, R_2, R_3 영역에 대해서 각각 93.5, 38.8, 77.2를 얻게 된다.

---

† *RSS*는 *SSE*와 같은 의미로 보면 된다.

‡ 다음의 세 명제는 동등하다. ① Y의 모든 원소가 하나의 고정된 값을 가진다. ② Y의 모든 분할 Y_1, Y_2에 대하여 등호가 성립한다. ③ Y의 어떤 분할 Y_1, Y_2에 대하여 등호가 성립한다.

이 예에서는 분할을 2번 하였다. 첫 번째 분할은 다음과 같은 14개의 후보들 중에 하나를 골라야 한다: X_1의 경곗값을 $1.5, 2.5, \ldots, 7.5$로 하거나 X_2의 경곗값을 $1.5, 2.5, \ldots, 7.5$로 한다. 다음은 분할 전의 RSS(의 합계)와 분할 후의 RSS들을 계산하여 얻은 결과이다.

```
First splitting
initial RSS = 773.94
predict variable = X1
t=1.5 RSS = 625.36
t=2.5 RSS = 577.92
t=3.5 RSS = 421.10
t=4.5 RSS = 493.38
t=5.5 RSS = 416.23
t=6.5 RSS = 552.92
t=7.5 RSS = 679.21
predict variable = X2
t=1.5 RSS = 773.93
t=2.5 RSS = 721.44
t=3.5 RSS = 617.53
t=4.5 RSS = 556.38
t=5.5 RSS = 511.43
t=6.5 RSS = 685.92
t=7.5 RSS = 606.36
```

첫 번째 분할은 예측변수 X_1에 대하여 $t = 5.5$로 하는 것이 최선인 것으로 보인다. 두 번째 분할은 현재 2개인 영역 각각에 대해서 14개의 후보가 있으므로 총 28개 중에 RSS를 최소로 하는 것을 고르면 된다.

계산 결과 얻은 출력은 다소 길어서 RSS가 최소인 것을 포함한 일부만 보였다.

```
Second splitting for R1 using t1 = 5.5
initial RSS = 416.23
predict variable = X1
t=3.5 RSS = 329.83
t=4.5 RSS = 405.21
predict variable = X2
t= 3.5 RSS = 344.19
t= 4.5 RSS = 307.33
Second splitting for R2 using t1 = 5.5
initial RSS = 416.23
predict variable = X1
t=5.5 RSS = 416.23
t=6.5 RSS = 414.90
predict variable = X2
t=3.5 RSS = 346.15
t=4.5 RSS = 303.57
```

2번째 분할에서 최선의 선택은 $(X_2, 4.5, R_2)$이고 이때 RSS는 303.57이다.

그런데 첫 번째 분할에서 두 번째로 좋은 RSS를 보여주었던 $(X_1, t_1 = 3.5)$를 선택하고 이어서 두 번째 분할을 하면 다음과 같은 결과를 얻는다.

```
Second splitting for R2 using t1 = 3.5
initial RSS = 421.10
```

```
predict variable = X1
t=5.5 RSS = 329.83
t=6.5 RSS = 368.83
predict variable = X2
t=4.5 RSS = 209.50
t=5.5 RSS = 273.60
```

이번에는 $(X_2, 4.5, R_2)$에서 *RSS*의 최솟값 209.50을 얻어서 이전의 303.57보다 더 좋은 결과를 얻었다. [그림 8.9]는 이 결과를 나타낸 것이다.

분할을 선택할 때마다 가장 좋은 분할만을 계속 선택하는 계산 방법을 그리디 알고리듬greedy algorithm이라고 하는데 방금 보았듯이 이것이 최종적으로 최선의 결과를 보장하지는 않는다.

주어진 훈련집합으로부터 영역 $R_1, \ldots, R_J$, 경곗값 $t_1, \ldots, t_J$, 경곗값을 적용할 예측변수 $X_{i1}, X_{i2}, \ldots, X_{iJ}$를 얻을 때는 일단 과도맞춤overfitting이 되도록 하는 것이 좋다. 일단 이렇게 커다란 의사결정 나무를 얻은 다음에는 이를 테스트집합에 적용하여 필요없는 노드node(혹은 영역)들을 제거하여 편향-변동성의 균형을 맞추어야 하는데 이 작업을 가지치기(*pruning*)이라고 한다. 가지치기의 알고리듬 중 널리 쓰이는 것으로 *Cost complexity pruning*이 있다. 가지치기는 이 책의 범위를 넘으며 여기에 관심있는 독자는 [8]을 참조하기 바란다.

이제 p273에서 제기했던 3개의 물음에 답할 때가 되었다. 첫 번째와 두 번째 물음, 즉 예측변수와 경곗값을 정하는 '적당한 기준'과 '좋은 분할이 갖추어야 할 조건'에 대한 답은 둘 다 '*RSS*를 최소로 하는 것'이라고 답하면 될 것이다. 세 번째 물음 '분할 작업은 언제까지 계속하는가'에는 여러 가지 답이 있을 수 있는데 (1) '영역의 원소의 개수가 특정한 값 아래로 내려가지 않도록 한다', 혹은 (2) '*RSS*가 줄어드는 값이 특정한 값 이상을 유지하도록 한다', 혹은 (3) '나무의 깊이depth, 즉 가장 긴 가지branch의 길이가 특정한 값을 초과하지 않도록 한다' 등을 생각할 수 있다.

아직까지 해결되지 않은 물음으로 가지치기 외에도 경곗값의 후보들을 어떻게 정하느냐는 것 등 여럿이 있을 수 있는데 이런 부분들을 고려한 정교한 알고리듬은 R의 `tree` 패키지로 구현되어 있으며 이를 활용하는 예를 [섹션 8.7]에서 보게될 것이다.

8.5.3 분류나무

분류나무는 회귀나무와 유사하며 그 차이는 반응변수 Y가 연속형이 아니라 범주형이라는 것에 있다. 하나의 영역에 속하는 반응변수들의 값 $\hat{f}(\vec{x})$는 일정하며, 회귀나무의 경우에는 그 영역에 속하는 Y 값들의 평균을 $\hat{f}(\vec{x})$의 값으로 주었으나 분류나무에서는 그 영역에 속하는 Y 값들 중에 가장 많이 나타나는 값을 준다. 예를 들어 [그림 8.11]과 같은 자료가 주어졌다고 하자. 그림에서 회색, 백색, 청색은 각각 범주 1, 2, 3에 대응된다.

영역 R_m에서 범주 k가 나타나는 비율을 $\hat{p}_{mk}$라 하면 오른쪽의 표와 같은 결과를 얻는다. $\vec{x}$가 속하는 영역이 R_m일 때 $\hat{f}(\vec{x}) = \text{argmax}_k \hat{p}_{mk}$로 정의되므로 R_1, R_2, R_3에 속하는 $\vec{x}$에 대한 $\hat{f}(\vec{x})$의 값은 각각 1, 2, 3이 된다.

$m \backslash k$	1	2	3
1	$\frac{2}{3}$	0	$\frac{1}{3}$
2	0	$\frac{4}{5}$	$\frac{1}{5}$
3	$\frac{1}{5}$	0	$\frac{4}{5}$

분류나무를 구성하는 알고리듬으로는 회귀나무에서와 같이 재귀2항분할을 사용하면 된다. 다만 분류나무에서는 로스함수로 *RSS*를 쓰지 않고, 엔트로피entropy 혹은 지니계수Gini index를 사용한다는 점이 다르다.

그림 8.11: 회귀나무 데이터

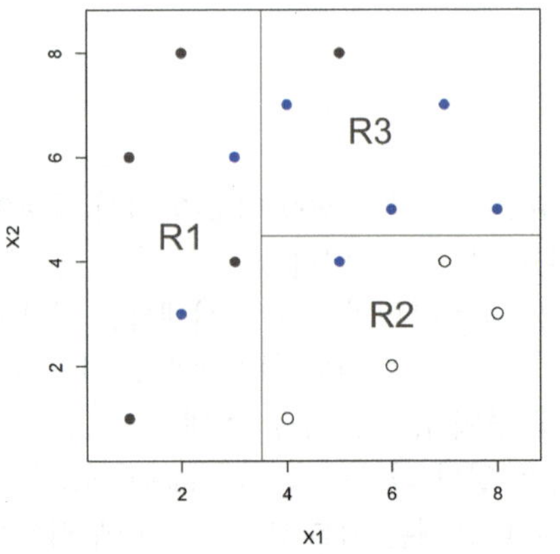

로스함수로 오류율을 사용하는 것은 합리적인 선택인 것으로 보이나 순도(*purity*) 개념을 반영하지 못하는 단점이 있다. 예를 들어 어떤 영역이 $\{1,1,1,1,2,2,2,3,3\}$이며 이를 분할하고자 하는데 현재 $\{1,1,1,1,2,2,2\}$, $\{3,3\}$으로 분할하는 것과 $\{1,1,1,1,2,3,3\}$, $\{2,2\}$로 분할하는 두 가지 선택지가 있다고 하자. 이 두 분할은 오류율 관점에서는 동일하여 어떤 것이 더 좋다고 말할 수 없다. 하지만 분할을 더 이어갈 것이라면 당연히 첫 번째 선택지가 더 좋다. 왜냐하면 $A := \{1,1,1,1,2,2,2\}$는 $B := \{1,1,1,1,2,3,3\}$보다 더 순수pure하여 그 다음 번에 $\{1,1,1,1\}$, $\{2,2,2\}$로 깔끔하게 분할할 가능성이 있지만 B는 그렇지 못하기 때문이다.

순도는 '예측이 가능한 정도'로 이해하면 된다. 그러므로 엔트로피를 감소시키는 것이 곧 순도를 증가시키는 것과 같다고 보면 된다. 영역 R_m의 확률분포를 $\{\hat{p}_{m1}, \ldots, \hat{p}_{mK}\}$로 두었을 때 R_m의 엔트로피는 $-\sum_{k=1}^{K} \hat{p}_{mk} \log(\hat{p}_{mk})$로 계산한다.†

순도의 측도measure로 엔트로피 외에 지니계수(*Gini index*)가 흔히 사용되며 이것의 정의는 다음과 같다.

$$\text{Gini}(R_m) \stackrel{\text{def}}{=} \sum_k \hat{p}_{mk}(1 - \hat{p}_{mk}) \tag{8.9}$$

엔트로피는 기댓값의 일종이므로(정보량information content의 기댓값) 영역 R을 두 영역 R_1, R_2로 분할했을 때 R의 엔트로피와 비교할 것은 R_1, R_2의 엔트로피들의 합이 아니라 가중평균이 되어야 함에 유의하라.‡

연습문제** 8.11 모든 영역에 대하여 임의의 분할은 엔트로피와 지니계수(들의 가중평균)를 감소시킴을 증명하여라. ⊣

연습문제 8.12 위에서 예로 든 영역 $\{1,1,1,1,2,2,2,3,3\}$의 두 분할 각각에 대하여 엔트로피의 감소와 지니계수의 감소를 계산하여라. 다음의 코드를 사용하면 편할 것이다.

```
entropy = function(pvec) {
    pvec = to_vec(for(p in pvec) if(p > 0) p) # remove 0's from pvec
```

† [정의 6.33]의 식 (6.28).

‡ RSS는 질량, 부피 등의 크기 성질extensive property과 비슷하고, 엔트로피는 온도, 밀도 등의 세기 성질intensive property과 비슷한 면이 있다.

```
    return(- sum(pvec * log(pvec)))
  }

  gini_index = function(pvec) {
    sum(pvec * (1 - pvec))
  }
```
⊣

단평 8.13 머신러닝 관련 문헌에서 흔히 노드node의 엔트로피(혹은 지니계수)라는 표현을 쓰는데 이것의 의미는 다음과 같다. 노드가 말단terminal 노드일 때는 그것이 곧 하나의 영역에 대응되므로 더 설명할 것이 없다. 노드가 내부internal 노드일 때는 이 노드의 엔트로피란 그것의 하위에 있는 말단 노드들에 대응되는 모든 영역들의 합집합의 엔트로피를 뜻한다.

노드는 그것의 분할 조건splitting condition으로 레이블 되며 이 조건을 만족하는 것들은 왼쪽 가지branch에 속하고 조건을 만족하지 않은 것들은 오른쪽 가지에 속하게 된다.

그런데 여기서 표기와 용어의 혼란이 있을 수 있는데, 분할 조건을 만족하는 가지(혹은 그 가지의 뿌리 노드)를 그 분할 조건으로 레이블 하고 분할 조건을 만족하지 않는 가지는 그 분할 조건의 부정negation으로 레이블 하는 경우도 있다는 것에 유의해야 할 것이다. ⊣

연습문제* 8.14 다음과 같은 자료에 대한 분류나무를 만들고자 한다. 문제를 단순화 하기 위하여 다음과 같은 조건을 지키도록 한다.

① 분할 경계는 $X_1 = 1$, $X_1 = 2$, $X_2 = 1$, $X_2 = 2$ 의 4 종류로 제한한다.

② 그리디 알고리듬을 사용한다.

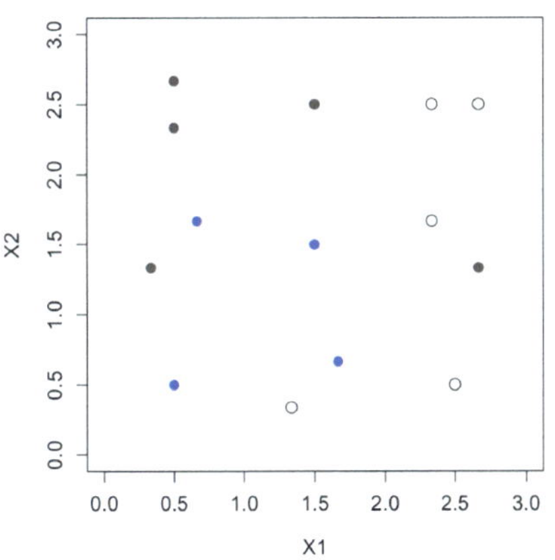

첫 분할에서 4가지 경우 각각에 대하여 엔트로피가 얼마나 감소했는지 계산하고 최적의 분할을 선택하여라. 첫 분할에서 얻은 두 개의 영역 각각에 대하여 가능한 모든 분할과 그때의 엔트로피의 감소를 계산하고 최적의 분할을 선택하여라. 최종적으로 얻은 분류나무의 엔트로피를 구하여라. (힌트). 이 책의 동반 웹사이트에 솔루션 스크립트의 일부를 올려 두었다. ⊣

8.6 판별분석*

먼저 이 섹션에서 사용할 기호를 정리하고 이론을 복습하기로 한다. 범주형 반응변수 Y가 취할 수 있는 범주의 개수를 $K \geq 2$라 한다. $Y = y_1, \ldots, y_K$ 대신 간단히 $Y = 1, \ldots, K$로 둔다.

예측변수 $\vec{x} = (X_1, \ldots, X_p)$는 연속형일 수도 범주형일 수도 있지만 우리는 연속형인 경우에 대해서만 공부할 것이다.

각 $k \leq K$에 대해서 π_k, $f_k()$, $p_k()$를 다음과 같이 정의한다.

$$\pi_k \stackrel{\text{def}}{=} P[Y = k], \tag{8.10}$$

$$f_k(\vec{x}) \stackrel{\text{def}}{=} f_{\vec{X}\,|\,Y}(\vec{x}, k), \tag{8.11}$$

$$p_k(\vec{x}) \stackrel{\text{def}}{=} P[Y = k\,|\,\vec{X} = \vec{x}]. \tag{8.12}$$

(8.11)의 우변에 있는 $f_{\vec{X}\,|\,Y}$는 [정의 4.84]에서 소개했던 조건부확률함수이다. $f_{\vec{X}\,|\,Y}(\vec{x}, k)$는 $\vec{X}$가 범주형 변수인 경우에는 $P[\vec{X} = \vec{x}\,|\,Y = k]$로 써도 된다. 이것을 가능도likelihood라고 한다. (8.10)의 좌변 π_k는 사전확률prior probability이라고 한다. (8.12)의 좌변 $p_k(\vec{x})$는 사후확률posterior probability이라고 한다.

이제 베이즈 공식, p193의 (6.17)에 의하여 아래의 식이 성립한다.

$$p_k(\vec{x}) = \frac{\pi_k \cdot f_k(\vec{x})}{\sum_{\ell=1}^{K} \pi_\ell \cdot f_\ell(\vec{x})} \tag{8.13}$$

우리가 구하고자 하는 분류함수 f는 베이즈 분류기에 의하여

$$f(\vec{x}) = \text{argmax}_k p_k(\vec{x}) \tag{8.14}$$

로 주어진다. 베이즈 분류기는 p_k를 최대로 하는 것이며 p_k는 사후확률이므로 베이즈 분류기는 MAP, 즉 최대사후확률 추정이라고 볼 수 있다.

p_k의 값은 (8.13)의 우변으로 계산되는데 이것의 분모는 k에 대한 상수이므로 무시할 수 있고, π_k의 값은 통상 어렵지 않게 알 수 있으므로 결국 "$f_k(\vec{x})$를 어떻게 얻는가"가 관건이다.

판별분석은 여러 가정을 도입하여 $f_k(\vec{x})$를 정하고 또한 $\text{argmax}_k p_k = \text{argmax}_k \delta_k$인 δ_k를 찾아 이를 이용하여 분류함수 f를 구하는 것이다. 이러한 δ_k를 판별자(*discriminant*) 혹은 판별함수(*discriminant function*)라고 한다. 우리가 공부할 판별분석은 LDAlinear discrminant analysis와 QDAquadratic discriminant analysis의 두 가지이다.

이 섹션은 행렬, 다변수 정규분포 및 공분산 행렬의 추정에 대한 여러 지식들을 요구한다. 이 섹션에서 증명없이 사용하는 몇 가지 팩트들에 대한 궁금증은 이 책의 참고문헌들에서 해결할 수 있을 것이다.

8.6.1 선형 판별분석(LDA)*

단순 LDA

단순 LDA는 $p = 1$인 경우의 선형 판별분석(*Linear discriminant analysis, LDA*)을 뜻한다.

LDA는 조건부 확률분포 $X\,|\,(Y = k)$가 정규분포 $N(\mu_k, \sigma^2)$을 따르며 분산은 k에 무관하게 일정하다고 가정한다. 그러면 $p = 1$로부터 $\vec{x}$는 x가 되고

$$f_k(x) = \frac{1}{\sqrt{2\pi}\sigma} e^{-\frac{1}{2}\left(\frac{x-\mu_k}{\sigma}\right)^2} \tag{8.15}$$

로 둘 수 있는데, 이를 (8.13)에 대입하면

$$p_k(x) = \frac{\pi_k \cdot \frac{1}{\sqrt{2\pi}\sigma} e^{-\frac{1}{2}\left(\frac{x-\mu_k}{\sigma}\right)^2}}{\sum_{\ell=1}^{K} \pi_\ell \cdot \frac{1}{\sqrt{2\pi}\sigma} e^{-\frac{1}{2}\left(\frac{x-\mu_\ell}{\sigma}\right)^2}} \tag{8.16}$$

를 얻게 된다. $\hat{f}(\vec{x})$, 즉 (8.14)를 구하려면 (8.16)이 최댓값을 가지는 k를 찾아야 한다. (8.16)의 분모는 k에 대해서 상수이므로 무시하고, 분자의 로그를 취한 것의 최댓값을 찾으면 되는데, 로그를 취하여 얻은 여러 항들 중에 k에 대하여 상수인 것들을 제외한

$$\delta_k(x) \overset{\text{def}}{=} x \cdot \frac{\mu_k}{\sigma^2} - \frac{\mu_k^2}{2\sigma^2} + \log(\pi_k) \tag{8.17}$$

의 값이 우리의 관심사이다: 분류함수 $f(x) = \text{argmax}_k \delta_k(x)$가 된다.†

LDA에서 L, 즉 linear는 판별함수(*discriminant function*) $\delta_k(x)$가 (8.17)에서 보듯이 x의 1차함수라는 것을 뜻한다.

$\hat{f}(x)$는, 예를 들어 $K = 2$인 경우에는 `ifelse(`$\delta_1(x) - \delta_2(x) > 0,\ 1,\ 2$`)`가 될 것이다. 만일 여기 더하여 $\pi_1 = \pi_2$와 $\mu_1 > \mu_2$를 가정한다면

$$\delta_1(x) - \delta_2(x) = \frac{1}{2\sigma^2}\Big((\mu_1 - \mu_2)\big(2x - (\mu_1 + \mu_2)\big)\Big) > 0 \ \Leftrightarrow\ x > \frac{\mu_1 + \mu_2}{2}$$

가 성립한다. 베이즈 판별경계(*Bayes decision boundary*)가 $\frac{\mu_1+\mu_2}{2}$로 나온 것은 우리의 직관과 일치한다. 반대로 $\mu_1 < \mu_2$를 가정하면 $\hat{f}(x) = 1 \ \Leftrightarrow\ x < \frac{\mu_1+\mu_2}{2}$이고 판별경계는 역시 $\frac{\mu_1+\mu_2}{2}$이다. 만일 $K = 3$일 때는 일반성의 손실없이 $\mu_1 > \mu_2 > \mu_3$라고 했을 때 판별경계는 2개 존재한다 — $\pi_1 = \pi_2 = \pi_3$를 가정했을 때 범주1과 범주2 사이의 경계는 $\frac{\mu_1+\mu_2}{2}$이고 범주2와 범주3 사이의 경계는 $\frac{\mu_2+\mu_3}{2}$이다.

식 (8.17)을 사용하여 판별자 δ_k의 계산을 할 때 필요한 모수 μ_k, σ^2, π_k 들의 값으로는 트레이닝 집합 $\{(x_i, y_i) \mid i = 1, \ldots, n\}$으로부터 다음과 같이 계산하여 얻은 추정량을 사용한다. 단, 아래의 식들에서 $I_k := \{i \mid y_i = k\}$, $n_k := |I_k|$이다.

$$\hat{\mu}_k = \frac{1}{n_k} \sum_{y_i = k} x_i, \tag{8.18}$$

$$\hat{\sigma}^2 = \frac{1}{n-K} \sum_{k=1}^{K} \sum_{i \in I_k} (x_i - \hat{\mu}_k)^2, \tag{8.19}$$

$$\hat{\pi}_k = \frac{n_k}{n} \ \text{(or, some known value)}. \tag{8.20}$$

단순 LDA의 간단한 예를 들어 보겠다. 범주1과 범주2에 속하는 자료로 각각 $N(-1.25, 1)$와 $N(1.25, 1)$을 따르는 분포에서 크기 100의 표본을 하나씩 취하였다. 실험의 결과는 [그림 8.12]에 보였다.

청색으로 나타낸 범주1의 자료의 평균을 $\hat{\mu}_1$, 회색으로 나타낸 범주2 자료의 평균을 $\hat{\mu}_2$라 하였을 때 LDA 판별경계는 $(\hat{\mu}_1 + \hat{\mu}_2)/2 = 0.17$로 나와서 이론적인 경계 $0 = (-1.25 + 1.25)/2$

† 함수를 나타내는 기호 f는 분류함수에도 쓰이고 (조건부)확률함수에도 쓰이므로 혼동하지 않도록 주의해야 한다. 반응변수가 연속형일 때는 분류함수 대신 회귀함수라는 용어를 사용하는데 회귀함수는 f, 데이터와 모형으로부터 f를 추정하여 얻은 함수는 $\hat{f}$를 쓰는 관례를 따르자면 이러한 혼동을 감수해야 한다.

그림 8.12: 단순 LDA

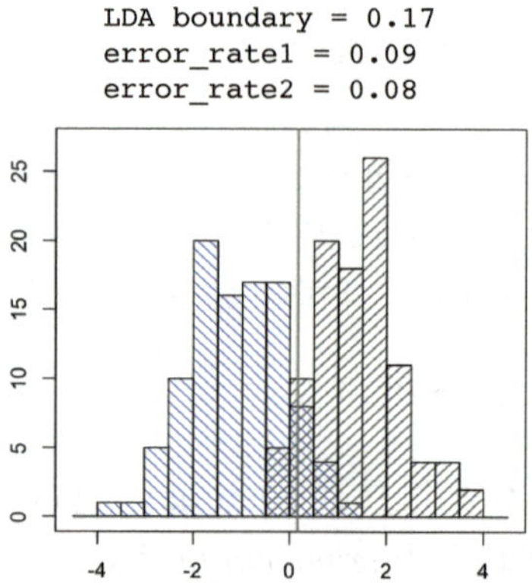

와 약간의 차이를 보였다. 판별경계를 회색 수직선으로 나타내었다. 각 범주의 오류율은 각각 0.09와 0.08로 계산되었다.

단순 LDA는 너무 단순해서 실습을 해 보아도 LDA의 본질을 깨닫기가 도리어 어려운 면이 있다. 곧 이어 기술하는 다중 LDA를 공부하면 개념이 더 확고해질 것이다.

다중 LDA

이제 $p \geq 2$인 경우의 선형판별분석에 대해서 알아보자. 이 섹션의 내용을 이해하기 위하여는 다중정규분포(*Multivariate normal districution*)에 대한 지식이 필요하다.

다중 분포(*Multivariate distribution*)의 가장 간단한 경우는 2중 분포(*Bivariate distribution*)이고 이것은 곧 §4.2.8에서 공부한 결합확률분포를 뜻한다. 2중 정규분포에 대해서 먼저 기술하겠다. 이 분포의 확률함수는 다음과 같다.

$$f(x_1, x_2) = \frac{1}{2\pi\sqrt{|\Sigma|}} \exp\left(-\frac{1}{2}\left(\begin{pmatrix}x_1\\x_2\end{pmatrix} - \begin{pmatrix}\mu_1\\\mu_2\end{pmatrix}\right)^T \Sigma^{-1}\left(\begin{pmatrix}x_1\\x_2\end{pmatrix} - \begin{pmatrix}\mu_1\\\mu_2\end{pmatrix}\right)\right),$$
$$\text{where } \Sigma \stackrel{\text{def}}{=} \begin{bmatrix} Cov(X_1, X_1) & Cov(X_1, X_2) \\ Cov(X_2, X_1) & Cov(X_2, X_2)\end{bmatrix}. \tag{8.21}$$

Σ는 공분산행렬(*covariance matrix*)이라고 부른다. X_1과 X_2가 서로 독립일 때는

$$Cov(X_1, X_2) = Cov(X_2, X_1) = 0, \quad \Sigma = \begin{bmatrix} \sigma^2_{X_1} & 0 \\ 0 & \sigma^2_{X_2}\end{bmatrix}$$

가 된다. 여기서 짚어 둘 것 2가지는 ① $Cov(X, Y) = Cov(Y, X)$이고 따라서 공분산행렬은 항상 대칭적symmetric이라는 것과 ② $Cov(X_1, X_2)$가 0이라는 것은 X_1과 X_2가 서로 독립이기 위한 필요조건이지 충분조건은 아니라는 것이다. ([따름정리 4.82]와 그 아래의 연습문제 참조.)

$p \geq 2$인 경우의 공분산행렬은 ij-원소가 $Cov(X_i, X_j)$인 대칭행렬이다. 그러므로 모든 $i < j \leq p$에 대해서 X_i와 X_j가 서로 독립이라면 이때의 공분산행렬은 대각행렬이 된다.

행렬에 절댓값 기호를 붙인 것은 그 행렬의 디터미넌트determinant를 나타낸다. 따라서 $p = 2$인 경우의 $|\Sigma| = Var(X_1)\,Var(X_2) - Cov(X_1, X_2)^2 \geq 0$이 된다.

식 (8.21)에서 쓰인 위첨자 T는 행렬의 전치transpose를 뜻한다. 선형대수에서 흔히 쓰는 표현으로 $\vec{x}^T\vec{y}$가 있다. 이것은 $\vec{x}$와 $\vec{y}$의 길이가 같을 때 쓰이는데, 이들을 열벡터, 즉 $p \times 1$-행렬로 보고 행벡터와 열벡터의 행렬곱을 계산하라라는 뜻이다 — 결과는 $\vec{x}$와 $\vec{y}$의 내적 $\vec{x} \cdot \vec{y} = x_1y_1 + \cdots + x_py_p \in \mathbb{R}$가 된다. 또 선형대수에서 흔히 쓰는 표현으로 $\vec{x}^TA\vec{y} \in \mathbb{R}$가 있다. 이것은 $\vec{x}$, $\vec{y}$는 $p \times 1$-행렬이고 A는 $p \times p$-행렬일 때 쓰인다. A가 양의 정부호행렬positive definite matrix일 때는 이것은 일종의 일반화된 내적generalized inner product의 의미를 가진다는 것, 그리고 공분산행렬은 항상 양의 정부호행렬이라는 것을 알아두면 되겠다.

공분산 행렬은 항상 역행렬을 가진다. ($\sigma^2_{X_i}$ 들이 모두 각각 0이 아니라는 가정하에 이렇다.) 그리고 공분산 행렬이 대칭행렬이므로 공분산 행렬의 역행렬도 역시 대칭행렬이다.

만일 X_1과 X_2가 서로 독립이라면 $\big((x_1,x_2)^T - (\mu_1,\mu_2)^T\big)^T\Sigma^{-1}\big((x_1,x_2)^T - (\mu_1,\mu_2)^T\big) = \frac{(x_1-\mu_1)^2}{\sigma^2_{X_1}} + \frac{(x_2-\mu_2)^2}{\sigma^2_{X_2}}$이 됨을 확인할 수 있을 것이다.

(8.21)을 일반화 하면, 즉 $p \geq 3$인 경우로 확장하면 다중정규분포의 확률함수를 다음과 같이 얻는다. 여기서 $\vec{x} = (x_1, \ldots, x_p)^T$, $\vec{\mu} = (\mu_1, \ldots, \mu_p)^T$이고 Σ의 크기는 $p \times p$이다.

$$f(\vec{x}) = \frac{1}{(2\pi)^{p/2}\sqrt{|\Sigma|}} \exp\left(-\frac{1}{2}(\vec{x} - \vec{\mu})^T\Sigma^{-1}(\vec{x} - \vec{\mu})\right) \tag{8.22}$$

$p = 1$인 경우에는 (8.22)가 (4.16)으로 환원됨을 확인해 보라.

판별함수 $\delta_k(\vec{x})$를 얻는 과정을 $p = 1$ 경우에 대해서 되짚어 보면, 먼저 정규분포의 확률밀도함수 $\frac{1}{\sqrt{2\pi}\sigma}e^{-\frac{1}{2}\left(\frac{x-\mu}{\sigma}\right)^2}$의 μ에 μ_k를 대입하여 조건부 확률밀도함수 $f_k(x)$를 (8.15)와 같이 얻고 여기에 베이즈 규칙을 적용하여 사후확률 $p_k(x)$를 (8.16)과 같이 얻은 다음 이것의 우변에 로그를 적용하여 얻은 결과에서 k에 대해서 상수인 항들을 제거하여 (8.17)을 얻었었다.

일반적인 p에 대해서는 (8.22)의 $\vec{\mu}$에 $\vec{\mu}_k$를 대입하는 것으로부터 시작하여 앞서와 동일한 계산과정을 따라가면 (8.17)의 일반화 버전인

$$\delta_k(\vec{x}) = \vec{x}^T\Sigma^{-1}\vec{\mu}_k - \frac{1}{2}\vec{\mu}_k{}^T\Sigma^{-1}\vec{\mu}_k + \log(\pi_k) \tag{8.23}$$

를 얻게 된다. 이 계산 과정에서 다음의 사실이 유용할 것이다 — 일반적으로 $\vec{x}^TA\vec{y} \in \mathbb{R}$이므로 $\vec{x}^TA\vec{y} = \left(\vec{x}^TA\vec{y}\right)^T = \vec{y}^TA^T\vec{x}$이다.

(8.23)에서 Σ_k가 아니라 Σ라고 한 것에 주목해야 한다. 이것은 LDA가 사용하는 중요한 가정들 중 하나이다. 즉 LDA는 모든 범주들이 공통의 공분산행렬을 가진다는 것을 가정한다.

식 (8.23)을 사용하여 판별자 δ_k의 계산을 할 때 필요한 모수 $\vec{\mu}_k$, Σ, π_k 들의 값으로는 트레이닝 집합 $\{(\vec{x}_i, y_i) \mid i = 1, \ldots, n\}$으로부터 다음과 같이 계산하여 얻은 추정량을 사용한다. 단, 아래의 식들에서 각 $k = 1, \ldots, K$에 대하여 $I_k := \{i \mid y_i = k\}$, $n_k := |I_k|$이고 $\vec{x}_i := (x_{i1}, \ldots, x_{ip})$, $\hat{\vec{\mu}}_k := (\hat{\mu}_{k1}, \ldots, \hat{\mu}_{kp})$이다.

$$\hat{\vec{\mu}}_k = \frac{1}{n_k}\sum_{i \in I_k} \vec{x}_i, \tag{8.24}$$

$$\hat{\Sigma}_{rc} = \frac{1}{n - K}\sum_{k=1}^{K}\sum_{i \in I_k}(x_{ir} - \hat{\mu}_{kr})(x_{ic} - \hat{\mu}_{kc}) \tag{8.25}$$

$$\hat{\pi}_k = \frac{n_k}{n} \text{ (or, some known value).} \tag{8.26}$$

실습 8.15 식 (8.24) – (8.26)에서 정의한 $\hat{\vec{\mu}}_k$, $\hat{\Sigma}_{rc}$, $\hat{\pi}_k$를 계산하는 예를 다음과 같이 만들어 보았다. $p = 2$, $K = 2$로 두고 각 범주category $k = 1, 2$에서 크기 20의 표본을 취하였다. 이 자료는 [그림 8.13]에 보였으며 범주 1에 속하는 것들은 회색으로, 범주 2에 속하는 것들은 청색으로 플롯하였다. 범주 1에 속하는 점들의 X_1 좌표와 X_2 좌표는 $N(2,1)$ 분포에서 독립적으로 취하였고, 범주 2에 속하는 점들의 X_1 좌표와 X_2 좌표는 $N(0,1)$ 분포에서 독립적으로 취하였다. 따라서 모수들은 다음과 같다.

$$\vec{\mu}_1 = (2,2), \quad \vec{\mu}_2 = (0,0), \quad \Sigma = \begin{pmatrix} 1 & 0 \\ 0 & 1 \end{pmatrix}$$

이 모수들에 대응하는 추정량들은 다음과 같이 계산되었다.

$$\hat{\vec{\mu}}_1 = (2.195, 2.000), \quad \hat{\vec{\mu}}_2 = (0.095, -0.172), \quad \hat{\Sigma} = \begin{pmatrix} 1.376 & -0.011 \\ -0.011 & 1.239 \end{pmatrix} \tag{8.27}$$

그림 8.13: LDA 자료, K=2, p=2

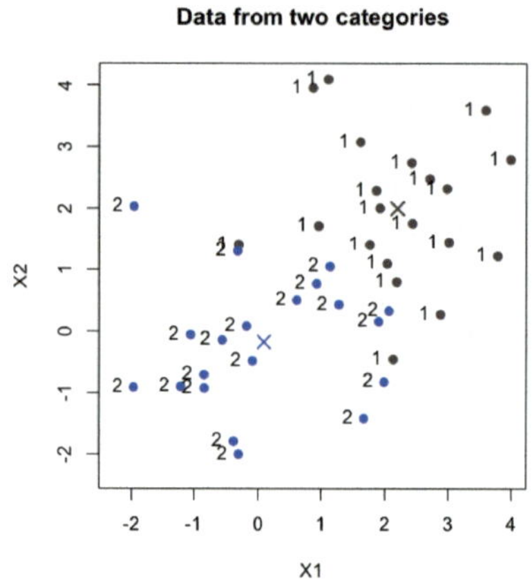

그림에서 회색 x와 청색 x는 각각 $\hat{\vec{\mu}}_1$과 $\hat{\vec{\mu}}_2$를 플롯한 것이다. ⊣

판별분석에서는 분류함수를 $\hat{f}(\vec{x}) = \text{argmax}_k \delta_k(\vec{x})$로 얻는다. 그러므로 주어진 예측변수 $\vec{x}$에서 판별함수 δ_k들의 크기를 비교해야 하는데 이는 다음과 같은 형식의 함수들이 양수인지 음수인지를 판정하는 것과 같다.

$$\hat{\delta}_1(\vec{x}) - \hat{\delta}_2(\vec{x}) = \vec{x}^T \hat{\Sigma}^{-1}\Big(\hat{\vec{\mu}}_1 - \hat{\vec{\mu}}_2\Big) - \frac{1}{2}\Big(\hat{\vec{\mu}}_1 + \hat{\vec{\mu}}_2\Big)^T \hat{\Sigma}^{-1}\Big(\hat{\vec{\mu}}_1 - \hat{\vec{\mu}}_2\Big) + \log\Big(\frac{\pi_1}{\pi_2}\Big) \tag{8.28}$$

(8.28)은 (8.23)으로부터 얻은 것이다. 여기서 주의할 것은 이 식의 우변의 가운데 항에 나타나는 $\hat{\vec{\mu}}_1 + \hat{\vec{\mu}}_2$이다. 이것을 $\hat{\vec{\mu}}_1 - \hat{\vec{\mu}}_2$로 쓰지 않도록 주의해야 한다.

$p = 2$인 경우에는 (8.28)의 우변에 두 번 나타나는 $\hat{\Sigma}^{-1}\Big(\hat{\vec{\mu}}_1 - \hat{\vec{\mu}}_2\Big)$는 2×1 행렬이며 이를

$(c_1, c_2)^T$ 로 나타내면

$$\hat{\delta}_{12}(\vec{x}) := \hat{\delta}_1(\vec{x}) - \hat{\delta}_2(\vec{x}) = c_1x_1 + c_2x_2 + \text{const} \tag{8.29}$$

형태가 됨을 알 수 있다. 여기서 const $\in \mathbb{R}$는 k와 $\vec{x}$에 대해서 상수이다. 일반적인 p에 대해서는 $\hat{\delta}_{k_1k_2}(\vec{x}) = c_1x_1 + \cdots c_px_p + \text{const}$ 형태가 된다.

판별함수라는 용어는, p278에서 처음 소개했듯이 LDA 뿐만 아니라 다른 일반적인 판별분석에도 사용되는데, 원래는 δ_k를 뜻하는 것이지만 사람들이 때로는 $\delta_{k_1} - \delta_{k_2}$ 형태의 함수를 뜻하는 것으로 이 용어를 사용하기도 하므로 이 점 주의해야 할 것이다.

[실습 8.15]에서 사용했던 자료로부터 (8.28)에 나타나는 표현들의 값을 계산해 보면 다음과 같다.

$$\hat{\Sigma}^{-1} = \begin{pmatrix} 0.727 & 0.007 \\ 0.007 & 0.807 \end{pmatrix}, \quad \texttt{coef\_vec} := (c_1, c_2) = (1.541, 1.768), \quad \texttt{const} = -3.380$$

이 값들을 계산하는 코드는 다음과 같다.

```
1 S_inv = solve(Sigma)
2 mu_diff = hat_mu1 - hat_mu2
3 mu_sum = hat_mu1 + hat_mu2
4 coeff_vec = S_inv %*% mu_diff
5 const = -1/2 * drop(mu_sum %*% S_inv %*% mu_diff) + log(pi1/pi2)
```

라인5에 사용된 `drop()`은 1×1 행렬을 숫자로 타입변환할 때 사용되는 함수이다.

정의 8.16 일반적인 분류기의 판별경계(*decision boundary*)는 예측변수 공간의 (차원이 하나 작은) 부분집합으로서 $\vec{x}$가 그 경계를 가로지를 때 반응변수의 값, 즉 범주가 달라지는 것을 의미한다.

그러므로 베이즈 판별경계는 $p_k(\vec{x}) = p_{k'}(\vec{x})$를 만족하는 $\vec{x}$들의 집합이다. 단, 여기서 $k \le K$는 판별함수 값을 최대로 하는 범주이고 $k' \le K$은 판별함수 값을 2번째로 크게 하는 범주이다. ⊣

단평 8.17 판별분석 분류기의 판별경계는 베이즈 판별경계를 얻을 때 쓰이는 p_k, $p_{k'}$ 대신 판별함수$_{\text{discriminator}}$ δ_k, $\delta_{k'}$ (혹은 $\hat{\delta}_k$, $\hat{\delta}_{k'}$)를 써서 얻어진다.

판별분석의 가장 단순한 형태인 LDA에서는 판별함수들이 $\vec{x}$의 1차함수라는 사실에 주목하면 $p = 2$인 경우에는 판별경계가 직선이 되고 $p = 3$인 경우에는 판별경계가 평면이 됨을 알 수 있다. $p = 1$인 경우의 LDA는 단순 LDA라고 부르며 이때의 판별경계는 0차원 공간, 즉 수직선 상의 한 점이 된다. [그림 8.12]에서 판결경계 $\{0.17\}$을 얻은 바 있다. ⊣

실습 8.18 이제 [실습 8.15]에서 사용했던 자료를 가지고 LDA를 수행하고 판별경계를 구해보자. 결과는 [그림 8.14]에 나타내었고 이를 위한 계산은 다음의 코드로 하였다. 지면을 아끼기 위하여 일부 라인들은 생략하고 핵심적인 라인들만 보였다.

```
# delta12 = discriminant
#         = delta_k1(x1,x2) - delta_k2(x1,x2)
```

```
3  delta12 = function(i) {
4      return(drop(c(x1vec[i], x2vec[i]) %*% coeff_vec) + const)
5  }
6
7  bIndex = sapply(1:n, delta12) > 0 # boolean index vector for k=1
8    # !bIndex is the boolean index vector for k=2
9  ..
10 points(x1vec[bIndex], x2vec[bIndex], col=myred)
11 points(x1vec[!bIndex], x2vec[!bIndex], col=myblue)
12 ..
13 x1coeff = coeff_vec[1]
14 x2coeff = coeff_vec[2]
15 slope = - x1coeff / x2coeff
16 intercept = - const / x2coeff
17 ..
18 midpoint = (hat_mu1 + hat_mu2) / 2
```

그림 8.14: LDA 분류의 결과와 판별경계

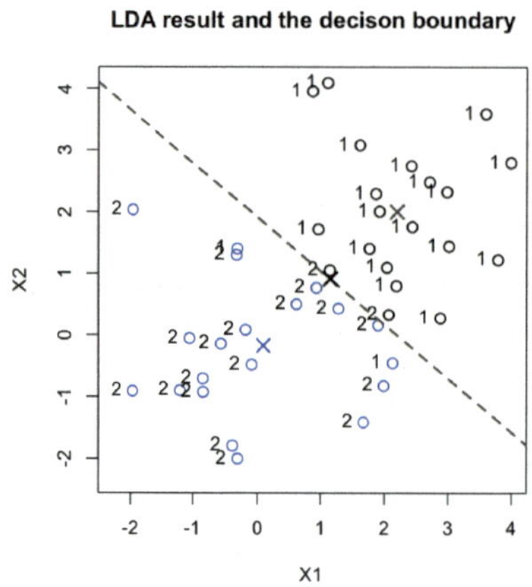

범주 1에 속하는 점들은 회색으로, 범주 2에 속하는 점들은 청색으로 나타내었다. 이를 위한 코드가 라인9와 라인10이다. 범주 1에 속하는 일부 점들이 2로 레이블 되어 있고, 범주 2에 속하는 일부 점들이 1로 레이블 되어 있음에 주목하라.

라인12–라인15는 판별경계 직선의 절편과 기울기를 계산한다. 직선의 일반형 $c_1x_1 + c_2x_2 + \text{const} = 0$는 직선의 표준형 $x_2 = -\frac{c_1}{c_2}x_1 - \frac{\text{const}}{c_2}$로 변환됨을 이용한 것이다.

판별경계는 녹색선으로 나타내었으며, 이 위에 있는 흑색 x는 청색 x와 적색 x의 중점 $\frac{1}{2}(\vec{\hat{\mu}}_1 + \vec{\hat{\mu}}_2)$이다. $\pi_1 = \pi_2$일 때는 이 중점이 판별경계 위에 나타나게 됨을 (8.28)로부터 알 수 있다. ⊣

연습문제 8.19 [실습 8.15]에서 사용했던 데이터를 n_1, n_2, μ_{11}, ..., s_{22}를 다양하게 바꿔가면서 LDA를 수행하고 또한 판별경계를 그려 보아라. 실험 중에 어떤 흥미있는 현상이 관찰되었는가? ⊣

연습문제* 8.20 [그림 8.14]에서 청색 x와 적색 x를 잇는 선분 ℓ이 판별경계와 대략 수직인 것처럼 보이는데 이것은 이 예에서 $\hat{\Sigma}$가 특정한 조건을 근사하게 만족하고 있기 때문이다. ℓ이 판결경계와 수직일 필요충분은 $\vec{\mu}_1 - \vec{\mu}_2$가 $\hat{\Sigma}^{-1}$의 고유벡터eigenvector일 것임을 증명하여라. ⊣

지금까지는 LDA를 R의 기본함수들만 가지고 수행하였는데, R은 LDA에 특화된 함수를 물론 제공하며 이 함수 `lda()`를 사용하면 훨씬 간편하게 LDA를 수행할 수 있다. 아래의 코드와 그 출력을 보면 이해할 수 있을 것이다. 라인1, 라인2에서 $\mathtt{k}_i\mathtt{x}_j$는 범주 i의 X_j 좌표를 뜻한다.

```
1  x1vec = c(k1x1, k2x1);
2  x2vec = c(k1x2, k2x2);
3  k1y = rep(1, n1)
4  k2y = rep(2, n2)
5  yvec = c(k1y, k2y)
6
7  library(MASS) # install.packages("MASS") if not installed yet
8  mydata = data.frame(x1=x1vec, x2=x2vec, y=yvec)
9  lda.fit = lda(y ~ x1 + x2, mydata)
10
11 lda.fit
```

```
..
Prior probabilities of groups:
  1   2
0.5 0.5

Group means:
         x1         x2
1 2.1954610  1.9997182
2 0.0952541 -0.1722934
..
```

[실습 8.18]의 핵심은 라인7에서 `bIndex`를 계산하는 것이었는데, 이것은 이제 다음과 같이 `predict(lda.fit)`를 이용하여 간단히 처리할 수 있다.

```
lda.pred = predict(lda.fit)
bIndex1 = (lda.pred$class == 1) # class means category
bIndex1 == bIndex # all TRUE
bIndex2 = as.vector(lda.pred$posterior[,1]) > 0.5
bIndex2 == bIndex # all TRUE
names(lda.pred)
# print(lda.pred)
```

```
TRUE TRUE ..
TRUE TRUE ..
'class' 'posterior' 'x'
```

`lda.pred`의 3 프로퍼티 중에 `lda.pred$class`가 특히 유용하다. 이 벡터의 i번째 값은 i번째 레코드가 속하는 클래스(범주)의 예측값(추정값)이다. `lda.pred$class`와 원래의 범주 값을 비교하여 예측의 오류율을 간편하게 구하는 방법을 조금 후에 [실습 8.21]에서 보게 될 것이다.

8.6.2 2차 판별분석(QDA)*

2차 판별분석(*Quadratic discriminant analysis, QDA*)은 LDA와 비슷하나 $\vec{X}$의 공분산행렬 Σ가 k에 따라 달라질 수 있다는 점에서 다르다. 따라서 $\delta_k(x)$를 얻기 위한 과정에서

$$f_k(\vec{x}) = \frac{1}{(2\pi)^{p/2}\sqrt{|\Sigma_k|}} \exp\left(-\frac{1}{2}(\vec{x}-\vec{\mu}_k)^T \Sigma_k^{-1} (\vec{x}-\vec{\mu}_k)\right) \tag{8.30}$$

로 두어야 한다. LDA의 경우 위 식의 우변에서 Σ_k 대신 Σ가 사용되었음을 상기하라. 따라서 QDA에서는 판별함수 (8.23)과 (8.28)이 각각 다음과 같이 조금 더 복잡한 형태로 바뀌게 된다.

$$\delta_k(\vec{x}) = -\frac{1}{2}\vec{x}^T\Sigma_k^{-1}\vec{x} + \left(\vec{x}^T\Sigma_k^{-1}\vec{\mu}_k - \frac{1}{2}\vec{\mu}_k{}^T\Sigma_k^{-1}\vec{\mu}_k\right) - \frac{1}{2}\log(|\Sigma_k|) + \log(\pi_k) \tag{8.31}$$

$$\begin{aligned}\hat{\delta}_1(\vec{x}) - \hat{\delta}_2(\vec{x}) = &-\frac{1}{2}\vec{x}^T(\hat{\Sigma}_1^{-1} - \hat{\Sigma}_2^{-1})\vec{x} + \vec{x}^T(\hat{\Sigma}_1^{-1}\hat{\vec{\mu}}_1 - \hat{\Sigma}_2^{-1}\hat{\vec{\mu}}_2) \\ &-\frac{1}{2}(\hat{\vec{\mu}}_1{}^T\hat{\Sigma}_1^{-1}\hat{\vec{\mu}}_1 - \hat{\vec{\mu}}_2{}^T\hat{\Sigma}_2^{-1}\hat{\vec{\mu}}_2) - \frac{1}{2}\log\left(\frac{|\hat{\Sigma}_1|}{|\hat{\Sigma}_2|}\right) + \log\left(\frac{\pi_1}{\pi_2}\right)\end{aligned} \tag{8.32}$$

(8.23)과 (8.28)은 $\vec{x}$의 1차식인데 반해 (8.31)과 (8.32)는 $\vec{x}$의 2차식이다. 왜냐하면 후자에는 $\vec{x}^T\Sigma_k^{-1}\vec{x}$ 또는 $\vec{x}^T(\Sigma_1^{-1} - \Sigma_2^{-1})\vec{x}$ 항이 있기 때문이다.

이 섹션에서 실습에 사용할 데이터를 [그림 8.15]에 보였다. 범주1과 범주2의 원소들을 각각 80개의 청색점과 50개의 회색점으로 나타내었다.

그림 8.15: QDA 자료, K=2, p=2

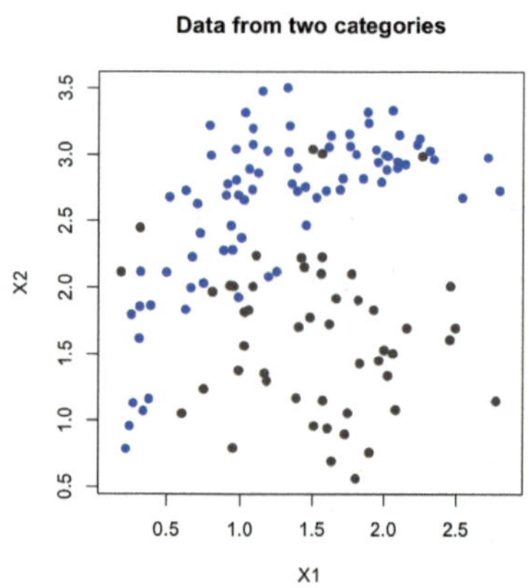

실습 8.21 이 자료에 LDA와 QDA를 각각 실행하고 오류율을 비교해 보기로 하자. 먼저 LDA를 보면 다음과 같다. 코드라인2에서 x1vec, x2vec은 둘 다 길이가 $130 = 80 + 50$이고 각각 X_1, X_2 좌표의 값을 가진다. yvec은 범주의 값들로 이루어진 벡터이다.

```
1 library(MASS)
2 mydata = data.frame(x1=x1vec, x2=x2vec, y=yvec)
3 lda.fit = lda(y ~ x1 + x2, mydata)
4 lda.pred = predict(lda.fit)
5 table(lda.pred$class, yvec)
```

```
6 e.rate = mean(lda.pred$class != yvec)
7 cat(sprintf("error rate = %.3f\n", e.rate))
```

```
    yvec
      1  2
  1 74 16
  2  6 34
error rate = 0.169
```

라인5는 이 책에서 table() 함수가 2개의 인수를 사용하는 첫 예이다. table()은 1개의 벡터(혹은 팩터)를 인수로 사용했을 때는 벡터의 각 값(혹은 팩터의 수준level)마다 빈도(도수)를 얻어 이들을 원소로 하는 벡터를 리턴한다는 것을 2장에서 배운 바 있다. table()에 2개의 벡터(혹은 팩터)를 인수로 사용했을 때는, 이 두 인수들의 길이와 수준들이 동일하다는 조건이 만족될 경우, 두 인수의 값들의 순서쌍마다 빈도를 얻어 이들을 원소로 하는 정방행렬을 리턴한다. 통상 이 행렬의 크기는 2×2이나 꼭 이러할 필요는 없다. 이 행렬을 혼동행렬(*confusion matrix*)이라고 한다.

분석결과 범주1로 판정한 $\vec{x} := (x_1, x_2)$가 총 $74 + 16 = 90$개이고 이 중에 제대로 맞춘 것은 74개, 틀린 것은 16개이다. 범주2로 판정한 $\vec{x}$들 중에서 제대로 맞춘 것은 34개, 틀린 것은 6개이다. 그러므로 오류율은 $(16 + 6)/(74 + 16 + 6 + 34) = 22/130 = 0.169$로 계산된다.

이 값 0.169는 라인6에서와 같이 간편하게 계산할 수도 있다. 함수 mean()은 부울 값 TRUE과 FALSE를 각각 1과 0으로 변환하여 계산하므로 그러하다.

다음은 QDA의 결과이다.

```
qda.fit = qda(y ~ x1 + x2, mydata)
qda.pred = predict(qda.fit)
table(qda.pred$class, yvec)
e.rate = mean(qda.pred$class != yvec)
cat(sprintf("error rate = %.3f\n", e.rate))
```

```
    yvec
      1  2
  1 79 13
  2  1 37
error rate = 0.108
```

LDA로 얻었던 결과보다 더 낮은(그러니까 더 좋은) 오류율을 얻었다. ⊣

그렇다면 QDA는 항상 LDA보다 더 좋은 결과를 보여주는가 하는 의문이 들 수 있겠는데 그건 그렇지 않다. 우선 말할 수 있는 것은 위의 예에서는 판별경계가 직선보다는 2차곡선에 가까우므로 QDA를 적용한 결과가 더 좋게 나오는 것이 당연하다. 그런데 판별경계가 직선에 가까운 경우에도 QDA가 LDA보다 좋을 것이야 없겠지만 나쁠 이유도 없다. 그렇다면 항상 QDA를 쓰는 것이 합리적 선택이라고 생각할 수도 있겠지만 꼭 그렇지만은 않다. 왜냐하면 오류율이 작게 나왔다는 것은 곧 편향(의 제곱)이 작게 나왔다는 뜻인데 편향이 작다고 좋은 것만은 아니기 때문이다. 우리는 p241의 §7.2.4에서 좋은 모형이란 편향과 변동성의 균형을 잘 맞춘 것이라는 것을 공부한 바 있다.

QDA는 LDA와 비교했을 때 가정을 적게 하므로 계산에 사용되는 모수의 개수가 많다. 따라서 더 복잡하고 유연flexible하다. LDA는 더 단순하고 뻣뻣inflexible하다.

LDA의 가정이 정확하다면, 즉 공분산 행렬이 범주간에 큰 차이가 없다면 LDA가 더 좋다. 왜냐하면 변동성이 작을 것이기 때문이다. 그러나 공분산 행렬이 범주간에 큰 차이가 있음에도 불구하고 이를 무시하고 LDA를 사용한다면 편향이 과도하게 커져서 나쁘다. 이것은 데이터가 선형일 때는 선형회귀를 하는 것이 좋고, 그렇지 않을 때는 선형회귀를 하는 것이 나쁜 것과 마찬가지 원리다.

이제 QDA의 판별경계에 대해서 알아보자. (8.32) 형식의 판별함수의 값이 0인 $\vec{x}$들의 집합이므로 $p = 2$인 경우에는 2차곡선(타원, 쌍곡선 등), $p = 3$인 경우에는 2차곡면이 된다. 이 예에서의 판별경계인 2차곡선의 방정식을 구하고 그림을 그려 보도록 하자. 판별함수 (8.32)의 값을 계산하기 위하여 알아야 할 값들로 $\hat{\Sigma}_1^{-1}$, $\hat{\Sigma}_2^{-1}$, $\vec{\hat{\mu}}_1$, $\vec{\hat{\mu}}_2$, $|\hat{\Sigma}_1|$, $|\hat{\Sigma}_2|$, π_1, π_2 등이 있다. 이들 중에 $\vec{\hat{\mu}}_1$, $\vec{\hat{\mu}}_2$, π_1, π_2의 4개는 아주 쉽게 알 수 있다.

```
mu1.vec = as.vector(qda.fit$means[1,])
mu2.vec = as.vector(qda.fit$means[2,])
cat(sprintf("mu1.vec = (%.4f, %.4f)\n", mu1.vec[1], mu1.vec[2]))
cat(sprintf("mu2.vec = (%.4f, %.4f)\n", mu2.vec[1], mu2.vec[2]))
pi1 = qda.fit$prior[1]; pi2 = qda.fit$prior[2]
cat(sprintf("pi1 = %.4f, pi2 = %.4f\n", pi1, pi2))
```

```
mu1.vec = (1.2943, 2.6318)
mu2.vec = (1.5250, 1.6496)
pi1 = 0.6154, pi2 = 0.3846
```

나머지 값들도 공분산 행렬의 역행렬과 디터미넌트determinant일 뿐이므로 어려울 것이 없다.

```
S1 = cov(cbind(k1x1, k1x2)); S2 = cov(cbind(k2x1, k2x2))
S1inv = solve(S1); S2inv = solve(S2)
detS1 = det(S1); detS2 = det(S2)
.. code skipped ..
```

```
S1inv
          k1x1      k1x2
k1x1  4.111125 -3.000522
k1x2 -3.000522  5.003093

S2inv
          k2x1      k2x2
k2x1 3.2847924 0.3641065
k2x2 0.3641065 2.9883875

detS1 = 0.0865, detS2 = 0.1033
```

$\delta_1(\vec{x}) - \delta_2(\vec{x})$의 값은 (8.32)의 우변에 나타나 있는데 이를 (공분산행렬의 역행렬은 대칭적이므로, $p = 2$인 경우에는) 다음과 같이 쓸 수 있다.

$$
\begin{aligned}
&(x_1, x_2)\begin{pmatrix} a & b \\ b & d \end{pmatrix}\begin{pmatrix} x_1 \\ x_2 \end{pmatrix} + (x_1, x_2)\begin{pmatrix} e \\ f \end{pmatrix} + g, \ \text{where} \\
&\begin{pmatrix} a & b \\ b & d \end{pmatrix} = -\frac{1}{2}(\hat{\Sigma}_1^{-1} - \hat{\Sigma}_2^{-1}), \quad \begin{pmatrix} e \\ f \end{pmatrix} = \hat{\Sigma}_1^{-1}\vec{\hat{\mu}}_1 - \hat{\Sigma}_2^{-1}\vec{\hat{\mu}}_2,
\end{aligned}
$$

$$g = -\frac{1}{2}(\vec{\hat{\mu}}_1{}^T \hat{\Sigma}_1^{-1}\vec{\hat{\mu}}_1 - \vec{\hat{\mu}}_2{}^T \hat{\Sigma}_2^{-1}\vec{\hat{\mu}}_2) - \frac{1}{2}\log\Big(\frac{|\hat{\Sigma}_1|}{|\hat{\Sigma}_2|}\Big) + \log\Big(\frac{\pi_1}{\pi_2}\Big)$$

$a, b, \ldots, g$의 값은 다음과 같이 계산된다.

```
abbd = -1/2 * (S1inv - S2inv)
a = abbd[1,1]; b = abbd[1,2]; d = abbd[2,2]
ef = S1inv %*% mu1.vec - S2inv %*% mu2.vec
e = ef[1]; f = ef[2]
g = drop(-1/2 * (t(mu1.vec) %*% S1inv %*% mu1.vec
        - t(mu2.vec) %*% S2inv %*% mu2.vec)
        - 1/2 * log(detS1/detS2) + log(pi1/pi2))
ad_b2 = a*d - b^2
```

```
a = -0.4132, b = 1.6823, d = -1.0074
e = -8.1853, f = 3.7984, g = -1.1888
a*d - b^2 = -2.4140
```

판별경계는 $\hat{\delta}_1(\vec{x}) - \hat{\delta}_2(\vec{x}) = 0$를 만족하는 $\vec{x}$들의 집합이므로 결국 아래 방정식의 그래프가 된다. 편하게 읽기 위하여 (x_1, x_2)를 (x, y)로 썼다.

$$ax^2 + 2bxy + dy^2 + ex + fy + g = 0, \text{ or equivalently}$$

$$y^2 + \frac{2bx + f}{d}y + \frac{ax^2 + ex + g}{d} = 0 \qquad (*)$$

QDA는 $\Sigma_1 \neq \Sigma_2$를 가정하므로 $d = 0$인 경우를 염려할 필요는 없다. 이제 $(*)$를 근의 공식에 의하여 $y = f(x) \pm \sqrt{g(x)}$ 형태로 놓고 그래프를 그리면 된다. 계산 과정에서 $\sqrt{g(x)}$가 복소수가 되는 경우에는 경고가 발생하지만 그림을 그리는 데는 지장이 없다. $ad - b^2 > 0$이면 타원, $ad - b^2 < 0$이면 쌍곡선의 그래프를 얻게 된다. 이 예에서는 $ad - b^2 = -2.4140 < 0$으로 계산되었다.

이와 같이 얻은 QDA의 판별경계를 [그림 8.16](의 오른편)에 그렸다. 왼쪽 위 귀퉁이에 아주 조금 보이는 흑색 선은 무연근extraneous root으로 얻어진 쌍곡선의 일부이다. 비교를 위하여 LDA의 판별경계도 왼편에 그려 넣었다. 판별경계로 나뉘어진 각 영역에서 색깔별로 점의 개수를 세어 보면 혼동행렬에서 얻은 결과를 그대로 얻을 수 있다.

8.7 분류기들의 비교 실습

8.7.1 단순 베이즈

R은 단순 베이즈 분류를 위한 함수 `naiveBayes()`를 제공하며 이 함수는 `e1071` 패키지에 들어 있다.

```
# install.packages('e1071')
library(e1071)
```

그림 8.16: LDA, QDA 판별경계

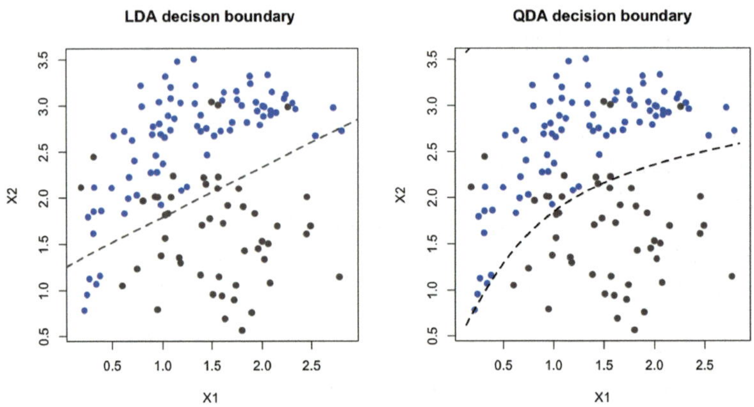

실습을 위한 데이터로는 아래의 [표 8.3]를 사용할 것이다.† 이 표는 이메일 메시지 100개에 들어있는 특정 단어들의 빈도를 조사하여 각 메시지의 스팸 여부를 판별하기 위한 것이다. 우리는 이 표에 부합되는 데이터 프레임을 만들어 naiveBayes()로 분석할 것이다. 이때 자료들은 각 단어의 나타남occurrence이 다른 단어의 나타남과 독립적이 되도록 무작위로 생성된다. 데이터

표 8.3: 스팸 메시지, $p = 4$

	viagra		money		groceries		unsubscribe		
빈도	Yes	No	Yes	No	Yes	No	Yes	No	합계
스팸	4	16	10	10	0	20	12	8	20
햄	1	79	14	66	8	72	23	57	80
합계	5	95	24	76	8	92	35	65	100

프레임 msg.df를 생성하는 데 사용된 코드는 이 책의 동반 사이트에 있다. 이 데이터 프레임은 다음과 같은 구조를 가진다.

```
str(msg.df)
print(msg.df)
```

```
'data.frame':       100 obs. of  5 variables:
 $ Viagra     : Factor w/ 2 levels "0","1": 1 2 1 1 1 1 1 2 1 1 ...
 $ Money      : Factor w/ 2 levels "0","1": 1 1 1 1 1 1 1 1 2 1 ...
 $ Groceries  : Factor w/ 2 levels "0","1": 1 1 1 2 1 1 1 1 1 1 ...
 $ Unsubscribe: Factor w/ 2 levels "0","1": 2 1 2 1 1 1 1 1 2 2 ...
 $ Spam       : Factor w/ 2 levels "Ham","Spam": 2 2 1 1 1 1 1 2 2 1 ...

    Viagra Money Groceries Unsubscribe Spam
..
12       0     0         0           1  Ham
13       0     0         0           0  Ham
14       0     0         0           0  Ham
```

†이 표는 p251에 있는 [표 7.4]와 동일하다.

```
15       1    1       0         0 Spam
16       0    0       0         1  Ham
..
```

이 데이터 프레임이 [표 8.3]과 부합된다는 것을 다음과 같이 확인하였다.[†]

```
cat(sum(msg.df$Viagra==1 & msg.df$Spam=="Spam"),
    sum(msg.df$Viagra==1 & msg.df$Spam=="Ham"),
    sum(msg.df$Viagra==0 & msg.df$Spam=="Spam"),
    sum(msg.df$Viagra==0 & msg.df$Spam=="Ham"), "\n",
    sum(msg.df$Money==1 & msg.df$Spam=="Spam"),
    sum(msg.df$Money==1 & msg.df$Spam=="Ham"),
    ..
)
```

```
 4  1 16 79
10 14 10 66
 0  8 20 72
12 23  8 57
```

이제 naiveBayes()를 호출한다. 라인1에서 Span ~ .는 Spam 외의 모든 열들을 예측변수로 사용하라는 뜻이다.

```
1 nBayes.fit = naiveBayes(Spam ~ ., data=msg.df)
2 print(nBayes.fit)
```

```
..
A-priori probabilities.
Y
 Ham Spam
 0.8  0.2

Conditional probabilities:
      Viagra
Y           0      1
  Ham  0.9875 0.0125
  Spam 0.8000 0.2000

      Money
Y          0     1
  Ham  0.825 0.175
  Spam 0.500 0.500
..
```

햄(스팸이 아닌 메시지)과 스팸의 사전확률이 각각 0.8과 0.2인 것이 A-priori probabilities:에 나와 있다. 그리고는 각 단어에 대해서 그것이 메시지에 포함되어 있을지의 여부가 메시지가 햄인 경우와 스팸인 경우에 대한 조건부 확률로 출력되었다. 예를 들어 햄 메시지는 총 80개인데 이들 중에 Viagra가 포함되어 있지 않은 것이 79개이므로 그 확률 $\frac{79}{80} = 0.9875$이 (Ham,0)에 출력되었고 포함되어 있을 확률 $1 - 0.9875 = 0.0125$는 (Ham,1)에 출력되었다.

단순 베이즈 분류에 의한 분석 결과는 다음과 같이 predict()와 table() 함수를 써서 혼동행렬을 얻어 요약하여 볼 수 있다.

[†]출력은 보기 편하도록 수동으로 정렬하였음.

```
nb.pred = predict(nBayes.fit, msg.df)
table(nb.pred, msg.df$Spam)
e.rate = mean(nb.pred != msg.df$Spam)
cat(sprintf("error rate = %.3f\n", e.rate))
```

```
nb.pred Ham Spam
   Ham   73   11
   Spam   7    9
error rate = 0.180
```

분류문제를 분석할 때 predict()를 사용하여 얻은 예측값과 기존의 데이터를 table() 함수의 인수에 넣어 얻은 혼동행렬confusiton matrix를 활용하는 기법은 p287에 설명되어 있다.

이제 특정 단어들이 포함 혹은 미포함인 메시지가 스팸일 확률을 nb.pred로부터 구해 보자. 예를 들어 viagra, money, vegitable, unsubscribe가 각각 미포함, 포함, 미포함, 포함, 즉 $(0,1,0,1)$인 메시지가 스팸일 확률은 얼마인지를 단순 베이즈 분류에 의하여 계산하면 다음과 같다. 계산하는 김에 $(0,0,1,1)$과 $(1,1,0,1)$인 경우에 대해서도 스팸일 확률을 얻어 보았다.

```
1 test.df = data.frame(
2     Viagra=factor(c(0,0,1), levels=0:1), Money=factor(c(1,0,1), levels=0:1),
3     Groceries=factor(c(0,1,0), levels=0:1), Unsubscribe=factor(c(1,1,1), levels=0:1))
4 nb.prob = predict(nBayes.fit, test.df, type="raw")
5 nb.pred1 = predict(nBayes.fit, test.df)
6 print(round(nb.prob, 4))
7 print(nb.pred1)
```

```
        Ham   Spam
[1,] 0.4270 0.5730
[2,] 0.9974 0.0026
[3,] 0.0364 0.9636
[1] Spam Ham  Spam
Levels: Ham Spam
```

결과를 보면 스팸일 확률이 세 경우에 대하여 각각 0.5730, 0.0026 및 0.9636으로 나타났다. 첫 번째 경우애 대한 답 0.5730은 이전에 (7.40)에서 얻었던 결과와 정확히 일치함을 알 수 있다.

predict() 함수는 위의 계산에서 라인4와 라인5에 사용되었는데 전자의 결과는 확률이고 후자의 결과는 Spam 또는 Ham이다. 두 라인의 차이점은 라인4에서는 인수에 type="raw"를 사용했다는 것에 있다.

연습문제 8.22 이 섹션에서 수행한 모든 작업을 데이터의 개수를 1000배로 늘려서 하면 결과가 어떻게 달라지는지 확인해 보라. 그리고 데이터를 절반씩 트레이닝 집합과 테스트 집합으로 나누어 각 집합에 대한 오류율을 구하여라. ⊣

연습문제* 8.23 스팸 판단에 사용하는 단어의 개수를 20개로 늘려서 [표 8.3]과 같은 자료를 임의로 만들고 이에 부합하는 데이터 프레임을 생성한 다음 이 섹션에서 한 모든 작업을 되풀이해 보아라. 결과가 어떻게 달라지는지 관찰하고 설명하여라. ⊣

8.7.2 K-최측근 분류

R은 KNN 분류를 위한 함수 knn()을 제공한다.

knn()의 활용 실습을 위한 데이터로 우리가 사용할 것은 고객들에 대한 인적 자료와 그들의 보험 가입에 대한 자료인 Caravan 데이터 집합이다. 이것은 ISLR2 패키지에 포함되어 있다.

```
data(Caravan, package="ISLR2")
str(Caravan)
```

```
'data.frame': 5822 obs. of  86 variables:
 $ MOSTYPE : num  33 37 37 9 40 23 39 33 33 11 ...
 $ MAANTHUI: num  1 1 1 1 1 1 2 1 1 2 ...
 $ MGEMOMV : num  3 2 2 3 4 2 3 2 2 3 ...
 $ MGEMLEEF: num  2 2 2 3 2 1 2 3 4 3 ...
..
 $ Purchase: Factor w/ 2 levels "No","Yes": 1 1 1 1 1 1 1 1 1 1 ...
```

```
summary(Caravan$Purchase)
```

```
No: 5474    Yes: 348
```

예측변수가 대단히 많다. $86 - 1 = 85$개나 된다. 반응변수는 맨 뒤에 나타난 Purchase이다. 이것의 값이 2, 즉 Yes이면 보험에 가입한 것이고, 1 즉 No이면 그렇지 않은 것이다. 보험가입율은 $348/(5474 + 348) = 0.0597..$, 즉 6% 정도이다.

보험사의 입장에서는 보험을 가입할 만한 사람들을 찾아서 영업을 해야 할 것이다. 예측변수가 어떠할 때 가입할 확률이 높은지를 KNN을 사용해서 알아보자.

KNN은 예측변수들의 벡터들 간의 거리를 가지고 반응변수를 예측하므로 예측변수들의 측정 단위가 중요하다. 예를 들어 어떤 데이터 프레임에서 소득과 나이를 각각 예측변수로 취했을 때, 월소득에서의 차이는 백만이 넘는 경우가 흔하고 나이의 차이는 아무리 많아도 100이 넘지 못할 것이므로 레코드 간의 거리는 거의 전적으로 소득에 의하여 결정될 것이다. 이 문제를 해결하기 위한 좋은 방법은 예측변수 자료들을 표준화 하는 것이다. 즉, 평균 0, 분산 1로 바꾸어 주는 것이다. 이를 위해 R이 제공하는 함수는 scale()이다.

Caravan의 열들 중에 유일한 반응변수인 Purchase를 제외하고 모든 예측변수의 열들을 다음과 같이 표준화 한다. 아래의 코드에서 st.X는 standardized X를 뜻한다. 표준화의 효과를 첫 번째와 두 번째 예측변수에 대하여 확인하였다.

```
st.X = scale(Caravan[,-86])
m1 = mean(Caravan[,1]); v1 = var(Caravan[,1])
m1.st = mean(st.X[,1]); v1.st = var(st.X[,1])
cat(sprintf("mean1 = %.2f, var1 = %.2f\n", m1, v1))
cat(sprintf("mean1.st = %.2f, var1.st = %.2f\n", m1.st, v1.st))
m2 = mean(Caravan[,2]); v2 = var(Caravan[,2])
m2.st = mean(st.X[,2]); v2.st =var(st.X[,2])
cat(sprintf("mean2 = %.2f, var2 = %.2f\n", m2, v2))
cat(sprintf("mean2.st = %.2f, var2.st = %.2f\n", m2.st, v2.st))
```

```
mean1 = 24.25, var1 = 165.04
mean1.st = -0.00, var1.st = 1.00
mean2 = 1.11, var2 = 0.16
mean2.st = -0.00, var2.st = 1.00
```

st.X의 5822개의 레코드들 중에 첫 1천개를 테스트 집합으로 사용하고 나머지 4822개를 트레이닝 집합으로 사용하기로 하자. 라인4,5는 트레이닝 집합과 테스트 집합이 서로 여집합임을 이용한 것이다.[†]

```
1 test = 1:1000
2 test.X = st.X[test,]
3 test.Y = Caravan$Purchase[test]
4 all = 1:nrow(Caravan)
5 train = all[-test]
6 train.X = st.X[train,]
7 train.Y = Caravan$Purchase[train]
```

이제 KNN 분석을 해 보자. 라인1은 knn() 함수가 class 라이브러리에 포함되어 있으므로 사용되었다. KNN 분석에서 신경써야 할 것이 있는데 그것은 주어진 레코드의 최측근을 k개 선택하는 과정에서 거리가 동일한 측근들이 있을 때의 처리이다. 이때 확률적인 처리를 해야 하므로 라인2에 set.seed()를 사용하였다. 이것을 생략하면 이 코드를 실행할 때마다 결과가 조금씩 다르게 나오게 된다.

다른 분석 방법들은 사용할 때 일단 모형에 맞추는fit 함수, 예를 들어 예를 들어 lm(), lda() 등에 트레이닝 데이터를 인수로 넣어 호출하고, 이어서 이 함수의 리턴값, 예를 들어 lm.fit, lda.fit 등과 테스트 데이터를 predict()의 인수에 넣고 호출하여 반응변수의 값을 예측을 하는 방식이었지만 knn()은 그렇지 않다. 이 함수는 트레이닝 데이터와 테스트 데이터를 동시에 인수로 넣고 호출하여 예측값을 얻는 방식으로 사용한다. 라인3에서 리턴값을 받는 변수의 이름을 knn.fit라고 하지 않고 knn.pred라고 한 것은 이런 이유 때문이다.

```
1 library(class)
2 set.seed(1)
3 knn.pred = knn(train.X, test.X, train.Y, k=1)
4 str(knn.pred)
5 error_rate = mean(test.Y!=knn.pred)
6 purchase_rate = mean(test.Y=="Yes")
7 cat(sprintf("error_rate = %.2f%%\n", 100*error_rate))
8 cat(sprintf("purchase_rate = %.2f%%\n", 100*purchase_rate))
```

```
 Factor w/ 2 levels "No","Yes": 1 1 1 1 1 1 2 1 2 1 ...
error_rate = 11.80%
purchase_rate = 5.90%
```

knn()의 인수들을 주의해서 보기 바란다. 우리가 예측하기를 원하는 반응변수의(혹은 반응변수들로 이루어진 벡터의) 트레이닝 집합에서의 값들을 3번째 인수로 넣게 되어 있다. 4번째 인수는 최측근의 원소의 개수, 즉 k 값이다.

knn.pred의 구조는 아주 단순하다. knn.pred는 테스트 집합의 반응변수 Purchase의 예측값들로 이루어진 팩터factor이다. 이것을 테스트 집합의 반응변수의 원래 값, 즉 test.Y와 비교하여 오류율이 산출된다. mean()의 계산에서 TRUE는 1, FLASE는 0으로 타입변환을 하여 계산하도록 되어 있다.

[†]여집합을 다룰 때 p240의 예에서 보듯이 부울 인덱스를 사용할 수도 있지만 이렇게 숫자 인덱스를 사용하는 것이 더 간편하다. 부울 인덱스는 숫자 인덱스보다 사용하기가 조금 번거로운 대신에 여집합 외에도 교집합과 합집합을 다룰 수 있다는 장점이 있다.

오류율이 11.8% 밖에 안된다고 좋아하기는 이르다. 왜냐하면 무조건 No라고 예측을 하는 경우의 오류율이 5.9%로 더 낮게 나오기 때문이다. 그렇다고 실망하기는 이르다. 중요한 것은 오류율이 아니라 Yes라고 예측한 경우의 보험 판매 성공률이기 때문이다.

```
table(knn.pred, test.Y)

purchase_rate = function(x.pred) {
  nYes = length(x.pred[x.pred=="Yes"]) # nYes = sum(x.pred=="Yes") is o.k.
  nPurchase = length(x.pred[x.pred=="Yes" & test.Y=="Yes"])
  return(nPurchase / nYes)
}

r = purchase_rate(knn.pred)
cat(sprintf("Purchase rate for \"Yes\" group = %.2f%%\n", 100*r))
```

```
        test.Y
knn.pred  No Yes
     No  873  50
     Yes  68   9
Purchase rate for "Yes" group = 11.69%
```

성공률이 11.7%로 나왔다. 이 수치는 혼동행렬로부터 $9/(68+9)*100$으로 계산하여 얻은 결과와 동일하다. 이것은 쓸만한 결과이다. 왜냐하면 보험 설계사가 무작위로 고객을 찾아가면 보험을 파는 데 성공할 확률이 5.9%이지만 예측이 Yes로 나온 고객들에게만 찾아가면 성공확률이 11.7%로 2배 가까이 높아지기 때문이다.

k를 증가시키면 어떤 결과가 나오는지 알아보자.

```
set.seed(1)
knn.pred = knn(train.X, test.X, train.Y, k=3)
cat("k=3 case")
table(knn.pred, test.Y)
r = purchase_rate(knn.pred)
cat(sprintf("Purchase rate for \"Yes\" group = %.2f%%\n", 100*r))

cat("k=5 case")
..

cat("k=8 case")
..
```

```
k=3 case
        test.Y
knn.pred  No Yes
     No  921  54
     Yes  20   5
Purchase rate for "Yes" group = 20.00%
k=5 case
        test.Y
knn.pred  No Yes
     No  930  55
     Yes  11   4
```

```
Purchase rate for "Yes" group = 26.67%
k=8 case
        test.Y
knn.pred  No Yes
     No  940  58
     Yes   1   1
Purchase rate for "Yes" group = 50.00%
```

k를 증가시킬수록 성공률이 점점 높아진다! 그런데 문제가 있다. 성공률이 높아지는 대신 찾아갈 고객의 숫자가, 즉 Yes라고 대답할 것으로 예측되는 고객의 숫자가 $k = 3$일 때는 25명이었던 것이 $k = 5$, $k = 8$로 증가함에 따라 각각 15명, 2명으로 점점 줄어든다는 것이다. 가령 100명에게 찾아가서 10개를 파는 것과, 10명에게 찾아가서 3개를 파는 것을 비교해 보면 어떤 것이 더 좋은 것인가? 후자가 판매 성공률은 월등히 높지만 판매량 자체는 많이 적다. 이건 고객 1명에게 찾아갈 때 드는 비용과 1개를 팔았을 때의 수익을 비교해야만 답할 수 있는 문제이다.

위의 코드에서 set.seed()를 코멘트 아웃하고 여러 번 계산해 보면 $k = 8$인 경우에는 결과가 들쑥날쑥함 달라짐이 관찰될 것이다. Yes라고 답할 것으로 예상되는 집단의 크기가 너무 작아져서 변동성이 커지는 문제가 발생한 것이다.

8.7.3 로지스틱 회귀

Caravan 데이터를 로지스틱 회귀로 분석해 보자. 로지스틱 회귀는 각 레코드, 즉 예측변수들의 조합에서 성공할 확률을 계산해 주므로 단순히 Yes와 No 중의 하나를 골라주는 KNN보다 더 풍부한 정보를 제공해 준다고 볼 수 있다. 통상 성공할 확률이 0.5 이상이면 성공으로 분류하지만 이 컷 점수를 올리거나 내리는 것은 분석하는 사람의 재량이다. 라인4에서는 컷 점수로 0.5를 사용했고 라인9에서는 컷 점수로 0.25를 사용했다.

```
1  glm.fit = glm(Purchase ~ ., data=Caravan[train,], family=binomial)
2  glm.pred.p = predict(glm.fit, Caravan[test,], type="response")
3  glm.pred = rep("No", 1000) # tentatively
4  glm.pred[glm.pred.p > 0.5] = "Yes"
5  table(glm.pred, test.Y)
6  r = purchase_rate(glm.pred)
7  cat(sprintf("Purchase rate for \"Yes\" group = %.2f%%\n", 100*r))
8  glm.pred = rep("No", 1000) # reset
9  glm.pred[glm.pred.p > 0.25] = "Yes" # lower the cut-off to 0.25 from 0.50
10 table(glm.pred, test.Y)
11 r = purchase_rate(glm.pred)
12 cat(sprintf("Purchase rate for \"Yes\" group = %.2f%%\n", 100*r))
```

```
13 Warning message:
14 "glm.fit: fitted probabilities numerically 0 or 1 occurred"
15         test.Y
16 glm.pred  No Yes
17      No  934  59
18      Yes   7   0
19 Purchase rate for "Yes" group = 0.00%
20         test.Y
```

```
21 glm.pred  No Yes
22      No  919  48
23      Yes  22  11
24 Purchase rate for "Yes" group = 33.33%
```

참고로 라인1은 다음의 세 라인 중 어느 것으로 대체해서 사용해도 된다.

```
glm.fit = glm(Purchase ~ ., data=Caravan, subset=train, family=binomial)
glm.fit = glm(Purchase ~ ., data=Caravan[-test,], family=binomial)
glm.fit = glm(Purchase ~ ., data=Caravan, subset=-test, family=binomial)
```

라인13,14의 경고는 확률이 0 또는 1에 가까운 레코드가 존재한다는 뜻인데 그냥 무시하면 된다. 어떤 레코드에서 이런 경고가 발생했는지 알아 보려면 다음의 코드를 실행한다.

```
p.vec = as.vector(predict(glm.fit, type="response"))
length(which(p.vec > 1 - 1e-10))
length(which(p.vec < 1e-10))
which(p.vec < 1e-10)
p.vec[which(p.vec < 1e-10)]

0
34
121 218 240 .. 4521 4658
2.22044604925031e-16 2.22044604925031e-16 .. 1.98313558097679e-12
```

확률이 1에 가깝게 나온 레코드는 없고, 0에 가깝게 나온 레코드는 34개가 있음을 알 수 있다.

컷 점수를 0.5로 놓았을 때는 찾아갈 고객이 7명밖에 되지 않았고 실제로 성공한 것은 0건이었다. 아주 좋지 않은 결과이다. 그러나 컷 점수를 현실적으로 낮추어 0.25로 두었을 때는 33명에게 찾아가서 11건의 성공을 거두었다. 이것은 성공률도 33.3%로 높고, 찾아갈 고객의 수도 33명으로 꽤 많았으므로 지금까지의 분석(이전 섹션의 KNN 포함) 중에서 가장 좋은 결과라고 할 수 있다.

Caravan 데이터에서는 예측변수의 개수가 너무 많아서 이들 중 어떤 것이 어느 정도의 영향을 반응변수에 미치는지를 분석하기가 쉽지 않았다. 이번에는 예측변수가 3개뿐인 데이터를 분석해 보자. 사용할 데이터 집합은 ISLR2의 Default이다.

```
data(Default, package="ISLR2")
str(Default)

'data.frame':       10000 obs. of  4 variables:
 $ default: Factor w/ 2 levels "No","Yes": 1 1 1 1 1 1 1 1 1 1 ...
 $ student: Factor w/ 2 levels "No","Yes": 1 2 1 1 1 2 1 2 1 1 ...
 $ balance: num  730 817 1074 529 786 ...
 $ income : num  44362 12106 31767 35704 38463 ...

summary(Default)

 default    student       balance           income
 No :9667   No :7056   Min.   :   0.0   Min.   :  772
 Yes: 333   Yes:2944   1st Qu.: 481.7   1st Qu.:21340
..
```

반응변수는 default이고 이것은 신용카드 결제미납이면 Yes, 그렇지 않으면 No의 값을 가진다. 예측변수로는 학생여부를 나타내는 student, 결제예정금액을 나타내는 balance, 연소득을 나타내는 income의 3개가 있다. 즉, 예측변수로 범주형 1개, 연속형 2개를 사용하고 있다.

이 자료의 대체적인 윤곽을 [그림 8.17]에 보였다. 왼쪽 그림에서 회색 +는 결제미납, 청색 ○는 정상결제를 나타낸다. 대략 결제예정금액이 크면 결제미납이 될 확률이 크고 소득은 결제미납과 별 관련이 없는 것으로 보인다. 이러한 관찰 결과는 오른쪽에 있는 2개의 상자-수염그림을 보아도 확인된다.

그림 8.17: 결제미납과 결제예정 금액 및 소득의 관계

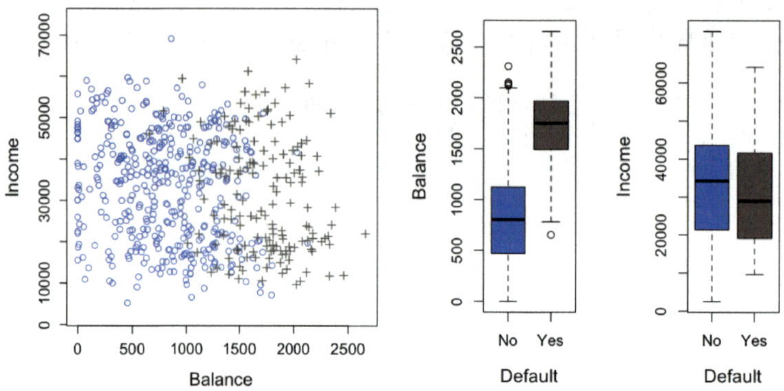

우리는 이제 Default 데이터 프레임에 대한 로지스틱 회귀를 할 것인데 이때의 예측변수로 ① balance 하나만을 선택하는 경우, ② student 하나만을 선택하는 경우, ③ balance+income+student 모두를 선택하는 경우의 각각에 대해서 분석을 할 것이다.

① Default 데이터 프레임을 default ~ balance로 로지스틱 회귀를 하면 주어진 결제예정금액으로부터 결제가 미납될(즉 디폴트 할) 확률을 예측$_{\text{predict}}$할 수 있다.

회귀분석을 위한 트레이닝 집합과 테스트 집합을 다음과 같이 마련한다.

```
N = nrow(Default)
n_test = round(N/2)
set.seed(3)
test = sample(N, n_test)
Default.test = Default[test,]
train = (1:N)[-test]
Default.train = Default[train,]
detach(Default)
attach(Default.train)
```

회귀함수의 값은 default=="Yes"일 확률이므로 0과 1사이의 값을 갖게 된다. 회귀함수의 그래프를 산점도와 함께 그리려고 하므로 산점도의 세로축 값 "No"=1, "Yes"=2를 각각 0, 1로 변환해 주어야 한다.†

[그림 8.18]에 Default.train을 선형회귀한 결과와 로지스틱 회귀한 결과를 각각 보였다. 후자가 더 좋은 결과를 보여주는 것은 당연하다.

이 그림을 그리는 데 사용된 코드는 대략 다음과 같다. (코드의 디테일은 생략했다.)

† "No"=1, "Yes"=2임은 as.numeric(default)을 보면 알 수 있다.

그림 8.18: 선형 회귀와 로지스틱 회귀

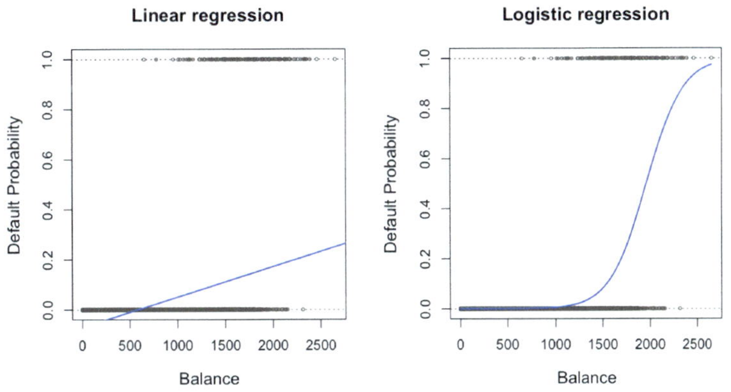


```
# linear modeling using lm()
default1 = as.numeric(default) - 1;
plot(default1 ~ balance)
lm.fit = lm(default1 ~ balance)
abline(lm.fit, col=myblue, lwd=2)

# logistic regression using glm()
glm.fit = glm(default ~ balance, family=binomial)
xvec = seq(from=min(balance), to=max(balance), length=200)
yvec = predict(glm.fit, data.frame(balance=xvec), type="response")
plot(default1 ~ balance)
lines(xvec, yvec, col=myblue, lwd=2)
```

로지스틱 회귀의 결과로 얻은 `glm.fit`와 `predict()` 함수를 사용하여, 가령 Alice와 Bob의 `balance`가 각각 1500과 2200이라고 했을 때 이들이 디폴트할 것인지를 예측하는 계산을 아래에 보였다.

```
balance_vec = c(1500, 2200)
pred.p = as.vector(predict(glm.fit, data.frame(balance=balance_vec), type="response"))
pred.default = ifelse(pred.p > 0.5, "Yes", "No")
M = rbind(balance_vec, round(pred.p, 3), pred.default)
dimnames(M) = list(c("Balance", "Probability", "Default"), c("Alice", "Bob")); M
```

```
            Alice   Bob
Balance      1500  2500
Probability 0.082 0.781
Default        No   Yes
```

로지스틱 회귀에 의한 추정을 테스트 집합에 적용해 보면 다음과 같다.

```
glm.pred.p = as.vector(predict(glm.fit, Default.test, type="response"))
glm.pred = rep("No", n_test) # tentatively
glm.pred[glm.pred.p > 0.5] = "Yes"
M = as.matrix(table(glm.pred, Default.test$default)); M
```

```
glm.pred   No  Yes
     No  4805  126
     Yes   17   52
```

추정의 오류율은 '오류로 판명된 추정의 개수/전체 추정의 개수'이다. 추정의 성공률은 1 − 오류율이다. 이들의 값은 다음과 같이 간단히 계산할 수 있다.

```
error_rate = mean(glm.pred != Default.test$default)
success_rate = mean(glm.pred == Default.test$default) # 1 - error_rate
cat(sprintf("error_rate = %.3f\nsuccess_rate = %.3f\n", error_rate, success_rate))
```

```
error_rate = 0.029
success_rate = 0.971
```

error_rate $= (17+126)/(4805+126+17+52) = 0.029$를 쉽게 확인할 수 있다.

실제 상황에서 가장 좋은 분류기classifier는 단순히 오류율이 가장 낮은 것은 아닐 수 있다. 예를 들어 Yes로 분류된 것들 중의 오류율이 No로 분류된 것들 중의 오류율보다 더 중요할 수도 있고 그 반대일 수도 있다. 이렇게 특정 부분집합 내에서 오류율을 계산하는 예를 아래 보였다.

테스트 집합의 원래 Yes(디폴트) 비율을 yes_rate, 원래 No 비율을 no_rate이라 하고, Yes로 예측된 레코드 중에 Yes의 비율을 yy_rate, No로 예측된 레코드 중에 No 비율을 nn_rate라 했을 때 이들의 값은 다음과 같이 계산된다.

```
yes_rate = sum(M[,"Yes"])/sum(M)
no_rate = sum(M[,"No"])/sum(M) # 1 - yes_reat
yy_rate = M["Yes", "Yes"]/sum(M["Yes",])
nn_rate = M["No", "No"]/sum(M["No",])
cat(sprintf("yes_rate = %.3f, no_rate = %.3f\n", yes_rate, no_rate))
cat(sprintf("yy_rate  = %.3f, nn_rate = %.3f\n", yy_rate, nn_rate))
```

```
yes_rate = 0.036, no_rate = 0.964
yy_rate  = 0.754, nn_rate = 0.974
```

② 이번에는 예측변수로 범주형 변수인 student를 선택해서 로지스틱 회귀를 수행해 보자.

```
glm.fit2 = glm(default ~ student, family=binomial)
glm.pred.p = predict(glm.fit2, data.frame(student=c("No", "Yes")), type="response")
cat("Default rate for\n")
cat(sprintf("  nonStudent = %.1f%%\n", glm.pred.p[1]*100))
cat(sprintf("  Student    = %.1f%%\n", glm.pred.p[2]*100))
```

```
Default rate for
  nonStudent = 2.5%
  Student    = 4.4%
```

그런데 사실 이 결과는 구태여 로지스틱 회귀를 쓰지 않고도 간단히 table() 함수를 써서 얻을 수 있다.

```
M1 = table(student, default); M1
nonStudentYes = M1["No", "Yes"]/sum(M1["No",])*100
StudentYes = M1["Yes", "Yes"]/sum(M1["Yes",])*100
cat(sprintf("nonStudent = %.1f%%, Student = %.1f%%\n", nonStudentYes, StudentYes))
```

```
       default
student   No  Yes
    No  3407   89
    Yes 1438   66
nonStudent = 2.5%, Student = 4.4%
```

학생일 경우의 디폴트 확률이 4.4%로 학생이 아닌 경우의 디폴트 확률 2.5%보다 높게 나왔다. 그렇다면 이것으로 '학생임'이 디폴트 확률을 높이는 요인이라고 결론지을 수 있는 것인가?

이 물음에 답하기 위하여 [그림 8.19]를 그려 보았다.

그림 8.19: Student, Balance and Default

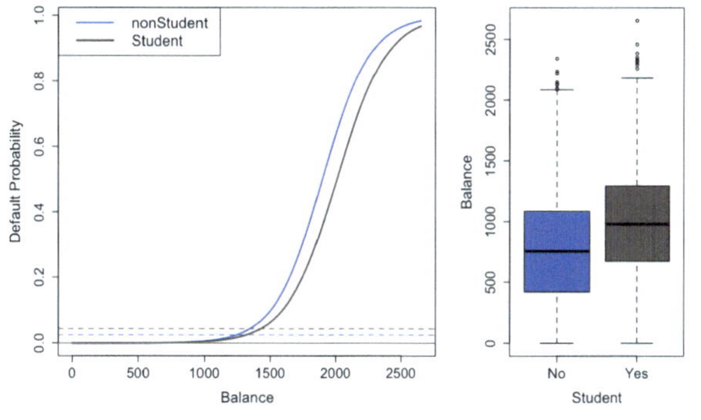

왼편의 그림은 학생과 비학생의 디폴트 확률을 balance의 함수로 보고 이를 그래프로 보여준다. 적색으로 나타낸 학생의 디폴트 확률이 청색으로 나타낸 비학생의 디폴트 확률보다 balance가 같을 때 더 낮음을 볼 수 있다. 학생과 비학생의 평균 디폴트 확률은 그래프의 아래 부분에 점선으로 나타내었는데 이것은 앞서 보았듯이 학생이 더 높다. 얼핏 모순되어 보이는 이러한 현상은 오른편에 있는 상자-수염 그림으로 설명된다. 학생의 경우에 balance가 비학생보다 평균적으로 높은 것이 그 이유이다.

③ 이제 마지막으로 default에 영향을 주는 예측변수로 balance, student, income을 다 넣어서 로지스틱 회귀를 해 보자. 로지스틱 회귀는 아래의 라인1 한 줄로 끝이고, 이어서 예측의 정확성을 보기 위하여 다음의 스크립트를 실행한다. ①의 경우와 동일한 코드를 사용하므로 라인5 이하는 생략하였다.

```
1 glm.fit = glm(default ~ balance+student+income, family=binomial)
2 glm.pred.p = as.vector(predict(glm.fit, Default.test, type="response"))
3 glm.pred = rep("No", n_test) # tentatively
4 glm.pred[glm.pred.p > 0.5] = "Yes"
5 M = as.matrix(table(glm.pred, Default.test$default)); M
```

```
glm.pred   No  Yes
      No 4807  121
     Yes   15   57
yes_rate = 0.036, no_rate = 0.964
yy_rate  = 0.792, nn_rate = 0.975
```

출력 결과를 보면 ① 경우와 비교했을 때 근소하게 향상 되었음을 볼 수 있다.

8.7.4 의사결정나무

의사결정나무의 두 유형인 분류나무와 회귀나무 중에 우리는 분류나무 하나만을 공부할 것이다. 실습에 사용할 자료는 pp232–233에 나왔던 Carseats이다.

```
data(Carseats, package="ISLR2")
str(Carseats)
```

```
'data.frame':       400 obs. of  11 variables:
 $ Sales      : num  9.5 11.22 10.06 7.4 4.15 ...
..
 $ Price      : num  120 83 80 97 128 72 108 120 124 124 ...
 $ ShelveLoc  : Factor w/ 3 levels "Bad","Good","Medium": 1 2 3 3 1 1 3 2 3 3 ...
..
```

400개의 매장에서 유아용 카시트의 단위 기간당 판매량 Sales가 반응변수이다. 단위가 1000이므로 예를 들어 9.5라는 값은 그 매장에서의 판매량이 9500개라는 것을 의미한다. 10개의 예측변수들 중에 가장 중요한 Price와 ShelveLoc만 위의 출력에 보였다.

우리는 이 매장들을 판매량이 높은 곳과 낮은 곳으로 분류하려고 한다. 판매량이 8천개를 초과하는 매장을 High로 분류한다. 그리고 이 새로운 예측변수를 Carseats에 추가한다.

```
Carseats$High = factor(ifelse(Carseats$Sales <= 8, " No" , " Yes" ))
```

새로 얻은 데이터프레임 Carseats를 의사결정나무decision tree를 사용하여 분석할 것이다. 이 분석도구를 위한 함수 tree()는 tree 패키지에 들어 있다.

```
# install.packages("tree")
library(tree)
```

의사결정나무 분석의 리턴값을 tree.fit에 담아 둔다. 반응변수는 새로 추가한 High이고 예측변수는 Sales를 제외한 나머지 10개의 변수들이다.

```
tree.fit = tree(High ~ . -Sales, data=Carseats)
```

분석의 결과는 plot()과 text()를 이용하여 [그림 8.20]과 같은 그림을 얻어 한 눈에 볼 수 있다.

```
1 plot(tree.fit)
2 text(tree.fit, pretty=0, cex=1.1)
```

라인1은 나무의 가지만 그리며 라인2는 나무의 노드에 텍스트를 추가한다. pretty=0의 의미는 예측변수가 범주형일 때만 의미를 가지는데 이 변수의 값(문자열)을 단축하지 말고 다 나타내라는 뜻이다. pretty=n은 그 문자열을 길이 n으로 단축하라는 뜻이다. $n = 1, 2, \ldots$등을 넣고 실행해 보면 이것의 의미를 곧 알 수 있을 것이다.

No, Yes로 레이블 된 말단terminal 노드들이 예측변수 공간의 분할된 영역들에 대응된다. No/Yes는 판매량이 8000 이하/초과인 매장들의 집합을 뜻한다. 나무의 내부internal 노드들은 분할splitting에 대응되며 분할의 조건으로 레이블 되어 있다. 각 매장들은 이 조건을 만족하면 왼쪽 가지branch, 아니면 오른쪽 가지에 속하게 된다.

이 그림에서 하나 불편한 점은 어떤 내부 노드의 레이블은 서로 겹쳐져서 잘 보이지 않는다는 것이다. 정확한 레이블을 보려면 다음과 같이 텍스트로 출력하면 된다.

```
tree.fit
```

```
node), split, n, deviance, yval, (yprob)
      * denotes terminal node

```

그림 8.20: 분류나무

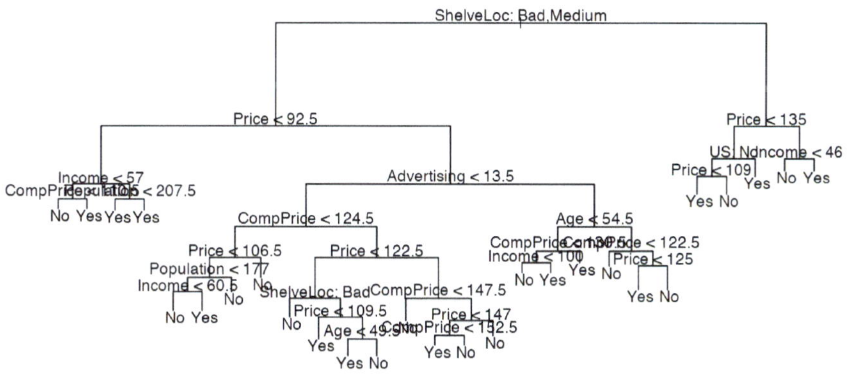


```
4    1) root 400 541.500  No ( 0.59000 0.41000 )
5      2) ShelveLoc: Bad,Medium 315 390.600  No ( 0.68889 0.31111 )
6        4) Price < 92.5 46  56.530  Yes ( 0.30435 0.69565 )
7          8) Income < 57 10  12.220  No ( 0.70000 0.30000 )
8           16) CompPrice < 110.5 5   0.000  No ( 1.00000 0.00000 ) *
9           17) CompPrice > 110.5 5   6.730  Yes ( 0.40000 0.60000 ) *
10         9) Income > 57 36  35.470  Yes ( 0.19444 0.80556 )
11          18) Population < 207.5 16  21.170  Yes ( 0.37500 0.62500 ) *
12          19) Population > 207.5 20   7.941  Yes ( 0.05000 0.95000 ) *
13       5) Price > 92.5 269 299.800  No ( 0.75465 0.24535 )
14       ..
```

이 출력은 풍부한 정보를 제공해 준다. 라인1은 각 출력라인을 읽는 법을 말하고 있는데 이에 대해서는 곧 예를 들어서 설명할 것이다. 라인2는 오른쪽에 *가 붙어 있는 라인들이(라인 8, 9, 11, 12 등이) 단말 노드$_{\text{terminal node}}$라는 것을 말해준다.

예를 들어 라인7을 보면 이것은 *가 붙어있지 않으므로 내부 노드임을 알 수 있다. 맨 왼쪽에 보이는 8)로부터 노드 번호가 8이라는 것을 알 수 있다. 그리고 분할$_{\text{split}}$ 조건은 `Income < 57`이다. 이 조건을 만족하는, 즉 이 노드의 왼쪽 가지에 속하는 레코드의 개수는 10이다. 그 다음에 나타나는 숫자 `12.220`은 이탈도$_{\text{deviance}}$를 말하고 있는데 이에 대해서는 조금 후에 설명할 것이다. 그 뒤의 `No`는 이 노드의 왼쪽 가지에 속하는 영역(단말 노드 16과 17에 대응되는 영역들의 합집합)은 평균적으로 `No`로 분류된다는 뜻이다. 그 다음의 `( 0.70000 0.30000 )`은 이 노드의 왼쪽 가지의 영역에 속하는 레코드가 `No`일 확률이 0.7이고 `Yes`일 확률이 0.3이라는 뜻이다.

그 아래의 라인 8(노드 16)과 라인9(노드 17)은 단말노드들이다. [그림 8.20]에는 레이블들이 겹쳐져서 잘 보이지 않던 것인데 여기서 그 레이블들을 정확히 볼 수 있다. 각 영역에 속하는 원소의 개수가 5와 5이므로 합하면 10이 되어 노드 8에서의 개수와 일치한다. 그리고 노드 16은 `(yprob)`가 `( 1.00000 0.00000 )`이므로 레코드 5개가 모두가 `No`일 것이고, 노드 17은 같은 방법으로 생각하면 5개중 2개가 `No`이고 3개가 `Yes`임을 알 수 있다. 따라서 노드 8(의 왼쪽 가지)에는 10개의 레코드 중 7개가 `No`이고 3개가 `Yes`이며 이것은 노드 8의 `(yprob)`과 잘 들어맞는다.

이제 이탈도에 대하여 설명하겠다. 먼저 나무의 노드의 엔트로피에 대한 [연습문제 8.12], [단평 8.13], [연습문제 8.14]를 읽기 바란다. 분류나무에서는 이를 순도purity라고 불렀었는데 이것에 '$2\times$ 노드의 원소의 개수'를 곱한 값을 이탈도(*deviance*)라고 한다. 이탈도와 순도는 정비례하므로 어느 것을 써도 분류트리를 얻는 데 상관이 없다. 노드 8, 16, 17의 이탈도를 계산하는 코드를 아래 보였다. 위의 출력과 정확히 일치하는 값을 얻게 됨을 확인할 수 있다.

```
dev8 = -2 * (7 * log(7/10) + 3 * log(3/10))
dev16 = -2 * (5 * log(5/5) + 0)
dev17 = -2 * (3 * log(3/5) + 2 * log(2/5))
cat(sprintf("d8=%.3f d16=%.3f d17=%.3f\n", dev8, dev16, dev17))
```

```
d8=12.217 d16=-0.000 d17=6.730
```

이제 Carseats를 트레이닝 집합과 테스트 집합으로 나누어 분류트리에 의한 분석의 오류율을 보기로 하자.

```
1 set.seed(2)
2 train = sample(nrow(Carseats), 200)
3 Carseats.train = Carseats[train,]
4 Carseats.test = Carseats[-train,]
5 High.test = Carseats$High[-train]
6 tree.fit.train = tree(High ~ . -Sales, Carseats.train)
7 tree.pred = predict(tree.fit.train, Carseats.test, type="class")
8 table(tree.pred, High.test)
9 cat("error rate =", mean(tree.pred != High.test), "\n")
```

```
          High.test
tree.pred  No  Yes
      No  104   33
      Yes  13   50
error rate = 0.23
```

라인7의 predict()의 type 인수의 값은 tree()의 리턴값 객체에 대해 사용할 때는 "class"를 주어야 함에 유의해야 한다. 위의 코드에서 predict()를 다시 실행해 보면 결과가 조금 다르게 나오는 수가 있다. 그 이유는 분류나무의 말단 노드에서 Yes와 No의 개수가 정확히 $\frac{1}{2}$일 수 있기 때문이다.

분류나무는 회귀나무도 마찬가지로 가지치기를 통하여 크기를 줄일 수 있다. 크기가 작으면서도 오류율이 나빠지지 않는 가지치기가 존재한다면 그것을 피할 이유가 없다. 가지치기의 알고리듬은 이 책의 범위를 넘기 때문에 설명하지 않기로 하였으므로 여기서는 사용하는 방법만 간단히 알아 보기로 한다.

가지치기 나무pruned tree를 얻는 하나의 방법으로 prune.misclass(tree.fit, best=n) 함수가 있다. 여기서 인수 best의 값 n은 가지치기 나무의 말단 노드의 개수를 뜻하며 최적의 n을 구하는 것이 관건이 된다. 교차검증cross-validation 오류를 최소로 하는 n을 찾으면 되는데 이때 사용되는 함수가 cv.tree()이다. 이 함수의 인수 중에 FUN이 있는데 우리는 이것의 값으로 prune.misclass를 사용하기로 한다.

```
set.seed (7)
cv.fit.train = cv.tree(tree.fit.train, FUN=prune.misclass)
cv.fit.train
```

```
$size
[1] 21 19 14  9  8  5  3  2  1
$dev
[1] 75 75 75 74 82 83 83 85 82
$k
[1] -Inf  0.0  1.0  1.4  2.0  3.0  4.0  9.0 18.0
..
```

교차검증의 오류의 값은 `$dev`에 나타난다. `$size`는 분류나무의 말단 노드의 개수를 뜻한다. 출력 결과를 보면 `$size`가 9일 때 `$dev`의 최솟값 74가 얻어진다. 앞서 말한 `prune.misclass()`의 인수 n의 값으로 이때 `$size`의 값인 9를 사용하면 된다. 결과를 [그림 8.21]에 보였다.

```
tree.pruned = prune.misclass(tree.fit.train, best=9)
plot(tree.pruned)
text(tree.pruned, pretty =0, cex=1.1)
```

그림 8.21: 가지치기 된 분류나무

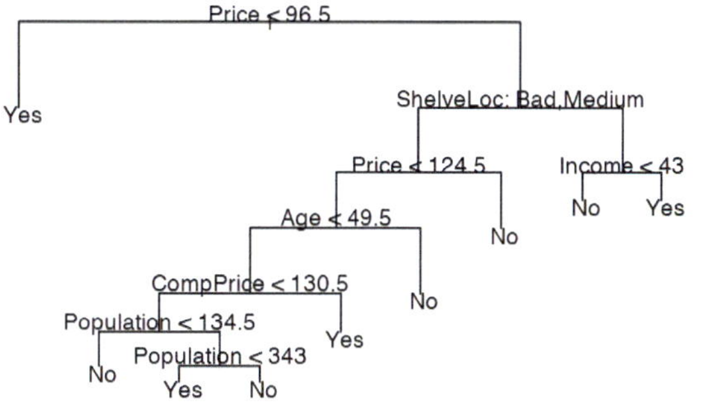

노드의 개수가 21이었던 `tree.fit.train`을 가지치기 하여 노드 개수 9인 작은 분류나무를 얻었다. 이 나무의 오류율을 계산해 보면 이전의 0.23보다 다소 작아졌음을 다음의 계산을 통하여 확인할 수 있다.

```
tree.pred = predict(tree.pruned, Carseats.test, type="class" )
table(tree.pred, High.test)
cat("error rate =", mean(tree.pred != High.test), "\n")
```

```
         High.test
tree.pred  No  Yes
      No   97   25
      Yes  20   58
error rate = 0.225
```

연습문제 8.24 §8.5.3에 있는 [그림 8.11]에 주어진 데이터에 대한 분류나무를 `tree()`를 사용하여 작성하여라. 그리고 각 노드에 대한 이탈도를 `log()`를 사용하여 직접 계산하고 이것이 `tree()`의 리턴값 객체에 들어 있는 값들과 일치함을 확인하여라. `tree.fit`를 실행한 결과는 다음과 같아야 한다.

```
1) root 16 34.300 3 ( 0.3125 0.2500 0.4375 )
  2) x1 < 3.5 6  7.638 1 ( 0.6667 0.0000 0.3333 ) *
```

```
3) x1 > 3.5 10 18.870 3 ( 0.1000 0.4000 0.5000 )
  6) x2 < 4.5 5  5.004 2 ( 0.0000 0.8000 0.2000 ) *
  7) x2 > 4.5 5  5.004 3 ( 0.2000 0.0000 0.8000 ) *
```

8.7.5 판별분석*

이 섹션에서 수행할 실습은 다음의 두 가지이다.

① $p = 2$, $K = 3$인 경우 LDA의 판별경계와 QDA의 판별경계를 구해서 그려 본다.

② $p = 3$, $K = 2$인 실제 데이터를 LDA와 QDA로 분석한다. p217의 §7.1.4에서 사용했던 `Advertising.csv`를 읽어 만든 데이터 프레임 `adv`를 사용할 것이다.

먼저 ①을 보면 $K = 2$인 경우에 대해서는 이미 [섹션 8.6]에서 공부한 바 있는데 거기서 크게 달라질 것은 없는 것으로 보이지만 판별경계의 개수가 1에서 3으로 늘어나며 해결해야 할 자잘한 문제들이 있다.

[그림 8.22]의 오른편에 우리가 사용할 데이터를 보였다. 회색은 범주1, 청색은 범주2, 백색은 범주3에 속하는 자료들이며 개수는 각각 30, 20, 20이다. 왼편 그림의 산점도는 자료가 아니라 `lda.pred$class`를 이용하여 플롯한 것이다. 클래스class는 범주category의 동의어로 보면 된다.

두 그림 모두에 판별경계를 그려 넣었으며 왼쪽 그림에서는 판별경계에 의해 구분된 영역들이 클래스와 완벽하게 일치하지만 오른편 그림에서는 그렇지 않음을 볼 수 있다.

그림 8.22: LDA, K=3 판별경계

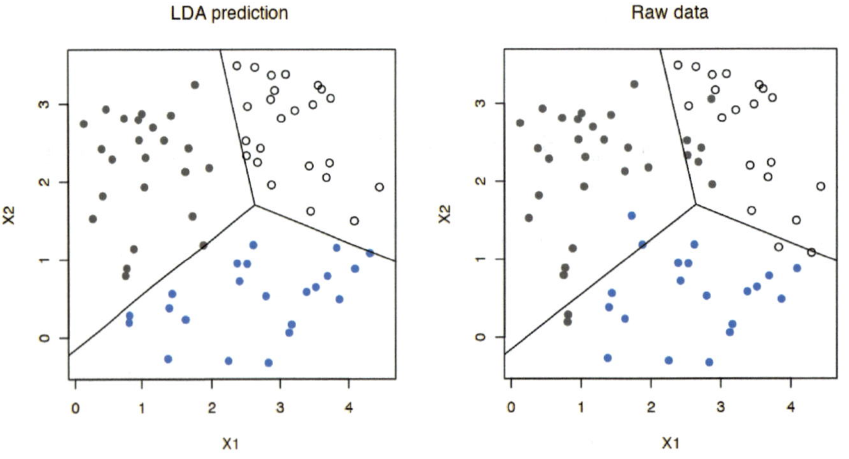

세 범주들의 공분산 행렬은 다음과 같이 각각 다르게 잡았다.

```
    k1x1  k1x2  ¦ k2x1  k2x2  ¦ k3x1  k3x2
x1 0.693 0.171 ¦ 0.728 0.021 ¦ 0.316 -0.33
x2 0.171 0.63  ¦ 0.021 0.265 ¦ -0.33 0.636
```

참고로 공분산 행렬은 `cov(cbind(k1x1, k1x2))`와 같은 구문을 써서 얻는다. 이때 `cbind()`함수를 써서 행렬을 만들어 `cov()`의 인수로 사용하는 것이 중요한데, 만일 단순히 2개의 벡터를 `cov()`의 인수로 넣는다면 결과는 `k1x1`과 `k1x2`의 공분산, 즉 숫자 하나만을 얻게 된다.

$X1$과 $X2$ 사이의 상관계수의 부호는 클래스1은 +, 클래스2는 대략 0, 클래스3은 − 인 것을 공분산 행렬로부터도 알 수 있고 그림을 보고도 알 수 있을 것이다.

LDA를 써서 얻은 혼동행렬의 크기는 3×3이며, 아래에 혼동행렬과 오류율을 함께 보였다.

```
   Ky
     1  2  3
  1 22  2  0
  2  2 18  2
  3  6  0 18
error rate = 0.171
```

[그림 8.22]에서 3 개의 판별경계가 한 점에서 만나는 것을 볼 수 있는데 이것은 우연이 아니다. 영역1과 영역2의 경계는 $\delta_1(\vec{x}) = \delta_2(\vec{x})$로 규정되며 영역2와 영역3의 경계는 $\delta_2(\vec{x}) = \delta_3(\vec{x})$로 규정되므로 이 두 경계선의 교점에서는 당연히 $\delta_3(\vec{x}) = \delta_1(\vec{x})$이 만족되기 때문에 세 판별 경계가 반드시 한점에서 만나게 된다.

영역 간의 경계선은 직선으로 주어지지만 [그림 8.22]에서는 반직선들만 나타나 있는데 이것은 세 경계선의 교점의 y-좌표가 1.7004임을 알아낸 다음 `ablineclip()` 함수를 써서 직선의 일부를 clip함으로써 얻은 결과이다.†

LDA는 직선을 경계로 하는 분할 중에 최선이 아니다. 이유는 공분산 행렬이 일정하지 않음에도 불구하고 일정하다고 가정했기 때문이다.

이상으로써 LDA에 대한 설명을 마쳤다. 다음은 [그림 8.23]에 (앞서와 동일한 데이터에 대한) QDA 분석 결과를 보였다. 우선 오류율이 많이 줄어들었음을 볼 수 있다.

```
   Ky
     1  2  3
  1 27  1  0
  2  2 19  0
  3  1  0 20
error rate = 0.057
```

세 개의 경계(곡)선은 LDA에서와 같은 이유로 한 점에서 만나게 된다. 그런데 이 교점을 구하는 것은 썩 쉽지 않다. 2원 2차 연립방정식을 풀어야 하므로 그러하다. 이 연립방정식의 해를 구하는 데에는 p27에서 설명한 2분법bisction method를 사용하였다. 이렇게 하여 교점의 x-좌표 `x_cut`의 값이 3.0022임을 알아낸 다음 `xvec`의 부울값 인덱스를 `xvec < x_cut`, 혹은 이것의 부정negation으로 취하여 해결하였다.

이제 ② $p = 3$, $K = 2$인 경우에 대한 실제 데이터의 분석을 보자. p217의 §7.1.4에서 사용했던 데이터 프레임 `adv`에서 출발한다.

```
Advertising = read.csv("./datafiles/Advertising.csv")
adv = Advertising[,-1]
str(adv)
```

```
'data.frame':       200 obs. of  4 variables:
 $ TV       : num  230.1 44.5 17.2 151.5 180.8 ...
 $ radio    : num  37.8 39.3 45.9 41.3 10.8 48.9 32.8 19.6 2.1 2.6 ...
```

†`ablineclip()` 함수는 `plotrix`라는 패키지에 들어 있으므로, 만일 이 패키지가 설치되어 있지 않다면 `library(plotrix)`의 실행에 앞서 `install.packages("plotrix")`를 실행해야 할 것이다.

그림 8.23: QDA, K=3 판별경계

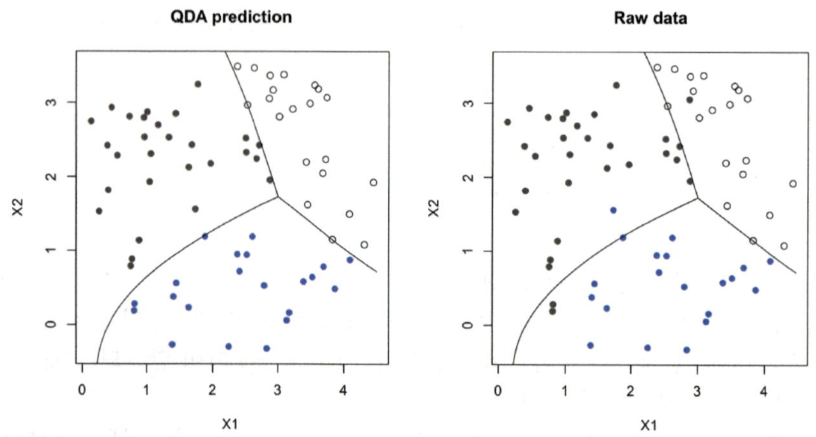


```
$ newspaper: num  69.2 45.1 69.3 58.5 58.4 75 23.5 11.6 1 21.2 ...
$ sales    : num  22.1 10.4 9.3 18.5 12.9 7.2 11.8 13.2 4.8 10.6 ...
```

200개의 도시에서 어떤 제품의 판매량 sales에 미치는 광고비의 영향을 분석하고자 한다. 광고 매체인 TV, radio, newspaper에 사용된 광고비가 예측변수이다. 따라서 $p = 3$이다. 반응변수 sales는 연속형 변수이므로 다음과 같이 범주형 변수로 변환한다. 이제 $K = 2$이다.

```
High = as.numeric(adv$sales > median(adv$sales))
adv$High = High
str(adv)
```

```
'data.frame':        200 obs. of  5 variables:
..
$ High     : num  1 0 0 1 0 0 0 1 0 0 ...
```

LDA를 다음과 같이 수행하였다.

```
library(MASS)
lda.fit = lda(High ~ . -sales, adv)
lda.pred = predict(lda.fit)
table(lda.pred$class, adv$High)
e.rate = mean(lda.pred$class != adv$High)
cat(sprintf("error rate = %.3f\n", e.rate))
```

```
     0  1
  0 97 10
  1  5 88
error rate = 0.075
```

오류율은 7.5%로 나쁘지 않다. QDA는 위의 코드에 나타나 있는 6개의 lda를 모두 qda로 바꾸어 실행하면 되므로 코드는 생략하고 결과만 보이면 다음과 같다.

```
     0   1
  0 100   5
  1   2  93
error rate = 0.035
```

오류율이 상당히 줄어들었다. 앞서도 말했듯이 QDA 모형은 LDA 모형보다 복잡하므로 이러한 오류율의 감소는 당연한 현상이다. 중요한 것은 트레이닝 집합의 작은 오류율이 테스트 집합의 작은 오류율로 이어지느냐는 것이다. 이 물음에 대한 답은 데이터의 특성에 따라 다르다. 다음의 코드로 실험을 해 보자.

```
N = nrow(adv); n = 50
n.repeat = 1000

# LDA
sum.train = 0; sum.test = 0
for(i in 1:n.repeat) {
  train = sample(N, n)
  High.train = adv$High[train]
  High.test = adv$High[-train]
  lda.fit = lda(High ~ . -sales, adv[train,])
  lda.pred.train = predict(lda.fit)
  sum.train = sum.train + mean(lda.pred.train$class != High.train)
  lda.pred.test = predict(lda.fit, adv[-train,])
  sum.test = sum.test + mean(lda.pred.test$class != High.test)
}
cat(sprintf("LDA mean error rate (train) = %.3f\n", sum.train/n.repeat))
cat(sprintf("LDA mean error rate (test) = %.3f\n", sum.test/n.repeat))

# QDA
sum.train = 0; sum.test = 0
for(i in 1:n.repeat) {
  ..
}
cat(sprintf("QDA mean error rate (train) = %.3f\n", sum.train/n.repeat))
cat(sprintf("QDA mean error rate (test) = %.3f\n", sum.test/n.repeat))
```

이 실험에서는 `set.seed()`를 활용하지 않았다. 여러 번 실험하여 반복 횟수 `n.repeat = 1000`이 충분한지를, 즉 실험 때마다 결과가 크게 달라지는지는 현상은 없는지를 관찰해 보았는데 어느 정도 안정적인 결과가 나오는 것으로 관찰되었다. 아래에 내가 얻은 출력 결과를 보였다.

```
LDA mean error rate (train) = 0.064
LDA mean error rate (test) = 0.095
QDA mean error rate (train) = 0.042
QDA mean error rate (test) = 0.089
```

트레이닝 집합에 대해서는 QDA가 LDA보다 상당히 좋은 결과를 보였는데 테스트 집합에 대해서는 두 모형 간의 차이가 그다지 크지 않음이 확인되었다. 이것은 `sales`가 높은 도시와 작은 도시 간에 예측변수들의 공분산 행렬에 큰 차이가 없기 때문인 것으로 보인다.

A single neuron in the brain is an incredibly complex machine that even today we don't understand. A single 'neuron' in a neural network is an incredibly simple mathematical function that captures a minuscule fraction of the complexity of a biological neuron.

Andrew Ng

9 신경망과 딥러닝

9.1 뉴런과 신경망

인공지능에서 신경망Neural netwok이라 함은 인간의 뇌가 뉴런neuron(신경세포)들이 연결된 구조인 것을 흉내내어 만든 계산모델computational model이다. 신경망에서 가장 간단한 형태인 피드포워드 신경망(*Feed-forward neural networks, FFNN*)는 흔히 다음과 같은 그림으로 나타낸다.

그림 9.1: 피드포워드 신경망

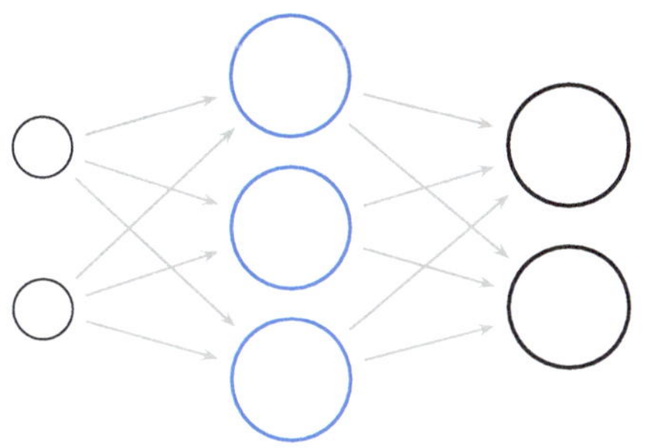

피드포워드 신경망은 입력input, 히든hidden 및 출력ouput, 이렇게 세 종류의 레이어(*layer*)로 이루어진다. 입력 레이어는 1개, 출력 레이어도 1개이지만 히든 레이어는 0개 이상 여러 개가 있을 수 있는데 위의 그림은 1개의 히든레이어만 사용한 경우를 보여주고 있다. 히든 레이어와 출력 레이어에 보이는 동그라미들이 뉴런이다. 각 레이어가 가질 수 있는 뉴런의 개수에는 제한이 없다.

피드포워드 신경망FFNN보다 복잡한 구조의 신경망인 재귀신경망RNN과 중첩신경망CNN은 이 책의 범위를 넘으며 이들에 대해서는 [섹션 9.5]에서 간단히 소개하였다. 방금 '복잡한 구조'라고 하였지만 실은 RNN과 CNN도 뉴런들의 레이어들로 이루어져 있다는 점에서는 FFNN과 다를 바 없다. 다만 뉴런 간의 데이터 흐름이 FFNN처럼 단순하지 않다는 의미에서 복잡한 구조라는 표현을 사용한 것이다.

딥신경망Deep Neural Network, DNN은 히든레이어를 2개 이상 가진 신경망을 뜻하며 DNN을 이용한 머신러닝을 딥러닝(*Deep Learning*)이라고 한다.

입력 레이어의 동그라미들은 계산 기능이 없으며 단순히 입력값(숫자)을 받는 역할을 한다. [그림 9.1]에서 보인 신경망에서 입력값은 길이 2의 숫자 벡터numeric vector이고 출력값도 역시 그러하다. 히든 레이어에 있는 뉴런과 출력 레이어에 있는 뉴런은 기능 상의 차이가 없다. 다만 위치에 따라 이렇게 달리 부르는 것일 뿐이다.

머신러닝에서는 뉴런을 퍼셉트론(*perceptron*)이라고 부르기도 한다. 각 퍼셉트론은 다음과 같은 형태의 함수에 대응된다.

$$f(\vec{x}) = \begin{cases} 1 & \text{if } \vec{w} \cdot \vec{x} + b > 0, \\ 0 & \text{otherwise.} \end{cases} \tag{9.1}$$

이 함수 f는 비중벡터(*weight vector*) $\vec{w}$와 편향(*bias*) b에 의해서 결정된다.†

(9.1)의 함수 f는 스텝함수(*step function*) g를

$$g(x) = \begin{cases} 1 & \text{if } x > 0, \\ 0 & \text{otherwise,} \end{cases} \tag{9.2}$$

로 정의했을 때

$$f(\vec{x}) = g(\vec{w} \cdot \vec{x} + b) \tag{9.3}$$

로 나타낼 수 있다. (9.3)에서 사용된 함수 g를 활성화 함수(*activation function*)라고 한다. 실제 신경망에서는 활성화 함수로 스텝함수가 아닌 다른 함수가 사용된다. 우리는 §9.2.2에서 이러한 예를 보게 될 것이다. 스텝함수는 그 단순함 때문에 공부 목적으로만 사용된다고 보면 될 것이다. 신경망에 있는 여러 퍼셉트론들은 각자 서로 다른 비중벡터와 편향의 조합 $(\vec{w}, b)$를 가지지만 활성화 함수로는 하나의 고정된 함수를 공유한다.

신경망에 의하여 계산되는 함수를 F라고 하면 F의 공역codomain은 $0, 1$을 원소로 하는 벡터, 즉 $\{0,1\}^K$가 될 것이다.‡ 여기서 K는 출력 레이어에 있는 퍼셉트론의 개수이다. F의 정의역domain은 현재까지의 정의에 의하면, 입력 레이어에 있는 퍼셉트론의 개수를 m이라고 할 때 $\mathbb{R}^m$ 형태가 되어야 할 것이나 실제로는 모든 데이터를 2진수로 인코딩하여 사용하는 경우가 많으므로, F의 정의역도 어떤 $M \in \mathbb{N}$에 대하여 $\{0,1\}^M$의 형태인 것으로 보는 것이 일반적이다.

우선 가장 간단한 경우로 단 한 개의 퍼셉트론으로 이루어진 신경망의 예를 보자. 물론 이러한 신경망으로 계산할 수 있는 함수는 대단히 제한되어 있다. 논리연산 `AND`, `OR`, `NOT`은 이러한 함수이다. 이들 함수는 다음의 코드에서 정의한 `perceptron_output()`을 사용하며 이 함수는 다시 `step_function()`과 `dot()`를 사용한다.

```
perceptron_output = function(x, w, b) {
    step_function(dot(w,x) + b)
}

```

†식 (9.1)에서 $\vec{w} \cdot \vec{x} + b > 0$는 $t := -b$로 놓아 $\vec{w} \cdot \vec{x} > t$로 쓸 수도 있는데 이때 t는 임곗값(threshold, 역치)이라고 한다. 그리고 $f(\vec{x}) = 1$일 때 이 뉴런은 *fire* 혹은 *activate*되었다고 한다.

‡활성화 함수로 스텝함수를 사용할 경우에는 이렇다. 활성화 함수로 다른 것을 사용할 때도 $F(\vec{x}) = (y_1, \ldots, y_K)$라고 했을 때 $y_i > 0.5$이면 $y_i = 1$, 그리고 $y_i \le 0.5$이면 $y_i = 0$로 해석하는 경우가 대부분이다. 즉 신경망은 회귀가 아니라 분류에서 주로 사용된다.

```
5  step_function = function(x) {
6      ifelse(x > 0, 1, 0)
7  }
8
9  dot = function(v1, v2) {
10     sum(v1*v2)
11 }
```

AND, OR, NOT은 위에 정의된 함수를 이용하여 다음과 같이 만들 수 있다.

```
12 AND = function(x1,x2) {
13     perceptron_output(c(x1,x2), c(2,2), -3)
14 }
15
16 OR =function(x1,x2) {
17     perceptron_output(c(x1,x2), c(2,2), -1)
18 }
19
20 NOT = function(x) {
21     perceptron_output(x, -2, 1)
22 }
23
24 cat("AND :", AND(1,1), AND(1,0), AND(0,1), AND(0,0), "\n")
25 cat("OR :", OR(1,1), OR(1,0), OR(0,1), OR(0,0), "\n")
26 cat("NOT :", NOT(1), NOT(0), "\n")
```

```
AND : 1 0 0 0
OR : 1 1 1 0
NOT : 0 1
```

세 함수들 중에 AND()에 대해서만 상세히 설명하겠다. 이 함수에 대응되는 퍼셉트론은 라인13에 나타나 있듯이 비중벡터와 편향이 $(\vec{w}, b) := (2, 2, -3)$이다. 그리고 수식으로는 다음과 같이 쓸 수 있다.

$$\text{AND}(x, y) = \begin{cases} 1 & \text{if } 2x + 2y > 3, \\ 0 & \text{otherwise} \end{cases} \tag{9.4}$$

일반적으로 하나의 퍼셉트론으로 구현할 수 있는 2변수 함수 $f(x, y)$는 좌표평면을 하나의 직선을 경계로 하여 2개의 구역으로 나누어 그 중 하나에 (x, y)가 속하면 1, 아니면 0를 부여하는 함수이다. 따라서 [그림 9.2]의 왼쪽 표에 나타낸 함수 XOR는 하나의 퍼셉트론으로 구현하는 것이 불가능하다. 그러나 표의 오른쪽에 있는 그림을 보면 3개의 퍼셉트론으로는 구현이 가능함을 알 수 있다.[†]

청색 점에서는 XOR의 값이 1이고 회색 점에서는 XOR의 값이 0이다. 그래프에 나타난 두 직선에 대응하는 뉴런들을 다음과 같이 얻은 다음 이들로부터 얻은 결과값들에 AND를 적용하면

[†]XOR, AND 등 논리 함수들의 정의역은 기술적으로는technically 실수 평면 $\mathbb{R}^2$ 전체이나 이들 함수의 의도된 정의역은 4원소 집합 $\{(0,0), (0,1), (1,0), (1,1)\}$이다. 이들 4개의 점 이외에서의 XOR, AND의 값은 관심의 대상이 아니다. [그림 9.2]는 이런 관점에서 이해하면 된다.

그림 9.2: XOR 함수

x	y	XOR(x, y)
1	1	0
1	0	1
0	1	1
0	0	0

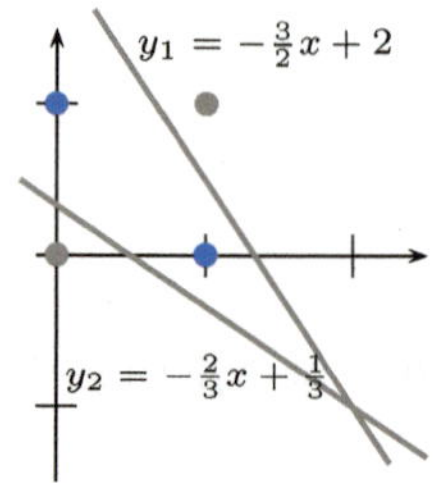

XOR을 얻을 수 있다.

$$y_1 < -\frac{3}{2}x + 2 \;\Leftrightarrow\; -3x - 2y_1 + 4 > 0 \text{ 이므로}$$
$$(\vec{w}_1, b_1) = (-3, -2, 4) \text{ 로 두고,}$$
$$y_2 > -\frac{2}{3}x + \frac{1}{3} \;\Leftrightarrow\; 2x + 3y_2 - 1 > 0 \text{ 이므로}$$
$$(\vec{w}_2, b_2) = (2, 3, -1) \text{ 로 둔다.}$$

이상의 분석을 따라 다음과 같은 코드를 만들 수 있다.

```
f1 = function(x1, x2) {
    perceptron_output(c(x1, x2), c(-3, -2), 4)
}

f2 = function(x1, x2) {
    perceptron_output(c(x1, x2), c(2, 3), -1)
}

XOR = function(x, y) {
    AND(f1(x,y), f2(x,y))
}

cat("XOR :", XOR(1,1), XOR(1,0), XOR(0,1), XOR(0,0), "\n")
```

```
XOR : 0 1 1 0
```

p315의 [그림 9.3]에 XOR를 계산하는 신경망을 나타내었다.

어떤 신경망에 의하여 정의하려는 함수의 값에 대해서 입력값 $\vec{x}$가 $\mathbb{R}^n$ 중의 어떤 일부에 속할 때만 관심을 둘 때 이 함수의 비중벡터와 편향 $(\vec{w}, b)$는 유일하게 결정되지 않는다. 예를 들어 XOR를 정의할 때 사용된 함수 $y_1 = -\frac{3}{2}x + 2$는 이와 달리 $y_1 = -2x + 2.5$로 잡고 $(\vec{w}_1, b_1) = (-4, -2, 5)$로 두어도 되었을 것이다.

9.2 피드포워드 알고리듬

앞 절에서 신경망을 이용한 계산을 해 보았는데 우리는 이 신경망을 코드로 표상하여hardcoded 사용하였다. 이 절에서는 신경망을 코드가 아니라 데이터로 표상represent by data하여 사용할 것이다. 하나의 예를 (9.5)에 보였다.

피드포워드는 신경망의 한 종류이기도 하지만 알고리듬의 이름으로 사용되기도 한다. 이 알고리듬은 적절한 형식으로 표상된 신경망과 입력벡터를 넣어주면 출력벡터를 계산한다. 이제 곧 아래에 제시할 알고리듬은 히든 레이어의 개수에 제한이 없으며 하나의 레이어에서 사용하는 뉴런의 개수에도 제한이 없이 모든 FFNN에 사용할 수 있다.

먼저 p312의 라인 1–3에 있는 `perceptron_output()`을 조금 더 간결하게 개선해 보자. 인수가 3개이던 것을 2개로 줄여서 `percept1_output()` 함수를 다음과 같이 만든다.

```
percept1_output = function(x, w) {
    # perceptron_output(xp, wp, b) = percept1_output(x, w)
    # when we let x = c(xp, 1) and w = c(wp, b).

    return(step_function(dot(x, w)))
}
```

그러니까 입력벡터가 $\vec{x}$, 비중벡터가 $\vec{w}$, 편향이 b라면 `percept1_output()`의 첫 번째 인수로는 $(\vec{x}, 1)$을 넣고 두 번째 인수로는 $(\vec{w}, b)$를 넣으면 된다.

`percept1_output()`에 대해서는 `AND()`는 벡터 `c(2,2,-3)`, `OR()`는 벡터 `c(2,2,-1)`로 간단하게 표상된다. 그렇다면 p314의 라인 9–11에 있는 `XOR()`는 어떻게 표상해야 하겠는가? 코딩 경험이 적은 학생에게는 이 부분이 어렵게 느껴질 수 있는데 대단히 중요한 내용이므로 확실하게 이해하고 가길 바란다.

우선 알 수 있는 것은 `f1()`, `f2()`, `AND()`를 표상하는 벡터들

```
c(-3,-2,4), c(2,3,-1), c(2,2,-3)
```

를 사용해야 한다는 것이다. 이들 중 첫 2개는 히든 레이어에 위치하고 3번째 것은 출력 레이어에 위치하므로 이 3개의 벡터를 다음과 같이 묶어 주어야 할 것이다.

```
list(list(c(-3,-2,4), c(2,3,-1)), list(c(2,2,-3)))
```
(9.5)

3개의 `list()`가 사용되었는데 첫번째 `list`의 원소들은 (입력 레이어를 제외한) 레이어이다. 각 레이어는 하나의 `list`에 의하여 표상되며 이 리스트의 원소들은 비중벡터 $\vec{w}$이고 $\vec{w} = (w_1, \ldots, w_k, b)$ 형태이다. 이 신경망을 [그림 9.3]에 나타내었다.

그림 9.3: XOR 신경망

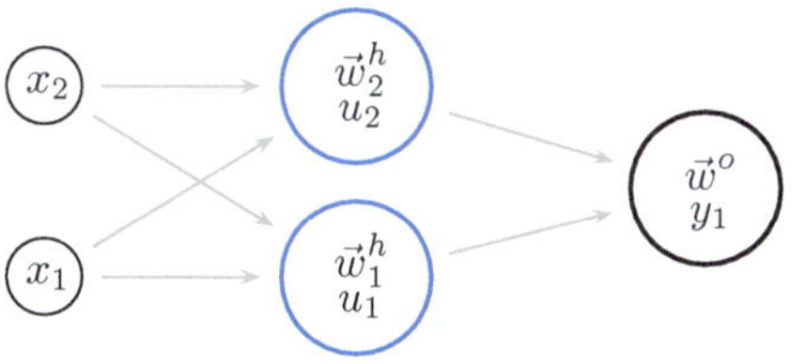

이 그림에서 $\vec{w}_1^h = (-3, -2, 4)$, $\vec{w}_2^h = (2, 3, -1)$, $\vec{w}^o = (2, 2, -3)$이다. $\vec{w}$의 윗첨자 h는 hidden, o는 output을 뜻한다.

이제 예를 들어 `XOR`$(0,0)$는 다음과 같이 계산된다. $\vec{x}$는 입력벡터 $(x_1, x_2) = (0, 0)$에 1을

추가append하여 $\vec{x} := (0,0,1)$의 값을 배정assign 받는다.

$$
\begin{aligned}
&\vec{x}\cdot\vec{w}^h_1 = (0,0,1)\cdot(-3,-2,4) = -0-0+4 = 4 > 0 \ \Rightarrow\ u_1 = 1\\
&\vec{x}\cdot\vec{w}^h_2 = (0,0,1)\cdot(2,3,-1) = 0+0-1 = -1 \le 0 \ \Rightarrow\ u_2 = 0\\
&\therefore\ \vec{u} = (u_1,u_2,1) = (1,0,1)\\
&\vec{u}\cdot\vec{w}^o = (1,0,1)\cdot(2,2,-3) = 2+0-3 = -1 \le 0 \ \Rightarrow\ \texttt{XOR}(0,0) = 0
\end{aligned}
$$

연습문제 9.1 XOR의 다른 입력값들, 즉 (1,1), (0,1), (0,0)에서의 함숫값을 위와 같은 방법으로 계산해 보아라. ⊣

9.2.1 활성화 함수로 스텝함수를 사용한 경우

피드포워드 알고리듬의 첫 번째 구현인 feed_forward1()을 아래 보였다.

```
feed_forward1 = function(network, xvec) {
  # network is a list of layers, and each layer is a list of neurons.
  # A neuron is a weight vector, which is appended with biases.
  # Input vector xvec is not appended with 1.

  o_o_nn = list() # will grow into the output of the network
  for(layer in network) {
    xvec1 = c(xvec, 1) # append 1 to the input vector
    o_o_layer = to_vec(for(nr in layer) percept1_output(xvec1, nr))
    o_o_nn[[length(o_o_nn) + 1]] = o_o_layer # append o_o_layer
    xvec = o_o_layer # feed the next layer with o_o_layer
  }
  return(o_o_nn)
}
```

위의 코드에서 o_o_nn은 최종 출력 벡터뿐만 아니라 히든 레이어(들)에서 계산한 모든 결과들을 포함하고 있다. 즉 위의 코드에 보인 feed_forward1()는 모든 히든 레이어들과 출력 레이어의 뉴런 각각에 대해서 하나의 숫자를 계산, 저장, 리턴하며 이 숫자들은 곧 이어 공부할 역전파backpropagation 알고리듬에서 사용된다.

연습문제 9.2 다음은 feed_forward1()을 사용하여 XOR를 계산하는 코드이다. 이것을 실행시키고 출력을 상세하게 설명하여 보라.

```
# Define weight vectors
wvec11 = c(-3,-2,4) # f1
wvec12 = c(2,3,-1) # f2
wvec21 = c(2,2,-3) # AND

# Define networks
f1_network = list(list(wvec11))
f2_network = list(list(wvec12))
xor_network = list(list(wvec11, wvec12), list(wvec21))

# Compute the 3 functions for 4 input vectors (1,1), (1,0), (0,1) and (0,0)
```

```
list_xvec = list(c(1,1), c(1,0), c(0,1), c(0,0))
cat("Output of f1\n")
for(xvec in list_xvec) {
    print(feed_forward1(f1_network, xvec))
}
cat("Output of f2\n")
for(xvec in list_xvec) {
    print(feed_forward1(f2_network, xvec))
}
cat("Output of XOR\n")
for(xvec in list_xvec) {
    print(feed_forward1(xor_network, xvec))
}
```
⊣

feed_forward1(network, xvec)을 실행할 때 network가 복잡해지면 이것의 무결성(*integrity*)이 문제가 되는 경우가 종종 발생한다. feed_forward1()을 실행시키기 전에 다음의 함수를 먼저 실행하여 network의 무결성을 확인하는 것이 좋다.

아래 코드의 함수 check_network()가 하는 핵심적인 일은 level에 있는 레이어의 원소의 개수에 1을 더한 것은 level + 1에 있는 레이어에 속한 모든 비중벡터의 길이와 일치해야 한다는 것이다. 주의해야 할 두 가지는 입력 레이어와 출력 레이어이다. 왜냐하면 입력 레이어는 network에 들어있지 않고 출력 레이어는 다음의 레이어가 없기 때문이다. 이 문제의 해결을 위하여 인수 n_input와 n_output를 사용하였다.

```
check_network = function(network, n_input, n_output) {
  # code is available at the companion website
}
```

위의 함수를 사용하는 예를 다음에 보였다.

```
network1 = list(list(c(1, 2, 3),c(4, 5, 6)), list(c(1, 2, 3), c(4, 5), c(6, 7, 8)))
check_network(network1, 2, 2)
check_network(network1, 2, 3)
network1[[2]][[2]] = c(4,5,6)
check_network(network1, 2, 3)
```

```
n_outputs != length of output layer
FALSE
network integrity error at level=2, i=2
FALSE
network O.K.
TRUE
```

또한 신경망을 출력하는 유틸리티 함수 print_nn()을 앞으로 자주 사용할 것이다.

```
print_nn = function(network, digits=3) {
  # code is available at the companion website
}
```

```
print_nn(network1, 0)
```

```
(layer 1) 1: (1, 2, 3), 2: (4, 5, 6)
(layer 2) 1: (1, 2, 3), 2: (4, 5, 6), 3: (6, 7, 8)
```

연습문제* 9.3 다음과 같은 3개의 함수 f_1, f_2, f_3에 대응하는 network을 각각 만들어 보라. 히든 레이어는 1개만 사용하면 된다. 이 함수들은 9개의 입력값 $(1,1)$, $(1,2)$, ..., $(3,3)$에서의 출력에만 관심을 둔다. [그림 9.4]에 이 함수들을 나타내었다. 회색 점은 0, 청색 점은 1, 백색 사각형은 2의 함수값을 나타낸다.

그림 9.4: FFNN을 이용한 함수 구현

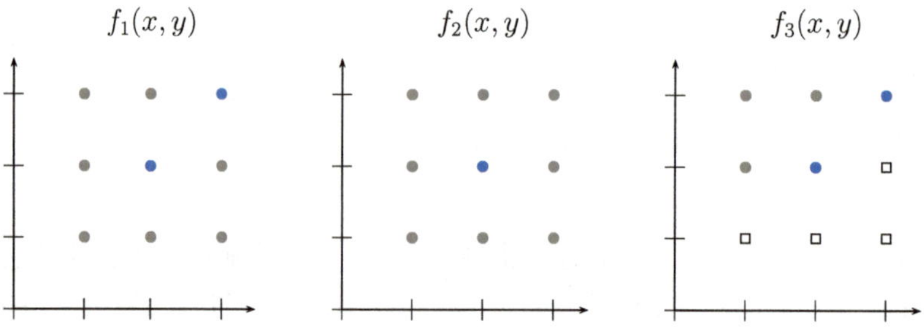

그리고 제대로 된 신경망을 얻었는지를 feed_forward1()을 써서 계산으로 확인하여라. 계산 결과를 출력할 때 단순히 print(feed_forward1(..))를 사용하면 읽기가 불편하므로 유틸리티 함수 print_o_nn1()를 만들어 보기 좋은 출력을 얻도록 한다.

(힌트). f_2는 직선 4개, 혹은 3개를(즉 첫 번째 히든 레이어에 3개의 뉴런을) 사용하는 것이 자연스러운 방법이긴 하지만 직선 2개로도 가능하다.

f_3는 출력값이 3 종류이므로 출력 레이어에 뉴런을 3개 배치하여 회색 점에서는 100, 청색 점에서는 010, 녹색 점에서는 001을 얻도록 하면 된다. (출력 레이어에 뉴런을 2개 배치하여 회색 점은 00, 청색 점은 01, 녹색 점은 10 또는 11이 되도록 하는 방법도 있다.)

문제를 하나 추가하자면, f_4를 f_1과 같되 $(2,3)$에서만 청색 점인 것으로 정의하고 이 함수를 신경망으로 구현해 보라. 이때 수직 경계선을 위한 비중벡터는 $(2, 0, -3)$으로 두면 된다. 왜냐하면 이 비중벡터는 부등식 $x > 1.5$와 대응되기 때문이다.

예를 들어 f_1에 대해서는 다음과 같은 출력이 얻어져야 한다.

```
library(comprehenr)
xvec_list = to_list(for(i in 1:3) for(j in 1:3) c(i,j))
print_o_nn1(f1_network, xvec_list)

(1, 1) => (0), (1, 2) => (0), (1, 3) => (0),
(2, 1) => (0), (2, 2) => (1), (2, 3) => (0),
(3, 1) => (0), (3, 2) => (0), (3, 3) => (1)
```

f_3에 대해서는 다음과 같은 출력이 얻어져야 한다.

```
print_o_nn1(f3_network, xvec_list)

(1, 1) => (0, 0, 1), (1, 2) => (1, 0, 0), (1, 3) => (1, 0, 0),
(2, 1) => (0, 0, 1), (2, 2) => (0, 1, 0), (2, 3) => (1, 0, 0),
(3, 1) => (0, 0, 1), (3, 2) => (0, 0, 1), (3, 3) => (0, 1, 0)
```

이 문제의 $f_1(x, y)$에 대한 해답과 출력을 위한 유틸리티 함수 print_o_nn1(network, xvec_list)의 코드는 이 책의 동반사이트에 올려 두었다. ⊣

히든 레이어 1개로는 구현할 수 없는 신경망, 즉 DNN의 예는 역전파 알고리듬을 공부한 후에 보게 될 것이다.

9.2.2 활성화 함수로 로지스틱 함수를 사용한 경우

신경망, 즉 비중벡터들의 리스트의 리스트가 주어졌을 때 각 입력벡터 $\vec{x}$에 대한 출력값을 $F(\vec{x})$로 나타내기로 하자.

$F(\vec{x})$를 계산하는 것은 방금 구현한 `feed_forward1()`으로 충분하다. 그러나 우리가 원하는 것은 신경망을 모르고 입력벡터와 출력값의 데이터만 가지고 있을 때, 이 데이터 집합으로 신경망 모형을 훈련train하여 비중벡터들을 찾아내는 것이다. 이때 그래디언트 하강법을 쓸 것이므로 F는 미분가능해야 한다.

F는 각 뉴런에 대응되는 함수 $f(\vec{x}) := g(\vec{w} \cdot \vec{x} + b)$들을 합성하여 얻어지므로 F에는 활성화 함수 g가 여러 번 사용된다. 앞서 우리가 활성화 함수로 사용했던 스텝함수는 미분이 불가능하므로 이걸 사용하는 F는 미분이 불가능하다. 이 문제를 해결하기 위하여 우리는 미분이 가능하며 스텝함수와 비슷한 그래프를 가지는 함수를 찾아 활성화 함수로 사용해야 한다.

이를 위한 우리의 선택은 로지스틱 함수 $g(x) = \frac{1}{1+e^{-x}}$이다.† $g(x)$는 $x > 0$, $x < 0$일 때 곧 그 값이 1, 0이 되는 것이 아니고 $x \geq 10$ 정도에서 1에, 그리고 $x \leq -10$ 정도에서는 0에 아주 가까운 값을 가지게 된다.

```
g = function(x) {
    1/(1 + exp(-x))
}
cat(sprintf("%.5f, %.5f\n",g(-10),g(10)))
```

```
0.00005, 0.99995
```

로지스틱 함수의 도함수는 $g'(x) = g(x)(1 - g(x))$를 만족한다는 흥미로운 성질을 가지고 있는데 이것이 그래디언트 하강에서 아주 유용하다. 이와 관련하여 (8.4)와 (8.6)을 보기 바란다.

활성화 함수로 스텝함수 대신 로지스틱 함수를 사용하는 뉴런도 퍼셉트론이라고 부르기로 한다. 이러한 로지스틱 퍼셉트론을 위한 `feed_forward()`의 코드는 우선 p315에 있는 `percept1_output()`의 코드에서 `step_function()`을 `g()`로 대체하여

```
percept_output = function(x, w) {
    return(g(dot(x,w)))
}
```

를 얻고, 이어서 이 `percept_output()`으로 p316에 나와 있는 `feed_forward1()`의 코드 라인9에 있는 `percept1_output()`를 대체해 주면 얻을 수 있다.‡

연습문제 9.4 `feed_forward1()` 대신 `feed_forward()`를 이용하여 `AND()`와 `XOR()`를 각각 계산해 보라. 계산 결과를 출력하기 위하여 [연습문제 9.3]에서 언급했던 `print_o_nn1()`의 사촌함수

---

†로지스틱 함수의 그래프는 [그림 8.8]에 나와 있다. 널리 쓰이는 활성화 함수로 ReLU, tanh 등 다양한 선택지가 있으나 이 책에서는 다루지 않는다.

‡실행속도를 위하여 리스트 컴프리헨션을 사용하지 않고 `percept_output()`도 사용하지 않은 버전을 이 책의 동반 사이트에 올려 두었다.

print_o_nn()을 사용하여라. 계산 결과는 소숫점 이하 3자리까지 보일 것인데, 가령 소숫점 이하 5자리까지 보기를 원한다면 print_o_nn(nn, xv_list, digits=5)을 사용하면 된다.

비중벡터의 값은 이전에 사용했던 것의 10배(혹은 5배) 정도로 해 주면 된다. 그 이유는 p319의 로지스틱 함수 g의 코드 바로 위에 설명되어 있다.

[연습문제 9.3]에 대해서도 마찬가지로 feed_forward()를 이용하여 해결해 보라. ⊣

feed_forward()는 feed_forward1()과 똑같은 인수를 사용하므로 이 함수의 인수 network에 대해서도 앞서 나왔던 check_network()를 같은 방법으로 활용할 수 있다.

9.3 역전파 알고리듬

우리가 원하는 계산을 해 주는 신경망은 레이어의 뉴런들에 적당한 비중벡터를 줌으로써 얻을 수 있다. 그런데 이 비중벡터를 구하는 것은 지금까지 다루었던 아주 간단한 계산에 대해서라면 가능하겠지만, 현실에서는 이미지 분석을 하는 평범한 신경망도 수백, 혹은 수천 개의 뉴런으로 이루어져 있으므로 인간이 이 비중벡터들을 일일이 만드는 것은 현실적으로 불가능하다.

따라서 우리는 FFNN을 훈련시켜 비중벡터를 얻는 방법을 사용해야 하며 이 훈련의 핵심을 이루는 것이 바로 역전파(*backpropagation*) 알고리듬이다. 적절한 트레이닝 집합이 주어졌다면, 신경망의 레이어들의 개수와 각 레이어에서 사용된 퍼셉트론의 개수가 정해진 후에는 각 퍼셉트론의 $\vec{w}$, 즉 (편향을 포함한) 비중벡터를 역전파와 그래디언트 하강에 의해서 구할 수 있다.

역전파 알고리듬은 신경망의 로스함수의 퍼셉트론에 대한 그래디언트를 계산한다.† 이때 그래디언트의 미분 변수는 $\vec{w}$들이며 이들은 뉴런마다 하나씩 존재하므로 우리는 상당히 복잡한 상황에 처하게 된다.

역전파 알고리듬을 구현하기 위하여는 먼저 피드포워드 알고리듬을 상세하고 철저하게 이해해야 한다. [그림 9.5]는 이를 위하여 [그림 9.1]에 몇 개의 기호를 추가하여 얻은 것이다. 입력벡터 (x_1, x_2)로부터 출력벡터 $\vec{y} := (y_1, y_2)$를 얻는 과정은 다음과 같다.

다음 식에서 활성화 함수 g는 로지스틱 함수 $g(x) = 1/(1+e^{-x})$이다.

$$\vec{x} = (x_1, x_2, 1)$$
$$\vec{u} = (u_1, u_2, u_3, 1), \text{ where } u_1 = g(\vec{x}\cdot\vec{w}^h_1),\ u_2 = g(\vec{x}\cdot\vec{w}^h_2),\ u_3 = g(\vec{x}\cdot\vec{w}^h_3)$$
$$\vec{y} = (y_1, y_2), \text{ where } y_1 = g(\vec{u}\cdot\vec{w}^o_1),\ y_2 = g(\vec{u}\cdot\vec{w}^o_2)$$

9.3.1 퍼셉트론과 델타규칙, 스토캐스틱 그래디언트 하강

먼저 가장 단순한 경우인 단 하나의 뉴런으로 이루어진 신경망, 즉 퍼셉트론의 로스함수의 그래디언트를 계산해 보자. 이때의 미분기법은 델타규칙(*delta rule*)이라고 불리며 이를 (9.6)에 나타내었다.

신경망의 입력 벡터를 $(x_1, \ldots, x_n)$이라 하고 $\vec{x} := (x_1, \ldots, x_n, 1)$로 두자. 이 입력값에 대한 출력값의 목표$_{\text{target}}$가 t일 때 $f(\vec{x}) = g(\vec{w}\cdot\vec{x}) = t$가 되도록 하는, 더 정확히 말하자면

† 정확히 말하자면 역전파 알고리듬은 신경망에 대응하는 함수의 로스함수의 그래디언트를 각 퍼셉트론의 비중벡터에 대하여 계산한다. 그리고 많은 경우 역전파라는 용어는 그래디언트의 계산 뒤에 따르는 그래디언트 하강을 이용한 훈련을 포함하는 의미로 사용되기도 한다.

그림 9.5: 피드포워드 알고리듬

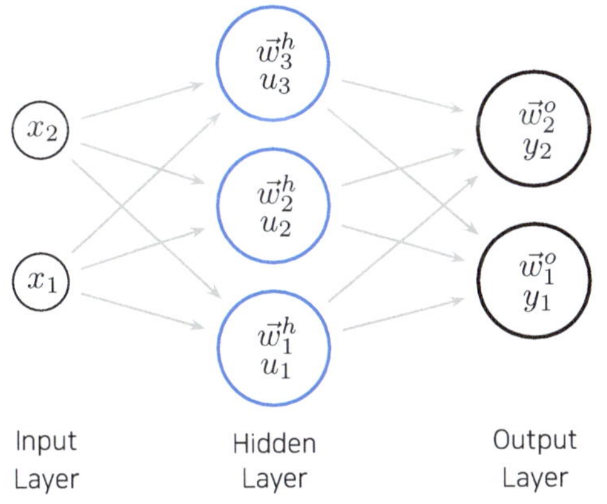

$y = f(\vec{x})$로 놓았을 때 $(y-t)^2$이 최소가 되는 $\vec{w}$를 그래디언트 하강 방법으로 찾아야 한다. 우리는 활성화 함수를 $g(z) = \frac{1}{1+e^{-z}}$로 놓고 $g'(z) = g(z)(1-g(z))$임을[†] 이용한다. 아래에 일반성의 손실 없이 $n = 2$로 두고 퍼셉트론의 로스함수의 그래디언트를 계산하는 과정을 보였다.

$$\vec{w} := (w_1, w_2, b), \quad (w_3 = b)$$
$$\vec{x} := (x_1, x_2, 1), \quad (x_3 = 1)$$
$$y := g(\vec{w} \cdot \vec{x}\,) = g(w_1x_1 + w_2x_2 + w_3x_3) \fallingdotseq t$$
$$E(\vec{w}) := \frac{1}{2}(y-t)^2 \quad \text{(loss function)}$$
$$\frac{\partial E}{\partial w_i} = \frac{\mathrm{dE}}{\mathrm{dy}} \cdot \frac{\partial y}{\partial w_i} = (y-t) \cdot g'(z)x_i, \text{ where } z := \vec{w} \cdot \vec{x}$$
$$\therefore \ \frac{\partial E}{\partial w_i} = (y-t)g(z)(1-g(z))x_i = (y-t)y(1-y)x_i$$

그러므로 $\delta := (y-t)y(1-y)$로 두면

$$\begin{aligned} \frac{\partial E}{\partial w_i} &= \delta x_i \text{ for } i = 1, 2, 3 \\ \vec{\nabla} E &= \delta \vec{x} \end{aligned} \tag{9.6}$$

가 된다. 참고로 $E(\vec{w}) := \frac{1}{2}(y-t)^2$에서 계수 $\frac{1}{2}$을 사용한 이유는 이렇게 하지 않았다면 $\delta := 2(y-t)y(1-y)$가 되기 때문이다.

그런데 이상은 입력벡터와 그에 대응하는 타겟이 1개인 경우에 대한 분석이다. 트레이닝 집합이라 함은 $(\vec{x}, t)$ 순서쌍이 여러 개 있는 것, 즉 $\{(\vec{x}_n, t_n) \mid n = 1, \ldots, N\}$을 뜻한다. 이전에 사용하던 표기법을 따르자면 실은 $(\vec{x}_n, t_n)$이 아니라 $(\vec{x}_n, y_n)$, $\hat{y}_n = \hat{f}(\vec{x}_n) = g(\vec{w} \cdot \vec{x}_n)$을 써야 할 것이지만 편의상 그냥 y_n, $\hat{f}$, $\hat{y}_n$를 각각 t_n, f, y_n로 나타내기로 하자.

이제 트레이닝 집합에 대한 로스는 $E = \frac{1}{2}\sum_{i=1}^{N}(y_i - t_i)^2$, 그리고 이에 따라 $\delta = \sum_{i=1}^{N}(y_i - t_i)y_i(1-y_i)$가 되어야 할 것이다. 그런데 이렇게 계산하여 얻은 $\vec{\nabla} E = \delta \vec{x}$를 가지고 그래디

[†] (8.4) 참조.

언트 하강을 하는 것보다, 처음에 $(\vec{x}_1, t_1)$에 대해서 그래디언트 하강을 적용하여 $\vec{w}_1$을 얻고, 그 다음은 $(\vec{x}_2, t_2)$에 대해서 그래디언트 하강을 적용하여 $\vec{w}_2$를 얻고, 이렇게 계속하여 $\vec{w}_N$을 얻은 다음 다시 $(\vec{x}_1, t_1)$를 사용하여 $\vec{w}_{N+1}$을 얻는 방식, 즉 스토캐스틱(*stochastic*) 그래디언트 하강을 사용하는 것이 더 효율적임이 알려져 있다. 따라서 우리도 이 방식을 따를 것이다.

이제 델타규칙과 스토캐스틱 그래디언트 하강의 첫 응용으로 `AND()` 퍼셉트론의 비중벡터 $\vec{w}$를 구하는 과정을 보기로 한다. 우리는 이미 [연습문제 9.4]에서 $\vec{w} = (20, 20, -30)$으로 두면 되는 것을 알고 있지만, 이걸 모른다고 가정하고 처음에 $\vec{w}_0 := (1, 2, 3)$으로 놓고 $\vec{w}_1, \vec{w}_2, \ldots$를 계산하여 $\|\vec{\nabla} f(\vec{w}_n)\| < \varepsilon$이 성립하는 $\vec{w}_n$을 찾아가려고 한다. 오른쪽 그림에 $n = 0$인 상황을 나타내었다.

그림 9.6: 델타규칙

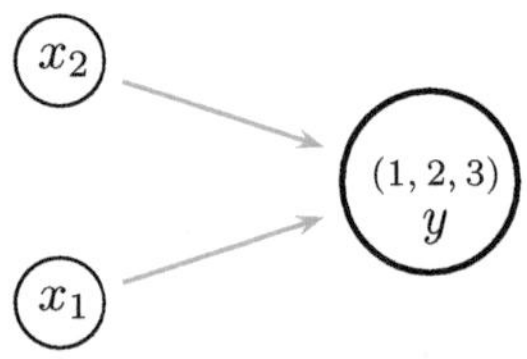

`AND()` 퍼셉트론의 트레이닝 집합은

$$\{(x_{1i}, x_{2i}, t_i) \mid i = 1, 2, 3, 4\} = \{(0,0,0), (0,1,0), (1,0,0), (1,1,1)\}$$

이다. $\vec{w}_0 = (1, 2, 3)$이므로 다음과 같이 계산이 진행된다. Learning rate h의 값은 1로 두었다. $\vec{x} = (x_1, x_2, 1)$로 두는 것에 유의하라.

$$\begin{aligned}
y_1 &= g((0,0,1) \cdot (1,2,3)) = g(3) = 0.95257 \\
\delta &= (y_1 - 0) y_1 (1 - y_1) = 0.04303 \\
\vec{\nabla} E(\vec{w}_0) &= \delta(0,0,1) = (0, 0, 0.04303) \\
\vec{w}_1 &= \vec{w}_0 - h \vec{\nabla} E(\vec{w}_0) = (1,2,3) - (0,0,0.04303) = (1, 2, 2.95697) \\
y_2 &= g((0,1,1) \cdot (1,2,2.9570)) = 0.99301 \\
\delta &= (y_2 - 0) y_2 (1 - y_2) = 0.00689 \\
\vec{\nabla} E(\vec{w}_1) &= \delta(0,1,1) = (0, 0.00689, 0.00689) \\
\vec{w}_2 &= \vec{w}_1 - h \vec{\nabla} E(\vec{w}_1) = (1,2,2.95697) - (0,0.00689,0.00689) = (1, 1.99311, 2.95008) \\
&\vdots
\end{aligned}$$

위의 계산은 다음의 R-스크립트로 수행할 수 있다.

```
grad_percept = function(wvec, xvec, t) {
# Compute the gradient of the loss function of the perceptron
# with weight vector wvec at input xvec and target t.
    xvec1 = c(xvec, 1)
    y = percept_output(xvec1, wvec)
    delta = (y - t) * y * (1 - y)
    return(delta * xvec1)
}

h = 1 # learning rate
wvec0 = c(1,2,3)
xvec_list = list(c(0,0), c(0,1), c(1,0), c(1,1)) # train_xvec_list
t_vec = c(0, 0, 0, 1) # train_target_vector

```

```
15 grad_E = grad_percept(wvec0, xvec_list[[1]], t_vec[1])
16 cat("grad at wvec0 =", round(grad_E, 5), "\n")
17 wvec1 = wvec0 - h*grad_E
18 cat("wvec1 =", round(wvec1, 5), "\n")
19
20 grad_E = grad_percept(wvec1, xvec_list[[2]], t_vec[2])
21 cat("grad at wvec1 =", round(grad_E, 5), "\n")
22 wvec2 = wvec1 - h*grad_E
23 cat("wvec2 =", round(wvec2, 5), "\n")
```

```
grad at wvec0 = 0 0 0.04303
wvec1 = 1 2 2.95697
grad at wvec1 = 0 0.00689 0.00689
wvec2 = 1 1.99311 2.95008
```

앞서 손으로 계산했던 것과 동일한 결과를 얻었음을 확인할 수 있다.

코드를 보면 라인15–18이 라인20–23에 반복되었다. 이러한 반복과정을 자동으로 실행하되 그래디언트 벡터의 길이가 어떤 $\varepsilon > 0$보다 작아졌을 때 계산을 중지하도록 하면 AND()를 계산하는 퍼셉트론을 얻게 될 것으로 보인다. 그런데 이 논리에 결함이 있다!

우리는 $\vec{\nabla} E(\vec{w}_n)$을 훈련집합의 하나의 원소에서 계산하여 $\vec{w}_{n+1}$을 얻고 $\vec{\nabla} E(\vec{w}_{n+1})$은 훈련집합의 다음 번 원소에서 계산한다. 이렇게 하는 것이 스토캐스틱 그래디언트 하강 알고리듬이다. 따라서 $\|\vec{\nabla} E(\vec{w}_n)\| < \varepsilon$가 만족되었다고 해도 그 다음 번의 $\|\vec{\nabla} E(\vec{w}_{n+1})\|$는 ε보다 큰 값을 가질 수 있다.

스토캐스틱 그래디언트 하강에서는 트레이닝 집합 전체에 대한 그래디언트의 길이의 평균이 ε보다 작아질 때 비로소 $\vec{w}_n$이 충분히 수렴되었다고 보고 계산을 멈춘다.

그러므로 전에 p254에 만들어 두었던 grad_descentEX()는 그대로 사용할 수 없으며 우리는 그 함수를 다음과 같이 업그레이드 하여 사용하기로 한다. 이 함수의 인수에서 xvec_list는 트레이닝 집합의 예측 데이터 벡터들로 이루어진 리스트이고 t_vec은 트레이닝 집합의 타겟 값들로 이루어진 벡터이다. 함수의 인수 중에 f는 훈련에 꼭 필요한 것이 아니므로 뺐다.

```
train_percept = function(wvec, h, epsilon, N, grad_f, xvec_list, t_vec, digits=3) {
  train_len = length(xvec_list) # need to check length(t_vec)==train_len
  cat("initial input =", sprint_vec(wvec,3), "h =", h, "N =", N,
    "epsilon =", epsilon, "\n")
  for(i in 1:N) {
    sum_grad_len2 = 0
    for(j in 1:train_len) {
      xvec = xvec_list[[j]]; t = t_vec[j]
      grad = grad_f(wvec, xvec, t)
      grad_len2 = sum(grad * grad) # length squared
      sum_grad_len2 = sum_grad_len2 + grad_len2
      wvec = wvec - h * grad
    }
    if(sum_grad_len2/train_len < epsilon^2) break
    if(toShow(i)) {
      myPrint(i, wvec, sqrt(sum_grad_len2/train_len), digits)
    }
  }
  if( i < N) myPrint(i, wvec, sqrt(sum_grad_len2/train_len), digits)
```

```
20   return(wvec)
21 }
```

라인 15에서 사용된 toShow()의 코드는 p254에 나와 있다. 그리고 라인15, 라인18에서 사용된 myPrint()의 코드는 다음과 같다.

```
22 myPrint = function(i, wvec, grad_len, digits) {
23   fmtStr = sprintf("%%6d grad_len=%%.%de", digits)
24         cat(sprintf(fmtStr, i, grad_len))
25         cat(" wvec = ", sprint_vec(wvec, digits), "\n", sep="")
26 }
```

우선 다음의 명령으로 AND() 함수를 계산하는 퍼셉트론을 얻을 수 있음을 확인해 보자.

```
27 xvec_list = list(c(1,1), c(1,0), c(0,1), c(0,0)) # train_xvec_list
28 t_vec = c(1, 0, 0, 0) # train_target_vector
29 wvec = train_percept(c(1,2,3), 1, 1e-4, 1e5, grad_percept, xvec_list, t_vec)
```

다음과 같은 출력을 얻게 될 것이다.

```
initial input = (1.000, 2.000, 3.000) h = 1 N = 1e+05 epsilon = 1e-04
     1 grad_len=2.560135e-02 wvec = 0.9826613 1.993289 2.932015
     2 grad_len=2.731715e-02 wvec = 0.9638694 1.98606 2.859368
..
 40000 grad_len=1.007672e-04 wvec = 9.460255 9.460335 -14.27577
 40304 grad_len=9.999750e-05 wvec = 9.468023 9.468103 -14.28742
```

40304 스텝만에 얻은 wvec은† 전에 수동으로 만들어 놓았던 AND()의 비중벡터 $(20, 20, -30)$과 다르지만 각 성분들 간의 비는 기존의 $2:2:-3$과 거의 일치하는 것이 흥미롭다. 다음의 코드도 실행해 보자.

```
cat("wvec for AND =", sprint_vec(wvec), "\n")
and_nn = list(list(wvec))
print_o_nn(and_nn, xvec_list)
```

```
wvec for AND = (9.468,9.468,-14.287)
(1, 1) => (0.99), (1, 0) => (0.01), (0, 1) => (0.01), (0, 0) => (0.00)
```

고찰 9.5 비중벡터의 초깃값을 어떻게 정해야 하는지는 신경망의 훈련에서 아주 중요한 이슈이다. 초깃값을 잘 정하면 쉽게 수렴하지만 잘못된 초깃값에서 출발하면 수렴하기까지 오래 걸리거나 아예 수렴하지 않는 경우도 있다. 어떤 초깃값이 좋은지에 대한 수학적 이론은 충분히 알려져 있지 않으며 다만 무작위 수로 만들어진 비중벡터를 사용하는 것이 좋다는 것이 경험적으로 알려져 있다.

신경망으로 구현하고자 하는 함수의 성격에 따라 이 무작위 수가 따라야 할 분포가 달라지는데, 활성화 함수로 우리처럼 로지스틱 함수를 사용하는 경우에는, 길이가 n인 비중벡터를 초기화 할 때 $\vec{w}_0 :=$ runif$(n, -1, 1)$로 두는 것이 좋다고 한다. ⊣

연습문제 9.6 1개의 뉴런으로 구현 가능한 2항 명제논리 함수 3개(예를 들어 OR)를 찾아서 각각 train_percept()를 사용하여 비중벡터를 얻을 수 있음을 확인해 보라. ⊣

---

†사실은 비중벡터 wvec의 업데이트는 $40304 \times 4 = 161,216$ 번 일어났다. 4는 train_len의 값이다.

이제 `train_percept()`의 코드에 대한 보충 설명이다. 라인6,11,14,16,19 등에 등장하는 `sum_grad_len2`는 `for` 루프를 엑시트exit하는 조건의 테스트를 위한 것이다. 원래는 그래디언트의 길이의 평균값이 ε보다 작을 때 엑시트 하는 것이지만 계산 시간을 절약하기 위하여 그래디언트의 길이의 제곱의 평균값이 ε^2보다 작을 때 엑시트하는 것으로 하였다.

9.3.2 연쇄규칙과 역전파

이제 일반적인 피드포워드 신경망에 대한 역전파 알고리듬을 설명하겠다. 우리가 만들 코드는 히든 레이어의 개수와 각 레이어의 뉴런의 개수에 제한이 없이 사용할 수 있다. 원리의 이해를 돕기 위하여 [그림 9.5]를 조금 더 간단하게 줄인 [그림 9.7]에 나타낸 신경망을 놓고 보기로 한다. 이 그림에는 출력 레이어에 뉴런이 1개 뿐이며, 뉴런이 여러 개 있는 일반적인 경우는 나중에 [그림 9.8]에서 다시 보기로 하겠다.

그림 9.7: 신경망의 연쇄규칙 1

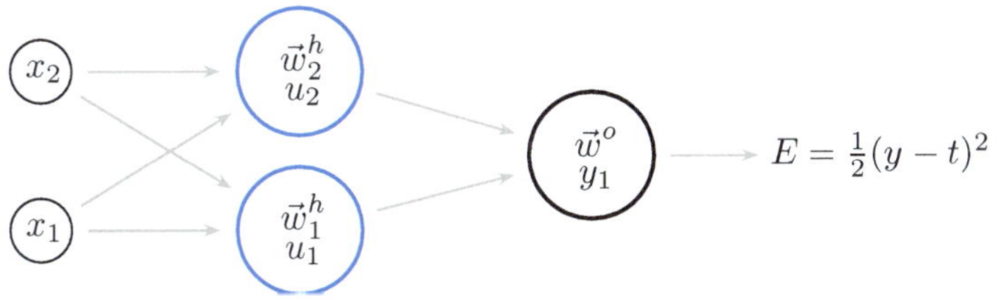

[그림 9.7]의 $E = \frac{1}{2}(y-t)^2$에서 t는 입력 $\vec{x}$에서의 목푯값target value이고 y는 입력 $\vec{x}$와 현재의 비중벡터 $\vec{w}_i$들로부터 실제로 계산된 값이다.

각 $i = 1, 2$에 대하여 $\vec{w}_i^h = (w_{i1}^h, w_{i2}^h, w_{i3}^h)$로 두고 $\vec{w}^o = (w_1^o, w_2^o, w_3^o)$로 둔다. $E = \frac{1}{2}(y-t)^2$에 대한 편미분을 각 w_{ij}^h와 w_j^o마다 해야 하므로 총 9개의 편미분 계수가 존재한다. 이들의 계산식을 아래에 보였다.

출력 레이어에 있는 변수들에 대한 편미분은 델타규칙 (9.6)을 이용하면 다음과 같이 쉽게 구할 수 있다.

$$\delta = (y-t)y(1-y) \tag{9.7}$$

$$\frac{\partial E}{\partial w_1^o} = \delta u_1, \quad \frac{\partial E}{\partial w_2^o} = \delta u_2, \quad \frac{\partial E}{\partial w_3^o} = \delta$$

$$\therefore \ \vec{\nabla} E = \delta \vec{u}, \ \text{where } \vec{u} := (u_1, u_2, 1) \tag{9.8}$$

그러나 히든 레이어에 있는 변수 w_{1j}^h, w_{2j}^h에 대한 편미분은 조금 복잡하여 함수의 합성에 대한 미분공식, 즉 연쇄법칙(*chain rule*)을 써야 한다. 우선

$$y = g(z) \text{ where } z = (w_1^o, w_2^o, w_3^o) \cdot (u_1, u_2, 1) \tag{9.9}$$

$$u_1 = g(z_1) \text{ where } z_1 = (w_{11}^h, w_{12}^h, w_{13}^h) \cdot (x_1, x_2, 1) \tag{9.10}$$

$$u_2 = g(z_2) \text{ where } z_2 = (w_{21}^h, w_{22}^h, w_{23}^h) \cdot (x_1, x_2, 1)$$

이므로, 예를 들어 w^h_{11}의 변화는 다음과 같은 하나의 경로를 통하여 E에 영향을 미침을 알 수 있다.[†]

$$w^h_{11} \to z_1 \to u_1 \to z \to y \to E$$

따라서 연쇄법칙에 의하여 다음과 같이 계산을 진행할 수 있다.

$$\begin{aligned}
\frac{\partial E}{\partial w^h_{11}} &= \frac{\mathrm{d}E}{\mathrm{d}y} \cdot \frac{\partial y}{\partial w^h_{11}} \\
&= (y-t) \cdot \left(\frac{\partial y}{\partial u_1} \cdot \frac{\partial u_1}{\partial w^h_{11}} \right) \\
&= (y-t) \cdot \left(g'(z) \frac{\partial z}{\partial u_1} \right) \cdot \left(g'(z_1) \frac{\partial z_1}{\partial w^h_{11}} \right) \\
&= (y-t) \cdot \Big(g(z)(1-g(z)) w^o_1 \Big) \cdot \Big(g(z_1)(1-g(z_1) x_1 \Big) \\
&= \delta w^o_1 u_1 (1-u_1) x_1 \text{ by (9.7), (9.9), (9.10)}
\end{aligned}$$

남은 5개의 편미분계수는 같은 방법으로 다음과 같이 계산할 수 있다.

$$\begin{aligned}
\frac{\partial E}{\partial w^h_{12}} &= \delta w^o_1 u_1 (1-u_1) x_2 \\
\frac{\partial E}{\partial w^h_{13}} &= \delta w^o_1 u_1 (1-u_1) \\
\frac{\partial E}{\partial w^h_{21}} &= \delta w^o_2 u_2 (1-u_2) x_1 \\
\frac{\partial E}{\partial w^h_{22}} &= \delta w^o_2 u_2 (1-u_2) x_2 \\
\frac{\partial E}{\partial w^h_{23}} &= \delta w^o_2 u_2 (1-u_2)
\end{aligned}$$

여기서

$$\delta_1 := \delta w^o_1 u_1 (1-u_1), \quad \delta_2 := \delta w^o_2 u_2 (1-u_2) \tag{9.11}$$

로 놓으면 E의 $\vec{w}^h_1$과 $\vec{w}^h_2$에 대한 각각의 그래디언트를 $\vec{\nabla} E_1$, $\vec{\nabla} E_2$라 하였을 때

$$\vec{\nabla} E_1 = \delta_1 \vec{x}, \quad \vec{\nabla} E_2 = \delta_2 \vec{x}, \text{ where } \vec{x} := (x_1, x_2, 1) \tag{9.12}$$

로 쓸 수 있다.

출력 레이어에 뉴런이 2개 이상 존재할 때는 연쇄법칙을 1변수함수가 아닌 다변수함수에 대하여 적용해야 하므로 (9.11)을 그대로 사용할 수는 없고 다음과 같은 조금 더 복잡한 계산을 통하여 얻은, 조금 후에 보일 (9.13)을 사용해야 한다. 아래의 그림과 식에서 $\vec{w}$, z와 δ의 윗첨자 h와 o는 각각 hidden과 output를 뜻한다.

$$y_1 = g(z^o_1) \text{ where } z^o_1 = (w^o_{11}, w^o_{12}, w^o_{13}) \cdot (u_1, u_2, 1)$$

$$y_2 = g(z^o_2) \text{ where } z^o_2 = (w^o_{21}, w^o_{22}, w^o_{23}) \cdot (u_1, u_2, 1)$$

[†][그림 3.5] 참조. 예를 들어 w_{11}의 변화에 대해서 $\vec{w}_3$는 상수이다.

그림 9.8: 신경망의 연쇄규칙 2

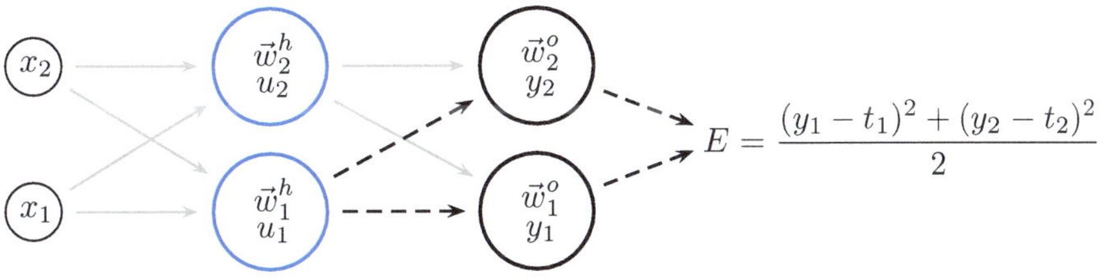

$$
\begin{aligned}
u_1 &= g(z_1^h) \text{ where } z_1^h = (w_{11}^h, w_{12}^h, w_{13}^h) \cdot (x_1, x_2, 1) \\
u_2 &= g(z_2^h) \text{ where } z_2^h = (w_{21}^h, w_{22}^h, w_{23}^h) \cdot (x_1, x_2, 1)
\end{aligned}
$$

E의 $\vec{w}_1^o$ 및 $\vec{w}_2^o$에 대한 그래디언트 계산은 전과 달라질 것이 없다. (9.8)과 똑 같은 방법으로 얻을 수 있다.

$$
\begin{aligned}
\vec{\nabla} E_{\vec{w}_1^o} &= \delta_1^o \vec{u} \text{ where } \delta_1^o = (y_1 - t_1) y_1 (1 - y_1),\ \ \vec{u} = (u_1, u_2, 1) \\
\vec{\nabla} E_{\vec{w}_2^o} &= \delta_2^o \vec{u} \text{ where } \delta_2^o = (y_2 - t_2) y_2 (1 - y_2),\ \ \vec{u} = (u_1, u_2, 1)
\end{aligned}
$$

그러나 E의 $\vec{w}_1^h$ 및 $\vec{w}_2^h$에 대한 그래디언트 계산은 달라진 부분이 있다. 왜냐하면 $\vec{w}_1^h$과 $\vec{w}_2^h$에 대해서는 그 값의 변화가 E에 영향을 미치는 2개의 경로가 존재하기 때문이다. [그림 9.8]의 화살표들 중에서 흑색 파선으로 나타낸 4개는 $\vec{w}_1^h$의 변화가 E에 영향을 미치는 두 경로를 나타내고 있다.

$$
\begin{aligned}
\frac{\partial E}{\partial w_{11}^h} &= \frac{\partial E}{\partial y_1}\frac{\partial y_1}{\partial w_{11}^h} + \frac{\partial E}{\partial y_2}\frac{\partial y_2}{\partial w_{11}^h} \\
&= (y_1 - t_1) \cdot \left(\frac{\partial y_1}{\partial u_1} \cdot \frac{\partial u_1}{\partial w_{11}^h} \right) + (y_2 - t_2) \cdot \left(\frac{\partial y_2}{\partial u_1} \cdot \frac{\partial u_1}{\partial w_{11}^h} \right) \\
&= (y_1 - t_1) \cdot \left(g'(z_1^o) \frac{\partial z_1^o}{\partial u_1} \cdot g'(z_1^h) \frac{\partial z_1^h}{\partial w_{11}^h} \right) + (y_2 - t_2) \cdot \left(g'(z_2^o) \frac{\partial z_2^o}{\partial u_1} \cdot g'(z_1^h) \frac{\partial z_1^h}{\partial w_{11}^h} \right) \\
&= (y_1 - t_1) \cdot \Big(y_1 (1 - y_1) w_{11}^o \Big) \cdot \Big(u_1 (1 - u_1) x_1 \Big) \\
&\qquad + (y_2 - t_2) \cdot \Big(y_2 (1 - y_2) w_{21}^o \Big) \cdot \Big(u_1 (1 - u_1) x_1 \Big) \\
&= (\delta_1^o w_{11}^o + \delta_2^o w_{21}^o) u_1 (1 - u_1) x_1 = \delta_1^h x_1 \\
\frac{\partial E}{\partial w_{12}^h} &= \delta_1^h x_2, \quad \frac{\partial E}{\partial w_{13}^h} = \delta_1^h \quad \text{where} \quad \delta_1^h := (\delta_1^o w_{11}^o + \delta_2^o w_{21}^o) u_1 (1 - u_1) \qquad (9.13) \\
\vec{\nabla} E_{\vec{w}_1^h} &= \delta_1^h \vec{x}, \text{ where } \vec{x} = (x_1, x_2, 1) \\
\vec{\nabla} E_{\vec{w}_2^h} &= \delta_2^h \vec{x} \quad \text{where} \quad \delta_2^h := (\delta_1^o w_{12}^o + \delta_2^o w_{22}^o) u_2 (1 - u_2)
\end{aligned}
$$

출력 레이어와 히든 레이어에 있는 뉴런의 개수가 2보다 큰 경우에도, 또한 히든 레이어의 개수가 1보다 큰 경우에도 지금까지와 같은 요령으로 계산식을 얻을 수 있다. 다만 Σ 기호가 등장하며 등장하는 변수들에 대한 윗첨자, 아랫첨자들이 복잡해진다는 번거로움이 있다.

아래의 [연습문제 9.7]은 히든 레이어가 2개 있는 경우의 역전파에 대한 문제이다. 이 문제의 풀이를 이해하면 히든 레이어가 얼마든지 많은 신경망의 경우도 이해할 수 있다.

연습문제** 9.7 히든 레이어가 2개 있는 아래의 신경망에서, 모든 8개의 $\vec{w}$ 각각에 대하여 E의 그래디언트 $\vec{\nabla} E_{\vec{w}}$를 구하여라.

	레이어 1 (히든)	레이어 2 (히든)	레이어 3 (출력)	
	$\vec{w}_3^1, u_3^1, \delta_3^1$		$\vec{w}_3^o, y_3, \delta_3^o$	
x_2	$\vec{w}_2^1, u_2^1, \delta_1^2$	$\vec{w}_2^2, u_2^2, \delta_2^2$	$\vec{w}_2^o, y_2, \delta_2^o$	$E = \frac{1}{2}\sum_{i=1}^3 (y_i - t_i)^2$
x_1	$\vec{w}_1^1, u_1^1, \delta_1^1$	$\vec{w}_1^2, u_1^2, \delta_1^2$	$\vec{w}_1^o, y_1, \delta_1^o$	

(힌트). ① 다음의 순서대로 δ들을 채워 넣는다: δ_1^o, δ_2^o, δ_3^o, δ_1^2, δ_2^2, δ_1^1, δ_2^1, δ_3^1. 그러면 $\vec{\nabla} E_{\vec{w}_i^o} = \delta_i^o \vec{u}^2$, $\vec{\nabla} E_{\vec{w}_i^2} = \delta_i^2 \vec{u}^1$, $\vec{\nabla} E_{\vec{w}_i^1} = \delta_i^1 \vec{x}$가 성립한다. 단, 여기서 $\vec{u}^2 = (u_1^2, u_2^2, 1)$, $\vec{u}^1 = (u_1^1, u_2^1, u_3^1, 1)$, $\vec{x} = (x_1, x_2, 1)$를 뜻한다.

② 각 $i = 1, 2, 3$에 대해서 δ_i^o를 구하는 것은 이전과 똑같다. δ_i^2는 δ_j^o들을 계수로 하는 w_{ji}^o들의 선형조합에 $u_i^2(1-u_i^2)$를 곱한 것이다. δ_i^1는 δ_j^2들을 계수로 하는 w_{ji}^2들의 선형조합에 $u_i^1(1-u_i^1)$를 곱한 것이다. 이 알고리듬은 행렬곱과 벡터화곱vectorization product을 이용하여 좀 더 간단히 표현할 수 있다.

③ $y = g\big((u_1, u_2, u_3) \cdot (w_1, w_2, w_3)\big)$일 때

$$\frac{\partial y}{\partial w_i} = y(1-y)u_i, \ \frac{\partial y}{\partial u_i} = y(1-y)w_i, \ (i = 1, 2, 3)$$

④ 더 많은 힌트가 동반 웹사이트에 올려 둔 문서 `backpropagation.pdf`에 있다. ⊣

단평 9.8 순방향feed forward 신경망에서 forward란 입력 레이어에서 출력 레이어로 가는 방향을 뜻하며 역전파backpropagation에서 back은 출력 레이어에서 입력 레이어로 가는 방향을 뜻한다.

역전파라는 용어는 신경망의 모든 뉴런 $\vec{w}$ 각각에 대하여 입력값 벡터 $\vec{x}$와 타겟값 벡터 $\vec{t}$로부터 그래디언트 $\vec{\nabla} E_{\vec{w}}$을 구하는 알고리듬을 뜻한다.

제일 먼저 출력 레이어에 있는 뉴런들에 대해서 δ와 그래디언트를 구하고, 그 다음은 히든 레이어를 역방향으로 차례대로 훑어 가며 거기 속한 뉴런들에 대하여 δ와 그래디언트를 구하게 되는데, 새 레이어에 속한 뉴런의 δ를 계산할 때 이전에 구해 놓은, 더 높은 레벨에 있는 레이어의 δ를 사용하기 때문에 이를 전파propagation라고 부른다.

이 알고리듬의 아름다움은 이전의 여러 레이어의 δ들 중에서 바로 직전 레이어에 속한 것들만 사용하면 된다는 것에 있다. 따라서 히든 레이어의 개수가 수십, 수백에 이른다 해도 신경망 전체의 수 많은 뉴런들에서의 그래디언트를 구하는 데 큰 어려움이 없다. ⊣

하나의 트레이닝 집합의 원소 $(\vec{x}, \vec{t})$에 대해서 신경망을 구성하는 모든 뉴런들에 대한 $\vec{\nabla} E_{\vec{w}}$를 계산한 다음에는 그 다음의 원소에 대해서 다시 이 과정을 거쳐 $\vec{\nabla} E_{\vec{w}}$들을 업데이트 해야 한다. 모든 트레이닝 집합의 원소들에 대한 이러한 과정이 끝나면 다시 이를 되풀이 하여 $\vec{\nabla} E_{\vec{w}}$들의 길이의 평균값이 어떤 $\varepsilon > 0$ 미만으로 작아질 때까지 이를 반복해야 한다. 이러한 신경망 훈련의 전체 과정을 역전파라고 부르기도 한다.

레이어 k에 있는 $\vec{\delta}^k$와 그래디언트 $\vec{\nabla} E_{\vec{w}_i^k}$, $(i = 1, \ldots, n)$의 계산에 필요한 모든 정보는 앞서 말했듯이 레이어 $k+1$에 들어 있다. 레이어 $k+1$의 비중벡터 $\vec{w}_i^{k+1}$, $(i = 1, \ldots, m)$과 $\vec{\delta}^{k+1}$으로부터 역전파에 의하여 계산하는 방법을 아래에 정리해 보았다. 레이어 k의 뉴런의 개수는 n, 레이어 $k+1$의 뉴런의 개수는 m이다.

각 $\vec{w}_i^{k+1}$의 길이는 $n+1$이 되어야 한다. 이들에서 마지막 원소를 제거하여 얻은 길이 n의 벡터들을 행벡터로 가지는 행렬 W를 다음과 같이 정의한다.

$$W := \begin{pmatrix} w_{11} & \cdots & w_{1n} \\ \vdots & \ddots & \vdots \\ w_{m1} & \cdots & w_{mn} \end{pmatrix}$$

δ^{k+1}의 길이는 m이므로 이를 행벡터로 보아 다음의 행렬곱을 얻을 수 있다.

$$\overrightarrow{\delta W} := \vec{\delta}^{k+1} W$$

$\overrightarrow{\delta W}$는 길이 n의 벡터이다. 이제 레이어 k의 $\vec{\delta}^k$는 출력벡터 $\vec{u}^k$를 이용하여 다음과 같이 계산된다.

$$\vec{\delta}^k = \overrightarrow{\delta W} * \vec{u}^k * (1 - \vec{u}^k)$$

위의 식에서 $*$와 $-$는 벡터화 연산vectorized operation이다. 이제 그래디언트 벡터 $\vec{\nabla} E_{\vec{w}_i^k}$들은 레이어 $k-1$의 출력벡터 $\vec{u}^{k-1}$을 이용하여 다음과 같이 계산된다.

$$\vec{\nabla} E_{\vec{w}_i^k} = \vec{\delta}^k * (\vec{u}^{k-1}, 1), \quad (i = 1, \ldots, n)$$

$k = 1$일 때는 $\vec{u}^0 := \vec{x}$로 두면 된다.

9.4 신경망의 훈련

이 섹션에서는 2개의 함수의 코드를 제시하고 설명하겠다. 하나는 신경망 `network`와 입력벡터 `xvec` 및 목푯값 벡터`tvec`을 입력받아 모든 뉴런에서의 그래디언트를 계산하는 `backpropagation()`이며, 다른 하나는 그래디언트 하강을 이용하여 주어진 트레이닝 집합으로부터 신경망을 훈련하는 `train_ffnn()`이다. 전자와 후자는 각각 p322에 있는 `grad_percept()`와 p323에 있는 `train_percept()`를 일반화한 것으로 보면 된다.

[그림 9.9]에 제시한 `backpropagation()`은 히든 레이어의 개수와 레이어에 속한 뉴런의 개수에 제한이 없다. 따라서 딥신경망의 훈련에 사용될 수 있다.

인수 `(xvec, tvec)`은 트레이닝 집합의 원소이다. `tvec`의 원소의 개수는 출력 레이어의 뉴런의 개수와 일치하므로 출력 레이어에 뉴런이 1개뿐일 때는 `tvec`는 길이 1의 벡터가 되어야 하는데, R의 벡터화에 의하여 그냥 숫자를 넣어도 된다.

리턴값은 3개의 원소를 가진 리스트로서 `$delta`는 $\vec{\delta}$들의 리스트이고 `$grad`는 $\vec{\nabla} E_{\vec{w}}$들의 리스트이며 `$ff_out`은 `feed_forward()`의 리턴값이다.

`backpropagation()`은 두 개의 중요한 함수를 호출한다. 첫 번째 함수는 `dg_pair()`이며 이것은 출력 레이어에서의 벡터 $\vec{\delta}$와 리스트 $[\vec{\nabla} E_{\vec{w}} \mid \vec{w} \text{ in output layer}]$를 계산하여 이 두 객체를

원소로 하는 리스트 delta_grad_pair를 생성하여 리턴한다.

두 번째 함수는 append_dg()이며 이것은 각 히든 레이어에서의 벡터 $\vec{\delta}$와 리스트 $[\vec{\nabla}E_{\vec{w}} \mid \vec{w}$ in hidden layer$]$를 계산하여 delta_grad_pair에 추가한다.

리스트 컴프리헨션을 사용했다면 이 두 함수의 코드의 길이를 상당히 줄일 수 있었겠지만 그리하면 실행속도가 너무 많이 느려지게 되어 부득이 이렇게 처리하였다.

그림 9.9: 역전파 알고리듬의 구현

```
backpropagation = function(network, xvec, tvec) {
  o_nn = feed_forward(network, xvec) # list of uvecs and a yvec

  # Get deltas and grads of the output layer.
  delta_grad_pair = dg_pair(o_nn, xvec, tvec)

  # Get and append deltas and gradients of the hidden layers.
  delta_grad_pair = append_dg(delta_grad_pair, network, o_nn, xvec)
  delta_list = delta_grad_pair$delta
  grad_list = delta_grad_pair$grad

  return(list(delta=rev(delta_list), grad=rev(grad_list), ff_out=o_nn))
}
```

backpropagation()에서 사용한 두 서브루틴의 코드는 다음과 같다.

```
dg_pair = function(o_nn, xvec, tvec) {
  delta_list = list(); grad_list = list()
  n_hidden = length(o_nn) - 1 # number of hidden layers
  # Get deltas
  yvec = o_nn[[length(o_nn)]] # output layer
  output_deltas = (yvec - tvec) * yvec * (1 - yvec)
  delta_list[[length(delta_list)+1]] = output_deltas # save to list
  # Get gradients
  if(n_hidden > 0) uvec0 = o_nn[[n_hidden]]
  else uvec0 = xvec
  output_grads = list()
  for(delta in output_deltas) {
    output_grads[[length(output_grads) + 1]] = delta * c(uvec0, 1)
  }
  grad_list[[length(grad_list)+1]] = output_grads # save to list
  return(list(delta=delta_list, grad=grad_list))
}
```

```
append_dg = function(dg_pair, network, o_nn, xvec) {
  n_hidden = length(o_nn) - 1
  if(n_hidden > 0) for(i in n_hidden:1) { # propagate backward
    uvec = o_nn[[i]]
    vecws = network[[i+1]] # list of weight vectors in layer i
    len_vecw = length(uvec) + 1
      # same as the length of each vector in vecws by integrity
    W = do.call(rbind, vecws)[,-len_vecw] # matrix of weight vectors
      # last column chopped-off
```

```
10      deltas_old = dg_pair$delta[[n_hidden + 1 - i]]
11      deltas_new = deltas_old %*% W * uvec * (1 - uvec)
12      dg_pair$delta[[length(dg_pair$delta)+1]] = deltas_new
13      if(i > 1) uvec0 = o_nn[[i-1]]
14      else uvec0 = xvec # do not use ifelse(_, _, _)
15      grads_new = list()
16      for(delta in deltas_new) {
17        grads_new[[length(grads_new) + 1]] = delta * c(uvec0, 1)
18      }
19      dg_pair$grad[[length(dg_pair$grad)+1]] = grads_new
20    }
21    return(dg_pair)
22  }
```

append_dg()의 라인8에서 사용한 함수 do.call()에 대해서는 이 책의 동반 사이트에 있는 문서 backpropagation.pdf에 설명을 넣어 두었다.

이 책의 마지막 함수 train_ffnn()을 [그림 9.10]에 제시하였다. 이 함수는 길이가 제법 길지만 구조가 기존의 train_percept()와 유사하므로 이해에 큰 어려움은 없을 것이다. train_percept()에서는 훈련집합의 각 원소에서의 로스의 제곱들의 평균을 구하여서 ε^2과 비교하였는데 train_ffnn()에서는 훈련집합의 모든 원소와 신경망 내의 모든 뉴런에서의 로스의 제곱들의 평균을 구한다는 것이 그때와 다르다. 이를 위하여 라인4에서 얻은 n_grad_len2가 사용되며 이를 위하여 라인3에서 호출한 함수 count_neurons()는 다음과 같은 간단한 함수이다.

```
count_neurons = function(network) {
  n = 0;
  for(layer in network) for(neuron in layer) n = n + 1
  return(n)
}
```

이제 신경망 훈련 알고리듬이 구현되었으므로 이를 이용한 몇 개의 예제와 연습문제를 아래에 보였다.

예제 9.9 다음과 같은 함수 $F : \{0,1\}^3 \to \{0,1\}$을 계산하는 신경망을 찾아 보자.

$$F(x_1, x_2, x_3) = \begin{cases} 1 & \text{if } (x_1, x_2, x_3) = (1,1,1) \\ 0 & \text{otherwise} \end{cases}$$

(풀이). 3차원 공간에서 8개의 점 $(0,0,0)$, $(1,0,0)$, …, $(1,1,1)$를 꼭짓점으로 가지는 정육면체를 생각해 보자. $(1,1,1)$과 나머지 7개의 점들을 구분하는 평면의 방정식을 구하기는 어렵지 않다. 예를 들어 $x + y + z = 2.5$를 택할 수 있다. 이 평면에 대응되는 퍼셉트론은 $(2,2,2,-5)$로 두면 된다.

우리는 이런 기하적 방법이 아닌 신경망의 훈련을 통해서 이 퍼셉트론의 비중벡터를 구하기로 한다. 이 신경망은 하나의 평면에 대응되는 1개의 퍼셉트론으로 이루어지며 비중벡터의 길이는 $3 + 1 = 4$로 두면 된다. 따라서 비중벡터를 다음과 같이 초기화 하고 train_ffnn()을 사용하면 원하는 비중벡터를 얻을 수 있다.

그림 9.10: 신경망 훈련 함수

```
train_ffnn = function(network, h, epsilon, N, grad_f, xvec_list, tvec_list, digits=3) {
  train_len = length(xvec_list) # length(tvec_list)==train_len
  n_layer = length(network); n_neuron = count_neurons(network)
  n_grad_len2 = train_len * n_neuron
  for(i in 1:N) {
    sum_grad_len2 = 0
    for(j in 1:train_len) {
      xvec = xvec_list[[j]]; tvec = tvec_list[[j]]
      grads = grad_f(network, xvec, tvec)$grad
      for(i_layer in n_layer:1) {
        layer = grads[[i_layer]]
        n_grad = length(layer)
        for(i_grad in 1:n_grad) {
          grad = layer[[i_grad]]
          grad_len2 = sum(grad * grad) # length squared
          sum_grad_len2 = sum_grad_len2 + grad_len2 # accumulate error
          wvec = network[[i_layer]][[i_grad]] - h * grad
          network[[i_layer]][[i_grad]] = wvec
        }
      }
    }
    if(sum_grad_len2/n_grad_len2 < epsilon^2) break
    if(toShow(i)) {
      myPrint(i, network[[n_layer]][[1]], sqrt(sum_grad_len2/n_grad_len2), digits)
    }
  }
  if( i < N) {
    myPrint(i, network[[n_layer]][[1]], sqrt(sum_grad_len2/n_grad_len2), digits)
  }
  return(network)
}
```

```
wvec11 = runif(4,-1,1)
network0 = list(list(wvec11))
xvec_list = to_list(for(i in 0:1) for(j in 0:1) for(k in 0:1) c(i,j,k))
tvec_list = c(0,0,0,0,0,0,0,1)
and3_nn = train_ffnn(network0, 1, 1e-4, 1e5, backpropagation, xvec_list, tvec_list)
```

그 다음

```
print_o_nn(nn9.9, xvec_list)
```

를 실행하면 다음과 같이 성공적인 출력을 얻는다.

```
(0, 0, 0) => (0.00), (0, 0, 1) => (0.00), (0, 1, 0) => (0.00), (0, 1, 1) => (0.01),
(1, 0, 0) => (0.00), (1, 0, 1) => (0.01), (1, 1, 0) => (0.01), (1, 1, 1) => (0.99)
```

그런데 이 계산에 시간이 좀 오래 걸린다. 뉴런 2개로 이루어진 히든 레이어를 하나 추가해 보자. 아래의 코드에서 라인1–라인13에 보인 train_ffnn_wrapper()는 신경망 훈련 결과를 출력하는데 유용한 유틸리티 함수이다.

```
train_ffnn_wrapper = function() {
  start_time <- Sys.time()
  if(check_network(network0, n_input, n_output)) {
    cat("h =", h, "N =", N, "epsilon =", epsilon, "\n\n")
    nn <- train_ffnn(network0, h, epsilon, N,  backpropagation, xvec_list, tvec_list)
    print_nn(nn) # print the nn obtained
    print_o_nn(nn, xvec_list) # print the outputs of the nn for all input values
  } else {
    cat("Stopped: network ERROR\n")
  }
  end_time <- Sys.time()
  print(end_time - start_time)
}

n_input = length(xvec_list[[1]]); n_output = 1
wvec11 = runif(n_input+1,-1,1)
wvec12 = runif(n_input+1,-1,1)
wvec21 = runif(3,-1,1)
network0 = list(list(wvec11, wvec12), list(wvec21))
print_nn(network0)
h = 1; N = 1e5; epsilon = 1e-4

train_ffnn_wrapper()
```

실행해 본 결과 시간이 1/3 이내로 줄어 들었다. 이 예제를 통하여 레이어와 뉴런의 개수를 너무 아낄 필요가 없다는 사실을 알게 되었다. ⊣

연습문제 9.10 xor 함수를 계산하는 신경망을 train_ffnn()을 써서 구하여라. 히든 레이어를 1개 사용하고 여기에 뉴런이 2개일 때와 3개일 때를 비교해 보라. 히든 레이어를 2개 사용해 보고 결과를 비교하여라.

(힌트). 뉴런 3개로 이루어진 히든 레이어를 2개 사용했을 때 가장 좋은 실행 속도를 보여주었으며 이때 맥북 M1에서 0.5초 이내로 완료되었다. ⊣

예제 9.11 [연습문제 9.3]의 함수 f_1, f_2, f_3를 신경망 훈련에 의하여 구해보자. 이 모든 함수는 히든 레이어 1개의 신경망으로 구현할 수 있다. 이 함수들은 다음과 같이 표로 나타낼 수 있다.

$f_1 =$

$x_1 \backslash x_2$	1	2	3
1	0	0	0
2	0	1	0
3	0	0	1

$f_2 =$

$x_1 \backslash x_2$	1	2	3
1	0	0	0
2	0	1	0
3	0	0	0

$f_3 =$

$x_1 \backslash x_2$	1	2	3
1	2	0	0
2	2	1	0
3	2	2	1

f_1을 계산하는 신경망은 다음과 같이 얻을 수 있다.

```
xvec_list = to_list(for(i in 1:3) for(j in 1:3) c(i,j))
tvec_list = list(0,0,0,0,1,0,0,0,1)
n_input = length(xvec_list[[1]]); n_output=1
wvec11 = runif(n_input+1, -1, 1)
wvec12 = runif(n_input+1, -1, 1)
wvec21 = runif(3, -1, 1)
```

```
network0 = list(list(wvec11, wvec12), list(wvec21))
h = 1; N = 1e5; epsilon = 1e-4
train_ffnn_wrapper()
```

```
(1, 1) => (0.00), (1, 2) => (0.00), (1, 3) => (0.00),
(2, 1) => (0.00), (2, 2) => (0.99), (2, 3) => (0.01),
(3, 1) => (0.00), (3, 2) => (0.01), (3, 3) => (1.00)
Time difference of 1.893663 secs
```

신경망의 출력벡터의 원소는 0, 1, 혹은 0,1에 가까운 값을 가지게 되는데 신경망의 입력벡터도 출력벡터와 같이 2항벡터binary vector로 하는 것이 효율적인 계산을 위해 좋은 경우가 많다. 그래서 xvec_list를 다음과 같이 바꿔서 계산해 보았다.

```
list0 = list(c(0,1), c(1,0), c(1,1))
xvec_list = to_list(for(xv1 in list0) for(xv2 in list0) c(xv1, xv2))
```

```
(0, 1, 0, 1) => (0.00), (0, 1, 1, 0) => (0.00), (0, 1, 1, 1) => (0.00),
(1, 0, 0, 1) => (0.01), (1, 0, 1, 0) => (0.99), (1, 0, 1, 1) => (0.01),
(1, 1, 0, 1) => (0.00), (1, 1, 1, 0) => (0.01), (1, 1, 1, 1) => (0.99)
Time difference of 1.185901 secs
```

실행에 걸린 시간이 확실히 줄어들었음을 볼 수 있다. 그러나 여러 번 반복 실행해 보면 때로는 실행 시간이 무척 길게 나오는 경우도 있음이 관찰된다. 히든 레이어에 뉴런을 1개, 혹은 2개를 추가하면 이런 현상이 많이 줄어든다.

f_2는 f_1을 위한 코드에서 tvec_list만 조금 고치면 되므로 더 설명할 것이 없고, f_3는 출력이 3개의 다른 값을 가질 수 있으므로 0은 $(0,0)$, 1은 $(0,1)$, 2는 $(1,0)$으로 나타내면 된다. 또 하나의 방법은 0은 $(1,0,0)$, 1은 $(0,1,0)$, 2는 $(0,0,1)$로 두는 것이다. 두 경우 모두 첫 번째 히든 레이어에는 뉴런을 3개 정도 두는 것이 좋다. ⊣

연습문제* 9.12 다음과 같은 2개의 함수 f_1, f_2에 대응하는 network을 각각 딥러닝에 의하여 만들어 보라. 히든 레이어의 개수와 각 레이어에서의 뉴런의 개수를 어떻게 정하면 되겠는가? 회색 점은 0, 청색 점은 1의 함수값을 나타낸다.

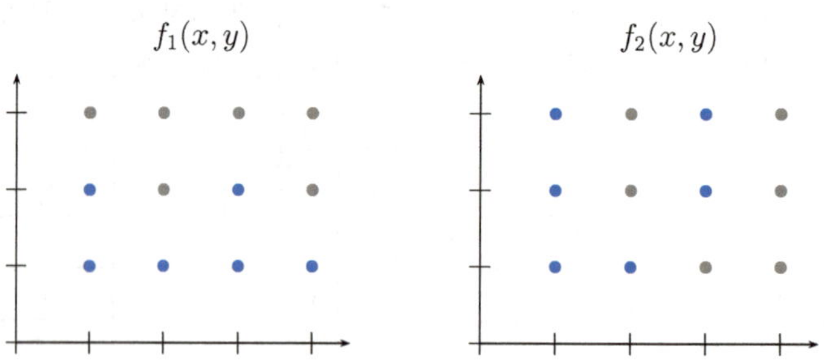

대략 다음과 같은 출력을 얻으면 된다.

```
# f1
(0, 0, 0, 0) => (1.00), (0, 0, 0, 1) => (0.99), (0, 0, 1, 0) => (0.01),
(0, 1, 0, 0) => (0.99), (0, 1, 0, 1) => (0.01), (0, 1, 1, 0) => (0.00),
(1, 0, 0, 0) => (1.00), (1, 0, 0, 1) => (0.99), (1, 0, 1, 0) => (0.01),
(1, 1, 0, 0) => (0.99), (1, 1, 0, 1) => (0.01), (1, 1, 1, 0) => (0.00)
```

```
Time difference of 0.725467 secs

#f2
(0, 0, 0, 0) => (1.00), (0, 0, 0, 1) => (0.99), (0, 0, 1, 0) => (0.99),
(0, 1, 0, 0) => (0.98), (0, 1, 0, 1) => (0.01), (0, 1, 1, 0) => (0.01),
(1, 0, 0, 0) => (0.01), (1, 0, 0, 1) => (0.99), (1, 0, 1, 0) => (0.99),
(1, 1, 0, 0) => (0.01), (1, 1, 0, 1) => (0.01), (1, 1, 1, 0) => (0.01)
Time difference of  0.9930229  secs
```

9.5 더 공부할 것들

딥러닝의 성공적 응용의 대표적인 예로 손으로 쓴 숫자를 기계가 인식하는 것을 들 수 있다. 1990년대에 거둔 이 결과는 오늘날 2020년대의 영상 인식에 비하면 아주 단순한 수준이지만, 이러한 기능을 가지는 신경망은 우리가 여기서 공부했던 신경망에 비하면 그 규모가 상당히 크다.

이 신경망은 0부터 9까지의 숫자를 판별하는 것이 목적이므로 출력 레이어에는 10개의 뉴런이 있다. 오류율을 2% 이내로 하는 신경망은 히든 레이어 2개 이내로 구현할 수 있는데 이때 각 레이어에는 수백 개의 뉴런이 필요하다. 0.2% 내외의 오류율을 보여주는 신경망은 우리가 공부한 FFNN으로는 잘 얻어지지 않으며 10개 내외의 히든 레이어를 가지는 중첩신경망(*Convolutional Neural Network, CNN*)으로는 가능하다. 중첩신경망은 영상 인식에 유용한 딥러닝 신경망이다.

FFNN, CNN 외의 또 다른 중요한 신경망으로 재귀신경망(*Recurrent Neural Network, RNN*)이 있는데 이것은 주로 입력 데이터의 순서가 중요한 자연언어 분석Natual Language Processing, NLP에서 사용된다.

CNN과 RNN에서는 텐서tensor를 기본적인 데이터 구조로 사용한다. 여기서 텐서는 다차원 배열multidimensional array를 뜻한다.†

텐서 연산 등 딥러닝에 필요한 계산에 특화된 소프트웨어 프레임워크로 Keras, Tensorflow, PyTorch, Scikit-Learn 등이 널리 쓰인다. 이 책에서 제시한 신경망 훈련 알고리듬은 공부 용도로 만든 아주 작은 규모의 딥러닝에는 사용될 수 있지만 숫자 인식 등 실제 문제에 적용하기에는 무리이며 이를 위해서는 반드시 이러한 프레임워크를 설치·사용해야 한다.

위에 언급한 토픽들에 대한 참고문헌으로 [1, 3]을 추천한다.

† 수학, 물리학에서 말하는 텐서와 같은 고도의 추상적 개념은 아니다.

참고 문헌

[1] *Nerual Networks and Deep Learning*, Charu C. Aggarwal, (2018), Springer

[2] *Statistical Inference*, George Casella, Roger L. Berger, 2nd ed. (2006), Thompson Press

[3] *Deep Learning with Python*, Francois Chollet, 2nd ed. (2021), Manning

[4] *The Book of R*, Tilman M. Davies (2016), No Starch Press

[5] *Modern Mathematical Statistics with Applications*, J. Devore, K. N. Berk, 3rd ed. (2021), Springer

[6] *Deep Learning*, Ian Goodfellow, Yoshua Bengio, Aaron Courville (2016), The MIT Press

[7] *Data Science from Scratch*, Joel Grus, 2nd ed. (2019), O'Reilly Media

[8] *An Introduction to Statistical Learning: with Applications in R*, G. James, D. Witten, T. Hastie, R. Tibshirani, 2nd edition (2021), Springer

[9] *Machine Learning with R*, Brett Lantz, 3rd ed. (2019), Packt Publishing

[10] *Probabilistic Machine Learning: An Introduction*, Kevin P. Murphy (2022), The MIT Press

[11] *Mathematical Statistics*, Jun Shao, 2nd ed. (2003), Springer

[12] *Reinforcement Learning: An Introduction*, R. Sutton, A. Barto, 2nd ed. (2018), A Bradford Book

[13] `https://ml-cheatsheet.readthedocs.io/en/latest/index.html`

찾아보기

R로 알아가는 **머신러닝과 통계, 수학**

초판발행 2023년 2월 10일

지은이 정주희

펴낸이 오판근
펴낸곳 (주) 교우
주 소 서울시 동대문구 약령시로 8 교우빌딩 2층 (주)교우
전 화 02-925-2861 / **팩 스** 02-925-2860. **편집부** 02-925-2825
홈페이지&북스토어 www.kyowoo.co.kr / 이메일 kyowoo@kyowoo.co.kr

등 록 1994년 3월 24일 제1994-000013호
ISBN 979-11-251-0366-0 (93310)

Published by Kyowoo Co., Ltd. Printed in Korea

(주) 교우는 보다 혁신적이고 참신한 도서를 다양하게 기획하고 있습니다.
책으로 펴내고자 하는 아이디어나 원고는 메일로 보내주세요.
(주) 교우는 전과정을 책임지고 최선을 다하겠습니다.

값 33,000원

교우미디어는 (주) 교우의 Imprint 사입니다.
수학정원·과학정원은 (주) 교우의 새로운 브랜드명입니다.

잘못된 책은 구입하신 서점에서 교환해 드립니다.